MÉMOIRES
DU
DUC DE LUYNES

TYPOGRAPHIE DE H. FIRMIN DIDOT. — MESNIL (EURE).

MÉMOIRES

DU

DUC DE LUYNES

SUR LA COUR DE LOUIS XV

(1735 — 1758)

PUBLIÉS

SOUS LE PATRONAGE DE M. LE DUC DE LUYNES

PAR

MM. L. DUSSIEUX ET E. SOULIÉ

TOME SEIZIÈME

1757 — 1758

PARIS

FIRMIN DIDOT FRÈRES, FILS ET Cie, LIBRAIRES

IMPRIMEURS DE L'INSTITUT, RUE JACOB, N° 56

1864

Tous droits réservés.

MÉMOIRES
DU
DUC DE LUYNES.

ANNÉE 1757.

AVRIL.

Réception de M. Séguier à l'académie française. — Le Roi tient le sceau. — Affaires du Sʳ Gauthier et de la demoiselle d'Escouflet. — Libelles et affiches. — Mort de M. du Laurent. — Nouvelles du parlement de Besançon. — Fin de diverses affaires se rattachant au procès de Damiens. — Affaire Ricard. — Nouvelles diverses. — La cène. — Pensions du Roi aux sergents et aux soldats qui ont gardé Damiens. — Affaire de la paroisse Sainte-Marguerite. — Nouvelles du roi de Prusse. — Nouvelles diverses. — Pensions données aux commissaires du procès de Damiens. — Duel entre un colonel et un lieutenant. — Mᵐᵉ Grimod. — Un paquet mystérieux. — Loterie royale. — Nouvelles de Dresde. — Nouvelles diverses. — Imprimerie clandestine. — Lettre de l'Impératrice au Roi. — Nouvelles d'Allemagne. — Les marchands du palais de Versailles renvoyés. — La loterie. — Crédit de M. de Montmartel. — Affaire Gauthier. — Opposition des princes du sang au titre de prince que prend M. de Soubise. — L'héritier du duc de la Force. — Déclaration du Roi contre les libelles. — Le Roi nomme un premier président au parlement de Besançon. — Prieuré donné. — Exemple d'oubli du devoir dans la marine. — Nouvelles diverses. — Mort du cardinal de la Rochefoucauld.

Du samedi, 2. — M. Séguier fut reçu à l'Académie françoise avant-hier. Son discours fut extrêmement applaudi, ainsi que celui de M. de Nivernois, qui lui répondit en qualité de directeur. Ils furent souvent interrompus l'un et l'autre par des battements de mains. Les deux discours sont regardés comme des chefs-d'œuvre, quoique d'un genre fort différent sur le même sujet. Il y avoit un monde prodigieux, et ce que l'on ne voit pas ordinairement à l'Académie, des dames, comme Mme la maréchale de Villars, Mme d'Egmont, Mme d'Ambre, etc., assises en bas derrière les académiciens. Quelques-uns des ministres étrangers voulurent assister à cette séance, mais ils arrivèrent trop tard et ne purent trouver de place. M. le premier président et M. le président Molé s'y trouvèrent. Après les deux discours, M. Duclos lut une dissertation de M. le président Hénault pour prouver que la langue françoise est plus chaste que la latine.

On a douté pendant longtemps que le roi de Prusse eût pris le parti d'abandonner Wesel, mais le fait paroît certain par quelques nouvelles que l'on a eues des environs de cette place; cette ville fait partie du duché de Clèves.

Le Roi a tenu le sceau aujourd'hui et a dit qu'il le tiendroit encore le mardi d'après la Quasimodo.

La séance du Parlement a commencé aujourd'hui à neuf heures et demie. La première affaire qu'on y a traitée est celle de Gauthier. Cette affaire est très-embarrassante et a été discutée avec un grand détail. D'un côté, l'accusation de Damiens sur les mots de *toucher* et ensuite de *frapper le Roi*, *et qu'il étoit méritoire de tuer les rois en certaines occasions*, accusation faite pour la première fois au premier coing de la question; demande de Damiens au troisième coing qu'on fît venir Gauthier et M. Le Maître de Ferrière, désignant M. de Ferrière comme un homme vivant de ses rentes, rue des Maçons, l'âge et la taille de Gauthier, disant qu'il lui a parlé plusieurs fois et bu avec lui; que ledit Gauthier lui a dit que : « Si on frappoit le Roi tout seroit fini »; confrontation de Damiens, qui persiste sur le matelas à ce qu'il a avancé, et qui, à l'hôtel de ville, ne détruit point cette accusation dans le temps qu'il demande à y être transporté pour parler, qu'il demande pardon de ce qu'il a dit contre M. l'archevêque et qu'il recommande sa famille, qu'il déclare innocente de son crime. D'autre part, dénégation précise de M. Le Maître de Ferrière et du S' Gauthier, disant qu'ils n'ont même aucune connoissance de l'homme qui se jeta aux pieds du Roi le jour de Saint-Louis 1753, qui étoit l'occasion sur laquelle Damiens disoit que Gauthier lui avoit tenu les discours ci-dessus. L'interrogatoire fait audit Gauthier contenant les mêmes dénégations et les dépositions de neuf témoins, entre autres celle d'une sœur de M. de Ferrière, des voisins, des domestiques, tous certifiant que ledit Gauthier a mérité toute la confiance de son maître et de sa famille depuis douze ans qu'il mange toujours avec son maître, et qu'il est connu dans tout le quartier pour homme d'honneur et de probité. Cependant la gravité de l'accusation, le détail des circonstances dites par Damiens, la possibilité d'accorder les témoignages avantageux à Gauthier avec la vérité de l'accusation de Damiens, parce que beaucoup de gens ne regardent pas comme une tache à l'honneur et à la probité de se plaindre en termes amers de M. l'archevêque et des refus des sacrements, et que les discours dont Gauthier est accusé n'ont pas vraisemblablement été ni publics ni connus, toutes ces réflexions déterminèrent la très-grande pluralité à opiner pour que Gauthier demeurât en prison et que l'information fût continuée. On avoit même observé, dans les éclaircissements pris par rapport à Gauthier, que le scélérat Damiens étoit dans l'usage de porter quelquefois à M. de Ferrière des arrêtés du Parlement, et que ce scélérat ayant paru fort satisfait, dans une circonstance, des affaires présentes, je ne sais si c'est la rentrée du Parlement ou l'exil de M. l'archevêque, Gauthier avoit dit à son maître que Damiens parloit en bon citoyen. M. Sévère, qui est toujours le premier opinant, fut d'avis de renvoyer cette affaire à l'audience, ce qui auroit procuré la liberté au S' Gauthier. M. Pasquier, second opinant, fut d'avis de donner la liberté au prisonnier, mais de continuer l'information. M. Titon opina pour laisser subsister le décret de prise de corps, et cependant continuer l'information. M. le président de Maupeou fut de l'avis de M. Titon, mais y ajouta de régler le procès à l'extraordinaire. Il y eut seize voix pour M. Pasquier, en comptant la sienne, et trente-sept pour M. Titon, dont l'avis se trouva trop semblable à celui de M. de Maupeou pour n'être pas regardé comme le même; M. Titon lui-même y revint. J'ai déjà observé qu'il ne faut pas compter le nombre des opinants par celui des voix, parce qu'il y en a plusieurs doubles par raison de parenté.

Cette affaire finie, on proposa d'abord de rendre compte de plusieurs propos tenus à l'occasion du crime de Damiens, mais il fut déterminé qu'on parleroit d'abord de l'affaire de Saint-Joseph. Il fallut relire presque tout ce qui avoit été lu dans les séances pour l'instruction. On commença d'abord par lire les conclusions du procureur général, qui tendoient à renvoyer l'affaire à l'extraordinaire. La lecture des différentes procédures, comme dépositions, interrogatoires, fut extrêmement longue, et on remarqua de nouveau que la déposition de M. Terray de Rozières, procureur général de la cour des aides, et frère de l'abbé Terray (1), conseiller au Parlement, est un témoignage bien fort contre la petite d'Escouflet, puisque M. de Rozières lui ayant demandé quel jour (sans lui en indiquer aucun) « elle avoit dit : Le Roi est assassiné ou le sera », la petite fille avoit répondu que c'étoit le mercredi, 5 janvier. La petite fille a parlé de même, dans une conversation particulière, à Mme de Courson. La petite Geoffroy a soutenu pendant un temps que la petite d'Escouflet lui avoit adressé le même propos; elles se sont depuis toutes deux dédites, mais la suspicion est toujours restée avec raison. M. Barraly fut d'avis de régler les procès à l'extraordinaire. M. le prince de Conty fut du même sentiment, mais il n'y eut que douze juges pour cette opinion qui

---

(1) On prononçait *Téret*, et c'est ainsi qu'écrit le duc de Luynes.

étoit, comme je l'ai dit, conforme aux conclusions, et il y en eut quarante-cinq pour renvoyer l'affaire à l'audience. On voulut, après la fin de cette affaire, entamer celle des propos dont je viens de parler, mais il étoit près de deux heures après midi, ce qui détermina à remettre au lundi à sept heures et demie du matin. On commencera par l'audience, qui sera publique. Il y aura des procureurs qui donneront des conclusions pour les demoiselles d'Escouflet et Geoffroy, accusées, et l'avocat général plaidera.

L'arrêt contre la famille de Damiens et autres accusés a paru ces jours-ci. Pour réparer autant qu'il est possible l'expression mise mal à propos dans l'arrêt de Damiens : *La cour, suffisamment garnié de princes et de pairs,* on a mis dans celui-ci : *Les princes et pairs séant en la cour.*

Les libelles continuent dans Paris ; les affiches même se renouvellent, et on en a vu jusque dans Versailles. Le Parlement a cru nécessaire de travailler à arrêter cette licence, s'il est possible ; en conséquence, sur le réquisitoire du procureur général, par arrêt du 30 mars dernier, il a fait brûler par la main du bourreau, qu'on a fait sortir du cachot seulement pour cette exécution, trois libelles affreux, l'un intitulé : *Réflexions sur l'attentat commis le 5 janvier contre la vie du Roi;* le second : *Lettre d'un patriote avec un post-scriptum;* le troisième : *Déclaration de guerre.*

Le Parlement doit encore demander au Roi qu'il veuille bien faire une loi par laquelle tout auteur, imprimeur ou colporteur, convaincu d'avoir eu part au débit de pareils libelles scandaleux, soit puni de mort.

Du dimanche 3, Versailles. — M. du Laurent est mort depuis peu de jours; il avoit épousé Mlle d'Estrées, la cadette, que l'on appeloit Mlle de Cœuvres. La sœur de cette Mlle de Cœuvres, que l'on appeloit Gabrielle d'Estrées, avoit épousé M. d'Ampus, frère de M. du Laurent. M. du Laurent a un grand procès avec Mme de Beringhen; ils ont été à Dijon et plaidé à Paris pour la succession de la maison de Thémines. M. du Laurent a gagné quelques articles de ce procès, mais cela ne finira jamais. Mme de Beringhen, qui est Hautefort, avoit épousé en premières noces M. de Thémines, qui étoit à M. le duc d'Orléans. Par le contrat de mariage, M. de Thémines avoit donné tout son bien à sa femme. M. du Laurent qui vient de mourir étoit logé et nourri par charité chez Mme la duchesse d'Estrées (Vaubrun), qui étoit la seconde femme du duc d'Estrées, père de Mme du Laurent et de Mme d'Ampus. L'abbé de Vaubrun avoit laissé 100 écus de pension viagère à M. du Laurent. Mme la duchesse d'Estrées lui laissa 1,000 écus de pension viagère avec lesquels il vivoit à Paris. La duchesse d'Estrées, ayant des prétentions sur la maison d'Estrées avoit fait un accommodement avec M. du Laurent pour lui payer ses prétentions en cas qu'il gagnât son procès, et elle lui avançoit tout ce qui étoit nécessaire pour les frais. M. le duc d'Estrées, qui avoit épousé Mlle de Nevers, étoit frère de Mme d'Ampus et de Mme du Laurent. Ils étoient tous trois enfants de Mlle de Lyonne. M. d'Ampus, frère de M. du Laurent, avoit épousé aux Iles, après la mort de sa première femme, une créole fort riche dont il a eu tout le bien; il est revenu en France avec 22,000 livres de rente; une vieille Mme de Ravignan ou de Mesmes (c'est la même chose), qui est Racine en son nom, l'a épousé. C'est cette Mme de Mesmes avec qui demeuroit Mme de Mesmes fille de M. de Brou. Ce M. de Mesmes, gendre de M. de Brou, est héritier du premier mari de la troisième femme de M. d'Ampus.

J'ai marqué ci-dessus qu'il y avoit eu huit conseillers du parlement de Besançon exilés, savoir : MM. de Chaffoy, Bourgon, Petiteunot, d'Olivet, Nancray, d'Alviset, Quirot et Boudret; le premier dans la tour du château de Lichtemberg, dans la Lorraine allemande; le second dans celle du château de Lanseron, auprès de Bâle; le troisième au château de Pierre-Encize, à Lyon; le quatrième au mont Dauphin; le cinquième au château de Crest en Dauphiné;

le sixième au château de Nice ; le septième aux îles de Sainte-Marguerite, et le huitième au château d'Antibes.

J'ai marqué ce qui s'est passé à ce Parlement sur le refus de signer l'arrêt fait en présence de M. de Randan. Sur le compte rendu par M. de Randan sur cette disposition des esprits, on a envoyé de nouveaux ordres ; l'arrêt a été signé, et le Parlement a même demandé pardon de sa résistance. On vient d'apprendre que M. de Quinsonas, premier président de ce Parlement, est mort après une longue maladie. M. Michotet est aujourd'hui le plus ancien. M. le président de Courbouson, quoique beaucoup moins ancien, s'est attiré, par la douceur de son caractère et la sagesse de son esprit, presque tous les suffrages du Parlement et de toute la province ; il s'est toujours conservé l'amitié du premier président Boisseau et du Parlement, dans le temps des grandes et longues brouilleries de ce chef avec la compagnie ; il s'est attiré l'estime et l'amitié de tous les gouverneurs et de tous les commandants, et a déjà obtenu par sa conduite quelques marques des bontés de S. M. pour lui et ses enfants, grâces qui ont été demandées avec empressement par tous ceux qui le connoissent.

M. de Randan a acquis beaucoup d'honneur par la manière dont il s'est conduit dans cette affaire. On trouvera ci-après un petit détail qu'il a envoyé de ce qui s'y est passé.

De Besançon, le 2 avril.

Depuis le 24 mars, jour auquel M. le duc de Randan s'étoit rendu par ordre du Roi au Parlement, les chambres s'étoient assemblées tous les matins, depuis huit heures et demie jusqu'à plus d'une heure après midi, et l'arrêt d'enregistrement n'étoit pas consommé. M. le duc de Randan est retourné ce matin au Parlement, et après quatre heures de chambres assemblées il a eu la satisfaction de réunir toutes les voix à un enregistrement pur et simple. L'arrêt a été signé sans nulle modification, et on s'est borné à un arrêté sur le registre pour supplier très-humblement S. M. de vouloir bien abréger la durée du vingtième et accorder encore, s'il est possible, une diminution sur l'abonnement de la province, vu son extrême misère. M. le duc de Randan avoit obtenu de S. M. une diminution de 110,000 livres, et M. de Boynes (1) en a fait afficher l'arrêt dans le moment que M. le duc de Randan est sorti du palais.

Du mardi 5, Dampierre. — La séance d'hier, indiquée à sept heures et demie, commença environ à huit heures un quart. Lorsque tout le monde fut en place, on fit entrer l'audience, c'est-à-dire on fit appeler les trois parties accusées, savoir : Mme de la Coudre, la petite d'Escouflet et la petite Geoffroy avec leurs procureurs, qui étoient Caillard, Formé et Paporet. M. l'avocat général Joly de Fleury et M. le procureur général son frère entrèrent en même temps. Il y eut quelques procureurs qui furent présents au plaidoyer, mais on n'ouvrit point les portes. L'usage du palais est que l'avocat général, dans ses conclusions, et le premier président, dans l'arrêt qu'il prononce, ne nomment jamais les parties par leur nom, mais seulement par le nom des avocats qui plaident pour elles. Il étoit donc nécessaire que des procureurs, qui dans les circonstances présentes font les affaires des avocats, donnassent des conclusions. Immédiatement après les conclusions, M. l'avocat général parla; il reprit sommairement toute l'affaire de Saint-Joseph ; et quoiqu'il ne fît pas lecture de tous les interrogatoires et de toutes les dépositions, il fut obligé d'en lire quelques-unes, comme celles de la mère Becquet, religieuse de Saint-Joseph, de Mlle de Courson et de M. Terray de Rozières. J'ai marqué quelle étoit la place des avocats généraux lorsque la séance est dans les sièges hauts, mais ici elle étoit dans les siéges bas, comme les autres. L'avocat général étoit derrière le banc des pairs qui est en face des présidents, dans la place la plus près de la lanterne, et par conséquent vis-à-vis M. le premier président. Il parla debout, suivant

---

(1) Bourgeois de Boynes, maître des requêtes, intendant de Franche-Comté.

l'usage. Les deux autres avocats généraux n'y étoient point, et le procureur général, qui étoit aussi debout pendant le plaidoyer, étoit placé à la droite de son frère, mais à deux places de distance. L'avocat général conclut à ce que Mme de la Coudre fût mise hors de cour ; qu'à l'égard de Mlle d'Escouflet, il lui fût fait injonction d'être plus circonspecte à l'avenir ; et à Mlle Geoffroy, pareille injonction, mais sous condition de peines plus grièves en cas de récidive. Aussitôt après les conclusions, on fit retirer l'audience, et M. le premier président prit les opinions. M. le duc de Fitz-James opina pour un plus amplement informé (1). Il fut arrêté à la pluralité que Mme de la Coudre seroit renvoyée de l'accusation, ce qui est un jugement plus favorable que d'être mise hors de cour, mais l'avocat général ne conclut jamais au plus favorable en matière criminelle. Les conclusions ne furent pas suivies non plus en entier ; on trouva que les deux petites pensionnaires méritoient un traitement égal : la petite d'Escouflet, puisque le mensonge qu'elle avoit fait étoit la cause de toute la procédure et de toutes les recherches qui avoient été faites, et que la petite Geoffroy étoit justement répréhensible pour avoir affirmé, soutenu et ensuite nié devant la justice le propos de la petite d'Escouflet.

Il faut observer qu'à l'audience, l'opinion commence toujours par le plus ancien des présidents à mortier ; après les présidents, le doyen des conseillers, qui est M. Sévère ; ensuite M. Pasquier, M. Lambelin, M. Titon, M. l'abbé de Salaberry. Ces quatre derniers étoient sur les bancs des pairs. Après M. de Salaberry, M. le premier président prend la voix des conseillers et des honoraires, suivant que chacun est placé, comme je l'ai déjà dit. Après les conseillers, M. le duc de Duras, qui est le dernier des pairs, et les autres de suite ; il finit par les princes du sang. Presque

---

(1) Cet avis fut suivi par un ou deux des juges. (*Note du duc de Luynes.*)

à toutes les séances, M. le maréchal de Noailles ne se mettoit point à sa place ; comme il est sourd, il se plaçoit auprès de M. Pasquier, mais on prenoit toujours sa voix comme s'il avoit été à son rang d'ancienneté. Il y a encore une observation, c'est qu'à l'audience on ne compte pas les voix.

Lorsque les opinions furent finies, on fit rentrer les parties. Les procureurs répétèrent leurs conclusions. Le premier président se leva comme pour prendre les opinions, parce que c'est l'usage ; il se rassit, prononça l'arrêt tel qu'il vient d'être expliqué, nommant les parties par le nom de leurs procureurs, et on fit retirer l'audience.

Il fut question ensuite des recherches faites à l'occasion des propos tenus à Paris, sur lesquels il avoit été fait des informations dans la procédure de Versailles. J'ai déjà parlé de ces propos : « Qu'il falloit qu'il y eût une saignée en France, qu'il falloit détruire la maison de Bourbon », propos tenus, disoit-on, par maître d'Escouvet, avocat, dans un souper chez M⁰ Le Noir, autre avocat. Plusieurs personnes avoient été arrêtées à l'occasion de ces propos pour les avoir entendus et répétés : un abbé, un marchand de bas nommé Gabriel, un domestique nommé Noël Roy, dit le Roi, servant M. Fossier, la cuisinière dudit Sʳ Fossier, un domestique de Mᵉ Poitiers, procureur, nommé Aubry. Tous ces différents déposants ne répétoient que le propos tenu par le nommé Saint-Jean, qui disoit l'avoir entendu dire à Mᵉ d'Escouvet. Quoique ces différentes personnes eussent été interrogées juridiquement, il étoit de règle de les faire venir à la Grande-Chambre et de leur y faire encore subir un interrogatoire. Cet interrogatoire fut fort court pour chacun des accusés ; ils soutinrent ce qu'ils avoient déjà dit sur la saignée en France ; ils nièrent le propos sur la maison de Bourbon. On a vu, par ce qui a été expliqué ci-dessus, qu'on a pu avoir lieu de croire que ce propos de la saignée en

France n'étoit peut-être qu'un discours mal entendu et répété indiscrètement. Le plus coupable, sans contredit, de tous les accusés étoit le nommé Saint-Jean, pour avoir répété ce propos criminel, en supposant qu'il a été tenu réellement dans d'autres termes et à l'occasion d'un homme de la compagnie malade qui avoit besoin d'une saignée. Aux opinions il fut arrêté, à la pluralité, de renvoyer les accusés en état d'assignés pour être ouïs ; il n'y eut que deux opinions pour que le nommé Saint-Jean fût admonesté. M. le prince de Conty fit une observation fort sage par rapport à la cuisinière, qui paroît n'avoir qu'entendu ce propos sans le répéter ; il proposa qu'elle fût mise hors de cour, et tout le monde revint à son avis.

L'affaire qui fut rapportée après celle-ci fut celle de Ricard. J'ai déjà dit que c'étoit un scélérat, voleur de grand chemin, homme très-bien fait, âgé de vingt-deux ans, beaux cheveux, belle figure, mais voleur, assassin et vraisemblablement calomniateur. L'affaire du vol et de l'assassinat a été suivie à Montdidier, et on y a entendu quatre-vingt-dix-neuf témoins. L'affaire concernant l'accusation intentée par ledit Ricard contre plusieurs personnes a donné occasion à deux informations, dans l'une desquelles on a entendu trente-quatre témoins et trente-cinq dans l'autre. Pour rendre la procédure régulière, il faut récoler tous ces témoins avec dix ou douze accusés, et par conséquent il falloit tout faire venir à Paris pour y suivre l'affaire, ce qui auroit engagé dans des frais immenses. On paye tant par jour pour ceux que l'on fait venir, et l'on paye un jour pour chaque dix lieues de distance. On estimoit qu'il en coûteroit 100,000 francs au Roi pour suivre l'affaire à Paris, et seulement 6,000 livres pour la suivre à Montdidier. Cette affaire n'a été portée directement et en première instance au Parlement que parce que Ricard a dit qu'on lui avoit proposé d'assassiner le Roi et a impliqué dans cette accusation un quidam qu'il n'a pas nommé, mais qu'il dit être complice de Damiens. C'est ce qui a donné lieu à entendre les soixante-neuf témoins; desquelles dépositions il résulte peu d'éclaircissement. Ce sont donc deux affaires. Dans l'une, Ricard est accusé très-criminellement, et dans l'autre il est accusateur. On proposa de faire la distinction de ces deux procès en les renvoyant l'un et l'autre à la justice de Montdidier, et d'arrêter que l'accusation contre Ricard seroit jugée définitivement à Montdidier en première instance, et que celle où Ricard est accusateur seroit seulement instruite à Montdidier et renvoyée au Parlement pour le jugement définitif. M. Roland fit une observation sur l'irrégularité de la forme, parce qu'il y a eu des témoins entendus à Paris; mais il passa presque tout d'une voix que l'instruction se feroit à Montdidier et qu'on ajouteroit seulement que le juge de Montdidier agiroit en vertu d'une commission du parlement de Paris. A l'égard de la séparation ou de la jonction des deux affaires concernant Ricard, cet article fut très-débattu, et il fut arrêté, à la pluralité, que le jugement définitif des deux affaires seroit également renvoyé au Parlement, parce qu'on supposa qu'il pourroit y avoir quelque rapport de l'une à l'autre. Ce jugement oblige de remener Ricard à Montdidier; il faudra ensuite le faire revenir à Paris, et peut-être le renvoyer pour l'exécution, ce qui forme un embarras, parce que c'est un homme violent et difficile à garder. Il fut question dans la même affaire d'un appelé Thomas, dit le Grand Thomas, marchand d'Artois, l'un des accusés nommés par Ricard, et qui s'étoit venu mettre lui-même dans les prisons de la Conciergerie; il avoit présenté une requête au bas de laquelle le procureur général avoit mis : « Je n'empêche pour le Roi que ledit Thomas ne soit renvoyé en état d'assigné pour être ouï, à condition de se représenter et d'élire domicile à Montdidier. » Ces conclusions furent suivies. J'ai parlé des informations faites sur les propos avant l'affaire de Ricard ; il y en a eu une faite sur un propos tenu au village de Savonnière en Touraine ; ce propos avoit été tenu par un particulier chez un horloger nommé Roger, ce propos étoit, dit-on : « Il est bien maladroit, il a manqué son coup. » On a dit qu'il avoit été tenu à l'occasion de l'horrible forfait de Damiens; il suffit qu'on puisse le soupçonner pour mériter de s'en instruire exactement; on a renvoyé l'information à Tours. On ne parla point de l'affaire de Gauthier ; elle paroît mériter attention sérieuse, mais elle n'étoit pas encore assez instruite pour qu'on pût en rendre compte. La séance finit à onze heures un quart. Il y aura encore matière à pareilles séances pour la suite de l'affaire de Gauthier, qui est une dépendance immédiate du procès de Damiens, et pour rendre compte des procédures de Montdidier par rapport à Ricard, quoique les deux affaires de cet assassin n'aient rapport au procès de Damiens que par une affaire qui paroît destituée de fondement.

J'appris il y a quelques jours que le Roi avoit accordé une pension de 10,000 livres à M. de Stainville, le père, et une de 8,000 livres à Mme de Machault. Dans la dernière séance du sceau, le Roi a scellé des lettres d'érection de la terre d'Arnouville en comté.

Le parlement de Rennes a fait toujours beaucoup de difficultés sur l'enregistrement du vingtième ; mais on s'en est passé, ce qui est facile dans les pays d'États. Les États ont enregistré le vingtième ; en conséquence, ils en ont ordonné la levée, et cet ordre a été signifié aux membres mêmes du Parlement, et exécuté.

Le parlement de Metz étoit assez disposé à faire des difficultés. M. le maréchal de Belle-Isle demanda que la déclaration du vingtième ne fût point envoyée qu'il n'eût écrit auparavant ; il écrivit une longue lettre au premier président et au procureur général ; les lettres furent lues au Parlement, et la déclaration fut enregistrée.

Du mercredi 6, *Dampierre*. — On a eu des nouvelles certaines que Wesel est évacué et qu'on a fait sauter une partie des fortifications; mais le peu d'effet qu'ont produit les mines sous les ouvrages qu'on vouloit détruire, donne lieu d'espérer qu'on pourra rétablir une partie de ce qui est détruit, de manière à en faire usage. Cette place est importante à garder; il y peut tenir 10,000 hommes d'infanterie et 2,000 chevaux, et il y a de quoi établir des magasins immenses.

On apprend que le général Apraxin, qui commande les troupes russiennes, a reçu ordre de l'impératrice de Russie de commencer ses opérations; qu'elle ne le rendroit responsable de rien et qu'il n'eût aucun égard aux ordres qui lui seroient envoyés, à moins qu'ils ne fussent signés de la main de cette princesse. La raison qui a vraisemblablement déterminé de donner cet ordre à M. d'Apraxin, est la situation où se trouve actuellement la Russie. M. de Bestuchef, grand chancelier, et M. de Woronzoff, vice-chancelier, sont les deux principaux ministres de cette cour; il s'y est formé des brigues et des cabales, tant à l'occasion de la guerre présente que par rapport à l'intérieur de l'empire. L'Impératrice est dans un âge qui forme un temps critique pour sa santé; on a cru qu'elle avoit des incommodités qui la menaçoient d'une fin prochaine; ces bruits se sont trouvés sans fondement. Apparemment que l'Impératrice n'a pas été contente de la conduite de M. de Bestuchef dans ces circonstances. Ce ministre est dévoué au parti de l'Angleterre. M. de Woronzoff est bien intentionné pour les intérêts de la France; son crédit a paru augmenter, et par conséquent celui de M. de Bestuchef a diminué. C'est cette division dans le ministère russien qui a empêché les troupes de cette nation d'agir offensivement, comme elles l'auroient pu faire dans les derniers mois de l'année passée. Actuellement les neiges sont trop abondantes pour qu'elles puissent rien entreprendre.

Du jeudi 7, Dampierre. — Je n'ai point marqué la mort de Mme Ogilvy,(1). C'étoit une femme illustre par les marques de zèle et d'attachement qu'elle a données au parti du prince Édouard, ayant fait plusieurs voyages en Angleterre pour le service de ce prince; elle s'étoit déguisée et elle se trouva dans une circonstance où il fallut qu'elle marchât sur ses genoux pour cacher sa taille et n'être point reconnue. Étant grosse, elle prit le parti d'aller accoucher dans son pays pour que son enfant ne pût pas être réputé étranger. Il y a environ deux mois qu'elle est morte. Son mari a un régiment au service de France.

Du vendredi saint, 8 avril. — Il n'y a rien eu de remarquable à la cène. C'est M. l'évêque de Saint-Omer (Montlouet) qui a fait l'absoute à celle du Roi et à celle de la Reine; M. l'abbé Fresnoy, premier vicaire de Saint-Germain l'Auxerrois, a prêché à celle du Roi. Il y avoit, suivant l'usage ordinaire, deux huissiers de salle, un contrôleur, les trois officiers des cérémonies, le contrôleur ordinaire de la bouche, le maître d'hôtel, M. de Beauchêne, maître d'hôtel ordinaire, M. de Livry, premier maître d'hôtel, M. le prince de Condé comme grand-maître, Mgr le Dauphin, tous les princes du sang (2) et les légitimés, suivant leurs rangs, M. de Verneuil, comme grand ou plutôt comme premier échanson, M. de la Chesnaye comme grand ou plutôt comme premier écuyer tranchant; les sept autres plats étoient portés par des gens de la Cour et présentés au Roi par M. Ménard, contrôleur général de la maison.

A la cène de la Reine, il y avoit Mmes les duchesses de Brissac, de Boufflers et de Fitz-James, et Mme de Tessé

---

(1) Marguerite Johnston, vicomtesse d'Ogilvy, morte à Paris le 11 mars 1757.

(2) M. le comte de Charolois n'y étoit pas, ni M. le duc de Chartres. (*Note du duc de Luynes.*)

la jeune, Mmes de Talleyrand, de Flavacourt, de Bouzols, de Gramont et Mme la marquise de Brancas. Les six premiers plats étoient portés par Madame, Mesdames Victoire, Sophie et Louise et par Mme la duchesse d'Orléans et Mme la princesse de Condé ; c'est aussi Mme la marquise de Brancas qui a quêté.

J'ai marqué ci-dessus que le scélérat Damiens a été gardé dans la tour de Montgommery par douze sergents aux gardes, choisis par distinction, fonction fatigante par l'assiduité, l'ennui et l'horreur du spectacle qu'ils avoient presque toujours sous les yeux, puisqu'il y en avoit quatre qui ne le quittoient jamais qu'ils ne fussent relevés par quatre autres. Outre cela, il y avoit quatre soldats aux gardes destinés pour le service de ce misérable et pour ce qu'il y avoit à faire dans la prison ; c'est ce qu'on appelle les infirmiers. Il étoit de la bonté du Roi de faire quelque grâce à ces douze sergents et aux infirmiers. J'apprends dans ce moment que S. M. a eu la bonté d'accorder 300 livres de pension à chacun des premiers, et 200 livres de pension à chacun des infirmiers.

On continue les informations au sujet du nommé Gauthier, intendant de M. de Ferrière, dont j'ai parlé ci-dessus. J'ai déjà dit que M. de Ferrière est en son nom Le Maître, nom fort illustre dans la robe ; c'est de cette même famille qu'étoit M. de Sacy, dont la Bible et les autres ouvrages sont connus.

Les gens qui ne cherchent qu'à entretenir la fermentation dans les esprits, ont cru en avoir trouvé une occasion dans ce qui vient de se passer dans la paroisse de Sainte-Marguerite à Paris, mais leurs mesures ont été déconcertées par la sagesse du prêtre. Voici le fait, il peut mériter d'être écrit pour servir d'exemple. Un malade en danger de mort demande un confesseur, et lorsqu'il est arrivé, sans attendre aucune question, il lui parle en termes peu mesurés contre la constitution *Unigenitus* et se déclare appelant et réappelant. Assurément c'étoit bien le cas du refus de sacrements, aux termes du bref du Pape et de la déclaration du 13 décembre dernier. Mais on auroit contesté les faits, et il auroit fallu les prouver. Le prêtre se conduisit avec prudence, il se retira et dit qu'il reviendroit. Des gens sages parlèrent au malade; il parut se mettre à la raison; on envoya avertir le confesseur, qui revint, et qui fut assez content du malade pour envoyer chercher le viatique. Mais lorsque Notre-Seigneur arriva dans la maison, le malade étoit dans le transport; on ne put lui administrer que l'extrême-onction. Le prêtre qui avoit apporté l'extrême-onction se retira en disant qu'il n'y avoit qu'à l'envoyer avertir si le malade revenoit dans son bon sens.

Du dimanche 10. — Il paroît, par ce qu'on apprend du roi de Prusse, qu'il a divisé en quatre corps ses troupes que l'on dit monter au total à 200,000 hommes; qu'il est à la tête du plus considérable de ces corps, et qu'il compte entrer en Bohême en même temps par quatre endroits différents. Son projet est de donner bataille aux Autrichiens, et s'il la gagne de faire un détachement considérable pour aller s'opposer aux entreprises des armées combinées de France et d'Autriche. Mais il paroît que le général Brown évitera autant qu'il lui sera possible d'en venir à une affaire générale, et qu'il cherchera plutôt à harceler les troupes prussiennes qu'à les combattre; et que pendant ce temps-là une autre armée autrichienne fera une irruption dans la Silésie prussienne.

Il y a longtemps que l'on parloit de M. l'évêque de Laon (Rochechouart) pour aller à Rome en qualité d'ambassadeur de France; mais il n'est déclaré que depuis deux ou trois jours.

Il est arrivé, depuis quelques jours, une aventure tragique au Havre de Grâce. Le vent impétueux que nous avons eu ces jours-ci étoit aussi violent dans ce port; il enleva le toit de la salle de la comédie dans le temps du spectacle; le feu prit; et il y a eu une quinzaine de personnes tuées ou brûlées, dont trois officiers et un commissaire de marine.

On parle beaucoup du retour de M. d'Affry et d'envoyer à sa place M. le président Ogier, qui est actuellement en Danemark, et qui y seroit remplacé par M. le comte de Bissy.

M. le vicomte de Talleyrand, frère de feu M. de Talleyrand, qui a été blessé et qui a une mauvaise santé, quitte le service. Il avoit un régiment de cavalerie que le Roi donne à M. de Talleyrand, fils aîné de la dame palais.

Mmes de Boufflers et de Bassompierre, toutes deux Beauvau et toutes deux attachées à Mesdames, sont retournées depuis peu de jours en Lorraine pour faire leur cour au roi de Pologne, comme elles ont coutume de faire tous les ans. On apprend que le roi de Pologne vient de donner à Mme de Boufflers la jouissance, pendant qu'il vivra, des revenus de la Malgrange qu'il avoit ci-devant donnés à feu M. le duc Ossolinski, à la mort duquel ils avoient été réunis au domaine.

On chanta hier après midi, à Versailles, les matines de Pâques. C'est un établissement fait l'année dernière à la prière de Mgr le Dauphin et dont j'ai parlé dans le temps. Ces matines sont chantées par la grande chapelle. Le Roi a demandé qu'on abrégeât le chant le plus qu'il seroit possible. M. l'évêque de Rennes prétend qu'il n'a jamais pu faire retrancher que 263 notes, mais que cela fait une demi-heure de moins.

J'ai marqué la mort de M. de Salvert; il est mort à Versailles et y a été enterré, dans l'église de Notre-Dame, avec tous les honneurs dus au grade qu'il avoit dans la marine. Les invalides qui sont pour la garde de Versailles s'y sont trouvés avec leurs officiers à leur tête et toute l'église étoit tendue.

On m'a mandé le nom du prédicateur de la cène de la Reine; c'est l'abbé Guyot, qui demeure à Paris et qui est chapelain de M. le duc d'Orléans.

Du lundi 11. — Les États Généraux avoient demandé au Roi qu'il voulût bien ne pas faire passer de troupes par Maestricht comme S. M. le demandoit, afin qu'on ne pût pas leur reprocher d'avoir manqué à la neutralité. Le Roi a insisté sur sa demande, et enfin les États Généraux ont permis le passage des troupes françoises; mais le Pensionnaire s'est trouvé dans un grand embarras à cause de la princesse d'Orange (1). Il en a parlé à M. d'Affry, qui lui a dit qu'il étoit prêt à aller trouver la princesse d'Orange s'il le vouloit. Le Pensionnaire a été transporté de joie de cette proposition et a embrassé M. d'Affry. M. d'Affry a été chez la princesse, qui lui a donné audience sur-le-champ; il lui a parlé avec beaucoup de respect, mais il lui a fait sentir qu'il étoit impossible qu'elle ne donnât pas son consentement. La princesse l'a bien senti, et après avoir beaucoup pleuré, elle a demandé pardon à M. d'Affry de sa foiblesse et lui a dit qu'elle n'avoit pu refuser ce mouvement de sensibilité à l'obligation où elle se trouvoit de donner des facilités pour entrer dans le pays du Roi son père et lui faire la guerre. Cela prouve bien qu'il n'y a pas de neutralité pour Hanovre (2).

Le compliment que fit hier le P. Neuville a été fort touchant. Il a dit que c'étoit la dernière fois qu'il montoit en chaire et qu'il alloit passer le reste de ses jours à faire des vœux pour le Roi.

Mme de Périgord prit hier son tabouret comme grande d'Espagne. Mme de Gisors le prend aujourd'hui.

---

(1) Anne d'Angleterre, fille du roi Georges II, veuve le 22 octobre 1751 de Guillaume-Henri Frison, stathouder de Hollande, et régente pendant la minorité de son fils Guillaume V.

(2) L'électorat de Hanovre était possédé par le roi d'Angleterre Georges II, père de la princesse d'Orange.

C'est demain que se fait à Paris, à l'hôtel de la Rochefoucauld, la noce de M. de Chabot avec la fille de feu M. le duc d'Anville, qu'on appelle Mlle de la Roche-sur-Yon. M. de Chabot le père donne 20,000 francs à son fils pour les frais de noce. Le marquis de Rais, grand-père maternel de M. de Chabot, lui donne une bourse de 100 louis et une aigrette de diamants à sa femme. Mme la marquise de Roye donne deux boutons de diamants; M. le duc de Rohan donne neuf boutons de diamants pour une pièce de corps, et le marié donne à sa femme une belle paire de boucles à girandoles.

M. de Berchiny (1), lieutenant général, marie son fils avec la fille de M. de Bail, commandant des cadets du roi de Pologne, duc de Lorraine. Le roi de Pologne donne une place de chambellan au marié et 4,000 livres d'appointements. Le Roi assure 4,000 livres de douaire. La mariée a actuellement 100,000 francs d'une part et vingt de l'autre sans aucune autre assurance.

M. Tessier, l'un des trésoriers de la grande écurie et ci-devant notaire du fameux Samuel Bernard, fait un double mariage avec les Bontemps. Son fils épouse la sœur de Bontemps, et sa fille épouse Bontemps, premier valet de chambre du Roi. Tessier le père donne 100,000 écus à son fils; il loge et nourrit son fils et sa fille. Le Roi donne au fils (Tessier) une quatrième place de fermier général.

Du jeudi 14, *Dampierre.* — On trouvera ci-après la copie d'une lettre que je reçois de Paris du 11.

Le Roi a donné 2,000 écus de pension à M. Severt (1) et autant à M. Pasquier; 1,000 écus à M. Lambelin; 1,000 écus à M. Rolland;

---

(1) Le duc de Luynes écrit, comme on prononçait, Berchigny.

(2) M. Severt est doyen du Parlement, il a soixante-quinze ans; il a été premier rapporteur de l'affaire de Damiens et premier commissaire; M. Pasquier a été le second rapporteur et le second commissaire; ils ont eu un travail prodigieux. C'est mal s'exprimer que de dire premier commissaire,

2,000 francs à M. Pierron, et 1,500 livres au Sʳ Le Breton, greffier. Ce n'a point été pour les affaires de l'Église que Gauthier a été à la Bastille, c'est pour des écrits faits en 1740 par un nommé l'abbé Prévost, que M. de Marville le fit mettre à la Bastille : il l'interrogea, le fit sortir au bout de six semaines et lui donna sa liberté dans Paris.

M. de Bellemont, colonel de la Vieille Marine, ayant dit à un lieutenant de ce régiment que tous les officiers vouloient qu'on le chassât, qu'il falloit qu'il se retirât, et que pour éviter que cela ne le déshonorât, il lui donnoit sept à huit jours pour demander à se retirer, le lieutenant dit qu'il le feroit. Il écrivit à un frère qu'il avoit lieutenant dans le régiment de Bourbonnois; ce frère est venu à Paris chercher M. de Bellemont. Ayant appris qu'il étoit à Valenciennes, il y est allé. Le lendemain, trouvant M. de Bellemont, il s'est battu avec lui et lui a donné un coup d'épée dans le ventre. On le dit très-mal. Ce lieutenant dans le régiment de Bourbonnois s'est sauvé.

M. de Champignelles et M. d'Escorailles vont à l'armée à la place de deux autres officiers qui ont demandé à n'y pas aller, dont l'un est M. de Castellanne et l'autre est M. de Valence. Ils n'avoient pas demandé à servir ni l'un ni l'autre à cause de leur mauvaise santé. M. de Valence est dans son lit, malade d'un rhumatisme; M. de Castellanne est celui qui étoit major de la gendarmerie.

On croit que M. de Poyanne aura un corps de réserve et que M. d'Estourmel et M. de la Valette serviront sous lui. M. de la Valette n'est point l'écuyer du Roi; il a été

---

parce que M. le premier président et M. le président Molé ont été certainement les deux premiers commissaires. Il y a encore eu deux autres commissaires, savoir : MM. Lambelin et Rolland, qui sont conseillers de Grande Chambre et qui n'étoient point rapporteurs. M. Pierron est substitut du procureur général, et M. Le Breton principal commis du greffe, homme très-estimé, et qui a donné des preuves de sa capacité dans cette affaire. J'ai déjà marqué que le dernier interrogatoire qu'il a fait au criminel a été trouvé un ouvrage admirable dans ce genre. (*Note du duc de Luynes.*)

mousquetaire ; il eut une compagnie à Malplaquet dans le régiment d'Autanne, qui depuis a été reformé dans Gesvres. Il a toujours eu la réputation de bon officier ; il étoit favori de M. le duc du Maine ; il avoit épousé en secondes noces une nièce d'un secrétaire des carabiniers.

J'apprends dans le moment que le fils de feu M. de Quinsonas, premier président du parlement de Besançon, a 4,000 livres de pension ; cela fut fait avant-hier dans le travail de M. le chancelier avec le Roi.

Mme Grimod, qui a cent deux ans et est intime amie de M. le maréchal de Coigny, et qui demeure avec lui, vient d'avoir une grande maladie ; elle a cru mourir. Elle a fait venir tous ses enfants et petits-enfants et arrière-petits-enfants ; elle a parlé à sa belle-fille, Mme Dufort, qu'elle n'avoit pas vue depuis longtemps et qui est Caulaincourt en son nom, et elle lui a fait sentir qu'elle devoit oublier les sentiments que pouvoit lui inspirer sa naissance à elle dans l'éducation de son fils ; que, quoique riche, il ne falloit point lui laisser oublier ce qu'il étoit par lui-même ; elle a parlé très-bien et avec amitié à Mme de la Ferrière, qui avoit épousé en premières noces un de ses enfants. Elle a tenu de très-bons propos à M. de Malesherbes, et donné des conseils à sa femme qui est sa petite-fille ; et après tout cela elle est hors d'affaire. On pourroit dire sur elle ce que le cardinal d'Estrées disoit au sujet du duc d'Estrées, son frère aîné ; ils étoient fort vieux tous deux, mais beaucoup moins que Mme Grimod. Le duc d'Estrées fut très-malade ; il guérit ; on en faisoit compliment au cardinal, qui répondit : « Ce n'est pas la peine qu'il se rhabille. »

Je ne sais si j'ai parlé d'un paquet qui est dans la famille de MM. d'Argenson depuis longtemps et qui ne doit être ouvert qu'après cent ans révolus. M. d'Argenson, bisaïeul de M. de Paulmy, a menacé ses enfants de sa malédiction s'ils l'ouvroient plus tôt. M. de Paulmy apporta avant-hier ce paquet au Roi et à la Reine ; il est plié comme une petite lettre; il y a une suscription latine que je ferai copier ici à la marge quand on me l'aura envoyée (1). M. de Paulmy, qui a beaucoup de mémoire, se souvient d'avoir entendu dire à M. son père qu'il avoit vu à Tours un abbé nommé M. Rigaud; que cet abbé Rigaud avoit vu le bisaïeul de M. de Paulmy et saint Vincent de Paul, qui étoient en grande liaison d'amitié, et qu'il croyoit que le billet cacheté étoit une prédiction de ce saint sur la religion. Les cent ans ne seront entièrement révolus que les premiers jours de l'année 1759. Ce billet fit une grande difficulté à l'inventaire de M. le marquis d'Argenson, père de M. de Paulmy. La règle est de porter les papiers cachetés chez le lieutenant civil; le lieutenant civil dit que si on le lui portoit, il ne pouvoit s'empêcher de l'ouvrir; il fallut que M. de Paulmy demandât un ordre du Roi, qu'il obtint, pour que le billet lui fût remis comme l'aîné de la famille.

Il paroît depuis quelques jours un arrêt daté du 21 mars pour une loterie royale; il est composé de 13 articles. Par le premier, l'ouverture est indiquée au mois de mai prochain, mais on y porte déjà de l'argent en foule; l'exécution doit durer douze ans; le fonds est de 36 millions de livres. 2° Tout François et étranger y seront également reçus. 3° 60,000 billets de 600 livres chacun payable en un seul payement. 4° 60,000 lots;

---

(1) Suscription du paquet, en lettres d'un caractère moulé, de la main de M. le comte d'Argenson, ambassadeur à Venise:

« Æterno patri, æternæ rerum omnium origini. Sacrum anno Domini
« MDCLVIII, quod aperire nefas, nisi post annum MDCCLVIII. »

Et sur une autre enveloppe qui n'est pas cachetée, il y a écrit, de la main de feu M. le marquis d'Argenson:

« Ce paquet a été laissé à Argenson par mon aïeul. »

Et plus bas:

« M. l'abbé Rigaud de Tours, qui étoit ami de mon ayeul, m'a dit que
« c'étoit une prophétie de saint Vincent de Paul, qui étoit aussi très-
« ami de M. le comte d'Argenson; sur l'état futur de la religion en
« France. »

chaque lot éteindra un billet. 5° Douze payements de ces lots d'année en année; le premier en juillet 1758 jusqu'en 1769. 6° Un seul tirage en mai 1758. 7° Des billets dits *cornichons*, contenant le lot et l'époque du payement, seront mis dans une roue différente de celle des billets. 8° Chaque lot payable dans les dix dernières époques aura 5 pour 100 d'augmentation du capital de chaque lot, jusqu'à l'échéance du payement du lot et sans réduction du capital. 9° On imprime cent registres ou talons de billets de 600 numéros chacun. Les billets numérotés depuis numéro 1 jusqu'à 60,000, et les registres ou talons de reconnoissance en nombre suffisant ; on en donne le modèle à la fin de l'arrêt. 10° Ces reconnoissances indiqueront les lots payables pour les dix dernières époques et la somme desdits lots ; il y aura à la tête de ces reconnoissances autant de coupons d'accroissement que d'années jusqu'au payement. Les reconnoissances et les coupons auront le même numéro. On sera obligé, trois mois après le tirage, de changer son billet contre une reconnoissance. 11° Les billets et les reconnoissances seront délivrés chez M. Micaut d'Harvelay deux fois la semaine ; on y payera les mêmes jours les lots et accroissements sans retenue, savoir : les lots seulement dans les deux premières époques sur les billets, et pour les dix dernières époques, on payera les lots sur les reconnoissances et les accroissements sur les coupons. 12° L'adjudicataire des fermes générales, par préférence au trésor royal, remettra chaque année, le 1er juillet, à M. d'Harvelay, les sommes nécessaires en deniers comptants, et ces sommes ne pourront être employées à d'autres usages. 13° M. d'Harvelay n'aura à compter des sommes reçues que par un état au vrai pour ce qui regarde le fonds de la loterie. A l'égard des autres recettes et dépenses, elles seront admises sur ses quittances et passées sur les procès-verbaux par M. le contrôleur général. Et lors de l'arrêté des derniers procès-verbaux, les pièces seront brûlées en présence du contrôleur général. On voit par la table des lots que la première époque monte à 6,666 ; la seconde à 3,674 ; la troisième à 3,880 ; la quatrième à 4,080 ; la cinquième à 4,300 ; la sixième à 4,520 ; la septième à 4,750 ; la huitième à 5,010 ; la neuvième à 5,280 ; la dixième à 5,550 ; la onzième à 5,840 ; la douzième à 6,450 ; ce qui fait en tout 60,000. Par l'addition des lots des douze époques, on voit qu'ils montent à la somme de 42,641,080 livres.

Cette loterie paroît plus avantageuse pour les particuliers que pour le Roi; mais le Roi trouve un secours présent. Il y a beaucoup d'argent dans Paris, et personne n'a droit de se plaindre puisqu'on agit volontairement et pour son propre intérêt.

M. le prince de Condé ne commandera point la cavalerie cette année; ce n'est pas l'usage qu'un prince du sang commande la cavalerie à sa première campagne; ainsi ce seroit à M. le prince de Condé l'année prochaine, et à M. le comte de la Marche en 1759, s'il y avoit guerre.

Du samedi 16, Dampierre.

Extrait d'une lettre de Paris du 14.

Le roi de Prusse a donné ordre à son général dans Dresde d'envoyer dire à Mme la comtesse de Brühl de venir dans son palais pour voir à changer quelque chose dans son appartement. Elle y est venue. Le général lui a dit qu'il avoit ordre du Roi son maître de l'arrêter; qu'il alloit la faire garder par un officier et par des gardes, et qu'il lui étoit défendu d'aller chez la Reine. On l'a gardée jusqu'au lendemain, qu'il est venu des carrosses la prendre pour la mener à Varsovie.

M. de Piavera, frère de Mme Brignole et de M. Balbi, est mort à Gênes.

M. de Monaco achète des habits de femme et des diamants; son mariage est sûr avec Mlle Brignole, et il n'en fait pas encore part. Il s'en va samedi et écrira de Monaco.

Du lundi 18, *Dampierre*. — On me mande que M. de Gironde, qui est aveugle et qui est fils de M. le comte de Buron, épouse Mlle de Vassé, qui est de Normandie et nièce de M. de Montmorin. C'est elle qui veut ce mariage, car son père et M. de Montmorin s'y opposent; elle a 12,000 livres de rentes d'une part, et de l'autre 200,000 francs de bien; elle va avoir vingt-cinq ans; elle n'attend que ce moment pour faire des sommations respectueuses.

On me mande du 16 l'accident affreux arrivé à M. de Lastic le fils; il partoit pour l'armée avec M. de Melford; ils étoient dans un cabriolet ayant avec eux une carabine chargée et mal arrangée. La carabine a parti; les balles ont si rudement effleuré la tête de M. de Lastic, qu'il est en grand danger; on l'a saigné sept fois; on craint fort la levée du premier appareil.

Du jeudi 21, *Versailles*. — On a fait dans le Temple la découverte d'une presse d'imprimerie très-considérable; on n'y travailloit que la nuit. On n'a arrêté personne; on s'est seulement saisi de toute l'impression, dont on ne dit pas le contenu.

M. de Lastic est hors d'affaire.

M. de Midorge, ancien maître des requêtes, marie sa fille unique à M. d'Alleville, colonel d'un régiment de son nom.

M. de Nicolaï vient de perdre une de ses filles, qui n'avoit que neuf ans, et qui étoit, à ce que l'on dit, fort jolie.

Les colonels qui ont leurs régiments sur les côtes ont ordre de se rendre à leur troupe le 1er mai.

M. le maréchal d'Estrées prit hier congé; il part après-demain pour aller prendre le commandement de l'armée.

Le Roi est allé aujourd'hui à Choisy jusqu'à vendredi.

M. l'abbé du Quesnois, grand vicaire de Coutances, est nommé à cet évêché, qui ne valoit que 18 ou 19,000 livres il y a quelque temps; mais il est fort augmenté.

L'évêché de Senez, qui ne vaut que 9,000 livres, vient d'être donné à un grand vicaire de ce diocèse dont le nom est de Wocles.

M. d'Avaray est mort le 17. Il avoit épousé une des filles de M. de Baschy, laquelle n'a que treize ans; elle est dans un couvent. La mère de M. d'Avaray étoit Maigret; elle avoit eu deux frères et deux sœurs. L'un des frères étoit M. de Cerilly (1) qui n'a point laissé d'enfants, et l'autre est M. d'Étigny, intendant de Pau, qui a plusieurs enfants. Des deux sœurs, l'une étoit la première femme de M. de Montmartel, morte sans enfants, et l'autre Mme Plot, qui a eu un enfant. Ces trois sœurs sont mortes toutes trois de la poitrine. Mme d'Haubercourt, qui n'a point d'enfants, est la tante paternelle de M. d'Avaray qui vient de mourir.

Il y avoit longtemps que je désirois d'avoir la lettre de l'Impératrice au Roi sur le malheur qui a si justement occupé et alarmé toute la France; ce n'est que depuis quelques jours que je l'ai. On en trouvera la copie ci-après.

Copie de la lettre au Roi écrite de la main propre de S. M. l'Impératrice, à Vienne, le 14 janvier 1757.

Monsieur mon frère, ce que j'ai senti en apprenant hier l'affreux événement de ce que l'on a osé tenter sur la sacrée personne de V. M., le 5 du courant, est si fort au-dessus de l'expression, que tout ce que je puis lui en dire c'est que non-seulement j'en ai été autant affectée que du plus grand des malheurs que j'aie éprouvés dans ma vie, mais que je sens même que je ne pourrois l'être davantage de ce qui pourroit m'arriver dans le sein de ma famille. Je me flatte que le Seigneur fera triompher la vertu en conservant les jours précieux de V. M. J'ai ordonné pour cet effet des prières publiques dans tous mes états, et je joindrai mes vœux à ceux de mes sujets; que V. M. soit persuadée qu'ils seront des plus ardents et des plus sincères, et l'effet e plus pur de mon estime et de mon amitié. Personne n'est plus digne qu'Elle de ces sentiments; mais personne aussi ne les a pour V. M. dans

---

(1) Il est mort intendant de Franche-Comté. (*Note du duc de Luynes.*)

un degré plus éminent que moi. Je lui recommande avec instance le soin de sa santé, qui ne me permet point de penser à autre chose dans ce moment-ci. Je la prie d'être persuadée du tendre intérêt que je prends à ce qui la regarde, et je l'assure encore une fois que je ne cesserai jamais d'être, etc.

M. le prince de Soubise est actuellement dans Wesel. Il paroît qu'on est très-décidé à agir hostilement contre l'électorat de Hanovre. Le Roi a offert de regarder l'électorat de Hanovre comme neutre, mais cette neutralité n'a point été acceptée jusqu'à présent, et le duc de Cumberland, qui est passé pour se mettre à la tête des troupes, est très-décidé à empêcher cette neutralité, voulant à quelque prix que ce soit faire la guerre à la France. Lorsque je dis que le Roi a proposé la neutralité, ce n'est pas parler correctement ; la France n'agit sur rien en son nom dans cette guerre : négociations, propositions, hostilités, tout est au nom de l'Impératrice, mais tout se fait de concert avec la France ; et quoiqu'il n'y ait actuellement que 4 bataillons autrichiens en Westphalie, et que l'armée françoise y soit au moins de 80,000 hommes, ou même 100,000 hommes, ces 100,000 hommes ne sont qu'auxiliaires des 4 bataillons. Si le duc de Cumberland n'avoit pas un crédit aussi décidé sur l'esprit du roi d'Angleterre, il sembleroit que l'intérêt de ce prince, comme électeur de Hanovre, seroit de consentir à la neutralité, et même de la désirer. Les troupes hanovriennes, jointes aux 12,000 Hessois et au petit nombre de troupes qu'a fourni la partie des princes de l'Empire que le roi de Prusse a mis dans ses intérêts, ne peut former qu'un corps d'environ 40,000 hommes, et par conséquent hors d'état de résister à l'armée françoise et autrichienne. L'électorat de Hanovre se trouve donc exposé à une invasion certaine. Le roi d'Angleterre est en droit de demander au roi de Prusse qu'il lui fournisse un corps de troupes suffisant pour le mettre en état de défendre son électorat. Et comment peut-on penser que le roi de Prusse soit dans la possibilité d'envoyer ce secours? L'abandon même qu'il vient de faire de Wesel est une preuve que dans un cas aussi pressant que celui-ci, il ne compte guère sur les souverainetés qu'il a du côté de la Westphalie, et l'on sait que dans le temps même qu'il étoit allié de la France, il ne regardoit point ces souverainetés comme l'objet principal à la conservation duquel il devoit s'attacher. Il est vrai qu'il a environ 200,000 hommes de troupes aujourd'hui; mais c'est en conséquence d'une augmentaion qu'il vient de faire depuis son invasion dans la Saxe, augmentation faite par contrainte et violence; et quoique cette augmentation lui ait produit 70 ou 80,000 hommes de plus, il ne peut guère se flatter d'avoir acquis des sujets fidèles et attachés à son service. D'ailleurs il faut que ces 200,000 hommes soient employés aux garnisons de ses places, aux défenses des passages par où l'on peut entrer dans son pays, et à former trois corps d'armée considérables vis-à-vis les troupes russiennes d'une part, et de l'autre vis-à-vis des deux corps d'armée autrichienne, l'un en Silésie et l'autre en Bohême. Dans cet état, peut-il envoyer des troupes en Westphalie? Et s'il ne le peut pas, l'électeur de Hanovre peut-il balancer sur la neutralité?

Cependant l'Impératrice, de concert avec la France, vient d'offrir encore de nouveau cette neutralité, pour prouver à tout l'Empire que ce ne sera qu'avec regret et par la seule impossibilité de faire autrement, qu'elle agira hostilement contre le pays de Hanovre et contre les autres princes qui refuseront de donner un libre passage par leurs états, pour faire repentir le roi de Prusse de l'infraction faite au traité de Westphalie. Il est parti depuis deux jours un courrier de M. de Staremberg pour aller en Angleterre par la Hollande demander au roi d'Angleterre une réponse positive et sur-le-champ. La action du duc de Cumberland qui vient de faire changer tout le ministère, qui n'a été que trois mois en place, fait juger que, malgré toute raison et toute vraisemblance, la neutralité sera refusée. Après ce refus, auquel on s'attend, on est en droit de déclarer aux puissances d'Allemagne liguées contre l'Impératrice, qu'elles exposent volontairement leurs troupes et leurs pays à des forces infiniment supérieures, et cela pour soutenir la déraison de l'électeur de Hanovre. On peut leur dire que la Suède, garante comme la France du traité de Westphalie, venant d'accéder au traité de Versailles, lequel n'est fondé dans tous ses articles que sur celui de Westphalie, c'est une marque certaine qu'il ne s'agit ici ni des intérêts de la religion protestante, ni de la calviniste, dont le libre exercice est assuré solennellement par ce fameux traité; que c'est une illusion que le roi de Prusse leur présente; et que la France, sans aucun intérêt particulier, n'emploie une aussi puissante armée que pour la liberté du corps germanique. Cette déclaration a déjà été faite à la diète de Ratisbonne, et le ministre de Suède y en a porté une semblable. Cette diète étoit composée d'environ 95 voix, dont 62 catholiques et 33 protestants. Des 33, 11 se sont déclarées, comme tous les catholiques, pour l'Impératrice; il n'en restoit donc plus que 22. Mais comme on compte les voix par les souverainetés, Hanovre en a 5 et le roi de Prusse en a 6. Il ne faut donc plus en compter que 11, desquelles le duc de Brunswick en a 2, les trois branches de Saxe, Gotha, Weimar et Eisenach chacune 1, Hesse-Cassel 2, à cause de la Thuringe, Anhalt-Dessau 1, Bade-Dourlach 1, et deux autres dont j'ignore le nom; mais ces puissances ne peuvent être mises en parallèle avec ce qui vient d'être expliqué.

Du samedi 23. — Le roi de Prusse continue à user de la même rigueur en Saxe; il vient d'envoyer dans une forteresse un des principaux ministres du roi de Pologne, M. de Watrenbach, qui a été gouverneur du prince royal. Il y a fort peu de temps qu'étant allé dans la maison de Mme la comtesse de Brülh, qui étoit pendant ce temps chez la reine de Pologne, il fit dire à cette dame qu'il avoit trouvé quelque changement à faire dans cette maison, et qu'il seroit à propos qu'elle y vînt elle-même pour les voir et les ordonner. Mme de Brülh quitta le palais et se rendit chez elle; le roi de Prusse en étoit sorti et y avoit laissé un officier, qui déclara à Mme de Brülh qu'il avoit ordre de l'arrêter et de la conduire en Pologne. Mme de Brülh écrivit sur-le-champ au roi de Prusse, qui lui fit une réponse fort sèche, à laquelle il joignit une apostille remplie de termes durs et méprisants. On trouvera ci-après la copie de l'une et de l'autre. J'ai vu une copie de cette même réponse du roi de Prusse qui est plus courte que celle-ci, mais ce sont les mêmes expressions.

Copie de la lettre de Mme la comtesse de Brülh au roi de Prusse.

« Sire, j'ai été si pénétrée des bontés de V. M. que je me croyois à l'abri d'encourir sa disgrâce. Cependant le général Belzom (?) vient de m'arrêter dans ma maison sans pouvoir me dire pourquoi; je me flatte qu'il rendra témoignage avec quel respect et soumission j'ai reçu cet ordre qui m'est très-sensible. V. M. est trop juste de me condamner sans écouter ma justification. Eh! comment puis-je me justifier si je ne sais de quoi on me croit coupable. Ce qui me fait le plus de peine, est le chagrin que la Reine en ressentira, parce que je ne suis ici que pour être attachée à sa personne. Il est sûr que ma santé, d'ailleurs assez dérangée, en souffrira un rude choc, mais la première considération l'emporte sur la seconde. J'attends avec soumission une réponse favorable de la justice et de la clémence de V. M. J'implore l'une et l'autre, et suis d'un très-profond respect, etc. »

Réponse du roi de Prusse.

Madame la comtesse de Brülh, j'ai reçu la lettre que vous avez voulu me faire le 21 du mois précédent; mais assuré de tous les soupçons trop bien fondés qui me sont parvenus, je ne saurois plus user d'indulgence envers vous, ni permettre que vous restiez plus longtemps à Dresde, et il faudra vous résoudre de faire le voyage de Pologne, où quelques officiers commandés pour cet effet vous accompagneront le 4 de ce mois.

Sur ce je prie Dieu, etc. »

Ensuite il est écrit de la propre main du Roi :

« Il y a trop de soupçons contre vous, Madame, pour que je tolère plus longtemps votre séjour à Dresde. Ne pensez pas que l'on m'offense impunément. Il n'y a rien de plus facile que de se venger quand on le veut ; il vous suffit de savoir que je le peux. Que votre mari et vous ne lassent pas ma patience, ou vous en ressentirez des effets terribles. Je veux bien malgré cela vous avertir que la Reine, les François et les Autrichiens veulent culbuter votre mari ; si vous vous donnez la peine d'examiner la chose, vous la trouverez vraie. Ce n'est pas que je veuille de son amitié, je le méprise trop, et je sais les moyens de vaincre mes ennemis ouverts et cachés sans avoir recours à des bassesses et à des cruautés. « Frédéric. »

L'inscription que le roi de Prusse a fait mettre sur ses canons mérite d'être remarquée ; je la joins ici : *Fide, spe, charitate debellatur cœlum ; terra tormentis* (1).

C'est d'hier que tous les petits marchands qu'on avoit soufferts depuis longtemps à Versailles, depuis l'escalier de la galerie des princes jusqu'à la salle des gardes, se sont retirés. La raison que l'on donne de cet ordre est le projet de faire actuellement une salle pour les Cent-Suisses, dans la pièce qui est au-dessus de la comédie (2), et de laisser plus de place pour la livrée dans la petite pièce qui est entre celle-là et la grande salle des gardes. Quoique ces deux arrangements ne fassent rien aux marchands qui sont au haut de l'escalier, M. le comte de Noailles a voulu que tous se retirassent.

Le Roi revint hier au soir de Choisy. Il n'y avoit à ce voyage-ci que Mme de Pompadour et Mme de Mirepoix.

---

(1) Le Ciel est vaincu par la Foi, l'Espérance et la Charité ; la Terre par les machines de guerre.

(2) Cette pièce est désignée dans les plans de Blondel sous le nom de *Salon des marchands*. Elle porte aujourd'hui le nom de Salle de 1792.

AVRIL 1757.

Le Roi y tint hier conseil d'État, et les ministres y dînèrent suivant l'usage. M. l'abbé de Bernis y étoit et eut l'honneur de manger avec le Roi. Cela a été remarqué, parce qu'on a vu dans les voyages de Rambouillet que M. l'abbé de Broglio n'avoit pas l'honneur de manger avec le Roi, et que l'on disoit pour raison que les ecclésiastiques n'avoient point l'honneur de manger avec le Roi. Cependant on sait que l'abbé de Grancey a eu cet honneur dans le temps de Louis XIV; il est vrai que c'étoit lorsqu'il avoit l'honneur de suivre ce prince à la guerre (1). Apparemment qu'on a jugé que les circonstances devoient être regardées les mêmes par rapport à M. l'abbé de Bernis.

J'ai parlé ci-dessus de la quatrième loterie royale qui vient d'être remplie avant le 1er mai, qui étoit le terme où elle devoit s'ouvrir suivant l'arrêt. L'empressement a

---

(1) L'abbé de Grancey étoit aumônier du Roi, qui avoit beaucoup de bonté pour lui; ses frères avoient l'honneur de manger avec le Roi. L'abbé de Grancey s'étant trouvé à portée du Roi dans le temps qu'il écrivoit et le Roi n'ayant point de bonnes plumes, l'abbé se mit à genoux devant la table et en tailla, et usant de la liberté que le Roi lui donnoit, il lui dit qu'il étoit bien triste pour lui que son habit le privât d'un honneur dont ses frères jouissoient. Le Roi ne répondit rien d'abord, mais quelque temps après il accorda à l'abbé de Grancey ce qu'il désiroit.

C'est dans un de ces voyages que M. de Louvois, secrétaire d'État, eut aussi l'honneur de manger avec le Roi. Le Roi n'avoit dans ce moment avec lui que M. le maréchal de Duras et M. le Premier, qui avoient l'honneur de manger à sa table. Ayant ordonné à M. de Louvois de le suivre, il fut assez étonné de voir que l'on avoit mis son couvert seul pour son souper. M. le Premier lui dit qu'étant ami et allié de M. de Louvois il avoit cru que Sa Majesté voudroit bien lui permettre de ne pas le laisser manger seul. M. de Duras ayant demandé la permission d'aller manger avec ces Messieurs, « Et moi, dit le Roi, je souperai donc tout seul? » Ils répondirent qu'ils auroient l'honneur de lui faire leur cour pendant son souper. Le Roi ayant paru peu satisfait de cet expédient, « Il y auroit un moyen, Sire, dit M. le Premier, lorsque Votre Majesté sera à table, ne pourroit-elle pas faire avertir M. de Louvois? » La proposition fut acceptée après un moment de réflexion. Le Roi ordonna qu'on mît deux couverts, outre le sien, et envoya quérir M. de Louvois qui travailloit ou faisoit semblant de travailler. Il fit apporter un couvert, et le Roi lui ordonna de se mettre à table. (*Note du duc de Luynes.*)

été si prodigieux pour apporter de l'argent de tous côtés chez M. Micaut, qui loge avec M. de Montmartel, qu'il n'a pas été possible de retarder plus longtemps. Il est certain que le sort de cette loterie est avantageux pour les particuliers, et par conséquent désavantageux pour le Roi. Cela est certain, si l'on considère cette loterie au point de vue d'un gain pour le Roi ; mais il paroît que l'objet dont on a été occupé étoit le besoin que le Roi avoit de toucher promptement une somme d'argent considérable, sans être obligé de rien imposer sur ses sujets, ni de faire aucun emprunt. Ceci cependant est une espèce d'emprunt, mais avec la différence qu'en empruntant au denier vingt, on se trouve, au bout de vingt ans, toujours chargé du même principal. Non-seulement le Roi a voulu payer la rente au denier vingt de ce qu'il empruntoit, mais encore que le principal fût remboursé au bout de douze ans. C'est cette opération qui fait paroître la loterie plus désavantageuse pour le Roi qu'elle ne l'est en effet. A peine cette loterie a-t-elle été remplie, qu'on agiotoit les billets à 12 livres de plus ; ils ont été à 36 livres et sont actuellement à 50 livres. A la première nouvelle de l'établissement de cette loterie, l'empressement a été si grand qu'il y avoit un juif qui avoit pouvoir de prendre pour 15 millions de billets. C'est toujours M. de Montmartel qui est à la tête de toutes les opérations de finance. Son crédit se soutient avec la même confiance dans toute l'Europe. On me contoit hier qu'il donna à dîner il y a quelque temps à une femme qui paroissoit n'avoir dans son ajustement rien qui la pût faire juger plus riche qu'une autre ; c'étoit la femme d'un de ses correspondants. M. de Montmartel fit la plaisanterie de dire devant elle qu'il étoit persuadé que s'il avoit besoin de 100 louis elle ne lui refuseroit pas. « Non, assurément, Monsieur, lui dit cette femme, et si vous avez besoin de 30 millions, je puis vous assurer que vous les aurez d'ici à huit jours. »

Il paroît depuis quelques jours une grande promotion dans la marine (1).

La séance d'aujourd'hui a commencé un peu après neuf heures. Les cinq princes du sang y étoient, et tous les Pairs, excepté M. le duc d'Antin, qui est parti pour l'armée. Il n'y a été question que de l'affaire de Gauthier. M. Sèvert en a fait le rapport en peu de mots. M. Pasquier a lu la déposition de Damiens à la question, la confrontation dudit Damiens avec M. de Ferrière et Gauthier, confrontation dans laquelle, comme je l'ai dit dans le temps, Damiens a soutenu le fait à l'un et à l'autre et a persisté sur le matelas. On a lu ensuite l'information, et il y a eu 22 témoins entendus; mais il n'a pas été nécessaire de confronter, parce que tous ont été à décharge, disant que Gauthier est fort honnête homme. Avant l'information, on avoit lu les interrogatoires faits audit Gauthier; il y soutient toujours qu'il y avoit près de trois ans qu'il ne l'avoit vu; qu'avant ce temps il lui parloit quelquefois dans la rue ou par la fenêtre; qu'il lui demandoit des nouvelles de ce qui se passoit au Parlement; qu'il se trouva un jour à la fenêtre avec M. de Ferrière; que Damiens ayant passé dans ce moment et lui ayant appris que le Roi avoit fait une réponse assez favorable à des remontrances du Parlement, nouvelle de laquelle Damiens paroissoit transporté de joie, lui Gauthier avoit dit à M. de Ferrière que Damiens étoit un bon citoyen. Après toutes ces différentes lectures, on a lu les conclusions du procureur général tendantes à un plus amplement informé, Gauthier cependant gardant prison pendant un an. On a été ensuite aux opinions. M. Pasquier a parlé du moyen dont on pouvoit se servir, qui est celui d'un monitoire, et a ajouté en même temps qu'il croyoit que ce n'étoit pas le cas, quoique cette affaire-ci fût grave,

---

(1) Elle comprenait 2 lieutenants généraux, 5 chefs d'escadre, 59 capitaines, 75 lieutenants et 127 enseignes.

3.

mais qu'elle ne l'étoit pas autant que celle de Damiens, sur laquelle on avoit trouvé des inconvénients au monitoire. Il a fort bien expliqué aussi qu'on ne pouvoit appliquer à la question sur une seule déposition, quoique celle-ci, par toutes ses circonstances, dût être regardée comme d'un grand point. Il a été d'avis des conclusions. M. Titon a expliqué dans son avis que le monitoire pourroit n'être pas hors de règle, comme M. Pasquier l'avoit pensé; et en concluant comme M. le procureur général, il a dit qu'il croyoit qu'on devoit empêcher pendant l'année Gauthier d'avoir commerce avec qui que ce soit dans la prison. L'avis des conclusions a été généralement suivi.

J'oubliois une circonstance essentielle, c'est qu'après la lecture des conclusions on a fait appeler Gauthier, que M. le premier président a interrogé debout pendant près d'un quart d'heure. C'est un gros homme de taille médiocre, visage fort rouge et boutonné, des cheveux blancs, âgé de soixante ans. Il a répondu à peu près comme dans ses interrogatoires; quelques détails de plus. Il est de Hesdin en Artois. Il vendoit des bas en 1731, à Paris, dans la place du Dragon; c'est là qu'il fit connoissance avec M. de Ferrière; il entra à son service en 1741. Il fut son intendant, mangeant avec lui. Il a trois enfants, dont une fille a épousé un valet de chambre de M. de Ferrière. Je répète ce qu'il a dit. Après les opinions, on a levé la séance.

Dans le moment qu'il y avoit encore plusieurs pairs qui n'étoient pas sortis de la Grande-Chambre, M. le duc de Mortemart a dit à quatre ou cinq qu'il étoit chargé par M. le duc de la Force de dire à tous MM. les pairs qu'il trouveroit, de la part de M. le prince de Conty, que M. le duc d'Orléans et M. le prince de Condé, qui avoient donné leur consentement à la qualité de prince que prétend depuis longtemps M. de Soubise, devoient venir chez M. le prince de Conty pour l'engager à consentir à cette qualité, mais qu'il prioit MM. les pairs de n'avoir nulle inquiétude de cette visite, qu'il persistoit et persisteroit toujours dans le refus formel et précis d'y donner son consentement. M. le comte de Charolois et M. le comte de Clermont font comme M. le duc d'Orléans à l'égard de M. de Soubise. Mme la duchesse d'Orléans dit qu'on lui couperoit plutôt la main que de signer un acte où elle reconnût cette qualité. On assure que toutes les princesses pensent de même, excepté Mlle de Sens.

Je n'ai appris qu'aujourd'hui ce qui est arrivé à M. le duc de la Force. On sait qu'il a eu deux fils et une fille. L'aîné des fils, que l'on appeloit le duc de Caumont, avoit épousé Mlle de Noailles, laquelle est dame de Mme la Dauphine; il est mort sans enfants. Le cadet, qu'on appeloit le marquis de la Force, avoit épousé Mlle Amelot; il a été tué en Italie; il n'a point eu d'enfants. La fille a épousé M. de Béarn, fils de M. de Brassac et de Mlle de Tourville. Mme de Béarn se trouve seule héritière de M. de la Force par la mort de ses deux frères. M. de la Force, à la mort de M. le duc de Caumont, qui n'est mort qu'après le marquis de la Force, voyant sa postérité masculine éteinte, a voulu faire ériger dans le principal lieu de ses terres un mausolée à son fils, avec une suscription où il étoit marqué que c'étoit le dernier de la maison de la Force. Un garde du corps de la compagnie de Villeroy, brigade de Montigny, a été choqué de cette inscription; il s'appelle Caumont et prétend avec raison, à ce qu'il paroît, être de même maison que M. de la Force. Il a écrit à M. le duc de la Force, qui a voulu le voir et qui, après avoir examiné ses titres, les a trouvés très en règle. Ces titres prouvent que c'est une branche de la maison de Caumont (c'est leur nom) qui est séparée de la branche aînée depuis deux cent cinquante ans, et qui ne s'est jamais mésalliée. M. le duc de la Force a été si content de l'examen des titres de M. de Caumont, qu'il l'a engagé à venir demeurer chez lui. Il veut lui faire épouser sa petite-fille, qui est la fille de Mme de Béarn; il lui donne 25,000 livres de rente, loge et nourrit les mariés. Mme de Béarn a paru peu satisfaite de ce mariage. M. son père lui a dit qu'il lui assureroit à elle 400,000 livres et tout son mobilier dont il pouvoit disposer, mais que ce seroit à condition qu'elle consentiroit à ce qu'il vouloit faire en faveur de M. de Caumont. La parenté de M. de Caumont avec M. de la Force ne fait rien pour le duché; M. de Caumont ne descend point de Jacques Nompar de Caumont, mort en 1652, et en faveur duquel la terre de la Force fut érigée en duché en 1637.

Le Roi a tenu la séance aujourd'hui pour la quatrième fois.

On enregistra avant-hier la déclaration contre les libelles; on en trouvera ci-après les articles.

1° Tous ceux qui seront convaincus d'avoir composé, fait composer et imprimer des écrits tendant à attaquer la religion, à émouvoir les esprits, à donner atteinte à notre autorité et à troubler l'ordre et la tranquillité de nos états, seront punis de mort.

2° Tous ceux qui auroient imprimé lesdits ouvrages, les libraires, colporteurs et autres personnes qui les auroient répandus dans le public seront pareillement punis de mort.

3° A l'égard de tous les autres écrits, de quelque nature qu'ils soient, qui ne sont pas de la qualité portée en l'article 1er, voulons que, faute d'avoir observé les formalités prescrites par nos ordonnances, les auteurs, imprimeurs, libraires, colporteurs et autres personnes qui les auroient répandus dans le public, soient condamnés aux galères à perpétuité ou à temps, suivant l'exigence des cas.

4° Les ordonnances, édits et déclarations faits tant par nous que par les Rois nos prédécesseurs sur le fait de l'imprimerie et de la librairie, seront exécutés. En conséquence, défendons à toutes personnes de quelque état, qualité et condition qu'elles soient, à toutes communautés, maisons ecclésiastiques ou laïques, séculières et régulières, même aux personnes demeurant dans les lieux privilégiés, de souffrir en leurs maisons, dans les villes ou dans les campagnes, des imprimeries privées et clandestines, soit avec presse, rouleaux ou autrement, sous quelque dénomination que ce soit.

5° Les propriétaires ou principaux locataires des maisons mentionnées en l'article précédent, dans lesquelles lesdites imprimeries privées et clandestines auront été trouvées, et qui ne les auront pas dénoncées à la justice, seront condamnés en 6,000 livres d'amende, en cas de récidive au double, sans que lesdites amendes puissent être modérées sous quelque prétexte que ce soit, à peine de nullité des jugements.

6° Les mêmes condamnations d'amende auront lieu contre les communautés, maisons ecclésiastiques ou laïques, séculières ou régulières, chez lesquelles seront trouvées des imprimeries privées et clandestines; et en outre elles seront déclarées déchues des droits et priviléges à elles accordés par nous et les Rois nos prédécesseurs. Si donnons-en mandement, etc. Donné à Versailles, le 16 avril 1757.

M. le duc d'Orléans a fait lire ce matin un mémoire assez long à tous les princes du sang, et ensuite à M. Rouillé.

Du mardi 26, Versailles. — Le Roi n'avoit point encore déclaré sa volonté au sujet de la place de premier président du parlement de Besançon, place difficile à remplir, et qui n'est pas exempte de désagréments pour celui qui l'occupe, par la disposition présente des esprits. M. Michotel, second président, s'étant bien conduit dans cette dernière affaire au sujet du vingtième, on avoit pensé qu'il pourroit avoir la préférence. Le président de Courbouson, magistrat dont l'esprit est doux, sage, conciliant, et qui a donné des preuves de ce caractère dans les discussions qui ont été pendant longtemps entre le feu premier président Boizot et le Parlement, paroissoit digne des bontés du Roi en cette occasion, d'autant plus qu'il a toujours été estimé et aimé de sa compagnie et de tous les commandants et gouverneurs de la province. Il y a aussi un président de Châtillon sur qui on pouvoit jeter les yeux. Enfin on croyoit que le Roi vouloit avant tout qu'il y eût quelques arrangements de faits; apparemment que tous ces obstacles sont levés, car le Roi vient de nommer premier président M. de Boynes, qui est intendant de la province. Ainsi voilà, pour ce moment au moins, les deux places d'intendant et de premier président réunies comme dans le parlement d'Aix. Le Roi a donné 3,000 livres de pension à M. Michotel; il en avoit déjà une de pareille somme.

Le Roi vient de donner au fils aîné de M. de Machault, qui a pris le petit collet dans le moment de la disgrâce de son père, un prieuré qu'avoit feu M. l'évêque de Coutances, qui vaut 10 à 12,000 livres de rente.

Nos commerçants ont perdu un bâtiment de 300,000 livres de charge, qui a été brûlé par les Anglois dans la rade de Verdon, à l'embouchure de la Garonne. Il y avoit une frégate chargée de garder l'embouchure de la Garonne; le capitaine, au lieu de demeurer à son poste, avoit remonté la Garonne avec sa frégate et étoit à Bordeaux; il étoit à la comédie quand les Anglois ont fait échouer le bâtiment; il a été mis en prison; mais ce qui est encore plus sensible, il n'a point été compris dans la promotion, quoiqu'il soit des anciens.

Du vendredi 29, Dampierre. — J'appris hier que Mme de Lismore a reçu une lettre de cachet pour se rendre à Caen; on n'en dit point la raison. Mme de Lismore est O'Brien. Son mari est de même maison; il a demeuré longtemps dans ce pays-ci chargé des affaires du roi Jacques, auquel il est attaché depuis longtemps. Depuis plusieurs années il est à Rome auprès de ce prince. Mme de Lismore a un fils qu'on appelle mylord Talon, qui est d'une figure agréable, et qui a beaucoup d'esprit et de talents. On disoit qu'il alloit se marier et épouser Mlle de Berville, petite-fille de M. de Berville-Collandre et de Mlle de Saillant.

On me mande le mariage de Mlle de Seignelay avec M. de Lordat, qui est dans la gendarmerie. Mlle de Seignelay est fille de feu M. le comte de Seignelay et de Mlle de Biron.

M. le duc de Rohan vient de perdre son fils unique, âgé de onze ans. Il ne lui restoit point d'autre enfant de son mariage avec Mlle de Châtillon, fille de feu M. de Châtillon et de Mlle Voisin.

M. le cardinal de la Rochefoucauld mourut hier à sept

heures du matin (1). Il étoit à Versailles samedi au soir très-gai et en bonne santé, et devoit travailler le lendemain dimanche avec le Roi ; il se trouva incommodé la nuit, et la fièvre lui ayant pris le matin, il partit à midi et demi pour Paris. Sa maladie étoit une fluxion de poitrine pour laquelle il a été saigné six fois. Avant-hier, on avoit eu beaucoup d'espérance, tous les accidents étant diminués ; mais cette espérance a été de peu de durée. Il a reçu tous ses sacrements et est mort avec beaucoup de piété. C'étoit un prélat qui est bien digne d'être regretté ; il ne faisoit apercevoir sa naissance illustre à ses égaux et à ses inférieurs que par sa politesse ; il étoit doux et gai dans le commerce, et il avoit cette rare vertu de simplicité si peu connue et si désirable. Il étoit attaché à la saine doctrine et a toujours été invariable dans ses sentiments. Il avoit dans l'esprit une mesure et une sagesse qui pouvoient n'être pas approuvées par le zèle ardent et indiscret, mais qui étoient plus propres à soutenir la religion. Depuis qu'il avoit la feuille des bénéfices, il s'étoit plus occupé que M. l'ancien évêque de Mirepoix à donner la préférence aux gens de condition, lorsqu'ils étoient dignes

---

(1) Il paroît qu'il n'est mort que le 29 au matin. On croyoit à Paris qu'on avoit caché sa mort pendant 24 heures ; cela n'est pas sans exemple à cause des économats ; cependant il paroît qu'il n'est pas mort le 28. Rien n'est si simple que les billets qu'on a envoyés pour son enterrement ; ils sont écrits à la main sur un petit morceau de papier, et il y est dit : « Vous êtes avertis que le convoi de S. Ém. M. le cardinal de la Rochefoucauld se fera aujourd'hui 30 avril 1757, en l'église Saint-Sulpice, sa paroisse, à six heures du soir. De la part de Mme la duchesse d'Ancenis et de M. et Mme la maréchale de Biron. »

M. le cardinal de la Rochefoucauld dicta le 28 son testament à l'abbé Roblot, et le signa ; il laisse son bien à partager également entre Mmes d'Ancenis et de Biron, ses nièces ; il fait des légs fort honnêtes à tous ses domestiques, et prie ses nièces de suppléer, en cas qu'il n'y ait pas de quoi remplir son testament. Il n'a été qu'une demi-heure sans connoissance avant que de mourir. Il est mort à quatre heures du matin. Depuis six heures du soir de la veille, il n'a voulu voir que son confesseur, qui est le prieur des Augustins. Il n'a point nommé d'exécuteur testamentaire ; c'est M. de Biron qui se mêle de tout. (*Note du duc de Luynes.*)

des grâces du Roi. Il s'étoit conduit à Rome avec ce même esprit de prudence et de sagesse qui dirigeoit toutes ses démarches, et c'est une grande perte dans les circonstances présentes ; il auroit été d'une utilité infinie à nos deux cardinaux et à notre nouvel ambassadeur. M. le cardinal de la Rochefoucauld n'avoit que cinquante-six ans ; une figure noble et agréable ; sa physionomie annonçoit son caractère. Il étoit archevêque de Bourges, grand-aumônier et abbé de Cluny ; il avoit encore d'autres bénéfices. Il étoit fils de feu M. le comte de Roucy et de Mlle d'Arpajon, dame de feu Mme la duchesse de Bourgogne. M. le comte de Roucy n'avoit eu que deux fils ; M. le cardinal de la Rochefoucauld étoit le cadet ; l'aîné étoit M. le comte de Roye, qui avoit épousé Mlle Huguet, et qui en avoit eu Mmes les duchesses d'Ancenis et de Biron.

MAI.

Mort du musicien Le Prince. — M. de Fontenay nommé ambassadeur de l'électeur de Saxe. — Mort du musicien Godonèche. — La *Gazette de France*. — Mort de l'abbé de la Grive. — Testament du cardinal de la Rochefoucauld. — Bulletins de l'armée de Westphalie. — Mort du chevalier de Mailly. — Succès du roi de Prusse en Bohême. — Succès de M. de Kersaint en Guinée. — Bulletin de l'armée de Westphalie. — Première affaire avec les Hanovriens. — Détails sur les revenus du Roi ; note sur la ferme du tabac. — Budget des recettes de 1757. — Finances de l'Angleterre. — Conduite de l'Angleterre en 1733. — Le Roi tient le sceau. — Nouvelles de Paris. — Départ des princes du sang pour l'armée. — Le Roi nomme un premier président au parlement de Rouen. — Nouvelles maritimes. — Premières nouvelles de la bataille de Prague. — Bulletin de l'armée de Westphalie. — Nouvelles de l'Inde. — Détails sur la bataille de Prague. — Note sur la bataille de Molwitz. — Nouvelles diverses. — Chapitre de l'Ordre. — Présentation de Mmes d'Étampes et de Lastic. — Mort de Mme Grimod. — Un mariage d'argent. — Récompenses données aux officiers et à l'équipage du *Robuste*.

Du lundi 2, Dampierre. — Jeudi dernier, 28 avril, on trouva, le matin, Le Prince (1), ancien musicien du

---

(1) Nicolas Le Prince, chantre de la chapelle-musique du Roi.

Roi, mort subitement. Il avoit environ soixante-quinze ans. Il avoit eu une fort belle voix de haute-contre. On lui avoit donné un quartier comme maître de musique de la chapelle. Ce quartier, qui est celui d'octobre, s'appeloit le quartier des morts, parce qu'il est destiné à faire exécuter les motets des maîtres qui sont morts. Les appointements des maîtres de quartier sont de 900 livres et ils sont chargés de faire copier les parties à leurs frais (1).

M. d'Erlach, capitaine au régiment des gardes suisses, épouse Mlle de Bessé, fille fort riche de la Religion, comme lui.

Nos troupes ont établi leur quartier général à Wesel, à Emmerich et à Duysbourg. Emmerich est à trois lieues de Clèves; il avoit été pris en 1672 par les François et fut remis l'année suivante à l'électeur de Brandebourg, qui l'avoit gardé jusques à présent. Duysbourg, autrefois ville très-forte, est à cinq lieues de Dusseldorf.

Du mercredi 4, Versailles. — M. de Witzhum, ministre du roi de Pologne électeur de Saxe, ayant demandé son rappel, M. de Fontenay, François qui demeuroit à Paris, a été nommé à sa place ; il eut hier sa première audience publique ici. C'est un homme d'environ cinquante ans, de taille médiocre. Son équipage n'étoit pas magnifique. On peut juger que dans l'état où est la Saxe, le roi Auguste ne peut pas faire beaucoup de dépenses. M. de Fontenay avoit trois carrosses à six chevaux, ses gens habillés de gris avec un petit bordé d'argent; les carrosses médiocres, les chevaux et les harnois assez beaux.

M. de Fontenay a le titre d'envoyé extraordinaire. Il a été employé ici dans le service ; il est sorti de France pour avoir eu une affaire et s'être battu; c'est dans la Saxe où il s'est retiré. Après l'aventure de Pirna, le roi de Pologne l'envoya ici et le chargea d'une commission secrète.

---

(1) Il avoit du feu Roi une pension de 900 livres sur le trésor royal. (*Note du duc de Luynes.*)

J'ai oublié de marquer la mort de Godonèche (1), ancien musicien du Roi. Sa voix étoit une basse-taille. Il n'avoit pas une grande voix, mais il chantoit avec goût. L'ancien usage, depuis assez longtemps, c'est qu'un des musiciens est chargé de la distribution de la *Gazette de France* qu'il porte au Roi, à la Reine et à la famille royale; ce qui vaut de gratification ordinaire environ 1,500 livres, et qu'outre cela il est chargé de faire l'article de Versailles de ladite gazette; Godonèche avoit cette commission. Sa femme est une des musiciennes de la musique de la Reine. Il laisse deux garçons et deux filles. L'un des garçons est embarqué pour l'Inde; il va avec M. de Lally. L'autre est employé dans les ports. Des deux filles, il y en a une qu'on espère faire recevoir à la musique. Le Roi a donné la distribution de la *Gazette* à un autre musicien nommé Filleul, et l'article sera fait par M. de Séqueville, commis du bureau des affaires étrangères de M. l'abbé de la Ville. On compte que cela leur vaudra à chacun 600 livres, indépendamment de 300 livres de pension qu'on a laissées à la veuve sur le total. La veuve a outre cela 600 livres de pension qu'avoit ledit Godonèche sur la cassette.

Du vendredi 6, Versailles. — M. l'abbé de la Grive est mort; c'est lui qui avoit fait ce beau plan que l'on connoît de Paris et des environs (2).

On trouvera ci-après le détail du testament de M. le cardinal de la Rochefoucauld, tel qu'on me l'a mandé; on trouvera aussi un triste détail des causes de sa mort.

Il laisse à un vieux gentilhomme à lui, qui avoit été à M. le cardinal de Polignac, 1,200 livres de pension; à son écuyer 1,000 livres de pension ou 10,000 livres d'argent; à son maître d'hôtel et à son chirurgien aussi 1,000 li-

---

(1) Sébastien Godonèche, chantre de la chapelle-musique du Roi.
(2) Ce plan, dessiné et gravé par l'abbé de la Grive en 1740, se compose de neuf planches qui sont conservées à la chalcographie du Louvre.

vres de pension ou 10,000 livres d'argent; à son concierge de Bourges 800 livres de pension; à ses deux premiers laquais 500 livres de pension chacun, et à ses autres domestiques à proportion de leurs services; à son suisse 400 livres de pension.

On lui a trouvé un poumon ulcéré, nageant dans l'eau et attaché à la plèvre. Le lobe du foie beaucoup plus gros qu'on ne l'a ordinairement. On lui a trouvé aussi tout l'œsophage gangrené.

Je n'ai point encore parlé de la position de notre armée en Westphalie; on trouvera ci-après la copie des bulletins de cette armée à mesure qu'ils m'arriveront.

Bulletin du 30 avril, à Wesel.

Nous avons toujours un corps à Lipstadt et un autre à Munster. On croit que M. de Soubise y va marcher avec son corps. Les Hanovriens et Prussiens, qui se sont retirés de cette première ville à notre arrivée, viennent de rentrer dans Rietberg qu'ils avoient aussi évacué. Les avis qu'on a reçus disent qu'il y a plusieurs régiments de cavalerie; ce qui prouve que les Prussiens n'y sont pas seuls, n'ayant point de cavalerie dans leurs troupes. M. d'Armentières et M. Bourret, principal ingénieur de cette armée, sont partis aujourd'hui pour aller reconnoître Gueldres, dont on veut changer le blocus en siége, en supposant que le mouvement que les ennemis ont fait de passer le Weser n'oblige pas à employer notre infanterie à soutenir ce que nous avons en avant. Nous n'avons pas encore ici de cavalerie, et quand il y en auroit on ne pourroit encore s'en servir. Il paroît que M. le maréchal d'Estrées compte sur les subsistances qu'on pourra trouver sur terre pour sa marche en avant quand le temps en sera venu, et que si l'armée de M. le duc de Cumberland passoit le Weser, comme il en fait mine, on ne pourroit guère lui opposer que de l'infanterie dans ce moment. Il y a des avis différents sur le siége de Gueldres; les uns prétendent qu'il est au moins très-difficile et qu'il ne faudroit qu'un blocus et un bombardement; et les autres que le siége en est facile; et il y a même un projet de rompre une écluse qui le faciliteroit encore davantage. Le rapport des déserteurs est qu'il y a 60 pièces de canon et 800 hommes dedans, dont il y en a 250 déserteurs françois qui ignorent encore le pardon qui leur est offert en rentrant dans le service du Roi. Jusqu'à présent le gouverneur ne fait tirer sur personne de ceux qui vont reconnoître la place, disant que le Roi son maître n'est point en guerre avec la France, et que si le premier jour il avoit fait tirer du canon sur les Fischer, c'étoit parce qu'il avoit cru que c'étoient des hussards autrichiens; il y avoit même ici un commissaire prussien chargé de faire les honneurs aux François qui arrivent dans la ville.

Il résulte de toutes ces nouvelles que nous allons attaquer une place qui ne se dit point notre ennemie, et que nous marcherons peut-être en même temps contre une armée qui n'a point encore refusé la neutralité. C'est une querelle d'amis qui ne finira point cordialement. M. le Maréchal envoie tous les officiers généraux qui arrivent à des destinations différentes.

Bulletin du 1er mai, à Wesel.

M. de Saint-Germain mande que la tête qui s'est fait voir à Bielefeld n'est point considérable; que par les nouvelles qu'il a, les Hanovriens auroient même de la peine à en rassembler une qui le fût davantage; qu'on peut être très-tranquille sur sa position et qu'il l'est lui-même infiniment. Il paroît que tout s'apprête pour le siége de Gueldres; cependant il faut encore du temps avant qu'on puisse le commencer. Chaque officier général va à son cantonnement particulier. La destination de M. le duc de Chevreuse sera quatre régiments de dragons qu'on lui réserve ici.

Bulletin du 2 mai.

Maréchaux de camp employés au siége de Gueldres : MM. d'Orlick, de Dreux, de Sparre, de Maupeou, d'Antin, de Leyde, de Beausobre.
Troupes qui seront employées à ce siége : Los Rios, autrichien, 1 bataillon; Picardie, 4; la Marine, 4; Dauphin, 2 ; d'Eu, 2; un de Périgord, et un des grenadiers d'Aulan. Ce qui fait 15 bataillons, et outre cela 300 hommes des bataillons de Royal-Artillerie, de Menouville et de la Mothe.

Du samedi 7, Versailles. — M. le chevalier de Mailly mourut hier à Paris; il avoit environ soixante ans. Il avoit été colonel de dragons et avoit été obligé de se retirer à cause de sa mauvaise santé. Il étoit frère de feu M. le comte de Mailly, dont la femme étoit dame du palais de la Reine, de M. de Rubempré, depuis comte de Mailly, aujourd'hui premier écuyer de Mme la Dauphine, de feu Mme de la Vrillière, depuis Mme de Mazarin, de Mme de Listenois et de Mme de Polignac. Une plaisanterie dont je ne sais pas l'origine lui avoit fait donner le nom de Bistoquet ; il étoit fort retiré et voyoit fort peu de monde.

Du lundi 9, Versailles. — Les nouvelles de Bohème apprennent qu'il y a eu une affaire entre les Prussiens et les Autrichiens. Les troupes du roi de Prusse, commandées par le prince de Bevern, ont forcé un passage qui va de la Lusace dans la Bohême aux environs de Reichenberg. Ce poste étoit occupé par quelque infanterie autrichienne et il n'y avoit point de cavalerie. Sur la nouvelle de l'approche des Prussiens, le général autrichien, qui étoit le prince de Lowenstein, a envoyé promptement quelques escadrons de cavalerie légère, qui, en arrivant, ont attaqué et battu celle des Prussiens ; mais l'infanterie autrichienne a été repoussée si vivement qu'elle a été obligée de se retirer avec perte. On avoit dit d'abord que le corps des Autrichiens étoit de 14,000 hommes, et que les Prussiens en avoient 20,000. Presque toutes les gazettes disent 20,000 Prussiens contre 30,000 Autrichiens. Il paroît certain cependant que les Autrichiens n'étoient qu'au nombre de 6,000 hommes. Cette irruption n'a point étonné le général Brown. Instruit que le roi de Prusse avoit divisé ses troupes en quatre ou cinq corps différents dans l'espace d'environ soixante-dix lieues, il a bien compté que quelques-uns de ces différents corps pourroient pénétrer ; mais sa position étant de demeurer dans le centre de la Bohême avec environ 100,000 hommes, il a senti tout l'avantage de pouvoir se porter sur celui de ces corps qu'il se trouveroit à portée d'attaquer ; et cela avec d'autant plus de facilité, que les Prussiens ne pourroient recevoir aucun secours des autres corps des mêmes troupes. Ce sera l'événement qui prouvera la justesse de ces combinaisons.

On a appris depuis plus de huit jours que M. le chevalier de Kersaint, capitaine de vaisseau, parti l'année dernière avec 2 vaisseaux du Roi et 2 frégates, s'est emparé d'un ou deux comptoirs anglois sur la côte de Guinée ;

qu'il y a enlevé 800 nègres qu'il a conduits dans nos colonies, et que cette perte est regardée comme considérable pour les Anglois; mais on n'est encore instruit de ces nouvelles que par l'Angleterre, et on croit à Brest que M. de Kersaint rentrera bientôt dans ce port.

M. le duc d'Orléans et M. le prince de Condé vinrent hier ici; ils partent pour l'armée; ils sont venus recevoir les ordres du Roi au sujet du cérémonial qui doit être observé entre eux et l'électeur de Cologne. Je ne sais point encore ce qui aura été réglé.

On a vu par les bulletins de l'armée du bas Rhin que les Prussiens ayant abandonné Lipstadt, nos troupes y sont entrées sous les ordres de M. de Saint-Germain. On trouvera ci-après les différents quartiers où ces troupes sont établies aux environs de Lipstadt.

Du 3 mai.

M. le comte de Saint-Germain est parti le 16 avril, ayant à ses ordres 10 bataillons et les volontaires royaux. Il a obligé par ses manœuvres M. le prince de Hesse à abandonner la ville de Lipstadt; M. le prince de Hesse n'avoit pas assez de monde pour défendre l'étendue des fortifications. Quoique nous soyons éloignés de 28 lieues de Wesel, M. le comte de Saint-Germain veut soutenir sa position. M. le duc de Cumberland doit être arrivé. Il n'y avoit encore hier, au camp de Schildesche, que 3,000 hommes. Ce camp est à 2 lieues de Bielefeld et à 4 lieues de Herford ou Herwede. Nous venons d'avoir nouvelle que le détachement qu'ils avoient envoyé à Rietberg est retourné à leur camp.

Voici la position qu'a prise M. le comte de Saint-Germain. Dans Lipstadt 4 bataillons de Belzunce, les volontaires royaux couvrant la droite à Erwitté, les Autrichiens à la droite aux villages de Stirpé et Berenbrock; Reding-Suisse, au centre, à Horn et Schemerlike; Poitou, à la gauche, à Exelborn, Beninghausen et Overhagen. Tous ces villages bordent le ruisseau de Geisler. Le point de ralliement est au château de Overhagen. Par cet ordre, Lipstadt est très-bien soutenu; mais si contre toute attente il étoit forcé, M. le comte de Saint-Germain s'est ménagé une très-bonne retraite jusqu'à Hamm, où il y a des troupes. On accommode actuellement Lipstadt; on y fait des redoutes et des flèches sur le glacis pour approcher la défense plus près de la rivière.

Du mardi 10. — On trouvera ci-après le bulletin du 5 mai, à Wesel :

M. le prince de Beauvau a écrit ce matin de Lipstadt à M. le Maréchal que 50 volontaires de Fischer ont eu avis qu'il y avoit 300 hommes de troupes de Hanovre à Greven (1); ils y ont marché et n'en ont pu joindre que 120, à qui ils ont livré combat à Herseiwenecker proche Marienfeld, les autres ayant gagné les devants. Il y a eu 1 officier et 20 cuirassiers des ennemis qui sont restés sur la place, et 10 avec 1 officier faits prisonniers. Les Fischer n'ont pas perdu un seul homme; il y a eu quelques chevaux tués, mais ils ont été remplacés sur-le-champ par ceux qu'ils ont pris aux ennemis.

Cette affaire est le premier acte d'hostilité contre les Hanovriens. La neutralité que l'Impératrice, de concert avec le Roi, avoit offerte à l'électeur d'Hanovre a été absolument refusée.

On trouvera ci-après un état exact des revenus du Roi pour l'année 1757. On peut être assuré de la vérité et de l'exactitude de ces calculs; le détail sera à la fin du livre, je ne mets ici qu'une récapitulation sommaire.

Les revenus des pays d'élections se montent à 112,459,299 livres. Ceux des pays d'États à 37,767,315 livres. Ceux des fermes à 121,834,000 livres (2). Ceux des casuels à 11,500,000 livres. Total, 283,560,000 livres.

---

(1) Greven, entre Munster et Bielefeld.
(2) La ferme du tabac, qui fait partie des fermes générales, est évaluée aujourd'hui à la somme de 12 millions. Il est inconcevable combien cette ferme a augmenté depuis quarante-trois ans. En 1714, le feu Roi avoit peu d'argent et vouloit cependant faire le voyage de Fontainebleau. M. Desmarets songea à affermer la ferme du tabac, et on regarda comme un événement fort heureux qu'il ait pu la pousser à 2,400,000 livres, sur quoi on lui fit une avance pour les frais du voyage. M. Law, devenu contrôleur général, poussa cette ferme à 4 millions. (*Note du duc de Luynes.*)

ÉTAT DES REVENUS DU ROI SUIVANT LES TRAITÉS SIGNÉS AVEC LE MINISTRE, ET LES BAUX DES RECEVEURS GÉNÉRAUX DES FINANCES DES FERMES, POUR L'ANNÉE 1757.

ÉTAT DES IMPOSITIONS ORDINAIRES ET DES RECEVEURS GÉNÉRAUX DES FINANCES.

GÉNÉRALITÉS.	IMPOSITIONS ordinaires comprises dans les départements des tailles.	CAPITATION.	TOTAL des impositions ordinaires.
aris	5,263,500	2,375,000	7,658,500
oissons	1,381,062	612,000	1,993,062
miens	1,471,896	760,000	2,231,896
âlons	2,356,664	1,082,000	3,438,664
rléans	2,929,584	1,266,000	4,195,584
ours	4,677,629	2,118,000	6,795,629
ourges	998,390	445,000	1,443,390
oulins	1,959,520	796,000	2,755,520
yon	1,800,515	971,000	2,771,515
om	3,859,508	1,450,000	5,309,308
oitiers	2,969,410	1,146,000	4,115,410
moges	2,356,931	917,000	3,273,931
ordeaux	3,256,446	1,595,000	4,851,446
Rochelle	1,545,062	590,000	2,135,062
ontauban	1,923,710	1,074,000	2,997,710
ach	2,292,875	992,000	3,284,875
uen	3,568,961	1,704,000	5,272,961
en	2,492,221	1,072,000	3,564,221
ençon	2,241,469	904,000	3,145,469
renoble	1,501,612	794,000	2,295,612
anche-Comté	1,895,290	913,000	2,806,290
etz et Alsace	1,815,028	1,054,000	2,869,028
andre et Hainaut	783,893	562,000	1,345,893
TOTAUX	55,358,576	25,192,000	80,530,576

ÉTAT DES DONS GRATUITS, CAPITATION ET VINGTIÈMES DES PAYS D'ÉTATS, ETC.

PAYS D'ÉTATS.	DONS GRATUITS et subventions.	CAPITATION.	TOTAL.
etagne	2,423,149	1,980,000	4,403,149
ourgogne	825,064	660,000	1,485,064
nguedoc	5,036,800	1,320,000	6,356,800
ussillon	63,500	121,000	184,500
ovence	856,200	990,000	1,846,200
ois	900,000	440,000	1,340,000
rraine	2,499,152	650,000	3,149,152
le de Paris		3,796,054	3,796,054
TOTAUX	12,603,865	9,957,054	22,560,919

EXTRAORDINAIRES SUIVANT LES TRAITÉS AVEC LE MINISTRE POUR L'EXERCICE 1757.

Vingtième et 2 sols pour livre du dixième.	Second vingtième.	TOTAL des deux vingtièmes.	TOTAL GÉNÉRAL des impositions ordinaires et du vingtième.
1,380,000	1,150,000	2,530,000	10,168,300
500,000	417,000	947,000	2,910,062
690,000	575,000	1,265,000	3,496,896
880,000	733,000	1,613,000	5,051,664
820,000	683,000	1,503,000	5,698,584
1,000,000	833,000	1,833,000	8,628,629
300,000	250,000	550,000	1,993,390
400,000	334,000	734,000	3,489,520
620,000	516,000	1,136,000	3,907,315
620,000	516,000	1,136,000	6,445,308
700,000	583,000	1,283,000	5,398,410
400,000	334,000	734,000	4,007,931
1,200,000	1,000,000	2,200,000	7,051,446
530,000	442,000	972,000	3,107,062
640,800	533,000	1,173,000	4,170,710
630,000	542,000	1,192,000	4,476,875
1,300,000	1,084,000	2,384,000	7,656,961
800,000	666,000	1,466,000	5,030,221
700,000	583,000	1,283,000	4,428,469
600,000	500,000	1,100,000	3,395,612
800,000	666,000	1,646,000	4,252,290
750,000	625,000	1,375,000	4,244,028
800,000	666,000	1,466,000	2,811,893
17,080,000	14,231,000	31,311,000	111,841,576

Vingtième et 2 sols pour livre du dixième.	Second vingtième.	TOTAL des deux vingtièmes.	TOTAL des impositions ordinaires et vingtièmes.
1,377,250	1,147,710	2,524,960	6,928,109
946,800	789,000	1,735,800	3,220,864
1,927,000	1,605,367	3,532,367	9,889,167
198,800	165,667	364,467	548,967
689,000	574,167	1,263,167	3,109,367
550,000	458,534	1,008,534	2,348,534
635,000	529,467	1,164,467	4,313,519
1,970,800	1,642,534	3,613,334	7,409,188
8,294,650	6,911,746	15,206,396	37,767,315

RÉCAPITULATION DES REVENUS DU ROI

ANNÉE 1757.

Pays d'Élections.	Tailles........................	45,158,152	
	Quartier d'hiver	9,044,480	
	Impositions particulières......	3,155,944	
	Capitation	23,192,000	112,439,299
	Vingtième et 2 sols pour livre..	17,080,000	
	Second vingtième...............	14,231,000	
	Dixième des charges...........	617,723	
Pays d'États.	Dons gratuits, etc.............	12,603,865	
	Capitation	9,957,054	37,767,315
	Vingtième sols pour livre......	8,294,650	
	Second vingtième...............	6,911,746	
Fermes	Fermes générales..............	110,000,000	
	Ferme des postes...............	3,000,000	
	Ferme de Poissy...............	500,000	121,834,000
	Ferme de Lorraine	3,334,000	
	Ferme des droits rétablis à Paris.	5,000,000	
Casuels	Parties casuelles...............	3,000,000	
	Bois et forêts	3,500,000	11,500,000
	Monnoies	1,000,000	
	Clergé........................	4,000,000	
	TOTAL............		283,560,000

Cette somme paroît bien considérable ; il s'en faut beaucoup cependant qu'elle suffise pour les dépenses présentes, qui vont à 160 millions par delà ce qui est marqué ici à côté des revenus. La marine seule coûte actuellement 60 millions par an, et l'Amérique 30. Les Anglois, nos ennemis, sont encore dans une situation plus fâcheuse. Les richesses des particuliers s'entretiennent par le commerce, mais l'État est accablé de dettes. Dans le commencement du règne de la reine Anne, les revenus de l'Angleterre ne montoient, tant en ordinaire qu'en extraordinaire, qu'à 2,500,000 livres sterling. Ces revenus avoient doublé pendant la guerre de 1700. Mais ils payoient 48,000 hommes de troupes et dépensoient 11 millions ; actuellement ils en dépensent 13. L'Amérique seule leur a coûté 2,500,000 livres sterling. A la fin du règne de la reine Anne, l'Angleterre devoit plus de 77 millions sterling, et actuellement elle en doit de 82 à 84.

En 1726, l'Angleterre avoit acquitté une partie de ces dettes ; elles ne montoient plus qu'à 45 millions. En 1731, elles montoient à 48 millions, et cette situation paroissoit alors si terrible aux ministres anglois, qu'un des plus considérables, raisonnant avec M. de Chavigny, alors ministre de France, lui dit qu'ils étoient dans le plus grand embarras et qu'ils craignoient fort qu'ils ne fussent forcés à faire une banqueroute, et que cette idée seule l'effrayoit, parce qu'une banqueroute entraîneroit une révolution, et quelles circonstances pour une révolution ! « Nous avons un prétendant à notre trône, ajoutoit-il ; mais nous ne voulons point du père. Encore si le fils n'avoit pas eu une si mauvaise éducation, on pourroit avoir quelque espérance, mais en ce cas il faudroit qu'il vînt à Venise ; là sous le masque on pourroit lui parler, après cela il iroit en Suisse où on lui parleroit librement, on pourroit prendre de sages mesures, après quoi s'il trouvoit le moyen d'aborder à Greenwich, il verroit qu'il a des amis. Je ne serois ni le premier, ni le second, ni le troisième qui iroit le trouver, mais je serois le quatrième. J'ai de grands biens, je voudrois éviter que par une proscription, ils fussent perdus pour mes enfants ; mais je prendrois des arrangements pour éviter ce malheur, et j'irois rendre hommage à l'héritier de la maison Stuart. »

Les revenus de l'Impératrice ne sont pas, à beaucoup près, aussi considérables que ceux de la France. On compte qu'ils ne montent qu'à 100 millions de notre monnoie.

On trouvera ci-après le récit de deux circonstances qui m'ont été contées par M. de Chavigny, l'un de nos habiles et plus anciens négociateurs. M. de Chavigny, aujourd'hui ambassadeur en Suisse et auparavant en Portugal et à Venise, étoit ministre plénipotentiaire du Roi à Londres en 1733. C'étoit le temps de l'élection de Pologne, élection pour laquelle il étoit nécessaire que le roi Stanislas s'y rendît en personne et que son voyage fût fort secret. On n'a point oublié que pendant que ce prince faisoit le voyage par terre, le chevalier de Thianges, revêtu du cordon bleu et embarqué sur un vaisseau françois, étoit regardé comme le beau-père du Roi qui vouloit être inconnu. Dans toutes ces circonstances, il étoit essentiel de convenir d'une entière neutralité de la part de l'Angleterre ; M. de Chavigny reçut les ordres les plus précis pour traiter ce point essentiel. Il eut plusieurs conférences avec le roi d'Angleterre et avec ses principaux ministres ; la neutralité fut promise ; l'Angleterre s'engagea de n'envoyer aucune escadre ni dans l'Océan ni dans la Baltique. A peine ce traité étoit-il conclu, que le Portugal ayant besoin du secours de l'Angleterre lui envoya demander des vaisseaux. L'union intime des deux nations, union bien plus utile à l'Angleterre qu'au Portugal dont elle a fait tomber l'industrie et les manufactures, ne permettoit pas à l'Angleterre de refuser ce qui lui étoit demandé, mais cette puissance, aujourd'hui si jalouse de la marine et du commerce de la France, qui veut interpréter tous les traités à son avantage, qui commence la guerre sans l'avoir déclarée, qui fait des actes d'hostilité en donnant des assurances pacifiques et pendant le temps même que l'on est en voie de conciliation sur les pays contestés, cette même puissance étoit alors dans des principes bien différents. Quelque désir qu'elle eût de satisfaire le Portugal, elle respecta les engagements qu'elle venoit de prendre avec la France, et ses ministres demandèrent à M. de Chavigny la permission d'envoyer à Lisbonne l'escadre que l'on y désiroit.

Les circonstances dans lesquelles se trouva ce même M. de Chavigny pendant son ambassade à Venise ne sont pas moins remarquables. La République étoit alors brouillée avec le saint-siége et avec la cour de Vienne au sujet de la juridiction temporelle du patriarchat d'Aquilée, juridiction qui s'étendoit sur l'état ecclésiastique et sur ceux de la maison d'Autriche. La cour de Vienne étoit la plus vive à soutenir ses droits; et c'étoit encore plus par affection pour elle que pour ses intérêts propres que le Pape ne vouloit rien relâcher des siens. M. de Chavigny eut ordre d'offrir au Sénat la médiation de la France; elle fut acceptée avec joie, et dès que cette nouvelle eut été portée à Vienne, son ministre à Venise reçut des instructions pour offrir à M. de Chavigny tous les pouvoirs de la reine de Hongrie pour terminer cette affaire de concert avec la France. On peut juger qu'après cette démarche la conciliation devint facile.

Du jeudi 12, Versailles. — Le Roi tint avant-hier le sceau pour la cinquième fois. Les conseillers d'État n'assistent point ordinairement au sceau, il n'y a que des maîtres des requêtes. Lorsque le sceau se tient chez le garde des sceaux, les conseillers d'État prétendent n'y assister que parce que c'est une espèce de conseil, et qu'il est censé que le Roi veut bien prendre leurs avis; au lieu que chez le garde des sceaux, les affaires de discussion ont été examinées avant qu'on les porte au sceau. Pendant que M. le chancelier Boucherat a été garde des sceaux, il tenoit toujours un sceau la semaine sainte, dans lequel on scelloit les grâces les plus considérables. Il avoit fait cet arrangement disant que la quinzaine de Pâques étant un temps de faveur, puisque c'étoit celui de la rémission des péchés, on devoit employer un jour à examiner les affaires les plus difficiles et à accorder toutes les grâces auxquelles la justice pouvoit consentir. Il invitoit à se trouver à ce sceau tous les conseillers d'État et grand nombre de maîtres des requêtes. Feu M. le chancelier Daguesseau supprima cet usage, disant que la justice est de tous les temps, et qu'on ne doit pas regarder la quinzaine de Pâques comme plus favorable que les autres pour la rémission de certains crimes.

Avant-hier, après le sceau, le Roi alla à la chasse du vol, et de là coucher à la Meutte. Il fit hier la revue des gardes françoises et suisses dans la plaine des Sablons à l'ordinaire. Mgr le Dauphin et Mesdames s'y trouvèrent toutes, excepté Madame Louise qui est enrhumée. Mme la Dauphine, qui est dans son troisième mois de grossesse, resta ici avec la Reine.

Extrait d'une lettre de Paris du 11.

M. l'abbé Pajot, conseiller de Grande-Chambre, est mort hier au soir; il étoit un de ceux qui avoient quitté le service. Il étoit frère de M. Pajot de Malzac, mort samedi dernier 7 ; ils étoient tous deux frères de feu M. d'Ons-en-Bray. M. de Malzac n'avoit point été marié. M. l'abbé Pajot avoit l'abbaye de Saint-Loup, diocèse de Troyes. M. l'abbé d'Espagnac, de la Quatrième, monte à la Grande-Chambre, et M. Barré, de la Seconde, monte à la place de M. de Malzac.

Il y a eu dans le régiment des gardes quatre commissions de colonel, quatre pensions de 1,000 fr.; dix croix de Saint-Louis. M. de Sineti a eu commission de capitaine.

Mme la présidente de Bendol est morte; elle étoit de Provence et fort riche. Son mari étoit président à mortier au parlement d'Aix ; sa belle-mère se nommoit Vauvray. Mme de Bendol a un fils fort riche qui a épousé Mlle Desroland, petite-nièce du feu maréchal de Brancas.

Mlle de Givry mourut avant-hier d'une fluxion de poitrine; elle étoit intime amie de Mme de Pontchartrain. Mlle de Givry étoit fille d'un premier commis de la marine; elle avoit une sœur mariée à un M. du Quénoy, receveur général des finances. Cette Mme du Quénoy avoit deux filles et un garçon. M. Méliand en a épousé une, M. le marquis de Chevrier a épousé l'autre; le fils est receveur général. Mlle de Givry a une autre sœur qui est Mme de Barraly, et un neveu de même nom qui est intendant de la Martinique. Mlle de Givry avoit environ soixante-dix ans.

Extrait d'une lettre de Paris du 13.

M. le comte de Froberg, grand commandeur de l'ordre Teutonique, du bailliage d'Alsace, qui avoit été envoyé par l'électeur de Cologne pour complimenter le Roi sur son accident, est mort avant-hier, après une maladie de trois mois. Il fut enterré hier à Saint-Sulpice en grande cérémonie. Il étoit colonel de cuirassiers au service de l'électeur de Bavière.

M. le comte de la Marche est parti cette nuit; il mène avec lui M. de Saint-Simon Sandricourt, son premier gentilhomme, M. de Ruste, qui lui est attaché, et M. de Causan, neveu de M. le chevalier de Causan, capitaine dans le régiment de Conty. M. le prince de Condé part demain après souper avec une grande suite. M. le duc d'Orléans part lundi aussi après souper; il mène dans sa voiture M. d'Oginski, M. de la Vaupalière et M. de Thiars; il a aussi beaucoup d'aides de camp à sa suite. Il a 350 chevaux tant pour lui que pour sa suite. M. le prince de Condé 225, et M. le comte de la Marche 100; ce qui n'approche pas de la magnificence de M. le duc de Würtemberg, qui a été joindre l'armée de M. de Brown avec 1,500 chevaux et 200 gardes du corps; mais M. de Wurtemberg est un prince souverain.

Du vendredi 20. — M. de Pontcarré, premier président du parlement de Rouen, a demandé à se retirer. Le Roi vient de donner cette place à M. de Miromesnil, maître des requêtes, dont on dit beaucoup de bien (1). Il étoit depuis six mois dans le bureau des communautés; il étoit outre cela rapporteur de l'affaire de M. Dupleix. Je ne

---

(1) La place accordée à M. de Miromesnil étoit due à l'estime et à la considération qu'il s'est acquis. Elle est aussi extrêmement à sa convenance. M. de Miromesnil est de Normandie; ses terres sont aux environs de Rouen. Sa femme dont le nom est.... est fille d'un président à mortier de ce parlement et y a beaucoup de parents. (*Note du duc de Luynes.*)

sais si j'ai parlé des discussions qu'il y a entre la compagnie des Indes et M. Dupleix; il désiroit depuis longtemps que ses prétentions fussent examinées. Il croit être en état de prouver que la Compagnie lui doit beaucoup; c'est cet examen que l'on va faire actuellement; on a nommé pour cela des commissaires.

On mande de Franche-Comté que M. de Boynes, nouveau premier président de ce parlement, y a été reçu avec de grands applaudissements.

On sait, mais seulement par les nouvelles d'Angleterre, qu'ils ont perdu un vaisseau nommé *le Greenwich;* ce vaisseau de 50 canons a été pris par M. de Bauffremont dans les parages de Saint-Domingue, entre le cap François et la pointe de Monte-Cristo.

On a des nouvelles sûres que l'escadre de la compagnie des Indes, où est embarqué M. de Lally, et qui est escortée par M. le chevalier d'Apchier, avoit dépassé de 60 lieues le cap Finistère; c'est là que l'ont quittée les deux frégates qu'on avoit envoyées pour en rapporter des nouvelles. L'une étoit de 30 canons et l'autre de 20. Celle-ci, en revenant, a trouvé près de nos côtes un vaisseau anglois de 70 canons; elle l'a pris pour un vaisseau françois et s'en est trop approchée; ayant reconnu son erreur, il y a eu un combat très-vif. Le commandant de cette frégate, se voyant dans la nécessité ou de se faire échouer ou de se rendre, a pris le premier parti; ainsi il ne nous en coûtera que le corps de ce bâtiment, les Anglois n'ayant pas osé le suivre si près de la côte.

Depuis huit jours on parloit d'une grande affaire en Bohême entre les Prussiens et les Autrichiens. Cette affaire étoit d'autant plus vraisemblable, que l'on savoit le roi de Prusse à une demi-lieue de Prague; cependant M. de Staremberg, ministre de l'Impératrice, n'en avoit encore aucune nouvelle mardi dernier. On a su depuis qu'il étoit arrivé à Vienne une lettre d'un commissaire des guerres, venue de Prague, qui dit que l'armée prussienne, forte de 100,000 hommes, parce que M. de Schwerin avoit joint le roi de Prusse, avoit attaqué les Autrichiens commandés par M. de Brown et qui n'étoient que 50,000, n'ayant pas été joints par l'armée de M. Daun. Il paroît que les Autrichiens ont fait une perte considérable, que leur infanterie a combattu avec beaucoup de valeur et s'est emparée du champ de bataille qu'elle a gardé pendant trois quarts d'heure, mais que la prodigieuse supériorité des Prussiens, surtout en cavalerie, leur avoit fait perdre cet avantage et étoit cause de leur défaite. Il paroît incroyable qu'une affaire arrivée le 6 n'ait été sue sûrement qu'avant-hier, et que l'on n'en ait encore dans ce moment-ci aucun détail. Il paroît encore fort singulier que les Autrichiens n'aient pas été assez instruits des mouvements du roi de Prusse pour se trouver en force vis-à-vis de ce prince, d'autant plus qu'ils auroient eu la supériorité du nombre s'ils avoient été réunis; et ce qui n'est pas moins difficile à croire, c'est que M. Daun, avec une armée de 60 ou 70,000 hommes, ait pu se laisser dérober plusieurs marches par M. de Schwerin, vis-à-vis duquel il étoit, et ne soit pas arrivé en même temps que lui. Il paroît certain par toutes les nouvelles que M. de Schwerin a été tué. Il seroit inutile de marquer aucun autre détail jusqu'à ce qu'on en soit assuré.

Bulletin du 14 mai à Wesel.

On a des nouvelles assurées que les Hessois ont enfin joint l'armée des Hanovriens, et que M. le duc de Cumberland passe le Weser; mais on est en même temps persuadé que c'est moins pour nous venir attaquer à présent que nous sommes en force, que pour consommer les subsistances qui peuvent se trouver en deçà de ce fleuve, et qui nous seroient cependant fort utiles lorsque nous nous porterons de ce côté-là.

Il nous arrive tous les jours des troupes d'infanterie ou de dragons; mais presque toute la cavalerie reste en arrière à Ruremonde et à Dusseldorf, à cause du défaut de fourrage dans cette partie-ci. On remet les palissades du second chemin couvert de Wesel, et on va rétablir les angles saillants des ouvrages avancés que le roi de Prusse avoit fait miner ; les brèches étoient très-peu considérables et peuvent être réparées en huit ou dix jours et à peu de frais.

Du dimanche 22, *Versailles.* — M. le contrôleur général a reçu des nouvelles de Constantinople de M. de Vergennes. Il lui mande que les Anglois ont fait une perte considérable dans l'Inde. Un nabab ayant disgracié un de ses ministres, cet homme est venu se réfugier à Chandernagor. Les François, à qui ce lieu appartient, n'ont pas voulu le recevoir ; il a pris le parti d'aller à Golgota (1), comptoir anglois, où il a été reçu. Le nabab, irrité du procédé des Anglois, a marché à eux avec 100,000 hommes, il a fait main basse sur les Anglois qui étoient au nombre de 3 à 4,000, dont il y en a eu peu qui aient échappé au carnage. Golgota a été entièrement détruit, et on compte que la perte des Anglois va bien à 30 millions.

Détail de l'affaire du 6 entre les Autrichiens et les Prussiens, envoyé de Vienne.

Comme on n'a point encore de relation circonstanciée et positive de la bataille près de Prague du 6 de ce mois, des différents rapports de plusieurs officiers, des déserteurs et des prisonniers on a recueilli le détail suivant, en attendant que l'on soit en état de pouvoir en donner de plus étendus et de plus assurés.

Le 4 mai, S. A. R. eut avis que le roi de Prusse faisoit jeter des

---

(1) C'est par corruption que l'on a nommé ce comptoir Golgota ; il est nommé ainsi dans les cartes avec la différence que c'est par un C au lieu d'un G ; mais le véritable nom est Calicuta. Ce lieu est situé dans le royaume de Bengale, à 500 lieues de Pondichéry, mais seulement à 7 lieues du comptoir françois établi à Chandernagor. Les Hollandois ont aussi un comptoir fort proche de Calicuta. Tous ces établissements sont à l'embouchure du Gange, laquelle contient 150 lieues de pays. Le nabab de Bengale, qui est une espèce de gouverneur ou vice-roi fort puissant, mais dépendant du Mogol, et qui est celui qui vient de détruire Calicuta, fait son séjour en un lieu nommé Casarbasar. L'établissement que la Compagnie a fait à Mazulipatam est bien plus proche de Pondichéry, car l'on n'y compte que 80 lieues. (*Note du duc de Luynes.*)

ponts du côté de Rostock (1) et de Podbaba (2) pour passer la Moldau et se faire joindre par l'armée du maréchal de Schwerin du côté de Winorz (3), dans la vue de nous attaquer par notre droite ou de nous couper de nos magasins de Kollin (4) et de Kuttemberg (5). En conséquence de ces avis, S. A. R. changea la position de notre armée, en appuya la gauche à la ville de Prague et étendit sa droite vers Maleschitz et Biechowitz. Le 25, la tête de l'armée ennemie passa effectivement la Moldau, et on établit de notre part plusieurs batteries le long du front de notre camp.

A onze heures du soir, le Roi ne laissant qu'un petit corps sur le Weissenberg, avec grand nombre de canons, fit passer la Moldau à toute son armée, et sa jonction avec celle du maréchal de Schwerin se fit le 6 de grand matin. Immédiatement après, toute cette armée, qui passoit 100,000 hommes, se déploya; Schwerin marchant à grands pas par sa gauche chercha à déborder et à envelopper notre aile droite, pendant que le Roi tint en échec notre gauche. S. A. R., qui n'avoit qu'à peu près 55,000 combattants, se vit obligée par la manœuvre du maréchal de Schwerin à faire entrer sa seconde ligne dans la première et de la placer en forme d'équerre pour couvrir notre flanc droit. Comme notre gauche étoit soutenue par le canon de Prague, S. A. R. n'y conserva que 2 régiments de cavalerie et en porta 13 autres sur trois lignes, également dans notre flanc droit, pour l'assurer de plus en plus. Ces mouvements se firent à mesure que Schwerin s'étendoit pour nous prendre en flanc. Nous occupions plusieurs hauteurs, et le maréchal Schwerin en avoit également quelques-unes à franchir avant de pouvoir nous aborder.

Après les sept heures, le feu de notre artillerie commença; il fut suivi de celui de l'infanterie avec un succès si étonnant, que la première ligne de Schwerin, qui, selon le rapport des déserteurs, avoit ordre de nous attaquer la baïonnette au bout du fusil, fut culbutée et entièrement défaite, pendant que notre cavalerie attaqua, renversa et battit trois fois de suite celle de Schwerin. Les débris de sa première ligne ayant été culbutés sur la seconde, celle-ci fit feu sur eux, et avançant sur des monceaux de morts et de blessés, elle fut reçue et culbutée comme la première. Notre droite, poussant sa victoire, poursuivit dans le meilleur ordre l'ennemi fuyant au delà de six cents pas,

---

(1) Rostock, sur la Moldau, au nord de Prague.
(2) Podbaba ou Pottbaba, entre Rostock et Prague.
(3) Entre Prague et Brandeiss.
(4) A l'est de Prague, sur l'Elbe.
(5) Au sud de Kollin. C'est tout à côté que se trouvent les eaux de Sedlitz.

et s'empara de 16 pièces de canon, enleva beaucoup de drapeaux et fit grand nombre de prisonniers; mais ayant laissé par ce mouvement un vide entre elle et notre aile gauche, le roi de Prusse y fonça rapidement avec plusieurs colonnes et fit passer en même temps à toute bride un corps de cavalerie fraîche sur le terrain qu'avoit occupé sa gauche pour prendre notre droite en dos. Par ces manœuvres, cette aile victorieuse depuis près de trois heures, se vit enveloppée de toutes parts; et pour comble de malheur, il s'éleva une poussière si épouvantable, qu'on ne put pas se reconnoître. Ainsi la confusion se mit dans notre droite; il n'y eut plus moyen de rallier les troupes; une partie de l'infanterie fit cependant les derniers efforts pour rejoindre notre gauche, y réussit et se retira avec elle vers Prague, en disputant le terrain pas à pas. 2,000 chevaux de la droite tinrent ferme à quelque distance du champ de bataille, et protégèrent les troupes en désordre. On sauva toute l'artillerie de réserve, presque tous les gros bagages, les pontons, la caisse militaire, et tout cela se trouva rassemblé le 8 à Beneschau (1) avec près de 16,000 hommes de notre droite.

De l'aveu unanime de tous les déserteurs, dont le nombre est accru en deux jours à près de 3,000, le roi de Prusse a perdu au delà de 20,000 hommes en morts et blessés.

N'ayant pas de nouvelle de notre aile gauche qui s'est jetée dans Prague, nous ne saurions évaluer notre perte, qui en morts ne peut pas être considérable; en blessés et en prisonniers elle va à 2,700 hommes, selon le rapport des déserteurs et de plusieurs de nos soldats prisonniers qui se sont échappés.

M. le maréchal de Brown est blessé. On dit M. le maréchal Schwerin tué (2). Le général Fouquet tué avec quatre ou cinq autres géné-

---

(1) Au sud-est de Prague, sur la route de Prague à Tabor.
(2) Cette nouvelle s'est trouvée très-vraie; et quoique le roi de Prusse ait fait une grande perte par la mort de ce général, il y a grande apparence qu'il ne l'aura pas beaucoup regretté. M. de Schwerin étoit un homme d'un esprit médiocre, mais il avoit avec raison la plus grande réputation dans le militaire, une grande expérience, l'esprit juste et sage. Il en donna une preuve à la bataille de Molwitz, que le roi de Prusse crut si bien perdue qu'il étoit déjà parti et avoit fait 7 ou 8 lieues; il auroit même été plus loin s'il n'avoit pas trouvé en son chemin une ville dont on lui ferma les portes. M. de Schwerin, sans s'effrayer du désordre dans lequel étoit l'armée dans ce moment, rétablit les affaires et finit par remporter la victoire. Il fut blessé au genou dans cette occasion et fut porté à Prague. Le roi de Prusse, averti, revint aussitôt, et ayant donné les ordres nécessaires dans ce moment, on pourroit croire qu'il songea à aller voir M. de Schwerin, qu'on lui avoit dit porté dans sa tente à cause de sa blessure; mais au lieu de lui donner cette marque de bonté si bien placée, il donna ordre qu'on le lui apportât, puisqu'il ne pouvoit pas

raux prussiens. M. le général Winterfeld dangereusement blessé. Pendant la bataille, le général Breek attaqua avec un corps de Croates la ville de Brandeiss (1), y força le sabre à la main un bataillon prussien, en sabra une centaine d'hommes, et après avoir ruiné le pont de l'ennemi, il ramena 678 prisonniers au camp du maréchal Daun, avec 5 drapeaux, 2 pièces de canon, 500 chevaux et un riche butin. Il se trouve parmi les prisonniers un lieutenant-colonel, et tous les autres officiers du bataillon qui n'ont pas été tués.

M. le maréchal Daun trouva en arrivant à son armée l'ordre de se joindre à celle de S. A. R.; il fit tous les efforts possibles pour y arriver à temps, mais il ne put atteindre Bœmisch-Brod (1) que le 6 vers le midi; il se trouva par conséquent encore à deux postes de Prague le jour de la bataille; il resta à Bœmisch-Brod jusqu'au 9, en dé-

---

marcher. Il raisonna quelque temps avec lui sur ce qu'il y avoit à faire en conséquence de sa victoire. On peut croire que M. de Schwerin fut piqué d'un traitement si singulier, mais il étoit trop sage pour en rien marquer. Il se fit porter à Prague après la bataille, et alla d'abord chez M. de Séchelles qui sortoit pour l'aller voir, ayant su son arrivée; il lui demanda à dîner et lui dit qu'il partiroit le lendemain pour aller aux eaux de Sedlitz. M. de Séchelles le retint un jour de plus pour avoir le temps de donner des ordres afin qu'il trouvât une maison commode aux eaux. Il profita de cette occasion pour raisonner avec ce général, qu'il trouva très-instruit sur ce qui regardoit la Bohême; mais ce qu'il remarqua avec étonnement, c'est que bien loin de laisser apercevoir aucun ressentiment de la manière dont le roi de Prusse l'avoit traité, il ne parla de ce prince à M. de Séchelles qu'avec les plus grands éloges et les plus flatteurs.

J'ai marqué dans le temps que le roi de Prusse étant arrivé à Prague avec ses troupes, dans le temps que l'on ne l'y attendoit pas, et que M. de Broglio alors commandant l'armée en étoit éloigné de 15 ou 20 lieues, M. de Séchelles fit fournir aux troupes du roi de Prusse toutes les subsistances qu'il demandoit; il en rendit compte sur-le-champ à M. de Broglio, qui dans l'instant lui écrivit une lettre fort vive sur ce qu'il avoit appris de ces fournitures. M. de Séchelles s'en embarrassa peu, ayant de bonnes raisons, et ne fut point désapprouvé. Le roi de Prusse, fort content de la promptitude avec laquelle M. de Séchelles avoit fait tout ce qu'il désiroit, voulut l'entretenir; il fut tête à tête avec lui depuis six heures du soir jusqu'à onze heures; il ne lui dit jamais un mot de M. de Schwerin, mais il lui parla beaucoup de M. de Broglio, qu'il haïssoit, et de tout le ministère qu'il ne traitoit pas bien, à commencer par M. le cardinal de Fleury. Dans cette longue conversation il ne lui échappa pas un seul mot que de très-convenable sur la personne du Roi.

J'oubliois de marquer qu'après la bataille de Molwitz, le roi de Prusse envoya M. de Schwerin à son régiment. (*Note du duc de Luynes.*)

(1) Sur la route de Kollin à Prague et à 8 lieues de Prague.

campa ce jour-là et se replia sur Kollin, où il va être renforcé par le corps de Beneschau, celui de Nadasty et d'autres tant d'infanterie que de cavalerie qui sont déjà en pleine marche.

Du mardi 24. — Mme la comtesse de Noailles (Arpajon) présenta avant-hier Mme de Saint-Exupéry. Elle est fille de M. de Cugnac (Cugnac et Dampierre, c'est la même chose). La mère de Mme de Saint-Exupéry est fille de M. Guyon, fils de la fameuse Mme Guyon, et frère de feu Mme la duchesse de Sully. M. Guyon a laissé un fils et une fille. Le fils, qui s'appelle M. de Dizier, avoit épousé une fille de M. de Champignelles qui est vivante, et la fille avoit épousé M. de Cugnac. M. de Saint-Exupéry est neveu du doyen du chapitre de Notre-Dame; il a parole d'un bâton d'exempt des gardes du corps; il a désiré que sa femme fût présentée avant qu'il eût son bâton.

Le Roi alla souper hier à Saint-Hubert; il va aujourd'hui à Choisy et en revient demain; il n'y a que des hommes à ce voyage, dont voici les noms : MM. de Thomond, de Baschi, de Monteynard, duc de Nivernois, d'Hautefort, de Tingry, de Croissy, d'Estissac, et duc de la Vallière.

Du jeudi 26. — M. et Mme de Moras ont loué, depuis peu de temps, de M. de Sade, sa petite maison de Glatigny près Versailles; ils la louent 1,000 écus. Elle est toute meublée de meubles de toile assez honnête. M. de Sade demeure chargé du jardinier. M. de Sade a acheté cette maison de la succession de Mme de Ventadour, Mme de Ventadour l'ayant donnée à M. de la Courneuve, son écuyer, qui l'a vendue à M. de Sade. Elle a été bâtie par un M. d'Alençon qui la vendit à M{m} de Ventadour. Ce M. d'Alençon avoit été gouverneur du feu maréchal de Saxe, qui avoit conservé beaucoup de confiance en lui et l'a fait un de ses exécuteurs testamentaires. Il avoit été auparavant gouverneur d'un grand seigneur de Pologne nommé M. d'Oginski. C'est le fils de ce M. d'Oginski qui est depuis trois mois en France, qui a beaucoup de talent pour la musique, jouant supérieurement de la harpe et du violon, et qui vient de partir avec M. le duc d'Orléans pour l'armée en qualité de son aide de camp.

M. d'Alençon se cassa le bras en levant une glace de son carrosse et en mourut. Il a laissé une veuve et un fils. Le fils a épousé une nièce de Mme Dufour, première femme de chambre de Mme la Dauphine.

Du lundi de Pentecôte, 30 mai, Versailles. — On m'envoya il y a quelques jours le testament de Mme de Joyeuse. Elle fait plusieurs legs, mais fort petits : à des religieuses, à Amiens, 150 livres une fois payées pour un service qui se fera avec communion générale de toute la communauté, et outre cela un annuel qui leur sera payé; elle laisse encore outre cela 300 livres à ces mêmes religieuses. Elle demande qu'il soit dit 500 messes dans différentes communautés qu'elle nomme. Elle donne 100 livres aux pauvres, et veut outre cela qu'on en habille douze. Elle laisse 15 livres à des sœurs grises, à la condition d'une messe avec communion générale; même somme et même condition à une autre communauté. Elle demande une messe de *requiem* par semaine pendant vingt ans. Tous ces legs à prendre sur le plus clair de son bien. Elle donne pour tout 200 livres de rente viagère à des gens qui lui sont attachés. A l'égard de ses biens, elle veut qu'ils soient partagés entre ses enfants suivant la coutume des lieux. Elle donne à son fils aîné une terre nommée Famechon, qui est je crois en Picardie, sur laquelle il avoit les quatre quints dans la moitié; elle veut qu'il ait le total, et que ses autres enfants se récompensent sur ses autres biens. Cette terre est substituée, elle continue la substitution. On prétend que Mme de Joyeuse avoit eu un million de biens. Son fils aîné dit qu'autant qu'il en peut juger il ne croit pas qu'il lui en revienne plus de 9 ou 10,000 livres de rente. Elle laisse trois enfants : l'aîné, qui a épousé Mlle de Cailly; un autre garçon qu'on voit peu dans ce pays-ci, et une fille qui a épousé M. d'Ecquevilly.

La Reine fit ses dévotions avant-hier, et quoique ce fût la veille de la Pentecôte, elle joua avant souper chez elle et après souper chez Mme de Luynes comme à l'ordinaire.

Il y eut hier chapitre de l'Ordre, mais il ne dura qu'un moment. M. de Saint-Florentin présenta au Roi les informations de vie et mœurs de M. d'Ossun. L'appel qu'on fit ensuite ne fut pas long, car il n'y avoit que 27 chevaliers; je ne compte point Mgr le Dauphin ni les princes du sang; il n'y en avoit que cinq : M. le duc d'Orléans, M. le prince de Condé et M. le comte de la Marche étant partis il y a déjà plusieurs jours. Ce fut Mme de Lostanges (l'Hôpital) qui quêta, et M. l'archevêque de Narbonne qui officia. Après la grande messe se fit la réception de M. de Stainville. M. le maréchal de Tonnerre et M. le Premier furent ses parrains. L'après-dînée, il y eut sermon à l'ordinaire. Comme c'est un sermon détaché, souvent les prédicateurs ne sont pas si bons que ceux de l'Avent et du Carême; celui-ci cependant a paru bien réussir; il s'appelle Cambacérès; il est du diocèse de Narbonne et chanoine de Montpellier; il a été pendant quelque temps chapelain de Mme la Dauphine. Il est grand, maigre, assez jeune pour un prédicateur; il n'a pas autant de voix qu'on en pourroit désirer. Son sermon étoit sur la grandeur de la religion; il le divisa en trois points : que la folie de la religion, c'est-à-dire de la croix, est la souveraine sagesse de Dieu; que la foiblesse de la religion, c'est-à-dire de ceux qui ont été chargés de la prêcher, est une preuve de la force toute-puissante de celui qui l'a établie; enfin que l'humiliation de la religion, c'est-à-dire les souffrances et les persécutions de ses ministres et de ceux qui l'ont professée, est ce qui prouve le plus sa gloire et sa grandeur. Il supprima ce troisième point pour que son sermon ne fût point trop long; mais en finissant le second, il dit qu'il étoit de foi que la religion subsisteroit à jamais, mais qu'il n'étoit point dit qu'elle subsistât toujours dans les mêmes royaumes qui en faisoient une profession ouverte aujourd'hui. Ce fut de là qu'il prit l'occasion de son compliment; il dit qu'il y avoit lieu d'espérer que la religion se conserveroit en France; que le Roi la protégeroit et la maintiendroit toujours; que le sang de saint Louis ne dégénéreroit point; que l'on voyoit les bontés particulières de Dieu sur le Roi et combien il avoit paru occupé de sa conservation; qu'on ne pouvoit douter que la reconnoissance et la piété de S. M. ne lui fissent faire de sérieuses réflexions sur le frivole des couronnes de la terre, et ne lui fissent sentir que tout la nuit dont il est environné se perd et s'évanouit dans un instant; et que du plus haut du trône on passe dans l'éclat du tombeau dans un moment toujours imprévu; que S. M. suivroit certainement les grands exemples des Théodose, des Charlemagne et des saint Louis; qu'elle assureroit par ce moyen le succès des vœux que ses peuples faisoient pour elle et qu'elle s'acquerroit en même temps la couronne éternelle, seule digne de ses désirs.

Après le sermon, le Roi entendit de suite en bas les vêpres chantées par la grande chapelle. Il remonta un moment chez lui après vêpres et y reçut la présentation de Mme d'Estampes, qui fut présentée par Mme de la Ferté-Imbault; il n'y avoit à la présentation que Mme de Flavacourt. Le Roi, fort peu après, retourna au salut, après lequel il reçut une autre présentation. Mme la maréchale de Luxembourg (Villeroy) présenta Mme de Lastic (Ménars), sœur de Mme de Castellane. Il y a déjà trois ou quatre ans que Mme de Lastic est mariée; mais une grossesse et sa mauvaise santé l'ont empêchée d'être présentée plus tôt. Mme de Luxembourg l'a présentée parce que MM. de Lastic sont parents des Montmorency.

J'apprends que Mme Grimod mourut hier à Paris; elle

avoit cent-trois ans et avoit toujours joui d'une très-bonne santé; elle logeoit dans la même maison que M. le maréchal de Coigny et étoit son intime amie.

Mme Prohingue, qui a été comédienne à la cour du roi Auguste et sa maîtresse, et qui avoit épousé M. de Prohingue, lequel avoit été page de Mme la Duchesse, vient de se marier à M. de Velins, homme de qualité de Franche-Comté; elle lui a donné 700,000 francs d'argent comptant. Mme Prohingue a au moins soixante-dix ans.

Du mardi 31. — On m'a envoyé ces jours-ci les dispositions de Mme Grimod. Elle laisse son bien à ses enfants et petits-enfants suivant les coutumes; elle donne à M. de Malesherbes un diamant de 100,000 livres; elle lui avoit déjà donné il y a quinze jours pour 30,000 livres de vaisselle et un diamant de 3,000 livres.

Le Roi vient d'accorder un brevet de lieutenant de frégate et une gratification de 400 livres à M. Rozier, commandant le navire *le Robuste,* qui a soutenu plusieurs combats contre une frégate angloise beaucoup plus forte et contre un corsaire de 200 hommes d'équipage. Le Roi a donné aussi une épée au lieutenant de ce navire; 3,000 livres de gratification à l'équipage et aux volontaires embarqués sur ce bâtiment, 400 livres à M. de Saint-Rome, qui commandoit les volontaires, et 300 au lieutenant nommé Gaignereau.

JUIN.

Un hermaphrodite. — Détails sur les violences exercées contre l'électrice de Saxe à Dresde. — Nouvelles de Bohême. — Nouvelles diverses. — Le cardinal de Luynes nommé président du bureau des communautés. — Le duc de Berry nommé grand maître de Saint-Lazare. — Nouvelles de la Cour. — Procès de la princesse de Talmond contre le comte Ossolinski. — Affaire religieuse à Orléans. — Abbayes données. — Manufacture de Sèvres. — Nouvelles de l'armée de Westphalie. — Nouvelles diverses. — Nouvelles de l'armée de Westphalie. — Nouvelles de la Cour. — Le Pape donne son portrait et ses œuvres à la Sorbonne. — Nouvelles de Westphalie ; affaire de Bielefeld. — Nouvelles diverses. — Lettres de la Reine. — Nouvelles des armées. — La feuille des bénéfices donnée à l'évêque de Digne. — L'ordre de Saint-Lazare. — L'abbé de Bernis nommé ministre des affaires étrangères. — Défaite du roi de Prusse à Kollin. — Lettres du maréchal Daun à l'Empereur et de l'Impératrice à Louis XV sur la bataille de Kollin. — Levée du siége de Prague. — Grâces à M. Rouillé.

Du mercredi 1ᵉʳ, Versailles. — M. d'Osmond mourut subitement, le jour de la Pentecôte, après dîner ; il s'étoit confessé le matin. C'étoit un gentilhomme qui avoit été attaché à M. le Duc ; il avoit au moins soixante-dix ans et étoit retiré depuis longtemps dans une communauté et vivoit dans une très-grande piété.

Il arriva hier ici un événement mémorable en fait d'anatomie. Une sage-femme apporta à M. Senac un enfant d'une pauvre femme dont elle venoit d'accoucher, et lui demanda sur quelle dénomination de sexe il falloit le faire baptiser. M. Senac, après un mûr examen, n'osa décider et renvoya l'enfant à M. Lieutaut, qui n'osa non plus prononcer aucun jugement, disant cependant qu'il y avoit plus de vraisemblance que c'étoit un garçon. La question présente est de savoir si on ne demandera pas à M. l'archevêque la permission de l'ondoyer, vu le cas extraordinaire, pour se donner des connoissances plus sûres pour le baptiser.

Il y a ici depuis deux jours un abbé Laudron (1) qui est venu faire sa cour à Mᵐᵉ la Dauphine, et voyager en France. C'est un jeune homme, âgé de trente-deux ans, qui a une figure assez agréable ; il est né en Tyrol et a toujours voyagé depuis l'âge de dix ans. Il étoit à Dresde dans le temps de l'invasion du roi de Prusse et lorsque ce prince envoya ordre d'entrer dans les archives ; on

---

(1) M. l'abbé de Laudron est fils de la gouvernante de Mᵐᵉ la Dauphine. Le Roi lui accorda il y a quelques années, à la recommandation de Mᵐᵉ la Dauphine, l'abbaye de Saint-Crépin, à Soissons, qui vaut 7 ou 8,000 livres de rente ; il y a une fort belle abbatiale. (*Note du duc de Luynes.*)

sait que la reine de Pologne alla elle-même à la porte des archives, et dit à l'officier chargé de cette commission qu'on n'y entreroit point à moins que l'on n'usât de violence à son égard. Cet officier se jeta à ses pieds et lui dit qu'il étoit le plus malheureux de tous les hommes; qu'il savoit le respect dû à la majesté royale, qu'il lui en devoit encore personnellement étant né son sujet, mais qu'il avoit des ordres si précis du roi de Prusse, son maître, qu'il ne pouvoit y manquer. La Reine insista, et l'officier, par respect, se retira et en alla rendre compte à l'officier supérieur. Celui-ci ayant reçu de nouveaux ordres fit supplier la reine de Pologne de faire donner la clef, ayant l'ordre précis de faire enfoncer la porte en cas de refus. M. de Laudron, voyant la désolation de la Saxe, n'a pu soutenir ce spectacle et est venu en France pour quelque temps. Il est fort connu de toute la famille royale de Pologne, mais il n'avoit jamais vu Mme la Dauphine; il n'étoit pas encore en Saxe quand elle en est partie. Il est chanoine d'Olmutz, capitale de la Moravie, et de Warmie qui est à quelque distance de Dantzick; c'est en cette dernière qualité qu'il est sujet du roi de Pologne. Les Laudron sont des anciens comtes du Tyrol. M. de Laudron, comme chanoine de Warmie, porte un cordon rouge avec une croix d'or.

Du jeudi 2. — On trouvera ci-après un extrait des nouvelles de Bohême du 21 mai.

M. le prince Charles est dans Prague avec 45,000 hommes d'infanterie et 3,000 chevaux (1), des vivres pour plusieurs mois et des munitions de guerre de toute espèce en abondance. M. le maréchal Daun doit être à présent au camp de Deutsch-Brod (2), qui est excellent, avec 50,000 hommes, et en doit recevoir incessamment 15,000 que mène M. de Nadasty; il sera joint successivement par de l'infanterie

---

(1) Sur quoi 2,000 chevaux et 28 ou 30 bataillons qui n'ont point combattu. (*Note du manuscrit.*)

(2) Sur la route de Brünn à Prague.

que l'Impératrice tire de Hongrie et de Moravie au nombre de 17,000 hommes (1) et ensuite d'environ 10,000 dont la plus grande partie se compose de cavalerie qui a perdu ses tentes à la bataille, et de cavaliers à pied qu'on va remonter ; plus, des troupes irrégulières qu'on a demandées en Hongrie dont le nombre n'est pas fixé ; plus, les 6,000 hommes de M. le duc de Wurtemberg et les 4,000 Bavarois qui ont été retardés à cause de l'événement du 6 mai.

Il paroît bien vérifié que le roi de Prusse a perdu près de 25,000 hommes tués, blessés ou désertés, et que la perte des Autrichiens, y compris les prisonniers, n'excède pas 6 ou 7,000.

Il arriva hier un courrier de Bohême ; tout ce qu'on en dit, est que M. Daun est encore à Czaslau. Le roi de Prusse est toujours devant Prague et fait venir de la grosse artillerie ; mais il est impossible qu'il imagine d'assiéger cette place ; il a perdu à la bataille du 6 tous ses bas officiers, et a eu 17 ou 18 officiers généraux tués ou blessés ; toute la tête de son infanterie a beaucoup souffert, et après sa victoire 3,000 hommes de ses troupes ont déserté (2).

Il paroît qu'en Westphalie on n'attend que le moment d'être assuré des subsistances pour marcher en avant, et que ce sera d'ici à huit jours.

L'enfant de sexe incertain dont j'ai parlé ci-dessus a été baptisé comme garçon.

Du vendredi 3. — Il paroît que plus on approfondit la victoire des Prussiens, du 6, et moins elle se trouve con-

---

(1) On a vu par les nouvelles publiques que la Hongrie a offert à l'Impératrice un secours de troupes considérable, mais l'Impératrice n'a voulu que ces 17,000 hommes. L'Impératrice a réduit ses régiments de quatre bataillons à trois, elle n'en a pris que deux pour la guerre ; le troisième est dans les garnisons. Tous les bataillons sont de 800 hommes, non compris la compagnie de grenadiers qui est de 100 hommes. (*Note du duc de Luynes.*)

(2) Il est de règle qu'on ne peut pas entreprendre le siége d'une place que l'on n'ait assez de soldats pour que les troupes qui montent la tranchée aient au moins quatre jours de repos, et il est démontré par l'étendue connue de la ville de Prague qu'il faudroit 25,000 hommes pour monter la tranchée devant cette place. On peut conclure de là de l'impossibilité où est le roi de Prusse de former un siége avec [les forces dont il dispose], surtout vis-à-vis une garnison de 48,000 hommes. (*Note du duc de Luynes.*)

sidérable. Le roi de Prusse avoit annoncé lui-même la prise de 250 pièces de canon, et dans le fait les Autrichiens n'en ont perdu que 13 et en ont pris 6 qui sont actuellement dans Prague. M. Daun n'est point encore à Deutsch-Brod ; il est resté à Czaslau. Rien n'est plus beau que les 50,000 hommes de troupes qui sont actuellement sous ses ordres. Il y a dans ce nombre 2 régiments de cavalerie qui étoient à la bataille du 6 et qui ont perdu environ un escadron avec leurs tentes et leurs équipages ; on les envoie en Moravie pour se rétablir ; ils rentreront en campagne au plus tard au commencement du mois prochain.

M. le chevalier de Langeac est mort de la petite vérole, en trois jours, à l'armée du Bas-Rhin. MM. de Langeac étoient trois frères ; l'un est colonel du régiment de Conty et l'autre est abbé. Leur mère est Pradnoue ; le nom de leur grande mère étoit Melun ; elle étoit veuve d'un M. de Melun quand elle épousa M. de Langeac.

MM. de Marbeuf ont demandé ce matin l'agrément du Roi pour le mariage de M. de Marbeuf, colonel de dragons et neveu de l'abbé, avec la fille de M. Michel, gros négociant de père en fils depuis six ou sept générations, et fort riche ; il est directeur de la compagnie des Indes. Le régiment de dragons de M. de Marbeuf est en Bretagne ; il a eu permission de revenir pour se marier (1).

Le Roi travailla hier avec M. de Saint-Florentin sur la feuille des bénéfices, et donna une abbaye à un abbé de la Rochefoucauld, parent du feu cardinal et auquel il s'intéressoit beaucoup. S. M. nomma aussi à deux abbayes de filles. On ne sait pas cependant encore si c'est à M. de Saint-Florentin que le Roi a donné la feuille.

Le Roi a donné à mon frère la présidence qu'avoit feu M. le cardinal de la Rochefoucauld du bureau des com-

---

(1) On donne actuellement 25,000 livres de rente à la fille. Les mariés seront nourris pendant quatre ans. M. Michel n'a que deux filles et un garçon. (*Note du duc de Luynes.*)

munautés. Le président de ce bureau a l'honneur de travailler avec le Roi une fois l'année pour lui rendre compte du travail du bureau. Il y avoit dans ce bureau une place de maître des requêtes vacante par la nomination de M. de Miromesnil ; mon frère a demandé au Roi cette place pour M. Morel de Vindé.

Du samedi 4. — On parle depuis longtemps de la grande-maîtrise de Saint-Lazare possédée ci-devant par M. le marquis de Nerestang, depuis par M. le marquis de Dangeau, et donnée à sa mort à M. le duc d'Orléans, fils du Régent. Le Roi n'y avoit point nommé depuis la mort de M. le duc d'Orléans, et on a su depuis quelque temps que l'intention de S. M. étoit de la donner à Mgr le duc de Berry ; je ne sais que d'hier que cela est fait. M. de Saint-Florentin est chargé du détail de ce qui concerne cet ordre. Le grand-maître avoit des droits à la réception de chaque chevalier qui montoient à environ 500 livres ; les chevaliers payoient outre cela 500 autres livres pour les frais de réception et droits des officiers inférieurs. Par le nouvel arrangement, il ne leur en coûtera plus que 500 livres au lieu de 1,000, le Roi voulant qu'il soit fait remise des droits du grand-maître.

J'ai toujours oublié d'écrire que le petit Bontemps reçut il y a environ quinze jours les cérémonies du baptême ici dans la chapelle ; il fut tenu par le Roi et par Madame ; il a environ dix-huit ans ; c'étoit immédiatement avant son mariage.

J'ai oublié aussi de parler de la mort de Mme de Villemur, mère de Mme de Saint-Séverin ; elle mourut il y a environ deux mois ; elle étoit fort âgée et avoit toujours conservé une bonne santé.

Du dimanche 5. — Le Roi a signé aujourd'hui le contrat de mariage de M. de Lordat avec Mlle de Seignelay. M. le duc de la Force a aussi fait signer le contrat de mariage de sa petite-fille avec M. de Caumont dont j'ai parlé ci-dessus.

M. le chevalier de Talaru a pris congé aujourd'hui ; il s'en va à Toulon.

Du mardi 7, Versailles. — On apprend par une lettre de Lorraine, du 30, que le procès de Mme la princesse de Talmont venoit d'y être jugé à la cour souveraine de Nancy. Il paroît que ni Mme de Talmont ni M. le comte Ossolinski, sa partie adverse, ne sont contents du jugement, car ils en ont appelé au conseil du roi de Pologne. Pour entendre cette affaire, il faut expliquer en deux mots l'origine de la contestation. M. le comte Ossolinski, resté veuf avec deux garçons, épousa à Varsovie, en 1732, la fille du palatin de Russie, de trente ans plus jeune que lui, et dont le père, le prince Jablonowski, étoit frère de la princesse mère du roi de Pologne. Le prince Jablonowski n'avoit que deux filles ; l'aînée est Mme la princesse de Talmont. Mme la comtesse d'Arquien, grande-mère maternelle de Mme d'Ossolinski, lui donna par contrat de mariage 100,000 florins de Pologne, et M. d'Ossolinski lui assura 100,000 autres florins. Les lois du pays permettent aux nouveaux mariés, trois semaines après leur mariage, de se faire un don mutuel pour en jouir leur vie durant ; c'est ce qu'on appelle advitalité (1). Mme d'Arquien s'engagea outre cela à donner pour 50,000 florins de pierreries à sa petite-fille. M. d'Ossolinski étoit grand-trésorier de Pologne ; il renonça à cette charge pour suivre le roi Stanislas, pour lequel il a toujours marqué le plus grand attachement. Il fut fait grand-maître de sa maison avec 72,000 livres d'appointements ; il eut 9,000 livres de pension du roi de France ;

---

(1) Cet acte d'advitalité fut fait le 21 mars 1732. Le mari donne à sa femme, en cas qu'elle lui survive, la jouissance d'une partie de ses biens, et la femme assure au mari, s'il lui survit, l'usufruit de tous ses biens meubles et immeubles ; mais après la mort du survivant, les biens qui n'auront été qu'en usufruit passeront aux héritiers du prédécédé, de manière que chacun des biens des deux époux seront conservés à sa famille. (*Note du duc de Luynes.*).

il fut fait duc et chevalier de l'Ordre, et le roi de Pologne, voulant lui donner de plus en plus des marques de bonté et même d'amitié, sentiment qu'il a toujours conservé pour lui, lui fit présent d'abord de 100,000 livres, ensuite de 300,000. Il lui donna ensuite la jouissance de la seigneurie d'Einville, valant 10,000 livres de rente; et depuis, voulant qu'il jouît sans embarras de ces 10,000 livres de rente, il les lui assigna sur les fermes générales de Lorraine et réunit Einville au domaine; il lui donna aussi des ménageries à plusieurs de ses maisons de campagne, avec des bâtiments qu'il avoit fait faire à ses dépens. Mme Ossolinska mourut à Lunéville le 5 janvier 1756. M. d'Ossolinski mourut six mois après. Il avoit fait son légataire universel M. le comte Ossolinski, son petit-fils. Il faut observer que par le contrat de mariage de M. Ossolinski, il est dit précisément que la future épouse aura la moitié dans tous les dons royaux, et qu'elle ne pourra être induite à en disposer ni à les aliéner à peine de nullité. Il auroit été de règle de faire faire un inventaire après la mort de Mme Ossolinska; mais M. Ossolinski étoit déjà bien malade, et Mme de Talmont ne voulut avoir aucune discussion d'intérêt avec lui; il ne fut question que de conciliations à l'amiable, qui passèrent par M. le maréchal de Belle-Isle et que la mort de M. Ossolinski empêcha de terminer. Il auroit fallu discuter en particulier la succession de Mme Ossolinska; mais M. Ossolinski étant mort, les deux successions se sont trouvées confondues. On a estimé lesdites deux successions à un million; Mme de Talmont prétend qu'elles peuvent aller à 1,200,000 livres. Mme de Talmont, en conséquence, a prétendu qu'il devoit lui en revenir 600,000 livres. Il y avoit eu un projet d'accommodement à l'amiable, mais qui n'a point eu d'exécution, la partie adverse n'ayant offert à Mme de Talmont pour toutes choses que 3,500 livres de pierreries comme la valeur de ce qui étoit provenu de sa maison; elle s'est vue obligée en justice de soutenir ses droits au conseil souverain de Nancy. cette cour, par son jugement, a accordé à Mme de Talmont la moitié des 200,000 livres assignées sur le domaine d'Einville, et 50,000 florins pour les bijoux portés dans le contrat de mariage de Mme sa sœur. Ce jugement auroit besoin d'être expliqué, et c'est par cette raison que les deux parties en ont appelé. Si Mme de Talmont doit avoir la moitié de tous les dons royaux aux termes de son contrat, elle doit donc avoir la moitié des 100,000 livres, des 300,000 livres et du fonds des 200,000 livres assignées sur Einville ; on ne peut trop comprendre ce que c'est que les 200,000 livres qui lui sont adjugées. L'article des pierreries est une affaire de calcul et d'estimation.

On apprend d'Orléans que la dernière déclaration du Roi enregistrée au lit de justice, au sujet de l'administration des sacrements, et conforme au bref du Pape, y a été exécutée sans difficulté. Un vicaire ayant été appelé pour un malade, qui lui a fait connoître ses sentiments d'une manière scandaleuse, a demandé à lui parler en particulier, ce qui lui a été refusé ; il a été faire sa dénonciation au bailliage ; il a encore retourné chez le malade, qu'il n'a pu voir seul et qui est mort sans sacrements. Le bailliage a trouvé la conduite du vicaire très en règle.

Le Roi, dans son dernier travail avec M. de Saint-Florentin, a donné à l'abbé de M........., chanoine de Notre-Dame, l'abbaye de Livry vacante par la mort de M. de Périgny, et à l'abbé Tudert, conseiller-clerc de Grande Chambre, une abbaye qu'avoit feu M. le cardinal de la Rochefoucauld. On prétend que tous ces bénéfices n'ont été donnés qu'en conséquence du travail que devoit faire M. le cardinal de la Rochefoucauld avec le Roi le jour même qu'il tomba malade, et que l'abbaye qui a été donnée à l'abbé de la Rochefoucauld, et dont j'ai parlé ci-dessus, étoit un arrangement projeté par M. le cardinal de la Rochefoucauld qui venoit d'obtenir l'union d'un bénéfice à l'archevêché de Bourges.

On étoit incertain de la volonté du Roi pour l'abbaye de Cluny ; cette affaire est enfin décidée. Le chapitre qui avoit eu ordre de suspendre son élection, a eu permission d'y travailler, et il paroît que la volonté du Roi est que le choix du chapitre tombe sur M. l'archevêque d'Alby, parent du cardinal, et pour qui il avoit beaucoup d'amitié. On prétend que malgré le travail du Roi avec M. de Saint-Florentin, ce n'est point encore une preuve que la feuille des bénéfices soit donnée à ce ministre.

Il y a quelques jours que Mlle de Mailly, âgée de quarante-cinq ans, mourut à Saint-Cloud ; elle étoit sœur de M. de Mailly-d'Aucourt, inspecteur de cavalerie.

L'ancien évêque d'Orléans mourut à Orléans le 4 de ce mois ; son nom étoit Paris. Il avoit été sacré évêque titulaire d'Europée en 1724. Il avoit donné sa démission de l'évêché d'Orléans en 1753. Il s'étoit chargé du soin de ce diocèse depuis l'exil de l'évêque d'aujourd'hui. Il a été enterré dans la cathédrale sans aucune cérémonie, comme il l'avoit ordonné.

Du jeudi 9, Dampierre. — Mgr le Dauphin alla, il y a quelques jours, à la manufacture de porcelaine à Sèvres ; il fit donner des gratifications aux ouvriers et fit plusieurs emplettes pour Mme la Dauphine et pour ceux qui eurent l'honneur de le suivre. Mesdames y ont été aussi. Le Roi y fut, il y a environ quinze jours ; c'est pour la seconde fois. Cette manufacture, établie d'abord à Vincennes, fut transportée à Sèvres au mois d'août dernier. Je dois avoir parlé du bâtiment immense qui a été construit par les entrepreneurs auprès de l'ancienne verrerie, laquelle a été transportée de l'autre côté de Sèvres, au-dessous de Bellevue. J'allai, il y a quelque temps, voir cette manufacture de Sèvres. Les entrepreneurs y ont fait faire un appartement pour le Roi, composé d'une grande antichambre qui serviroit de salle des gardes ; à gauche est une grande chapelle dont l'autel peut se voir de toutes les pièces de l'appartement. A la suite de la chapelle est une grande chambre et un très-grand cabinet. Sous cet édifice sont de grands souterrains bien voûtés et fort clairs, et au premier étage, un corridor d'une longueur prodigieuse qui distribue à différentes salles, plus ou moins grandes, suivant l'espèce ou le nombre des ouvriers. Dans la salle des peintres, ils sont 60 qui travaillent chacun à différents ateliers suivant leurs différents talents. Ils sont payés à différents prix, aussi à proportion. Il y en a qui gagnent jusqu'à 1 louis par jour, et le premier peintre qui est à la tête de tout l'ouvrage gagne 2 louis. Les ouvrages de peinture paroissent déjà portés à une grande perfection ; le blanc y est fort beau ; mais l'inconvénient jusqu'à présent est la trop grande cherté. La peinture bleue augmente cette cherté considérablement, et c'est dans cette espèce de porcelaine qu'ils débitent davantage. Des vases pour mettre des fleurs dans une chambre s'y vendent 25 louis ; des pots à oille, 50 ; des tasses à café avec la soucoupe, 2 louis. L'appartement du Roi n'étoit pas encore meublé quand j'y fus il y a environ six semaines. On travailloit aussi à un magasin pour exposer les marchandises en vente, et le public ne pouvoit encore y entrer ; il falloit un billet de M. le contrôleur général. Il y a actuellement environ 500 ouvriers, qui doivent être logés dans le bâtiment lorsqu'il sera entièrement fini. Cela est encore bien différent de la manufacture de Saxe, où il y avoit avant l'invasion du roi de Prusse environ 1,400 ouvriers. Le Roi a une part dans l'entreprise de la manufacture de Sèvres ; je crois que c'est un cinquième. Le bâtiment et le transport de Vincennes à Sèvres a obligé les entrepreneurs à de grandes avances.

On trouvera ci-après ce que l'on sait de la position où doivent être nos troupes en Westphalie. Il est question de porter une armée sur le Haut-Rhin pour garantir les Électeurs qui se sont déclarés pour l'Impératrice de l'invasion des troupes prussiennes; ils en sont fort menacés et surtout l'électeur palatin, qui a envoyé 6,000 hommes de bonnes troupes à l'armée de M. le maréchal d'Estrées. L'électeur de Bavière a fait faire des représentations au roi de Prusse, qui a répondu d'une manière très-haute qu'il s'embarrassoit peu des petits princes, qu'il sauroit bien mettre à la raison quand il auroit fini des affaires plus importantes, et qu'il se mettoit même peu en peine de la France.

Mmes de Goyon et d'Épinay ont monté ce matin dans les carrosses de la Reine pour la première fois. C'étoit en revenant de la paroisse Notre-Dame à Versailles, où la Reine a entendu la grande messe (1).

Par les dispositions faites par M. le maréchal d'Estrées, voici quelle devoit être la position de nos troupes le 8. M. le maréchal d'Estrées à Hertzebrœck (2) avec environ 55 bataillons et 40 escadrons.

Troupes du camp de Hamm à Rhéda, environ 15 bataillons.

M. le prince de Soubise à Lipstadt; 26 bataillons, 20 escadrons, les hussards et les volontaires royaux, avec des régiments de cavalerie par échelons derrière lui.

Position de l'armée hanovrienne.

M. de Cumberland à Brackwede (3), environ 18,000 hommes à Bielefeld, 2 régiments prussiens.

A Rietberg, un gros détachement pour couvrir la communication de Brackwede à Paderborn, environ 15,000 hommes.

Par des nouvelles postérieures à celles ci-dessus on a appris que les ennemis s'étoient retirés de Paderborn, mais ils occupoient encore leurs autres postes.

Du samedi 11, *Dampierre.* — On me mande de Tou-

---

(1) S. M. n'a pas été prendre le Saint-Sacrement à la paroisse; elle l'a attendu à la chapelle et l'a suivi au retour. (*Note du duc de Luynes*.)

(2) Abbaye sur la route de Munster à Paderborn, près et au nord-ouest de Rhéda.

(3) En face et à trois lieues et demie de Hertzebrœck, et sur la route de Bielefeld à Rietberg.

raine que la terre des Ormes où est M. d'Argenson est dans une situation unique. Il y a beaucoup à faire au dedans du château, dont l'extérieur est fort bien, et M. d'Argenson en fera une habitation grande et commode ; mais les dehors sont admirables. C'est une rivière qui porte des bâtiments à voiles et qui est commandée par une terrasse d'une lieue de long, appuyée par un parc immense et bien percé. La partie de la terrasse qui fait face au château est une balustrade d'une pierre blanche et où l'on arrive par un parterre de gazon.

Du dimanche 12, Dampierre. — Il y a déjà longtemps que j'ai parlé du mariage de M. de Monaco, mais je ne dois pas omettre une circonstance ; c'est que pour ne rien perdre des droits de sa souveraineté, il est dans l'usage d'écrire de Monaco au Roi et à la Reine sur les événements principaux ; c'est par cette raison qu'il vient d'écrire à LL. MM. pour leur donner part de son mariage, qui étoit peut-être déjà fait quand la lettre a été écrite ou qui a dû se faire peu après.

Jeudi dernier (1), c'est M. l'évêque de Rennes qui a présenté le livre des Évangiles et la paix à baiser au Roi et à la Reine, et c'est l'aumônier de quartier du Roi qui a présenté les pains bénits à LL. MM. et à la famille royale. M. le curé a donné l'encens au Roi et oublioit de le donner à la Reine ; le Roi a dit tout haut : « Et à la Reine. »

Mesdames Sophie et Louise, qui prennent du lait, ont été à la paroisse dans leurs carrosses et sont revenues dans le carrosse de la Reine.

J'ai marqué ci-dessus qu'il y avoit eu quatre conseillers du parlement de Besançon exilés, et quatre faits prisonniers. Le Roi, sur les représentations de ce parlement, a bien voulu accorder aux exilés la permission de revenir ; il a fait sortir de prison les quatre autres, mais sans leur permettre de retourner à Besançon.

---

(1) Jour de la Fête-Dieu.

JUIN 1757.

Du mercredi 15, *Dampierre*. — On trouvera ci-après l'extrait d'une lettre de Warendorf du 6, d'une autre lettre du 7, et d'une de Versailles d'hier.

Du 6, à Warendorf (1).

J'ai suivi hier M. le comte de Maillebois dans un détachement qu'il a fait pour connoître la position des ennemis. D'ici le détachement a été à Harwinckel ; l'on s'est porté ensuite à l'abbaye de Marienfeld, du clocher de laquelle l'on voyoit à découvert le camp ennemi. Il est à mi-côte faisant face à Marienfeld, tenant par la droite l'entrée des gorges de Ravensberg et d'Herford ou Herworden. L'on prétend qu'il y a de grands marais à droite, et que la gauche est fortifiée même par des embrasures en brique et en pierre. M. le Maréchal va, ou marcher de front à eux, ou les tourner. Nous apprendrons son projet par la marche qui sera déterminée incessamment. Notre camp est très-beau ; la première ligne a sa droite appuyée à la ville sur une hauteur qui domine la rivière d'Ems. La seconde ligne est de l'autre côté du grand chemin, ce qui fait un très-bon débouché pour les colonnes. Nous avons eu des pluies affreuses ; tout le pays étoit inondé. M. le chevalier de Muy a été obligé de laisser 3 bataillons dans le camp d'Owerhagen, à trois quarts de lieue de Lipstadt, parce qu'ils ne pouvoient sortir de leur position qu'en bateaux. Les Palatins vont nous joindre. L'on dit que la difficulté étoit d'avoir deux livres de pain au lieu d'une livre et demie. L'armée ne part point demain ; on l'envoie au fourrage pour deux jours.

Du 7, à Warendorf.

On dit que nous sommes encore ici jusqu'à après-demain. Nous sommes dans un beau camp ; mais nous ne pouvons en sortir à cause de la difficulté des chemins, qui ne sont plus que des abîmes par les pluies continuelles et abondantes qui ont tombé depuis plusieurs jours. Il ne plut cependant point hier ; si le temps se soutient encore aujourd'hui, les chemins se ressuieront un peu et nous serons en état de partir après-demain. M. le duc de Cumberland est également assiégé dans son camp par le mauvais temps, et a la plus grande impatience de pouvoir en sortir pour se retirer. M. le prince de Soubise devoit de son côté faire faire un mouvement au corps qu'il a sous ses ordres ; mais les mêmes raisons ne lui permettent pas de sortir de son camp. Le soldat souffre prodigieusement sous la tente où il est dans la boue jusqu'à mi-jambes ; il souffre aussi, ou plutôt l'officier,

---

(1) Sur l'Ems, à l'Est de Munster.

de la disette de pain. On ne peut pas en avoir pour de l'argent et on se l'arrache à 8 sols la livre. Il y a de la viande. On commence à trouver sur terre quelques légumes et on a permis quelques petits fourrages pour suppléer au défaut de foin et d'avoine, qui ne peuvent arriver à cause des mauvais chemins. Toute la Westphalie est un terrain marécageux où il n'est pas possible de faire la guerre quand la saison n'est pas plus favorable.

De Versailles, le 14.

Par les nouvelles que l'on vient de recevoir, les ennemis sont très-bien retranchés, et dans un très-bon poste, un ruisseau devant eux et deux hauteurs à leurs côtés très-bien gardées. On va les tourner à droite pour les obliger à se déposter; s'ils ne sortoient pas, ils se trouveroient enfermés; s'ils décampent, on espère que l'on pourra tomber sur leur arrière-garde. On saura dans deux jours le parti qu'ils auront pris ; cela est bien intéressant.

A l'égard de la Bohême, cela est toujours dans la même situation ; on a reçu des nouvelles de M. de l'Hôpital qui étoit encore en Pologne, mais avancé; il dit que les Russiens sont réellement prêts à entrer dans les états du roi de Prusse. On croit que les hostilités ont dû commencer les derniers jours de mai.

Du jeudi 16, *Dampierre.* — On me mande de Lunéville, du 11, sur le procès de Mme de Talmond, que les deux parties n'ayant point été contentes du jugement de Nancy, ont appelé au conseil du roi de Pologne, et que les deux requêtes y ont été admises après un mûr examen.

M. de Miromesnil, nommé premier président de Rouen, prêta son serment dimanche dernier, 12, entre les mains du Roi.

M. de Paulmy prit, il y a quelques jours, les ordres du Roi, pour savoir ce que l'on feroit de 6 pièces de canon et 2 obusiers qui étoient à Chambord; le Roi lui répondit : « Cela est tout près des Ormes; il n'y a qu'à les y envoyer. » On me mande qu'ils y sont arrivés.

Du mardi 21, *Dampierre.* — Dimanche dernier, 19, il y eut deux présentations: Mme d'Alville (Mydorge) fut présentée par Mme la princesse de Condé; il n'y avoit à cette présentation que les dames de Mme la princesse de Condé. M. d'Alville auroit pu prier Mmes de Châtillon et d'Henrichemont dont il est parent, mais il n'y songea qu'après avoir prié Mme la princesse de Condé.

Mme de Lordat fut présentée par Mme de Seignelay (Biron), sa mère; il y avoit quinze ou vingt ans que Mme de Seignelay n'avoit été à la Cour, et elle a été obligé de se faire présenter à Mme la Dauphine et à Mesdames.

Mme de Caumont avoit été présentée le jeudi d'auparavant, 16; elle est grande et bien faite. On est toujours étonné, comme je l'ai déjà marqué, que M. de Caumont ait été si longtemps à se faire connoître par M. de la Force; mais j'ai appris que son père avoit écrit plusieurs fois à M. le duc de la Force, soit à celui-ci, soit à son frère aîné, et que ne voyant point les titres il n'avoit jamais voulu le reconnoître. Sans les représentations qui ont été faites à M. de Caumont d'aujourd'hui, que l'épitaphe de feu M. le duc de Caumont leur feroit un tort irréparable s'il ne se faisoit pas connoître, il auroit peut-être toujours resté dans la même situation.

Le Pape a envoyé son portrait à la Sorbonne, et on l'a placé dans la salle des actes, entre celui du Roi et celui du roi de Pologne. Le Pape avoit déjà envoyé à la Sorbonne toutes les éditions de ses ouvrages et un recueil complet de ses œuvres, en 15 volumes in-folio magnifiquement reliés. Ces marques de bonté distinguée de la part du souverain Pontife sont d'autant plus flatteuses que c'est le premier exemple (1).

On apprend que M. de Cumberland a quitté son camp et qu'il marche vers Hameln (2) pour repasser le Weser. Il y a eu une petite action fort vive au poste de Bielefeld. Les ennemis y avoient laissé des troupes; M. de Chabot les a attaquées avec les volontaires royaux et les Fischers;

---

(1) La Sorbonne fit, le 6, une députation au nonce, à l'occasion de ce présent. Ce fut M. le curé de Saint-Paul qui porta la parole. Ce portrait est un original fait en 1741 par Subleyras, peintre françois, qui est mort à Rome. (*Note du duc de Luynes.*)

(2) Place forte sur le Weser, à 16 lieues au sud-ouest de Hanovre.

il a été repoussé trois fois, et enfin il s'est rendu maître du poste, la baïonnette au bout du fusil.

Du mercredi 22, *Dampierre*. — Le Roi donna hier la charge de grand-aumônier de France à M. le cardinal de Tavannes; et cette même charge chez la Reine qu'avoit M. le cardinal de Tavannes a été donnée à M. l'évêque de Laon (Rochechouart).

LETTRE DE LA REINE A LA DUCHESSE DE LUYNES, du 21 juin.

« Voilà bien des nouvelles que j'ignorois quand je vous ai écrit ce matin. Le Roi m'a envoyé dire par M. de Saint-Florentin qu'il prenoit le cardinal de Tavannes pour son grand-aumônier; il vient de me le renvoyer pour me dire qu'il me donnoit M. l'évêque de Laon. Si ce n'avoit pas été faire tort à M. le cardinal de Luynes, étant déjà placé auprès de quelqu'un très-jeune, j'aurois prié le Roi de me l'accorder. Je vous ajouterai des raisons quand je vous verrai. J'obéis et vous embrasse de tout mon cœur.

LETTRE DE LA REINE A LA DUCHESSE DE LUYNES, du 22 juin.

Je suis toujours bien aise de vous revoir, mais j'en ai plus d'impatience que jamais pour vous conter mon histoire. Je suis très-fâchée de n'avoir plus mon cardinal (1) et de ne pas avoir le nôtre (2). Il n'y a qu'une chose qui m'en console, c'est qu'il ne faut pas que les Luynes meurent avec moi. Je suis bien heureuse d'avoir retenu ma langue, car j'ouvrois la bouche pour dire au cardinal, quand il vint hier chez moi, que j'espérois l'avoir; je me ressouvins tout d'un coup que l'on m'avoit recommandé le secret. Enfin le bon Dieu l'a voulu. Je pars à midi pour avoir moins chaud (3). Je meurs de peur de l'orage. Je vous aime et embrasse de tout mon cœur.

Vous voyez, monsieur, mes sentiments dans cette lettre.

Et vous, mon cher cardinal, vous n'auriez pas gagné au change et vous n'y perdez rien dans l'amitié.

Le Roi signa hier le contrat de mariage de M. le vicomte de Rochechouart avec Mlle Boucher.

Le Roi vient de donner à M. de Tourny le fils l'inten-

---

(1) Le cardinal de Tavannes.
(2) Le cardinal de Luynes.
(3) A Lucienne, chez la comtesse de Toulouse, où la Reine allait dîner.

dance de Bordeaux sur la démission de M. de Tourny le père. M. de Tourny le fils est maître des requêtes et conseiller d'honneur au grand conseil, où il a fait les fonctions d'avocat général pendant plusieurs années.

M. le Bailly de Piolenc mourut à Paris, le 17, âgé de soixante-seize ans. Il étoit grand-croix de l'ordre de Saint-Jean de Jérusalem et grand-prieur de Saint-Gilles.

Mme la marquise de la Chesnaye mourut le 4 dans son château de Rougemont-en-Dunois; elle avoit soixante-quatorze ans. Son nom était du Bouchet de Sourches. M. de la Chesnaye, mort le 4 novembre 1726, étoit écuyer tranchant et gouverneur de Meulan.

J'appris il y a quelques jours la mort de M. de Johanne; il étoit fils de M. de Saumery, premier maître d'hôtel de feu Mme la duchesse de Berry. Il est mort dans ses terres, il avoit environ cinquante-trois ans.

Le Roi vient de nommer M. le maréchal de Richelieu pour commander une armée sur le haut Rhin; cette armée sera composée de 30 bataillons et de 40 escadrons.

M. de Soubise et M. de Saint-Germain sont arrivés de l'armée de Westphalie. M. de Soubise va aussi commander une armée de 20 bataillons et de 18 escadrons qui s'assemblent en Alsace.

Du vendredi 24, *Versailles.* — J'appris hier en arrivant ici que le Roi a donné la feuille des bénéfices à M. l'évêque de Digne (Sextius de Jarente (1)). J'appris aussi que le Roi avoit donné sa nomination au cardinalat à M. le prince Constantin (Rohan), évêque de Strasbourg.

On me mande de Rhéda, du 18, que les ennemis ont totalement repassé le Weser, ou du moins que la plus grande partie de leur armée est déjà de l'autre côté.

---

(1) Il a été religieux de l'ordre de Cluny à Saint-Victor de Marseille. Son état changea lorsque cette abbaye fut sécularisée. Il est parent de M. du Muy, qui s'est toujours fort intéressé à ce qui le regarde, et qui obtint pour lui l'évêché de Digne en 1745, pendant le temps que M. l'évêque de Mirepoix (Boyer) avoit la feuille des bénéfices. (*Note du duc de Luynes.*)

Du samedi 25, Versailles. — Il y a eu aujourd'hui ici une espèce de cérémonie. M. de Saint-Florentin, à la tête d'une députation de l'ordre de Saint-Lazare, a apporté le cordon de l'ordre de Saint-Lazare à Mgr le duc de Berry, que le Roi a déclaré grand-maître de cet ordre. M. de Saint-Florentin en est administrateur général et vice-gérant. Le cordon de l'ordre lui a été présenté par M. de Bréget, conseiller au grand conseil, prévôt et maître des cérémonies de cet ordre. M. de Bréget a fait une harangue au Roi, une à Mgr le Dauphin et une à Mgr le duc de Berry, dans laquelle il a donné des louanges convenables à Mme de Marsan (1). La députation étoit de douze chevaliers.

Du dimanche 26, Versailles. — M. Rouillé obtint hier sa démission de la place de secrétaire d'État des affaires étrangères; M. l'abbé de Bernis est nommé à sa place. Il y a longtemps qu'on est persuadé que M. Rouillé vouloit quitter, sa santé ne lui permettant pas de soutenir un travail aussi considérable, et il étoit aisé de juger que cette place étoit destinée à M. l'abbé de Bernis; mais cet arrangement n'a été déclaré qu'aujourd'hui après le conseil. M. Rouillé verra après demain pour la dernière fois à l'audience les ministres étrangers. M. de Bernis arrivera pendant l'audience, et là se feront les adieux et les compliments d'arrivée. M. l'abbé de Bernis prêtera serment mercredi; vraisemblablement il n'aura pas le département des Provinces. M. Rouillé lui cède suivant la règle

---

(1) Après la harangue faite à Mgr le duc de Berry, M. de Bréget et M. de la Rye, grand trésorier de l'ordre, lui présentèrent la croix et le cordon qu'ils lui passèrent au col. M. Dorat, secrétaire général, lui présenta le livre des prières de l'ordre. Mgr le duc de Berry entendit ensuite la messe. Après la messe, M. le duc de Berry se mit dans son fauteuil; on mit un carreau à ses pieds, sur lequel M. de Saint-Florentin et tous les députés se mirent à genoux et lui baisèrent la main. Cette cérémonie finie, les députés reconduisirent M. de Saint-Florentin chez lui, où ils le complimentèrent. Mgr le duc de Berry avoit été reconnu grand maître dans un chapitre tenu le 20, par ordre du Roi, dans l'appartement de la Reine, au Louvre; ce fut là où il fut arrêté qu'il lui seroit fait une députation. (*Note du duc de Luynes.*)

son logement, et reprend celui qu'il occupoit lorsqu'il avoit la marine.

Le logement de M. le maréchal de Belle-Isle, qu'on avoit donné à M. l'abbé de Bernis, est donné à M. l'évêque de Digne.

Mme de Marbœuf a été présentée aujourd'hui par Mme la comtesse de Lorges. Mme de Stainville a fait ses révérences ; elle n'avoit point encore paru ici depuis qu'elle est arrivée de Rome.

Du mercredi 29, *Versailles.* — On attendoit avec impatience depuis plusieurs jours des nouvelles de Bohême ; le courrier de Vienne arriva avant-hier au soir ; le Roi étoit à Saint-Hubert. M. Rouillé fit un petit extrait des lettres qu'il porta à Mme la Dauphine, parce qu'il la savoit dans la plus grande inquiétude ; il avoit envoyé les lettres au Roi. On trouvera ci-après la copie de la lettre de M. Daun à LL. MM. Impériales, de celle de l'Impératrice-reine au Roi, et de la déclaration envoyée par M. Daun.

Copie de la lettre de M. Daun à l'Empereur.

Sire, par le lieutenant-colonel Wettes (?), du régiment de l'archiduc Charles, j'ai l'honneur de donner part à Vos Majestés que le bon Dieu a voulu rendre aujourd'hui à Vos Majestés une victoire je puis dire presque complète contre le roi de Prusse. L'affaire a été des plus vives. Cela a commencé à deux heures après dîner et a duré jusqu'à près de huit heures (1). L'ennemi a fait par sept fois différentes les attaques les plus vives, mais toujours repoussées, et je ne puis assez rendre justice tant aux troupes qu'aux généraux et officiers. Ils ont montré autant de valeur que de zèle, et surtout les généraux Stampach, Sincère, Wied et Esterhazy se sont fort distingués. Le champ de bataille est fort couvert de morts. Nous avons plusieurs centaines de prisonniers, parmi lesquels plusieurs officiers, et le général Treskow qui a été dépouillé, de quoi je suis au désespoir, mais lui ai fait faire toutes les excuses et offres à faire en pareil cas. Nous avons plusieurs pièces de gros canons, étendards et drapeaux, mais je ne saurois encore faire un juste détail, qui suivra encore demain ou après. Notre perte, je ne

---

(1) Le 18 juin.

puis non plus la dire; plusieurs régiments ont beaucoup souffert, surtout Savoie, Wurtemberg et Birkenfeld. Des morts, je ne sache aucuns généraux, mais le colonel de Waldt, lieutenant-colonel Harrach et plusieurs autres selon que la liste les fera voir. Blessés : le général Serbelloni; Lobkowitz légèrement.

Quant à moi, trop heureux d'avoir pu être témoin de la clémence divine et bravoure des troupes de Vos Majestés qui ont fait merveille, je ferai tout mon possible pour poursuivre au plus tôt les opérations ultérieures, mais pour demain tout au moins il me faudra rafraîchir les troupes. Je ne suis pas en état de pouvoir Lui dire rien de plus aujourd'hui, seulement de me mettre aux pieds de V. M., étant avec le plus profond respect, Sire, etc.

Du champ de bataille, à Cholzemitz (1), le 18 juin 1757.

Notre perte pourroit aller à 5,000 et celle de l'ennemi à 10,000. L'artillerie s'est aussi bien acquittée de son devoir.

LETTRE AU ROI,

De la main de l'Impératrice.

Monsieur mon frère et cousin. Le Seigneur a fait triompher enfin notre juste cause; je viens d'en avoir l'importante et l'agréable nouvelle par la lettre ci-jointe du maréchal Daun, et je n'ai rien de plus pressé que de la communiquer à V. M. telle qu'elle m'est parvenue. Je sais la part qu'elle veut bien prendre à ce qui me regarde, et moyennant cela, non-seulement je ne doute point qu'elle n'apprenne avec plaisir un si grand événement, mais je reçois même ce bienfait de la divine Providence avec un accroissement de satisfaction, parce que je me tiens assurée que V. M. partage ma joie. Je ne sais jusqu'ici, ni quant à mon armée dans Prague, ni d'ailleurs, rien au delà de ce que contient la lettre de M. de Daun. Mais V. M. peut compter que je l'informerai sans délai, par un second courrier, des détails qui me parviendront. En attendant, je crois que nous pouvons beaucoup espérer des suites de cette grande journée, dont il s'agit de tirer parti. On fera de ma part tout ce qu'il sera possible de faire, et je sais à quel point je puis compter sur V. M. Je regarde ainsi ce moment comme le plus beau de ma vie. Que V. M. me continue son amitié et qu'elle me croie pour toujours, Monsieur mon frère et cousin, de V. M. bonne sœur et cousine.

MARIE-THÉRÈSE.

A Vienne, ce 20e juin 1757.

---

(1) Cholzemitz, à une lieue et demie à l'ouest de Kollin, sur la route de cette ville à Prague.

On trouvera ci-après la copie d'une lettre arrivée de Bruxelles par la poste; il y avoit dans ce même paquet une lettre de M. le prince Charles imprimée. M. Rouillé l'a portée au Roi et à la Reine; il me l'a donnée ensuite à lire; je ne mets ici que ce que j'en ai retenu.

De Bruxelles, le 26 juin.

M. de Tonnois, chambellan honoraire de S. M. l'Impératrice-reine, au service de S. A. R. le prince Charles, vient d'arriver ici de Prague avec l'agréable nouvelle que le maréchal comte de Daun ayant battu à plate couture, le 18 de ce mois, l'armée du roi de Prusse jointe à celle du prince de Bevern, S. A. R. le duc Charles de Lorraine et de Bar a fait une sortie et chassé le maréchal Keith de ses retranchements (1). On a tué beaucoup de monde aux ennemis, et on a fait sur eux un grand nombre de prisonniers, et on leur a pris beaucoup de canons, etc. On a témoigné aussitôt la joie qu'on ressentoit de cet heureux événement par différentes décharges de l'artillerie de nos remparts, par le son des cloches, etc.

M. l'abbé de Bernis a prêté serment au Roi aujourd'hui, et M. l'évêque de Laon a aussi prêté serment entre les mains de la Reine (2).

M. Rouillé a les postes avec 15,000 livres qui y sont attachées, une pension de 40,000 livres, sur quoi 10,000 livres reversibles à Mme Rouillé après lui. Il demeure ministre et conserve la pension de 20,000 livres.

On vient d'apprendre de Vienne la confirmation de la nouvelle de Bruxelles. On mande qu'il n'y a plus aucun Prussien devant Prague.

---

(1) Il y a quelque exagération dans cette phrase. Le roi de Prusse leva le siége de Prague devant deux armées de 40,000 hommes, emmena tout son matériel et en fut quitte pour perdre 600 hommes de son arrière-garde dans le combat que le prince Charles livra au maréchal Keith qui battait en retraite et qui fut vivement attaqué. Si Daun avait poursuivi Frédéric, il terminait la guerre; Frédéric sut mettre à profit son inaction, sa lenteur et toutes les autres fautes des six généraux qui l'entouraient.

(2) M. le cardinal de Tavannes a prêté serment le même jour. Il y a quelques différences dans ce qu'on donne pour ces deux serments. M. le cardinal de Tavannes a donné 250 louis et M. l'évêque de Laon 200 louis. (*Note du duc de Luynes.*)

JUILLET.

L'évêque d'Eucarpie. — Monument du curé Languet de Gergy. — Procès de l'évêque de Metz. — Manufacture de porcelaines de Sèvres. — Mme de Pompadour. — L'Autriche rappelle son ambassadeur de Londres. — Détails sur la bataille de Kollin et la levée du siége de Prague. — Balles de verre. — La Cour à Compiègne. — Mort de Mme de Sandwich. — Vers à soie. — Nouvelles de Westphalie. — Mme d'Anisy et Mme de Pompadour. — Deux filles du Régent. — Nouvelles de Vienne. — Morts. — Prise d'Embden. — L'Impératrice remet Ostende et Nieuport à la garde de Louis XV. — Nouvelles de la Cour. — Essai de fusées pour signaux. — Lettre sur la prise d'Embden. — Le maréchal d'Estrées se porte sur le Weser. — Détail de la prise d'Embden. — Le maréchal d'Estrées passe le Weser. — Nouvelles de Bohême. — Départ de l'ambassadeur de Portugal. — Nouvelles des armées. — Combat naval près du Cap. — Difficultés au sujet du mariage de M. de Monaco. — Acquittement du prieur d'Auriac. — Suite des opérations en Westphalie. — Détails sur le comté de la Lippe et l'évêché de Paderborn. — Mort de la reine douairière de Prusse. — Grande exécution faite par la Reine d'un livre de Voltaire. — Occupation de Cassel. — Nouvelles de Bohême et de l'armée russe. — L'armée du maréchal de Richelieu se met en mouvement. — Nouvelles de l'escadre de M. de Kersaint. — Prise de Munden. — Nouvelles de Bohême et de Westphalie. — Mot du Roi à l'évêque de Digne et nouvelles diverses de la Cour. — Mouvements des armées en Westphalie et en Bohême. — Lettre circulaire de l'évêque de Digne. — Prise de Gottingue. — Nouvelles de la Martinique et du Mexique; violences exercées par les Anglais sur les batiments espagnols. — Nouvelles de Westphalie et de Bohême. — Succès de M. Rigaud en Canada. — Nouvelles de l'armée de Westphalie. — Détails sur la victoire de M. Rigaud à William-Henry. — Prise de Gabel par les Autrichiens. — Nouvelles diverses de la Cour. — Le maréchal de Richelieu remplace le maréchal d'Estrées. — Bravoure de M. de Dunois. — Prise de Memel par les Russes. — Victoire du maréchal d'Estrées à Hastenbeck. — Mouvements des Russes dans la Prusse ducale.

Du vendredi 1er, *Versailles.* — Il y a cinq ou six jours que M. l'évêque d'Eucarpie vint ici; il s'appelle Bennetat (1). Il est Champenois, de la ville même de Troyes. Eucarpie est un évêché *in partibus*. Cet évêque a été élevé aux missions étrangères; il arrive de la Cochinchine où il a été vingt ou vingt-deux ans. Il a été mis deux fois en prison et traité avec beaucoup de dureté. On lui avoit attaché au

---

(1) Edmond Bennetat, sacré en 1745, coadjuteur de l'évêque de Noelene, vicaire apostolique des royaumes de Cochinchine, Camboge et Ciampa.

col une échelle de 27 pieds de long. Il a été nuit et jour dans cet état pendant dix-huit jours ; tout le soulagement qu'il pouvoit avoir étoit quand deux domestiques, qu'on lui avoit laissés d'abord, arrangeoient cette échelle de façon qu'il pût se coucher. Il paroît dans la résolution de retourner dans ce pays, malgré les persécutions ; il compte aller d'abord à Rome recevoir les ordres du Pape.

J'allai voir avant-hier à Saint-Sulpice le magnifique monument que M. le curé et les marguilliers de cette paroisse ont fait placer depuis peu pour marquer leur vénération et leur reconnoissance pour le feu curé Languet de Gergy. On sait que M. Languet de Gergy commença en 1719, sans presque d'autres fonds que sa confiance en Dieu, la magnifique église qui est presque achevée. Outre cela il fut occupé toute sa vie à l'instruction de son troupeau et au soulagement des pauvres ; son esprit ingénieux en ressources, fécond en expédients, lui faisoit trouver des secours de toute espèce pour le soulagement des misérables. Il employoit ces secours avec une libéralité accompagnée de prudence et d'économie. On ne pouvoit se refuser à l'onction de ses discours et à un zèle aussi doux qu'il étoit vif. Il mourut le 11 septembre 1750, âgé de soixante-seize ans. Le monument, dont on a donné une description imprimée, est placé dans une des chapelles de la nef, derrière la chaire du prédicateur ; cette chapelle est dédiée à saint Jean-Baptiste, dont il portoit le nom. Le mausolée, qui paroît bien exécuté, a été fait par Michel-Ange Slodtz, sculpteur du Roi.

Du dimanche 3, Versailles. — Il y a cinq ou six jours que le procès de M. l'évêque de Metz a été jugé au conseil. Je dois avoir déjà parlé de ce procès ; c'est contre M. Galloy, originaire de Normandie et président de la chambre des comptes de Rouen. M. Galloy avoit été chargé de la réformation des lois en Normandie et depuis dans le pays Messin. M. l'évêque de Metz avoit obtenu de

M. le cardinal de Fleury et de M. Orry une permission de couper des bois dans son évêché, mais cette permission n'étoit que verbale; M. Galloy ne trouvant point de preuves testimoniales de cette permission a intenté un procès à M. de Metz. L'affaire a été portée au conseil; M. l'évêque de Metz a été condamné à 50,000 écus de restitution et à tous les frais.

Du lundi 4, Versailles. — Le Roi alla avant-hier à la manufacture de Sèvres. J'ai déjà dit que S. M. étoit intéressée dans cette manufacture; cet intérêt, quand il pourra rapporter quelque profit, est destiné à donner des gratifications aux ouvriers. Le Roi y fait faire actuellement un service complet en vert pour donner au roi de Danemark. On espère pouvoir diminuer bientôt le prix actuellement trop considérable des porcelaines de cette manufacture; malgré ce prix, le débit en est si grand que le nombre des ouvriers qui y est actuellement n'y peut suffire. L'interruption des ouvrages de Dresde (1) augmente ce prix; je dis interruption, car quoique le roi de Prusse se soit emparé de cette manufacture, il ne peut en faire usage; il n'y a qu'un seul homme qui ait le secret de la composition de la matière et des couleurs; et le roi de Pologne a emmené cet homme avec lui. Il en est de même de la manufacture de Sèvres; un seul homme, qui est à la tête de la manufacture, en a seul le secret; mais comme il est incommodé et fort âgé, il a communiqué ce secret à une autre personne qui travaille avec lui.

Hier le Roi, après avoir été à Trianon, revint ici au salut, après lequel il partit pour aller souper à Bellevue et coucher à la Meutte. Quoique le château de Bellevue soit meublé en partie, il ne l'est pas assez pour que le Roi puisse y coucher. Mme de Pompadour est allée pendant ce temps-là à Champ dans la maison de M. de la

---

(1) Exactement de Meissen.

Vallière, qu'elle a louée 12,000 livres toute meublée. C'est le premier voyage qu'elle y fait.

J'ai oublié jusqu'à ce moment de marquer une nouvelle bien importante, c'est que l'Impératrice a envoyé l'ordre à son ambassadeur à Londres de se retirer sans prendre congé. Il y a grande apparence que l'Angleterre se brouillera aussi incessamment avec la Russie, car la czarine ayant fait déclarer aux Anglois, ainsi qu'aux autres puissances, qu'elle a donné ordre à ses vaisseaux de bloquer tous les ports du roi de Prusse dans la mer Baltique, les Anglois ont répondu qu'ils ne pouvoient se séparer des intérêts du roi de Prusse.

M. de Mérinville (1), capitaine de carabiniers au service de France, qui avoit été envoyé à l'Impératrice pour servir dans ses troupes, est arrivé hier avec le visage d'un homme qui sort d'une grande maladie; il vient d'avoir une fluxion de poitrine. Il étoit d'une foiblesse extrême la surveille de la bataille du 18. Il prétend que la vue des mouvements des Prussiens lui a donné des forces; il a eu un cheval tué sous lui, et de la chute il a été blessé à la jambe. Il a vu le Roi en particulier. Tout ce qu'on peut savoir jusqu'à présent sur ce qu'il a rapporté, c'est que les Prussiens ont été deux jours à faire leurs dispositions à la vue de l'armée autrichienne. L'aile gauche des Autrichiens étoit sur une hauteur retranchée et inattaquable; le roi de Prusse a attaqué l'aile droite. Les premiers coups de canon ont été tirés environ à deux heures après midi. L'aile gauche des Autrichiens, voyant le mouvement des ennemis, a quitté son poste et les a attaqués avec furie sans qu'on ait pu arrêter l'ardeur des troupes. Les Prussiens ont été sept fois à la charge, comme il a été

---

(1) Le nom de M. de Mérinville est Reutant; il n'a pris le nom de Mérinville qu'en épousant la fille unique de feu M. de Mérinville, qui étoit colonel du régiment Royal-Pologne, qu'il avoit acheté de M. le prince de Talmond. (*Note du duc de Luynes.*)

dit dans la relation. Il s'est fait un feu si prodigieux et si vif, que la poudre a manqué pendant quelque temps à l'aile droite des Autrichiens, mais on y en a rapporté. Pour la gauche des Autrichiens, elle n'avoit plus du tout de poudre à la septième charge. M. de Nadasty, qui en a été averti, ne pouvant y mettre de remède sur-le-champ, a donné ordre qu'on chargeât la baïonnette au bout du fusil après que les Prussiens auroient fait leur décharge; cet ordre a été exécuté avec tant de valeur que les Prussiens ont été culbutés et mis en déroute. On leur a pris 22 drapeaux et 45 pièces de canon. On a fait 6,000 prisonniers, et il y en a eu outre cela 7,000 qui ont déserté. Le calcul des déserteurs est aisé à faire, parce que l'Impératrice a ordonné que l'on donnât un ducat et un passe-port à chacun des soldats ou cavaliers des troupes ennemies qui se rendroit à son armée, et on a distribué 7,000 ducats et autant de passe-ports. On ne sait pas précisément quelle a été la perte des Prussiens; mais il y en avoit déjà 6,400 d'enterrés quand M. de Mérinville est parti, et on en trouvoit encore de morts à tout moment. On estime la perte des Autrichiens à 3,000 de tués et à 5 ou 6,000 blessés. Le combat a duré depuis deux heures jusqu'à huit heures un quart (1).

On sait aussi que ce qui a déterminé la sortie qu'a faite M. le prince Charles a été le mouvement qu'il a vu faire dans le quartier de M. de Keith, car il n'avoit point de connoissance de la bataille du 18; il ne l'a apprise qu'en sortant. On sait aussi que dans cette sortie les Autrichiens ont pris 10 pièces de canon et ont fait 1,400 prisonniers. Les deux armées autrichiennes ont dû se joindre le 23 à Schvartz-Kostelet, terre appartenant à la sœur de M. de Staremberg; nul obstacle n'a pu s'opposer à

---

(1) Les Prussiens ont été poursuivis par les troupes légères après la bataille du 18 jusqu'à Brandeis. On croit qu'ils auront suivi l'Elbe et qu'ils se seront portés sur Leitmeritz. (*Note du duc de Luynes.*)

cette jonction. Il y a eu un François, nommé M. de Martangies, colonel au service de Saxe, qui a été bien blessé à la bataille du 18 ; il étoit dans les troupes autrichiennes ; on croyoit même qu'il avoit l'épaule cassée. Les Autrichiens ont pris des chariots chargés de munitions pour les Prussiens; on y a trouvé des balles de verre destinées aux canons chargés à mitraille. M. de Mérinville a apporté ici trois de ces balles. La lettre de M. le maréchal Daun à Leurs Majestés Impériales n'est remplie que des éloges de ceux qui se sont distingués à la bataille ; il n'y dit pas un mot de lui, quoiqu'il ait eu deux légères blessures et un cheval tué sous lui.

On a appris de Westphalie que les Prussiens qui s'étoient emparés d'Erfurt, place appartenant à l'électeur de Mayence, l'ont abandonnée ; ils en ont exigé 300,000 florins, pour lesquels ils ont emmené des otages.

Du mardi 5, Versailles. — La Reine est partie pour Compiègne à dix heures un quart avec ses quatre carrosses y compris celui des écuyers ; elle a six relais ; c'est ce qui fait qu'il y a aujourd'hui quatre attelages, de 10 chevaux chacun, en mouvement pour le voyage de la Reine, et hier il y en avoit 60 pour le voyage du Roi et de Mesdames. Mgr le Dauphin ira deux fois à Compiègne pendant le voyage. La Reine avoit aujourd'hui dans son carrosse : Mmes de Luynes, de Fitz-James, de Talleyrand et de Brienne. Mmes de Villars et de Mirepoix se sont trouvées malades et hors d'état de la suivre. Mmes de Périgord, d'Antin, de Flavacourt et de Gramont étoient dans le second carrosse, et Mmes de Boufflers et de Bouzols dans le troisième.

Du jeudi 7, Bizy. — On a tiré de l'armée de M. le maréchal d'Estrées pour celle de M. de Richelieu 13 lieutenants généraux et on y en a ajouté un qui est M. de la Chétardie ; on a tiré aussi de cette même armée 18 maréchaux de camp et on y en a ajouté trois qui sont MM. de Monti, de Roquépine et de Tresnel.

Mme de Sandwich mourut à Paris le 1er, âgée de quatre-vingt-douze ans. Elle avoit ordonné en sortant de table qu'on mît ses chevaux. L'abbé Alary dînoit chez elle ; il lui a représenté qu'il étoit bien de bonne heure pour sortir ; mais elle a répondu qu'elle étoit fort pressée et qu'elle ne vouloit pas lui donner un vilain spectacle. Elle mourut avant que sa compagnie fût sortie de la maison. Elle avoit été intime amie de Mme d'Aiguillon douairière, et avoit fait un testament en sa faveur. Elles se brouillèrent il y a environ trois mois ; elles s'étoient cependant raccommodées, en apparence vraisemblablement, car on a trouvé un second testament fait il y a trois mois et tout différent du premier, car elle y donne tout son bien à son petit-fils qui est mylord Sandwich. Elle étoit fille du comte de Rochester qui mourut en 1685, la même année de l'exécution de mylord Monmouth, fils naturel de Charles II. Elle étoit protestante ; elle est enterrée sur le boulevard. Elle avoit 22,000 livres sterling de douaire ; on croit qu'elle avoit encore quelques biens d'ailleurs. Elle passoit pour être fort riche ; elle avoit beaucoup d'argent et d'actions. Elle n'a rien donné à ses gens.

Je crois avoir marqué que M. le chevalier de Montazet est allé à Vienne d'où il a passé à l'armée autrichienne. Il est porteur d'instructions et chargé d'en rendre compte. Ces MM. de Montazet sont au moins quatre frères ; celui-ci est dans les dragons, un autre est attaché à M. le comte de Clermont, un autre est M. l'évêque d'Autun, et il y a un chevalier qui est enseigne de vaisseau. Tous ont de l'intelligence et de la capacité. Celui qui est dans la marine en a donné des preuves dans le temps qu'il a été question de se faire recevoir chevalier de Malte. Tout le monde peut prétendre à cet honneur, mais il faut faire des preuves ; et lorsqu'on a quelques soupçons, les commissaires de l'ordre sont encore plus exacts qu'à l'ordinaire ; c'est ce qui arriva à M. le chevalier de Montazet. Il savoit qu'on avoit répandu des bruits désavantageux sur sa famille, et que le grand-maître en étant instruit avoit donné ordre aux commissaires de n'admettre que les preuves les plus incontestables. Le chevalier de Montazet fit toutes les recherches nécessaires dans tous les dépôts publics et particuliers et prouva une noblesse qui remonte par delà 1300; on m'a dit même jusqu'à l'an 1009. Leur nom est Almavin.

M. le maréchal de Belle-Isle continue à entretenir des vers à soie. Il a fait planter depuis plusieurs années beaucoup de mûriers; il a fait venir du comtat d'Avignon deux filles accoutumées à ce travail, dont il en a marié une avec un homme de ce pays-ci qui avoit déjà travaillé à cet ouvrage sous un maître habile. Depuis huit ans, il a toujours eu chaque année un certain nombre de livres de soie par proportion du produit qu'on a pu tirer des mûriers. On prétend que pour que cet arbre soit en pleine valeur il faut attendre l'espace de huit ans. En Provence et en Languedoc, on les plante à 6 toises de distance l'un de l'autre, dans les bons terrains, et à 7 dans les mauvais. On sait que le ver à soie, après avoir formé son cocon, s'y renferme pendant un certain temps, et c'est de ces cocons qu'on tire la soie. La manière de la tirer est de se servir du grand dévidoir au bout duquel est un petit coffret, et par delà le petit coffret une espèce de petit bassin qu'on remplit d'eau, et sous lequel on allume du feu. Lorsque l'eau est à un certain degré de chaleur on y met les cocons. L'animal qui est dedans meurt; la soie se détache; deux femmes prennent les bouts des cocons à mesure qu'ils se développent et les portent sur la roue qu'un homme tourne avec une grande vitesse. On compte qu'il faut 240 cocons pour faire le poids d'une livre, et huit à neuf livres de cocons pour faire une livre de soie. On garde ici cinq ou six livres de cocons pour graine.

On trouvera ci-après l'extrait d'une lettre du camp de Bielefeld du 1er juillet :

Il est parti ce matin beaucoup de détachements pour se porter sur le Weser, et entre autres deux fort considérables qui paroissent être destinés à jeter des ponts sur cette rivière. Le premier aux ordres de MM. de Souvré et de Morangiés, lieutenants généraux, MM. de Péruse et de Leyde, maréchaux de camp : la brigade de la Marine, celle de la Couronne, dont le régiment de Conty fait partie, les grenadiers royaux de Modène, la brigade de Royal-Pologne-Cavalerie, 6 pièces de canon de quatre, 4 pièces de canon de huit, 4 chariots d'outils et les munitions nécessaires, 2 ingénieurs et 8 hommes du corps de Royal-Artillerie. Le second détachement est aux ordres de MM. de Chevert et de Montboissier, lieutenants généraux, MM. de Poyanne, de la Vallette et de Montmorency, maréchaux de camp : le régiment de Picardie, la brigade de Vaubecourt, le régiment des grenadiers d'Aulan, les carabiniers, 6 pièces de canon de quatre, 4 pièces de huit, 20 pontons, 2 ingénieurs et 8 hommes du corps de Royal-Artillerie.

Extrait d'une lettre de Paris, du 4 juillet.

Mme d'Anisy, sachant que M. le président Dubois, son beau-père, a eu la petite vérole dans le lieu de son exil et qu'il y est fort mal, a demandé un rendez-vous à Mme de Pompadour, au dernier voyage de Choisy, pour la prier de parler au Roi en faveur de M. le président Dubois, qui désireroit aller à sa terre de Pinon, près Soissons. Mme de Pompadour a répondu à Mme d'Anisy qu'il étoit impossible qu'elle rendît service à son beau-père, à moins qu'il ne donnât sa démission pure et simple. Mme d'Anisy est fille d'un négociant de Bretagne nommé M. Kerdren ; sa mère, nièce de Mme Coche, a été fort jolie. Mme Kerdren a une sœur, aussi fort jolie, qui est Mme Girard ; on les a soupçonnées toutes les deux d'être filles de M. le Régent.

Je reçois dans le moment une lettre de Mme de Séchelles (1) qui me mande que le Roi lui donne 10,000 fr. de pension en cas qu'elle devienne veuve.

Autre lettre de Compiègne, du 8.

M. de Staremberg et le baron de Scheffer sont arrivés cette nuit. Le premier m'a dit que les troupes légères de l'Impératrice avoient

---

(1) Datée du 5, de Compiègne.

eu quelque avantage sur les Prussiens et que le Roi se retiroit vers Leitmeritz, à portée également de la Saxe et de la Silésie. L'Impératrice a créé un ordre militaire à l'instar de celui de Saint-Louis. L'Empereur en est grand-maître et a donné la première dignité au maréchal Daun. M. de Brown est mort, le 26 juin, à Prague, de ses blessures. Il avoit l'ordre de la Toison d'or et étoit feldmaréchal des armées de l'Impératrice et gouverneur général du royaume de Bohême. Il étoit Irlandois de nation.

Extrait d'une lettre de Paris, du 9.

Mme d'Elpéches est morte. Elle étoit fille d'une Mme de Mouchy, fermière générale. Elle avoit eu beaucoup de biens. Sa sœur éto mère de Mme de Montaran. Le père des d'Elpéches étoit fermier Maintenon. Mme de Maintenon avoit fait leur fortune en faisant avoir au père une place de fermier général et de receveur général. L'aîné a eu ces places-là, c'est le mari de celle qui vient de mourir. Le second a été conseiller au Parlement ; il s'appelle M. de Mérinville, dont le fils a épousé Mlle de Congey, fille du gouverneur des Tuileries. Le troisième garçon étoit avocat général de la cour des aides : il épousa Mlle de Cailly-Caumartin, qui avoit des biens fort embrouillés ; il paya les dettes, racheta les terres et s'appela M. de Cailly. Il étoit grand-père de Mme de Joyeuse. Cette Mme de Cailly étoit très-belle.

Mme de Béarn est morte d'apoplexie ; elle avoit environ trente-neuf ans ; c'étoit une femme de mérite. On dit que son mari est dans la plus grande affliction. M. le duc de la Force en est aussi au désespoir. Mme de Béarn passoit au moins neuf mois de l'année à une terre nommée Livry, près Fontainebleau, qu'elle avoit eue en mariage, dont elle n'a joui qu'après la mort de M. de Mariva, à qui M. de la Force l'avoit vendue à vie. Elle laisse deux filles et un fils à marier, qui a quinze ans, et qui tomba du haut d'une fenêtre le jour du mariage de Mme de Caumont et qu'on crut tué. M. de Béarn devroit avoir beaucoup de biens ; mais son père qui est vivant a beaucoup mangé. Mlle de Tourville, sa mère, avoit eu 900,000 livres ; elle mourut il y a un an, ruinée.

Du 10, à Compiègne. — M. le maréchal de Mirepoix vint me voir hier et me dit qu'on venoit d'avoir la nouvelle que M. le maréchal d'Estrées avoit commandé le marquis d'Auvet, maréchal de camp, avec 2 régiments de dragons et 1 bataillon pour entrer dans le pays d'Ost-Frise et faire contribuer ; qu'il y avoit marché sans trouver de résistance jusqu'à Embden, ville et port qui appartenoient à la Suède, et dont le roi de Prusse s'étoit emparé ; qu'il n'avoit avec lui pour toute artillerie qu'un très-petit mortier dont il a fait usage. Cela a mis l'épouvante dans la garnison ; le premier jour, il en est déserté 70, et le lendemain 100. De là les bourgeois se sont mutinés, de façon que ce qui restoit de la garnison s'est rendu prisonnier de guerre, ainsi que les officiers; et nos troupes sont entrées dans la ville. On regarde cela comme assez avantageux par la facilité qu'on aura de tirer des subsistances et d'empêcher celles qui venoient par là aux ennemis.

Du 11, à Compiègne. — Je vous envoie ce que M. de Vaux vient de me montrer des armées de Bohême.

A Vienne, le 3 juillet. — Les deux armées autrichiennes réunies ont passé l'Elbe et sont à Lissau (1). Le roi de Prusse est à Weiswasser et Hirschberg, M. de Keith à Leitmeritz. On croit que le roi de Prusse se retirera en Lusace.

Du 13, à Compiègne. — Une petite nouvelle d'hier de l'armée du Bas-Rhin, que je trouve fort jolie, est que M. de......, qui est dans l'état-major, avoit marché avec un détachement du régiment de Champagne pour reconnoître quelques postes, s'étoit avancé jusqu'au fort de Rhinsken et ne voulant pas le laisser derrière lui, a sommé la garnison de se rendre en disant qu'il étoit soutenu. Elle s'est rendue sur-le-champ aux conditions qu'il a voulu; mais ce qu'il y a de singulier c'est qu'il leur a ordonné de garder ce fort eux-mêmes jusqu'à ce qu'il y fût venu d'autres troupes, et ils y ont consenti.

J'apprends dans le moment que le Roi a à Ostende et Nieuport; c'est M. de la Mothe d'Hugues qui y va commander avec le régiment de Normandie et de l'Ile de France et 6 bataillons de milices. L'Impératrice a remis ces deux places en dépôt entre les mains du Roi; cet arrangement est très-convenable aux circonstances présentes; les deux ministres de l'Empereur et de l'Impératrice ayant eu ordre de se retirer de Londres sans prendre congé, l'Impératrice pouvoit craindre quelque entreprise de la part des Anglois sur ces deux places maritimes, ce qui l'auroit obligée à y tenir des troupes. Pareille entreprise auroit pu nous donner de l'embarras et la possession de ces deux ports nous peut être d'une grande utilité.

Mme la princesse de Condé a la rougeole, et Mme de Ranty, sa dame d'honneur, vient de se marier avec son cousin, de même nom qu'elle et qui n'a rien.

Du 14, à Compiègne. — Mme de Mazarin fut hier à la chasse à cheval, et étant arrêtée dans un carrefour il lui prit un étourdissement; elle tomba de cheval et se cassa le bras droit. On fut très-longtemps sans trouver M. de la Martinière. Pendant ce temps-là le bras enfloit beaucoup; enfin il arriva et lui remit le bras sans la faire beaucoup souffrir.

---

(1) Lissau ou Neu-Lissa.

M. le prince de Soubise a la goutte aux pieds; mais comme c'est la première fois, on espère que cette attaque ne sera pas longue; il doit partir incessamment.

On fit hier à l'Ermitage l'essai de six fusées qui vont à perte de vue et font une clarté singulière. On prétend que cela peutêtre très-utile pour donner des signaux à la guerre, et principalement sur mer où on peut les voir de 30 lieues et de 10 lieues sur terre; elles ont paru à Compiègne ne faire aucun effet singulier; mais on avoit envoyé à Soissons et à Senlis, et elles ont été aperçues de ces deux endroits.

Extrait d'une lettre de Bielefeld, du 5.

Le roi de Prusse est souverain du comté d'Embden dans l'Ost-Frise, et je crois même de toute l'Ost-Frise. M. le maréchal d'Estrées y a envoyé de gros détachements à pied des régiments de dragons le Roi et Harcourt. Ces détachements se sont emparés de tout le plat pays, et M. le Maréchal reçoit dans le moment la nouvelle que M. le comte de Lislebonne, à la tête de 200 de ces dragons, s'étoit présenté devant la ville d'Embden et l'avoit sommée de se rendre; que la garnison, composée de 550 Prussiens, avoit capitulé, et que M. de Lislebonne étoit dans la ville. Embden étoit le seul port de mer que le roi de Prusse eût dans ses états.

De Bielefeld, du 6.

M. le duc d'Orléans partit la nuit du 4 au 5 avec 23 bataillons et 22 escadrons pour se porter sur Cassel ou sur le Weser. Les avis sur cela sont partagés. Nous avons d'ailleurs en avant, entre Bielefeld et le Weser, les détachements de MM. de Souvré et de Chevert, et les corps de M. d'Armentières (1) et de Broglio; en sorte qu'il reste à présent fort peu de troupes dans notre camp. M. le Maréchal de sa personne part demain matin avec un fort petit détachement (toutes nos troupes étant en avant) pour se porter lui-même en avant, et tout le reste de l'armée doit le suivre après-demain, peut-être même dès demain.

Copie du détail de la prise d'Embden, envoyé à M. le maréchal d'Estrées, le 6, à Bielefeld.

Il vient d'arriver un officier dépêché par M. d'Auvet, maréchal de camp, qui a été envoyé en Ost-Frise avec un détachement de 1,000 hommes. Cet officier a rapporté la nouvelle de la prise d'Embden. M. d'Auvet avoit détaché, le 2 de ce mois, MM. de Lislebonne, de la Châtre et Descey pour reconnoître cette place en différents points;

---

(1) M. d'Armentières était parti de Lippspring marchant sur le Weser par Brakel.

pendant cette reconnoissance où ils ont eu à essuyer quelques volées de canon et du feu de mousqueterie, M. d'Auvet faisoit ses dispositions pour prendre la ville d'assaut. M. de Lislebonne eut avis, le 3, à sept heures du matin, que 70 déserteurs de la garnison étoient à un de ses postes avancés et que le désordre régnoit dans la place; il profita de cette circonstance pour faire sommer le gouverneur de se rendre, et l'officier qu'il y envoya à cet effet trouva la bourgeoisie qui rappeloit. Après avoir fait une capitulation provisionnelle, il prit possession des portes, et M. d'Auvet y entra une heure après avec son détachement. La garnison a été faite prisonnière de guerre, et il a été remis des otages pour sûreté de l'exécution des autres articles de la capitulation. M. d'Auvet a rempli à tous égards les objets de sa mission.

De Compiègne, le 14. — Il est arrivé avant-hier un courrier de M. le maréchal d'Estrées qui mande qu'il avoit jeté deux ponts sur le Weser, à Hoxter, sans aucune opposition; qu'il comptoit en établir un troisième au-dessus, le 10. M. le duc d'Orléans marchoit avec un corps de 20,000 hommes pour occuper Cassel; il n'y a pas d'apparence que M. le Landgrave s'y défende, ses troupes étant restées à l'armée de M. le duc de Cumberland.

M. de Staremberg a reçu aussi un courrier de Vienne, du 5, qui apprend que le roi de Prusse étoit décampé d'auprès de Brandeis et étoit allé à Dobrawitz, ce qui l'éloigne de l'Elbe. M. le prince Charles a passé le même jour l'Elbe à Brandeis avec toute son armée, qui est à présent forte de 90,000 hommes. Le roi de Prusse n'en a pas 70,000, la désertion continuant à être excessive dans ses troupes. Il paroît bien difficile qu'il puisse rester en Bohême et couvrir en même temps la Saxe, la Lusace et la Silésie.

Extrait d'une lettre de Compiègne, du 15.

L'ambassadeur de Portugal part incessamment. Il a perdu un frère mort d'apoplexie (qui n'est pas celui qui est cardinal), et a demandé au roi son maître la permission de s'en retourner, étant très-nécessaire à sa famille; il a reçu sa lettre de rappel, mais le roi de Portugal lui mande de passer à Madrid auparavant, où il y a des affaires importantes; ainsi il ira en Espagne avant d'arriver à Lisbonne, mais on dit que cela ne sera pas long.

Le landgrave de Hesse est sorti de Cassel avec la princesse sa belle-fille; il est allé à Hambourg. M. le duc d'Orléans doit arriver aujourd'hui devant Cassel, et il y a apparence qu'il y entrera sans opposition de la part d'un bataillon de milices et de quelques dragons à pied qui sont dans la ville.

M. le maréchal d'Estrées n'a point changé la position du gros de son armée depuis l'établissement des ponts sur le Weser. Les ennemis n'ont fait aucun mouvement important.

Une chose singulière dans les armées de l'Impératrice, en Bohême, c'est que leur cavalerie a vécu jusqu'à présent au sec et n'a point coupé les grains.

On sait assez sûrement par la voie d'Angleterre que M. de Soupire, qui va dans l'Inde, a combattu contre quelques navires anglois, mais que ceux-ci se sont trouvés heureux d'avoir pu échapper à M. de Soupire. On présume moyennant cela que M. de Soupire n'a souffert aucun dommage. Cette petite action s'est passée pas loin du Cap.

Extrait d'une lettre de Compiègne, du 16.

Le Roi a envoyé un courrier à M. de Fleury; il lui mande de revenir pour rester auprès de lui, parce que M. de Gesvres ne pourra point venir étant toujours incommodé, et qu'il seroit sans premier gentilhomme de la chambre. L'ambassadeur de Portugal prend congé dès demain et partira de Paris jeudi pour Madrid.

Du lundi 18, *Dampierre.* — J'ai parlé ci-dessus du mariage de M. de Monaco. Il y a eu une grande difficulté par rapport à ce mariage. M. de Brignole avoit amené sa fille dans une galère, mais il vouloit que M. de Monaco allât le recevoir à l'entrée de ses états. Il y a eu enfin un accommodement; la galère est entrée, et aussitôt M. de Monaco a fait les premiers pas pour aller au-devant de la princesse.

On me mande la mort de M. Gayat, major de Compiègne. Il avoit soixante-dix-sept ans. MM. Gayat sont des gens de condition d'Italie. Un des ancêtres de celui-ci avoit remis au feu Roi l'importante place de Pignerol, et la famille avoit eu pour récompense 2,500 livres de rente, et la majorité de Compiègne. Cette rente est sur le domaine de Compiègne et se partage dans la famille comme un bien propre. La majorité a été donnée par accommodement à M. de Beauval, lieutenant des chasses de Compiègne.

J'ai parlé ci-dessus de l'accusation intentée contre le prieur d'Auriac aux environs de Bordeaux, au sujet d'une lettre qui paroissoit écrite de sa main où l'on donnoit avis aux Anglois qu'ils trouveroient 9,000 religionnaires prêts à les recevoir s'ils voùloient faire une descente. Cette affaire étoit trop sérieuse pour n'être pas examinée avec le plus grand soin. Cet examen a été long, et enfin les commissaires nommés par le Roi dans le parlement de Bordeaux ont jugé que le prieur étoit innocent ; il a été déchargé de l'accusation portée contre lui ; il a été remis en liberté et on lui a accordé des réparations et des dommages. On va instruire le procès de deux personnes soupçonnées d'avoir contrefait son écriture.

Le Roi tint le sceau avant-hier à Compiègne.

Extrait d'une lettre du camp d'Erken (1), *du 7 juillet.*

Nous partons dans l'instant pour aller à Blankenau sur le Weser avec toutes les compagnies de grenadiers, 24 pièces de canon et les pontons.

De Blankenau, le 8. — Nous avons établi un pont au-dessus de Blankenau. Les ennemis, au nombre de 120, qui étoient à Lauenford (2), se sont retirés. Nous allons descendre le Weser. Blankenau est de la dépendance de l'abbaye de Corvey (3).

Extrait d'une lettre de Detmold, du 9 juillet.

Les détachements de MM. de Souvré et de Chevert qui avoient été envoyés sur le Weser n'étoient que pour donner de l'inquiétude aux ennemis. M. le comte de Lorges y avoit aussi été envoyé avec un gros détachement ; il s'est porté sur Blankenau. Son courrier, arrivé ce matin, apporte la nouvelle qu'il s'est emparé de ladite ville de Blankenau, et qu'il y a jeté ses ponts sans opposition. Il ajoute que les têtes de son pont sont bien retranchées et qu'il est en sûreté. Il y a lieu de croire que M. le Maréchal y va faire passer successivement toute son armée, qui est jusque-là en échelons, par les gros détachements qu'il a faits successivement depuis dix à douze jours. Nous avons ici avec

---

(1) Sur la rivière de Neete, à trois lieues de Blankenau. Blankenau est situé près du Weser, un peu au nord de Beverungen. (Cf. Robert de Vaugondy, *Carte de Westphalie.*)

(2) En face de Beverungen.

(3) C'était en effet le point le plus méridional du territoire de l'abbaye de Corvey.

nous 2 bataillons autrichiens et les troupes palatines qui sont bien armées et ont avec eux 39 pièces de canon de campagne.

On s'est emparé hier, 8 juillet, de Rinteln sur le bord du Weser (1), dont la capitulation étoit faite il y a déjà quelque temps. On y a trouvé plus d'artillerie qu'on ne croyoit. Les Hessois, qui sont de l'autre côté du Weser, ont dit à nos officiers qu'ils étoient fort étonnés de ce que nous nous emparions de cette ville, qu'ils n'étoient point en guerre avec nous, et que si nous voulions passer le Weser ils ne nous en empêcheroient pas, et qu'ils nous aideroient s'il le falloit. C'est M. de Souvré qui s'est emparé de cette ville.

Extrait d'une lettre de Gudelheim (?), du 10.

Ce fut le 8 au matin que nous jetâmes notre pont sur le Weser au-dessus du village de Blankenau. Nous montâmes à cheval à dix heures et nous allâmes au château de Furstenberg (2), qui est proche de la forêt de Solling. Nous descendîmes le Weser jusqu'à Hoxter où nous passâmes le gué. Nous allâmes de là à l'abbaye de Corvey où il y a un très-grand bâtiment et dont l'abbé est un prince d'Empire. Nous revînmes coucher à Blankenau. Aujourd'hui notre pont est descendu entre Corvey et Hoxter. Nous avons appris que le prince de Hesse avoit ordonné que l'on ouvrît les portes de Cassel ; M. de Contades continue cependant son chemin pour aller s'en emparer. M. le duc d'Orléans est venu avec 3 brigades camper au-dessus de Hoxter ; il y a établi son quartier général. M. de Souvré y est arrivé avec son camp. La grande armée est à Brakel, et M. le Maréchal est de sa personne à l'abbaye de Corvey. Nous voilà donc maîtres de la Hesse ; il ne nous reste plus qu'à faire le siége de Hameln. Lorsque nous nous serons emparés de cette ville, il ne restera plus que Brême et Verden, et l'on sera maître d'une partie du Weser ; après quoi nous ne manquerons plus d'aucunes subsistances. Nos quartiers d'hiver sont sûrs. Vous voyez que tout réussit à M. le Maréchal ; il se conduit aussi avec beaucoup de prudence. Le 13, la grande armée sera dans le camp de Corvey.

Du quartier général de Horn (3), du 11 juillet.

Nous avons séjourné hier à Detmold, qui est une petite ville assez jolie, appartenant au comte de la Lippe, qui y fait sa résidence ordi-

---

(1) Dans le comté de Schauenbourg, entre Minden et Hameln, à quatre lieues et demie de chacune de ces deux villes.
(2) On écrivait aussi Forstenberg.
(3) A quatre lieues au sud-est de Detmold.

naire ; il est souverain de ce comté et est membre de l'Empire, ayant dans tous les temps son ministre à Ratisbonne. De Detmold nous sommes venus ici aujourd'hui ; la journée est fort courte. Nous irons demain à Neheim (1), et le jour d'après à Brakel, où M. le Maréchal attend l'armée. On dit qu'on y séjournera et que de là on ira camper à Blankenau, pays de Hesse, où sont nos ponts. Le pays que nous parcourons depuis Bielefeld est un pays bien cultivé, mais qui ne produit point de froment ; nous en avons cependant trouvé quelques pièces maigres et claires, ce qui fait juger que le terrain n'y est pas propre ; mais les seigles, orges et avoines y sont d'une grande beauté. Il produit aussi abondamment toute autre espèce de mêmes grains. Le pays est montueux. Il y a beaucoup de bois et des prairies admirables. Cela fait un bon pays, mais cela n'en fait cependant pas un bon pour nous qui y passons les derniers ; on n'y trouve ni pain, ni vin, ni bière, ni aucune des autres choses nécessaires à la subsistance. Les Hanovriens ont commencé à l'épuiser, et nos détachements, qui étoient en avant depuis longtemps et qui ont parcouru tout ce pays-ci, ont achevé de le ruiner.

Extrait d'une lettre du quartier général de Neheim, du 12 juillet.

Nous avons quitté aujourd'hui le comté de la Lippe pour entrer sur le territoire de Paderborn. Ce changement nous a été annoncé par un nombre infini de croix que nous avons trouvées de toutes parts dans la campagne depuis environ une demi-lieue. Tout le comté de la Lippe est luthérien et calviniste ; c'est cependant la religion luthérienne qui est la dominante. Il y a aussi beaucoup de juifs. Nous serons aujourd'hui et demain sur pays totalement catholique, et après-demain nous rentrerons sur pays protestant. Ce pays-ci est tout semblable à celui que nous parcourons depuis Bielefeld : beaucoup de montagnes, dont toutes les cimes sont couvertes de bois ; sur les coteaux, du grain de toute espèce, excepté le froment ; et dans les vallées de belles prairies ; les villages y sont assez ordinairement placés [sic], et ils sont entourés, à un quart de lieue, de jardins qui fournissent beaucoup de légumes de toutes espèces. Malgré cette fertilité, nous n'en sommes pas mieux ; les aliments de toute nature ayant été enlevés et consommés par les Hanovriens et totalement épuisés par les détachements qui sont en avant de l'armée depuis plus d'un mois.

Tout est ici pour la vie hors de prix. La viande est taxée à 8 sols et

---

(1) Neheim à quatre lieues et demie au sud-est de Horn, et à cinq lieues au nord-est de Paderborn.

le pain à 4 sols ; ainsi ces deux articles ne varient point ; mais le reste, qui est production du pays, est arbitraire. On vend souvent une paire de poulets petits et étiques 4 livres 10 sols ; la paire de pigeons 3 livres ; un vieux lièvre 10 livres. J'ai vu vendre 4 petits dindonneaux avec la mère 48 livres. Le beurre, une livre, 10 sols, et les vieux œufs jusqu'à 2 livres le quarteron. Les légumes se vendent à proportion. Avec une pareille cherté, il est impossible d'avoir une bonne table sans qu'il en coûte des trésors ; ainsi on est obligé de se contenter autant qu'il est possible de viande de boucherie accommodée de toute façon. Je ne parle pas du vin et de la bière ; on n'en trouve point du tout dans le pays pour de l'argent ; et on est obligé pour le vin d'avoir recours à nos marchands, qui suivent l'armée, qui le font venir de France à grands frais et le vendent à proportion. Et pour la bière il faut la faire brasser ; alors elle n'est pas chère, mais on l'a toute chaude. On ne peut pas la boire sans s'incommoder, et si on veut la transporter, il en coûte des frais immenses, n'y ayant pas de chariots d'ordonnance autant qu'il en faut pour le service journalier de l'armée.

Nous marcherons encore demain mercredi ; nous séjournerons jeudi. Vendredi, nous irons camper sur le bord du Weser pour le passer le lendemain samedi, à moins que l'armée n'arrive le vendredi d'assez bonne heure pour entreprendre ce passage qui se fera sans aucun obstacle, aucun Hanovrien n'ayant encore paru et ayant déjà plusieurs détachements de passés. Depuis cette lettre écrite, j'apprends que la marche est changée, et qu'au lieu d'aller à Blankenau en deux marches, nous allons camper demain à Hoxter sur le bord du Weser.

Du mardi 19, *Dampierre.* — Il y a déjà quelques jours qu'on a appris la mort de la reine douairière de Prusse (1) ; elle avoit soixante-dix ans. Elle étoit de la maison de Hanovre, sœur du roi d'Angleterre régnant. C'étoit presque la seule personne en qui le roi de Prusse son fils eût confiance ; il lui marquoit beaucoup d'égards en toutes occasions. Elle avoit été mariée en 1706. Elle a eu quatre garçons et six filles. Le roi de Prusse, né en 1712 ; le prince royal (2), né en 1722 et marié en 1742 à une princesse de Brunswick-Wolfenbuttel ; le prince Fré-

---

(1) Sophie-Dorothée de Hanovre, née le 27 mars 1687, mariée le 18 novembre 1706 à Frédéric-Guillaume, roi de Prusse, mort le 31 mai 1740.

(2) Guillaume-Auguste, né le 9 août 1722 et marié le 6 janvier 1742 à Louise-Amélie de Brunswick-Wolfenbuttel, née le 29 janvier 1722.

déric (1), âgé de trente et un ans, et qui a épousé en 1752 une princesse de Hesse-Cassel; le prince Ferdinand (2), né en 1730 et marié en 1755 à Anne-Louise de Brandebourg-Schwedt. Des six filles (3), il y en a cinq de mariées; la première au margrave de Brandebourg-Bareith-Culmbach, la seconde au margrave de Brandebourg-Anspach, la troisième au duc de Wolfenbuttel, la quatrième au margrave de Brandebourg-Schwedt et la cinquième au roi de Suède.

Extrait d'une lettre de Compiègne, du 19.

La Reine fit hier une grande exécution. Elle trouva en allant à la messe *la Religion naturelle* de Voltaire étalée sur une boutique; elle en fut blessée, et en revenant elle prit le livre ou la brochure et la mit en mille pièces, en disant à la marchande que si elle s'avisoit de débiter de pareils livres on lui ôteroit sa boutique. La marchande fut fort étourdie; elle avoit été trompée sur le titre de religion.

L'ambassadeur d'Espagne vient de dire au Roi qu'il avoit des nouvelles par l'Espagne que nos trois flottes de MM. Dubois de la Mothe, de Bauffremont et du Revest étoient réunies à Louisbourg.

M. de Contades est entré sans résistance dans Cassel. Il n'y avoit que des milices qu'il a renvoyés chez eux. Le commandant a demandé seulement qu'on ne fît aucun dégât dans la maison ni dans les jardins du prince de Hesse. M. le duc d'Orléans n'a pas été jusqu'à Cassel.

Il paroît que les Anglois voudroient faire quelque descente sur nos côtes, mais on en est peu inquiet.

L'armée de Westphalie doit avoir passé le Weser, mais on ignore encore la position qu'elle occupe ainsi que celle du corps aux ordres de M. d'Armentières. Il y a trois ponts de jetés, l'un à Blankenau, un à Hoxter, et l'autre à Holzmünden. Les Hanovriens sont à Hameln et Minden.

---

(1) Frédéric-Henri-Louis, né le 18 janvier 1726, marié le 15 juin 1752 à Guillelmine de Hesse-Cassel, née le 25 février 1726.

(2) Auguste-Ferdinand, né le 23 mai 1730, marié le 27 septembre 1755 à Anne-Élisabeth-Louise de Brandebourg-Schwedt, née le 22 avril 1732.

(3) 1° Frédérique-Augustine, née le 3 juillet 1709. — 2° Frédérique-Louise, née le 28 septembre 1714. — 3° Philippine-Charlotte, née le 13 mars 1716. — 4° Sophie-Dorothée, née le 25 janvier 1719. — 5° Louise-Ulrique, née le 24 juillet 1720. — 6° Anne-Amélie, née le 9 novembre 1723, non mariée.

JUILLET 1757.

Nouvelles de Bohême, du 4 juillet.

Les armées du maréchal Daun et du prince Charles réunies ensemble sont campées à Jung-Bunzlau.

L'armée du roi de Prusse, qui étoit campée à Weiswasser, s'est portée à Leitmeritz, où il s'est réuni avec le maréchal Keith. M. de Bevern, qui étoit à Jung-Bunzlau, s'est replié à Bœhmisch-Aicha (1).

La division de l'armée des Russes destinée à faire le siége de Memel est actuellement aux prises avec cette place. On n'a point de nouvelles du reste de cette armée qui étoit assemblée à Kowno le 15 juin.

Les troupes destinées à former l'armée du maréchal de Richelieu doivent commencer à se mettre en marche le 20 juillet, partant de Landau et de Lauterbourg.

Extrait d'une lettre de Compiègne du 19.

M. de Moras a présenté aujourd'hui un lieutenant de vaisseau qui vient de la Martinique. Cet officier a été envoyé par M. de Kersaint; il étoit de l'escadre qui est partie au mois de novembre pour la côte de Guinée; il est venu sur une corvette de 12 canons et est entré à Rochefort; il a fait trois prises en chemin. M. de Kersaint a pris, d'une part, sur la côte de Guinée, 11 vaisseaux chargés de nègres et marchandises précieuses, et dans un autre endroit 5 autres vaisseaux richement chargés; il a détruit plusieurs forts et culbuté les habitations; ensuite il a fait route pour la Martinique avec toute sa flotte. Il a des nègres non-seulement pour peupler la Martinique pour longtemps, mais même Saint-Domingue. Cet officier a dit aussi que les vaisseaux qui sont partis d'ici pour Saint-Domingue et la Martinique, chargés de recrues, de munitions de guerre et de bouche, étoient arrivés sans obstacle. Cet officier s'appelle M. de la Saussaye. Le Roi l'a fait chevalier de Saint-Louis. L'escadre de M. de Kersaint, partie le mois de novembre dernier, étoit de 3 vaisseaux de guerre et de 3 frégates; il va vraisemblablement prendre la place de M. le chevalier de Bauffremont, qui protégeoit nos colonies dans la partie méridionale.

Extrait d'une lettre du camp de Hoxter, le 13.

Nous sommes ici exactement sur le bord du Weser. Il y avoit autrefois un pont de pierre qui paroît être détruit depuis fort longtemps; il ne reste du côté de la ville qu'un fort gros bâtiment qui faisoit alors la porte de la ville, mais qui aujourd'hui ne sert plus à rien, tombant à pic dans le Weser, et sur la rive opposée il reste encore la culée, mais

---

(1) Sur la route de Prague à Zittau ou de Silésie.

nul vestige qu'il y ait eu des arches. Nous y avons trouvé des ponts établis; ce sont apparemment ceux qui étoient à Blankenau et qu'on a fait descendre le Weser. J'en ai vu un qui est à un demi-quart de lieue d'ici, entre Hoxter et l'abbaye de Corvey, qui n'est distante d'ici que d'un bon quart de lieue ; l'autre est au-dessus de la ville, à peu près à pareille distance ; il doit servir de communication au camp que nous avons de ce côté-ci du Weser avec celui qui est depuis quelques jours de l'autre côté.

M. de Péruse a marché avec un détachement de celui de M. de Contades à Münden au-dessous de Cassel, de laquelle place il s'est rendu maître et a fait la garnison prisonnière ; elle consistoit en 800 Hanovriens.

Nouvelles de Bohême, du 6 juillet.

L'armée autrichienne est toujours à Jung-Bunzlau. M. de Nadasty, avec un corps de troupes réglées, sera le 7 à Melnik.

Le corps de troupes de M. de Bevern, qui avoit dû être à Bœmisch-Aicha, est à Bœmisch-Leyppa aux ordres du prince de Prusse. L'armée du roi de Prusse est toujours à Leitmeritz, et on dit qu'il a poussé une tête vers Bodin, aux environs duquel est M. le colonel Loudun avec son détachement de troupes légères. Les troupes légères de M. de Nadasty forment une chaîne depuis Bœmisch-Aicha jusqu'à Melnik. Le roi de Prusse fait passer derrière lui des magasins qu'il avoit en avant.

Du camp de Hoxter, du 14 juillet.

L'armée, après avoir passé successivement par Horn et Neheim, est arrivée hier à Corvey où étoit M. le Maréchal qui depuis trois jours étoit allé en avant d'elle pour visiter les ponts que MM. de Lorges et d'Armentières avoient construits entre cette ville et Hoxter, gros bourg où sont logés les officiers généraux. Ces ponts sont au nombre de trois, fortifiés chacun par un ouvrage avancé qui en couvre la tête, et par une batterie d'environ 6 pièces de canon de 16 livres de balles. M. d'Armentières avec son corps est à un quart de lieue en avant de ces ponts. On dit que les ennemis font un mouvement général ; on imagine que c'est pour aller couvrir Hameln qu'ils croient que les François veulent assiéger. Münden, ville assez forte, à 10 lieues de Minden et à 4 de Corvey, vient de se rendre à nous. M. de Contades, qui s'avançoit vers Cassel, va nous rejoindre bientôt, les habitants de la ville lui en ayant remis les clefs.

Un partisan avoit envoyé dans un village pour le forcer à lui donner des vivres ; sur le refus qu'il en avoit fait sous prétexte qu'un gros détachement des ennemis y étoit; le partisan croyant que c'étoit pour éviter de lui en donner y a envoyé 20 hommes, qui, dès qu'ils ont été entrés, ont été investis, fusillés et canonnés par 800 hommes des ennemis qui y étoient. Le partisan, au bruit des coups de fusil, s'est glissé de haie en haie auprès du village où se passoit l'affaire et a trouvé le moyen de faire dire à ces 20 hommes de s'en revenir à lui. La cavalerie hanovrienne, voyant qu'ils lâchoient le pied, les a poursuivis et est tombée dans l'embuscade de ce partisan, qui a fait faire une décharge bien nourrie sur elle qui n'a pas trouvé d'autre moyen que de s'en retourner aussi vite qu'elle étoit venue, et le partisan s'en est revenu en fort bon ordre. Le corps de M. de Broglio est donné à M. de Randan et augmenté de quelques bataillons.

Extrait d'une lettre de Warpsen, du 15 juillet.

M. d'Armentières reste à la réserve ; il est venu camper ici aujourd'hui. Par notre position, nous couvrons les deux seules gorges par lesquelles l'on pourroit venir à nous ; nous favorisons la marche d'armée qui doit se porter en avant.

De Warpsen, du 17.

Nous avons eu aujourd'hui une petite aventure. Un de nos officiers détaché a voulu, à onze heures du soir, aller attaquer les ennemis ; il s'est présenté et a défendu à ses soldats de tirer contre les ennemis. Les ennemis se sont mis en bataille. Ayant fait une décharge que la troupe a essuyée, ils n'ont pas pu joindre l'ennemi qui a eu le temps de recharger; à cette seconde décharge, toutes nos troupes se sont enfuies. Nous avons perdu un officier et quatre soldats, mais la confusion étoit bien grande.

Les chemins sont extrêmement difficiles pour aller à Hameln. Les Hanovriens nous y attendent. Notre grande armée va venir à Oldendorf ; elle marchera par Halle pour aller à Hameln. Les chemins sont fort rudes et dans des pays de montagnes.

Extrait d'une lettre du quartier général d'Hoxter, du 15 juillet.

M. le Maréchal a jugé à propos de laisser reposer hier et aujourd'hui son armée qui étoit excédée de fatigue des marches qu'elle avoit faites depuis Bielefeld par une chaleur insupportable. On dit que l'armée passe demain le Weser sur six colonnes, trois de cavalerie aux gués qui ont été reconnus, et trois d'infanterie sur les trois ponts qui sont tant ici qu'au-dessous de l'abbaye de Corvey. On dit que les ennemis se sont avancés jusqu'à Grohnde (1), quelques lieues au-dessus de

---

(1) Grohnde ou Gronde, à trois lieues au sud-est de Hameln, sur la rive gauche du Weser.

Hameln. Nous avons un poste avancé jusqu'à Oldendorf pour être instruits de leurs mouvements ; mais comme on assure que le projet de M. le Maréchal est de s'emparer de Hameln et de Minden pour avoir ses derrières et sa communication libres, on ne présume pas que les ennemis tiennent où ils sont, à moins qu'ils ne veuillent nous livrer bataille, ce qui n'est pas vraisemblable, attendu notre supériorité à tous égards.

L'esprit de maraude et de pillage étoit dans l'armée en entrant en campagne. M. le Maréchal a cru ne pouvoir se dispenser de faire pendre d'abord quelques-uns de ces maraudeurs ; il y en a eu environ une vingtaine.

Copie d'une lettre de Compiègne, du 19 juillet.

Nous apprenons par un courrier de M. le maréchal d'Estrées qu'une partie de son armée a passé le Weser ; il n'attendoit plus que son artillerie pour passer avec le reste de l'armée et investir Hameln. La régence de Cassel est venue porter les clefs, faire leurs soumissions pour exécuter tous les ordres qui leur seroient donnés et fournir tout ce qui leur seroit demandé. Le corps qui marchoit à Cassel a pris Münden, ville appartenant à l'électeur de Hanovre. Il y avoit 400 Hanovriens pour garnison qui se sont rendus prisonniers de guerre.

Il n'y a rien d'intéressant du côté de la Bohême.

Extrait d'une lettre de Compiègne, du 20.

L'on arrêta hier ici un homme qui vouloit donner une lettre au Roi. On prétend que c'étoit un Anglois. Le bailli de Saufra, Portugais âgé au moins de quarante ans, monta avant-hier dans les carrosses du Roi, et dès le soir même il soupa dans les cabinets.

Il vient d'arriver un courrier de M. le maréchal d'Estrées, du 16, pour informer le Roi qu'il avoit passé le Weser, avec toute l'armée, et poussé une avant-garde 2 lieues en avant sur le chemin de Hameln ; que M. le duc de Cumberland avoit rassemblé toute son armée pour occuper le poste de Hastenbeck (1). L'intention de M. le Maréchal est d'aller le combattre dans ce poste, s'il ose l'y attendre ; ce pourra être le 19 ou le 20.

Les nouvelles de Bohême, du 6, nous apprennent que le roi de Prusse étoit toujours auprès de Leitmeritz, occupé à surmonter les difficultés pour l'évacuation de ses magasins et d'une grande partie de sa grosse artillerie, qu'il a beaucoup de peine à faire rétrograder en Saxe, parce que les Croates et autres troupes légères autrichiennes ont oc-

---

(1) A une lieue et demie au sud-est de Hameln.

cupé ses derrières et se sont emparés des défilés où ils ont tous les jours des avantages sur les Prussiens. On a retiré de la Moldau 24 pièces de canon que les Prussiens avoient jetées dans cette rivière ne pouvant les emmener. M. de Staremberg m'a donné l'état détaillé de tout le canon que les Autrichiens ont repris aux Prussiens; il monte à 101 pièces.

Extrait d'une lettre de Compiègne, du 21.

M. l'évêque de Digne est ici. Il a remercié le Roi de l'abbaye de Saint-Vandrille qu'il lui a donnée (1).

Le général Loudun s'est emparé des gorges qui ôtent la communication du roi de Prusse avec la Saxe; il est soutenu de M. de Nadasty, ce qui les rend maîtres de l'Elbe et empêche les secours qui peuvent arriver au roi de Prusse par ce fleuve. Sa caisse militaire et sa pharmacie qu'il avoit demandées ont été forcées de retourner en Saxe. En arrivant de la chasse, M. de Staremberg a montré un bulletin au Roi par lequel on lui marque que l'armée du roi de Prusse, tant par la désertion que par toutes sortes d'événements, périt tous les jours.

Madame Louise est aujourd'hui tombée de cheval; heureusement qu'elle ne s'est point fait de mal.

Autre lettre de Compiègne, du 23.

La Reine a été entendre la messe à Saint-Nicolas. Elle a été voir les deux salles des malades où il n'y a que des hommes, pendant que la Cour est ici. Cette fondation est de saint Louis. Ce saint Roi y a fait un miracle, qui est représenté dans un tableau qui est dans la première salle. La Reine n'avoit pas été dans cette maison depuis 1739.

*Du camp de Luchtwinghen (2). Extrait d'une lettre
du 16 juillet 1757.*

L'armée a enfin passé le Weser aujourd'hui. M. le duc de Chevreuse a encore conduit une colonne, composée de grenadiers de France et de trois régiments de dragons, destinés à couvrir le quartier des Princes qui sont tous trois ici. Je crois que demain nous irons camper en avant de l'armée.

---

(1) Le Roi lui a dit en le voyant : « Je vous demande pardon ; j'ai disposé d'une abbaye sans vous consulter. » (*Note du duc de Luynes.*)
(2) Sur la rive droite du Weser, un peu au nord-est de Corvey.

Copie d'une lettre du camp de Bevern (1), *le* 17.

Nous avons fait aujourd'hui notre seconde marche depuis le passage du Weser, et toujours en le suivant. Nous sommes ici dans une terre appartenant au prince de Brunswick-Bevern, beau-frère du roi de Prusse, et dans laquelle il a un mauvais château qu'il habite. Il a reçu avec toutes les politesses et les égards possibles M. le duc d'Orléans, qui est logé chez lui; mais malgré ces politesses, je crois que notre visite ne lui fait pas plaisir, et qu'il nous aimeroit mieux partout ailleurs qu'ici.

Il n'y a que les Princes qui sont ici avec la même division qu'hier pour couvrir leur quartier; c'est toujours M. le duc de Chevreuse qui la commande. Le quartier général et toute l'armée a séjourné hier et est toujours à Holzmünden (2). Nous sommes une lieue en avant, mais nous avons encore en avant de nous le corps de M. d'Armentières qui est d'environ 10,000 hommes. On n'a point de nouvelles que les ennemis qui étoient encore hier à Gronde, à quatre lieues d'ici, en soient décampés, quoique le bruit ait couru hier qu'ils avoient fait un mouvement. Ainsi si leur projet est de nous attendre, ils seront bientôt satisfaits, car nous ferons encore cette nuit ou demain une marche en avant.

Nouvelles de Bohême, du 10 *juillet.*

L'armée impériale est campée à Hayka (3). Les troupes légères sont à Hünerwasser et Weisswasser. M. de Nadasty, avec un corps de 16,000 hommes, est entre Melnik et Wegstattl.

Le colonel Loudun avec les corps qu'il commande a eu un combat avec un détachement de troupes prussiennes à Welmina (4) et Tœplitz. Il y a eu 600 Prussiens tués ou blessés, et le reste s'est replié.

Le roi de Prusse, avec le gros de son armée qui est campée à Leitmeritz, commence à se replier, le long de la rive droite de l'Elbe, sur Tetschen. Le prince de Prusse avec le corps qu'il commande s'est replié de Bœmisch-Leippa à Kamnitz. Les Autrichiens poussent des détachements jusqu'à Zittau d'un côté, et jusqu'à la frontière de la Bohême, et aussi le long de la rive gauche de l'Elbe, lesquels harcellent les Prussiens et arrêtent tout ce que le roi de Prusse fait descendre le long de l'Elbe derrière lui.

---

(1) Ville sur la rive droite du Weser, un peu au nord de Luchtwinghen.
(2) Un peu au sud de Bevern.
(3) Sans doute Bœmisch-Aicha.
(4) Un peu à l'ouest de Leitmeritz et au sud-est de Tœplitz.

JUILLET 1757.

Du lundi 25, *Dampierre*. — J'apprends par une lettre de Paris, du 21, que Mme la présidente de Marigny est morte subitement dans un château qu'elle avoit à deux lieues de Beauvais; elle étoit âgée de trente-quatre ans.

Je vis il y a deux jours une lettre circulaire de M. l'évêque de Digne à tous les évêques ; il leur demande des notes sur leurs grands vicaires et autres prêtres de leurs diocèses susceptibles d'obtenir des grâces du Roi, et les prie de lui marquer ceux dont le zèle pourroit être un peu vif. Le principe qui a dicté cet article est très-sage, mais on dira sûrement qu'il falloit s'en servir et ne le pas écrire. Il est vraisemblable que les évêques ne lui enverront pas tout ce qu'il leur demande.

Extrait d'une lettre de Paris, du 23 juillet.

M. le duc de Rohan a perdu sa fille cette nuit tout d'un coup; le voilà sans enfants et dans la plus grande désolation.

M. le comte de Tresmes vient de recevoir une lettre de M. de Thomond qui lui mande de partir au plus tôt pour Bayonne, et qu'il parte sans l'attendre, que les Anglois faisoient de grands préparatifs et que c'étoit la rivière de Bordeaux qu'ils menaçoient.

Lettre de Compiègne, du 24 juillet.

On s'est emparé de la petite ville de Gottingue, dans laquelle on a trouvé 400 Hanovriens qui se sont rendus sans se défendre. On y a trouvé aussi quelques pièces de canon, dont une aux armes du roi de Prusse. M. le maréchal d'Estrées est près des ennemis, qui se sont avancés en avant de Hameln à l'endroit où le passage entre la montagne et le Weser est le plus étroit. La prise de Gottingue peut ouvrir le chemin à un corps de troupes pour aller vers Hildesheim. Tout se prépare au delà du Weser pour aller faire le siége de Hameln et combattre M. le duc de Cumberland, s'il s'y oppose.

Le roi de Prusse a retiré les troupes qu'il avoit dans cette armée, ce qui est bien différent du secours considérable qu'il avoit promis au roi d'Angleterre d'envoyer pour la défense de Hanovre.

Il n'est rien venu d'intéressant des armées de Bohême par les derniers ordinaires.

Extrait d'une lettre de Madrid, du 11 juillet.

Le capitaine Portal, commandant la balandre françoise *la Sacrée Famille*, entrée à Cadix le 4 de ce mois, venant de la Martinique en quarante-quatre jours, rapporte que le vaisseau du Roi *le Hardi*, commandé par M. de la Touche, et une frégate étoient arrivés au fort Saint-Pierre ayant à bord M. de Beauharnais (1), nouveau gouverneur de l'île. Le même capitaine rapporte que le jour de son départ il y étoit entré deux vaisseaux de guerre dont il ignore les noms, et que des corsaires de l'île avoient pris plusieurs négriers anglois qui disoient s'être sauvés de l'escadre commandée par M. de Kersaint qui croisoit sur les côtes d'Afrique.

Le registre *l'Assomption*, appartenant à la compagnie de la Havane est arrivé de cette île à Cadix le 30 juin en soixante-quinze jours avec 250,000 piastres en or et en argent et une portion de tabac, sucre et autres fruits de la valeur d'environ 500,000 piastres. Les lettres qu'il apporte de la Vera-Cruz font mention que le bâtiment d'avis dépêché de Cadix le 23 octobre dernier pour porter à la Vera-Cruz la nouvelle du prochain départ de la flotte, a été rencontré à la hauteur de Porto-Rico par deux balandres angloises qui l'ont pillé et saccagé, le capitaine anglois ayant ouvert plusieurs lettres et même celle de la cour d'Espagne adressée au vice-roi du Mexique, et qu'après cette belle expédition les Anglois se sont retirés; que ce bâtiment a été obligé de relâcher à Saint-Domingue pour se réparer, et est enfin arrivé à la Vera-Cruz le 16 février. Ce dernier procédé des Anglois met le comble aux pirateries et aux insultes qu'ils exercent sur les bâtiments sur les côtes et même jusque dans les ports des domaines d'Espagne.

On trouvera ci-après les nouvelles de l'armée du Bas-Rhin du 19 de ce mois, et celles de Bohême avec la copie d'une lettre de Compiègne, du 25 :

Nouvelles de l'armée du Bas-Rhin, du 19.

M. de Langeron est arrivé ce matin avec son détachement qui étoit porté jusqu'à Einbeck (2), d'où il a appris qu'il y avoit 1,000 hommes des ennemis dans cette ville, ce qui l'a empêché de rien tenter sur cette place.

M. de Chevert part ce soir avec 40 compagnies de grenadiers, soutenues demain par M. le duc d'Orléans, qui aura sous ses ordres 4 brigades, avec du canon de 12, pour chasser tous les partis ennemis qui sont répandus dans la gorge d'Oldendorf à Einbeck; le tout ensemble

---

(1) C'est le père du vicomte Alexandre de Beauharnais, né en 1760 à la Martinique, marié à Mlle Joséphine Tascher de la Pagerie et décapité en 1794.

(2) Le manuscrit porte Emlece.

y compris le détachement de M. le duc de Chevreuse et le corps de M. d'Armentières, ne peuvent pas manquer d'établir la communication avec la Leine et de s'emparer d'Einbeck. On a pris dans Gottingue 8 canons de fonte et 16 de fer.

Nouvelles de Bohême, du 11 juillet.

Le corps d'armée autrichienne est revenu de Bœmisch-Aicha camper à Münchengrätz, ayant l'Iser derrière lui ; les troupes légères à Hünerwasser et Weisswasser ; le corps de M. de Nadasty à Wegstattl au-dessous de Melnik ; le colonel Loudun toujours sur la gauche de l'Elbe, du côté de Lowositz.

Les troupes prussiennes sont divisées par corps, lesquels campent depuis Bœmisch-Leippa jusqu'à Leitmeritz. Le maréchal Keith a passé l'Elbe avec un corps de Prussiens et campe à Welmina, d'où il couvre les gorges qui sont entre les montagnes et l'Elbe, ainsi que la route de Lowositz à Aussig et Pirna.

De Compiègne, du 25. — Nous avons pris le fort Saint-Georges avec plus de 200 bâtiments que les Anglois y avoient pour leur approvisionnement, et brûlé et dévasté tout le reste. Les Iroquois se sont révolté scontre les Anglois et rangés de notre parti.

Le Roi a dit ce matin à son lever que M. de Moras venoit de lui envoyer une lettre de M. Dubois de la Mothe, datée du 2 juillet, par laquelle il lui marquoit qu'il avoit joint M. de Bauffremont à Louisbourg et que nos trois flottes y étoient à présent réunies.

On dit que le duc de Cumberland fait mine de se retrancher dans son camp, quoique le roi de Prusse lui ait retiré 3 bataillons pour mettre dans Magdebourg, et que M. le maréchal d'Estrées lui a envoyé un officier pour lui dire de faire revenir les paysans dans leurs villages et qu'ils y seroient en sûreté. Il n'a pas voulu parler à l'officier, quoique nous lui ayons envoyé de l'eau de Luce pour ses évanouissements continuels.

Le Roi vient de donner l'ordre à M. Trudaine d'élargir le chemin des murs de Chaville qui est difficile dans l'hiver, c'est-à-dire de l'éloigner de la muraille et de le porter sur la terre de l'autre côté où l'on passe en été.

Ce qui s'est passé en Amérique est bien plus considérable que je ne vous le marque. Le projet des Anglois étoit d'attaquer Québec.

Extrait d'une autre lettre de Compiègne, du 25.

Il est arrivé ce matin un courrier de Brest par lequel on a appris qu'il y étoit arrivé un petit brigantin envoyé par M. Dubois de la Mothe. Sa lettre à M. de Moras porte qu'il étoit arrivé à Louisbourg avec toute son escadre ; qu'il n'avoit trouvé personne dans sa traversée ;

que les escadres de M. le chevalier de Bauffremont et de M. du Revest étoient avec lui. Le brigantin est parti le 2 juillet de Louisbourg, suivant la date des lettres de M. Dubois de la Mothe.

Le même courrier a apporté des lettres de Québec qui portent que M. de Montcalm avoit pris le fort Saint-Georges et l'avoit démantelé; que la garnison avoit été faite prisonnière de guerre; qu'on avoit trouvé dans ce fort beaucoup de munitions de guerre et de bouche, du canon, un habillement neuf complet pour environ 1,200 hommes et 4,000 sacs de farine. Outre cela un petit parti de Canadiens a enlevé d'un autre côté 400 bœufs aux Anglois. Le brigantin qui est arrivé à Brest s'appelle *le Charmant*. Il a fait la traversée en dix-huit jours. On ne sait pas encore de combien étoit la garnison du fort Saint-Georges, mais par les munitions de toute espèce qu'on y a trouvées, on peut l'estimer à 1,000 ou 1,200 hommes.

Du vendredi 29, à Dampierre. — On trouvera ci-après l'extrait d'une lettre de Westphalie du 14, et ce que l'on me mande de Compiègne du 25 :

A Holmünden, le 14.

M. le duc d'Orléans va faire le siége d'Hameln. L'on assure que nous ne pouvons pas nous emparer de Brême et de Werden, les Danois les ayant garantis.

Voici ce que l'on me mande de Compiègne.

Il est vrai que nous avons accordé au roi de Danemark la neutralité pour les duchés de Brême et de Werden dont il est expressément garant, mais sous la condition que les Hanovriens n'y formeroient point de magasins et ne s'y retireroient pas, sans quoi nous les y suivrons et enlèverons les magasins, sans que le roi de Danemark le trouve mauvais.

Copie d'une lettre du camp de Halle, le 22 juillet à midi.

M. le Maréchal est parti ce matin, avec toute son armée rassemblée (excepté les douze petits corps détachés et qui sont toujours en avant ou sur les flancs), de son camp d'Oldendorf, et a fait une marche de 4 lieues pour venir à Halle, qui est un fort mauvais village où il est lui-même logé, et par conséquent tous les officiers généraux. Les Princes ont un quartier à part, à un quart de lieue du quartier général, dans un hameau, dans lequel il n'y a que des chaumières. C'est dans ce hameau, où il peut y avoir environ trente maisons, que sont logés les trois princes, leur suite immense et dix ou douze officiers généraux, dont M. le duc de Chevreuse est du nombre. M. de Maillebois étoit parti dès hier au soir d'Oldendorf pour venir en avant avec un détachement. Il a vraisemblablement rencontré quelques petits corps des ennemis, car nous avons entendu, il y a environ deux heures, une vingtaine de coups de canon. On n'a point encore de nouvelles de ce qui s'y est passé.

Dans le moment que l'armée arrivoit ici dans le camp, un petit détachement de nos volontaires s'est avancé une demi-lieue en avant du camp dans un hameau ; il y avoit encore un petit détachement des ennemis qui a fait feu sur eux. Mais M. le Maréchal a fait promptement avancer quelques compagnies de grenadiers qui les ont délogés de ce hameau. Nous n'avions encore ni hussards, ni dragons d'arrivés, et on dit qu'ils se sont retirés. Ce sont des chasseurs qui connoissent parfaitement le pays, et qui, dès qu'ils ont fait feu, se rejettent dans les bois dont toutes ces gorges sont bordées de part et d'autre.

A midi et demi.

J'entends dans ce moment qu'on bat la générale au camp ; nous allons apparemment nous remettre en marche.

A six heures du soir.

Les ennemis ont paru sur une montagne peu distante de ce camp ; ils débouchoient d'un bois en colonnes, marchant droit à nous au nombre de 8 à 10,000 hommes qu'on a crus l'avant-garde de leur armée. Toute la nôtre a été rassemblée et en marche en moins de trois quarts d'heure, et nous nous sommes avancés à eux en marchant sur autant de colonnes qu'il s'est trouvé de chemins et de débouchés. Nous avions toujours en avant le corps de M. d'Armentières, qui est composé de 7 à 8,000 hommes, et l'armée n'étoit là que pour soutenir. Leurs gardes avancées ont escarmouché avec les troupes légères de M. d'Armentières. On s'est tiré de part et d'autre grand nombre de coups de fusil, et même quelques coups de canon. Ils se sont sentis moins forts et se sont retirés assez en désordre dans le bois. Comme on ignoroit ce qu'il y avoit derrière eux dans le bois, M. le Maréchal n'a pas jugé à propos de les y suivre, et au bout de trois heures nous sommes rentrés dans notre camp, et les Hanovriens sont aussi rentrés dans le leur, et on ne doute pas que dès qu'il sera nuit ils ne décampent en grande hâte. Ils étoient maîtres de deux villages auxquels ils avoient appuyé leur droite et leur gauche ; ils avoient de l'artillerie dans ces villages et il auroit fallu les forcer pour aller à eux.

Copie d'une lettre de Compiègne du 25 juillet.

Il est enfin arrivé aujourd'hui un courrier de Rochefort qui a apporté des paquets partis de Québec le 22 d'avril. M. de Vaudreuil et M. de

Montcalm rendent compte de tout ce qui s'est passé dans le Canada depuis le mois de décembre dernier.

Les ennemis avoient fait (ainsi que toutes les gazettes angloises nous l'ont annoncé) des préparatifs immenses sur le lac du Saint-Sacrement, et mylord Loudoun comptoit ouvrir la campagne avec une armée de 10 à 12,000 hommes pour venir attaquer et prendre le fort Saint-Frédéric et le fort de Carillon, qui couvrent le haut du fleuve Saint-Laurent, pour se porter à Niagara et à Montréal. L'amiral Holbourne, qui, comme l'on sait, est parti d'Angleterre avec un grand nombre de bâtiments de transport, sur lesquels il y a 7 à 8,000 hommes de troupes réglées, devoit se porter à Québec par le fleuve Saint-Laurent.

M. de Vaudreuil, instruit de tous ces projets, n'a été occupé que des moyens de les rompre en détruisant tous les préparatifs faits sur le lac du Saint-Sacrement au fort Saint-George, que les Anglois nomment le fort Guillaume (1). Mylord Loudoun avoit mis dans ce fort un officier de distinction avec 500 hommes de troupes réglées. M. de Vaudreuil, de concert avec M. de Montcalm, a fait au mois de janvier un détachement de 1,500 hommes de troupes choisies, moitié de Canadiens et moitié de nos bataillons, sous le commandement du sieur Rigaud, son frère. Ils se sont portés sur le fort Guillaume, mais l'ayant trouvé en trop bon état de défense pour pouvoir l'attaquer sans artillerie, ils se sont approchés en plein jour jusqu'au pied du fort, en disposant les troupes de manière qu'elles faisoient un feu infiniment supérieur; et sous la protection de ce feu nous avons brûlé 340 barques de transport, 6 frégates ou galères, et un approvisionnement immense de bois de construction, 4,000 cartes de farine, ce qui fait environ 9,000 sacs, et le magasin joignant, dans lequel il y avoit 10,000 armements et équipements complets. Si le temps n'avoit pas été aussi calme, le fort eût été brûlé, car le commandant a été obligé de faire découvrir tous les bâtiments de ce fort; M. Rigaud s'est retiré ensuite tranquillement et n'a perdu à toute cette expédition que 27 hommes tués ou blessés. Outre la perte considérable et qui a coûté tant d'argent aux Anglois, les voilà hors d'état de rien pouvoir entreprendre de ce côté-là de cette campagne.

M. de Vaudreuil mande encore que les Cinq Nations sauvages, et nommément les Iroquois, qui étoient les seuls attachés aux Anglois, ont entièrement rompu avec eux, et ont levé la hache de France; ce que M. de Vaudreuil regarde comme l'événement le plus avantageux. Il mande aussi qu'un détachement de 80 Anglois, troupe la plus renommée de l'Amérique, qui escortoit 400 bœufs dans l'Acadie, pour

---

(1) Exactement le fort William-Henry.

Halifax, a été taillé en pièces par un autre de nos détachements ; il n'en a échappé que trois, et l'on a pris les 400 bœufs pour Louisbourg où l'on manque de viande fraîche depuis longtemps. Le même bâtiment a apporté des lettres de M. Dubois de la Mothe du 2 juillet, qui mande que MM. de Bauffremont et du Revest étoient réunis avec lui ; que son armée, composée de 18 vaisseaux de ligne et de 10 frégates, le tout en très-bon état, alloit mettre à la voile pour chercher l'amiral Holbourne et le combattre. Il est bien à désirer qu'il puisse le joindre. Sa flotte est composée de 3 vaisseaux de 80 pièces de canon, 8 de 74 et 7 de 64.

Nous apprenons dans le moment, par les lettres de Bohême du 15, qu'un gros détachement de l'armée autrichienne a attaqué Gabel, qui étoit défendu par un lieutenant général prussien avec 4 bataillons, 12 pièces de canon et 600 hussards. Les faubourgs ont été emportés l'épée à la main et le lieutenant général a capitulé dans la ville et a été fait prisonnier de guerre. Il y avoit des magasins considérables et quantité d'équipages de l'armée prussienne. La prise de Gabel conduit à couper la communication de l'armée du roi de Prusse avec Zittau, où sont tous les vivres et qui est dans cette partie la porte de la Lusace.

Extrait d'une lettre de Compiègne, du 28 juillet.

Madame Louise a été ce matin à Royal-Lieu donner le voile à la première religieuse (1) que Mme de Soulange l'abbesse reçoit dans cette abbaye.

M. le Dauphin est arrivé ici à onze heures du matin et le Roi tient conseil d'État ce soir.

M. de Stainville prend demain congé pour se rendre à Vienne, aussi bien que l'évêque de Laon pour aller à Rome.

Le Roi tient demain le sceau.

La grande nouvelle d'aujourd'hui est que M. de Richelieu va commander la grande armée. Il dit y arriver après-demain 30. Le courrier qui en avertit le maréchal d'Estrées est parti de lundi. On lui insinue qu'il feroit bien de servir avec M. de Richelieu qui est son ancien. Son beau-père et ses amis lui en donnent aussi le conseil.

Extrait d'une lettre du camp de Halle, le 23 juillet.

M. le comte de Dunois tint hier un propos qui a fait grand plaisir à M. le duc de Chevreuse. Il étoit revenu après la marche finie à la maison de M. le duc de Chevreuse pour se reposer un moment et se rafraîchir ; il avoit prié un capitaine de le faire avertir s'il arrivoit la

---

(1) Cette religieuse est la fille d'un riche fermier du côté d'Arras. (*Note du duc de Luynes.*)

moindre chose au camp. Un quart d'heure après, pendant qu'il étoit à déjeuner, il entend battre la générale au camp ; l'impatience le prend ; on lui dit qu'il paroît des ennemis ; il monte à cheval et n'apercevant point le Colonel-Général qui étoit encore loin, mais voyant passer le Mestre-de-Camp dans la plaine en grande diligence, il se met au galop et joint le régiment Mestre-de-Camp. Un officier de ce régiment qui le voit arriver lui dit que son poste étoit au Colonel-Général ; il lui répondit que son impatience pour voir et combattre les ennemis du Roi étoit si grande qu'elle ne lui avoit pas permis d'attendre le régiment Colonel-Général, qui peut-être n'arriveroit pas sitôt parce qu'il étoit éloigné ; mais qu'au surplus il ne venoit ôter le commandement à personne, qu'il n'y étoit que comme volontaire ou en qualité d'aide de camp de M. de Coigny, ou même du dernier lieutenant s'il étoit nécessaire.

De Compiègne, le 31 juillet.

Nous apprenons par un courrier dépêché de Varsovie que Memel s'est rendu le 4 de ce mois au général russien qui en faisoit le siége (1). La garnison, composée de 800 hommes, s'est engagée de ne point servir de toute la guerre contre l'impératrice de Russie, ni contre ses alliés ; elle a remis ses drapeaux, qui ont été envoyés à Pétersbourg. Il y avoit dans la place 120 pièces de canon et une quantité considérable de munitions de guerre et de vivres de toute espèce. On a distribué à chaque régiment russe 60 bœufs, 4 tonneaux d'eau-de-vie et 6 tonneaux de bière. La même armée russienne, tant de terre que de mer, a marché pour faire le siége de Pillau. Le maréchal Apraxin, qui avoit passé le Niémen avec la grande armée, marchoit à Kœnigsberg. On ne savoit point quel parti prendroit le maréchal Lehwald avec l'armée prussienne, forte de 35 à 40,000 hommes.

On trouvera ci-après la copie du détail de la bataille du 26, fait sur le champ de bataille :

M. le maréchal d'Estrées, ayant fait reconnoître le 25 au soir la position de l'ennemi, résolut de l'attaquer le lendemain. L'ennemi avoit sa droite appuyée à Hamelu ; son front étoit couvert par un marais impraticable ; sa gauche à des montagnes très-hautes et hérissées de bois ; et l'intervalle de la montagne au bois étoit traversé par huit ravins de 20 pieds de profondeur, dont la gauche étoit fortifiée d'une redoute et la droite d'un village préparé d'avance. Dans cette situation, l'ennemi ne pouvoit être attaqué que par son flanc gauche sur un front de 200 toises ou environ, en tournant les sommités des montagnes.

---

(1) Jomini dit que Memel se rendit le 5 au général russe Fermor.

Pour cet effet, M. de Chevert fut détaché à minuit avec 4 brigades d'infanterie ; mais ayant 4 lieues à faire, il ne put y arriver qu'à neuf heures.

Le feu de l'ennemi commença à six heures. La véritable attaque ne se fit qu'à huit, et les batteries de l'ennemi furent détruites successivement. L'attaque que M. de Chevert et M. d'Armentières faisoient dans la montagne, chacun avec un corps séparé, en chassa l'ennemi après un feu très-vif où M. le comte de Laval fut tué, M. le marquis du Châtelet dangereusement blessé et M. de Belsunce le bras percé. Cette attaque ouvrit le chemin aux troupes de l'aile droite, composées des brigades de Picardie, Champagne, la Marine, Navarre, du régiment du Roi et des grenadiers de France, ainsi que de la brigade impériale, qui a eu bonne part au succès de cette affaire. Mais la cavalerie et la plus grande partie de l'infanterie n'ont pu aborder l'ennemi, et la brigade de Champagne força une batterie retranchée où il y avoit 8 pièces de canon et 2 obus dont elle s'empara. L'ennemi fut obligé d'abandonner successivement tous ses postes, avec perte de plus de 3,000 hommes tués ou blessés. Sa perte auroit été bien plus considérable sans un accident qui a mis quelque interruption dans l'attaque, ce qui a retardé la poursuite des fuyards. Cet accident est provenu de ce que plusieurs bataillons qui marchoient dans la montagne à travers des bois, se sont fusillés sans se reconnoître, et c'est où nous avons le plus perdu, ayant environ 1,500 blessés, quoique le nombre des morts ne se monte pas à 500.

On attend un plus grand détail, celui-ci étant fait sur le champ de bataille.

Les Prussiens, dans la Prusse ducale, ont abandonné leur camp de Insterbourg pour retourner camper près de Kœnigsberg. Ils ont fait ce mouvement relativement à la marche du corps d'armée du maréchal Apraxin, qui est enfin entré dans la Prusse ducale et qui se portoit sur Insterbourg.

AOUT.

L'archevêque de Besançon promu au cardinalat. — Topographie des environs d'Hastenbeck. — Capitulation de Hameln. — Détails de la bataille d'Hastenbeck. — Jugement et condamnation de Ricard et de ses complices. Acquittement des particuliers injustement accusés par lui. — Horreur qu'inspirent ces procédures. — Pourquoi Ricard et Morphy seront roués en Artois. — Occupation de Hameln. — Incendie. — Accident arrivé à l'archevêque d'Alby. — Nouvelles de la Cour. — Le Roi envoie de l'eau de Luce au duc de Cumberland. — Évacuation de la Bohême par les Prussiens. — Nouvelles de la Cour. — Retraite des Hanovriens; prise de Minden; aspect du Hanovre. — Le duc de Chevreuse occupe Hanovre. — Les jardins de Cassel. — Retraite des Hanovriens sur Stade. — Mort de M. Maboul. — Nouvelles du Parlement. — Le roi Stanislas à Versailles. — Le Roi va à Sèvres voir le service de porcelaine qu'il donne au roi de Danemark. — Présent de Mme de Pompadour à l'Électeur-Archevêque de Cologne pour le récompenser de son zèle pour la France. — M.˙ de Boulogne nommé contrôleur général. — Contributions frappées en Bohême en 1741. — Anecdote sur M. de Stralen. — Incertitude sur la destination d'une flotte anglaise. — Défenses des côtes de France. — Comment se fait le scrutin de la Ville pour l'élection du prévôt des marchands.

Extrait d'une lettre de Compiègne du lundi, 1er août.

M. l'archevêque de Besançon (1), primat de Lorraine, a remercié ce matin le Roi de la nomination du roi d'Angleterre (qui est à Rome) au cardinalat. C'est M. de Stainville qui a ménagé cela à Rome.

L'ambassadeur de Russie arrive ce soir ici et doit faire demain sa révérence au Roi.

Extrait d'une lettre de Compiègne du mardi, 2 août.

L'ambassadeur de Russie a eu ce matin audience du Roi en particulier. Comme le Roi étoit en habit de chasse, il l'a reçu de même. L'ambassadeur a continué ses visites comme à l'ordinaire. Il a l'air assez cassé; il a dîné chez M. l'abbé de Bernis, ensuite on lui a proposé de jouer au quinze, ce qu'il a accepté. Il m'a paru qu'il s'en tiroit bien.

Extrait d'une lettre de Compiègne du mercredi, 3 août.

Le Roi a décidé que l'on prendroit dimanche prochain le deuil de la reine de Prusse pour trois semaines.

Extrait d'une lettre du camp d'Aken, du 28 juillet.

Pour bien connoître les dispositions de la bataille donnée à Hastenbeck le 26 juillet, il seroit nécessaire d'en avoir le plan. Pour en donner seulement une idée sommaire, on observera que presque tout le long du Weser il règne une chaîne de montagnes, qui dans certains endroits en est éloignée jusqu'à une lieue, dans d'autres beaucoup moins, et enfin dans d'autres endroits les montagnes viennent jusqu'au bord du Weser et n'y laissent qu'un passage fort étroit. Toutes ces montagnes, de l'un et l'autre côté de cette rivière, sont couvertes de bois jusqu'à

---

(1) Antoine-Clairiadus de Choiseul-Beaupré.

environ la moitié, à prendre du sommet. La moitié qui fait le pied de la montagne, et toutes les gorges qui séparent lesdites montagnes, sont semées en seigle et toutes autres sortes de menus grains. La partie la plus basse de la gorge est communément une prairie, souvent marécageuse, où coule un ruisseau qui est l'écoulement des montagnes. Toutes ces montagnes sont séparés les unes des autres par des gorges plus ou moins profondes. Les plus basses sont de la hauteur de 45 à 50 toises, quelques-unes beaucoup plus hautes et très-escarpées vers le sommet, et quelques-unes ont environ une lieue de circuit en les tournant par les gorges. Il y en a d'ailleurs plusieurs les unes derrière les autres.

M. de Cumberland avoit choisi pour son champ de bataille un endroit où les montagnes peuvent être éloignées du Weser d'environ trois quarts de lieue, en y comprenant le terrain labouré de la pente de la montagne. Il avoit rangé son armée en bataille dans cette petite plaine, sa droite appuyée au Weser, sa gauche aux bois des montagnes dont il s'étoit emparé et où il avoit jeté beaucoup d'infanterie, ses batteries de canon en avant de ses lignes sur la pente de la montagne, proche le bois d'où il lui étoit aisé de foudroyer notre champ de bataille. Il est vrai que nous avions le même avantage ayant également à notre droite des pentes de montagnes d'où nous plongions également les siens; mais il avoit de son côté quelques bouquets de bois qui se prolongeoient vers le pied de la montagne et qui nous déroboient une partie des manœuvres que les ennemis pouvoient faire à leur gauche.

Environ à un quart de lieue du pied de cette montagne, est un village nommé Hastenbeck qui couvroit le centre de leur champ de bataille, et depuis ce village jusqu'au Weser sont des étangs et des prairies marécageuses qu'on ne pouvoit percer que par des défilés, de sorte que leur droite et leur centre étoient inattaquables et qu'on ne pouvoit aller à eux que par leur gauche où ils avoient porté toutes leurs forces. D'ailleurs le terrain qui nous séparoit d'eux étoit entrecoupé de plusieurs ravins très-profonds, dont l'un passoit derrière le village d'Hastenbeck, ce qui les avoit déterminés à ne point occuper ce village, mais à y mettre le feu, que nous avons éteint presque dans le moment.

Par cette position M. de Cumberland rendoit notre supériorité de nombre inutile, ne pouvant être attaqué que par un front d'environ un quart de lieue, entrecoupé de ravins et chemins creux; mais il falloit garder les bois et les gorges par où il pouvoit être tourné et pris.

Celui qui commande dans Hameln a fait sa capitulation. Je ne sais pas encore si la garnison est prisonnière; mais ce qui est sûr, c'est qu'aujourd'hui à quatre heures après midi on nous livre les portes, et il y entrera 20 compagnies de grenadiers. Il y a lieu de croire que les ennemis n'ont tenu dans ce poste que pour évacuer leurs équipages et peut-être encore quelques munitions et subsistances.

*Détail de ce qui s'est passé entre l'armée auxiliaire et celle de
M. le duc de Cumberland, depuis le 22 juillet jusqu'au 26, que
cette dernière a été chassée du camp d'Hastenbeck qui couvroit
Hameln.*

L'armée auxiliaire partit le 22 d'Oldendorf pour venir camper à Halle. Un corps de 6,000 hommes, poussés par M. de Cumberland jusqu'à Vickensen, s'étoit replié jusqu'à l'approche du détachement commandé par M*gr* le duc d'Orléans.

L'avant-garde de l'armée auxiliaire arrivant dans son camp rencontra près de Heven les partis ennemis, qui furent poussés jusqu'à Bergen que les ennemis occupoient en force. M. le Maréchal se porta sur un plateau, en avant de ce poste, pour le reconnoître; à peine en étoit-il descendu que les ennemis occupèrent ce plateau, et comme l'armée n'étoit pas arrivée, M. le Maréchal ne jugea pas à propos d'attaquer ce jour-là.

Le 24, l'armée marcha à deux heures du matin; elle traversa sans obstacle le plateau que les ennemis avoient abandonné, et arriva à la vue des bois qui couvroient le camp qu'ils occupoient. Ils occupoient aussi à leur gauche le village d'Holtzenhagen, à l'extrémité de ces bois, au bord du Weser; ils avoient même poussé quelques troupes en avant dans le village de Satvozde (?), mais ils les retirèrent à l'approche de l'armée combinée. On fit les dispositions pour les attaquer. Le duc de Broglio, qui étoit à la gauche du Weser, avoit ordre de passer cette rivière, au moment de l'attaque, au-dessous d'Hagen, pour se porter sur les derrières de leur droite.

Le duc de Randan, qui revenoit d'Einbeck, avoit ordre de s'avancer à Bisperode sur la chaussée de Hameln à Hanovre pour se poster sur les derrières de leur gauche. Ces dispositions obligèrent le duc de Cumberland à abandonner les bois et à se retirer dans le champ de bataille qu'il s'étoit préparé à Hastenbeck. M. le Maréchal en étant informé, ordonna au duc de Broglio de passer le Weser pour entrer dans la plaine; son infanterie passa au gué avec sa cavalerie. Le marquis de Mailly, avec les troupes légères et la brigade de Belsunce, entra en même temps dans cette plaine par le village d'Hagen. A la droite, M. de Chevert avec la brigade de Picardie, 30 compagnies de grenadiers et 300 dragons, et M. de Vogué avec Navarre et 10 compagnies de grenadiers débouchèrent pour attaquer de leur côté l'arrière-garde des ennemis. M. le Maréchal passa lui-même les montagnes au point du jour, le 25, pour réunir ces différents corps. Dès que le brouillard fut dissipé, il vit toute l'armée de l'ennemi en bataille derrière le marais d'Hastenbeck; alors il fit battre la générale et entrer toute son armée. L'infanterie eût la tête, l'artillerie la suivit; la cavalerie ferma la marche. Les débouchés étant assez difficiles, toute l'armée ne put être en bataille dans la plaine que sur les quatre à cinq heures du soir.

M. le duc de Cumberland avoit sa droite à Hameln, sa gauche à des montagnes couvertes de bois; au centre, le village d'Hastenbeck; de ce village tirant au Weser, un marais impraticable; de ce même village aux bois, des ravins considérables; de sorte qu'il n'y avoit d'autres moyens de l'attaquer, que de forcer les bois qui couvroient sa gauche. Il les occupoit par tous ses grenadiers; et ce flanc devenant son front, il le soutenoit par le reste de son armée sur plusieurs lignes redoublées.

M. le Maréchal détacha, pour tourner et forcer ces montagnes, M. de Chevert avec les brigades de Picardie, Navarre et la Marine, et beaucoup de troupes légères; on y ajouta la brigade d'Eu faisant partie de la réserve du duc de Randan, qui rejoignit l'armée cette même nuit.

L'armée combinée, voulant faire tout son effort à sa droite, y mit son infanterie en bataille, en lignes redoublées. La cavalerie, qui ne pouvoit être fort utile en pareil terrain, eut la gauche.

Le feu de l'ennemi commença le 26, à six heures du matin. Comme il falloit se concerter avec l'attaque de M. de Chevert (1), le nôtre fut assez modéré jusqu'à huit heures et demie; alors l'armée s'ébranla et le feu supérieur de notre artillerie, qui fut admirablement bien servie, en imposa aussitôt à l'ennemi. Bientôt après on entendit le feu de l'infanterie dans la montagne où M. de Chevert pénétra après un combat vif, chassant l'ennemi de tous ses postes, quoiqu'il fût soutenu de toute son armée. M. de Contades, chargé de l'attaque dans la plaine à notre droite, marcha en lignes redoublées contre un front de 2 ou 300 toises que présentoit l'ennemi. Ce front se rétrécissant encore en approchant d'Hastenbeck, et l'ennemi se soutenant par plusieurs colonnes, M. le Maréchal en forma quatre qui pressant en flanc l'ennemi, écrasé d'ailleurs par l'artillerie et chassé successivement de tous ses meilleurs postes, l'obligèrent de se replier sur sa droite abandonnant le village. En même temps M. d'Armentières longeoit le bois à mi-côte. La brigade de Champagne, commandée par M. d'Aulezy, soutenu de la brigade de Reding, marcha par le bas du bois à une redoute dont elle s'empara ainsi que de 9 pièces de gros canon et 2 obusiers qui y étoient. Les grenadiers de France débouchèrent en même temps le long des haies d'Hastenbeck, soutenus par la cavalerie.

Tout annonçoit une victoire complète, lorsque 3,000 grenadiers ennemis jetés dans le bois attaquèrent la brigade d'Eu; elle répondit par

---

(1) Le premier coup de canon de Chevert devait servir de signal à l'aile gauche.

un feu fort vif; ce qui par un incident qui n'est pas nouveau en pareil terrain, attira sur elle le feu de quelques-unes de nos troupes; enfin elle fut déplacée et même ses batteries furent un instant au pouvoir de l'ennemi qui les pointa aussitôt sur le flanc droit de notre armée. Tout lui persuada qu'un corps considérable des ennemis étoit maître des hauteurs et nous tournoit; on avoit vu de leur infanterie entrer dans les bois, et M. le Maréchal étoit averti qu'un grand corps paroissoit à l'extrémité de sa droite, dégarnie par le mouvement qu'il venoit de faire en avant sur le centre. Il fallut suspendre un moment l'attaque, et l'ennemi en profita pour se retirer derrière Hameln, mouvement qu'il a fait impunément et qui lui auroit coûté bien cher sans le contre-temps qui a ralenti notre victoire.

Les ennemis ont perdu plus de 3,000 hommes tués ou blessés, nous environ 1,500. M. le comte de Laval-Montmorency est du nombre des morts. Les chevaliers du Châtelet et de Belsunce ont été blessés.

Les Princes se sont portés partout avec beaucoup de valeur et de volonté. On ne peut donner trop d'éloges à notre infanterie et aux officiers qui la conduisoient.

Les Hanovriens ont évité tout engagement à leur droite; ils n'ont tenu que les bois de la gauche, qui effectivement pouvoient être regardés comme impraticables, ce qui ne nous a pas empêchés de les forcer; leur ombre a enseveli bien des actions brillantes qui ne peuvent être connues dans ce premier moment. Personne ne s'est plus distingué que MM. de Vallière et de Fontenay, qui, par l'habileté avec laquelle ils ont saisi leurs emplacements de batteries, ont su prévenir celles de l'ennemi, quoique préparées depuis plusieurs jours.

M. de Cumberland s'est retiré vers Minden.

L'armée a campé sur le champ de bataille; elle se préparoit à attaquer Hameln, qui ne pouvoit manquer d'être le prix de la victoire; mais ce matin 28 la garnison a demandé à capituler. M. le Maréchal, aimant mieux reposer son armée et gagner quelques jours que de faire prisonniers 700 hommes hanovriens qui y étoient, leur a accordé les honneurs de la guerre, les blessés et malades demeurant prisonniers. Nous y trouvons 50 pièces de canon. On nous livre un poste aujourd'hui. On permet à la garnison de ne sortir que le 30.

Du champ de bataille près de Hameln, le 27 juillet 1757.

L'armée partit le 23 du camp d'Oldendorf pour aller camper à Halle; elle marcha sur trois colonnes, dont celle du centre étoit pour l'artillerie. La journée fut longue et difficile, par un pays fort montagneux. Quelques mille hommes des ennemis ayant paru sur les hauteurs de Bory et de Hagen, M. le Maréchal, qui savoit que leur armée étoit proche, pour n'être pas surpris en campant, fit battre la générale et porter ses troupes à mesure qu'elles arrivoient sur les coteaux qui dominent la plaine de Bory. L'ennemi se retira aussitôt, et l'armée entra dans le camp qui lui avoit été marqué.

Le 24, l'armée fit une lieue et vint s'étendre dans la plaine de Bory. Un détachement ennemi plus fort que celui du jour précédent parut encore dans les bois qui terminent cette plaine à la droite de notre marche, et regagna promptement l'armée hanovrienne par une gorge voisine du Weser. MM. de Contades et de Souvré les observoient sur la droite. Il y eut de légères escarmouches, après lesquelles on vit l'armée ennemie rangée en bataille dans un bassin qui règne jusqu'à Hameln et qui est séparé de la plaine de Bory par des hauteurs ou montagnes couvertes de bois assez clairs. Nous marchâmes sur six colonnes qui avoient chacune à leur tête une partie de l'artillerie servie par le Corps Royal.

M. de Chevert fut détaché le 25 au matin avec la brigade de Picardie et celle de Navarre pour aller occuper les montagnes qui séparoient les deux armées ; ce qu'il fit avec succès. Il s'empara même, après quelques légères escarmouches, d'une partie de la plaine et d'un village au pied des montagnes opposées. Après midi, l'armée traversa les montagnes de Bory et vint se mettre en bataille sur leur sommet et à leur pied, la droite au Weser et la gauche vis-à-vis le dernier village dont il vient d'être parlé. L'on vit en arrivant l'armée hanovrienne en bataille sur plusieurs lignes ; la droite un peu en avant de Hameln, et la gauche dans des bois et sur des montagnes où le duc de Cumberland avoit jeté 7 à 8,000 grenadiers. Il y eut à notre droite une canonnade assez vive qui a dû faire perdre du monde aux ennemis répandus dans le bois, ayant duré depuis cinq heures jusqu'à sept environ. Les deux armées étoient trop voisines l'une de l'autre pour ne pas faire bivac. Vers onze heures, M. de Chevert se mit en mouvement avec les brigades de Picardie, Navarre et la Marine pour tourner la gauche des ennemis et pour les attaquer à dos.

Le 26, à cinq heures du matin, M. d'Armentières se porta avec sa réserve sur notre droite pour agir de concert avec M. de Chevert ; et le gros de l'armée se plaça vis-à-vis celle des ennemis, qui pendant la nuit avoient fait quelque mouvement pour renforcer leur gauche et rapprocher leur droite d'Hastenbeck, sur un escarpement couvert par un étang et des marais. Notre artillerie, dont M. le Maréchal avoit laissé les dispositions à M. de Vallière, commença vers les six heures du matin à tirer sur les Hanovriens, dont elle écharpoit les deux lignes. A huit heures ou environ, M. de Chevert attaqua les montagnes et les bois de la gauche des ennemis. Malgré la difficulté des lieux et le feu des ennemis, notre infanterie s'y porta si bravement, qu'elle emporta les postes à qui l'on en vouloit. L'attaque de M. d'Armentières par le bas fut un peu plus tardive, mais elle eut le même succès. Le reste de l'armée s'avançoit lentement et en bon ordre sur le centre des ennemis et sur le village d'Hastenbeck. La première ligne étoit toute d'infanterie, et la cavalerie composoit la seconde. Notre grosse artillerie, qui précédoit les troupes, exécutoit de son côté avec zèle les ordres de M. de Vallière ; prenant de ravin en ravin les emplacements qu'il avoit reconnus dès la veille, elle continuoit à foudroyer les ennemis. Lorsqu'elle fut sur la hauteur qui domine immédiatement Hastenbeck et le bassin, elle fit un feu si juste et si vif, que les lignes ennemies, qui s'avançoient vers les nôtres, en furent visiblement ébranlées. M. de Vallière ne quitta pas un moment les batteries. Pendant ce terrible feu, et sous sa protection, notre infanterie s'approchoit. Le corps de M. d'Armentières, marchant pour lors à hauteur des brigades qui avoient attaqué par le sommet des montagnes, arriva sur une espèce de redan où les ennemis avoient 8 pièces de 12 et 2 obusiers. L'infanterie se présenta vaillamment pour l'attaquer, et 10 pièces de 4 que M. de Vallière avait dirigées sur la gorge de l'ouvrage en imposèrent si fort aux ennemis, qu'ils abandonnèrent leurs postes et leurs pièces. Ce fut là le moment de la retraite de leur armée ; elle se retira fort vite, mais toujours avec assez d'ordre, par le chemin de Hanovre, accablée du feu de notre artillerie jusqu'à un bois qui couvroit sa marche.

Après les dispositions nécessaires dans un pays couvert de montagnes et de forêts, où les ennemis pouvoient rentrer par les derrières et où l'on disoit même qu'ils étoient rentrés, M. le Maréchal fit camper son armée sur le champ de bataille où elle a passé la nuit. Deux colonnes ennemies qui étoient revenues dans la plaine se replièrent avant que les carabiniers et la partie de notre infanterie qui les suivoit pussent les atteindre.

La victoire n'a pas été ensanglantée, mais elle assure les opérations du reste de la campagne. On ne peut nier que les dispositions de M. le Maréchal n'aient été très-bonnes. D'ailleurs toute l'armée et M. le Maréchal lui-même attribuent à M. de Vallière, et par retour au Corps Royal, le succès de la journée. M. le Maréchal passant auprès de l'artillerie, en revenant du champ de bataille, les soldats du Corps Royal firent des cris de joie sur sa victoire. « Vous l'avez bien gagnée, leur dit-il, vous l'avez bien gagnée ! » et accompagna ce compliment d'une gratification.

Description du terrain où étoient les deux armées le jour de la bataille d'Hastenbeck, le 26 juillet 1757.

Différents détachements de l'armée avoient débouché sur trois colonnes, le 25 à la pointe du jour ; ils avoient passé par des gorges qui paroissoient très-faciles à défendre, surtout par le chemin où passèrent les troupes de la réserve de M. le marquis d'Armentières qui longèrent le Weser. Il y avoit 300 pas de chemin très-escarpé où 50 hommes auroient arrêté toute l'armée. La réserve de M. le comte de Broglie passa le Weser pour venir se mettre à la gauche. Ces quatre premiers détachements arrivèrent tous en même temps. Comme il faisoit beaucoup de brouillard, l'on ne pouvoit point voir l'armée ennemie. Ces quatre corps se mirent en bataille au pied de la montagne. Lorsque l'on eut rendu compte à M. le Maréchal que toute l'armée ennemie étoit en bataille, il envoya ordre à la sienne d'arriver très-promptement.

L'armée ennemie avoit à sa droite le Weser ; devant elle le ruisseau d'Hastenbeck qui forme plusieurs marais ; à son centre le village d'Hastenbeck, et sa gauche appuyée à des ravins couverts de bois qui paroissoient impraticables. Ils occupoient par des détachements le village d'Hastenbeck ; l'infanterie étoit en bataille derrière, sur deux lignes ; leur cavalerie, en bataille derrière deux grands ravins qui coupent entièrement la plaine. Ils avoient 2 batteries dans la plaine, et celle de 10 pièces de canon, qui étoit précisément à leur gauche, sembloit assurer qu'il étoit impossible de pénétrer dans ce champ de bataille. La montagne au-dessus de la batterie est très-longue et très-épaisse ; elle est coupée par des rochers et des ravins immenses ; il faut une heure et demie à des troupes pour monter au sommet. Ce sommet est un plateau à pouvoir y ranger un demi-bataillon de front dans sa plus petite largeur ; mais ensuite il s'étend davantage. Sous ce rocher, qui a plus de 30 pieds de haut, est un chemin creux par où l'on peut passer ; ensuite un ravin très-profond ; par conséquent, descentes et montées très-escarpées ; et de là jusqu'à la batterie, une immense quantité de pareils ravins qu'on n'a pas pu connoître. Les sommités que vous croyez vous conduire à votre objet vous en éloignent. Les ennemis, craignant d'être tournés, avoient mis 3 ou 4,000 hommes sur cette crête ; ils croyoient impossible de pouvoir les y forcer. M. de Bussy et M. de Pigeonneau, qui commandoient 300 volontaires, marchèrent pour les attaquer. M. de Chevert, qui commandoit l'attaque, avoit avec lui 3 brigades, savoir : celles de Picardie, Navarre et la Marine. Les ennemis furent bientôt débusqués de ce poste important. Nos volontaires donnèrent dessus avec la plus grande vivacité ; ils poursuivirent ces troupes. Comme, en se retirant, les Hessois tiroient des coups de fusil, nos grenadiers leur ripostèrent. M. de Bussy avoit été déjà blessé de trois coups de fusil ; il se trouva entre deux feux ; il fut tué de quatre coups de fusil, avec presque tous ses volontaires, dont il n'est revenu que 2 officiers et 20 hommes. Ces trois brigades ne restèrent pas sur le plateau ; ils en confièrent la garde à celle d'Eu. Les ennemis revinrent en force pour les chasser ; ils séparèrent le régiment d'Eu de celui d'Enghien qui fut obligé de descendre le ravin. Les coups de fusil qui tomboient sur eux tombèrent aussi sur la brigade impériale, qui tira aussi sur Enghien. Le feu fut si vif, que les Impériaux furent obligés de se retirer ; ce même feu tomba aussi sur les Suisses, qui après une décharge se retirèrent. Alsace essuya le même feu sans tirer, et gagna le ravin. Le régiment (1) souffrit aussi beaucoup et tira ; le régiment de Belsunce, qui étoit à la gauche de Champagne dans la plaine, ne tira point. Voilà tout ce qui a occasionné la confusion de nos troupes dans les bois. Le corps hessois, se voyant absolument coupé, se retira ; nous le vîmes ensuite se déployer sur la hauteur, et nous jugeâmes qu'il étoit composé de 3,000 hommes.

L'armée de France avoit donc à sa droite 4 brigades d'infanterie commandées par M. de Chevert, 3 brigades d'infanterie commandées par M. d'Armentières, la brigade impériale et celle des Suisses par M. d'Anlezi ; toute l'armée ensuite, précédée de 68 pièces de canon. Il est à remarquer que le terrain va toujours en pente depuis la hauteur jusqu'au village d'Hastenbeck, ce qui facilitoit à notre artillerie de voir toute l'infanterie ennemie jusqu'au pied.

Dans le moment, la batterie ayant été prise, toutes les troupes marchantes, il vint ordre de se replier très-promptement parce que l'armée ennemie nous prenoit par derrière. Ce mouvement rétrograde facilita aux ennemis de revenir sur nous pour reprendre leurs canons et de la poudre qu'ils avoient abandonnés. L'on disoit aussi que les ennemis avoient passé le Weser pour aller attaquer la réserve de M. le duc de Broglie ; ses troupes se replièrent par ordre de M. le Maréchal. L'on s'aperçut enfin de son erreur ; les troupes marchèrent et gagnèrent le champ de bataille. Les ennemis vinrent se retirer derrière le ruisseau qui forme la rivière de Hameln, où il y a plusieurs grands ravins entre eux et nous. L'on alla jusqu'au bout de la plaine et l'on mit en bataille plusieurs corps, tant d'infanterie que de cavalerie.

L'on peut dire que les ennemis avoient très-mal choisi leur position ; il étoit possible de les attaquer de front ; le corps qu'ils avoient sur la montagne ne devant pas par son éloignement produire un grand effet, on pouvoit les tourner par leur gauche par une plaine très-considérable. D'abord qu'ils eurent perdu ce prétendu avantage de la hauteur et que leur batterie de la gauche fut prise, ils se sont retirés dans le plus bel ordre que l'on puisse imaginer. Ils mirent leur droite à Hameln et leur gauche tout le long de la montagne.

L'attaque de la batterie de la gauche de l'ennemi s'est faite par les grenadiers de Champagne et ceux de la réserve. Un cavalier qui étoit

---

(1) Le régiment dans lequel l'auteur de cette description était officier.

venu se mettre aux grenadiers monta le premier. Les ennemis n'ont fait qu'une décharge et se sont retirés tout de suite.

La brigade de la Couronne a beaucoup perdu dans le bois ; elle étoit commandée par M. le marquis de Mailly. Ce fut en portant un ordre que M. de Laval-Montmorency fut tué d'une grappe de raisin dans l'œil gauche.

M. de Belsunce a été blessé en bas avec les grenadiers. Il vit trois hommes qui le couchoient en joue ; il ordonna à deux grenadiers de tirer dessus ; ces deux grenadiers furent tués, chacun d'un coup de fusil, et lui reçut dans sa canne un coup de fusil qui après l'avoir percée lui perça le bras. Sa blessure n'est heureusement pas dangereuse.

Du jeudi 4. — Le Roi a fait, le 25 juin dernier, un règlement sur l'ordre de Saint-Lazare. Il contient 15 articles.

Du samedi 6. — J'ai parlé fort en détail du procès criminel du scélérat Damiens. On verra que dans ce procès étoit comprise une accusation intentée contre plusieurs particuliers par le nommé Ricard, soldat aux gardes, accusé de vols et d'assassinats dans l'élection de Montdidier. Ricard déposoit qu'on lui avoit proposé d'assassiner le Roi. Cette circonstance fit juger nécessaire de joindre le procès de Ricard à celui de Damiens, et il fut ordonné que les informations, tant sur le vol et l'assassinat, quoique affaire étrangère à la dénonciation de Damiens, seroient continuées en l'élection de Montdidier en même temps que celle au sujet de la dénonciation dudit Ricard, l'une et l'autre jusqu'au jugement définitif exclusivement, et que toutes lesdites informations seroient renvoyées à la Grande-Chambre du parlement de Paris, qui jugeroit l'un et l'autre chefs d'accusation. En conséquence, les informations ont été continuées et ont duré fort longtemps par le prodigieux nombre de témoins qu'il a fallu entendre ; enfin, tout étant en état pour le jugement, les princes du sang et les pairs qui sont ici furent avertis pour le lundi 1er d'août, huit heures du matin. Comme M. le comte de Charolois ne s'est pas trouvé aux premières assemblées, il ne faut point le compter dans les princes du sang. M. le duc d'Orléans, M. le prince de Condé et M. le comte de la Marche sont à l'armée. Il ne restoit donc que M. le comte de Clermont et M. le prince de Conty, qui ont déjà été à toutes les séances précédentes. Quoiqu'il fût assez démontré que l'accusation intentée par Ricard étoit une calomnie que ce misérable avoit inventée pour prolonger ses jours, et par conséquent que cette accusation ne pouvoit être regardée comme la suite du procès criminel de Damiens, et que le second chef d'accusation, qui est les vols et les assassinats, étoit absolument étranger au procès de Damiens, le Roi a paru désirer que tous les pairs qui pourroient s'y trouver y assistassent. M. le prince de Conty, qui s'est blessé à la jambe par accident, ne s'y est point trouvé. Il n'y a eu de prince du sang que M. le comte de Clermont. Nous étions outre cela huit pairs : M. le duc de la Force, M. le duc de Rohan, M. le maréchal de Noailles, M. le duc de Luxembourg, M. le duc de Saint-Aignan, M. le maréchal duc de Biron, M. de la Vallière et moi. Il y avoit huit présidents à mortier, en tout 38 juges, ce qui ne forme que 35 voix à cause des parentés. On donna deux séances le lundi, l'une le matin et l'autre l'après-dînée. La première dura jusqu'à onze heures et demie ou environ, et la seconde, indiquée à trois heures et demie, commença à quatre heures. M. Severt, principal rapporteur, fit en assez peu de mots le rapport des deux affaires concernant Ricard et un de ses complices, nommé Morphy, et ceux accusés par Ricard et d'autres particuliers compris dans le procès. M. Pasquier fit la lecture des informations, récolements, confrontations, se faisant aider pour lesdites lectures par MM. Titon, Lambelin et encore un autre dont j'ai oublié le nom. Ces lectures furent très-longues, et il fut dès lors bien constaté que Ricard n'avoit inventé que des calomnies, et que ses crimes de vols et d'assassinats étoient bien réels. Il y avoit dans le procès quatre criminels dont le plus coupable certainement étoit Ricard et un autre nommé Morphy, complice de vols et d'assassinats. Il est soldat aux gardes ainsi que Ricard. Les deux autres étoient le nommé Daubeuf, marchand, et le nommé Desjardins. Daubeuf a pris la fuite, et on n'a pu prononcer qu'un sursis sur ce qui le regarde. Desjardins, qui s'étoit caché dans un fumier après l'assassinat et qui y a resté longtemps, y a gagné une maladie dont il est mort dans la prison. Il avoit été interrogé et n'avoit point été confronté, ni par conséquent récolé. Les particuliers injustement accusés étoient au nombre de quatre : le nommé Thomas Coquelle ou grand Thomas, marchand de tabac et contrebandier ; le nommé Damas, soldat aux gardes ; Danget, marchand à Vauvilliers, et le nommé Lefort, aussi marchand. Il y en avoit cinq autres compris dans le procès, comme j'ai dit. Je ne me souviens dans ce moment-ci que de trois : Le nommé Sailly, cabaretier ; le père de Ricard et le père de Morphy. Toutes les pièces du procès ayant été examinées dans la journée du lundi, on procéda au jugement le mardi matin. Il fut question d'abord de savoir si on commenceroit par opiner sur l'affaire de Ricard avant celle des particuliers injustement accusés ; mais il fut arrêté que Ricard étant le principal accusé, son affaire étoit la première à juger par rapport à la dénonciation, d'autant plus que la fausseté de la dénonciation étant prouvée, l'innocence des accusés l'étoit en même temps. On commença donc par examiner cette dénonciation et on la trouva entièrement calomnieuse et sans fondement. Il fallut ensuite interroger les criminels sur la sellette. Il n'y en avoit que deux par les raisons que j'ai expliquées, Ricard et Morphy. Ricard parut le premier. La sellette n'étoit point, comme à Damiens, avec un dos, et l'accusé n'étoit point lié et garrotté. Il étoit en habit de toile. C'est un jeune homme de vingt-deux ans, qui a 5 pieds 8 pouces, visage plein, l'air fort assuré. L'interrogatoire que lui fit M. le premier président dura trois quarts d'heure au moins. Ricard répondit à tout avec une présence d'esprit et une assurance singulières et qui n'auroient convenu qu'à un innocent; et quoique l'interrogatoire fût fait avec tout l'art possible, ce scélérat ne se coupa jamais et nia toujours constamment les faits allégués, soutenant que l'accusation qu'il avoit intentée étoit très-réelle et conforme à la vérité. On ne put jamais lui faire rien avouer et on le renvoya. On fit venir ensuite le nommé Morphy. Celui-ci est petit, maigre et d'assez mauvaise mine. Les geôliers prétendent que depuis qu'il est dans la prison il est devenu fou. Soit que cela soit vrai ou qu'il ait voulu le contrefaire, il parut tel sur la sellette; il ne se souvenoit de rien. Tout ce qu'on put tirer de lui, c'est de convenir d'un régiment où il avoit servi avant que d'entrer dans les Gardes Françoises. On le renvoya et on fit venir tous les autres accusés, l'un après l'autre; mais ils ne comparurent point sur la sellette. Ils furent interrogés à la barre de la Cour, c'est-à-dire auprès de la lanterne, du côté de la buvette, en dedans de l'enceinte extérieure. Ils répondirent tous n'avoir nulle connoissance des faits allégués dans l'accusation intentée par Ricard, et n'avoir eu nulle part aux vols faits par ledit Ricard.

M. l'abbé de Salabéry, qui avoit été présent aux deux séances du lundi, ne se trouva point à celle du mardi; comme conseiller clerc, il n'auroit pu assister à un jugement tendant à la mort. Ainsi le nombre des juges le lundi étoit de 39 et de 38 le mardi. Toutes les opinions furent unanimes sur la condamnation à mort de Ricard et de Morphy. Il n'y eut de diversité que sur la nature du supplice. Ils furent condamnés l'un et l'autre à être rompus vifs; mais Ricard, calomniateur et principal assassin, fut condamné à expirer sur la roue, ayant accusé injustement des particuliers d'un crime de lèse-majesté. On auroit pu le condamner au même supplice que Damiens, si la loi du talion étoit exactement observée en France; mais quoiqu'elle le soit quelquefois, elle ne l'est pas toujours. Il fut donc proposé par M. le duc de la Vallière que pour marquer toute l'horreur du crime de ce scélérat, il seroit allumé un feu auprès de la roue où il seroit jeté. Ce sentiment fut suivi, mais il fut jugé que ce ne seroit que lorsqu'il auroit expiré. Les termes de l'arrêt furent relus plusieurs fois. On ne jugea point à propos d'y mettre le terme de crime de lèse-majesté, mais ceux d'accusation et dénonciation de crime énorme. On procéda ensuite au jugement de Morphy. Il étoit prouvé que ces deux scélérats, avec le nommé Desjardins dont j'ai marqué la mort, avoient assassiné le nommé Gringard, marchand de laine, et avoient jeté son corps dans un puits dont ils avoient arraché quelques planches qui avoient été trouvées ensanglantées et avoient donné occasion à reconnoître cet assassinat. Ils avoient jeté en même temps dans ce puits toute la charge qui s'étoit trouvée sur le cheval dudit Gringard. Morphy fut condamné à la même peine que Ricard, à l'exception du feu dont j'ai parlé; et d'ailleurs comme il n'avoit point fait de dénonciation calomnieuse, il fut jugé qu'on ne le laisseroit point expirer sur la roue et qu'on l'y étrangleroit. Cette différence de traitement, dont la discussion fait horreur à raconter, fut d'une assez longue discussion, et il ne passa qu'à la pluralité de deux ou trois voix que Morphy seroit étranglé sur la roue. A l'égard des autres accusés, les quatre dont j'ai parlé furent entièrement renvoyés de l'accusation, et il fut prononcé un sursis sur les cinq autres. Indépendamment de l'assassinat, il y avoit plusieurs vols faits par Ricard et Morphy; il y en avoit deux ou trois de prouvés et d'autres très-vraisemblables. Tous ces crimes ayant été commis en Artois, on jugea que pour l'exemple il étoit nécessaire de renvoyer l'exécution à Montdidier et d'y transférer les coupables. Il y fut donc décidé que les juges de Montdidier, dont la conduite dans cette affaire a été fort approuvée, seroient chargés de faire faire l'exécution après avoir fait appliquer préalablement Ricard et Morphy à la question ordinaire et extraordinaire, et qu'ils jugeroient le sursis sur les cinq particuliers dont j'ai parlé, et ce jusqu'à jugement définitif, si le cas y échéoit, sauf l'appel de la Tournelle. Ainsi les pairs de France n'entendront plus parler de ces horreurs. Les conclusions du procureur général avoient été pour que l'exécution se fît en place de Grève, mais elles n'ont pas été suivies. On a cru que cet horrible spectacle étoit aussi nécessaire à donner dans l'Artois qu'à éviter dans la ville de Paris. J'oubliois une circonstance, c'est que Ricard a été condamné à faire amende honorable devant la principale porte de l'église de Montdidier. Cet avis fut ouvert et ensuite suivi par M. le comte de Clermont, et tout le monde s'y conforma.

Extrait d'une lettre d'Hastenbeck, du 30 juillet.

La garnison d'Hameln est sortie aujourd'hui en très-bon ordre. Le quartier général n'y sera point établi parce qu'on y a placé les hôpitaux et les fours de l'armée, et que dans une ville qui n'est pas fort grande un quartier général y feroit trop d'embarras.

Extrait d'une lettre de Lunéville, du 1er août.

Le 27 juillet dernier, à deux heures après midi, le feu prit dans la ville de Saint-Dié, située à 10 lieues d'ici sur la rivière de Meurthe. En quatre heures de temps, l'hôtel de ville, les Capucins et 149 maisons furent consumées sans qu'on ait pu sauver que très-peu de chose. C'est la meilleure partie de la ville, où il n'y avoit qu'environ 330 maisons. Plus de 400 ménages se trouvent sur le pavé et cherchent des asiles. La famine se joignoit à tant de misères. La ville de Bruyers, quelques autres endroits voisins, le chapitre de Saint-Dié et plusieurs abbayes ont envoyé promptement et abondamment des pains, des farines et du blé pour soulager les pauvres habitants de Saint-Dié. La ville et le chapitre ont députe au roi de Pologne, à Commercy, et M. de la Galaizière a pris le parti sur-le-champ d'aller en personne à Saint-Dié pour y donner tous les secours dont on a besoin dans d'aussi tristes conjonctures.

On dit qu'il y a beaucoup de tracasseries et peu de subordination dans l'armée du Bas-Rhin.

Extrait d'une lettre de Compiègne, du 6 août.

M. l'archevêque d'Alby a fait une chute de cheval, qui le jeta sur des pierres, dont il est très-dangereusement blessé. La tête a porté et on craint qu'on ne soit obligé de le trépauer. Il voulut, à l'imitation de M. le cardinal de la Rochefoucauld, et par bonté et humanité pour un de ses gens qui étoit fatigué, le faire mettre dans sa chaise, il monta sur un cheval de poste et voilà l'histoire de cette malheureuse affaire.

Les Autrichiens veulent faire le siége de Zittau. Il y a 7 bataillons prussiens, et si cette place étoit prise, elle ôteroit toute communication au roi de Prusse avec la Silésie. On dit qu'il a mandé au prince de Prusse de se porter vers cette place pour, avec le corps qu'il commande, empêcher le siége.

Extrait d'une lettre de Compiègne, du 7 août.

Mme d'Aumale, qui est Caulaincourt, fut présentée hier. C'est Mme de Goësbriant qui la conduisoit.

MM. les intendants de Lyon et de Moulins ont pris congé le même jour. Ils s'en vont chez eux pour recevoir l'Infante.

Mme de Gironde est présentée aujourd'hui par Mme de Bouzols. C'est la femme de l'aveugle et belle-fille de M. de Buron. Mme de Gironde est Mlle Dacé, fille de qualité du pays du Maine. Elle est riche. Sa mère étoit sœur de M. de Montmorin et de Mme d'Arbouville. Elle est morte dame d'honneur de Mlle de la Roche-sur-Yon. Sa fille a voulu épouser M. de Gironde l'aveugle. Elle a vingt-cinq ans; elle a plus de 100,000 écus aujourd'hui sans ce qu'elle aura. Ses parents ont fait ce qu'ils ont pu pour l'empêcher. Elle étoit dans un couvent à Paris. Elle est bien faite et a de l'esprit. D'abord qu'elle fut mariée, en sortant de l'église elle a été au château de Cury près Soissons, terre de son mari. Mme d'Aumale est Caulaincourt, sœur de Mme Dufort. Elle étoit veuve de M. d'Avalon, lieutenant de roi d'Arras.

Extrait d'une lettre de Compiègne, du 4 août.

J'ai toujours oublié de vous mander que le duc de Cumberland, qui a une incommodité qui l'empêche de dormir, avoit envoyé un trompette au maréchal d'Estrées pour lui demander de l'eau de Luce, lequel n'en avoit pas. En écrivant au Roi, il lui a mandé cette circonstance; en conséquence le Roi a fait écrire qu'on lui en envoyât. On en a fait partir une boîte qui en contenoit une pinte avec des flacons les plus jolis du monde, qui ont été adressés à M. d'Estrées, lequel les a envoyés à ce prince par un de ses valets de chambre à qui il a donné 100 louis. Il a écrit à ce général en lui faisant bien des remercîments et en le priant d'assurer le Roi de son respect et de sa très-sensible reconnoissance.

J'arrive de la Chartreuse de Noyou, il faut deux heures pour y aller ; nous y avons été une heure et demie. Leur église est petite et charmante, surtout le maître-autel, dont quatre piliers façon de marbre soutiennent un baldaquin de fer doré et très-bien travaillé comme un très-beau balcon. Mesdames étoient avec la Reine ; j'étois à la portière.

Nouvelles de Vienne, du 26 juillet.

Le corps de troupes aux ordres du prince de Prusse qui étoit à Kamenitz, s'est porté de vitesse par une marche sur Zittau d'où il a retiré les troupes qui y étoient bloquées et n'a laissé dans cette place, en faisant sa retraite par la Lusace du côté de la Saxe, que 400 hommes qui se sont rendus prisonniers de guerre après un jour de canonnade de la part des Autrichiens, qui sont entrés dans cette place et qui ont envoyé aussitôt de gros détachements pour charger et harceler les ennemis dans leur retraite dans cette partie qu'on assure être très-difficile. L'armée autrichienne est campée à Zittau. Le prince de Bevern fait aussi sa retraite de son côté par Rumbourg. Le roi de Prusse est décampé de Leitmeritz, a passé l'Elbe avec ses troupes et fait sa retraite sur la Saxe par Welmina et Aussig. Toutes les troupes légères sont de même à la poursuite de ces différentes colonnes. Les Autrichiens ont aussi poussé des détachements dans le comté de Glatz en Silésie.

Extrait d'une lettre de Saint-Ouen, du 7 août.

M. de Fosseuse est menin en la place de M. de Laval. M. de Laval a 6,000 livres de pension reversible sur ses enfants. Le régiment de Guyenne est donné, mais je ne sais pas à qui ; on dit que M. de Louvois l'auroit eu s'il étoit arrivé plus tôt ; il a un *Bon* pour les grenadiers de France. Mmes de Gironde et d'Aumale seront présentées au Roi aujourd'hui. M. le maréchal d'Estrées s'en va aux eaux d'Aix-la-Chapelle.

Extrait d'une lettre du camp de Hameln, du 2 août.

M. le Maréchal dit hier qu'on lui avoit mandé que Gueldres étoit rendu.

Les ennemis qui s'étoient retirés sous Minden viennent encore de rétrograder et sont à présent sous Nienbourg (1). Depuis leur départ

---

(1) Nienbourg, sur la rive droite du Weser, à douze lieues au nord de Minden.

Minden est rendu. Tous ces succès sont les suites d'une bataille qui, quoique peu sanglante, a cependant intimidé les ennemis au point qu'on croit qu'on ne les verra plus. Les députés de Hanovre sont venus pour traiter des contributions. Le pays de Hanovre que nous parcourons est à peu près pareil à celui qui borde le Weser par sa rive gauche, c'est-à-dire abondant en toute sorte de grains, hors le froment, dont on ne voit presque point; beaucoup de montagnes et de bois; toutes les vallées en pâturages, entrecoupées de ruisseaux, et quelquefois des marécages qu'on ne peut pas traverser. On nous dit ici qu'en pénétrant plus avant dans le pays de Hanovre, on y trouve de très-belles plaines, un peu de montagnes, mais qu'en approchant de l'Elbe, du côté de Magdebourg, ce ne sont que montagnes fort élevées, non point couvertes de bois comme ici, mais seulement de rochers. Nous sommes encore éloignés de Magdebourg de 40 lieues. Nous n'en avons que 8 d'ici à Hanovre.

Extrait d'une lettre du camp de Minden, du 8 août.

M. le duc de Chevreuse est parti ce matin pour Hanovre à la tête des dragons et des grenadiers de France pour s'emparer de cette ville, dont le reste de l'armée se rapprochera après-demain. Elle a envoyé des députés qui ont dîné hier avec M. le Maréchal. L'un d'eux étoit M. le comte de Platen, frère de Mme de Saint-Florentin. Brunswick a envoyé aussi traiter de ses contributions aujourd'hui, et le duc de ce nom doit envoyer son principal ministre à M. le Maréchal, le 12 de ce mois. M. le duc de Cumberland est sur les frontières du pays de Verden, et ses mouvements d'ici à trois ou quatre jours vont décider du reste de sa campagne. En attendant, l'armée du Roi va s'étendre dans tout le pays, et elle attend avec impatience une position où elle puisse prendre un peu de repos dont elle a grand besoin. M. le Maréchal est fort occupé de le lui procurer le plus tôt qu'il pourra, et c'est un de ses principaux objets.

Extrait d'une lettre de Hanovre, du 10 août.

Je crois avoir mandé à Monseigneur que M. le duc de Chevreuse devoit être chargé de venir faire la capitulation de Hanovre, ce qui s'est effectivement exécuté, et pour cette expédition il partit, le 7, du camp d'Oldendorf (1), avec les régiments de dragons : Colonel-Général, Mestre-de-camp-général et d'Orléans, et vint camper à Wenigsen (2). Il avoit pour officiers généraux à ses ordres M. de

---

(1) Sur la rive droite du Weser, à deux lieues et demie au-dessous de Hameln.
(2) Abbaye à mi chemin d'Oldendorf à Hanovre.

Saint-Pern et M. d'Escorailles, M. le chevalier de Pons, M. d'Egmont.

Ce détachement arriva hier sous les murs de Hanovre. M. le........ avoit été détaché deux heures auparavant, avec 100 dragons et quelques compagnies de grenadiers, pour sommer le gouverneur de la ville, faire assembler les principaux officiers qui devoient signer la capitulation et prendre possession de la barrière avancée. Mgr le duc, avec son corps d'armée, arriva sur les dix heures du matin à une maison à cent pas de la barrière, y attendit les députés, qui y arrivèrent peu après, et signa la capitulation. En conséquence, nos grenadiers qui étoient venus avec M. le chevalier de Pons prirent possession des portes de la ville ; le gouverneur fit assembler sa garnison composée de 800 hommes, tant invalides que milices, avec leurs armes, dans la cour d'un corps de caserne. Quand cette opération fut faite, Mgr le duc fit entrer ses 100 dragons qui se mirent en bataille sur la place, et il entra lui-même à la tête de quelques compagnies de grenadiers et se porta dans le lieu où l'ancienne garnison étoit sous les armes. Il leur fit mettre à tous les armes bas ; les officiers, à la tête desquels étoit le gouverneur, sont prisonniers de guerre, ainsi que quelques soldats de troupes réglées qui s'y trouvoient ; tous les autres soldats, tant invalides que miliciens, sont renvoyés chez eux ; leurs armes déposées dans un magasin. Mgr le duc a été ce matin prendre la parole de M. de Sommerfeld, gouverneur, et lui a permis de se promener même hors de la ville. On a fait désarmer aujourd'hui toute la bourgeoisie, et les armes ont été déposées dans un magasin, le nom du propriétaire à chaque arme sur une étiquette. Hier et aujourd'hui, Mgr le duc a été occupé à régler tout ce qui regarde les approvisionnements de la ville et la fourniture des troupes, ce qui ne s'est pas exécuté sans beaucoup de débats ; toutes les difficultés ont été surmontées et on est d'accord.

De Hanovre, du 11 août au matin.

M. le Maréchal est arrivé aujourd'hui ici avec toute l'armée qui campe sous la ville.

J'ai parlé à M. le comte d'Egmont, qui a passé à Cassel et qui a tout vu ce qu'il y a à voir. Il m'a dit que les jardins étoient parfaitement beaux et bien tenus ; que la grande cascade ou rivière dont on a parlé à Votre Grandeur n'étoit encore pour ainsi dire qu'en projet ; que si elle étoit achevée, ce seroit un morceau unique en Europe, mais qu'il n'y en avoit pas encore la huitième partie de faite en commençant par le haut ; qu'il en a vu le modèle en petit ; qu'il doit y avoir 360 nappes, qui ont chacune environ 12 pieds de profondeur, et qu'on estime que pour finir cet ouvrage tous les revenus du landgraviat de Hesse-Cassel pendant trente ans ne suffiroient pas. Il a vu aussi le modèle de la figure colossale d'Hercule qui doit être au haut de cette cascade.

Ce sera un très-grand morceau si on l'exécute, mais il n'y a encore que le modèle de fait, et on ne compte pas que jamais cette figure soit fondue, ni la cascade achevée. Au reste, la ville neuve de Cassel est un vrai bijou, où toutes les maisons sont uniformes ; mais cela est petit. L'ancienne ville est petite, vieille et laide.

Extrait d'une lettre de Minden, du 11 août.

Les ennemis ont pris la résolution de se retirer à Stade, sur la rivière de Schwinge, à 14 lieues de Hambourg. Cette ville n'est que terrassée ; elle est dominée par une montagne. Les chemins pour y arriver sont extrêmement mauvais ; ce sont des espèces de chaussées faites dans l'eau avec des fascines qui ne peuvent pas supporter les canons ; aussi les ennemis ont été obligés d'embarquer leurs canons; c'est dans cette ville où ils ont sauvé tous leurs meilleurs effets. Ce pays est très-abondant, et nous y trouverons aisément des subsistances.

Extrait d'une lettre de Saint-Ouen, le 14 août.

La mort de M. de Maboul (1) est effrayante. A huit heures, il a dit à son valet de chambre qu'il se trouvoit bien foible ; à huit heures et demie, il dit : Ma foiblesse augmente ; à neuf, il étoit mort, sans avoir été malade. Il a une sœur aînée qui s'appelle Mme la marquise de Crussol. M. Maboul a une autre sœur qui n'a point été mariée et qui je crois ne se mariera point. Il laisse plus de 40,000 livres de rente. C'est une perte pour le conseil. Il avoit bien du talent et de l'esprit; fort au fait de la librairie. M. le chancelier l'aimoit fort. Il avoit le plus grand crédit sur feu M. Daguesseau.

Extrait d'une lettre de Paris, du 17 août.

La Grande Chambre vient de faire une délibération par laquelle il a été arrêté de faire au Roi une députation pour supplier Sa Majesté de réunir tous les membres de son Parlement et lui faire connoître ses volontés sur les objets principaux des remontrances précédemment faites par la Compagnie et auxquelles Sa Majesté a fait espérer des réponses de sa part. En conséquence de cette délibération, les gens du Roi ont reçu ordre de se rendre incessamment à Versailles pour demander le jour, le lieu et l'heure qu'il plaira à Sa Majesté de recevoir la députation de son Parlement.

Du dimanche 21, Versailles. — Les gens du Roi vinrent hier recevoir les ordres du Roi. Le Roi ordonna que le

---

(1) Maître des requêtes.

premier président vint aujourd'hui avec deux présidents. En conséquence, M. le premier président est venu ce matin avec M. Molé et M. de Rosambo ; ils ont eu audience du Roi dans le cabinet du conseil. Ils ont présenté à S. M. un papier contenant environ trois pages. On avoit fait sortir tout le monde, il n'étoit resté que les ministres. Le Roi a dit qu'il feroit savoir ses intentions.

Le roi de Pologne arriva ici jeudi dernier 18. Il alla hier matin voir le Roi qui étoit encore dans son lit. Le Roi a été rendre la visite ce matin au roi de Pologne.

Le Roi est parti à trois heures ; il a dîné avant le conseil ; il est allé à la manufacture de Sèvres pour voir en détail toutes les pièces d'un service qu'il donne au roi de Danemark ; de là il va à Choisy.

Mme de Pompadour, voulant donner un déjeuner de porcelaine à l'électeur de Cologne (1) et n'en trouvant point de fait ou d'assez beau tout fait, elle en a envoyé un qu'elle avoit chez elle ; elle l'a adressé à M. de Monteil (2) avec un porte-feuille magnifique pour ce prince, qui coûte 5 ou 6,000 livres. La raison de ce présent est le grand intérêt que l'Électeur prend au succès de nos armes. Aussitôt qu'il a su le gain de la bataille d'Hastenbeck, il a fait chanter le *Te Deum* et a, trois jours après, donné un grand bal, pendant lequel il est parti seul avec un de ses grands officiers. Il a été à Paderborn qu'il a voulu voir, malgré le mauvais état de cette ville, dont il est évêque (ainsi que de Hildesheim, Munster et Osnabruck). De Paderborn il va à Hanovre et s'en fait un grand plaisir. Il est piqué contre l'électeur de Hanovre qui a refusé de l'aller voir ; il est flatté d'imaginer qu'il

---

(1) Clément-Auguste de Bavière, né le 16 août 1700, frère du feu empereur Charles VII, évêque de Munster et Paderborn en 1719, électeur et archevêque de Cologne en 1723, et évêque de Hildesheim en 1724.

(2) Le marquis de Monteil, ministre plénipotentiaire près l'électeur de Cologne.

écrira dans toute l'Europe et datera de Hanovre. Il écrira même à la princesse de Galles avec qui il est en grand commerce de lettres et qui est très-mal avec le roi son père.

Du jeudi 25. — Il y eut hier l'audience des États de Languedoc. M. l'évêque de Lavaur (Fontanges) portoit la parole et M. le marquis de Villeneuve étoit député de la noblesse; ils dînèrent chez M. le comte d'Eu à Clagny, et avant-hier ici chez M. le comte de Saint-Florentin.

Aujourd'hui, M. de Staremberg a eu audience particulière, comme ambassadeur extraordinaire de l'Impératrice. M. de Stainville aura audience à Vienne avec la même qualité.

M. Boulogne a été déclaré contrôleur général ce matin, et a été présenté en cette qualité.

Du samedi 27. — On n'a point encore de nouvelles de ce qu'a fait l'armée de M. le maréchal de Richelieu; elle devoit marcher le 19 pour suivre M. le duc de Cumberland, qui paroît vouloir se retirer du côté de Stade. Le but qu'on se propose actuellement est d'établir de grandes contributions dans le pays de Hanovre, tant en fourniture de grains qu'en argent. Ce pays, quoique meilleur que la Westphalie, n'est pas fort abondant, et l'on croit que les fournitures en argent seront plus aisées à tirer que celles en grains, d'autant plus que les deux dernières récoltes ont manqué. Toute cette contrée ne ressemble point à la Bohême où nous avons fait la guerre. M. le maréchal de Belle-Isle me disoit il y a quelques jours que lorsque l'électeur de Bavière eut été couronné roi de Bohême à Prague, on établit pour 6,280,000 florins en argent de contributions dans la Bohême, ce qui fait la valeur d'environ 15,800,000 livres de notre monnoie, et cependant c'étoit dans ce moment un pays qu'on pouvoit regarder comme ami, puisque l'électeur en devenoit le souverain, au lieu que l'électorat de Hanovre ne peut être jamais regardé que comme pays ennemi. On croit que les contributions en argent à Hanovre ne peuvent guère aller qu'à 4 millions.

M. de Stralen, officier suédois au service de France, dans le régiment Royal-Suédois, est venu ces jours-ci faire sa cour au Roi. Son grand-père étoit attaché au service de Charles XII ; il fut son ambassadeur à Vienne et gouverneur des Deux-Ponts. Dans le temps qu'il étoit à Vienne, un officier hongrois, nommé M. de Saubord, tint devant lui quelques propos injurieux à Charles XII. M. de Stralen en fut si piqué, que ne pouvant retenir sa colère, il donna un soufflet à M. de Saubord. Celui-ci alla dès le lendemain lui demander raison. M. de Stralen lui répondit que c'étoit une nouvelle impertinence ; qu'ayant le caractère d'ambassadeur il représentoit la personne du roi son maître; mais pour lui prouver que c'étoit la seule dignité de son caractère qui l'empêchoit de lui donner la satisfaction qu'il désiroit, il alloit écrire au roi de Suède et lui demander des lettres de récréance. Il le fit en effet ; Charles XII lui envoya les lettres qu'il désiroit. M. de Stralen n'étant plus dans ce moment revêtu du caractère d'ambassadeur, se battit avec lui et le tua.

Les mouvements des Anglois attirent aujourd'hui toute l'attention de notre ministère. On sait qu'ils annoncent depuis longtemps un grand projet, et l'on est incertain quel il peut être (1). Ils ont rassemblé grand nombre de vaisseaux auxquels ils ont joint plusieurs bâtiments de transport. Ils y ont embarqué, les uns disent 20,000 hommes, d'autres 14,000, d'autres 8,000. On a cru pendant quelque temps qu'ils vouloient porter des troupes à Stade pour les joindre à l'armée du duc de Cumberland ; ce projet ne paroît pas vraisemblable ; une pareille augmentation de forces laisseroit encore l'armée de M. de

---

(1) L'amiral Boscawen devoit commander la flotte, mais ayant su que l'on vouloit y envoyer l'amiral Hawke qui est son ancien, il n'a pas voulu marcher à ses ordres et a pris le parti de se retirer. (*Note du duc de Luynes.*)

Cumberland très-inférieure à celle de M. le maréchal de Richelieu, et par conséquent hors d'état de reconquérir l'électorat dont il n'y a plus que la partie inférieure dont nous ne soyons pas maîtres, parce que nous n'y avons pas encore marché. On avoit jugé plus vraisemblable que le projet de l'Angleterre étoit de débarquer un gros corps de troupes en Hollande pour y appuyer les vives sollicitations que M. Pitt fait depuis quelque temps auprès des États Généraux pour les engager à prendre les armes; mais il paroît que ses sollicitations n'ont eu aucun succès, et que la princesse d'Orange et son parti se trouvent trop foibles pour oser entreprendre de donner aucune assistance aux Anglois. Le projet de quelque invasion sur nos colonies, et en particulier sur Saint-Domingue, seroit plus vraisemblable, si la saison n'étoit pas aussi avancée; mais cette redoutable flotte angloise retenue par les vents contraires n'est point encore sortie, et l'équinoxe qui approche n'est pas un temps favorable pour se mettre en mer, surtout dans la Manche. On étoit aussi dans l'incertitude si les desseins des Anglois ne regardoient pas nos côtes; nous en avons environ 800 lieues depuis Dunkerque jusqu'à Bayonne; c'est cette partie qui a été confiée aux soins de M. le maréchal de Belle-Isle. Il avoit fait, non sans beaucoup de peine, tous les arrangements nécessaires pour se mettre en sûreté contre toute irruption, autant que cela est possible; mais le parti que l'on a pris d'envoyer une nouvelle armée sur le haut Rhin, laquelle se trouve aujourd'hui jointe en partie à celle de M. de Richelieu et à celle de M. de Soubise, a obligé de faire marcher plusieurs bataillons destinés à la garde des côtes de l'Océan. Il reste encore 50 bataillons, savoir 11 en Flandre, 5 en Picardie, 13 en Normandie, 11 en Bretagne, 7 dans la Saintonge, l'Aunis et le Poitou, et 3 depuis la Garonne jusqu'à Saint-Jean de Luz. Il y a encore outre cela 7 bataillons en Provence pour garder les côtes de la Méditerranée. Indépendamment de ces troupes, nous avons des gardes-côtes qu'on a mis en règle et que l'on tient dans une discipline exacte. Outre cela le Roi a 115 bataillons de milices dans le royaume.

Avant-hier 25, jour de Saint-Louis, le Roi donna audience à la Ville, qui présenta le scrutin à l'ordinaire. Je dois avoir marqué ci-dessus qu'il y a environ neuf mois que le Roi a désigné M. de Vierne pour remplacer M. de Bernage dans la place de prévôt des marchands. Ce ne sera que dans un an qu'il entrera en charge. Quoique ce soit la volonté du Roi qui décide de ce choix, cependant l'usage subsiste d'assembler la Ville, pour faire cette élection. Cette cérémonie fut faite il y a cinq ou six jours. Deux députés de chaque quartier s'assemblent à l'hôtel de ville, où on leur donne un grand dîner. Cette assemblée étoit de plus de 100 ou 120 personnes. Il y en avoit 90 à une seule table.

SEPTEMBRE.

Brillante réception faite à l'ambassadeur de France à Vienne. — Nouvelles diverses. — Anecdotes sur M. de Campillo. — Mort de la princesse de Montauban. — Audience à la Grande-Chambre et réponse du Roi. — Le Roi remet les démissions des membres du Parlement. — La grande députation du Parlement vient à Versailles ; discours du chancelier. — Les chambres du Parlement reprennent le service. — Réponse du Roi à une députation du Parlement. — Arrêt du Parlement. — Réponse du Roi à une nouvelle députation du Parlement. — Fête donnée à Stanislas Leczinski à Bagatelle. — Lettre de Stanislas Leczinski à Mme de Monconseil. — Accident arrivé à Stanislas Leczinski. — Arrivée de Madame Infante. — Départ de la Cour pour Fontainebleau. — On élargit les portes à Fontainebleau ; causes de cet élargissement. — Morts et maladies. — Les ducs de Brunswick et de Gotha implorent la clémence du Roi. — Mort de M. d'Aligre. — Le roi de Prusse se porte contre l'armée des Cercles et M. de Soubise. — Accident arrivé à Madame Sophie. — Un miracle à Compiègne. — Capitulation des Hanovriens à Closter-Severn. — Les Prussiens battus par les Russes, à Jaegendorf, et par les Autrichiens à Gœrlitz. — Lettre de Frédéric à mylord Maréchal. — Succession de Mme de Montesson. — Mme Martinet et le comte de Toulouse. — Détails sur les opérations de l'armée française dans le Hanovre pendant la seconde quinzaine du mois d'août et les premiers jours du mois de septembre. — Les quarante dragons de M. de Grandmaison. — Lettre du maréchal de Richelieu au duc de Chevreuse sur la convention de Closter-Severn.

Du vendredi 9 . Dampierre (1). — M. de l'Hôpital a été reçu par l'impératrice de Russie avec toutes les marques de bonté et de distinction imaginables. Son arrivée a été le sujet d'une grande joie à cette cour. L'Impératrice a des filles d'honneur choisies dans les plus grandes maisons; elle les marie toutes de son autorité et leur donne beaucoup; c'est une grande cérémonie à la cour que ces mariages. L'Impératrice a voulu que l'ambassadeur de France en fût témoin. Il y a quatre ou cinq mois qu'elle retarde le mariage de cinq de ces filles d'honneur pour attendre M. de l'Hôpital.

Du lundi 12, *Dampierre.* — Les nouvelles d'Angleterre disent que cette formidable flotte dont on ignore la destination a dû mettre en mer hier. On a imaginé d'abord qu'elle pouvoit avoir pour objet d'attaquer Brest, mais on paroît aujourd'hui fort rassuré sur ce port. Nous y avons, du côté qui est le plus exposé, 312 bouches à feu de 24, de 36 et de 48 livres de balles; l'autre côté est aussi suffisamment garni, quoiqu'il y ait moins d'artillerie. Reste donc à savoir si leur dessein est de se porter sur Ostende et Dunkerque, comme quelques personnes le pensent, ou de tenter une entreprise sur Saint-Domingue. On n'a nulle inquiétude ni sur Lorient ni sur Belle-Isle.

M. de Gironde, qui est aveugle, prêta serment le 8 entre les mains du Roi pour la charge de lieutenant général de l'Ile de France, sur la démission de M. le comte de Buron, son père.

Depuis que M. l'abbé Bouillé, maître de l'Oratoire, a

---

(1) Il y a longtemps que je n'ai mis mon journal en règle, mais ayant gardé la date des événements, je vais les mettre par ordre. (*Note du duc de Luynes.*)

Ce n'est cependant qu'un peu plus loin que le duc de Luynes a mis cet appendice.

acheté la charge de premier aumônier, celle qu'il avoit n'avoit point été remplie; le Roi, au commencement du mois dernier, en donna l'agrément à M. l'abbé Larboust, chanoine de Lyon.

Au commencement du mois dernier, le Roi donna l'archevêché de Bourges, vacant par la mort de M. le cardinal de la Rochefoucauld, à M. l'abbé Phélypeaux, grand-vicaire de ce diocèse.

Le Roi quitta le deuil le dimanche 29, c'est-à-dire le samedi au soir 28, pour la mort de la reine douairière de Prusse, et le reprit ce même jour, dimanche 29, pour jusqu'au dimanche 4 inclusivement, à l'occasion de la mort du margrave d'Anspach, beau-frère du roi de Prusse, mort le 3 août, âgé de quarante-cinq ans. Il ne laisse qu'un fils. C'est par sa femme, sœur du roi de Prusse, qu'est la parenté avec le Roi. J'en mettrai le détail ci-après (1). On avoit annoncé aux étrangers que le

---

(1) Voici la parenté du roi de Prusse avec le Roi, copiée sur l'état que M. de Clairambault a fait pour le Roi de sa parenté avec tous les souverains de l'Europe assez proches pour en porter le deuil. On trouvera aussi ci-après une autre parenté du Roi avec le roi de Prusse.

JACQUES Ier, roi d'Angleterre,
marié à Anne de Danemark, le 20 août 1504.

Charles Ier, roi d'Angleterre, épouse Henriette de France, fille de Henri IV, le 11 mai 1625.	Élisabeth, mariée à Frédéric V, électeur palatin et roi de Bohême, le 14 février 1615.
Henriette, princesse d'Angleterre, épouse Monsieur, le 31 mars 1661.	Sophie, princesse palatine, épouse, le 17 octobre 1658, Ernest-Auguste, duc de Brunswick.
Anne-Marie, mariée à Victor, duc de Savoie, le 10 avril 1684.	Sophie-Charlotte, mariée à Frédéric III, premier roi de Prusse, le 8 octobre 1684.
Madame la duchesse de Bourgogne, mariée le 7 décembre 1697.	Frédéric-Guillaume, roi de Prusse.
Le Roi.	Le roi de Prusse et Philippine-Charlotte, mariée au margrave d'Anspach.

SEPTEMBRE 1757.

Roi ne prendroit le deuil du margrave que le mardi 31, et on l'avoit même mis dans la *Gazette de France*, de sorte que tous les étrangers étoient en habit de couleur le dimanche.

Mme Dillon mourut à Paris, le 5 du mois dernier, âgée de soixante-dix-sept ans. Son nom étoit Shelden; c'étoit la mère de M. l'évêque d'Évreux et de la supérieure des Carmélites de Saint-Denis. Elle avoit eu beaucoup d'enfants, dont plusieurs ont été tués au service du Roi.

Le Roi tint le sceau, le 20, à Versailles pour la douzième fois, et l'y a encore tenu le 3 pour la treizième.

Le 21, M. de Paulmy fut reçu chevalier de Saint-Lazare, suivant le cérémonial prescrit par règlement dont j'ai parlé, et il prêta serment ensuite pour la charge de garde des sceaux dudit ordre.

Le 25, jour de Saint-Louis, l'Académie assista dans l'église des PP. de l'Oratoire au panégyrique de saint Louis prononcé par le P. Neuville, jésuite; ce fait n'est

Parenté du Roi avec le roi de Prusse.

JEAN, comte de Vendôme.

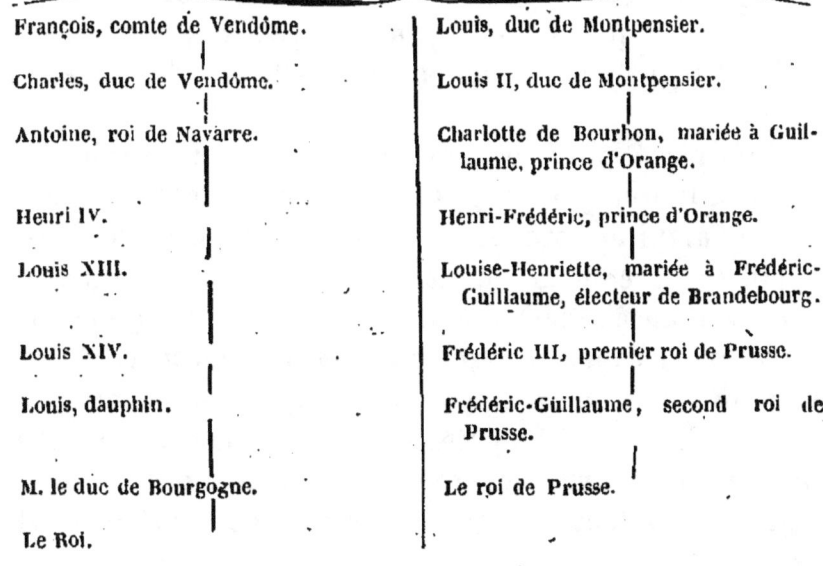

remarquable que parce que c'est un jésuite qui prêche aux PP. de l'Oratoire, car ce sermon est d'usage tous les ans. C'est le directeur de cette académie qui nomme le prédicateur. M. le président Hénault s'étant trouvé directeur a imaginé de proposer le P. Neuville, ce qui a été très-bien reçu.

On a exposé cette année au Louvre, suivant l'usage, les tableaux des maîtres les plus renommés; il y a eu un concours prodigieux.

M. l'évêque de Coutances (Duquesnoy), qui a succédé à M. de Matignon, prêta serment le 29 du mois dernier.

M. l'évêque de Condom (Brissac) mourut à Paris le 27 du mois dernier après une longue maladie; il étoit âgé de cinquante-neuf ans et frère jumeau de M. le duc de Brissac. Il avoit l'abbaye de Fontfroide, diocèse de Narbonne, et celle de Saint-Urbain, diocèse de Châlons en Champagne.

Mme de Hannivel mourut à Paris à la fin du mois dernier, âgée de quatre-vingt-deux ans. Son mari étoit président au parlement de Paris. Elle étoit Harlay; c'étoit la dernière de ce nom.

Le 28 du mois dernier, Mme de Moras présenta sa belle-sœur, Mme de Merle; elle est fort grasse et sa figure est plutôt bien que mal. Il y a des gens qui prétendent qu'elle a quelque air de Madame Infante, duchesse de Parme.

On a parlé plusieurs fois dans le temps d'un ministre d'Espagne qui y a joué un grand personnage; c'étoit M. de Campillo, prédécesseur immédiat de M. de Caravajal. M. l'évêque de Rennes, qui eut ordre de s'adresser avec confiance à Madrid à M. de Campillo, m'en a raconté plusieurs circonstances qui méritent d'être écrites. M. de Campillo étoit un homme de fortune; il avoit commencé par vendre des petits pâtés dans son village; à mesure qu'il gagnoit quelque argent, il achetoit des livres et marquoit en tout une grande volonté de s'instruire. Il s'embarqua pour les Indes en qualité de mousse; il y fit deux voyages, et tout le temps qu'il avoit de libre il le donnoit à la lecture. M. de Villadarias, président du conseil des Indes, voulant être instruit plus en détail de ce qui regardoit cette partie du monde, on lui indiqua M. de Campillo; il l'entretint et en fut extrêmement content. Il l'avança successivement à différents emplois. Plus M. de Campillo fut connu, plus il fut estimé. Le dérangement arrivé dans les finances d'Espagne donna lieu à faire un changement dans ce ministère. Ce dérangement étoit au point qu'il étoit dû cinq ou six années aux dames du palais, et que le pain manqua deux fois à la table du roi d'Espagne. M. de Campillo fut enfin choisi pour gouverner les finances, et il trouva en peu de temps le moyen d'y remettre l'ordre et de faire payer ce qui étoit dû. La confiance du roi d'Espagne augmentant tous les jours, ce prince donna encore quatre autres départements à M. de Campillo. La facilité avec laquelle ce ministre travailloit et sa prodigieuse mémoire sont presque incroyables. On comprend aisément qu'il recevoit tous les jours un nombre immense de lettres. M. l'évêque de Rennes se trouva chez lui dans le moment qu'on lui apportoit d'énormes paquets de tous côtés; il voulut se retirer pour lui donner le temps de les examiner. M. de Campillo le retint et fut environ une demi-heure à ouvrir ses paquets; à peine parut-il avoir jeté un coup d'œil sur les papiers qu'ils renfermoient. Un secrétaire ayant emporté tous ces papiers, M. de Campillo revint à M. de Rennes et lui dit : « Vous voyez bien que vous m'auriez privé du plaisir de causer avec vous. — J'y suis très-sensible, dit M. de Rennes, mais je vois que vous n'avez eu que le temps de parcourir bien rapidement ce qu'on vous a apporté, et qu'il vous en faudra beaucoup pour en voir le détail. — Le détail! dit M. de Campillo, je sais tout ce que contiennent ces papiers. » M. de Rennes paroissant en douter, le ministre appela son secrétaire et lui dit de rapporter les liasses. Lorsqu'elles furent sur son bureau, il dit à M. de Rennes : « Prenez, je vous prie, celle de ces liasses que vous voudrez, et choisissez tel papier que vous jugerez à propos. M. de Rennes prit un cahier assez épais dans une de ces liasses et le donna au ministre qui, après y avoir jeté un coup d'œil, lui dit : « C'est une réponse qu'un tel me fait; et il me mande telle et telle chose. Ce M. de Campillo ne prévenoit point par sa figure; il étoit petit et vilain; cependant il épousa une fille charmante; elle étoit fille de M. de Castel-Bianco, de sa seconde femme. On sait que M. de Castel-Bianco avoit épousé les deux sœurs. Après la mort de M. de Campillo, sa veuve épousa dom Pèdre, comte de Fitz-James; elle est venue ici avec lui. Ce dom Pèdre est reconnu par les Fitz-James qui demeurent en France et ne l'est point par ceux qui sont en Espagne. J'oubliois de marquer une chose assez singulière sur M. de Campillo, c'est que quoiqu'il écrivît beaucoup, il ne faisoit jamais de rature.

Du vendredi, 16, Dampierre. — M. le comte de Brionne fit part à la Reine, le 2 du mois, de la mort de Mme la princesse de Montauban. Mme de Montauban mourut à Saverne, le 29 du mois dernier; elle étoit dans sa cinquante et unième année. Elle avoit été dame du palais de la Reine à la place de Mme de Tallard. Mme de Montauban avoit le fond d'une très-bonne santé; mais ayant eu quelques incommodités, elle voulut prendre des remèdes de M. André, si connu par les secrets qu'il a trouvés, et avec lesquels il compte bien vivre deux ou trois cents ans. Quel que fût l'effet de ces remèdes. Mme de Montauban tomba dans un état de langueur, il y a environ deux ans, qui donna tout sujet de craindre qu'elle ne pût pas en revenir. Elle eut recours à un médecin anglois; et après avoir été longtemps entre les mains des médecins, elle se trouva en état de revenir à Versailles; mais sa santé n'étoit plus la même, elle avoit beaucoup de foiblesse dans les jambes. On lui conseilla d'aller aux eaux de Plombières; elle y consentit d'autant plus volontiers, que ce voyage la mettoit à portée d'aller voir son beau-frère, M. le prince Constantin, nommé depuis peu évêque de Strasbourg. Étant avec lui à Saverne, elle y fut attaquée d'une fièvre maligne que l'on ne connut pas d'abord; on jugea cependant à propos de la saigner, mais elle ne vouloit pas y consentir, ayant toute sa vie eu une horreur si grande de la saignée, que lorsqu'on avoit été obligé dans le cours de sa vie d'avoir recours à ce remède, elle se faisoit appliquer des sangsues pour l'éviter. On fit venir de Strasbourg M............, fameux médecin, qui dit qu'il étoit bien tard. On étoit parvenu cependant à la saigner, M. l'évêque de Strasbourg lui ayant déclaré que si elle ne s'y déterminoit pas, tout le monde l'abandonneroit. Mme de Montauban étoit fille de M. de Mézières, mort lieutenant général des armées du Roi, et de Mlle Ogletorp. MM. de Mézières sont de Picardie; leur nom est Béthisy. M. de Mézières, officier très-estimé, avoit beaucoup d'esprit, mais sa figure n'étoit pas agréable; il étoit extrèmement bossu. Il épousa par amour Mlle Ogletorp, Angloise parfaitement bien faite et d'une figure noble et agréable; il en a eu deux ou trois garçons et deux filles, tous très-bien faits. Il y a un des garçons de marié, comme je crois l'avoir déjà dit. La sœur de Mme la princesse de Montauban est Mme la princesse de Ligne. Mme de Montauban laisse quatre enfants : M. de Rochefort, qu'on appelle aussi le prince Charles, un abbé qui est chanoine de Strasbourg, et deux filles; l'une est Mme de Vesterloo, qui demeure en Flandre avec son mari, et l'autre Mme la comtesse de Brionne.

Les gens du Roi vinrent à Versailles le 28 du mois dernier au matin. Le Roi donna ordre que la Grande-Chambre tout entière se rendît à Versailles le lendemain, et qu'il leur déclareroit ses intentions à une heure après midi.

Le 29, la Grande-Chambre s'étant rendue aux ordres du Roi, voici la réponse qu'ils reçurent de S. M.; elle leur fut remise par écrit :

« Je vous ai déjà fait connoître mes volontés par rapport à ma déclaration du 10 décembre dernier, concernant les affaires de l'Église. Mon respect pour la religion, celui qui est dû à ses ministres et le maintien de la paix dans mon royaume, en réprimant de part et d'autre ceux qui cherchent à la troubler, ont été et seront toujours la règle de ma conduite; si des vues supérieures m'ont déterminé, pour cette fois encore, à m'élever au-dessus des règles ordinaires, que mon Parlement n'en appréhende pas les conséquences pour l'avenir.

« Je veux donc que ma déclaration soit exécutée, et que dans l'exercice que je vous confie de cette portion de mon autorité, vous ne vous éloigniez jamais de la modération que je vous ai tant de fois recommandée et de l'exacte observation des règles de l'Église, des lois et ordonnances de mon royaume.

« Vous jugerez par la déclaration interprétative de mon édit de suppression que je vous envoyerai, de l'attention que je fais à vos supplications et de celle que j'apporte au bien de la justice et à l'état de la magistrature.

« Sentez dès à présent combien je compte sur la vérité des assurances que vous m'avez données du zèle, du respect, de la fidélité et de la soumission de tous les officiers de mon Parlement pour la discipline.

« Pour ce qui est de ma dernière déclaration, je ne puis perdre de vue l'objet que je me suis proposé. Je veux bien cependant que les termes dont je me suis servi par rapport à certaines dispositions de ladite déclaration se rapportent à tout ce qui y est contenu; et je ne refuserai point les mémoires que mon Parlement croira devoir m'adresser pour le bien de mon service.

« Je consens que mon chancelier vous remette les démissions; je les regarde aujourd'hui comme non avenues.

« Tant de grâces accordées à la fois sont la récompense de votre fidélité. Que mon parlement s'en rende digne par sa conduite.

« Je ne fixe point de terme au retour de ceux que des raisons particulières m'ont forcé d'éloigner; il dépendra moins de vos instances que des témoignages que je compte que mon parlement me donnera à l'avenir de son affection à mon service. »

En conséquence des ordres du Roi, tous les membres du Parlement se rassemblèrent le 1ᵉʳ à la Grande-Chambre. On avoit expédié des lettres de cachet qui avoient été portées par des mousquetaires aux conseillers qui avoient donné leur démission, avec cette intitulation : « A Monsieur........., conseiller au Parlement. » Ce qui leur annonçoit par avance le rétablissement dans leurs charges. Le Roi avoit mandé par les gens du Roi aux chambres assemblées de venir sur-le-champ recevoir ses ordres à cinq heures du soir. Ils se rendirent donc à Versailles, le 1ᵉʳ de ce mois, en grande députation. J'ai déjà marqué en d'autres occasions que cette députation doit être composée de 42 magistrats, savoir le grand banc, c'est-à-dire les présidents à mortier qui sont 10 y compris le premier président, 14 conseillers de Grande-Chambre, 14 conseillers des Enquêtes et Requêtes (1), les 3 avocats et le procureur général. Ils ne vinrent à Versailles, le 1ᵉʳ, qu'au nombre de 38 ou 39. Il y a un avocat général, M. de Saint-Fargeau, qui est encore trop jeune pour exercer ses fonctions; et de ceux qui devoient venir, il y en avoit quelques-uns de malades. On trouvera ci-après le discours que leur fit M. le chancelier dans la chambre du Roi.

---

(1) On comptoit 2 de chaque chambre, savoir le doyen et le plus ancien après lui. La suppression de deux chambres des Enquêtes fera un arrangement différent, et n'empêchera pas vraisemblablement que le nombre des députés ne soit à peu près le même. (*Note du duc de Luynes.*)

« Les sentiments qui animoient vos prédécesseurs ne leur auroient pas permis de faire la démarche à laquelle s'est portée la plus grande partie des officiers du Parlement.

« Le Roi vous ordonne d'avoir toujours présentes les obligations que votre serment vous impose. Nul motif ne peut vous dispenser de rendre la justice que vous devez aux sujets de S. M ; les magistrats préposés pour l'administrer ne peuvent la refuser, sans être responsables de tous les maux qui sont la suite nécessaire de ce refus.

« Sur les témoignages répétés qui ont été donnés à S. M. de votre soumission et de votre fidélité, elle veut bien aujourd'hui n'interroger que vos cœurs et chercher dans vos sentiments des motifs de confiance pour l'avenir.

« Elle efface donc pour jamais le souvenir de ce qui lui a déplu dans votre conduite passée, en regardant comme non avenues toutes les démissions qui lui ont été données. S. M. vous a appris elle-même par les lettres qui vous ont été adressées qu'elle veut bien rétablir dans leurs offices tous ceux qui s'en étoient démis.

« A l'égard de ceux de vos confrères qu'elle a cru devoir éloigner pour des raisons particulières, S. M., en les conservant dans leur état, n'a pas encore fixé le temps de leur rappel.

« Quand le Roi sera obéi, quand vous aurez repris l'exercice entier de vos fonctions ordinaires, et que S. M. sera satisfaite de la sagesse de votre conduite, elle écoutera favorablement vos instances à cet égard.

« Pour ce qui concerne la seconde déclaration, le Roi désire que l'usage en devienne aussi inutile qu'il l'avoit jugé nécessaire ; mais avant tout, S. M. ne refusera point d'écouter ce que son Parlement croira devoir lui représenter sur cet objet. Elle veut que la suppression ordonnée par son édit du mois de décembre dernier soit exécutée, et elle envoyera à son Parlement une déclaration interprétative, à l'enregistrement de laquelle elle vous ordonne de procéder sans délai.

« Le Roi vous ordonne de reprendre vos fonctions ordinaires ; conformez-vous à ses intentions.

« S. M. n'a rien tant à cœur que de faire régner dans son royaume le silence qu'elle a prescrit de part et d'autre et la paix qu'elle désire depuis si longtemps voir rétablie.

Si S. M., par des raisons supérieures et dans la vue du bien général, a cru devoir s'élever au-dessus des règles ordinaires, son Parlement ne doit point en appréhender les suites pour l'avenir.

« Le Roi vous ordonne donc de faire exécuter sa première déclaration, conformément aux canons de l'Église reçus dans le royaume, aux lois et aux ordonnances.

« C'est en entrant dans ces vues que vous devez toujours vous souvenir qu'il est des considérations de sagesse et de modération sur lesquelles vous devez régler vos démarches.

« Donnez vous-même l'exemple du respect et de la soumission que S. M. veut qu'on rende à la religion et à ses ministres. C'est ainsi que vous ferez un usage légitime de l'autorité que le Roi a bien voulu vous confier.

« Que ces sentiments demeurent toujours gravés dans vos cœurs, et souvenez-vous que votre souverain vous traite en ce moment en père. »

La grande députation ayant rendu compte aux chambres assemblées, le 2, de ce qui s'étoit passé la veille à Versailles, les officiers du Parlement qui avoient donné leurs démissions les reprirent, et ce ne fut pas sans difficulté de la part de plusieurs. Tant il est vrai qu'un zèle mal placé fait oublier souvent les devoirs les plus essentiels. Cependant tout se passa à la pluralité des voix avec respect et reconnoissance. La déclaration interprétative fut enregistrée purement et simplement; les chambres reprirent le service et arrêtèrent qu'il seroit fait une députation au Roi pour lui faire de très-humbles remerciments et lui demander le retour des exilés. Les gens du Roi étant venus, S. M. leur donna le 3 pour recevoir la députation. On trouvera ci-après la réponse qu'elle fit à cette députation ledit jour 3.

« Je reçois avec satisfaction les témoignages que vous venez de me donner de votre zèle, de votre fidélité et de votre soumission à mes volontés. Jouissez du bonheur de plaire à un maître qui vous aime et de l'avantage de contribuer au bien de mes sujets en remplissant vos devoirs. Achevez de répondre aux vues et aux intentions que je vous ai fait connoître pour le rétablissement de la paix, et je ne tarderai pas à réaliser les espérances que je vous ai données par rapport à ceux de vos confrères dont vous sollicitez le retour. Ayez une entière confiance en mes bontés. Si vous pouviez en douter, vous cesseriez d'en être dignes. »

Le 5 au matin, on enregistra au Parlement la commission pour la chambre des vacations, composée de 14 conseillers de Grande-Chambre et de 12 des Enquêtes ; c'est M. Turgot qui y préside. On rendit en même temps un arrêt (1) pour faire exécuter la déclaration du 10 décembre dernier, concernant les affaires de l'Église, et ce, conformément aux explications portées dans la réponse du Roi. Dans la même assemblée, le premier président et deux présidents à mortier furent chargés de se rendre à Choisy pour faire de nouveaux remerciments à S. M. et l'assurer de l'entière confiance du Parlement en ses bontés. Le Roi fit la réponse suivante à cette dernière députation :

« Je crois que je puis compter sur les nouvelles assurances que vous donnez de votre soumission et de votre zèle par la promptitude avec laquelle vous m'avez obéi, par la reconnoissance respectueuse dont vous êtes pénétrés et par votre confiance dans ma personne. Continuez à remplir vos fonctions avec cet esprit de paix, de sagesse et de modération que je vous ai si souvent et très-expressément

---

(1) *Arrêt du 5 septembre 1757.*

La Cour, en continuant de délibérer sur ce qui a été dit de l'ordre du Roi aux députés de ladite cour le 1er de ce mois, et pour se conformer aux intentions dudit seigneur Roi, a ordonné et ordonne que la déclaration du 10 décembre dernier concernant l'Église sera envoyée aux bailliages et sénéchaussées du ressort pour être, en ce qui concerne l'article 5 de ladite déclaration, exécuté selon sa forme et teneur, sans néanmoins tirer à conséquence pour l'avenir ; et pour ce qui concerne les dispositions des autres articles contenus en ladite déclaration être exécuté conformément aux canons reçus et autorisés dans le royaume, lois, ordonnances et maximes dont l'observation est nécessaire pour le maintien de l'autorité dudit seigneur Roi et de sa justice souveraine ; Ordonne que le présent arrêt sera imprimé, publié et affiché, et copie collationnée d'icelui, envoyée aux bailliages et sénéchaussées du ressort, pour y être, avec ladite déclaration, lu, publié et affiché.

Arrêté dudit jour.

La Cour, en délibérant sur les ordres du Roi du 1$_{er}$ de ce mois, a arrêté qu'il sera fait au Roi de très-humbles représentations sur sa déclaration du 10 décembre dernier, et ce pendant que la Cour continuera de se conformer aux anciens usages, maximes et discipline qui lui sont propres.

recommandé. Vos confrères vous seront rendus pour la Saint-Martin (1), et je vous dispense de me donner à leur égard de nouveaux témoignages de la reconnoissance que vous devez à mes bontés. » Ainsi pour le moment tout a repris sa forme ordinaire.

Le roi de Pologne n'attendoit que l'arrivée de Madame Infante pour partir; il a coutume d'être tous les ans à la Malgrange la veille de la fête de la Nativité pour faire, le jour de cette fête, ses dévotions à la chapelle de Bon-Secours qu'il a bâtie, comme l'on sait, et où est enterrée la reine de Pologne. Il partit donc le lundi matin 5 de ce mois. Mme de Monconseil (Curzay), qui a été dame d'atours de la feue reine de Pologne, et pour qui le roi de Pologne a beaucoup de bonté et d'amitié, est dans l'usage, depuis qu'elle a une petite maison dans le bois de Boulogne, qu'on appelle Bagatelle (2), qui étoit auparavant à la maréchale d'Estrées, d'y donner à dîner au roi de Pologne le jour de son départ, et ce dîner est suivi d'une petite fête. Le roi de Pologne, qui se plaît à faire des plaisanteries à ses amis, envoya dans le moment qu'il partit un homme à cheval à Bagatelle dire à la maîtresse de la maison qu'il étoit bien fâché de ne pouvoir dîner chez elle, mais qu'il étoit venu à la Reine un courrier de

---

(1) Époque de la rentrée du Parlement et de la fin des vacances.

(2) La maison de Bagatelle est fort petite. A droite en entrant est une pièce d'assemblée assez grande, mais on y avoit mis une table de 20 couverts qui la remplissoit. A gauche en entrant est une antichambre qui sert de salle à manger, et qui peut contenir une table de 12 ou 14 couverts. Plus loin un autre cabinet d'assemblée, ensuite une chambre à coucher. En haut et dans la mansarde il y a sept ou huit logements de maîtres; la maison donne sur les murs du bois de Boulogne, et sur un chemin par delà lequel est une prairie que Mlle de Charolois, dont le mur est mitoyen avec Bagatelle, a fait planter et qui forme un coup d'œil et des promenades agréables. On arrive par une route du bois de Boulogne. La cour est pavée et peut tenir cinq ou six carrosses; à droite et à gauche sont deux parterres, sur le double desquels, du côté du bois, sont des bosquets divisés par de petites salles qui multiplient les promenades, le tout séparé du bois de Boulogne par une muraille. (*Note du duc de Luynes.*)

Choisy et qu'il ne pouvoit partir dans ce moment. On crut la nouvelle vraie, et ce fut une occasion de trouble et d'inquiétude qui furent dissipés un quart d'heure après par l'arrivée du roi de Pologne. L'usage ordinaire de Mme de Monconseil est que le roi de Pologne trouve son dîner tout prêt en arrivant, et ordinairement c'est à dix heures du matin. Il arriva à dix heures et un quart et il entra dans le cabinet où étoit la table du dîner. Quelque petit embarras n'ayant pas permis de servir sur-le-champ, deux petites filles de dix ans ou environ, fort jolies, vêtues de blanc, dont l'une est la fille de Mme de Monconseil et l'autre sa nièce, Mlle de Baye (1), s'avancèrent au roi de Pologne et lui firent chacune un compliment en vers. La petite Monconseil avoit des fleurs qu'elle lui présenta. Ensuite arriva une troupe qui paroissoit être des paysans, vêtus comme les jours de fête et accompagnés de sept ou huit instruments. Celui qui porta la parole se dit le magister du village, et fit un compliment en prose et en style de villageois. Cette harangue fut suivie par un petit carillon en musique qui dura 4 ou 5 minutes. Immédiatement après on servit le dîner qui me parut fort grand, fort recherché et de fort bonne mine. Les convives étoient, en dames : Mmes de Monconseil, de Baye, de Boufflers, de Bassompierre, de Talmond, de Blot, et les deux petites filles; en hommes : M. le maréchal de Coigny, l'abbé de Boufflers, M. de la Galaisière, son frère, son fils l'abbé, M. de Croix, M. de Curzay, M. le président Hénault, M. le chevalier de Listenois, M. de Tressan et deux autres que j'ai oubliés; ils étoient en tout 21 en comptant le roi de Pologne. Le dîner ne dura environ qu'une heure. Immédiatement

---

(1) M. de Baye, fils de feu Mme de Pleneuf et frère de feu Mme de Prie, a épousé une sœur de Mme de Monconseil et de M. de Curzay qui a commandé en Corse. Une autre sœur a épousé M. de Polignac. M. de Baye a deux filles dont l'une a épousé le fils de M. de Berchiny. (*Note du duc de Luynes.*)

après, le roi de Pologne passa dans une chambre pour écrire à la Reine ; ensuite il sortit dans le jardin, traversa le parterre qui est à gauche en entrant, et étant entré dans une allée qui forme une espèce de petite terrasse, il y trouva des marchands étalés comme dans des foires de village, avec de petites trompettes de bois et toutes les petites marchandises qu'on a coutume de voir dans ces foires. Au bout de l'allée étoit une espèce de petit cabinet, entouré de châssis de verre et couvert d'une toile sur laquelle étoit écrit : *Au Grand Café de Bagatelle* (1). Il y avoit au milieu de ce cabinet un fauteuil vis-à-vis une table sur laquelle étoit un beau cabaret de porcelaine. Les deux petites filles dont j'ai parlé s'approchèrent du roi de Pologne, et lui présentèrent l'une une tasse et l'autre un sucrier. On lui versa du café, et on en donna en même temps à toute la compagnie. Dans le fond du cabinet étoit une espèce d'enfoncement en demi-cercle fermé par une planche qui étoit censé l'endroit par où on distribuoit le café ; là étoient des gens destinés pour ce service. Entre cet enfoncement, un peu sur la droite, et en avant de la table qui étoit devant le roi de Pologne, on avoit placé une table d'hombre autour de laquelle étoient trois hommes, dont un habillé de noir avec une grande perruque comme à la comédie ; les deux autres étoient vêtus d'habits gris et paroissoient faire une conversation fort vive, mais tout bas ; c'étoient des nouvellistes qui raisonnoient sur les affaires du temps. Leur conversation étoit tout arrangée et écrite ; c'étoient des projets singuliers et insensés contre l'Angleterre, un autre projet aussi déraisonnable au moins sur Minorque. De là on apporta *la Gazette*. Grande joie pour les nouvellistes.

---

(1) Le Grand Café de Bagatelle est un des premiers exemples de ces *cafés* qui « prirent avec une vivacité prodigieuse. » Mme d'Épinay donne une description charmante d'un *café* dans le t. III, p. 356, de ses *Mémoires*. (Édit. 1818, 3 vol. in-8°.)

On lut des articles faits exprès, un de Hanovre et l'autre de Berlin. On apporta une carte de géographie. Un verre d'eau répandu sur la carte donna occasion à une querelle qui termina la scène. On passa immédiatement après dans un autre petit bosquet où il y avoit des marionnettes. Le roi de Pologne reçut tout debout, en passant, un compliment de Polichinelle. On alla de suite à un troisième bosquet où il s'assit un moment. On y avoit placé deux boutiques de libraires, l'une de brochures et l'autre de livres reliés. On lut la liste des livres; l'une étoit de ceux à l'usage du roi de Prusse ou qu'il a composés, et l'autre de ceux faits par le roi de Pologne. On peut juger de la comparaison qu'on fit des uns et des autres; l'intitulé de chaque livre étoit accompagné d'un petit compliment pour le roi de Pologne, mais extrêmement court. La fin fut de dire qu'on achetoit tout entière une des deux boutiques, et qu'il falloit renverser l'autre. De là on fit passer le roi de Pologne dans un quatrième bosquet, où l'on avoit construit et orné avec deux guirlandes de fleurs une espèce de salle de théâtre, dans le fond de laquelle étoit une boutique de maréchal. On y exécuta avec une très-bonne musique une pièce de la Comédie italienne qu'on appelle *les Ensorcelés* (1); elle est en prose et en vers; elle fut exécutée parfaitement et dura environ une bonne demi-heure. Enfin le roi de Pologne, passa sur un banc au bout d'une allée où toute la fête du village vint au devant de lui. La petite Baletti, fille de la Silvia, et la petite Favart marchoient à la tête du village, ayant chacune une guitare dont elles s'accompagnoient avec beaucoup de grâces; elles chantèrent ensemble, sur l'air de *Dame Françoise*, sept couplets de chansons faits exprès pour le roi de Pologne. Le chœur

---

(1) *Les Ensorcelés*, ou *la Nouvelle Surprise de l'amour*, parodie en un acte, mêlée d'ariettes, par Mme Favart et MM. Guérin et Harni. (*Dict. des Théâtres* de Léris.)

du village les répétoit avec la musique dont j'ai parlé. Ce fut avec ce chœur que le roi de Pologne fut conduit jusqu'à son carrosse. Le roi de Pologne partit à une heure et un quart et alla coucher à Germiny chez M. l'évêque de Meaux (1). On trouvera ci-après, dans l'extrait d'une lettre, le détail d'une aventure effrayante et heureuse qui est arrivée en chemin au roi de Pologne.

Extrait d'une lettre de Commercy, du 8 septembre.

Le roi de Pologne, après avoir couché lundi à Germiny et mardi à Châlons, continuoit hier sa route gaiement et légèrement dans sa voiture à trois roues. Vers midi, entre Saint-Dizier et Saudrup, on arrêta une des roues pour descendre une petite montagne ; le postillon ayant voulu tourner trop court, la voiture et le cheval de brancard furent renversés sur le côté gauche. M. de la Galaisière, qui suivoit immédiatement, accourut avec la suite ; mais quel fut notre effroi en apercevant S. M. Polonoise immobile et muette, présentant le dos, la tête cachée dans la voiture, et tout le corps couvert des débris des glaces de la voiture. Enfin elle nous rassura en criant : « Ce n'est rien. » Elle resta sans mouvement dans cette position gênée jusqu'à ce que les morceaux de glace aient été écartés. On put l'enlever par la portière droite. Elle nous montra un front serein, plaisanta de nos frayeurs, et pour preuve qu'elle ne ressentoit aucun mal de l'effort de la chute, S. M. descendit la montagne à pied. Elle dîna à son ordinaire à Saudrup et arriva ici le soir. Elle y a séjourné aujourd'hui et se rendra demain à la Malgrange.

Madame Infante arriva à Choisy, le samedi 3, et vint le 4 à Versailles avec le Roi ; elle vit le roi de Pologne et Mme la Dauphine et retourna le jour même coucher à Choisy. Elle avoit vu à Choisy Mesdames, qui y avoient

---

(1) *Lettre du roi de Pologne à Mme la marquise de Monconseil.*

Vous avez choisi, ma chère amie, un sujet ingrat pour composer tout ce qu'on peut entendre de plus joli dans une fête aussi galante que celle que vous m'avez donnée, mais non pas un cœur ingrat, car j'en suis pénétré de la plus vive reconnoissance. Tout ce que je pourrai jamais voir de cette espèce me paroîtra bagatelle au prix de ce que votre charmante bagatelle a produit. Recevez-en mes très-sensibles remerciments en vous assurant que je n'en perdrai jamais le doux souvenir et que je vous embrasse de tout mon cœur.

été avec le Roi. On l'a trouvée en fort bonne santé et même engraissée. Elle a amené avec elle Mme la princesse de Trivulce, qui est sa dame d'honneur ou camerera major. C'est une grande femme assez grasse; elle est grande d'Espagne et prit son tabouret en cette qualité le mardi 6. Elle n'avoit pas suivi Madame Infante dans le premier moment, étant arrivée malade. Les autres dames qui ont suivi Madame Infante sont Mme de Narbonne, qui lui est attachée depuis longtemps, et Mme de Malaspina. Celle-ci est grande et bien faite et a une figure assez agréable; elle est Malaspina en son nom; son mari est de même maison qu'elle et est son parent. Mais cette maison de Malaspina, qui est de Milan, est différente de celle de M. de Malaspina que nous avons vu ici venir de la part de Madame Infante; celui-ci est de Parme. M. de Saint-Vital a aussi accompagné Madame Infante; j'ai parlé de lui en d'autres occasions. Madame Infante revint le mardi avec le Roi, et pendant qu'il étoit allé tirer elle dîna chez Mme la Dauphine avec Mesdames et les dames de toutes ces princesses. La table étoit de 20 ou 25 couverts. M. de Rochechouart est aussi venu avec Madame Infante; et sa seconde fille, Mme de Damas, qui a été dangereusement malade, accompagne Madame Infante, Mme de Narbonne étant actuellement incommodée.

Le Roi partit le mercredi 7 de Choisy pour Fontainebleau avec Mesdames. La Reine partit le même jour de Versailles ayant dans son carrosse Mmes de Luynes, de Villars, de Bouzols et de Flavacourt.

On trouvera ci-après, dans des extraits de lettres, les changements dans les appartements de Fontainebleau et l'accident arrivé à Madame Sophie.

Extrait d'une lettre de Fontainebleau, du 8 septembre.

On a ouvert de grandes portes de 4 pieds et demi de large; l'une qui communique de l'antichambre de la Reine dans le cabinet ovale avant la chambre du Roi, l'autre qui va de ce cabinet dans la pièce dans laquelle on passe avant d'entrer dans la galerie des Réformés, que l'on prétend communément avoir été la chambre de saint Louis. Dans cette même pièce, on a ouvert une porte de même grandeur pour entrer dans la galerie des Réformés, et une grande arcade de 9 pieds de large qui communique dans la pièce qui précède la salle des gardes du Roi. Dans la chambre de saint Louis, on a démoli l'ancienne cheminée, et on en a mis une dont le chambranle est de marbre commun, et dans la décoration de laquelle on a gardé le goût antique. On a fait enlever de dessus toile les peintures que les chambranles des portes ont couvertes, et dont les toiles commençoient à se pourrir. On a enlevé aussi toutes les peintures sur plâtre qui étoient dans la chambre de saint Louis, et on a mis à la place un beau cuir doré. On a peint sur les panneaux des portes de grands pots de fleurs dans les grands panneaux, et dans les petits des paysages ; cela jure avec la décoration antique, mais cela donne beaucoup de commodités. La Reine passe à présent partout commodément dans sa chaise, ce qui fait un grand plaisir à S. M. On ouvrira des portes de même grandeur l'année prochaine dans la salle des gardes de la Reine pour que toute l'enfilade soit en symétrie. On a prétendu que c'étoit à l'occasion du malheureux accident du Roi que ces portes ont été élargies ; mais hier M. Gabriel m'assura qu'il en avoit reçu l'ordre du Roi bien auparavant, à l'occasion d'une dispute très-vive qui s'étoit élevée, en la présence du Roi, entre le major des gardes et les écuyers de main, le major défendant la cause des chefs de brigade et des exempts qui marchent devant le Roi et qui prétendoient, au passage de ces portes, devoir rester près de la personne du Roi de préférence aux écuyers. Tout peut passer ensemble à présent.

Extrait d'une lettre de Fontainebleau, du 9.

Le Roi a dit ce matin que M. de la Trémoille avoit la petite vérole à Hanovre et M. d'Henrichemont dans un autre endroit. M. de la Chétardie a une fièvre maligne dont on augure très-mal ; il est à l'armée de M. de Soubise. Le petit-fils de M. le duc d'Ayen est mort à Paris de la rougeole ; il n'avoit qu'un an. Mme de la Marche, grande mère de Mme de Paulmy, est morte d'apoplexie, dont elle avoit eu plusieurs attaques.

Extrait d'une lettre de Paris, du 7.

MM. les ducs de Brunswick et de Gotha implorent la clémence du Roi avec les plus vives instances et offrent de retirer leurs troupes. Ils voudroient bien à présent qu'on leur accordât la neutralité. Le Roi pourra bien s'y porter, mais ce ne peut plus être aux mêmes conditions, car la démarche qu'ont faite ces princes a retardé les opérations du Roi de près de deux mois et fait coûter plusieurs millions.

Extrait d'une lettre de Paris, du 9.

M. d'Aligre est mort ; il avoit environ quarante ans. Il s'est appelé M. de Boislandry. Il avoit été intendant d'Amiens, s'étoit brouillé avec M. de Chaulnes et avoit été rappelé. On lui a offert une intendance depuis. Il avait 6,000 livres de pension.

Extrait d'une lettre de Fontainebleau, du 11.

Le roi de Prusse a marché en personne avec 30,000 hommes détachés de son armée sur Dresde, où il a passé l'Elbe, le 29 août. Il a été joint en deçà par 10,000 hommes que commandoit le prince de Dessau, à Pirna, et a pris la route de Leipzick. Comme il a fait brûler le pont de Meissen, cette démarche dénote qu'il veut ôter le moyen aux Autrichiens de passer ce fleuve et qu'il veut diriger sa marche ou sur Halberstadt pour faire diversion en faveur de M. de Cumberland, ou sur Erfurt pour y attaquer M. de Soubise et ce qui y est déjà arrivé de l'armée de l'empire, et les battre avant qu'ils aient pu être rassemblés. C'est ce dernier parti qui est le plus vraisemblable. Le roi de Prusse méprise avec raison les troupes des Cercles, outre qu'il y a grand nombre de partisans.

Nous venons d'apprendre par un courrier que la flotte angloise est sortie de la rade de Spithead le 8 au soir, et qu'elle faisoit voile au sud-ouest. Nous avons des frégates et des corvettes de toutes parts pour l'observer et en donner des nouvelles.

Extrait d'une lettre de Fontainebleau, du 12.

Madame Sophie, en voulant couper un gros bâton de chocolat fort dur, avec un couteau très-affilé, s'est enfoncé la pointe dans la cuisse gauche assez avant pour faire juger qu'il n'étoit qu'à trois ou quatre lignes de la veine cave. La plaie a beaucoup saigné. On l'a pansée sur-le-champ, et La Martinière assure que ce ne sera rien, mais que cela sera long et que peut-être cela suppurera.

Extrait d'une lettre de Fontainebleau, du 13.

Il vient d'arriver un miracle aux Carmélites de la rue Saint-Jacques. Une fille, fort simple et qui étoit attaquée depuis longtemps d'une perte de sang effroyable, a entendu parler de la sœur Anne de Jésus et s'est traînée comme elle a pu à l'église des Carmélites. En passant devant la chapelle de sainte Thérèse, et adressant la parole à son tableau, elle lui a dit : « Je ne vous demande pas de me guérir, parce que vous ne faites point de miracles pour vos filles ; je m'en vais plus loin et je m'adresserai à Anne Jésus. » Arrivée à l'endroit où il y avoit un tableau de cette bonne religieuse, elle lui dit : « Je viens à vous pour que vous me guérissiez ; si vous ne le voulez pas, j'irai trouver sainte Catherine de Sienne, parce que j'ai une si vilaine maladie que je ne peux pas en parler à Dieu ; il faut que ce soit à une sainte. » De là elle a commencé une neuvaine, et on assure qu'elle a été guérie au bout de ce temps-là.

Extrait d'une lettre de Fontainebleau, du 14.

Nous avons eu un premier courrier de Cherbourg, du 10, qui nous a appris que la flotte angloise étoit partie de Portsmouth la nuit du 8 au 9 et qu'elle faisoit route à l'ouest. Il nous est venu un second courrier du même lieu, du 11 au soir, pour informer que le vent ayant changé, une partie des bâtiments de transport avoient relâché à Saint-Hélier, et que les vaisseaux de guerre qui avoient tenu la mer sembloient tenir leur route à l'est.

Il vient d'arriver dans le moment un courrier de M. de Soubise, du 10, qui confirme la marche précipitée du roi de Prusse sur Erfurt, au moyen de quoi il alloit se mettre lui-même en marche pour Eisenach.

Extrait d'une lettre de Fontainebleau, du 15.

Madame Infante reçut M. le cardinal de Luynes à son audience, lundi 12. Mme la princesse de Trivulce, sa dame d'honneur, n'étoit point ici. Mme de Malaspina, femme de très-grande condition d'Italie, une de ses dames du palais (car c'est ainsi qu'on les nomme à Parme), fit les fonctions de dame d'honneur dans cette cérémonie ; elle fut très-surprise quand M. le cardinal de Luynes se présenta pour la saluer, l'usage en Italie étant que les hommes ne saluent jamais les femmes.

De Fontainebleau, du 16.

M. le duc de Duras vient d'arriver, dépêché par M. le maréchal de Richelieu, pour apporter au Roi la capitulation qu'il a signée avec M. le duc de Cumberland sous la médiation et garantie du roi de Danemark (1). Elle porte en substance que les Hessois vont retourner dans

---

(1) *Convention entre S. A. R. M. le duc de Cumberland et S. Exc. M. le maréchal-duc de Richelieu.*

S. M. le roi de Danemark touchée des malheurs des pays de Brême et de Verden, auxquels elle a toujours accordé une protection particulière, et désirant, en empêchant ces pays d'être plus longtemps le théâtre de la guerre, d'épar-

leur pays au moyen de passe-ports et des routes que leur donne le général de l'armée du Roi pour y être dispersés suivant que S. M. l'ordonnera. Il en est de même des troupes de Brunswick et de Gotha.

---

guer aussi le sang des armées prêtes à en disputer la possession, a employé sa médiation par le ministère de S. Ex. M. le comte de Lyner.

S. A. R. M. le duc de Cumberland, général de l'armée des alliées d'une part, et S. Ex. M. le maréchal de Richelieu, général des armées du Roi en Allemagne d'autre part, en considération de l'intermission de S. M. Danoise, ont engagé respectivement leurs paroles d'honneur entre les mains de M. le comte de Lyner de tenir les conventions stipulées ci-après, et lui M. le comte de Lyner, pour répondre à la magnanimité des intentions du Roi son maître, s'est engagé d'obtenir la garantie énoncée ci-après dans la présente convention, de sorte qu'elle lui soit envoyée avec ses pleins pouvoirs dont l'expédition en forme n'a pu être aussi prompte que son départ dans les circonstances qui en ont hâté le moment.

ART. 1.

Les hostilités cesseront de part et d'autre dans vingt-quatre heures et plus tôt s'il est possible.

ART. 2.

Les troupes auxiliaires de l'armée de M. le duc de Cumberland, savoir : celles de Hesse, Brunswick, Saxe-Gotha et même celles du comté de la Lippe-Buckebourg seront renvoyées. Et comme il est nécessaire d'arranger particulièrement la marche qu'elles tiendront pour se rendre dans leurs pays respectifs, il sera envoyé de l'armée des alliés un officier général, ou un particulier de chaque nation, avec lequel on conviendra de la marche des troupes, du nombre de divisions sur lesquelles elles marcheront, de leurs subsistances et des passe-ports que S. Ex. M. le maréchal de Richelieu leur accordera pour se rendre dans leurs pays où elles seront placées ou dispersées, suivant ce qui sera convenu entre la cour de France et leurs souverains respectifs.

ART. 3.

S. A. R. M. le duc de Cumberland s'engage de passer l'Elbe avec la partie de son armée qu'il ne pourra placer dans la ville de Stade. La partie de ses troupes qui entrera en garnison dans cette ville, et qu'on estime pouvoir monter à 4 ou 6,000 hommes, y restera sous la garantie de S. M. le roi de Danemark ; elle ne pourra y faire aucun acte d'hostilité et réciproquement elle ne sera pas exposée de la part des troupes françoises. En conséquence, il sera convenu par des commissaires respectifs des limites que l'on fixera autour de cette place pour l'aisance de la garnison, lesquelles ne pourront pas être étendues au delà d'une demi-lieue ou une lieue suivant la nature du terrain ou des circonstances dont les commissaires conviendront de bonne foi.

Le reste de l'armée hanovrienne ira prendre des quartiers dans le pays au delà de l'Elbe. Et pour faciliter la marche de ces troupes, S. Ex. M. le ma-

Le Roi conservant toutes les places fortes, armes, artillerie et munitions de guerre pour en faire l'usage qu'il lui plaira. Lesdites troupes ne pourront plus servir contre le Roi et ses alliés pendant le cours de la présente guerre. Quant aux Hanovriens, il en reste 6,000 à Stade qui ne pourront outre-passer une demi-lieue ou une lieue au plus autour de la place, et il sera à cet effet planté des poteaux. Le reste des Hanovriens passera au delà de l'Elbe pour être dispersé dans le pays de Saxe, Lauenbourg appartenant au roi d'Angleterre. Il n'est rien dit dans la capitulation de plus. Ainsi nous restons maîtres de tout le pays conquis pour en exiger tout ce que nous jugerons nécessaire pour le bien-être des troupes du Roi qui y prendront leurs quartiers d'hiver. Cette

---

réchal de Richelieu concertera avec un officier général envoyé de même de l'armée hanovrienne les routes qu'elles tiendront, s'engageant de donner tous les passe-ports et sûretés nécessaires pour que lesdites troupes et leurs équipages puissent se rendre librement aux lieux de leur destination ; S. A. R. M. le duc de Cumberland se réservant de négocier entre les cours pour l'extension de ces quartiers.

A l'égard des troupes françoises elles demeureront dans les restes des duchés de Brême et de Verden jusqu'à une conciliation définitive des deux souverains.

Art. 4.

Les articles ci-dessus devant s'exécuter dans le plus court délai, l'armée hanovrienne et les corps qui en sont détachés, particulièrement celui qui se trouve dans Buxtehude et ses environs, se retireront sous Stade dans l'espace de deux fois vingt-quatre heures. L'armée françoise ne passera pas la rivière de Oste dans le duché de Brême jusqu'à ce que les limites aient été réglées. Elle conservera d'ailleurs tous les postes et pays dont elle est en possession. Et pour ne pas retarder le règlement des limites qui seront établies entre les deux armées, il sera nommé et envoyé, après demain 10 du présent, à Bremervœrde, par S. A. R. M. le duc de Cumberland et par S. Ex. M. le maréchal de Richelieu, des commissaires en parité de grades pour régler tant les limites de l'armée françoise que celles qui devront être observées à Stade pour la garnison suivant l'article troisième.

Tous les articles ci-dessus seront exécutés fidèlement dans leur forme et teneur et sous la foi de la garantie de S. M. le roi de Danemark, que M. le comte de Lyner, son ministre soussigné, s'est engagé d'obtenir. Fait au camp de Closter, le 8 septembre 1757.

Le soussigné, chargé de la part de S. M. le roi de Danemark, son maître, d'interposer sa médiation entre les deux armées de S. M. Très-Chrétienne et de S. M. Britannique, ayant négocié entre les généraux desdites armées, et les ayant amenés à l'heureuse fin contenue dans les articles ci-dessus, comme il les trouve conformes à l'objet de sa mission, promet d'y remplir tout ce qui les concerne et de faire l'échange desdites conventions dans les vingt-quatre heures.

capitulation met M. le maréchal de Richelieu en état de se porter en force dans le pays d'Halberstadt et jusque sur l'Elbe, et de faire passer à M. de Soubise une augmentation de troupes considérable (1).

M. de Richelieu a envoyé M. de Fronsac à l'Empereur et l'Impératrice ; c'est une agréable nouvelle à leur porter.

Du 19, *à Fontainebleau.* — Il vient d'arriver un courrier qui nous confirme que la flotte angloise a continué sa route à l'ouest. Rien de nouveau du roi de Prusse qui s'étoit arrêté à Naumbourg le 10. M. de Soubise est à Gotha. Le prince Maurice d'Anhalt-Dessau est à Halle. M. de Richelieu doit arriver à Halberstadt le 20 de ce mois.

Du 20, *à Fontainebleau.* — Les nouvelles de Londres nous apprennent que depuis que la flotte est partie de Portsmouth et a été perdue de vue, les ministres ne cachent plus que c'est Brest qu'elle a pour objet. M. le duc d'Aiguillon paroît préparé à les bien recevoir et c'est de toutes les entreprises que les Anglois peuvent faire celle que l'on aime le mieux ; on ne peut tarder à en être éclairci.

M. Ménager, capitaine de cavalerie qui servoit volontaire à l'armée des Russiens, est arrivé ici ce matin apportant la nouvelle de la bataille qu'ils ont gagnée le 30 août contre les Prussiens (2). Ces derniers y ont perdu 10,000 hommes tués ou blessés. Le maréchal de Lehwald y a été blessé dangereusement, et le comte de Dona, premier lieutenant général, tué. Les Prussiens se sont retirés avec assez de désordre et ont laissé 30 pièces de canon sur le champ de bataille dont les Russiens sont demeurés maîtres; ils ont perdu environ 2,000 hommes tués et 4,500 blessés.

---

(1) « On a beaucoup blâmé cette capitulation, dit le général Jomini, et ce n'est pas sans fondement, comme la suite le démontrera. Au moyen de sa grande supériorité, le duc de Richelieu pouvait faire mettre bas les armes à l'armée hanovrienne, ou tout au moins détruire et disperser le plus grand nombre, si une partie parvenait à s'échapper. On eut bientôt lieu de se repentir de la légèreté avec laquelle il traita cette affaire. La destruction ou la prise de l'armée combinée aurait porté à Georges II un coup mortel, et au lieu d'essuyer les désastres qui suivirent, la France eût été arbitre de la paix. Jamais général n'eut une plus belle occasion de s'immortaliser, en profitant des victoires qu'il n'avait pas remportées; jamais on ne put mieux apprécier les dangers de confier la conduite d'une guerre à des généraux courtisans. La rumeur publique accusa Richelieu d'avoir reçu de l'or pour prix de son extravagance, et le pavillon de Hanovre, qui existe encore sur les boulevards de Paris, fut, dit-on, un des fruits de ce honteux marché. Un autre général favori (Soubise) fournissait au même instant un pendant à cette étrange affaire.»
(*Traité des Grandes opérations militaires*, t. 1, p. 318, 4e édition.)

(2) Il s'agit de la bataille de Jægendorf, village situé dans la Prusse, à la gauche du Pregel, à l'est de Kœnigsberg.

Par les lettres de M. de Soubise du 13 l'avant-garde du roi de Prusse étoit arrivée à Erfurt, et M. de Soubise étoit à Eisenach.

Le prince Charles a attaqué, le 7, les Prussiens près Gœrlitz. M. de Nadasty, qui commandoit la droite, a détruit 10 bataillons et a mis la cavalerie en déroute, dont un général pris et 80 officiers avec 10 pièces de canon, 16 étendards ou drapeaux. Toute l'armée est aussi en déroute. Gœrlitz et Bautzen ont été emportés d'emblée l'épée à la main, leur garnison à discrétion. Le général prussien Winterfeld est du nombre des morts. Le nombre des morts du côté des Prussiens se monte à 3,000 ; il n'y a point d'officiers généraux de tués de la part des Autrichiens.

On trouvera ci-après la copie d'une lettre du roi de Prusse à mylord Maréchal, gouverneur de Neufchâtel ; cette lettre est à l'occasion de la bataille du 18 juin entre les Autrichiens et les Prussiens.

Les grenadiers impériaux sont une troupe admirable. Cent compagnies défendoient une hauteur que ma meilleure infanterie ne put emporter. Ferdinand qui la commandoit l'attaqua sept fois, mais inutilement. A la première, il s'empara d'une batterie qu'il ne put pas garder. Les ennemis avoient l'avantage d'une artillerie nombreuse et bien servie; elle fait honneur à Lichtenstein qui en est le directeur. Le Russe (1) peut seul lui disputer. J'avois trop peu d'infanterie. Toute ma cavalerie fut présente et oisive, à un coup de collier près que je donnai avec ma gendarmerie et quelques dragons. Ferdinand attaqua sans poudre, mais en échange les ennemis n'épargnèrent pas la leur. Ils avoient pour eux des hauteurs, des retranchements et une prodigieuse artillerie. Plusieurs de mes régiments furent fusillés. Henri fit des merveilles. Je tremble désormais pour mes dignes frères ; ils sont trop braves. Ma fortune m'a tourné le dos ce jour-là ; je devois m'y attendre, elle est femme, et je ne suis pas galant ; elle prend parti pour les dames qui me font la guerre. Dans le vrai je devois prendre plus d'infanterie. Le succès, mon cher Lord, donne souvent une confiance nuisible; 23 bataillons ne suffiroient pas pour déloger 60,000 hommes d'un poste avantageux ; nous ferons mieux une autre fois. Que dites-vous de cette ligue qui n'a pour objet que le marquis de Brandebourg ? Le grand-électeur seroit bien étonné de voir son petit-fils

---

(1) Le général Keith, frère de mylord Maréchal, est général de l'artillerie du roi de Prusse, qui l'appelle *le Russe* par sobriquet, parce qu'il a été attaché au service de la Russie. (*Note du manuscrit.*)

aux prises avec les Russes, les Autrichiens, presque toute l'Allemagne et 100,000 auxiliaires françois. Je ne sais s'il y aura de la honte à moi de succomber, mais je sais bien qu'il y aura peu de gloire à me vaincre.

Du jeudi 22, Dampierre. — J'ai toujours oublié de parler de la succession de Mme de Montesson. Elle mourut il y a environ dix-huit mois, et je dois avoir marqué dans le temps qu'elle avoit épousé en premières noces M. de Bienassis; elle en avoit eu deux filles, dont l'une étoit la première femme de M. le comte Louis de la Marck. L'autre fille de Mme de Bienassis est Mme de Péré, dont le mari est conseiller au parlement de Bretagne. Il fut exilé dans le temps que M. de Chaulnes étoit lieutenant général et commandant de la province, et rappelé lorsque M. d'Aiguillon y alla commander. Les héritiers de Mme de Montesson n'avoient point encore partagé l'argent comptant, et ce partage se fit il y a environ trois semaines. On trouva chez elle 78,000 livres en or, et une somme de 30,000 livres déposée chez un notaire. Ces 108,000 livres ont été partagées, savoir : moitié à M. de Montesson et l'autre moitié entre Mme de Péré et la succession de Mme de la Marck. Il ne paroit pas douteux que M. de Montesson veut se remarier et que tout est déjà arrangé pour qu'il épouse Mlle de la Haye, fille de feu M. de la Haye qui avoit été écuyer cavalcadour de Mme la duchesse de Berry. M. de la Haye avoit épousé la sœur de M. Helvétius, premier médecin de la Reine; elle étoit veuve alors d'un M. Martinet; elle avoit eu une très-agréable figure. Il passe pour constant que M. le comte de Toulouse en avoit été amoureux, et que c'est de cet amour qu'est venu un jeune homme d'une figure fort agréable qu'on a appelé le chevalier d'Arcq. Mme Martinet, depuis Mme de la Haye, mourut par accident étant grosse. M. Martinet épousa en secondes noces une Mme de Mézières, veuve d'un praticien de Bourgogne; il en a eu deux enfants : un garçon qui est actuellement aide de camp de M. le duc de Brissac, et Mlle de la Haye dont c'est ici l'article, à qui l'on donne actuellement 200,000 livres et qui auroit 30,000 livres de rente si son frère venoit à mourir. M. de la Haye avoit une figure très-agréable, et on a fort parlé de lui du temps de Mme la duchesse de Berry.

Les relations qui me sont venues assez régulièrement de notre armée, qui est dans la Westphalie et le pays de Hanovre, m'ont mis à portée de faire une relation assez suivie des différentes opérations de cette armée. On trouvera même quelques détails et observations qui peuvent être dignes d'attention.

Extrait d'une lettre de Minden, du 14 août.

Au milieu de la forêt de Lintzbourg, qui a cinq lieues de long sur deux de large, est situé le château fort de Lintzbourg, occupé actuellement par 350 chasseurs et 25 invalides. M. le comte de la Lippe-Buckebourg s'y est retiré. Cette forêt est fort épaisse et commence à une lieue et demie de Nienbourg et va au delà de Rheden. Entre Nienbourg et Kinsbourg l'on trouve un petit village qui se nomme Andern où se sont jetés 40 chasseurs, 30 déserteurs de Royal-Bavière ou de Royal-Suédois, et 5 hussards de Turpin. Ce village est situé proche d'un étang et on ne peut y aborder que par un chemin creux. On prétend qu'ils ont semé des chausse-trapes pour empêcher les hommes et les chevaux d'y entrer.

De Nienbourg, les ennemis sont venus camper à Rethem; le 8, à Walsrhoden où ils ont séjourné; le 10, à Verden où ils sont actuellement. Ils ne comptent pas occuper le poste de Verden. Ils balancent entre deux projets, de s'établir à Bremervœrde ou à Stade. En attendant, ils ont transporté dans ce premier endroit leurs blessés et leurs malades et une partie de leurs munitions.

Il est nécessaire de savoir que ce pays est presque tout marais; que les chemins y sont fort mauvais et ne peuvent pas supporter de grosses charges. Malgré cela, le territoire est excellent et porte beaucoup de grains et de fruits. Le pays de Lunebourg paroît de peu de ressources.

M. le duc de Cumberland fait lever actuellement une compagnie de chasseurs dans le pays de Buckebourg.

Le 13, à neuf heures du matin, 100 hussards du régiment de Berchiny sont entrés dans Nienbourg et y ont pris poste, soutenus par les Volontaires-Royaux, et depuis l'on a envoyé des détachements à 3 lieues qui n'y ont trouvé personne. La réserve de M. d'Armentières part le 16, et se rendra à Nienbourg en trois jours.

Extrait d'une lettre de Hanovre, du 16 août.

Nous n'avons ici guère plus de nouvelles des ennemis que s'il n'y en avoit point du tout. On est fort tranquille dans la ville. On va à la comédie, jouée par une troupe d'acteurs françois établis ici, et qui sont aux appointements du roi d'Angleterre; ils ne représentent que des pièces françoises.

On a fait partir ce matin un détachement de 200 dragons pour aller s'emparer d'un magasin que les Hanovriens ont laissé dans une petite ville nommée Zell, à 7 ou 8 lieues d'ici. M. le duc d'Ayen est aussi parti ce matin avec quelques brigades d'infanterie et de cavalerie et 150 dragons pour aller à Brunswick faire la capitulation de la ville et en prendre possession. Cette capitulation est toute prête, et il ne reste plus qu'à la signer comme on a fait à Hanovre.

M. le duc d'Orléans part demain matin pour aller prendre les eaux à Spa ou Aix-la-Chapelle; peut-être les prendra-t-il toutes les deux.

La ville de Hanovre est médiocrement grande pour une capitale; je ne la crois pas plus étendue que Saint-Germain en Laye, mais elle est extrêmement peuplée y ayant aux maisons fort peu de cours, encore moins de jardins et presque point d'écuries. Les maisons des bourgeois sont toutes bâties à l'allemande, c'est-à-dire ayant le pignon sur la rue, et toute la façade du pignon en fenêtres; mais il ne laisse pas d'y avoir un grand nombre de maisons de la noblesse qui sont bien bâties et la face sur la rue, même avec des toits en mansarde. En tout, on peut dire que la ville est belle, les rues belles et larges, mais point alignées et un peu tournantes. Il n'y a pas une belle place; ce ne sont que comme de grands carrefours auxquels aboutissent plusieurs rues. L'hôtel de ville est peu de chose. Les églises sont luthériennes; les vaisseaux en sont assez grands, mais point ou peu décorés. Il y a une seule église catholique qui n'est pas belle et qui est même peu fréquentée, le nombre des catholiques étant ici fort petit. La ville est partagée en deux par un bras de la Leine, le corps de cette rivière passant hors de la ville dont elle baigne les remparts. La partie de la ville qui est entre le principal lit et le bras de la rivière, formant une île, se nomme la ville neuve. Il y a une très-belle rue bordée de très-belles maisons, et une place carrée assez belle, dans laquelle il y a une fontaine.

Le roi d'Angleterre a dans la vieille ville une fort belle maison qu'il habite quand il est ici, et qu'on nomme le palais; elle est fort belle à l'extérieur. On dit que les dedans sont bien distribués et passablement bien meublés; il y a dedans de fort belles choses.

Il y a encore deux petits châteaux ou maisons de plaisance, dont l'un se nomme Montbrillant et l'autre Herenhausen, tous deux à environ une demi-lieue de la ville. Ils ne sont recommandables ni l'un ni l'autre, ni par la grandeur et la beauté des bâtiments, ni par les décorations extérieures, ni par les tableaux et meubles, ni par la beauté des jardins. Les premiers jours que nous sommes entrés à Hanovre, on laissoit voir le palais de la ville et ces deux châteaux à tous ceux qui se présentoient des officiers des troupes du Roi ; mais dès le second jour il s'y est commis de si grandes indécences qu'on en a fermé les portes et qu'on n'y entre plus que sur des billets de M. le duc de Chevreuse, qui en refuse peu. Les billets sont pour quatre personnes, et celui qui est nommé dans le billet répond des trois autres.

Les fortifications de la ville sont peu considérables, toutes en terre et entourées d'un beau et large fossé rempli d'eau que fournit la Leine. Les habitants de la ville paroissent vivre fort retirés chez eux. Je crois qu'ils y sont retenus par la crainte qu'ils ont des gens de guerre qu'ils ne connoissent point, n'y ayant presque jamais eu ici d'autres troupes qu'une mauvaise garnison d'invalides et quelques miliciens. Il y a beaucoup de marchands et d'artisans dans la ville, qui ne sont guère que pour la consommation de la ville et des environs, cette ville étant d'ailleurs peu commerçante. Je sais qu'il y a deux juridictions. La ville en a une et le Roi une autre, indépendante l'une de l'autre. C'est ici que s'assemblent les états de la province ou de l'électorat, et ils y ont une maison ou hôtel magnifique qui ne sert que pour les états et qui demeure presque vide dès qu'ils sont séparés (1).

---

(1) Cette ville est mal fortifiée et sans aucun revêtement. Ce qui pourroit la rendre passable est un avant-fossé dans lequel passe la Leine. Cet avant-fossé est fort profond et tourbeux, et j'en crois le passage fort difficile, demandant deux fois autant qu'un autre des fascines, des saucissons, des claies et tous les autres ustensiles nécessaires au passage du fossé. Le rempart de la place est garni de 22 pièces de canon de fonte fort belles, parmi lesquelles il y en a cinq ou six de 33, environ le double en pièces de 24 et le reste, en pièces de 8 et au-dessous. Il y a encore en magasin quelques pièces de canons de régiments. Il y a treize bastions à la place, tous d'une bonne grandeur et capables de contenir deux bataillons. Le plus foible est celui de Prusse. Il y a dans la ville quelques belles maisons et dix ou douze personnes d'un commerce très-agréable dans la société, mais le peuple est mal aisé et les maisons vilaines. Les rues sont grandes et propres. Il y a quatre portes à la ville, dont une conduit à Herrenhausen et Montbrilland qui est assez belle. Ces deux maisons appartiennent à l'électeur, mais il n'y a d'autre beauté qu'un jet d'eau qui le dispute à celui de Saint-Cloud. Les maisons sont mal distribuées et les jardins tristes et mal accommodés. Voilà tout ce qu'il y a de plus curieux dans ces cantons-ci. (*Extrait d'une lettre écrite de Hanovre, le 19 août 1757.*)

Extrait d'une lettre de Hameln, du 16 *août.*

L'endroit où nous avons remporté l'avantage est précisément le même où Germanicus battit Arminius, dont Tacite donne la description (*Annal.*, liv. II, ch. 16) et qu'il appelle *Idistavisus*. La montagne couverte de bois où nous avons vaincu s'appelle (avec deux ou trois montagnes qui lui sont contiguës) la montagne d'Ihdt. *Ische* est une terminaison ordinaire dans l'allemand ; ainsi *Campus Idistavisus* est la campagne du pays d'Ihdt. Sa situation à la droite du Weser qu'on peut passer à gué vis-à-vis ; la pente douce des montagnes du côté de la rivière, leurs précipices du côté opposé, des vestiges de bois sacrés dans les noms des lieux voisins ; la description des bois et de la plaine, tout s'accorde parfaitement. J'ai appris ceci de M. Fein, ministre luthérien, chez qui j'ai l'avantage de loger ici, qui a remporté le prix des belles-lettres à l'académie de Berlin en 1748. A la fin de l'ouvrage allemand, qui a obtenu ce prix et que M. Formey a traduit, il a fait imprimer un appendice (non traduit) où, sur la carte des lieux qu'il avoit dressée, il fixoit la place de la victoire de Germanicus dans l'endroit où nous avons battu les Hanovriens dix-huit cents ans après. Sa pièce devoit être accompagnée d'une carte nouvelle de l'ancienne Germanie, qu'un certain M. Julien qui demeure à Paris, chez M. le prince de Soubise, a entre les mains, et qu'il lui promet vainement depuis deux ans de faire graver.

Extrait d'une lettre de Minden, du 18 *août.*

Ce pays-ci est ruiné ; les Hanovriens l'ont consommé ; il n'y reste ni légumes, ni beurre, ni œufs, ni volaille. Nous avons la ressource de Brême, lorsque la rivière sera absolument débarrassée d'ennemis. Jusque-là tout est fort cher, et l'on ne trouve rien. M. le marquis de Berville est nommé commandant de la ville et principauté de Minden. Le roi de Prusse a tiré les revenus de trois ans, par conséquent le pays est épuisé de toute façon.

La ville de Minden est la capitale d'une principauté. Sa position est près du Weser, sur lequel est un pont de pierre bâti depuis plusieurs siècles. Cette ville est entourée d'un rempart et de fossés très-profonds ; elle peut avoir environ une lieue de circonférence.

Extrait d'une lettre du camp de Bohme (1), *du* 26 *août.*

Nous sommes ici depuis hier deux heures après-midi. Nous y avons

---

(1) La Bohme est un ruisseau qui se jette sur la rive droite de l'Aller près de Rethem, après avoir arrosé le village de Bohme.

trouvé les ponts qui sont sur la petite rivière de Bohme rompus par les ennemis, avant-hier qu'ils en sont sortis. On en a fait réparer un pour passer l'infanterie. Les dragons ont passé à un gué qu'on a indiqué. Cette rivière, quoique n'ayant pas plus de 10 toises de largeur dans cette partie-ci, n'étant point guéable, la cavalerie n'a point passé la rivière.

On a fait hier au soir replier le pont sur l'Aller qui avoit été jeté à Botmer, et on a refait ce même pont aussi sur l'Aller entre Rethem et Verden.

Les ennemis ont abandonné hier, à deux heures du matin, leur camp de Verden, et se sont retirés à Rottenbourg ; M. de Cumberland n'en est parti qu'à trois heures. M. le duc de Broglio avec son détachement a dû y arriver une heure après leur départ, et on dit que s'il avoit eu du gros canon, il auroit pu canonner leur arrière-garde. On n'a nulle connoissance qu'il leur reste aucuns partis dans tous les environs d'ici.

M. le Maréchal a depuis hier son quartier général à Rethem. L'armée marche demain sur Verden et passera vraisemblablement au pont qu'on a fait jeter sur l'Aller pour aller du côté de Rottenbourg. Ce pays, que M. le duc de Chevreuse a envoyé reconnoître par des détachements, est un pays de landes et de marais impraticables.

Les ennemis font quelques foibles réparations aux fortifications de Rottenbourg ; on ne croit pas qu'ils y tiennent, mais ils font travailler 2,000 invalides et au moins autant de paysans à celles de la ville de Stade sur l'Elbe, ce qui fait croire que c'est là qu'ils ont envie de se retirer et de tenir. Ils ont dans cette ville, outre ce qui est sur les remparts, 40 pièces de canon de 12 et de 16, et ils ont fait abattre tous les arbres et ruiner les maisons et jardins qui sont en avant de cette place. On sait ce détail par un soldat danois qui a été arrêté passant ici avec un bon congé et passe-port de ses officiers pour aller chez ses parents près de Hanovre ; il a ajouté que la ville de Stade est commandée par une montagne d'où on plonge dans la ville, ce qui la rend toujours un mauvais poste.

Extrait d'une lettre de Minden, du 28 août.

L'armée arrive aujourd'hui à Verden sur l'Aller (les ennemis sont au delà de Rottenbourg, sur la rivière de Wumme). L'on dit qu'ils marchent tous les jours. Comme il n'y a que 20 lieues de Verden à Stade, ils y seront bientôt. Stade n'est pas mieux fortifié que Minden.

De Minden, du 29 août. — Les fortifications de la ville de Nienbourg ne sont point revêtues ; elle est entourée d'un fossé plein d'eau commandé au-dessous et à la rive droite du Weser, et dans cette partie environnée de jardins jusqu'aux glacis. Quoique les ennemis aient employé beaucoup de travail au corps de la place, il y a bien des choses à redire. Les dehors sont absolument négligés, les chemins couverts point palissadés. Le pont du Weser est de pierre solidement construit; une demi-lune le couvre; elle est revêtue; le chemin couvert en est bien palissadé.

Il y a un ouvrage où ils ont abandonné onze fours en bon état, 22 pièces de canon montées sur leurs affûts. Il s'est trouvé à l'arsenal de vieux fusils, de vieilles armures, une très-grande quantité de mèches, des bois d'artillerie prêts à mettre en œuvre, des barils de pierres à fusil, 1,200 livres de poudre, des bombes, des grenades et très-peu de boulets.

Extrait d'une lettre du camp sur la Bohme, le 30 août.

Ce village est très-mauvais et très-mal bâti. M. le duc de Chevreuse est logé dans un très-joli château qui appartient à la dame de ce lieu qui en étoit partie la veille de notre arrivée, et qui l'a laissé tout meublé, avec ordre à son concierge de donner aux François tout ce qu'ils demanderoient. Cette dame, qui est une jeune veuve de grande condition de ce pays-ci, s'est retirée chez Mme sa mère à Brême.

M. le Maréchal a fait marcher l'armée, et elle est campée sous Verden, où est le quartier général. On apprend, par les détachements que M. le duc de Chevreuse envoie à la guerre, que les ennemis sont encore à Rottenbourg, qui n'est éloigné d'ici que de 6 lieues; mais l'impossibilité où ils seront de pouvoir y subsister les mettra bientôt dans la nécessité de se retirer à Stade, sur le bord de l'Elbe. Ils sont actuellement dans un camp où il seroit extrêmement difficile de les forcer; ils ont devant eux une rivière appelée la Wumme (1), dont les bords sont marécageux, leur droite à Ostenberg et leur gauche à Rottenbourg, et autour de ces deux villes beaucoup de marais qui sont traversés par des ruisseaux; de sorte que les approches de ce camp sont fort difficiles; mais il n'est pas impossible de les tourner par le côté de Rottenbourg en faisant un fort grand détour. Cette partie-ci du pays de Hanovre est très-mauvaise; la terre n'y produit que peu d'avoine et de sarrazin; ce n'est que par hasard quand on y rencontre une pièce de seigle, et on n'y connoît point le froment. Tout ce pays-ci est plaine, dont la plus grande partie en landes et bruyères et en marais, la plupart impraticables. On nous dit ici que presque tout le pays d'ici à Stade et le long de l'Elbe est pareil. Cela n'est cependant pas universel dans ce pays, et on m'a dit que le côté de Zell, qui n'est qu'à 6 ou 7 lieues d'ici, et celui de Brunswick étoient fort abondants et même en blé-froment, mais nous en manquons totalement ici; et depuis trois

---

(1) Affluent de droite du Weser qui se jette au-dessous de Brême.

jours nous sommes au pain de seigle pur qui est au moins aussi noir que le pain de munition. M. le duc de Chevreuse n'en a pas encore mangé à sa table, mais tout le reste de la maison, et même quelques officiers généraux, n'en ont pas d'autre.

Extrait d'une lettre du camp de Soltau (1), *du 1er septembre.*

Nous avons quitté le camp de la Bohme hier au matin, sur l'ordre de M. le Maréchal d'avant-hier au soir. Le même ordre étoit de se porter en deux marches à Soltau. Nous avons couché hier au soir à Fallenpostel et nous sommes venus ici ce matin.

M. le Maréchal, qui est d'hier au soir dans Rottenbourg même, avoit eu avis que les ennemis se retiroient; mais il ignoroit s'ils marchoient sur Stade, sur Harbourg ou sur Lunebourg. Dans cette incertitude, il a voulu faire garnir de troupes le poste de Soltau qui est le seul débouché par où on puisse aller à eux s'ils prennent la route de Harbourg ou de Luneboug. S'ils prenoient ce parti, nous pourrions les incommoder beaucoup par leur flanc droit dans leur marche, et attaquer leur arrière-garde. Soltau n'est point un poste, mais un mauvais petit bourg qui ne contient que des masures habitées par de pauvres gens. Il se trouve au débouché d'un intervalle fort étroit, entre deux très-grands marais de droite et de gauche, à peu près à la hauteur de Harbourg. Depuis Bohme jusqu'ici, le pays est fort couvert dans l'espace d'une lieue ; tout le reste n'est que landes, bruyères et marais.

Extrait d'une lettre de Verden, du 30 août.

Les ennemis sont à Rottenbourg. M. de Monteynard marche demain avec un gros détachement pour aller reconnoître leur position et couvrir en même temps le travail pour préparer la marche de l'armée. M. d'Armentières s'est porté aujourd'hui sur Brême et a dû s'en emparer. M. le duc de Broglio avec 2 brigades a marché à Achum sur le Weser entre Verden et Brême. M. de Guerchy est venu avec 2 brigades d'infanterie et 1 régiment de dragons à Rethem à la rive gauche de l'Aller. M. le duc de Chevreuse est à Bohme avec tous les dragons et 1 brigade d'infanterie. Les ennemis voient des troupes de tous côtés. L'on n'est pas sans espérance d'être à même de les attaquer. De Verden à Stade il n'y a que 20 lieues, mais des chemins horribles.

Avant que l'armée marchât, les ennemis étoient en trois corps, l'un.

---

(1) Soltau, près de la source de la Bohme, à neuf lieues et demie à l'est de Verden et à douze lieues au sud de Hambourg. Il n'y a que sept lieues du camp de la Bohme à Soltau.

a Verden, le second à Rottenbourg, le troisième à Bremervorde ; sûrement ces corps sont réunis à Bremervorde. Cette ville, située sur la rivière d'Oste, étoit autrefois fortifiée ; il y avoit un château où les archevêques de Brême faisoient leur séjour. En 1689, les fortifications furent rasées. Je ne crois pas que l'armée marche jusque-là. Les ennemis se porteront à Stade pour l'établissement de leur quartier d'hiver. Cette ville située sur la rivière de Schwinge, entre deux marais nommés Werd-Moer au-dessus, et Kaidinger-Moer au-dessous, est, dit-on, bien fortifiée ; les Suédois ont commencé, et l'on assure que les Hanovriens y ont beaucoup travaillé depuis. Elle est à 14 lieues de Hambourg. Le duché de Brême est fort abondant. Pour voyager dans ce pays si marécageux, l'on a élevé des chaussées avec des barrières de 500 pas à 500 pas où l'on vous fait payer. L'été, les chemins sont praticables ; mais l'hiver, il est presque impossible de s'en servir. Les ennemis ont été obligés d'embarquer leur canon.

Extrait d'une lettre du camp de Soltau, le 2 septembre.

Il n'est plus incertain que les ennemis dans leur retraite dirigent leur marche sur Stade. M. le Maréchal l'a mandé, et qu'il avoit envoyé après eux des compagnies de grenadiers, les carabiniers et les volontaires royaux. On continue cependant d'observer la partie de Harbourg pour les empêcher d'y faire couler quelques corps de troupes.

Du camp sous Brême, le 30 août.

Le 24, nous avons trouvé un corps de 3,500 grenadiers et 1,500 chevaux derrière Rethem. A notre approche, ils se sont retirés et ont été rejoindre M. le duc de Cumberland qui a quitté Verden le même jour, et est allé à Rottenbourg, Ottersberg et Burch. Le 25, la grande armée est venue camper à Rethem et notre réserve à Hassel. On a formé le même jour la réserve de M. le duc de Broglio des deux brigades de la marine et Dauphin, des volontaires royaux et des hussards de Berchiny. Le soir, il y eut un ouragan comme je n'en ai jamais vu ; il nous a fait beaucoup de mal et a renversé la moitié des tentes ; c'étoit une désolation que de voir le camp. Cela ne nous a pas empêchés d'aller le 26 camper à Verden, grande et vilaine ville, point fortifiée. A la tête du pont, sur la rive gauche de l'Aller, les ennemis ont fait un grand retranchement et remué beaucoup de terre. Le mauvais temps a encore été cause que l'armée a séjourné le 27 à Rethem et nous à Verden, dont nous sommes partis le 28 pour Achum, ayant laissé les deux régiments de la Reine et de Lameth au duc de Broglio. Notre position à Achum étoit ce que nous appelons gaillarde, n'étant qu'à 2 petites lieues d'Ottersberg, mais en revanche à 7 de la grande armée, et à 4 de celle du duc de Broglio. Heureusement qu'il y avoit des marais qui rendoient la marche fort difficile ; cependant si nous avions eu affaire à un ennemi entreprenant, il seroit venu nous donner une petite aubade. Hier matin, le général ayant sous lui M. de la Chaise, premier maréchal de camp de son armée, avec 9 compagnies de grenadiers, 9 piquets et 4 pièces de canon de régiment, soutenus par les 10 escadrons de cavalerie restant de notre réserve aux ordres de M. le baron de Montmorency, de M. de la Guiche et de M. de Baye, a marché devant la ville de Brême, y a envoyé un trompette du régiment d'Orléans porter à la régence une lettre de M. de Richelieu. Elle a représenté ses droits, sa liberté, ses priviléges et la protection de la cour de Vienne. On n'y a eu aucun égard ; la peur les a pris, et sur la menace fulminante de dire que l'on alloit tirer le canon et la peur qu'a inspirée le chevalier de la Touche en disant aux femmes de se retirer et que l'on alloit les tuer, la Ville Libre Impériale et Anséatique de Brême a pris le prudent parti de livrer à nos grenadiers une de ses portes, et de trouver bon qu'une compagnie de nos grenadiers aille occuper le palais du roi d'Angleterre dans ladite ville où nous sommes entrés dès hier. Elle est très-grande, très-riche, très-commerçante et très-bien bâtie. Le Weser y est presque aussi large que l'Escaut à Anvers ; il ne ressemble en rien au petit ruisseau qui passe à Minden. Notre quartier général est à Hosterte, village fort mauvais. Nous ne sommes nullement tranquilles ; il y a un corps de 8 à 10,000 hommes sur notre flanc gauche à Burch. Le gros de leur armée est la droite à Ottersberg et la gauche à Rottenbourg. Il n'y a nul moyen humain pour aller à Burch, ce sont des marais impraticables ; en outre, la Wumme qui n'est pas guéable nulle part les couvre. Il ne paroît pas raisonnable de songer d'aller à eux. Cela n'empêche pas que la grande armée ne passe demain l'Aller. Elle porte du fourrage pour quatre jours et laisse ses gros bagages à Verden. Tout le monde en général n'approuve pas ce mouvement ; il y en a qui pensent que cela ne changera rien à la position de M. de Cumberland, qu'on ne pourra l'obliger de quitter, et que faute de subsistances on repassera l'Aller. Il y a même des gens qui vont jusqu'à fronder la possession de la ville de Brême.

Extrait d'une lettre sans date (vraisemblablement de Soltau, du 4 septembre).

Les dragons se sont distingués. Quarante d'entre eux de bonne volonté qu'on avoit choisis entre mille se sont rendus maîtres de la ville de Harbourg. Ils avoient été pour la sommer, croyant qu'elle ne feroit qu'une foible résistance ; mais mille hommes de milice déterminés, au lieu de répondre à ce qu'on leur proposoit, se sentant en force dans la place, leur ont fermé la porte au nez, ont baissé la barrière, présenté les baïonnettes et tiré de grands coups de fusils. Les quarante dragons et M. de Grandmaison qui les commandoit ont tenu un petit instant conseil, et le résultat a été d'emporter la place de vive force. En conséquence ils ont sauté la barrière, enfoncé la porte et sont entrés dans la place où ils ont désarmé la garnison. Quelques miliciens se sont retirés dans le château où ils font une foible résistance. Il y a eu à cette expédition un dragon et un cheval tués. Il y a quelques dragons blessés des baïonnettes.

Du camp de Soltau, le 6 septembre. — Hier à huit heures du matin, la garnison du château de Harbourg, composée de 900 hommes, mit les armes bas et se rendit prisonnière de guerre avec le commandant et tous les officiers. M. de Grandmaison, par ordre de M. le duc de Chevreuse, envoya tout de suite à M. le Maréchal la capitulation et les drapeaux qu'il a pris. Il se trouve dans la ville des magasins de farine et de fourrages.

M. de Baudouin, aide maréchal des logis de l'armée, qui étoit allé reconnoître les ennemis près de Stade avec un fort petit détachement, s'est aussi emparé hier d'une petite ville à une lieue de Harbourg nommée Buxtehude, dans laquelle il y avoit encore quelques restes de magasins des ennemis ; il y a trouvé 1,275 quintaux de foin, 6,000 bottes de paille et 1,000 tonneaux de farine. Les ennemis en avoient tiré la veille un convoi très-considérable. On n'a point mandé s'il s'y étoit trouvé quelques troupes pour garder cette ville, ce qui fait croire qu'il n'y en avoit point.

Par les nouvelles que nous avons de Harbourg, on apprend que les ennemis ont à Stade cinq vaisseaux de guerre et des vaisseaux de transport ; mais le nombre n'est pas assez grand pour embarquer toute leur armée. On assure qu'ils ont tout au plus à leur armée 25,000 hommes en état de combattre.

Extrait d'une lettre du camp de Snawern, le 10 septembre.

Hier à neuf heures du soir, M. le duc de Chevreuse reçut ici une lettre de M. le Maréchal dont je joins ici copie. Cela n'empêche point cependant que nous ne continuions à marcher à Harbourg.

Copie d'une lettre de M. le maréchal de Richelieu à M. le duc de Chevreuse, datée de Closter-Severn, le 8 septembre 1757.

Je viens de convenir, Monsieur, avec un ministre du roi de Danemark, d'une suspension d'armes entre les armées et les corps détachés. Je vous en donne avis sur-le-champ pour que vous donniez à toutes les troupes que vous commandez le même ordre que je viens de donner à l'armée, et qu'il ne se fasse aucun acte d'hostilité entre les détachements jusqu'à nouvel ordre. Cette suspension est un article préliminaire d'une convention entre M. le duc de Cumberland et moi, dont je vous ferai part dès qu'elle sera conclue, et que vous trouverez, j'espère, aussi avantageuse que glorieuse pour les armes du Roi, etc.

OCTOBRE.

Mort du duc de Gesvres et du duc d'Antin. — Les Anglais menacent les côtes de Saintonge. — L'île d'Aix est attaquée. — Le premier président donne sa démission. Ce que rapporte cette charge. — M. Molé nommé premier président, et grâces accordées à M. de Maupeou. — Affaire de M. de Soubise contre des dragons prussiens. — Mort de Mme de Coigny et du maréchal de Mirepoix. — Nouvelles du Canada. — Belle conduite de M. de Berchiny. — Prise de Chandernagor par les Anglais. — Les Anglais évacuent l'île d'Aix. — Accusations contre les protestants de l'ouest de la France; comment ils se conduisent pendant que les Anglais sont sur les côtes de la Saintonge. — Retour de l'archevêque de Paris. — L'évêque d'Orléans nommé à l'évêché de Condom. — Nouvelles de l'armée russe. — Naissance de Mlle de Condé et du comte d'Artois. — Pourquoi le nouveau prince reçut le nom de comte d'Artois. — Fête donnée par Mme de Mazarin. — Détails sur les conseillers d'État. — Dépenses qu'est obligé de faire le président de la chambre des Vacations. — Nouvelles du roi de Prusse et mouvements de son armée. — Ce que coûtent et rapportent les charges de président à mortier. — Prise du fort William-Henry en Canada. — Nouvel arrangement pour les semaines des dames du palais de la Reine. — Intelligences du roi de Prusse avec une partie des princes de l'armée des Cercles. — Nouvelles des armées du duc de Richelieu et du prince de Soubise. — Retour de l'évêque de Chartres. — Le conseil de dépêches. — Forces des Autrichiens, des Français et des Prussiens. — Grâces accordées au maréchal de Belle-Isle. — Nouvelles de la Cour. — Nouvelles de Silésie. — Anecdote sur le maréchal de Belle-Isle. — Grâces accordées à la maréchale de Mirepoix. — Retour des chevau-légers et fête qu'ils donnent à Versailles. — Mort de M. de Louvois. — Le Pape casse le mariage de M. de Béjar. — Chanson contre l'expédition de l'île d'Aix. — La Reine à Saint-Cyr. — Nouveau lieutenant de police. — Mort de Réaumur. — Nouvelles des armées. — Difficultés sur la démission de l'évêque d'Orléans.

Du mercredi 12, *Versailles.* — Des voyages et plusieurs circonstances m'ont empêché d'écrire régulièrement ce journal, mais ayant conservé la date des événements, je vais les reprendre par ordre.

Le premier article est la mort de M. le duc de Gesvres arrivée le 19 du mois passé. Il avoit soixante-cinq ans,

Il étoit chevalier de l'Ordre, premier gentilhomme de la chambre, gouverneur de Paris et de l'Ile de France. Il avoit outre cela les gouvernements particuliers de Laon, de Soissons, de Noyon, de Crespy et du Valois, de Mousseaux avec la capitainerie. M. de Gesvres est mort des suites d'une apoplexie dont il avoit eu deux attaques; la première fut à Saint-Ouen, peu de temps après le retour du roi de Compiègne. Il avoit depuis bien des années plusieurs incommodités; il étoit fort sujet à des dartres et des boutons. Il avoit toujours craint l'apoplexie; il prenoit tous les ans des bouillons de vipères; il prenoit aussi du lait. Il est infiniment regretté, et mérite de l'être. Il avoit toujours été élevé à la Cour, et personne n'en connoissoit si bien les usages. Sa mémoire étoit étonnante; il ne l'avoit point appliquée aux sciences ni aux belles-lettres, mais il l'avoit fort présente sur les faits de l'ancienne Cour et sur le détail de la parenté et généalogie de tous ceux qui demeuroient à la Cour et à la ville. Il avoit des attentions infinies pour ses amis et en donnoit même des marques à ceux qui étoient moins liés avec lui. Il n'y avoit personne à la Cour et à la ville qui ne lui rendît des devoirs; les Princes du sang même en étoient occupés. M. de Gesvres leur rendoit des respects dès que sa santé pouvoit lui permettre de sortir. Il étoit instruit par eux-mêmes de tous les sujets de contestation qui se sont élevés entre eux en plusieurs occasions. Il se conduisoit avec tant de sagesse, qu'il avoit toujours l'amitié et la confiance des deux parties, et s'étoit conservé le droit de leur parler quelquefois fort naturellement. Tout le monde se faisoit grand plaisir de prendre ses conseils. Le Parlement, la ville et presque tous les gens connus recevoient des marques de sa politesse. Sa maison à Paris et son appartement ici ne se désemplissoient point depuis qu'il étoit éveillé jusqu'à ce qu'il se couchât. Les prélats, les femmes, les grands et les petits de tout étage avoient toujours affaire à lui; il recevoit du monde pendant qu'il étoit encore dans son lit. Il écrivoit, il dictoit au milieu d'une compagnie nombreuse. Tous les ministres lui rendoient des devoirs. Il donnoit presque tous les jours des audiences particulières dans son cabinet à ses amis ou à des gens qui avoient à lui parler. Il avoit tous les jours un grand dîner. Il ne paroissoit pas être fort occupé de la bonne chère, mais il étoit fort aise d'avoir beaucoup de monde. Il avoit une maison considérable en gentilshommes, pages et domestiques de toute espèce, et faisoit une dépense prodigieuse. Il aimoit passionnément les fleurs, les oiseaux en tout genre. Il avoit beaucoup augmenté les beautés de sa maison et de ses jardins de Saint-Ouen. Il venoit d'ajouter à ce jardin 25 arpents qu'il avoit commencé à faire enfermer par une terrasse revêtue. On prétend que depuis huit ou dix ans il ne dépensoit que son revenu, ayant trouvé un homme entendu qui avoit mis de l'ordre et de la règle dans sa dépense. Avant ces huit ou dix années, il avoit vraisemblablement fait beaucoup de dettes, faute d'ordre, et en avait trouvé d'anciennes de MM. ses père et grand-père. Il avoit eu pendant longtemps un jeu qui lui valoit 40,000 écus; et quand il fut supprimé, le Roi lui donna 20,000 livres de pension, ce qui fit une grande différence dans son revenu. Il laisse plusieurs terres et un mobilier très-considérable, peut-être cependant plus par le détail que par la valeur. Le duché de Gesvres et la maison de Saint-Ouen sont substitués. La terre de Mareil qu'il avoit eue de la succession de Mlle de Gesvres, sa tante, vaut 40 à 45,000 livres de rente; quoiqu'elle soit libre, elle sera de peu de ressource pour les créanciers, parce qu'elle est engagée à des dettes qui montent, à ce qu'on prétend, à 800,000 livres et qui sont au denier cent. M. de Gesvres étoit le troisième de sa maison gouverneur de Paris et premier gentilhomme de la chambre; son bisaïeul étoit capitaine des gardes. Il avoit été marié à Mlle de Mascranny. Il est inutile de dire qu'il n'avoit point eu d'enfants; son procès a été trop public et trop singulier pour en renouveler la mémoire. Il laisse deux frères, dont l'un est M. le cardinal de Gesvres, évêque-comte de Beauvais, et l'autre M. le comte de Tresmes qui devient duc de Gesvres. M. le comte de Tresmes avoit épousé Mlle de Montmorency, dont il a un fils qu'on appelle le marquis de Gesvres, qui fait actuellement ses exercices aux chevau-légers, et dont la santé paroît fort délicate. Il paroît avoir beaucoup d'esprit et de politesse; il seroit à désirer que sa taille fût mieux qu'elle n'est. On a observé tout le plus grand cérémonial à l'enterrement de M. de Gesvres. Son corps a été exposé pendant plusieurs jours. Il fut porté le 27 à Saint-Roch, sa paroisse, et de là aux Célestins, où il fut enterré; c'est la sépulture de leur maison.

Le 21, le Roi travailla avec M. de Saint-Florentin, et dans ce travail il voulut bien donner le gouvernement de Paris à mon fils; sur quoi mon fils doit payer 150,000 livres à M. le comte de Tresmes. S. M. a donné outre cela à M. le comte de Tresmes le gouvernement de l'Ile de France et tous les gouvernements particuliers, aussi bien que la capitainerie de Mousseaux. S. M. a donné aussi 12,000 livres de pension sur le trésor royal à M. le comte de Tresmes et 8,000 livres à son fils. Il paroît constant que M. le comte de Tresmes, en comptant les bienfaits du Roi, jouira au moins de 80,000 livres de rente.

Dans le même travail le Roi donna la charge de premier gentilhomme de la chambre à M. le duc de Duras, qui payera le brevet de retenue de 500,000 livres que M. de Gesvres avoit sur cette charge. Le brevet de retenue qu'a eu M. de Duras n'est que de 400,000 livres.

On apprit, le 21, à Fontainebleau, que M. le duc d'Antin, pair de France et maréchal de camp, étoit mort à Brême, le 14, de la petite vérole, le septième jour de sa maladie (1). Il avoit dix-sept ans jour pour jour moins que le Roi. Il étoit gouverneur d'Orléanois. Peu de jours après, le Roi disposa de ce gouvernement en faveur de M. le comte de Rochechouart-Faudoas, ministre de France auprès de l'infant don Philippe et dont la femme (d'Armentières) est dame de Mme la Dauphine. M. d'Antin avoit dû épouser Mlle de Montmirail, nièce de M. le maréchal d'Estrées; ce mariage paroissoit convenir aux deux parties; apparemment que l'arrangement des affaires de M. d'Antin n'a pas permis de terminer celle-ci.

La grande nouvelle du 24 fut l'arrivée des Anglois devant l'île de Ré; ils paroissoient menacer cette île, ou la Rochelle, ou Rochefort. On sait que la Rochelle n'est qu'à six lieues de Rochefort. Toutes les précautions possibles dans les circonstances présentes ont été prises pour faire échouer cette entreprise. La flotte angloise paroît être de 14 vaisseaux de ligne et de plus de 100 bâtiments de transport. Ils ont environ 12 ou 14,000 hommes de débarquement, et tous les attirails nécessaires pour faire un siége et même un grand nombre d'échelles pour un coup de main. C'est M. le maréchal de Senneterre qui commande à la Rochelle; il a sous ses ordres 9 bataillons de troupes réglées, 4 bataillons de milice, 1 régiment de dragons et les milices garde-côtes.

Le Roi a donné, à Fontainebleau, deux expectatives de conseiller d'État, l'une à M. Joly de Fleury, intendant de Bourgogne, qu'on appeloit M. de la Vallette, et l'autre à M. l'abbé de Salabery, ancien conseiller clerc de Grande Chambre. L'expectative qu'a eue M. Joly de Fleury est la troisième (2) parce que c'est celle que M. Boulogne

---

(1) Voilà un duché-pairie éteint; il étoit le troisième duc de son nom. M. d'Antin son grand-père avoit été créé duc en.... (*Note du duc de Luynes.*)

(2) On ne met point le nom des deux premières expectatives, parce que c'est un secret jusqu'à présent.

L'expectative de M. l'abbé de Salabery est la première, parce que c'est pour

avoit eue et qu'il a remise quand il a été fait contrôleur général.

Le 25 on eut nouvelle que les Anglois s'étoient avancés jusqu'à l'île d'Aix; cette île, qui est à l'embouchure de la Charente, n'a que trois quarts de lieue de tour, et une demi-lieue de large dans sa plus grande largeur; elle est d'une grande utilité pour le port de Rochefort (1); la Charente n'ayant pas assez de profondeur pour que les vaisseaux puissent sortir du port tout armés, ils prennent leur artillerie à l'île d'Aix. On avoit commencé à fortifier cette île. Il y a deux petits forts qu'on avoit joints par un parapet de maçonnerie dont l'épaisseur étoit de 18 pieds par bas, réduite à 9 en haut; mais cet ouvrage n'étoit pas fini, les fonds nécessaires n'ayant pas été fournis à temps. Aussitôt qu'on a su le projet des Anglois décidé, on a fait avancer quelques régiments de Normandie, et la maison du Roi à pied et à cheval a eu ordre de marcher. Pour accélérer l'arrivée de ces troupes on est convenu de les faire embarquer à Orléans jusqu'à Saumur et de là leur faire fournir des chariots jusqu'à Rochefort. Il paroît certain que par ce moyen les gardes françoises arriveront le 12 à la Rochelle. Les chevau-légers doivent y arriver le 27. Les grenadiers à cheval qui sont à Troyes ont eu aussi ordre

---

remplacer la première qui viendra à vaquer des trois places de conseillers d'État ecclésiastiques. (*Note du duc de Luynes.*)

(1) Rochefort, ville de France située sur la Charente, à une lieue et demie de son embouchure, à trois de Brouage et à six de la Rochelle, avec un port très-commode, fut bâti par Louis le Grand en 1664, sous les ordres de M. Colbert. Cette ville est enrichie d'un très-grand nombre d'édifices; il y a la plus belle salle d'armes du royaume, une manufacture d'armuriers qui travaillent continuellement. Il y a de grandes et petites forges, où se fabriquent les plus grosses ancres avec plusieurs canons. On y construisit en 1690 quinze galères et deux grands vaisseaux de guerre en moins de huit mois. Le bâtiment des cordiers mérite d'être vu des curieux. Le magasin des vivres est très-beau. L'hôpital que le Roi a fait bâtir est d'une très-grande magnificence. L'entrée de la rivière et de la rade est défendue par plusieurs forts qui la rendent inaccessible. (*Note du duc de Luynes.*)

de marcher ; ils arriveront à la fin de ce mois. L'expédient pour faire marcher des troupes aussi promptement avoit déjà été employé par M. le maréchal de Belle-Isle en 1734 ou 35, lorsque M. de Seckendorf passa le Rhin ; il fut question de faire marcher promptement un gros corps de troupes. Nous avions 33 bataillons à Trèves ; il falloit les porter à Worms, et cette marche ne pouvoit être trop prompte ; elle fut faite en quatre jours, quoiqu'il y ait 37 lieues. Voici quel fut l'arrangement que prit M. le maréchal de Belle-Isle. Les intendants étant avertis, envoyèrent ordre aux différentes communautés de faire trouver sur la route, toutes les quatre lieues, 500 chariots de paysans. Le soldat, en arrivant dans le camp, y trouvoit de la bière, de l'eau-de-vie, des herbes et légumes, de la viande et du bois, du pain, de la paille pour se coucher, et généralement toutes les choses dont il pouvoit avoir besoin. A la prise de Traerbach on avoit trouvé dans cette place 500 tonneaux, d'eau-de-vie. M. de Belle-Isle, prévoyant qu'on pourroit en avoir besoin, ne voulut point qu'on les vendît ; il les fit distribuer en différents endroits pour le moment qu'ils pourroient être utiles. On avoit aussi rassemblé 600 chevaux pour le transport de l'artillerie nécessaire au siége ; ces mêmes chevaux servirent pour transporter 30 pièces de gros canon. On a suivi la même méthode dans l'arrangement présent ; on a envoyé des courriers pour rassembler des chariots ; et à l'égard des chevau-légers, gendarmes et mousquetaires qui étoient dispersés dans les provinces, on leur a envoyé une copie de la route que devoit tenir la troupe, et on leur a mandé de se rendre sur cette route à l'endroit le plus proche de chez eux. Je vois par l'état que le major des chevau-légers m'a remis, que le nombre de ceux qui marcheront est de 203, et l'école qu'ils ont ici ne sera pas dérangée pendant ce temps-là, et il en reste toujours 50 pour la garde du Roi. On me contoit, à l'occasion de marche précipitée, que lorsque le feu prit à la forêt de Fontainebleau en .... on envoya ordre aux gardes françoises sur-le-champ; on battit la générale à minuit à Paris, ils étoient arrivés à six heures du soir à Fontainebleau.

On sut à Fontainebleau, le 24, que M. de Maupeou avoit donné sa démission de la place de premier président(1); il étoit le quarante-deuxième qui eût rempli cette place, et il y avoit quatorze ans qu'il l'occupoit. On trouvera ci-après la liste des premiers présidents depuis qu'ils ont commencé à porter ce titre (2). Ce n'est point une charge, ce n'est qu'une commission, mais commission que le Roi ne peut ôter sans faire le procès à celui qui l'exerce. Cette place ne vaut que 32 ou 33,000 livres de rente aujourd'hui, sur quoi il faut payer aujourd'hui 200,000 livres de brevet de retenue; elle demande une grande représentation, c'est même un des principaux moyens de s'acquérir de la considération dans la compagnie. M. de Mesmes, dont le nom sera à jamais illustre par le talent supérieur de gouverner le Parlement presque en maître, faisoit une dépense prodigieuse; et quoiqu'il fût médiocrement instruit, la supériorité de son esprit lui avoit attiré une considération à laquelle il n'est pas facile de parvenir. M. de Maupeou, âgé de soixante-neuf ans du mois de juillet dernier, fort sujet à la goutte, a eu de justes prétextes ou raisons pour quitter une place qui exige un grand travail et une assiduité qui puisse servir d'exemple à tous les autres; il a de l'esprit et éminemment le talent de la parole; mais il s'est trouvé dans des circonstances difficiles, et on a cru remarquer qu'il ne s'étoit

---

(1) M. de Maupeou avoit acheté la charge de président à mortier 800,000 fr.; c'étoit en 1718. (*Note du duc de Luynes.*)

(2) Cette liste se trouvant imprimée dans l'Almanach royal de 1756, p. 200, nous y renvoyons le lecteur.

pas acquis le crédit et la considération nécessaires absolument dans une pareille place. Il est vraisemblable qu'il a senti lui-même l'impossibilité de faire le bien. Quoi qu'il en soit, il s'est déterminé à donner sa démission, et aussitôt il en donna avis à M. Molé sans autre détail. Le jour même, M. Molé reçut une lettre de M. le chancelier qui lui mandoit qu'il avoit à lui parler, et qu'il le prioit de se rendre sur-le-champ à Fontainebleau avec sa robe. M. Molé alla descendre chez M. le Chancelier, qui lui dit que le Roi lui donnoit la place de premier président. M. le chancelier alla au débotter du Roi et lui dit que M. Molé étoit arrivé; le Roi ordonna qu'il vînt sur-le-champ et lui donna une audience d'environ un quart d'heure. Les affaires de M. de Maupeou ne peuvent être bonnes; il a peu de biens. Il avoit 24,000 livres de pension du Roi; le Roi les augmente de 16,000 livres (je le sais positivement de M. le chancelier qui a écrit la lettre par ordre du Roi), sur quoi 12,000 livres réversibles après lui à Mme de Maupeou. S. M., outre cela, donne 10,000 livres à M. de Maupeou le fils, qui est président à mortier. Ces deux articles n'ont point passé par M. le chancelier. On est assez tenté de croire qu'un traitement aussi favorable a pu être une des raisons qui ont déterminé M. de Maupeou à se retirer. M. Molé a un nom illustre dans le Parlement, 4 ou 500,000 livres de rente, un esprit sage et une conduite qui lui a toujours fait honneur. Il y a même tout lieu de croire qu'on a été fort content de lui dans les circonstances présentes. Il est jeune pour une place aussi considérable, et il n'a qu'une fille qui a épousé M. le duc de Cossé (1).

---

(1) C'étoit le mercredi matin que le Roi dit à M. le chancelier qu'il y alloit avoir une grande place à remplir, que M. de Maupeou se retiroit. M. le chancelier ayant dit à S. M. qu'il ne croyoit pas qu'il y eût autre que M. Molé à lui présenter pour remplir cette place, le Roi lui dit de mander à M. Molé

Le 25 du mois dernier, M. de Staremberg reçut un courrier. Il y a eu un petit combat entre un détachement de M. de Soubise et un régiment de dragons prussiens. Tout ce que j'en sais, c'est que le détachement s'étant trompé de chemin, a rencontré les dragons prussiens et les a obligés de se retirer avec perte.

Le Roi, à l'occasion de la charge de M. le duc de Duras, a donné les grandes entrées à M. le maréchal de Duras.

Le dimanche 25, le Roi travailla avec M. l'évêque de Digne (1).

Le 27, on apprit la mort de Mme de Coigny. Elle étoit fort maigre et délicate; elle est morte des suites de sa dernière couche. Elle laisse deux garçons. Elle s'appeloit Vervins et étoit petite-fille par sa mère de M. Moreau de Nassigny, frère de M. de Séchelles. Elle avoit épousé en premières noces M. le vicomte de Chabot, frère de M. le duc de Rohan; elle étoit restée veuve sans enfants. Elle avoit une figure agréable.

Le 28, on eut nouvelle de la mort de M. le maréchal de Mirepoix. Il est mort le 25, à Montpellier, d'une fièvre maligne. Il étoit duc à brevet, gouverneur de Brouage,

---

de se rendre à Fontainebleau. Ce fut en conséquence de cet ordre que M. le chancelier écrivit, le mercredi même 21, à M. Molé, par la poste, en faisant mettre sur le dessus de la lettre qu'elle étoit pressée; elle fut en effet rendue le jeudi matin à Champlâtreux. M. le chancelier, qui étoit allé le jeudi à Malesherbes, mandoit à M. Molé de se trouver chez lui le samedi, de descendre chez lui et de ne voir personne avant lui. Ce jeudi même, M. le chancelier reçut la démission de M. de Maupeou.

M. Molé, trisaïeul de M. le premier président d'aujourd'hui, fut garde des sceaux pendant six mois; il étoit premier président du parlement de Paris. C'étoit un homme d'un esprit supérieur et d'une fermeté étonnante. Il donna un exemple de cette fermeté dans une occasion peu importante, à la vérité, mais qui fait connoître le caractère. Pendant le temps que toute la Grande Chambre étoit assemblée, il tomba quelque ornement du plancher; cet accident causa une si grande frayeur, que tout le monde s'enfuit. M. Molé resta seul et dit avec beaucoup de sang-froid : « Voilà ce qui fait perdre quelquefois des batailles, une terreur mal fondée. » (*Note du duc de Luynes.*)

(1) Dans ce travail, le Roi donna 5 abbayes et 1 prieuré.

capitaine des gardes du corps, lieutenant général de la province de Languedoc et commandant dans cette province ; et depuis que M. le maréchal de Richelieu avoit remis le commandement général des côtes de la Méditerranée, M. de Mirepoix avoit été chargé de ce commandement. M. de Mirepoix avoit cinquante-huit ans. On ne peut mieux dépeindre son caractère que par une expression qui n'est pas brillante mais significative : c'étoit un brave gentilhomme, un homme d'honneur et de la probité la plus exacte, de la plus grande valeur, dont il avoit donné des marques dans la dernière guerre contre le roi de Sardaigne, et dans le combat de Sahay. Il avoit été ambassadeur à Vienne et à Londres. Il étoit peu courtisan, fort bon ami et fort exact à tous ses devoirs. Il étoit parfaitement bien fait et avoit une figure agréable. Il étoit seigneur de la ville de Mirepoix ; et quoique d'une très-grande naissance, il avoit demeuré longtemps chez lui sans être aussi connu qu'il le méritoit. Ayant peu de bien, il avoit épousé en premières noces une fille de M. Bernard de Rieux, petite-fille du fameux Samuël Bernard ; il n'en avoit point eu d'enfant (1) et avoit épousé en secondes noces Mme de Beauvau, veuve de M. le prince de Lixin ; il n'étoit alors que marquis de Mirepoix. Elle avoit consenti à perdre son rang pour l'épouser ; ils vivoient dans la plus grande union ; il n'étoit occupé qu'à la rendre heureuse (2) et elle avoit infiniment contribué à lui faire rendre la justice qui lui étoit due et à obtenir toutes les

---

(1) Il auroit été obligé de rendre la dot si M. Bernard, par estime, considération et amitié pour lui, n'avoit consenti à la lui laisser pendant qu'il ne se remarieroit pas ; mais il la rendit quand il épousa Mme de Lixin. (*Note du duc de Luynes.*)

(2) Il lui avoit demandé en grâce en l'épousant de ne pas venir à la Cour pour n'y avoir pas le désagrément d'être debout après y avoir été assise ; elle ne voulut jamais y consentir et crut même que c'étoit lui donner une nouvelle preuve de son amitié. (*Note du duc de Luynes.*)

grâces qu'il avoit reçues en deux ou trois ans. Comme il avoit acquis un revenu considérable par les bienfaits du Roi, non-seulement il lui laissoit la jouissance du bien qu'elle avoit, mais outre cela il lui donnoit un surplus jusqu'à 40,000 livres ; ainsi Mme de Mirepoix avoit environ 32,000 livres de rente pour ses menus plaisirs et ses habits, le surplus étant pour ses femmes et sa nourriture ; d'ailleurs M. de Mirepoix payoit tous les gages, la nourriture et la remonte des chevaux. Elle est dans une douleur qu'il est plus aisé de concevoir que d'exprimer ; M. le maréchal de Mirepoix portoit le titre de maréchal de la Foi et en portoit le bâton dans ses armes ; il étoit l'aîné de la maison de Lévis, qui se fait honneur de ce titre depuis longues années. Cette maison est fort ancienne ; on a voulu faire remonter cette ancienneté jusqu'à la tribu de Lévi, mais sans vouloir donner dans des opinions fabuleuses, on voit clairement la suite de MM. de Lévis depuis l'an 1180. Le titre de maréchal de la Foi prend son origine à Guy de Lévis, premier du nom. Le chef-lieu de la maison de Lévis étoit autrefois le petit château de Lévis qui est entre le pavé de Rambouillet et l'abbaye des Vaux de Cernay, à deux lieues environ de Montfort-l'Amaury. Ce Guy de Lévis fonda en 1190 l'abbaye de la Roche, qui subsiste encore aujourd'hui, et qui est au haut d'une montagne couverte de bois à un quart de lieue du château de Lévis. La raison du voisinage fut apparemment une de celles qui détermina Guy de Lévis à se croiser dans la guerre contre les Albigeois sous les ordres du comte de Montfort-l'Amaury. On sait que cette guerre avoit été entreprise par Louis VIII par les conseils du pape Honoré III. Louis VIII obtint, à cette occasion, de lever une taxe extraordinaire sur le clergé de France, et outre cela Amaury de Montfort lui fit cession de toutes les conquêtes dont Philippe-Auguste avoit investi son père Simon. Guy de Lévis eut aussi une partie des dépouilles des Albigeois, entre autres la terre de Mirepoix avec plusieurs autres en Languedoc, et comme il s'étoit extrêmement signalé en cette guerre on lui donna le titre de maréchal de la Foi, titre honorable qui a infiniment illustré cette maison, et qu'elle a toujours conservé avec soin.

On trouvera ci-après l'extrait d'une lettre qui contient le détail des succès que nous avons eus en Amérique; elle est datée du fort Guillaume-Henry sur le lac Georges (1), au mois de juillet dernier.

Extrait d'une lettre écrite par un particulier du fort Guillaume-Henry à un ami de la Nouvelle-York.

Je suis fâché d'avoir à vous mander une aussi mauvaise nouvelle (2) que celle-ci. Le colonel John Parker, avec trois capitaines de son régiment et six ou sept officiers, sortit le 21 de ce mois à la tête de 300 hommes, accompagné des capitaines Robert Maginès et Jonathan Ogden et les lieutenants Campbell et Coates du régiment de la Nouvelle-York, et il se transporta par eau, dans des bateaux de la pêche de la baleine et des bateaux du golfe, jusqu'assez près de Ticonderago (3) pour attaquer la garde avancée de ce poste. Ils descendirent le soir sur une île, et avant la pointe du jour ils envoyèrent sur la rive trois bateaux que l'ennemi surprit et enleva; ainsi notre projet de débarquement fut découvert. Lorsqu'il fut jour, notre monde s'avança jusqu'à l'endroit où devoient être les bateaux. On débarqua aussitôt qu'on crut les apercevoir, et on ne se doutoit point que c'en étoient d'autres que les François avoient substitués à ceux qu'ils avoient pris. A peine eut-on mis pied à terre qu'on fut entouré de 40 ou 50 canots et d'environ 300 hommes qui étoient dans une embuscade. La communication fut entièrement coupée entre nos bateaux et tout ce qu'il y avoit de débarqué de notre monde dont il ne s'est sauvé que le colonel Parker et le capitaine Ogden, et ce dernier avoit reçu une blessure considérable à la tête. Le capitaine Maginès et tous ceux qui étoient dans les bateaux du golfe ont été tués. Le capitaine Wodwade se sentant dangereusement blessé, s'est noyé en voulant se sauver; le capitaine Shaw a été tué ainsi que les lieutenants Campbell et Coates

---

(1) C'est le fort George ou William-Henry, sur le lac Saint-Sacrement.
(2) Il s'agit du succès remporté par nos sauvages aux ordres de M. de Corbières, dont il sera parlé un peu plus loin.
(3) Ou le fort Carillon, à l'extrémité méridionale du lac Champlain.

du régiment de la Nouvelle-York et un capitaine de celui de la Nouvelle-Jersey. Enfin il ne s'est sauvé avec MM. Parker et Ogden que 70 hommes, et tout le reste au nombre de 280 a été tué ou fait prisonnier. On ne peut imaginer ce que faisoit l'ennemi dans cet endroit-là, et il y a lieu de présumer qu'il avoit en vue quelque coup de main, car on croit qu'il y avoit plus de 1,000 hommes.

Du 3 septembre. — On apprend en même temps qu'il y a eu une action entre le général Webb et M. de Montcalm, et que le premier a été contraint de se retirer; et on assure que le général françois avance à la tête de 9,000 hommes du côté d'Albany.

On apprit, le 28, la mort de M. l'évêque de Carpentras; il s'appeloit Inguimberti; il avoit soixante et quinze ans. Il étoit archevêque de Théodosie. Carpentras est la capitale du comtat Venaissin. On peut dire que Carpentras est en Provence; cependant il n'y a en Provence que sept paroisses dépendantes de cet évêché. L'évêque est suffragant d'Avignon, et le comtat Venaissin, dont elle est la capitale, appartient en entier au Pape.

Ce fut vers la fin du mois dernier qu'on apprit une démarche faite par M. de Berchiny qui lui a fait beaucoup d'honneur. M. de Berchiny, lieutenant général dans l'armée du Bas-Rhin, est un officier de grande distinction, qui a servi longtemps à la tête d'un régiment de hussards où il s'est acquis une grande réputation. Il se trouvoit dans un poste avancé et le plus à portée de l'armée de M. de Soubise dont il est l'ancien; il savoit que M. de Soubise n'avoit pas assez de troupes pour ne pas craindre d'être attaqué par le roi de Prusse. Il lui manda que s'il croyoit avoir besoin de lui, il étoit prêt à marcher pour le joindre avec le corps de troupes qui étoit à ses ordres; que son ancienneté ne devoit point empêcher M. de Soubise d'accepter l'offre qu'il lui faisoit, qu'il consentoit avec grand plaisir à n'en faire aucun usage, et à lui obéir comme étant son cadet, pourvu qu'il puisse lui être utile et au service du Roi. En même temps il écrivit à M. le maréchal de Richelieu pour lui demander la permission d'aller joindre M. de Soubise. M. de Richelieu ne jugea pas à propos d'accorder cette permission, mais M. de Berchiny n'en a pas moins eu l'honneur que mérite cette marque de zèle pour le bien du service. M. de Berchiny est Hongrois; son père et MM. Karoly et Esterhazy, grands seigneurs de Hongrie, firent la guerre à l'empereur Léopold depuis 1702 jusques en 1713 pour la défense des priviléges de la Hongrie; ils se joignirent au prince de Ragotzi, woïvode ou prince de Transylvanie. Les mauvais succès de cette guerre doivent être attribués aux fautes fréquentes et considérables que firent les généraux et le prince Ragotzi même, dont le caractère, quoique ferme et courageux, n'étoit pas capable de conduire une pareille entreprise. L'accommodement étant fait, MM. Esterhazy, Karoly et Berchiny prirent des engagements différents. Les enfants des deux premiers entrèrent au service de la maison d'Autriche, et M. de Berchiny d'aujourd'hui, fils de celui dont nous venons de parler, entra au service de France. Dans la guerre de 1733, l'électeur palatin étoit neutre, et par conséquent les Autrichiens et les François alloient librement à Manheim. M. de Berchiny y étoit lorsque Karoly arriva avec une nombreuse suite de Hongrois. Reconnoissant M. de Berchiny, il s'avança à lui les bras ouverts; mais Berchiny, bien loin de recevoir cette marque d'amitié, le repoussa en lui disant : « Allez, vous n'êtes que de vils esclaves qui avez abandonné la gloire et les intérêts de votre patrie. » Cette scène se passa dans le palais même de l'électeur, en présence des Hongrois qui suivoient Karoly. Aussitôt après, cette troupe de Hongrois vint à Berchiny avec empressement, baisant la basque de son habit pour lui marquer leur attachement et leur reconnoissance. M. de Berchiny, rempli d'une juste ambition d'obtenir le grade qu'il mérite par ses services et son ancienneté, a demandé à servir cette campagne, et il y a lieu de croire qu'il ne sera pas oublié quand le Roi fera des maréchaux de France. S. M. donna il y a quelque temps l'abbaye régulière de Flines, diocèse d'Arras, à sa fille. M. de Berchiny, écrivant à un de ses amis à cette occasion, lui mandoit : « Le Roi vient de donner une crosse à ma fille, il ne me manque plus qu'un bâton. »

La Reine partit de Fontainebleau, le 28, pour revenir à Versailles ; elle dîna en chemin auprès de Ris. Mme de Mirepoix, qui savoit son mari malade d'une fièvre qu'elle croyoit tierce et nullement dangereuse, revenoit avec la Reine ; elle étoit dans le troisième carrosse. Presque dans le moment du départ de la Reine, un courrier vint apporter la nouvelle de la mort de M. de Mirepoix. Mme la maréchale de Luxembourg, intime amie de Mme de Mirepoix, craignant que cette triste nouvelle ne fût annoncée par quelque hasard à Mme de Mirepoix, partit sur-le-champ et joignit la Reine à sa halte ; elle demanda à parler à la Reine, et lui ayant dit le sujet de son voyage et lui ayant demandé la permission d'emmener Mme de Mirepoix, elle la prit dans son carrosse et l'emmena à Paris.

Le Roi partit de Fontainebleau le 29 et vint coucher à Choisy ; il n'arriva ici que le samedi 1er du mois avec Madame Infante et Mesdames.

Mme de Boulogne fut présentée, le 2, comme femme du contrôleur général. Ce qu'on peut remarquer sur cette présentation, parce que l'exemple est rare, c'est que ce fut sa fille, Mme de l'Hôpital, qui la présenta.

On eut nouvelle, le 3, de la prise de Chandernagor (1) ; c'est un comptoir que nous avions dans l'Inde, sur le Gange, à environ 2 ou 300 lieues de Pondichéry. C'est M. Renaut, directeur général des affaires de la compagnie des Indes à Chandernagor, qui a fait la capitulation avec M. Waston, vice-amiral anglois. Elle porte que toutes les troupes seront prisonnières de guerre et ne serviront pas contre l'Angleterre pendant le cours de cette guerre. Les officiers et l'équipage du vaisseau *le Saint-Contest* sont

---

(1) Ou le fort d'Orléans. (*Note du duc de Luynes.*)

aussi prisonniers de guerre. Il ne restera aucun François dans ce fort, pas même les jésuites.

On apprit, le 3, que les Anglois étoient embarqués. Il est difficile de comprendre l'objet de cette expédition et la manière dont elle a été exécutée. Les Anglois se sont à la vérité emparés de l'île d'Aix après un grand feu d'artillerie de part et d'autre, au moins de notre côté, puisque nous n'avons eu qu'un homme de tué. On ne pouvoit pas espérer de conserver cette île dans l'état où elle étoit, et on s'est trouvé bien soulagé de n'avoir à regretter que la destruction du peu de fortifications qui y existoient, et la perte de 2 ou 300 invalides ou miliciens qui y ont été faits prisonniers de guerre. Lorsque les Anglois furent près de l'île d'Aix, ils parurent s'occuper de la descente qu'ils vouloient faire. M. de Langeron commandoit sur cette côte sous les ordres de M. de Senneterre, qui étoit resté à la Rochelle. M. de Langeron n'avoit qu'environ 3,000 hommes, tant infanterie, cavalerie que gardes-côtes; il jugea que les ennemis, étant maîtres de l'île d'Aix, auroient toute facilité d'observer les mouvements des troupes sur la côte et qu'il étoit important de leur donner lieu de croire que nous étions en force; il avoit rassemblé des uniformes de différents régiments; il fit faire différentes manœuvres à ses troupes sur le bord de la mer, et profitant d'un rideau derrière lequel on ne pouvoit voir ce qui se passoit, il faisoit changer d'uniformes aux troupes et les faisoit passer ensuite avec des habits différents. Pendant ce temps, le commandant anglois étoit monté au haut d'un des forts de l'île et avoit mené avec lui un de nos capitaines d'invalides; il examinoit avec attention les mouvements des troupes françoises sur la côte; il comptoit le nombre des hommes, et trouvoit par son calcul qu'il devoit y en avoir 12,000. Il dit au capitaine d'invalides qu'il ne croyoit pas les troupes françoises sur cette côte aussi nombreuses. Cet officier, qui n'étoit pas dans le secret de M. de Langeron, en parut étonné lui-même. Enfin les Anglois voulurent essayer de bombarder la tour de Fouras qui défend l'entrée de la Charente ; ils firent avancer une galiote à bombes d'où ils jetèrent trois ou quatre bombes, dont la plus près tomba à plus de 100 toises de la tour. Pendant ce temps on envoya quelques petits bâtiments, qu'on appelle des carcassières, qui ne portent qu'une pièce de canon mais de 36 livres de balles, et qui étant fort légères approchent de très-près les gros vaisseaux et ne tirent qu'à bout portant. Les Anglois, voyant leurs tentatives inutiles, firent avancer deux frégates qui remorquèrent leur galiote à bombes et la ramenèrent à leur flotte. Ils ont abandonné l'île d'Aix où le dommage qu'ils ont causé peut monter à 50,000 écus, et même le feu ayant pris à quelques habitations de particuliers, apparemment protestants, ils leur ont donné 2,200 ou 2,300 livres de dédommagement. On avoit toujours appréhendé qu'ils n'eussent quelque intelligence avec les protestants; on peut se souvenir de ce que j'ai écrit ci-dessus d'une accusation intentée contre un prieur pour une lettre qu'on prétendoit qu'il avoit écrite au duc de Cumberland qu'il assuroit 9,000 hommes prêts à prendre les armes. Quoique la calomnie ait été bien avérée, l'intérêt de la religion mal entendu pouvoit être encore regardé comme un prétexte. Il faut convenir cependant qu'un coup de main comme celui que les Anglois projetoient auroit été une occasion bien peu favorable à des rebelles qui auroient, par leur conduite, encouru la juste indignation de leur souverain et perdu sûrement leur établissement et leur fortune. Mais tous les doutes sur cet article ont été éclaircis par la conduite des protestants; ils ont fait une députation à M. le maréchal de Senneterre pour l'assurer que le Roi n'auroit jamais de serviteurs plus fidèles, ajoutant qu'ils ne pouvoient trouver mauvais qu'on leur ôtât leurs armes, mais que si on vouloit leur en rendre, ils donneroient des preuves de leurs sentiments, et que si quelqu'un d'entre eux étoit assez malheureux pour manquer à son devoir, ils demandoient avec instance qu'il fût puni avec la dernière rigueur; que si on ne vouloit pas ajouter foi à la sincérité des offres qu'ils faisoient, et que l'on crût même pour le plus grand bien devoir s'assurer de leurs personnes, ils étoient prêts à se rendre dans telles prisons ou telles citadelles qu'on jugeroit à propos. Ces offres avoient trop l'air de la vérité pour n'être pas acceptées; M. de Senneterre leur fit donner des armes, et a paru très-content de la volonté qu'ils ont marquée.

Dimanche 2 de ce mois, le contrat de mariage de M. de Brienne fut signé ici, et le mariage se fit le mardi suivant. Il épouse la fille de M. de Clémont, qui a été maître d'hôtel de quartier du Roi et qui vit actuellement de son bien. M. de Clémont est un homme qui paroît avoir environ soixante ans; il est fort riche par lui-même et encore plus par sa femme, qui est fille de M. Périnet de Jars, ancien fermier général, et qui a toujours été continué dans la ferme. M. Périnet a quatre-vingt-trois ou quatre-vingt-quatre ans; il est protestant, mais il a la plus grande exactitude pour que ses domestiques catholiques remplissent leurs devoirs. Il a une fort belle maison dans le faubourg Saint-Honoré, dont le jardin donne sur les Champs-Élysées. C'est là où a été donné le repas de la noce qui étoit un grand dîner. Le mariage avoit été fait à Saint-Roch par mon frère. Le fils de M. de Vichy tenoit le poêle du côté de la mariée, et le comte d'Albert, mon petit-fils, du côté du marié. Les mariés logent chez M. de Clémont, dans sa maison de la rue Saint-Honoré (1). Mme de Clémont n'a point d'autre fille que Mme de Brienne; on re-

---

(1) Cette maison, qui étoit autrefois l'hôtel Charost, fut achetée par Mme la maréchale de Noailles (Bournonville); elle la vendit ensuite à vie à M. l'abbé d'Estrées, archevêque de Cambray, qui n'en jouit que fort peu de temps. Ce fut à cette occasion que recevant les compliments sur les bons marchés qu'elle faisoit, elle répondit : « Ah! si vous saviez combien j'en ai manqué. » (*Note du duc de Luynes.*)

garde la succession de M. Périnet et celle de M. et Mme de Clémont comme des objets extrêmement considérables.

M. l'archevêque de Paris revint ici le 2. Le Roi lui avoit écrit le vendredi ou samedi ; il revint le samedi au soir à Paris et parut le 2 au lever du Roi, qui le reçut avec beaucoup de bonté et lui donna une audience particulière ce même jour à cinq heures. Il seroit difficile de remarquer aucun changement sur le visage et dans le maintien de M. l'archevêque, toujours égal à lui-même dans la disgrâce et la faveur ; il est à Paris comme il étoit à Conflans. On a paru assez empressé, à Paris, à lui donner toutes les marques de respect et d'attention qui lui sont dues. L'entrée de l'archevêché est actuellement embarrassée par le bâtiment d'une sacristie que fait faire le chapitre de Notre-Dame et pour laquelle le Roi s'est engagé à donner 50,000 écus.

M. l'évêque d'Orléans (Laval-Montmorency) étoit exilé comme je l'ai marqué, mais avoit eu permission de venir à Paris ; la situation dans laquelle il se trouve à Orléans par rapport à l'église où l'on a mis une plaque avec l'arrêt du Parlement au sujet du Sr Coignon, lui faisoit extrêmement désirer de passer à un autre siége ; celui de Condom étant vacant par la mort de M. de Brissac, le Roi y a nommé M. d'Orléans. Orléans demeurera vraisemblablement vacant jusqu'à la rentrée du Parlement, afin de donner le temps de prendre des mesures pour faire ôter la plaque où est l'arrêt.

On a eu nouvelle que le 16 septembre le général Apraxin avoit fait deux ou trois marches en arrière. Aussitôt on fit différents raisonnements ; on crut que l'Impératrice étoit morte ou qu'il y avoit eu une révolution. On prétendoit que les troupes russiennes rentroient dans leur pays et abandonnoient le projet de contribuer à la délivrance de la Saxe et au secours de l'Impératrice-reine. On a vu même dans les gazettes étrangères que la czarine, dont la santé étoit rétablie, s'étant trouvée incommodée de nouveau, avoit assemblé un conseil extraordinaire pour prévenir les troubles qui pourroient arriver après elle, et que pour assurer la prompte exécution des projets qu'elle avoit formés elle avoit donné ordre au général Apraxin de rentrer dans ses états. La fausseté de tous ces raisonnements a été démontrée par une lettre de M. de l'Hôpital, du 17, par laquelle il paroît que la czarine est en très-bonne santé; il y est dit qu'elle a été une heure et demie debout à l'église, à l'occasion d'un *Te Deum* chanté pour la victoire remportée par ses troupes. L'usage, en Russie, est que qui que ce soit ne s'assoie dans l'église, pas même l'Impératrice. On pense donc que ce n'est que pour la commodité des subsistances que les Russes se sont retirés.

Mme la princesse de Condé accoucha à sept heures et demie du matin, le 6 de ce mois, d'une fille qu'on appelle Mlle de Condé.

Le 9, Mme la Dauphine accoucha d'un quatrième prince qui fut nommé le comte d'Artois. Ce même jour Mme de Luynes présenta Mme de Brienne la nouvelle mariée; le Roi avoit donné l'heure pour cette présentation avant le salut; il fut averti dans ce moment que Mme la Dauphine avoit eu quelques petites douleurs; il y descendit aussitôt. Mme la Dauphine étoit encore dans son cabinet et y resta jusqu'à près de six heures et demie qu'elle passa dans sa chambre. Il ne parut pendant près d'une demi-heure aucune douleur, au moins assez considérable pour crier; enfin cinq minutes avant sept heures, elle eut une douleur qui ne parut pas bien forte à ceux qui étoient dans la chambre. L'enfant vint au monde sur-le-champ et cria pendant fort longtemps. Le Roi ne s'étoit point déterminé sur le nom qu'il donneroit à cet enfant. La Reine, occupée du respect que mérite la mémoire de saint Louis, se souvint de Robert d'Artois, frère de ce prince; elle proposa par cette raison le nom de d'Artois, qui fut accepté sur-le-champ. L'enfant en, venant au monde, fut remis entre les mains de Mme de Marsan qui le porta dans le grand cabinet, où il fut ondoyé par M. l'abbé Bouillet, premier aumônier; et lorsqu'il fut emmaillotté, M. Rouillé lui passa le cordon de l'Ordre, et M. de Luxembourg, capitaine des gardes en quartier, le conduisit à son appartement. L'usage, en pareille circonstance, est qu'à la première douleur de la Reine ou de la Dauphine, le gouverneur de Paris y envoie sur-le-champ pour avertir la Ville de s'assembler à l'hôtel de ville immédiatement. Après l'accouchement, le Roi envoie un officier de ses gardes du corps à la Ville pour lui apprendre cette nouvelle. Je dois déjà avoir marqué que si c'est un prince, c'est un chef de brigade; que si c'est une princesse, c'est un exempt. Ce fut donc le chef de brigade qui est de quartier auprès de Mgr le Dauphin qui alla à Paris. C'est aussi l'usage que ce soit l'un des officiers des gardes qui sont auprès de ce prince. Le gouverneur envoie aussi à la Ville, ou un gentilhomme si c'est un prince, ou un page si c'est une fille. Mon fils étant absent, et d'ailleurs n'ayant point prêté serment, ce fut M. de Saint-Florentin qui envoya avertir la Ville de s'assembler. Je dois avoir marqué que la Ville fait toujours un présent à l'officier des gardes qui y vient de la part du Roi; c'est une tabatière plus ou moins belle, suivant la nouvelle qu'il apporte. Le gentilhomme envoyé par le gouverneur a aussi un présent, et lorsque c'est un Dauphin dont il apprend la naissance, il a une pension de 1,500 livres de la Ville.

Le lendemain lundi 10, la musique de la chambre exécuta un *Te Deum* à la messe du Roi où la Reine et toute la famille royale assistèrent. On tira des boîtes au commencement de la messe. Immédiatement après la messe, le Roi étant rentré dans le cabinet du conseil y reçut les révérences des dames qui entroient par la chambre et sortoient par la porte de glaces. Il n'y avoit que trois princesses, Mme la princesse de Conty, Mme la duchesse de Modène et Mlle de Sens, et sans les compter il y eut 89 dames qui firent la révérence. C'est peu pour la Cour, mais c'est beaucoup pour le lendemain d'un accouchement si prompt et si heureux qu'à peine avoit-on pu le savoir.

J'ai entendu dire à la Reine, à cette occasion, que depuis trente-deux ans qu'elle est en France elle ne se souvient d'avoir vu commencer ces révérences pour des sujets agréables qu'à la naissance de M. le duc de Bourgogne. Elles ont été en usage de tous les temps pour des compliments de condoléance où les hommes sont en manteaux longs et les femmes en mantes, et il est certain que le feu Roi en reçut ainsi à Marly après la mort de M. le duc de Bourgogne.

Ce même lundi 10, il y eut le soir un feu d'artifice sur l'esplanade entre les deux écuries; c'est ce qu'on appelle un bouquet. Il n'y avoit point de décoration; le temps avoit été trop court pour cet ouvrage : beaucoup de boîtes, fusées, bombes, pétards, etc. Ce feu fut tiré assez vivement dans le commencement et languit un peu à la fin. Ce fut à huit heures et demie qu'on le tira. Le Roi étoit sur le balcon de sa chambre avec tous ses enfants et même petits-enfants. La Reine quitta son jeu et passa dans le cabinet du Roi. Après le feu, il y eut une illumination de lampions.

Ce même lundi, Mme de Mazarin donna, dans sa maison de Chilly, une petite fête à M. le duc de Duras, son père. Il y avoit une foire où étoit un joueur de gobelets, différents marchands, et où l'on tira une loterie dont tous les billets étoient noirs, et c'étoient de petits bijoux dont la principale valeur étoit dans le choix des sujets convenables à ceux à qui ils étoient donnés, mais la plupart de ces bijoux étoient de taille à être attachés à une montre, comme par exemple un petit vaisseau d'or à Mme de Senneterre, belle-fille de M. le maréchal de Senneterre, une petite lorgnette à l'ambassadeur d'Espagne parce qu'il a la vue fort basse, un petit cheval à M. de

Brionne, etc. Il y eut aussi une parade, un feu d'artifice, un petit opéra, un grand souper et un biribi qu'on appelle cavagnole des Indes, parce que le biribi est défendu.

J'ai parlé ci-dessus des expectatives de conseiller d'État données à M. Joly de Fleury et à M. l'abbé de Salabéry. Autrefois l'usage étoit de donner des survivances, et alors le survivancier avoit un brevet et prenoit séance. Mais les expectatives sont très-différentes; il n'y a ni brevet ni séance. Ce qu'on appelle conseiller d'État, c'est celui qui a séance non au conseil d'État, car il seroit alors ministre, ni au conseil de finances ou de dépêches, mais au conseil privé ou conseil des parties. Ce conseil suit le Roi partout où il est; son fauteuil y est toujours au bout de la table. Personne n'a droit de s'y asseoir qu'un gouverneur de province, qui est prince du sang, et qui prend cette séance lorsqu'il est question de répondre aux cahiers des États de la province dont il est gouverneur; hors ce cas, le fauteuil reste vide. Le chancelier est assis auprès, mais au retour de la table. Il y a 12 conseillers d'État ordinaires et 12 de semestre, qui ont droit d'y assister par rang d'ancienneté. Tous les maîtres des requêtes y assistent aussi, mais la séance est différente. Les conseillers d'État ordinaires sont dans des fauteuils et les conseillers d'État de semestre n'ont que des chaises à bras, mais sans dos. Les fauteuils et les chaises à bras sont pliants comme des chaises d'armée pour marquer que le conseil est ambulant et doit être partout où est la Cour. Quand par hasard le Roi ne juge pas à propos que le conseil le suive dans quelques voyages, alors le conseil se tient à Paris chez le chancelier. Les maîtres des requêtes, qui ont tous droit d'y assister, n'ont point de séance; ils se tiennent debout quand ils rapportent et même quand ils opinent; le reste du temps, ils se tiennent sur des bancs ou des chaises ordinaires. On dit conseiller d'État de semestre; c'est qu'en effet autrefois ils ne servoient que six mois, mais présentement ils servent toute l'année. Il y a à ce conseil 3 conseillers d'État d'épée et 3 ecclésiastiques. Les places de conseillers d'État de semestre ne valent que la moitié des places de conseillers d'État ordinaires, c'est-à-dire environ 2,500 ou 2,600 livres. Le conseil privé est fort différent du conseil royal des finances auquel il n'y a que le seul contrôleur général qui rapporte. Autrefois cependant il y a eu des exemples d'affaires concernant l'administration des finances rapportées au conseil privé. M. de Broust le père m'a dit qu'il avoit vu M. Orry mettre en délibération à ce conseil un arrangement proposé pour les finances. Les maîtres des requêtes n'entrent point au conseil royal, à moins qu'on n'en demande quelqu'un pour rapporter des affaires de détail. Toutes les affaires qui sont jugées au conseil privé ont été auparavant jugées dans des bureaux particuliers tenus par un conseiller d'État (1), et le même maître des requêtes qui a rapporté à ce bureau fait le rapport au conseil. Il y a outre cela la grande et la petite direction. La grande direction se tient dans la salle du conseil, et comme les affaires n'y sont portées que lorsqu'elles regardent les intérêts du Roi, la séance du contrôleur général y est indispensable. La petite direction se tient chez le chef du conseil royal.

C'est M. le président Turgot qui tient cette année la chambre des Vacations. Cette commission est aujourd'hui d'une assez grande dépense, parce que ceux qui en sont chargés tiennent tous les jours une table de 30 ou 40 couverts; autrefois elle n'étoit que de 15 ou 20, et ils ne donnoient à dîner que trois fois la semaine. Ceux qui n'ont pas le moyen de faire cette dépense n'ont pas voulu faire moins que ceux qui étoient assez riches pour y suffire.

---

(1) On trouve dans l'*Almanach royal* de 1757, p. 136, l'indication des 26 bureaux et de leurs attributions.

L'armée du prince Charles est en Silésie vis-à-vis des Prussiens et compte avoir coupé leurs communications avec cette province. Le roi de Prusse avec 30,000 hommes est toujours en avant du gros de son armée; il s'est porté vis-à-vis de M. de Soubise, et il est encore à Erfurt avec 22,000 hommes; mais comme son principal objet est d'empêcher que Magdebourg soit investi et que nous ne prenions des quartiers d'hiver autour de cette place, il a envoyé le prince Ferdinand à Aschersleben avec un corps de 8 à 9,000 hommes. Je crois même que ce corps s'est avancé jusqu'à Halberstadt. M. de Richelieu s'est avancé de Brunswick en grande diligence avec 60 bataillons et 60 escadrons, apparemment pour obliger les Prussiens à se retirer ou même pour leur couper la retraite s'il est possible. Il n'y a pas d'apparence qu'ils nous attendent s'ils peuvent nous éviter.

La place de président à mortier qu'avoit M. Molé a été donnée à M. de Bâville qui a vingt-trois ans; c'est le fils de M. de Lamoignon. Ces charges de président à mortier sont taxées à 500,000 livres et ne rapportent pas 10,000 livres de rente. M. le président de Lamoignon, père de M. de Bâville, n'est plus qu'honoraire; il a été fort assidu pendant le procès du scélérat Damiens, mais il va rarement au Parlement.

Du mardi 11, *Versailles*. — M. de Moras a dit ce matin au Roi que M. de Montcalm s'est emparé du fort Saint-George; il l'a attaqué le 1er août; la garnison a capitulé le 5; elle étoit composée de 2,500 hommes. La capitulation porte que ces 2,500 hommes ne serviront point contre les François et leurs alliés pendant dix-huit mois, et que les prisonniers françois faits en Amérique, soit qu'ils soient encore dans ce continent, soit qu'ils soient en Angleterre, seront rendus sans rançon ni échange. On a trouvé beaucoup d'artillerie dans le fort Saint-George et des canons jusqu'à 33 livres de balles.

Ce qu'on sait sûrement de la flotte angloise, c'est que

tous les vaisseaux de transport sont rentrés en Angleterre ; les vaisseaux de guerre sont encore en mer. On croit possible qu'ils aient quelque dessein d'attaquer M. Dubois de la Mothe, mais il est en état de ne les pas craindre. On trouvera ci-après un journal de tout ce qui s'est passé en Amérique cette année; il est envoyé par M. le Vasseur, ci-devant capitaine du canal à Versailles, homme intelligent et capable ; il est à Québec depuis longtemps, il y a été envoyé pour la construction de plusieurs vaisseaux.

Détail de ce qui s'est passé au Canada depuis le mois de janvier jusqu'au 10 août 1757.

Le 21 de janvier, un détachement anglois avoit pris sept soldats entre le fort de Carillon et celui de Saint-Frédéric. Cent hommes détachés aux ordres de M. Basserod, capitaine au régiment de Languedoc, et M. de la Grandville, capitaine au régiment de la Reine, allèrent couper les ennemis dans leur retraite et les culbutèrent la baïonnette au bout du fusil. L'arrière-garde s'étant emparée d'une hauteur à portée du chemin, on se fusilla tout le jour, et les ennemis profitèrent de la nuit pour se retirer à la hâte, laissant sur le champ de bataille, armes, bagages et 42 morts. Nous fîmes 8 prisonniers et reprîmes les nôtres. On a su depuis que des 77 hommes dont étoit composé le détachement anglois, 3 seulement avoient regagné le fort George. Nous avons eu dans cette affaire 12 hommes tués et 25 blessés.

Le 23 de février, il partit de Carillon un détachement de 250 volontaires, aux ordres de M. de Rigaud, quoique des troupes de terre, ayant à leur tête M. de Poulariès, capitaine des grenadiers de Royal-Roussillon, de 600 Canadiens et de 300 sauvages. Ce détachement alla au fort George situé au fond du lac Saint-Sacrement, et du 18 mars jusqu'au 22, ils brûlèrent tous les hangars, magasins et bâtiments extérieurs, un moulin à scie, un grand amas de bois de construction et de chauffage, un fortin dans lequel étoit un hôpital et une douzaine de maisons, environ 300 bateaux et 4 barques, dont une percée pour 16 canons, le tout à la demi-portée de fusil du fort ennemi. Dans ces différentes opérations nous n'avons eu que 5 soldats tués et 6 blessés.

Suivant les nouvelles reçues de l'Acadie dans le mois de janvier, les Anglois ont évacué et brûlé le 12 octobre [1756] le fort des Gaspareaux pour ne conserver que celui de Beauséjour dont ils augmentent les fortifications.

Le 20 juillet, M. de Saint-Ours, officier de la colonie, parut avec 10 hommes dans un bateau pour aller à la découverte dans le lac Saint-Sacrement ; il fut rencontré par 5 berges angloises qui portoient chacune 18 hommes, et en outre il y avoit à terre 150 Anglois. Se voyant enveloppé il se jeta dans une petite île où ayant embusqué son monde il ne tira sur les cinq berges qu'à portée du pistolet les onze coups qu'il avoit à tirer chargés à trois balles ; il redoubla si précipitamment, que les Anglois eurent environ 40 hommes tués ou blessés avant de pouvoir se reconnoître. Ils furent si fort intimidés qu'ils mirent au large et laissèrent la liberté à M. de Saint-Ours de revenir. Il a été blessé d'une balle à la main. Un habitant en a eu une dans l'épaule, et un jeune cadet a été tué.

Dans le même temps, M. Marin, officier de la colonie (1), étoit parti avec 300 sauvages ou Canadiens pour aller jusqu'au fort Lydius (2) ; 150 sauvages étant relâchés en chemin, il continua sa route avec le reste. Il rencontra une patrouille de 10 hommes qu'il tua, ensuite la grand-garde, de 50 hommes, qu'il traita de même, ne gardant qu'un seul prisonnier ; les sauvages massacrèrent tout le reste, dont ils mangèrent une partie. Il arriva à huit heures du matin le 23 devant le fort Lydius. L'armée ennemie sortit de ses retranchements et s'avança vers le bois. La fusillade dura près d'une heure, après laquelle les sauvages firent leur retraite poursuivis pendant deux lieues. Ils arrivèrent le 26 à midi au camp françois avec 32 chevelures et 4 prisonniers. M. Marin n'a perdu dans cette affaire qu'un seul Canadien écarté dans les bois.

Un détachement anglois, composé de 330 hommes aux ordres d'un lieutenant-colonel, 5 capitaines, 4 lieutenants et 1 enseigne partirent le 23 au soir du fort George dans 22 berges ; leur objet étoit de tâter nos corps avancés et de nous faire des prisonniers. Environ 400 sauvages embusqués dans les îles découvrirent ce parti et le défirent entièrement ; il ne s'en est sauvé que deux berges ; le reste a été coulé à fond, excepté quatre de ces berges que nous avons ramenées au portage avec deux esquifs qui peuvent porter chacun 60 hommes. M. de Corbières, officier de la colonie, étoit à la tête de ces sauvages ; il est revenu au camp avec 160 prisonniers ; tout le reste a été tué ou noyé, à l'exception de ceux qui se sont sauvés dans les deux berges.

---

(1) M. Marin était un des officiers les plus distingués de la colonie.
(2) Le fort Édouard ou Lydius aux sources de l'Hudson et au sud du lac Saint-Sacrement. Le fort Lydius et le fort William-Henry étaient les premiers postes anglais de la colonie de New-York.

Pour tout cela nous n'avons eu qu'un seul sauvage blessé légèrement.

Le 30 de juillet, M. de Lévis, brigadier, partit de Carillon par terre avec 3,000 hommes pour se rendre sous le fort George, et le 1er août suivit par eau le reste de l'armée montant à 5,000 hommes avec toute l'artillerie sous le commandement de M. le marquis de Montcalm ; ils se joignirent sous le fort le 4. Le 5, la tranchée fut ouverte, et le fort se défendit vigoureusement. Le général françois ayant fait sommer le commandant anglois, ce dernier répondit qu'ils étoient tous dans l'intention de se défendre. Malgré cette bonne volonté, le fort capitula le 9, et voici le précis de la capitulation :

Que les Anglois sortiroient du fort où ils étoient au nombre de 2,200 avec armes et bagages, et qu'en considération du commandant on lui accorderoit un canon de 6 livres de balles, et une escorte aux troupes angloises jusqu'au fort Lydius, distant de 5 lieues, sous lequel est retranchée l'armée angloise ; que ces troupes ne pourront servir contre le roi de France de dix-huit mois, et que l'on renverra tous nos prisonniers faits dans la Nouvelle-Angleterre. Le commandant anglois n'ayant pas voulu attendre l'escorte fut devancé par 600 sauvages qui voulant se saisir des effets des Anglois, trouvèrent de l'opposition de leur part ; les sauvages firent alors main basse, et tuèrent et massacrèrent une partie de cette garnison ; ils prirent les effets, et firent prisonniers tous ceux qui s'opposèrent. Cette algarade a fait bien de la peine à nos généraux ; ils travaillent à faire rendre ceux qui sont entre les mains des sauvages, et à 200 hommes près environ, tant massacrés que détenus par ces anthropophages, tout le reste doit être rendu au fort Lydius. Voilà l'état présent.

Les escadres de M. Dubois de la Mothe, de M. de Bauffremont et de M. du Revest se sont jointes à l'île Royale ; elles sont composées en tout de 18 vaisseaux de ligne, dont 3 de 80 canons, et de 5 frégates. On ignore encore ce que fait celle des Anglois et leurs vaisseaux de transport. Cette flotte n'aura pas beau jeu contre notre escadre, que commande M. Dubois de la Mothe sous pavillon de vice-amiral. On croit qu'il y a ordre de l'attaquer.

Du mercredi 12, *Versailles.* — La Reine a jugé à propos de faire un nouvel arrangement pour les semaines de ses dames du palais, et c'est à l'occasion de la mort de Mme de Montauban. La Reine a bien voulu se régler sur ce qui pouvoit convenir davantage aux unes et aux autres. J'ai déjà dit que du temps de Mme la duchesse de Bourgogne, il n'y avoit point de semaines. Les neuf dames étoient toujours de service et s'arrangeoient entre elles pour que le service ne manquât point. On a trouvé plus commode chez la Reine d'arranger des semaines. Voici quel étoit le dernier arrangement. Dans une semaine, Mme la duchesse d'Antin, Mme la princesse de Montauban, Mme de Flavacourt et Mme de Périgord qui alors n'étoit point titrée. Dans une autre, Mme la duchesse de Boufflers, Mme la duchesse de Fitz-James, Mme de Bouzols et Mme de Mirepoix. Dans la troisième, Mme la duchesse de Fleury, Mme la duchesse d'Aiguillon, Mme de Talleyrand et Mme de Gramont. La Reine vient d'arranger que dorénavant une semaine sera composée de Mmes d'Antin et de Périgord, et de Mmes de Talleyrand et de Gramont; une autre, de Mmes de Mirepoix et de Fitz-James et de Mmes de Bouzols et d'Escars. La troisième, de Mmes de Fleury et d'Aiguillon, et de Mmes de Boufflers et de Flavacourt (1).

Le corps que commande M. de Soubise a toujours été destiné à aller en Saxe et à obliger les Prussiens à abandonner cet électorat. M. de Soubise est actuellement joint avec l'armée de l'Empire que commande le prince de Saxe-Hildburghausen. L'utilité de cette jonction n'a pas été le sentiment universel dans notre ministère. On avoit fait l'observation que tant de princes réunis à la tête de leurs troupes pour former l'armée de l'Empire avoient des intérêts particuliers trop opposés pour avoir la même volonté de marcher en avant que les troupes françoises. Il y avoit même lieu de craindre que les intelligences du roi de Prusse avec une partie de ces troupes combinées, ne fût un obstacle au bien général. Cependant on a considéré que cette armée, forte de 28 bataillons et de 30 escadrons au moins, et par conséquent aussi nombreuse que celle de M. de Soubise, pouvoit rendre son corps redoutable au roi de Prusse. Ce motif et peut-être d'autres que j'ignore

---

(1) Mme de Pompadour, qui était la treizième dame du palais, reste en dehors de ces arrangements. Elle a le titre, mais ne fait pas le service.

ont déterminé à désirer la jonction, mais on a éprouvé qu'elle n'étoit pas sans inconvénient. Lorsqu'il a été question de marcher en avant, le prince de Saxe-Hildburghausen a fait assembler les commandants des différents corps, qui sont presque tous des princes, et dans ce conseil les esprits lui ont paru peu disposés à attaquer, mais seulement à se bien défendre s'ils l'étoient. Cependant la Saxe n'étant point délivrée et la saison étant déjà si avancée qu'il étoit difficile de se porter sur Leipzick qui étoit l'objet de la destination de M. de Soubise, on a cru nécessaire qu'il s'avançât au moins jusque sur la Saale et qu'il y pût prendre des quartiers d'hiver pour obliger, s'il étoit possible, le roi de Prusse, qui étoit à Naumbourg, de repasser l'Elbe. M. de Soubise n'étant pas assez en force pour faire ce mouvement sans se mettre dans le risque d'être attaqué par des forces supérieures, on a jugé nécessaire qu'il lui fût envoyé de l'armée de M. de Richelieu un renfort de troupes. Le Roi, absolument déterminé à faire marcher ce renfort, l'a mandé lui-même à M. de Richelieu; et enfin l'on a su que M. le duc de Broglio étoit parti de l'armée avec 20 bataillons et 18 escadrons, et 2 lieutenants généraux, pour joindre M. de Soubise. Par les nouvelles qu'on en a eues ils étoient à Nordhausen, qui est à peu près à moitié chemin entre Halberstadt et Erfurt.

On ignore encore quel parti prendra M. de Richelieu pour ses quartiers d'hiver. Il y avoit des avis pour qu'il appuyât sa droite à Bernbourg, sa gauche à Wolfenbuttel et le centre à Halberstadt; on croyoit cette position utile pour empêcher le roi de Prusse d'enlever les subsistances qui sont en grand nombre dans cette partie au delà de l'Elbe, et nécessaire pour mettre nos troupes en état de vivre aux dépens du pays pendant l'hiver sans être à charge au Roi, et que c'étoit le moyen de pouvoir commencer la campagne de bonne heure par le siége de Magdebourg; au lieu que faute de subsistances il faudra attendre l'année prochaine que la terre en fournisse. Mais de pareilles réflexions faites dans le cabinet doivent être toujours subordonnées à celles que fait un sage général qui voit et connoît lui-même l'état du pays dans lequel il doit s'établir.

Du mercredi 19, *Versailles.* — Le 14, M. l'évêque de Chartres arriva ici. Le Roi avoit dit la veille à M. le duc de Fleury son frère qu'il pouvoit lui mander de revenir.

Dimanche dernier 16, MM. Gilbert et Berryer, conseillers d'État, remercièrent le Roi qui vient de les faire entrer dans le conseil de dépêches. On sait que ce conseil est destiné à juger les affaires contentieuses qui sont de nature à y être portées. Tous les secrétaires d'État y rapportent les affaires dont ils sont chargés. Il n'y avoit point d'exemple qu'on ait fait entrer des conseillers d'État à ce conseil. Il y en a deux au conseil royal des finances, qui sont M. de Broust et M. Trudaine. Le Roi donne 12,000 livres d'appointements à chacun des deux nouveaux conseillers du conseil de dépêches.

J'ai déjà marqué que l'on attend la décision de M. le maréchal de Richelieu pour les arrangements qu'il croira devoir prendre par rapport à la campagne prochaine. On voudroit bien pouvoir espérer que cette seconde campagne eût des événements assez heureux pour rendre la paix à l'Allemagne. Il sembleroit qu'on auroit lieu de s'y attendre par la supériorité de nos forces sur celles du roi de Prusse. On compte que ce prince, indépendamment des 30,000 hommes qui sont en Prusse sous les ordres de M. de Lehwald et qui auront assez d'occupation dans cette partie et en Poméranie pour ne pouvoir pas se porter ailleurs, n'a tout au plus que 90,000 hommes. M. de Stainville même mande qu'il ne lui en faut compter que 82,000. Il y a actuellement en Allemagne 146,000 hommes de troupes françoises, et en comptant par bataillons et escadrons les troupes françoises et autrichiennes, sans comprendre les troupes de l'Empire, les deux puissances alliées ont 164 bataillons et 302 escadrons de plus que le roi de Prusse.

M. Desgranges vint demander ici samedi dernier l'ordre du Roi, de la Reine et de toute la famille royale pour l'heure d'une audience publique aux États d'Artois. La province d'Artois a été si touchée de la bonté que le Roi a bien voulu avoir pour elle en voulant que le prince nouveau né portât ce nom, qu'elle a cru devoir faire une députation pour marquer sa reconnoissance. Quoique le crime d'un seul scélérat ne puisse faire aucun tort réel à tant de sujets fidèles, la province étoit affligée d'avoir donné naissance à un tel monstre. La grâce que le Roi leur fait aujourd'hui a été sentie bien plus vivement par cette raison. Quoiqu'il soit dans l'usage ordinairement de ne haranguer que le Roi, ils ont désiré dans cette occasion-ci que la Reine et la famille royale fussent instruits des sentiments dont ils sont pénétrés. C'est M. l'évêque de Saint-Omer (Montlouet) qui a porté la parole. Ils ont eu aujourd'hui audience de Mme la Dauphine dans son lit. Ils ont donné une boîte d'or au Sr Jarre accoucheur, deux flambeaux d'argent à la garde et 100 louis à la nourrice.

Le Roi vient d'accorder une grâce considérable à M. le maréchal de Belle-Isle. Je crois avoir déjà marqué que voulant donner des marques particulières de bonté à un général qui en est aussi digne par son attachement à la personne du Roi et à l'État que par ses lumières, il lui fit plusieurs questions il y a trois ou quatre ans sur la situation de ses affaires. M. de Belle-Isle lui dit qu'elles n'étoient pas bonnes et qu'il devoit environ 1,200,000 livres (1); que la plus grande partie de cet argent avoit été employé pour le service de S. M.; qu'il avouoit cependant qu'il y en avoit environ un quart qu'il avoit donné

---

(1) Ce ne sont pas des dettes criardes mais à contrats de constitution, (*Note du duc de Luynes.*)

à son plaisir par les ouvrages qu'il avoit fait faire à
Bizy. Le Roi paroissant disposé à lui accorder quelque
grâce en pension ou gratification, M. de Belle-Isle le supplia de vouloir bien ne point songer à pareils bienfaits,
ajoutant qu'il y avoit tant d'officiers dignes de récompense et que S. M. avoit tant d'autres dépenses à faire,
qu'il se reprocheroit à jamais d'avoir profité à leur préjudice des grâces que S. M. vouloit lui faire; mais qu'il
pourroit se présenter quelque occasion qui lui seroit
avantageuse sans être à charge ni au Roi ni à l'État; qu'il
lui demandoit la permission d'en raisonner avec M. de
Machault, alors contrôleur général. Le Roi y consentit et
en parla lui-même à M. de Machault. Il se présenta dans
le même temps une occasion qui paroissoit favorable.
On connoît le commerce immense de la ville de Marseille
qui s'étend dans toutes les parties du monde. Cette ville,
quoique grande, n'a pas encore assez de bâtiments pour
loger tous ceux tant François qu'étrangers qui veudroient s'y établir pour le commerce; il s'y trouve un
espace d'environ 100 arpents de très-mauvais terrain et
qui n'est d'aucun usage. Une compagnie se présentoit
pour mettre ce terrain en état d'y bâtir des maisons, et
le profit de cet établissement auroit été si considérable
qu'elle se trouvoit en état de donner à M. le maréchal
de Belle-Isle, une grande somme d'argent qui lui auroit
servi à payer ses dettes et une grande augmentation de
revenu. L'examen de ce projet demandoit beaucoup
d'informations; elles furent faites avec soin; le projet fut
approuvé par un grand nombre de gens sages, mais il
y eut des oppositions, et enfin on y forma tant d'obstacles qu'il ne put réussir. Il s'en est présenté un autre depuis pour la fourniture du salpêtre qu'on auroit donnée
à 10 francs la livre, au lieu qu'il coûte au moins
20 francs. Les difficultés qui se sont présentées ont encore obligé de renoncer à cette proposition. Il vient enfin
de se trouver un autre moyen qui ne produira pas si

promptement la libération des dettes de M le maréchal de Belle-Isle, mais qui doit lui faire une augmentation considérable de revenu. Toutes les matières d'or et d'argent qui entrent en lingots dans le royaume ne peuvent être portées aux monnoies qu'elles n'aient été auparavant affinées, c'est-à-dire portées au titre où elles doivent être. Cet affinage ne se fait que dans les seules villes de Paris et de Lyon. Une compagnie étoit chargée de ce détail et pour en obtenir le privilége avoit donné 660,000 livres d'argent. Le Roi étant le maître de rentrer dans ce droit toutes et quantes fois en remboursant la finance, a donné à M. le maréchal de Belle-Isle la permission de faire ce remboursement, et en conséquence de profiter de tout le bénéfice qui en revenoit à ceux qui l'avoient entrepris. Cet arrangement fut fait dans le dernier travail du Roi avec M. de Moras, avant qu'il remit la place de contrôleur général. M. le maréchal de Belle-Isle rembourse les 660,000 livres et se charge de tous les établissements nécessaires en pareil cas, ce qui est encore un objet de 160,000 livres. Il auroit peu de bénéfice à espérer, s'il n'étoit question que de l'affinage de Paris, qui ne peut guère être évalué dans le moment présent qu'à 40,000 livres de rente ou environ; mais celui de Lyon vaut au moins autant et n'exige pas les mêmes dépenses. Il y a des gens qui prétendent que c'est un objet de 40,000 écus de rente; M. le maréchal de Belle-Isle croit jusqu'à présent qu'il y gagneroit beaucoup si on lui en donnoit 80,000 livres de rente. M. le maréchal de Belle-Isle n'a voulu accepter ce bienfait du Roi qu'à condition que les droits d'affinage seroient diminués d'un cinquième. Son nom ne paroît point dans cet arrangement. Le Roi, par édit du mois d'août, a supprimé les six charges d'affineurs, dont deux à Paris et quatre à Lyon. Deux hommes seulement prennent ces six charges; l'un est le Sr Hermant, qui a payé pour les deux charges de Paris 220,000 livres, et le Sr Bétrix 440,000 livres pour les quatre charges de Lyon. Ces deux hommes ne font que prêter leur nom et donnent une contre-lettre à M. le maréchal de Belle-Isle où ils reconnoissent qu'ils n'ont nulle part à ce payement et que tout a été fourni de ses deniers. Depuis cet arrangement, l'affinage de Paris a été affermé 40,000 livres ; à l'égard de celui de Lyon, on ne croit pas qu'il soit avantageux de l'affermer présentement, d'autant plus qu'il augmentera considérablement si l'on peut parvenir à détruire, ou au moins à diminuer, la contrebande excessive qui se fait en ce genre à Trévoux dans la principauté de Dombes (1).

---

(1) Il y a déjà quelque temps que M. le maréchal de Belle-Isle a obtenu une autre grâce du Roi. C'est une somme de 400,000 livres une fois payée sur le produit des salines. Il y en a cinq dans la Franche-Comté ou dans la Lorraine, qui sont Dieuze, Château-Salins et Salins, lesquelles sont toutes deux affermées au même fermier. Il y en a encore deux autres, dont Rozières en est une, qui ne sont point comprises dans cette ferme générale ; elles sont actuellement en régie parce qu'on ne peut pas en connoître la valeur réelle, cette valeur variant à tout moment par le mélange de l'eau douce avec l'eau salée. On travaille actuellement à Rozières à empêcher cette communication, et c'est le Sr Gauthier, dont j'ai parlé ci-devant dans ce journal, qui, en qualité de régisseur, est chargé de ce travail, conjointement avec des ingénieurs du Roi. Ce n'est donc dans le moment que sur les trois premières dont j'ai parlé que porte le bail général. Ce même Sr Gauthier et quelques autres ont proposé à M. le maréchal de Belle-Isle un projet, qui a été accepté, pour diminuer la consommation du bois nécessaire aux salines, et ce projet est une idée fort simple. On employoit à cet ouvrage des espèces de chaudières ou bassins de feu d'un certain diamètre et assez profonds ; on a augmenté beaucoup le diamètre de ces chaudières et on en a diminué la profondeur, de sorte qu'elles contiennent une beaucoup plus grande quantité d'eau salée dont les parties aqueuses s'évaporent plus aisément, la profondeur étant moins grande, et la même quantité de bois qu'on employoit fait un effet plus que double pour l'évaporation. C'est à peu près la même méthode que l'on voit employer tous les jours dans les poêles qui communiquent leur chaleur dans plusieurs chambres par le moyen de différents tuyaux sans que le feu soit plus considérable. Cet arrangement diminuant la grande consommation du bois est avantageux pour le Roi et pour le pays. Le Roi est obligé de fournir le bois, et la consommation en étoit si immense, que pour y suffire on obligeoit les particuliers à vendre leur bois contre leur volonté. Les fermiers trouvent aussi un grand bénéfice par la quantité de sel de plus qu'ils sont en état de faire. C'est sur ce bénéfice que, du consentement du Roi, ils se sont

M*me* la maréchale de Lowendal fait aujourd'hui ses révérences; c'est M*me* de Luynes qui la mène partout; elle a presque toujours été en Pologne depuis la mort de son mari.

M. le marquis de Gontaut a prêté serment pour la charge de lieutenant général de Languedoc.

M. le prince de Beauvau a été nommé aujourd'hui capitaine des gardes, et M. le maréchal de Thomond a eu le commandement de Languedoc.

M. le duc de Duras a prêté serment pour la charge de premier gentilhomme de la chambre.

Suivant les nouvelles de Silésie, les armées autrichiennes et prussiennes étoient en présence; il y avoit même de petites escarmouches entre les troupes légères de part et d'autre, ce qui fait croire que l'on pourroit avoir incessamment des nouvelles d'une bataille.

Du vendredi 21, *Versailles*. — Les mouvements de

---

obligés pendant leur bail de payer 400,000 livres à M. le maréchal de Belle-Isle; ils lui en ont déjà payé 220,000 livres.

M. de Belle-Isle me contoit à cette occasion que les idées les plus simples se trouvent quelquefois n'être pas venues dans l'esprit des gens les plus savants et les plus expérimentés; qu'il en fut témoin lorsqu'il alla faire le siége de Traerbach. Tous les ordres étoient donnés pour que les troupes destinées au siège arrivassent devant la place. Elles devoient passer à telle heure sur un pont de bateaux, et M. de Belle-Isle étoit parti quelques heures après elles et comptoit les trouver de l'autre côté du pont. En arrivant on lui dit qu'il n'y avoit encore rien de passé; qu'il avoit manqué trois bateaux pour achever le pont; qu'on en avoit bien trouvé trois, mais qu'ils étoient trop hauts; qu'on travailloit actuellement à les couper et que cela demandoit quelque temps. M. du Brocard, officier d'artillerie, vif, intelligent et capable, étoit avec M. de Belle-Isle; il alla examiner cet ouvrage et dit fort naturellement aux ingénieurs et aux autres officiers qui faisoient travailler au pont, qu'il ne comprenoit pas comment ils n'avoient pas imaginé un remède prompt pour diminuer la hauteur des trois bateaux. Il assura en même temps M. le maréchal de Belle-Isle que l'ouvrage seroit fait en un quart d'heure. En effet, ayant fait percer sur-le-champ quelques trous dans les trois bateaux, il y laissa entrer l'eau jusqu'à ce qu'il y en eût assez pour les faire descendre à la hauteur des autres. Alors ayant fait boucher les trous, il fit mettre les planches et madriers; le pont fut achevé et les troupes passèrent. (*Note du duc de Luynes*.)

l'armée de M. de Richelieu aux environs d'Halberstadt ont donné occasion de remarquer un lieu voisin de cette ville dont on se souviendra longtemps par l'événement de la prise de M. de Belle-Isle. On sait que ce lieu s'appelle Elbingerode (1). M. de Belle-Isle me contoit à cette occasion une anecdote singulière. Ce fut après la capitulation de Fribourg qu'il partit pour se rendre auprès du roi de Prusse, chargé de commissions importantes. Il alla d'abord à Francfort trouver l'Empereur Charles VII pour prendre ses dernières instructions. Il vouloit aller par la route la plus courte qui est la Saxe; l'Empereur lui dit qu'il avoit des raisons particulières pour qu'il ne prît pas cette route et lui en donna une qui passoit par Elbingerode. Le roi de Prusse n'avoit pas moins d'impatience de voir arriver M. de Belle-Isle, que M. de Belle-Isle en avoit lui-même de l'aller trouver. M. de Belle-Isle avoit écrit au ministre que le Roi avoit auprès du roi de Prusse dans ce moment, pour qu'il demandât au roi de Prusse quelle étoit la route qu'il devoit suivre pour se rendre auprès de lui. Il ne lui parloit point de celle que l'Empereur lui avoit donnée; le roi de Prusse lui envoya la même route aussi exactement conforme que si elle eût été copiée sur celle de l'Empereur. M. de Belle-Isle passa à Cassel et y vit le prince Guillaume; il s'informa encore à ce prince sur la route meilleure à tenir pour Berlin; le prince Guillaume lui donna encore la même route, quoiqu'il n'eût point connoissance de ce qu'avoit pensé l'Empereur, ni le roi de Prusse. Le prince Guillaume lui dit seulement qu'il passeroit à la vérité sur un petit terrain dépendant de Hanovre, mais que cet espace étoit fort court et que c'étoit au milieu d'une plaine où les gens à cheval qu'il menoit avec lui pourroient aisément apercevoir, et de loin, s'il paroissoit quelqu'un de suspect. Il est cependant vrai

---

(1) A cinq lieues au sud-ouest d'Halberstadt.

qu'Elbingerode est de la souveraineté de Hanovre, et il n'y a que la seule maison de la poste qui appartienne au roi de Prusse ; il l'a prise à bail emphytéotique. M. de Belle-Isle, avant de se rendre à Elbingerode, avoit couché dans une abbaye qui est entre Duderstadt et Elrick ; il s'étoit détourné d'une demi-lieue pour aller à cette abbaye et pour éviter un mauvais gîte. Le prieur de l'abbaye le reçut très-bien et s'étant informé à ses gens quelle étoit la route qu'il comptoit tenir, il parut ne point approuver que ce fût par Elbingerode croyant qu'elle pouvoit être suspecte ; il proposa un chemin plus sûr, qui ne détournoit que d'une ou deux lieues ; le valet de chambre ne dit rien à M. de Belle-Isle de cette observation du prieur, et il ne l'a su que longtemps après. Je crois avoir déjà marqué que le bailli d'Elbingerode n'avoit aucun ordre ; il n'agit que par zèle pour son souverain et il en fut bien récompensé. Il auroit pu s'en trouver mal dans les circonstances présentes, s'il y avoit encore été ; mais on a su qu'il étoit mort. M. de Belle-Isle fut pris le 24 de décembre 1744 ; il fut conduit avec une escorte qui le gardoit à vue jusqu'à Osterode, où il y avoit une garnison hanovrienne dont le commandant lui rendit toutes sortes d'honneurs et de respects ; il lui donna un mauvais dîner le lendemain, et non-seulement il ne voulut jamais se mettre à table avec lui, mais pas même s'asseoir. Les lettres qu'il fallut écrire en Angleterre, le temps des réponses et de l'arrivée de M. Bing pour le transport, firent que M. de Belle-Isle n'arriva en Angleterre que le 23 ou le 24 février 1745. M. le duc de Newcastle étoit alors ministre des affaires étrangères. M. de Belle-Isle ne craignoit point qu'on pût rien découvrir par ses papiers ; il avoit eu la précaution de déchirer ceux qui étoient dans sa poche dans le chemin d'Elbingerode à Osterode sans que le bailli hanovrien qui étoit à côté de lui s'en aperçût. Arrivé à Osterode, il avoit demandé sa cassette qui étoit sous le siége de sa voiture, et ayant employé un peu le ton d'autorité pour se défaire des deux officiers qui le gardoient à vue, il avoit fermé sa porte au verrou et brûlé peu à peu avec précaution dans un poêle tous les papiers de ses portefeuilles; mais il avoit tout droit de se plaindre, et il ne le laissa pas ignorer à M. de Newcastle. Il lui manda qu'il ne voyoit pas à quel titre il pouvoit avoir été arrêté; qu'il ne pouvoit croire qu'un membre de l'Empire eût fait arrêter dans l'Empire même un ambassadeur muni des pouvoirs de l'Empereur, avec qui ni Hanovre, ni l'Angleterre, n'étoient en guerre; que si c'étoit comme maréchal de France, il y avoit un cartel et qu'il devoit être renvoyé en payant sa rançon. La réponse de M. de Newcastle fut qu'il n'y avoit point de cartel. M. de Belle-Isle lui écrivit et lui prouva de la manière la plus claire et la plus précise la vérité de ce qu'il avoit avancé sur le cartel. M. de Newcastle lui répondit deux jours après qu'il convenoit qu'il avoit tort et qu'il s'étoit informé du cartel, qu'il y en avoit un réellement, mais que le roi d'Angleterre lui avoit dit que M. de Belle-Isle n'étoit pas dans le cas du cartel. Nouvelle réponse de M. de Belle-Isle pour faire voir la fausseté de ce raisonnement. M. de Newcastle ne répondit point par écrit; mais quelques jours après il envoya à M. de Belle-Isle un homme aussi considérable en Angleterre pour le commerce d'argent que M. de Montmartel l'est en France. Cet homme lui expliqua que M. de Newcastle n'avoit pas voulu lui écrire, n'ayant que de mauvaises raisons à lui dire en réponse des siennes; que le fait étoit qu'on le regardoit comme un homme trop considérable pour qu'on voulût le laisser en liberté pendant qu'on travailloit à l'élection du grand-duc, et qu'on étoit bien persuadé, s'il étoit libre, qu'il s'opposeroit de tout son pouvoir à cette élection; qu'ainsi il ne devoit songer à sa liberté qu'après que l'élection seroit faite. Il faut observer que l'empereur Charles VII étoit mort dix ou douze jours au plus après que M. de Belle-Isle eut été pris. Il aimoit M. de Belle-Isle et lui avoit de grandes obligations. Outre cela, il sentoit de quelle importance il étoit pour lui que la commission pour Berlin fût exécutée. Il avoit la goutte aux genoux quand il apprit l'aventure d'Elbingerode ; il fit un grand cri, et cette nouvelle fit une telle révolution que la goutte remonta et fut la cause de sa mort. M. de Belle-Isle n'eut sa liberté qu'au mois d'août ; il arriva à Calais le jour de Saint-Louis. Il y trouva Mme la maréchale de Belle-Isle, et y ayant reçu ordre d'aller joindre le Roi à l'armée, il se rendit de Calais à Gand, où M. de Séchelles vint le prendre.

Je n'ai point marqué les grâces que le Roi a accordées à Mme la maréchale de Mirepoix. Elle a 20,000 livres de pension, savoir 12,000 livres sur le commandement de Languedoc et 8,000 livres sur le trésor royal. Elle a outre cela 10,000 livres de douaire et environ 35,000 livres de rente de son bien.

J'appris hier que le Roi a donné à M. le duc de Duras l'appartement de M. le duc de Gesvres. On y ajoute celui de M. Jarre qui est à côté ; on l'accommode pour faire un appartement à M. de Duras ; celui de M. de Gesvres sera pour Mme de Duras.

Du samedi 22, Versailles. — Les chevau-légers revinrent mercredi dernier d'Arpajon, où ils avoient été en attendant de nouveaux ordres ; ils vinrent se ranger en bataille dans la grande cour, derrière la garde suisse, suivant l'usage ordinaire. Ils viennent toujours apporter leurs étendards qui sont déposés dans la chambre du Roi. Le Roi étoit près de revenir de la chasse, et la garde étoit à son poste, les armes à terre. Elle prit les armes et battit aux champs à l'arrivée des chevau-légers ; c'est l'usage et la règle. Les gendarmes arrivèrent le lendemain et prirent leur poste derrière les gardes françoises. Les gardes ne prirent point les armes et ne battirent point aux champs ; ils n'avoient point été avertis; ils n'étoient point rassemblés et leurs armes étoient aux faisceaux. Dans cette position ils ne doivent aucuns honneurs.

Le premier soin des chevau-légers en arrivant a été de s'occuper d'une fête qu'ils ont voulu donner pour la naissance de Mgr le comte d'Artois. Il étoit juste qu'une troupe de la maison du Roi, commandée par le gouverneur de la province d'Artois (1), marquât sa joie d'un fils de France de ce nom. Toute la troupe, officiers supérieurs et inférieurs, chevau-légers, même les surnuméraires, ont voulu y contribuer. La fête étoit une illumination, un feu d'artifice et un bal; elle commença hier au soir et le bal a duré jusqu'à sept heures ce matin. On dansoit en haut dans la salle des exercices; elle étoit assez grande pour qu'il y eût quatre et cinq danses en même temps. Il y a eu beaucoup de monde, très-bonne compagnie, et un grand ordre, une quantité immense de rafraîchissements de toute espèce. Les officiers et chevau-légers, même les plus jeunes, ont été tous occupés à servir les dames et n'ont pas songé à danser, quoique le bal eût commencé dès huit heures; cependant à l'arrivée de Mme de Marsan et de Mlle de Soubise, M. d'Esquelbec, comme commandant, a dansé un menuet avec Mlle de Soubise. La compagnie avoit eu l'attention de se séparer en plusieurs troupes de cinq ou six, le jeudi et le vendredi, d'aller chez toutes les dames d'honneur et les instruire de leur fête, et de les prier d'en rendre compte aux princesses auxquelles elles sont attachées. Ils ont été aussi chez toutes les dames, et tout le monde a été très-content de leurs politesses et de leur attention.

Du mercredi 26, *Versailles*. — J'ai oublié de marquer la mort de M. le marquis de Louvois; il n'avoit que dix-huit ans. J'ai déjà parlé de lui à l'occasion de la

---

(1) Le duc de Chaulnes.

course qu'il fit pour apporter le détail de la bataille d'Hastenbeck ; il étoit retourné à l'armée de M. de Richelieu, où il est mort le 29 du mois dernier. C'étoit le fils aîné de M. de Souvré, maître de la garde-robe. M. de Souvré, grand-père de M. de Louvois et aussi maître de la garde-robe, étoit fils de M. de Louvois, ministre et secrétaire d'État; il étoit frère de M. de Courtenvaux, père de M. le maréchal d'Estrées d'aujourd'hui. Ce M. de Courtenvaux avoit épousé Mlle d'Estrées, sœur de Mlle de Tourbes et de M. le maréchal d'Estrées qui avoit épousé Mlle de Noailles et qui est mort sans enfants; ainsi M. de Louvois qui vient de mourir étoit neveu à la mode de Bretagne de M. le maréchal d'Estrées d'aujourd'hui, et M. le maréchal d'Estrées d'aujourd'hui, par sa mère, est propre neveu de feu M. le maréchal d'Estrées.

M. de Conflans, lieutenant général de marine, et M. de Bompar, gouverneur général des îles du Vent, étoient ici avant-hier ; ils firent leur cour au grand couvert et le Roi leur parla beaucoup. Ce sont deux officiers distingués dans leur corps, et S. M. traite toujours avec bonté et distinction les officiers de marine dont il a autant de sujet d'être content.

Ce qui vient d'arriver à M. de Béjar fait ici beaucoup de bruit depuis deux ou trois jours, et il semble que l'on ne peut porter un jugement que l'on ne soit plus instruit, ce qui sera peut-être difficile (1). M. de Béjar, qui n'a pris

---

(1) *Extrait d'une lettre de Madrid du 14 novembre 1757.*

« L'affaire de Mme de Béjar consiste en ce que par une antipathie qu'elle a toujours eue pour son mari, et qu'elle n'a pu vaincre après vingt-quatre ans de mariage, sans qu'il se soit cependant passé aucune scène de celles qui sont assez d'usage en pareil cas, les parties ont demandé de concert à se séparer, alléguant que le mariage n'a pas été consommé. Le Pape a accordé la séparation, mais le mari a prétendu que le mariage fût déclaré nul et avoir la permission de se remarier. Après bien des refus et des délais, le Pape l'a aussi accordé : ainsi la dame va changer de nom et prendre celui de Lorraine avec sa livrée. Le roi d'Espagne lui donne un appartement dans son

15.

ce nom que depuis la mort de son père, s'appeloit Bella-Cazar. Il est dans la grande dévotion. Il épousa le 1ᵉʳ mars 1733 la fille aînée de M. le prince de Pons, sœur de Mᵐᵉ la princesse de Turenne. Il a toujours bien vécu avec elle et s'est occupé à la rendre heureuse; mais ce qui est très-singulier, c'est que quoique couchant dans le même lit avec elle, il n'a jamais usé des droits du mariage quoiqu'elle soit d'une figure très-agréable. On prétend que c'est par un principe de dévotion, qui assurément seroit très-mal entendu. Quoi qu'il en soit, après un si long espace de temps, il a voulu exercer ses droits; il faut supposer que des avis plus sages et plus éclairés l'y ont déterminé. Mᵐᵉ de Béjar n'y a pas voulu consentir et s'est retirée dans une maison de campagne où elle a vécu dans la plus grande solitude. Elle est dame du palais de la reine d'Espagne. Le roi et la reine d'Espagne, instruits de la situation de Mᵐᵉ de Béjar, paroissent avoir pris son parti. Le cardinal de Cordoue s'est mêlé de cette affaire; elle a été portée à Rome, et il est arrivé une bulle du Pape qui casse le mariage et le déclare nul. On prétend que M. de Béjar songe à se remarier et à épouser Mˡˡᵉ d'Arizza qui n'a que douze ans. La bulle du Pape est ici entre les mains de M. l'évêque de Digne.

L'expédition des Anglois bornée à l'île d'Aix a donné occasion à plusieurs vers et chansons. On trouvera ci-après ce qui m'a paru être le meilleur à garder. Le retour en Angleterre ne s'est pas fait sans de grandes huées de la

---

palais, la fait nourrir par sa bouche, et son appartement n'est rien moins que celui de M. le duc d'Albe, grand-maître, qui est depuis le mois de mai dans ses terres par permission pour rétablir sa santé. La dame y entre mercredi en revenant d'une terre de son précédent mari dans laquelle elle est depuis près de deux ans. Je ne sais si son séjour au palais sera long. Elle a beaucoup d'esprit, des amis, et est assez du goût de la Reine; elle pourroit bien jouer un rôle. Il se peut faire aussi qu'au bout de quelques mois elle retournera en France; c'est ce que le temps seul peut nous apprendre. Mais à l'égard des circonstances qui concernent le palais, peu de personnes les savent; elles surprendront bien des gens, et surtout M. le duc d'Albe. »

part des peuples ; elles ont été poussées au point que les arrivants ont pris le parti, pour couvrir leur embarras, de crier aussi fort que les autres. On voit par les nouvelles d'Angleterre que ceux qui ont eu part à cette expédition font tout ce qu'ils peuvent pour prouver qu'ils n'y ont point été ; ils disent qu'on les prend pour d'autres et qu'ils ne sont point sortis d'Angleterre.

>   Or, écoutez ce qu'avec cent vaisseaux
>   Font en dix jours deux amiraux.
>   Se montrer en bon ordre aux gens de la Rochelle,
>   Prendre une île déserte et raser un donjon,
>   Que tout Londres à l'unisson
>   Va nommer une citadelle,
>   Boire le vin de deux ou trois pitauts,
>   Piller une église, un village,
>   Laisser deux sacs pour le dommage,
>   Rentrer enfin dans les bateaux,
>   Mettre à la voile et bon voyage ;
>   Voilà ce qu'avec cent vaisseaux
>   Font en dix jours deux amiraux.

La Reine a été aujourd'hui à Saint-Louis de Saint-Cyr donner le voile blanc à Mlle Cousin de la Tour-Fondue ; elle a été élevée dans cette maison. On dit qu'elle est grande et bien faite. M. l'évêque de Laon a suivi la Reine en habit court. M. l'évêque de Chartres a fait la cérémonie. La Reine y a entendu la messe et ensuite le sermon du P. d'Héricourt, théatin, qui n'a point fait de compliment. La Reine apparemment lui avoit fait dire qu'elle n'en vouloit point. La Reine n'avoit dans son carrosse que Mme de Luynes, Mme la duchesse de Boufflers et Mme la comtesse de Gramont ; il n'y avoit personne dans le second carrosse. La Reine est partie après onze heures et n'est revenue ici qu'à deux heures.

Le Roi est à Choisy depuis lundi et ne revient ici que vendredi.

Du jeudi 27, *Versailles.* — J'ai marqué ci-dessus que M. Berryer a été nommé pour entrer au conseil de dépêches avec M. Gilbert. La place de lieutenant de police ne pouvant s'accorder avec l'assiduité que demande le conseil de dépêches, M. Berryer a donné sa démission, et le Roi a nommé pour le remplacer dans la police M. Bertin, intendant de Lyon. L'intendance de Lyon n'est pas encore donnée; elle paroît destinée à M. de la Michaudière, intendant d'Auvergne, s'il veut l'accepter; il est désiré à Lyon; et en ce cas, l'intendance d'Auvergne sera vraisemblablement donnée à M. de Balinvilliers, maître des requêtes fort estimé.

Du vendredi 28, Versailles. — Le fameux M. de Réaumur est mort ces jours-ci à Paris; il avoit quatre-vingts ans. Il avoit un cabinet d'histoire naturelle extrêmement riche et digne de curiosité. Outre cela, M. d'Ons-en-Bray lui avoit laissé la jouissance, sa vie durant, de son admirable cabinet, dont il avoit donné la propriété à l'académie des sciences.

Mme la duchesse d'Aiguillon accoucha avant-hier d'une fille, après avoir été bien incommodée pendant sa grossesse et surtout à la fin. Elle a eu des garçons, mais ils sont morts. Elle avoit déjà une fille qui a environ douze ans.

Il paroît par les nouvelles de l'armée de M. de Richelieu, du 16 et du 17, que les premiers projets d'établissement pour les quartiers d'hiver sont suspendus, ce qui fait juger que ce ne sera qu'après l'arrivée de M. de Crémille que tout sera réglé. On croit être sûr que le roi de Prusse se retire du côté de Leipsick. Les nouvelles de l'armée de l'Impératrice-Reine en Silésie sont que Schweidnitz est investi. Le prince de Bevern, qui est sous Breslau, se trouve si pressé, qu'il demande du secours.

On n'a point encore de nouvelles certaines de ce que fait l'armée de M. de Soubise.

Il paroît très-certain que l'impératrice de Russie est très-mécontente du mouvement que fait le général Apraxin pour se porter en arrière sur le prétexte du défaut de subsistances. L'officier autrichien qui est à la suite de cette armée a prouvé très-positivement à M. Apraxin qu'il pouvoit faire subsister son armée sans se retirer. Les dispositions dans lesquelles est la czarine par rapport au roi de Prusse font juger que les assurances qu'elle donne du plus véritable intérêt à la cause commune sont très-sincères, d'autant plus que son avantage réel se trouvera à diminuer la puissance prussienne. On croit être sûr que M. Apraxin a reçu de nouveaux ordres et qu'il se porte en avant du côté de Memel.

Le Roi est revenu ce matin de Choisy; il y retourne encore mercredi; on y compte 26 voyages d'ici au carême.

M. le président de Novion a vendu sa charge de président à mortier à M. de Bercy, son beau-frère.

On apprend qu'un des généraux autrichiens est entré dans Berlin, et qu'il y a demandé 3 millions de contributions, mais ayant su qu'il marchoit un corps de troupes prussiennes au secours de cette ville, il a réduit cette somme à 200,000 écus qui lui ont été payés. Cette action ne s'est pas passée sans effusion de sang. Il y avoit dans Berlin 2 bataillons qui ont pris les armes; ils ont été fort maltraités, on leur a fait 400 prisonniers et pris 6 drapeaux. La reine de Prusse n'a eu que le temps de se retirer à Spandau.

Du lundi 31, *Versailles.* — J'ai marqué que M. l'évêque d'Orléans (Laval-Montmorency) avoit été nommé à l'évêché de Condom; cette nomination n'a été faite qu'en conséquence de la démission qu'il a donnée au Roi de l'évêché d'Orléans. Cette démission donne occasion aujourd'hui à une grande difficulté. On fait une grande différence entre les deux effets de la démission que peuvent donner les évêques; ils renoncent à la jouissance du temporel de leurs évêchés par la démission qu'ils donnent au Roi, ceci dépend de leur volonté; mais ce qui n'en dépend pas, c'est de renoncer à la juridiction spirituelle. Ils ne peuvent perdre cette juridiction que lorsque leur démission est acceptée à Rome, et elle n'est censée acceptée qu'après la préconisation ou même après la proposition de tel ou tel pour remplir le siége vacant; ou de l'évêque démis pour remplir un autre siége. Je dis préconisation ou proposition; cela ne fait la différence que d'un consistoire à l'autre, et il y a différents sentiments sur cet article. C'est lorsque les bulles sont reçues que l'évêque acquiert la plénitude de pouvoir sur l'évêché auquel il est nommé; mais pour qu'il n'en conserve plus sur celui dont il se démet, ce ne peut être que par le consentement du Pape, comme il vient d'être expliqué, parce que c'est du Pape seul qu'il a reçu le pouvoir d'exercer la juridiction spirituelle, et que ce n'est par conséquent que par cette même autorité qu'il peut y renoncer. Qu'arrive-t-il donc, en pareil cas? Si les affaires de l'évêque qui s'est démis, ou quelque autre raison, l'empêchent de demeurer dans le diocèse, il donne des pouvoirs à des grands-vicaires ou même aux chapitres. Les chapitres, ordinairement fort empressés à exercer la juridiction dans les vacances, profitent volontiers de toutes les occasions; cependant ils n'en ont réellement le droit que dans le cas de vacance par mort ou par démission de l'évêque acceptée par le Pape; car dans tout autre cas, comme d'une absence longue qui paroîtroit un abandon du diocèse, d'une maladie qui mettroit l'évêque hors d'état de gouverner, ou autre semblable, l'administration spirituelle va de droit au métropolitain. M. l'évêque d'Orléans, fatigué de l'indisposition des esprits qu'il n'a que trop éprouvée à Orléans, ne voulant point exposer au même sort des grands-vicaires sur lesquels il pourroit compter, et craignant que le chapitre, s'il agissoit en son nom, ne se conduisît pas suivant ses intentions, a cru apparemment qu'il étoit plus court de renoncer à toute juridiction, et qu'il le pouvoit faire. En conséquence, M. de Saint-Florentin a écrit au chapitre pour l'exhorter à se conduire sagement. Cette lettre est publique; elle est dans *la Gazette*. Le Clergé se plaint actuellement, et dit que M. d'Orléans a fait ce qu'il ne pouvoit pas faire; il dit que depuis 1647 au moins, l'usage qu'il soutient est constant, et qu'il y a six arrêts du conseil qui le confirment.

NOVEMBRE.

Nouvelles des armées. — Nouvelles diverses de la Cour. — Détails sur les mouvements de l'armée du maréchal de Richelieu depuis le 13 septembre et nouvelles de l'armée de M. de Soubise. — Renforts envoyés au prince de Soubise par le maréchal de Richelieu. — Premiers mouvements du roi de Prusse contre l'armée du prince de Soubise et l'armée des Cercles. — Nouvelles de la flotte anglaise. — Premières nouvelles de la bataille de Rosbach. — Notice biographique sur dom Calmet. — Nouvelles de la bataille de Rosbach. — Prisonniers de guerre en Angleterre. — Mort de l'infant de Portugal don Antoine. — Mariage de M. Le Franc avec Mme Dufort. — Les Hanovriens n'exécutent pas la convention de Closter-Severn. — Le maréchal de Richelieu retourne dans le Hanovre. — La convention de Closter-Severn conclue par trois personnes qui n'avaient pas de pouvoirs; critique de cet acte. — Démission de la duchesse d'Antin. — Capitulation de Schweidnitz. — Nouvelles de la flotte de M. Dubois de la Mothe. — Mort du Grand-Seigneur. — Nouvelles diverses de la Cour. — Détails sur la campagne de M. Dubois de la Mothe. — Mort de l'électrice de Saxe. — Nouvelles de l'armée du maréchal de Richelieu.

Du mercredi 2, *Dampierre*. — Ce fut hier M. l'évêque de Saint-Omer (Montlouet) qui officia. La quêteuse fut Mme de Narbonne, qui est attachée à Madame Infante. On sait que les dames craignent toujours d'être nommées pour la quête; mais elles auront de la tranquillité au moins d'ici à la Chandeleur, parce que Madame Infante a dit à Mme de Luynes qu'elle désiroit que ses trois dames, Mmes de Narbonne, de Malaspina et de Damas, quêtassent chacune deux fois. Le P. Chapelain, jésuite, fameux prédicateur, prêcha. Il est inutile de dire que la Toussaint est le premier sermon de l'Avent.

On trouvera ci-après les nouvelles de la position de nos armées.

Position de l'armée de M. de Soubise, du 13 octobre.

Le corps de l'armée est toujours à Langensalza (1) et les corps détachés dans leur même position.

M. le duc de Broglio doit être arrivé avec son corps de renfort à Mulhausen (2), dans laquelle position il est à portée de se joindre à M. de Soubise parce qu'il n'y a qu'une marche entre ces deux différentes positions. Cette jonction paroît d'autant plus certaine que l'armée du roi de Prusse s'est repliée de Buttelstedt (3), où elle étoit, à Eckardsberg (4), ainsi que le corps de troupes qui étoit à Naumbourg (5) aux ordres du prince Maurice d'Anhalt-Dessau, qui s'est aussi replié en arrière entre cette ville et Weissenfels (6); ce qui annonce une retraite de la part des Prussiens vers Leipsick en côtoyant la Saale.

Les deux armées autrichienne et prussienne étoient du 2 au 3 octobre en présence et à une demi-lieue de France l'une de l'autre, près de Breslau, n'étant séparées que par le ruisseau de Lohe, dont les troupes légères des deux armées gardent les bords et se canonnent et fusillent. L'armée impériale a sa droite au village de Strochawitz et sa gauche à la hauteur de Marchwitz, ayant Lissa derrière elle.

L'armée prussienne a sa droite à Cosel et sa gauche au village de Kleinmachber et Breslau derrière elle.

L'armée des Russes s'est repliée à Tilsit, où elle est arrivée le 23 septembre, et celle des Prussiens aux ordres de M. de Lehwald, en les suivant, étoit le 23 à Georgenbourg de l'autre côté du Pregel.

Du 24 octobre. — Les troupes du Roi qui composent l'armée de M. de Soubise, y compris le renfort ainsi que celles de l'Empire aux ordres de M. le prince de Hildburghausen, sont en pleine marche pour se porter en cantonnement, savoir les premières à Naumbourg, où elles joindront M. le prince de Soubise qui y est arrivé avec deux brigades de cavalerie et 12 compagnies de grenadiers. Les troupes de l'Empire arriveront à Schkœlen (7), où M. le prince de Hildburghausen est aussi

---

(1) A deux lieues et demie au nord de Gotha.
(2) A près de quatre lieues au nord de Langensalza.
(3) A trois lieues au nord de Weimar.
(4) A quatre lieues et demie à l'est de Buttelstedt.
(5) Ville sur la Saale au confluent de l'Unstrutt, à sept lieues et demie au sud-ouest de Leipsick.
(6) Ville sur la Saale à deux lieues et demie au nord-est de Naumbourg.
(7) A trois lieues et demie au sud de Naumbourg.

NOVEMBRE 1757.

arrivé avec un détachement. On compte que toutes les troupes devoient être arrivées à hauteur de ces deux endroits à la fin du mois d'octobre.

Les corps avancés de MM. de Saint-Germain, London, Czezeny, sont à Pegau vers Leipsick. M. le comte de Mailly avec son détachement est à Plossen. M. le comte de Lorges a passé l'Unstrutt à Freybourg pour se porter vers Mersebourg, où le maréchal de Keith s'est retiré avec un corps.

Les troupes de Fischer sont auprès de Halle, et M. de Turpin a été détaché par M. le maréchal de Richelieu pour se porter sur Bernbourg.

Le corps d'armée du roi de Prusse est à Leipsick, et l'on croit qu'il doit se porter sur Torgau, où est M. le prince d'Anhalt-Dessau.

Du vendredi 4; Dampierre. — Le fils aîné de Mme de Bassompierre est mort de la petite vérole à l'armée; il paroissoit avoir environ vingt ans.

Extrait d'une lettre de Versailles, du 6.

M. de Soubise prend ses quartiers d'hiver.

M. le duc de Saint-Aignan a demandé aujourd'hui l'agrément de son mariage avec Mlle Turgot. Le mariage se fera mercredi 9; immédiatement après le mariage ils iront à une terre qui s'appelle le Tremblay auprès de Pontchartrain, où ils resteront quelques jours; ensuite la présentation.

Le Roi ayant donné l'abbaye de Cluny à M. l'archevêque d'Alby, a demandé en même temps à ce prélat de donner le prieuré de la Charité à M. l'abbé comte de Bernis (car c'est ainsi qu'on l'appelle); il a attendu que ses bulles fussent arrivées pour déclarer sa nomination, et il les a apportées ce matin au Roi. Ils ne sont point venus chez la Reine. Ce bénéfice vaut 18 ou 20,000 livres de rente et a beaucoup de collations.

M. le bailli de Saint-Simon prend congé ce matin pour aller à Malte, où il espère être élu grand-maître. Il y a plusieurs grandes croix qui l'ont appelé dans la crainte que ce ne fût le bailli de Tencin qui a aussi des partisans. Le grand-maître n'est pas mort.

Les nouvelles du Pape n'étoient pas bonnes jeudi; il a été saigné et avoit de la fièvre.

M. de Langeron va commander à Bordeaux à la place de M. le maréchal de Thomond.

Du mardi 8, Dampierre. — Il y a quelques jours que M. de Courson, exempt des gardes du corps, mourut à

Paris de la petite vérole. Il étoit fils de feu M. de Courson et de Mlle de Villacerf. Il avoit environ vingt-cinq ans. Il n'étoit point marié. Il a un frère et une sœur qui ne sont mariés ni l'un ni l'autre.

Du jeudi 10, *Dampierre*. — M. de Bauffremont vient d'être décoré d'un nouveau titre. On trouvera ci-après la copie d'une lettre qu'il vient d'écrire à Mme de Luynes.

D'Halberstadt, du 31 *octobre* 1757. — Madame, mon service actuel m'empêchant de pouvoir avoir l'honneur de vous prier de me faire faire mon remercîment à la Reine, j'ai l'honneur de vous supplier de vouloir bien lui faire part d'une grâce que l'Empereur m'a accordée, avec la permission du Roi, en confirmant dans la personne de mes frères et dans la mienne un diplôme de prince de l'Empire qui fut accordé en 1623 par l'empereur Ferdinand II à Charles-Emmanuel de Gorrevod, duc de Pontdevaux, dont les biens à l'extinction de cette maison ont été adjugés à la mienne comme descendante de la fille aînée, sous la condition d'en joindre le nom et les armes aux nom et armes de Bauffremont. Le Roi m'a permis en conséquence de m'appeler le prince de Bauffremont, et c'est sous ce titre que je vous supplie de vouloir bien me mettre aux pieds de S. M. et faire agréer à la Reine mes très-humbles remercîments. Les marques de bonté que vous avez bien voulu me donner, Madame, en toutes occasions, me font espérer que vous voudrez bien vous intéresser à cette distinction, et recevoir les assurances du plus profond respect avec lequel j'ai l'honneur d'être, etc.

LE PRINCE DE BAUFFREMONT.

On trouvera ci-après la suite des nouvelles qui me sont venues de l'armée du Bas-Rhin.

De Verden, du 13 *septembre* 1757. — Le roi de Prusse vient au-devant de M. le prince de Soubise, qui a envoyé aujourd'hui un courrier à M. le Maréchal par lequel il lui mande que le roi de Prusse n'est plus qu'à dix lieues de lui et qu'il a passé la Saale. Il y a apparence que le roi de Prusse ne savoit point la capitulation des Hanovriens et que sa marche n'étoit que pour les rassurer. Nous allons montrer une tête du côté de Brunswick ; mais avant que ce projet puisse s'exécuter le roi de Prusse se sera retiré, ou il aura donné un combat.

A Celle, le 18 *septembre*. — Voici ce que l'on mande de l'armée de M. de Soubise du 13 :

Le roi de Prusse s'étant porté sur Erfurt, nous nous sommes retirés de Gotha, et nous irons demain à Eisenach prendre une position à l'entrée des gorges, et l'on prendra toutes les précautions possibles pour se mettre à couvert d'insultes en cas que le roi de Prusse vienne nous attaquer comme il y a apparence. La citadelle d'Erfurt, dite Saint-Pétersberg, est occupée par 4 bataillons des Cercles ; le commandant a promis de tenir quinze jours ; en ce cas le roi de Prusse sera retiré.

Du 20, sans date du lieu ni du mois. — M. le marquis de Lusignan, colonel, a été détaché avec 500 chevaux en avant d'Osterwick. M. de Château-Thierry, capitaine dans Rohan-Rochefort, qui commandoit 200 volontaires est revenu avec 170 hommes. Deux officiers de cavalerie sont revenus avec de petits détachements sans avoir eu nouvelles de M. de Lusignan, ce qui fait craindre qu'il ne soit pris. Le prince Ferdinand a paru à Aschersleben-sur-Leine (1) avec une tête de 8,000 hommes. L'on va envoyer dès demain des troupes à Hornbourg-sur-l'Isle qui se porteront ensuite à Osterwick (2), poste assez bon. Fischer est détaché dans cette partie.

M. le Maréchal part le 22 pour Wolfenbuttel. La campagne recommence ; elle sera plus ou moins longue, selon ce qui se passera entre l'armée du roi de Prusse et celle de M. de Soubise.

Nous tirons des contributions du comté de Dauneberg et de la partie de Brandebourg qui est à la rive gauche de l'Elbe.

Au camp de Konig-Lutter, le 22 septembre. — Tout ce que nous avons appris ici, c'est que le roi de Prusse a fait un détachement de son armée de 9 à 10,000 hommes qu'il a envoyés à Halberstadt s'emparer des magasins que Fischer y avoit fait rassembler. Les troupes qu'on avoit mises pour la garde de ces magasins se sentant trop inférieures se sont retirées. M. de Lusignan, qui étoit en avant avec 500 hommes, a été surpris et enlevé. On prétend que le roi de Prusse lui-même étoit à la tête de cette expédition.

M. le Maréchal rassemble son armée entre Brunswick et Wolfenbuttel ; il fait marcher M. le duc de Chevreuse en avant jusqu'à Konig-Lutter, pour couvrir, le camp jusqu'à ce que l'armée soit rassemblée. M. le duc de Chevreuse n'a plus que ses 4 régiments de dragons ; les 14 escadrons de cavalerie et la brigade d'infanterie qu'il avoit à ses ordres rejoignent aujourd'hui l'armée à Brunswick. M. le Maréchal avec tout son quartier général est allé aujourd'hui s'établir à Wolfenbuttel. On prétend qu'il y a toujours des hussards prussiens dans les

---

(1) La Leine est un ruisseau qui se jette à Aschersleben dans la Wipper, affluent de la Saale. Aschersleben est à dix lieues au sud de Magdebourg. La suite des mouvements de l'armée nous fait croire que l'auteur de la lettre se trompe et veut parler de Oschersleben, petite ville sur la Bode.

(2) Hornbourg ou Horneburg et Osterwick sont à quelques lieues au sud de Wolfenbuttel.

bois dont nous sommes environnés; ce qui nous mettra dans la nécessité d'être toujours alertes.

A Wolfenbuttel, le 24 septembre. — Une partie de l'armée va demain au camp d'Hachein à une demi-lieue [au N.] de Hornbourg, où le 26 M. le Maréchal se rendra. Le 27, arrivera ici la dernière division aux ordres de M. le marquis d'Armentières. Ainsi le 28, toute l'armée pourra être assemblée. Il y a eu 299 tant cavaliers que soldats de pris et 18 domestiques, un colonel, plusieurs capitaines et officiers suivant l'état qui a été envoyé du camp du prince Ferdinand.

L'on débitoit aujourd'hui, et c'est le ministre du duc de Brunswick, que le roi de Prusse repassoit l'Elbe, et que le prince Ferdinand quitteroit bientôt Halberstadt. Ce pays est la terre promise. L'on ne peut imaginer la quantité immense de seigle et de froment qui est dans ce pays-ci; nous en avons tiré immensément, et nous espérons en tirer davantage.

Le nouveau camp d'Hachein sera à une demi-lieue de Hornbourg sur une hauteur qui domine ce village; de là à Osterwick il y a 2 lieues; le canal est devant le camp.

M. le baron de Besenval est parti hier avec 1,000 hommes pour aller à Goslar, à environ 7 lieues d'ici; cette ville est sur la Gose. Autrefois les empereurs y tenoient leur cour.

Le canal commence à la cense Tempelhof et va jusqu'à Oschersleben (1); il a environ 11 lieues de long; il est très-marécageux.

A Wolfenbuttel, le 25 septembre. — M. le Maréchal part demain 26 pour aller au camp d'Hachein, où la plus grande partie de l'armée sera réunie; il doit marcher le 27 ou le 28 à Hornbourg, et le 29 à Halberstadt. M. le duc de Chevreuse doit arriver le même jour à Oschersleben sur le canal, et M. le marquis d'Armentières soutenir Fischer qui sera à Quedlinbourg, abbaye de chanoinesses, dont la sœur du roi de Prusse est abbesse.

M. de Lusignan a été pris à Egeln, sur la Bode, qui se jette dans la Saale, les hussards l'ayant tourné; il avoit 200 chevaux en avant.

Il y a toute apparence que le prince de Brunswick se retirera et que nous viendrons prendre nos quartiers d'hiver dont les troupes ont grand besoin.

M. le Maréchal a reçu nouvelle que les Suédois sont à Stettin; ils peuvent facilement aller à Berlin n'y ayant aucunes troupes dans le pays.

Du camp de Bornem, le 25 septembre. — Le roi de Prusse est celui qui nous occupe aujourd'hui. On envoie tous les jours des

---

(1) Oschersleben, sur la Bode, est entre Halberstadt et Magdebourg.

détachements à la guerre pour avoir de ses nouvelles; mais on ne rencontre personne, pas même de ses hussards. Les paysans assurent qu'il a marché sur Magdebourg et qu'il doit même y être à présent, mais nous n'en avons d'ailleurs aucune certitude. Quoique nous ayons abandonné les bords de l'Elbe du côté de Stade, nous avons cependant toujours conservé Harbourg, où il y a une garnison de 8 à 900 hommes. C'est beaucoup trop, la ville n'ayant qu'une mauvaise enceinte, ouverte même en plusieurs endroits, et par conséquent pas tenable, et pouvant être aisément emportée d'un coup de main; mais 2 ou 300 hommes dans le château avec des vivres et des munitions peuvent y tenir très-longtemps, parce que les fortifications en sont très-bonnes et en bon état, et qu'il est entouré d'un double fossé fort large et rempli d'eau par un bras de l'Elbe. Nous sommes d'ailleurs maîtres d'un autre fort nommé Operchantz (?), qui est construit dans une île au milieu de l'Elbe, à peu près à la hauteur de Winsen (1).

Voilà la position dans laquelle il y a lieu de croire qu'on va bientôt prendre des quartiers d'hiver; on n'y sera pas fort à son aise; le pays étant en général fort mauvais, rempli de bruyères, de landes et de marais, point du tout de froment, peu de seigle; de l'avoine et des prairies à la vérité, mais en petite quantité, et le foin mauvais, les prairies étant trop humides, remplies de joncs et de grosses herbes. Du côté de Hanovre, la terre est fertile et les prairies excellentes.

Au camp de Schoning, *le 28 septembre.* — M. le Maréchal a fait avancer jusqu'ici M. le duc de Chevreuse avec les troupes qu'il commande pour couvrir son flanc gauche et inquiéter les ennemis s'ils prennent ce chemin-ci pour se retirer à Magdebourg; mais ils en ont un autre, plus long à la vérité, mais beaucoup plus sûr; et il y a lieu de croire que c'est celui-là qu'ils auront pris s'ils se sont retirés; nous n'en avons encore aucune nouvelle.

A Halberstadt, ce 29 septembre. — L'armée est arrivée aujourd'hui; elle est entièrement réunie sous Halberstadt, le camp à la ville et le ruisseau d'Holtzemme devant elle. M. d'Armentières va arriver à la droite de l'abbaye de Quedlinbourg; M. le duc de Chevreuse est à la gauche, à Oschersleben sur la Bode; M. le marquis de Voyer en avant de l'armée à Gruningen, à 2 lieues d'ici.

Les ennemis se sont retirés et ont campé hier à Wantzleben à 4 lieues [au S.-O.] de Magdebourg (2); on croit qu'ils sont aujourd'hui sous le canon de cette place. La gendarmerie sera le 3 à Osterwick.

---

(1) Sur la Luhe, entre Harbourg et Lunebourg.
(2) Et à deux lieues et demie au nord-est d'Oschersleben.

Nous sommes partis le 11 de Closter-Severn, et le 29 l'armée est arrivée sous Halberstadt, ce qui fait 50 lieues (1).

A Halberstadt, le 2 octobre. — Voici la position de notre camp. L'armée a devant elle la ville d'Halberstadt et la rivière d'Holtzemme, la gauche appuyant à Gross-Quenstadt; le corps de M. de Voyer en avant à Gruningen; les hussards à Kroppenstedt avec des partis en avant ainsi qu'à Hamersleben; M. d'Armentières à Quedlinbourg, son camp appuyant sa droite à la ville, sa gauche à un ravin, ayant devant lui les deux bras de la Bode; M. le duc de Chevreuse en arrière des deux près de la Bode, tenant Oschersleben par des détachements; des communications tout le long de la rivière.

Le roi de Prusse est à Naumbourg sur la Saale; il est possible qu'il vienne de ce côté-ci. L'on va reconnoître un champ de bataille. On reconnoît des marches en cas que l'on en ait besoin. D'ailleurs, il y a apparence que nous resterons tranquilles, ce qui est avantageux, parce que nous ménagerons nos quartiers d'hiver, et que nous mangeons le pays du roi de Prusse.

Le roi de Prusse a donné ordre que l'on renvoyât tous les officiers qui ont été pris; ils sont arrivés aujourd'hui; M. le maréchal a bien reçu M. de Lusignan. On a gardé les soldats et cavaliers.

A Halberstadt, le 6 octobre. — L'on dit ici que le roi de Prusse est retourné à Erfurt et M. de Soubise à Eisenach. On envoie d'ici 20 bataillons et 18 escadrons dans la communication d'ici à Eisenach aux ordres de M. le duc de Broglio.

Troupes qui vont à Nordhausen et à Mulhausen dans la communication entre Halberstadt et Eisenach.

INFANTERIE.	*Bataillons.*	CAVALERIE.	*Escadrons.*
La Marine	4	Saluces	2
Mailly	4	d'Escars	2
Provence	2	Condé	2
Reding	2	Lameth	2
Salis	2	La Reine	2
Condé	2	Lusignan	2
Saint-Germain	1	Bourbon-Busset	2
Royal-Pologne	1	Bourbon-Prince	2
La Marck	2	Beauvilliers	2
	20		18

---

(1) En 18 jours, soit à peu près trois lieues par jour.

M. le duc de Broglio.

MM. du Poulpry.	MM. d'Escorailles.	MM. de Montboissier.
Beaucaire.	Rufey.	d'Ailly.
du Rumain.	Fouquet.	d'Orlick.

A Halberstadt, le 7 octobre. — Le roi de Prusse ayant repassé la Saale et étant actuellement à Naumbourg, on pense que la campagne est finie. En conséquence, M. le prince de Condé donne l'ordre lundi et prend congé, et M. le comte de la Marche mardi; ils passent par Cassel, 40 lieues; Francfort, 36; Mayence, 8; Sarrelouis, 30; Metz, 9; Verdun, 13; Châlons, 19; Paris, 40. Total 195 lieues.

L'armée a été aujourd'hui au fourrage; ce pays-ci est extrêmement abondant.

L'on a remarqué qu'il ne nous est pas déserté 10 hommes pendant la campagne. MM. les inspecteurs sont fort contents de l'état de l'infanterie.

A Oschersleben, le 11 octobre. — On assemble des magasins à Brunswick, à Wolfenbuttel et dans les villes circonvoisines; on croit que c'est pour y prendre des quartiers d'hiver, et afin de se trouver à portée de faire le siége de Magdebourg au printemps prochain.

A Oschersleben, le 16 octobre. — Les ennemis viennent de temps en temps nous tirer quelques coups de fusil; ils sont actuellement à un des postes avancés à une demi-lieue d'ici; on vient d'y envoyer les piquets de notre camp pour les faire retirer.

A Halberstadt, le 16 octobre. — M. le prince de Soubise est venu à Langelsalza au-devant du corps que lui mène M. le duc de Broglio; il demande du canon, mais il est difficile de lui en mener, les chemins étant très-mauvais. On a envoyé 10 bataillons et 10 escadrons à M. le duc de Chevreuse, qui a devant lui le prince Maurice soutenu d'une garnison que l'on dit de 25,000 hommes. On a trouvé une fille soldat dans le régiment d'Enghien; M. le Maréchal lui a donné 4 louis; elle a fait 50 ou 60 louis.

A Halberstadt, le 20 octobre. — M. le Maréchal a envoyé 20 bataillons et 18 escadrons à M. le prince de Soubise. Les soldats n'avoient ni souliers ni tentes; on a commandé des souliers, et M. le prince de Soubise fait faire des tentes à ses dépens.

M. le prince Ferdinand de Brunswick est parti de son camp avec ses troupes et s'est retiré à Magdebourg. Le roi de Prusse est à Leipsick; on ne doute pas que son corps ne se soit aussi retiré.

M. de Bourcet est ici; il est allé examiner aujourd'hui la position de Quedlinbourg avec M. le comte de Maillebois.

A Oschersleben, le 21 octobre. — Oschersleben est une très-petite ville; elle est entourée de murs de tous les côtés, excepté par un endroit que des vergers et des ravins défendent. La Bode passe à un des bouts de la ville; et pour être campés militairement nous avons mis 6 bataillons bordant cette rivière avec les dragons en seconde ligne et la cavalerie aux ailes. Des canaux et des marais appuyent nos flancs; 7 bataillons sont en avant de la ville et la couvrent. A une lieue de nous, sur notre droite, nous avons un poste assez considérable à Hamersleben, tant de grenadiers que de cavaliers ou de dragons. Cette ville a une abbaye catholique assez riche et bien bâtie, ce qui est rare dans les terres du roi de Prusse, car il sécularise assez volontiers toutes ces abbayes. Nous avons envoyé jusqu'à présent des détachements à Schermeck et Amfurt qui sont deux villages en avant de nous, et dans lesquels nous avons fait quelques fourrages il y a huit ou dix jours, quoique ces villages soient beaucoup plus près des ennemis que de nous, et ils nous ont envoyé seulement quelques hussards que nous avons repoussés. Les dernières nouvelles que nous avons eues des ennemis sont que les 10,000 hommes qui nous faisoient face sont rentrés hier à Magdebourg.

A Halberstadt, le 22 octobre. — Voilà l'armée qui va enfin entrer en quartiers d'hiver :

Le régiment du Roi à Cassel, la gendarmerie en Hesse, le régiment Dauphin-Infanterie à Munden, Lyonnois à Nienburg, Brancas à Hamlen, Royal à Meurs, La Rochefoucauld à Orsoy, les Cravates en Hesse.

L'armée fera encore un fourrage.

A Oschersleben, le 23 octobre. — L'armée commence à se séparer. Des régiments qui sont ici aux ordres de M. le duc de Chevreuse, celui d'Alsace est parti ce matin pour se rendre à Harbourg, et ceux de Mestre de camp, des Cravates, de Marcieux et de Wurtemberg, tous quatre cavalerie, partent demain matin pour se porter presque tous dans le pays de Clèves. Il partira un ou deux régiments de dragons le 26, et tout le reste successivement. Il est certain que le prince Ferdinand va joindre le roi de Prusse à Leipsick, s'il y est encore.

Au camp d'Oschersleben, le 24 octobre. — M. le prince Ferdinand, qu'on avoit dit parti avec toutes ses troupes pour rejoindre le roi de Prusse, ne l'est point; il étoit encore hier au soir dans Magdebourg. M. de Ceccati, l'un des aides de camp de M. le duc de Chevreuse, y fut hier pour reconduire deux officiers prussiens. Il a beaucoup parlé à ce prince et a soupé avec lui; il lui a dit qu'il étoit destiné à rester dans Magdebourg dont il est gouverneur, et à défendre cette place en cas qu'elle soit attaquée. M. de Ceccati dit avoir vu beaucoup de troupes dans la ville, mais pas un seul homme de cavalerie. Il a fait cette observation au prince Ferdinand, qui lui a répondu que toute sa cavalerie campoit de l'autre côté de l'Elbe; mais on prétend qu'elle est partie pour Leipsick.

NOVEMBRE 1757.

A Halberstadt, le 30 *octobre.* — Il y a une nouvelle capitulation avec les troupes à la solde de la Grande-Bretagne et les Hanovriens; on croit que les troupes de Brunswick entreront à notre service.

A Halberstadt, le 1er *novembre.* — M. le Maréchal a eu nouvelle aujourd'hui que M. le prince de Soubise avoit envoyé ses hussards en avant et qu'ils étoient dans Leipsick.

Position des armées dans la haute Saxe, du 2 *novembre.* — Le gros de l'armée de Soubise est à Weissenfels, et les corps avancés sont jusqu'à Lutzen, sur le chemin et à 3 lieues de Leipsick. Le reste de cette armée est entre Naumbourg et Weissenfels. Celle de l'Empire a marché en cantonnant et est à même hauteur sur la droite. Le premier renfort aux ordres de M. le duc de Broglio s'est porté de Mulhausen près de Naumbourg, et le second que M. le maréchal de Richelieu a détaché de son armée, composé de 10 bataillons et 20 escadrons, est parti de Quedlinbourg le 1er novembre et doit être à Wolkstædt, à deux marches de Naumbourg, le 4.

Les troupes de Fischer sont dans Halle et le prince Ferdinand de Brunswick, qui étoit dans cette ville avec le corps qu'il commande, s'est porté au-dessous de Leipsick, à Schkeuditz sur l'Elster, branche de la Luppe. Le roi de Prusse est toujours à Leipsick.

Du 2 *novembre.* — Les armées de Soubise et de l'Empire qui étoient à Veissenfels et aux environs se sont mises en mouvement le 30 octobre. Elles ont passé la Saale et se sont portées à Mucheln sur la gauche du chemin de Naumbourg à Mersebourg, entre ces deux villes. Dans cette position les deux armées se trouvent réunies et entièrement rassemblées. Ce mouvement a fait porter l'armée du roi de Prusse en avant le même jour à Lutzen, et le 31 il marcha avec un corps sur Weissenfels où M. le prince de Soubise avoit laissé un détachement de grenadiers aux ordres de M. de Crillon qui avoit ordre de se replier, ce qu'il fit dans le plus grand ordre après avoir repoussé les ennemis et mis le feu au pont où il vouloit se porter.

Un autre corps des Prussiens se porta à Mersebourg, où il trouva 5 bataillons que M. le prince de Soubise y avoit envoyés et qui furent renforcés de 2 brigades d'infanterie et 2 de cavalerie; et les troupes légères qui étoient à Halle, jointes à un détachement que M. le prince de Soubise y envoya, détruisirent le pont de cette ville et l'abandonnèrent ensuite. Mais aussitôt un gros corps des ennemis se porta à cette ville et travailla à rétablir le pont, paroissant vouloir passer cette rivière, ce qui fit prendre le parti à M. le prince de Soubise de retirer ses troupes qui s'étoient portées à Mersebourg pour les poster plus avantageusement et relativement à ce que le roi de Prusse pourroit entreprendre.

L'armée est en très-bon état, et toutes les troupes désirent que le roi de Prusse les vienne attaquer dans leur camp. Le second renfort que M. le maréchal de Richelieu a détaché de son armée, composé de 10 bataillons et 20 escadrons, est parti de Quedlinbourg le 1er novembre et doit arriver le 4 à Wolkstædt (1), à deux marches de l'armée.

Du mercredi 9, Dampierre. — M. d'Affry a envoyé un courrier par lequel il mande qu'on avoit appris en Hollande par l'Angleterre que l'amiral Holbourne, qui étoit sorti des ports d'Angleterre avec une flotte considérable pour aller à la rencontre de M. Dubois de la Mothe, avoit essuyé une tempête si furieuse que ses vaisseaux avoient été presque tous désemparés, et qu'il avoit eu un vaisseau de près de 80 canons coulé à fond. Cela tranquillise pour l'escadre de M. Dubois de la Mothe, qui revient et qui n'a pas essuyé le même coup de vent.

Du samedi 12. — Il arriva hier au soir un courrier de M. de Soubise. On apprit que le roi de Prusse avoit passé la Saale, le 5, au-dessus de Halle où il avoit rétabli un pont, et qu'il avoit attaqué M. de Soubise le même jour à trois heures après midi; que l'affaire avoit duré jusqu'à la nuit, et que M. de Soubise s'étoit retiré à 3 lieues de là. On n'a point encore d'autres détails, sinon que MM. les ducs de Beauvilliers et de Cossé et MM. de Revel et Custine sont blessés et prisonniers.

Extrait d'une lettre de Lunéville, du 7 de ce mois, à l'occasion de la mort du célèbre dom Calmet, si connu par ses ouvrages.

Dom Augustin Calmet, bénédictin de la congrégation de Saint-Vannes, naquit à Menil-la-Horgne à une lieue de Commercy, le 26 février 1672. Il apprit seul la langue hébraïque dans l'abbaye de Munster en Alsace, étant alors fort jeune, et s'y perfectionna sous le ministre Fabre en même temps qu'il cultivoit le grec. En 1706, il porta à Paris ses commentaires sur l'Écriture sainte pour consulter les savants; dom Mabillon l'adressa au célèbre abbé Duguet, qui détermina dom Calmet à donner son commentaire en françois. Cet ouvrage parut depuis 1707 jusqu'en 1716. Avant de quitter Paris, il

---

(1) Sur la route de Quedlinbourg à Mersebourg, et à égale distance de chacune de ces deux villes.

composa son *Histoire de l'Ancien et du Nouveau Testament*, qui parut en 1718. Il fit à Moyenmoutier son Dictionnaire de la Bible, imprimé à Paris en 1719, et 19 nouvelles dissertations ; en 1728, il donna la première édition de son *Histoire de Lorraine*, en 4 vol. in-fol. Il fut élu abbé de Sénones la même année. Benoît XIII voulut le faire évêque, mais il remercia. Il a composé beaucoup d'autres ouvrages. Il mourut à Sénones le 25 octobre dernier. C'étoit un homme dont la modestie égaloit la science ; il a rempli les devoirs de religieux jusqu'à sa mort et n'a jamais voulu en être dispensé. Il n'aimoit pas les disputes théologiques, qu'il regardoit comme dangereuses, et ne concevoit pas comment des gens d'esprit pouvoient s'en occuper.

Extrait d'une lettre de Paris, du 15 novembre.

On vient de recevoir par la poste des nouvelles de l'armée de M. le prince de Soubise. Elle s'est séparée, le 6, à Freybourg (1), de celle de M. le prince de Saxe-Hildburghausen. Ce général, dont l'avis prédominant a malheureusement déterminé à livrer bataille, s'est retiré à Kæsen sur la Saale (2), d'où il doit passer à Alstædt. M. le prince de Soubise, de son côté, marche vers Mulhausen pour se mettre à portée de donner la main à M. le maréchal de Richelieu, qui s'avance d'Halberstadt à Duderstadt (3). M. de Soubise trouvera à Mulhausen un gros magasin de subsistances qui y étoit établi depuis quelque temps.

On dit que le roi de Prusse a déjà fait passer l'Unstrutt par des détachements pour empêcher cette retraite ; mais M. le prince de Soubise a formé son arrière-garde de troupes sur lesquelles il a lieu de compter davantage et qui se sont les plus distinguées à l'action, moyennant quoi on a tout lieu d'espérer qu'elles seront en état de soutenir les efforts des détachements prussiens et de mettre le reste de l'armée en sûreté. On n'a point encore de nouvelles de ce que sont devenus M. le comte de Mailly, lieutenant général, MM. de Rougé et le chevalier d'Ailly, maréchaux de camp, et M. de Choiseul colonel dans les grenadiers de France, gendre de M. le comte de Lorges. On n'en a point non plus de MM. les ducs de Beauvilliers et de Cossé qu'on croit prisonniers. M. d'Escars, colonel d'un régiment de cavalerie de son nom, est blessé ; M. de Wormser, colonel en second

---

(1) Sur l'Unstrutt, très-près de son confluent dans la Saale et de Naumbourg.

(2) Sur la rive droite de la Saale, à une lieue et demie de Naumbourg.

(3) A dix lieues et demie au nord ouest de Mulhausen et à dix-sept lieues d'Halberstadt. Le maréchal de Richelieu avait à franchir tout le massif du Harz qui est entre ces deux villes.

des volontaires de Nassau, l'est aussi dangereusement, ainsi que M. de Watner, frère du colonel suisse. M. de la Rounière, capitaine du corps royal d'artillerie et du génie est tué, et MM. de Caylus, le Cerf et le Bron, officiers du même corps, blessés. On croit aussi avoir perdu MM. d'Ayat et de Guibert, aides-majors généraux de l'infanterie. C'est tout ce qu'on a pu apprendre jusqu'à présent de la perte que l'on a faite en officiers. Il n'est pas possible encore d'estimer la perte qu'on a faite en soldats. Les lettres ne parlent point ni de M. de Revel ni de M. de Custine que l'on a mandé précédemment être blessés et prisonniers. Les blessures que M. de Castries a reçues à la tête ne l'empêchent pas de monter à cheval et de continuer son service. On fait les plus grands éloges de M. de Lujac, major général, et de M. de Caulincourt, major général de la cavalerie, et de M. de Vaux, premier maréchal des logis de l'armée faisant les fonctions en chef au défaut de M. de Revel.

Du mercredi 16. — Dimanche dernier, au grand couvert, il y avoit 13 officiers des vaisseaux du Roi qui ont été présentés à S. M. par M. de Moras. Ils arrivent d'Angleterre, où ils ont été détenus comme prisonniers de guerre, quoiqu'ils ne pussent être regardés comme tels ayant été pris avant la déclaration de guerre. Le Roi n'a jamais voulu consentir à aucun échange des prisonniers faits depuis la déclaration de guerre, que ceux faits avant cette déclaration n'eussent été préalablement mis en liberté. L'Angleterre n'a pas goûté cette proposition; mais le Roi n'ayant jamais voulu consentir à aucune explication, ni accommodement sur cet article, le gouvernement d'Angleterre a enfin fait dire à ces prisonniers qu'ils pouvoient aller où bon leur sembleroit. Ils ne se plaignent point du traitement qui leur a été fait en Angleterre; il n'y a que nos matelots qui ont juste sujet de s'en plaindre. M. de Bouville n'est point encore revenu; on sait qu'il n'a jamais voulu se regarder comme prisonnier. Il paroît qu'il est traité avec considération et distinction.

Du jeudi 24. — M. de Bouville parut ici le 20. Il fit sa cour au grand couvert, et le Roi lui parla beaucoup. Il a été deux ans jour pour jour en Angleterre; il y étoit arrivé le 11 novembre 1755. Il avoit eu la liberté de revenir en France quelques jours avant l'expiration des deux années ; il étoit déjà embarqué, mais il se trouva apparemment quelques difficultés qui déterminèrent à lui faire mander de ne point partir, de sorte que c'est précisément le jour de la Saint-Martin qu'il est parti de Douvres. Le Roi lui a donné 3,000 livres de pension. Il y a vingt-cinq ans qu'il sert, mais il y a un très-grand nombre d'officiers d'un mérite distingué plus anciens que lui, c'est ce qui a empêché qu'il ne pût être avancé à un grade supérieur.

Mardi dernier 22, le Roi prit le deuil pour onze jours pour la mort de don Antoine, infant de Portugal, oncle du Roi régnant. Il est mort d'apoplexie ; il étoit né le 15 mars 1695. Ce n'est pas précisément à titre de parenté, mais comme frère de Roi, que le Roi a pris le deuil pour onze jours.

M. de Rolle, colonel de la générale des Suisses, est mort; cette place, qui vaut 28 ou 30,000 livres de rente au moins, a été donnée à M. de Pestalozzi, capitaine dans le régiment des gardes suisses. Cela s'est fait dans le dernier travail de M. le comte d'Eu avec le Roi.

L'abbaye de Hautvilliers, qui n'avoit point été remplie depuis la mort du grand prieur d'Orléans et qui avoit toujours resté aux économats, fut donnée dimanche dernier, dans le travail de M. de Digne, à M. l'abbé Bouillet, premier aumônier du Roi.

On a appris ces jours-ci un mariage dont on a été fort étonné. Mlle de Caulincourt, fille de condition, mais fort pauvre, avoit épousé M. Dufort, fermier général ; elle étoit restée veuve avec un fils dont elle a eu la garde noble, ce qui faisoit un objet de 160,000 livres de rente. Sa santé l'ayant obligée d'aller faire un voyage en Languedoc, elle a passé à Toulouse où demeuroit M. Lefranc, qui a rendu son nom illustre dans la république des lettres par plusieurs ouvrages de poésies sacrées et profanes, par sa tragédie de *Didon*; il y menoit une vie assez retirée, après avoir exercé l'office de premier président à Montauban, travaillant beaucoup dans son cabinet et voyant peu de monde. Mme Dufort, qui avoit lu et admiré ses ouvrages, a voulu absolument voir et connoître un homme d'aussi grand mérite. On prétend qu'il a refusé plusieurs fois de la voir, mais qu'elle ne s'en est point rebutée, et qu'enfin il a été si touché de sa figure, qui est agréable, et des sentiments qu'elle avoit pour lui, qu'il l'a épousée. Elle perd comme on voit par ce mariage un revenu bien considérable.

Il est dans ce moment question encore d'un autre mariage. M. de Lutzelbourg épouse Mme de Crèvecœur. Mme de Crèvecœur est Fargès; elle avoit épousé en 1719 M. de Crèvecœur, fils de M. le comte de Saint-Pierre et chevalier d'honneur de Mme la duchesse d'Orléans.

M. le maréchal de Richelieu est actuellement en marche avec un corps considérable pour s'avancer du côté de Harbourg et de Stade. Il avoit été dit, par la convention faite entre M. le duc de Cumberland et M. le maréchal de Richelieu, que les troupes hanovriennes se retireroient à Stade, qu'elles ne pourroient en sortir, ni d'une certaine étendue de terrain autour de cette place, bornée par des poteaux qui y ont été placés. Il étoit encore stipulé que ni l'infanterie, ni la cavalerie ne pourroient recevoir ni recrues ni remontes. Il y a déjà eu quelques difficultés sur l'exécution de ce traité, et M. de Lynar, ministre du roi de Danemark à la diète de Ratisbonne, qui avoit entamé et terminé cette négociation au nom du roi son maître, comme médiateur, étoit déjà venu trouver M. le maréchal de Richelieu pour quelques explications. On croyoit que tout étoit arrangé, lorsqu'on a appris que non-seulement les Hanovriens avoient fait venir 400 chevaux de l'électorat pour remonter une partie de la cavalerie, mais qu'ils s'étoient avancés au delà des limites prescrites. C'est ce qui a déterminé M. le maréchal de Richelieu à faire d'abord marcher M. de Villemur avec un corps de troupes, et ensuite à s'avancer lui-même. Ce qu'il y a de singulier dans ce traité, c'est qu'il a été conclu entre trois personnes qui n'avoient aucun pouvoir des cours au nom desquelles ils traitoient. M. de Lynar est parti de Francfort, apparemment par les ordres du roi son maître, mais sans aucun pouvoir par écrit; M. le duc de Cumberland n'en avoit point du roi son père, et M. le maréchal de Richelieu n'en avoit aucun du Roi. Il n'y a rien eu d'écrit, tout étoit verbal. Il n'a été rien stipulé par rapport aux troupes de Hesse et de Brunswick, ni pour qu'elles fussent désarmées, ni pour qu'elles ne servissent point pendant un certain temps contre les troupes françoises et autrichiennes et leurs alliés ; il a été dit seulement qu'elles seroient réparties et dispersées suivant la volonté de leurs souverains. Il est vrai qu'avant la convention dont il vient d'être parlé, le ministre de Brunswick à Vienne y avoit conclu un traité par lequel il étoit porté que ces troupes seroient désarmées, ce qui n'a point été exécuté. A l'égard de la convention elle a été ratifiée à Copenhague et à Versailles, avec certaines explications de droit, mais nécessaires ; il n'y a point eu de ratification de Londres, et M. le duc de Cumberland, qui a promis verbalement d'exécuter les conditions de cette convention, a paru à son retour en Angleterre être dans le cas d'une disgrâce volontaire ou forcée; il s'est retiré à la campagne, s'est démis de tous ses emplois et a déclaré qu'il ne serviroit plus, à moins que la Grande-Bretagne ne fût attaquée.

Mme la duchesse d'Antin a donné sa démission de la place de dame du palais, sans demander d'autre grâce que celle de conserver ses appointements en pension. Cette grâce lui a été accordée sur-le-champ. Elle étoit la plus ancienne des dames du palais, et la seule qui restât de la création. Elle ne se console point de la perte de son fils ; elle l'aimoit infiniment et avoit toute raison d'être contente de ses procédés à son égard. Il est vraisemblable que n'ayant plus cette raison principale pour demeurer assidûment à la Cour, elle n'a pas voulu conserver une place qui demande une assez grande assiduité.

Du vendredi 25. — La nouvelle d'aujourd'hui est l'arrivée de M. de Boisgelin, ancien officier aux gardes françoises, qui, voyant que ce régiment ne servoit point, a demandé permission de quitter pour aller faire la campagne dans l'armée autrichienne. Il s'est trouvé à toutes les actions heureuses et malheureuses de cette guerre ; il a été chargé dans la ville de Prague de beaucoup de détails dont il s'est très-bien acquitté, et s'est trouvé devant Schweidnitz au commencement de ce siége. Il a apporté la nouvelle de la capitulation de Schweidnitz. Cette place étoit défendue par des forts à étoile que le roi de Prusse y avoit fait construire, avec une lunette entre deux forts. Trois de ces ouvrages ayant été attaqués à la fois la nuit du 11 au 12, deux furent emportés, et le troisième l'auroit été vraisemblablement, si celui qui commandoit cette attaque n'avoit pas été tué. Le 12, à la pointe du jour, la place capitula. On y a trouvé la garnison, qui étoit de 6,500 hommes, réduite à 4,700 ; ils ont été faits prisonniers de guerre et doivent être conduits dans le lieu que l'Impératrice-Reine jugera plus à propos. Il y avoit 164 pièces de canon, dont 76 de fonte, 14 mortiers, une prodigieuse quantité de provisions de guerre, de vivres et de fourrages, qu'on estime en total pouvoir valoir 3 millions. On a trouvé aussi dans la caisse militaire 1 million d'écus d'Allemagne qui peuvent valoir, réduits en monnoie de France, 3,763,000 livres. On compte que les Prussiens ont perdu à ce siége 1,800 hommes et les Autrichiens environ 1,200, en comptant la dernière attaque.

On apprit avant-hier par une frégate nommée *la Comète*, arrivée à Brest, que M. Dubois de la Mothe étoit près d'arriver avec son escadre, en très-bon état, sans avoir perdu un seul vaisseau et fort peu d'hommes, quoiqu'il ait été battu par la tempête. Il a rencontré le vaisseau anglois qui a péri, et avant qu'il s'abîmât il a eu le temps de sauver 300 Anglois qu'il ramène à Brest.

Dans la première assemblée du Parlement depuis la rentrée, six des sept conseillers nommés dans le procès-verbal du scélérat Damiens comme dicté par ce monstre à Blot, ont présenté requête pour demander un arrêt qui justifiât leur innocence et demeurât dans leur famille comme un monument (1). Il a été arrêté à la pluralité que cette requête seroit communiquée au procureur général. Il a été proposé aussi que le Parlement écrivît une lettre de remercîment aux trois parlements de Rouen, Rennes et Bordeaux, à l'occasion des remontrances qui ont été présentées au Roi par ces trois parlements sur le parlement de Paris. Cet avis n'a pas passé, mais l'affaire a été renvoyée à mardi à l'assemblée des chambres.

Du mardi 29, *Dampierre.* — On apprit le 25, à Versailles, la mort du Grand Seigneur par une lettre de M. de Vergennes; il s'appeloit Osman; il est mort sans enfants. Il avoit succédé à son frère Achmet, qui n'avoit point eu d'enfants et qu'on disoit être hors d'état d'en avoir. C'est le neveu d'Osman qui lui succède (2). On dit qu'il a l'esprit aussi pacifique que son oncle.

Mon fils prêta serment, le 22, entre les mains du Roi, comme gouverneur de Paris. Le même jour, le nouvel archevêque de Bourges prêta aussi serment entre les mains du Roi. Il demande actuellement une commission de grand-vicaire du Roi pour nommer aux bénéfices et

---

(1) Les six conseillers qui ont signé la requête sont : MM. de Mazy, de la Guillaumie, de Bèze, de Lys, Rolland de Challerange, Clément de Feillet et Lambert. M. de Boulainvilliers, qui étoit le septième accusé, ne s'est pas joint aux autres, parce que la permission qu'il a eue d'exercer sa charge de lecteur du Roi lui sert de justification. (*Note du duc de Luynes.*)

(2) Il s'appelle Mustapha. (*Note du duc de Luynes.*)

cures du duché de Châteauroux qui est dans son diocèse. Le Roi, de qui je tiens ce fait, parut surpris de cette demande, ne croyant point avoir pouvoir de nommer un grand-vicaire, mais on lui représenta qu'il avoit accordé le même titre à feu M. le cardinal de la Rochefoucauld. On prétend que l'origine de cet usage est parce que, lors de l'érection de ce duché qui appartenoit à la maison de Bourbon-Condé, M. le prince de Condé, en faveur duquel cette érection a été faite, étant protestant, on forma ce duché de plusieurs biens appartenant aux églises catholiques. Peut-être fût-ce dans ce moment même qu'on stipula pour condition que ce seroit l'évêque diocésain qui nommeroit aux cures dépendantes des biens réunis, mais que pour conserver le droit du seigneur, l'évêque n'y nommeroit que comme grand-vicaire du seigneur. Le Roi ayant acquis par échange de M. le comte de Clermont le duché de Châteauroux, se trouve aux mêmes droits des princes de la maison de Condé.

Mme de Tonnerre, nouvelle dame du palais, fut présentée samedi dernier 26, par Mme de Luynes; elle sera dans la semaine de Mme de Fleury, et Mme de Boufflers dans la semaine de Mme de Périgord, afin qu'il y en ait toujours deux titrées.

On eut nouvelle avant-hier de l'arrivée à Brest de M. Dubois de la Mothe, commandant nos trois escadres réunies; il ne lui manquoit que deux frégates qu'il attendoit incessamment. On verra par le détail ci-après d'un officier de cette escadre qu'il manquoit cinq frégates, mais il en est apparemment rentré deux depuis; ce détail m'a paru mériter d'être écrit.

Du goulet de Brest, sous voiles, le 23 novembre 1757.

Les trois escadres du Roi qui s'étoient réunies à Louisbourg sous le commandement de M. le comte Dubois de la Mothe, sont arrivées à Brest. Les opérations de cette campagne se sont bornées à garantir Louisbourg des forces menaçantes de l'amiral Holbourne, qui étoit sorti d'Angleterre avec une escadre de 16 vaisseaux de ligne,

3 frégates et 1 brûlot, et 12,500 hommes de troupes de débarquement, sous le commandement du général Loudoun, pour en venir faire le siége. Les nouvelles que cet amiral eut sans doute en arrivant dans le port d'Halifax de notre réunion à Louisbourg dérangea l'ordre de ses projets, puisqu'il les borna dès ce moment à prendre sur son escadre les grenadiers de sa petite armée pour fortifier l'armement de ses vaisseaux simplement, ayant laissé à Halifax les bâtiments de transport qu'il avoit amenés d'Europe avec le reste du convoi.

Il parut le 20 d'août avec son escadre à la vue de Louisbourg et s'approcha de la terre à deux portées de canon. Sur les premiers signaux que fit M. Dubois de la Mothe à son escadre pour se mettre en état de le recevoir, en attendant que le temps nous permît de sortir et d'aller au-devant de lui, l'amiral anglois tint le vent et fit route pour regagner Halifax. Ils firent le 17 septembre une apparition semblable, mais avec le nouveau projet (à ce qu'on assure) de nous attendre et de nous combattre; ils étoient alors 20 vaisseaux de ligne, par un renfort de 3 vaisseaux de 70 canons et d'un de 50 qui leur étoient arrivés d'Europe.

L'état pitoyable où la maladie qui s'étoit mise dans nos vaisseaux avoit réduit nos équipages, joint à la séparation d'un de nos vaisseaux qui avoit été expédié pour le Canada, empêcha notre général d'écouter son premier dessein, et il fut forcé de se borner à la défensive dans le cas où la supériorité de l'ennemi auroit pu lui faire tenter quelque entreprise. Cette circonstance obligea les Anglois, qui n'avoient vraisemblablement d'autre objet que de nous voir sortir, à prolonger leur croisière; mais ils essuyèrent (1) un coup de vent forcé qui dispersa toute leur escadre. Nous sommes partis de Louisbourg dans la confiance qu'ils avoient perdu au moins 3 de leurs vaisseaux dans ce même ouragan, dont fut *le Tilbury* de 66 canons qui fut jeté sur la côte à 10 lieues de Louisbourg, indépendamment de plusieurs autres qui furent démâtés. Le nombre des hommes du *Tilbury* échappés au naufrage monte à 250 que nous avons repassés sur notre escadre. Cet événement suspendit le cours de leurs entreprises dans ces mers et détermina leur retour en Europe avec le regret d'avoir fait les dépenses immenses d'un armement aussi considérable pour une aussi tragique fin. Cette dernière circonstance détermina M. Dubois de la Mothe à réparer avec toute la promptitude possible les avaries arrivées au *Tonnant*, de 18 canons, dans le même coup de vent, et à s'occuper du soin du départ.

Nous partîmes de Louisbourg le............ Un coup de vent que

---

(1) Dans la nuit du 24 au 25 septembre.

nous essuyâmes en partant sépara notre escadre en trois pelotons, dont un de 4 vaisseaux et l'autre de 5 frégates ; nous avons rejoint ce premier à la mer, sans avoir eu la moindre connoissance de l'autre.

Les événements de notre traversée se sont bornés à la rencontre d'un vaisseau anglois de 60 à 70 pièces de canon, à 100 lieues environ des côtes de France. Il fut serré par *le Diadème* de 70 canons aussi, qui le combattit près de deux heures à la tête de l'escadre, mais la supériorité de marche de l'anglois et la nuit empêchèrent notre général de continuer une chasse qui l'éloignoit de sa route, et qui l'exposoit à séparer ses vaisseaux dans un parage où il pouvoit être important d'être tous réunis.

Notre vaisseau s'est emparé d'un petit corsaire (à la vue de terre ce matin) de la plus médiocre conséquence. La moitié de l'escadre est déjà mouillée dans Brest, et nous avons espérance de l'être sous trois quarts d'heure, après 25 jours de traversée.

Du mercredi 30, *Dampierre*. — Dimanche matin, 27 de ce mois, Mme la Dauphine apprit par une lettre du prince royal de Pologne, son frère, la triste nouvelle de la mort de la reine de Pologne (1), sa mère ; elle est morte à Dresde. Elle se trouva mal à deux heures après minuit, le 17 de ce mois, d'une suffocation ; elle mourut une demi-heure après. On auroit pris le deuil sur-le-champ, mais on fit réflexion qu'il falloit attendre la notification qui en seroit faite. En attendant, Mme la Dauphine ne voit personne ; Mgr le Dauphin dîne chez lui, et on s'empresse à lui aller faire sa cour (2).

---

(1) Marie-Josèphe, fille aînée de l'empereur Joseph, née le 8 décembre 1699, mariée le 3 septembre 1719 à Frédéric-Auguste III, roi de Pologne, électeur de Saxe.

(2) La reine de Pologne avoit beaucoup de vertu et de piété, elle avoit un courage d'esprit dont elle vient de donner une grande preuve. Accoutumée à ne jamais être séparée du roi de Pologne, qu'elle accompagnoit même souvent à la chasse, elle n'a pas balancé à rester à Dresde pour la consolation des peuples de l'électorat. Les traitements les plus durs de la part du roi de Prusse n'ont jamais pu la déterminer à quitter la Saxe pour se rendre en Pologne, qui étoit tout ce que le roi de Prusse désiroit. Pendant son séjour à Dresde elle a toujours été occupée à adoucir les peines des officiers saxons, à leur fournir des subsistances, à faire avoir soin des malades et des blessés, et ces soins même se sont étendus jusqu'aux malades et blessés prussiens, pratiquant à la lettre cette maxime de saint Paul, que la charité ne s'occupe

De Brunswick, le 18 *novembre.*

M. le maréchal de Richelieu part dimanche 20, avec 16 bataillons et 6 escadrons qui vont joindre les 30 et 32 qui sont déjà partis. Il reste dans cette partie assez de troupes pour ne pas craindre les entreprises du roi de Prusse.

M. de Lynar est allé à Hanovre. M. de Munichausen est revenu d'Angleterre et on le gardera pour otage. M. de Lynar dit que le roi de Danemark et lui sont déshonorés si la convention n'a pas lieu. Les Hanovriens n'ont point fait d'entreprise ; une inondation les a obligés de lever leur camp.

DÉCEMBRE.

Édit portant création de 4 millions de rentes viagères. — Nouvelles diverses.— M. et Mme d'Esseval. — Vente d'oiseaux et de coquilles. — Le Roi rachète l'hôtel de Conty. — Ordres du Roi à la Sorbonne et observations de la Faculté. — Bataille de Breslau. — La maison de Custine. — Morts. — Affaire de la Sorbonne. — Nouvelles du Hanovre. — Arrêt du Parlement contre un ouvrage de théologie. — Le prince Ferdinand de Brunswick nommé général de l'armée hanovrienne. Les hostilités recommencent en Hanovre. — Révérences à propos de la mort de l'électrice de Saxe. — Belle conduite d'un officier et de sept soldats. — Deux frégates capturées par les Anglais. — Nouvelles du Hanovre. — Nouvelles diverses de la Cour. — Dupleix et la compagnie des Indes. — Bataille de Leuthen ou de Lissa. — Nouvelles des armées. — Mort du prince de Guémené. — Anecdotes relatives aux Sauvages du Canada. — Réception du duc de Chevreuse au Parlement, comme gouverneur de Paris.

Du jeudi 1er, *Dampierre.*— Le Parlement a enregistré purement et simplement un édit qui vient de paroître portant création de rentes viagères dont le fonds est de 40 millions. Cet édit contient 7 articles. Il est dit dans le premier que le Roi nommera des commissaires qui ven-

---

point de ce qui lui est personnel. Elle n'a jamais cédé qu'à la violence dans toutes les occasions où il s'est agi des intérêts du roi de Pologne ou de la Saxe. Une grande partie de sa journée a été employée toute sa vie aux exercices de piété, et le reste à ce qui pouvoit plaire au roi de Pologne et à l'éducation de ses enfants. Celle qu'elle a donnée à Mme la Dauphine prouve bien le succès de ses soins. On dit que le prince royal se ressent de la même éducation. (*Note du duc de Luynes.*)

dront au prévôt des marchands et échevins de Paris, 4 millions de rentes viagères à prendre sur l'argent des aides, gabelles, et cinq grosses fermes pour payer les arrérages desdites rentes.

2º Les billets ne seront pas moins de 500 livres, ce qui fera 50 livres de rente qui seront payées à tout âge.

3º Le principal sera porté au trésor royal, et les contrats seront passés chez un notaire au choix de l'acquéreur.

4º Les religieux et religieuses dont l'institut ne les empêchera pas de jouir de quelques revenus pourront acquérir lesdites rentes et en jouir, et de même toutes personnes de quelque âge, sexe et qualité qu'elles soient. Les pères et mères qui auront placé au nom de leurs enfants ne seront pas obligés d'en rendre compte jusqu'à ce qu'ils en aient disposé en leur faveur.

5º Le bureau sera incessamment ouvert au trésor royal. Les arrérages seront payés de six mois en six mois, et ce à compter du premier jour du quartier dans lequel on aura porté son argent.

6º Lesdites rentes ne pourront être retranchées ni réduites; elles ne cesseront qu'à la mort des acquéreurs, auquel cas elles reviendront au profit du Roi. S'il y avoit eu quelques erreurs de nom on pourra les réformer en passant les contrats.

7º S'il survient contestation à l'occasion desdites rentes, elles seront jugées par le prévôt des marchands et échevins, sauf l'appel au Parlement, mais toujours le premier jugement exécuté provisoirement. Cet édit est daté de Versailles, du mois de novembre 1757, et l'enregistrement du 29 du même mois.

On trouvera au 25 du mois dernier ce qui s'est passé au Parlement sur les six conseillers et la lettre de remercîment; on me mande, du 30, que le Roi a fait dire à ces six conseillers que la plus grande justification qu'ils pouvoient désirer étoit de les avoir rappelés et remis dans son Parlement. S. M. a permis que cette réponse fût écrite sur les registres du Parlement. A l'égard de la lettre il n'en a plus été question.

M. Mailly-d'Haucourt, fait prisonnier à la bataille du 5, est arrivé. Il a eu permission du roi de Prusse de revenir pour deux mois, y compris le temps du voyage en allant et revenant; il a été dix-sept jours en chemin, ainsi il ne fera pas long séjour dans ce pays-ci.

Le Roi a donné à M. de Choiseul, gendre de M. de Lorges, le régiment de Poitou vacant par la mort de M. de Revel. On avoit cru M. de Choiseul mort, parce qu'il manquoit dans les premiers moments. M. de Revel, frère de M. le duc et de M. le comte de Broglio, tous trois fils du maréchal, avoit été blessé et fait prisonnier à la journée du 5, et il est mort de ses blessures. M. le duc de Broglio est lieutenant général; M. le comte de Broglio est ambassadeur auprès du roi de Pologne. Ils ont un quatrième frère qui est abbé. Le roi de Pologne, qui a tout lieu d'être satisfait de M. le comte de Broglio, voulant lui donner une marque particulière de bonté, a assuré à M. l'abbé de Broglio, son frère, sa nomination au cardinalat pour la promotion qui sera faite pour les Couronnes après celle où M. l'évêque de Laon doit recevoir cette dignité. M. de Revel laisse une veuve qui est Mlle de Savalette; il l'avoit épousée en 1752.

On avoit toujours cru jusqu'à présent que M. de Durfort, ci-devant exempt des gardes du corps, avoit été tué à l'affaire du 5. Pour le distinguer des autres Durfort on l'a nommé Laurent. Il est frère de M. de Durfort, nommé à l'ambassade de Venise, dont la femme est attachée à Mesdames; on vient d'apprendre qu'il n'est pas mort, mais très mal. Il a été blessé d'un coup de canon qui lui a passé entre le bras et le corps et qui n'a rien cassé; mais la contusion est si grande qu'on craint la gangrène.

Du dimanche 4, Versailles. — On a appris ces jours-ci

que M. de Custine qui avoit été blessé à la bataille du 5 est mort de ses blessures.

Le Roi vient de donner une commission de colonel au fils de M. de Broglio. Pour entendre qui est ce M. de Broglio, il faut savoir que feu M. le maréchal de Broglio, grand-père de M. le duc de Broglio, de M. de Revel et de M. le comte de Broglio, avoit eu plusieurs enfants, entre autres M. le marquis de Broglio, M. le comte de Buhi, qui a été ambassadeur en Angleterre et depuis maréchal de France, et qui est le père de M. le duc de Broglio, et outre cela M. l'abbé de Broglio qui a été agent du Clergé, qui a l'abbaye des Vaux de Cernay et qui est encore vivant. Ce M. le marquis de Broglio a eu un fils, qui s'appelle aujourd'hui le marquis de Broglio et qui n'a point servi par la faute de son père qui étoit un homme assez singulier. M. le marquis de Broglio le fils a épousé Mlle de Besenval, qui est une femme bien faite et de beaucoup de mérite; c'est leur fils, qui a dix-sept ou dix-huit ans, qui vient d'avoir une commission de colonel. Il n'a point été dans les grenadiers de France, et M. de Paulmy assure que la grâce accordée à M. de Broglio ne fait aucun tort à celles que peuvent espérer les colonels attachés aux grenadiers de France.

Il y avoit deux places de colonels vacantes dans ce corps, l'une par l'avancement de M. de Choiseul, qui a eu le régiment de Poitou, comme il vient d'être dit, et l'autre par la mort de M. de Virieu, qui est mort de la petite vérole. La première de ces places vient d'être donnée à M. Le Danois, qui a épousé la fille de M. de Cernay de la gendarmerie, et l'autre à M. de la Fayette qui a épousé une des filles de feu Mme de la Rivière, dame de Mesdames.

Il y a cinq ou six jours que Mme de Machault partit d'Arnouville pour aller à Melun où elle a une de ses filles dans un couvent (1). On a prétendu que ce voyage s'étoit

---

(1) Mme de Machault n'a resté que quinze jours à Melun, au bout duquel

fait sans que M. de Machault en fût instruit; mais rien n'est plus simple, à ce qu'il paroît, que d'aller passer quinze jours avec une de ses filles, d'autant plus que Mme de Machault étoit dans cet usage.

Il est venu à Versailles ces jours-ci une Mme d'Esseval qui a demandé à faire sa cour à la Reine, soit en particulier, soit en habit de cour si on jugeoit à propos qu'elle fût présentée; et il paroît qu'elle n'obtiendra ni l'un ni l'autre. Son nom est Roling [?]; elle est d'une très-bonne maison d'Allemagne et a même l'honneur d'être alliée à la maison de Saxe et par conséquent à Mme la Dauphine. Elle a beaucoup voyagé avec son mari qui est un gentilhomme de Normandie; elle a été avec lui à Copenhague, à Rome, à Madrid et à Lisbonne. Son mari avoit fait des projets pour l'utilité du commerce qui ont été goûtés et approuvés; il vouloit contribuer en même temps à la propagation de la foi en Afrique; il avoit armé trois vaisseaux, dont un fut pris par les Anglois; il alla avec sa femme à Londres pour en demander la restitution. Sa femme obtint de parler au roi d'Angleterre, ce qu'elle fit avec beaucoup de force et de liberté, car on prétend qu'elle prit le roi d'Angleterre par le bras, ce qui étonna un peu ce prince. Elle n'obtint rien de ce qu'elle demandoit. Mme d'Esseval a été présentée au roi et à la reine d'Espagne à Madrid. Son mari, qui mourut il y a cinq mois, avoit fait deux voyages en Afrique avec peu de succès.

J'apprends par une lettre de M. de San-Severino, ambassadeur du roi des Deux-Siciles à Londres, qu'il épouse Mlle Caraffa, fille de M. le duc de Noja et cousine germaine de M. d'Egmont et de Mme de Chevreuse. M. de San-Severino est Albertini.

On a commencé l'inventaire (1) de M. le duc de Gesvres;

---

temps elle est revenue avec M. de Machault à Arnouville. (*Note du duc de Luynes.*)

(1) Vente aux enchères sur catalogue.

il avoit beaucoup d'oiseaux de différentes espèces dans tous les lieux où il habitoit. On en a vendu pour environ 3,000 livres, somme fort considérable pour pareille marchandise, surtout la plupart n'étant pas oiseaux fort rares. Il y a eu un perroquet, de ceux qu'on appelle kakatoès, qui a été vendu 434 livres. La fantaisie décide souvent dans les inventaires. Il y en a eu un ces jours-ci à Paris où l'on vendoit des coquilles; une de ces coquilles, nommée la scalata ou autrement l'escalier, qui vient de la Chine, fut achetée 1,611 livres par M. le président de Banneville.

Je crois avoir marqué dans le temps que l'hôtel de Conty sur le quai a été acheté par la ville de Paris, qui en a donné 1,600,000 livres. Le Roi vient de racheter cette maison de la Ville pour y établir le garde-meuble. S. M. donne 80,000 livres de rente à la Ville. Le garde-meuble étoit vis-à-vis le vieux Louvre et menaçoit ruine. Les ouvrages que l'on fait actuellement, tant dans ce château que dehors, pour découvrir la belle façade qu'on ne voyoit point, ont enfin décidé ce déplacement; mais cela n'a pas eu lieu, et le garde-meuble sera porté à un autre hôtel de Conty, situé en la rue des Poulies.

M. le chancelier ayant envoyé querir, les derniers jours du mois dernier, les députés ordinaires de la Sorbonne, ils se rendirent chez lui, le 30 au matin; M. le chancelier leur dit que l'intention du Roi étoit que l'on portât honneur, respect et obéissance à la bulle, et que ceux qui parleroient ou écriroient contre seroient punis, mais que S. M. s'en tenant à sa déclaration du mois de décembre de l'année passée, défendoit à la Faculté de parler de la bulle en aucune manière dans ses leçons, dans ses thèses, ses exercices et ses assemblées. L'assemblée du *prima mensis* étant commencée, M. le syndic y fit part en latin de la réponse de S. M. On le pria de la donner en françois comme elle étoit écrite sur le papier qu'on lui avoit laissé; il y consentit après quelques difficultés. La matière fut mise en délibération; 126 voix furent d'avis d'aller trouver le Roi ; la plupart ne motivèrent point leur avis ; quelques-uns cependant dirent qu'il ne falloit pas mettre en question si on devoit parler ou non de la Constitution, et ajoutèrent que tous les docteurs avoient juré de défendre la foi au péril de la vie. Tout se passa sans bruit et ne dura pas longtemps ; 24 docteurs dirent qu'il falloit demeurer comme on étoit et ne rien faire, d'autant plus qu'on ne seroit point écouté. Il y en eut quatre qu'on prétend un peu suspects sur la doctrine qui se déclarèrent pour le silence ; ainsi le *conclusum* fut pour s'adresser au Roi et lui demander la liberté d'enseigner tout ce qui appartient à la religion, et notamment les décrets et constitutions des souverains pontifes. L'opinion des 126 est fondée sur ce qu'on doit agir contre les jansénistes comme contre les autres hérétiques, dont l'usage ordinaire est de chercher à se cacher ; ils pensent que le silence peut être de dangereuse conséquence, parce que lorsqu'on voudra citer quelqu'une des propositions condamnées par la bulle, regardant cette bulle comme une preuve du sentiment et de l'autorité de l'Église, l'hérétique ou le janséniste pourront révoquer en doute cette preuve de l'autorité de l'Église et accuser les catholiques de ne pas croire fermement cette autorité dans la bulle puisqu'ils n'osent pas la nommer. On ajoute qu'il peut arriver de ce silence des conséquences dangereuses qui conduiroient peut-être à ne plus citer par la suite les bulles d'Innocent X et d'Alexandre VII.

La Cour quitta avant-hier au soir le deuil de l'infant de Portugal. Mgr le Dauphin, Mme la Dauphine et Madame Infante sont restés en deuil comme parents plus proches par l'Espagne. Il a été décidé que Mgr le Dauphin et Mme la Dauphine prendront le grand deuil, jeudi prochain 8 de ce mois, pour six mois, pour la reine de Pologne ; le Roi et la Cour le prendront le même jour pour trois semaines, soit que la notification ait été faite ou non.

J'ai oublié de marquer que samedi 26, la Reine alla

entendre la messe à l'abbaye de Saint-Cyr où elle n'avoit jamais été. On ne connoît à Saint-Cyr que la maison royale de Saint-Louis; ce grand et magnifique établissement fait par Louis XIV a effacé toute autre idée sur Saint-Cyr, et beaucoup de gens ignorent qu'il y ait dans ce lieu une très-ancienne abbaye de l'ordre de Saint-Benoît. Cette communauté est assez nombreuse; le mauvais état de ses affaires avoit déterminé à la supprimer, mais on a jugé qu'elle pouvoit être utile et nécessaire même à Versailles où il n'y a point de communautés de filles. Mme de Molitard, qui en est actuellement abbesse, a recommencé à mettre en ordre les affaires de cette maison.

Depuis la prise de Schweidnitz on attendoit à tout moment des nouvelles d'une action en Silésie, sachant que l'armée qui avoit fait ce siége avoit ordre de marcher sur-le-champ pour joindre les troupes qui étoient vis-à-vis M. le prince de Bevern, lequel commande l'armée prussienne dans le camp retranché sous Breslau. M. de Staremberg est venu aujourd'hui apporter la nouvelle que les Autrichiens ont attaqué et forcé le camp retranché et qu'ils ont fait sommer le gouverneur de Breslau de se rendre.

Du lundi 5, *Versailles*. — On a appris aujourd'hui que M. de Durfort est mort de ses blessures. M. de Custine, qui est mort aussi, n'étoit pas l'aîné de cette maison. Il y en a cinq branches. La branche aînée porte le nom de Guermange; la seconde, dont étoit M. de Custine, n'a point de surnom; la troisième s'appelle Custine d'Offlance; la quatrième, Custine de Wiltz; la cinquième, Custine de Marcilly. Il y a deux de ces branches qui se sont alliées par un mariage. De la branche aînée, il y a quatre garçons et une fille; les quatre garçons sont tous dans le service, un dans la gendarmerie, un dans le régiment du Roi, un dans le régiment des Salles et un garde-marine. Celui qui a été tué laisse une veuve et deux enfants. La veuve est la Vieville de Saint-Chaumont. Le fils de M. de

Custine, dont c'est ici l'article, n'a que huit ou dix ans; il demande avec instance au roi de Pologne le grand bailliage de Pont-à-Mousson. Ce grand bailliage avoit été donné à son père, homme de condition de Lorraine, dans le temps que le roi de Pologne est entré en possession de la Lorraine. Ce M. de Custine, le père, étoit capitaine des gardes du duc de Lorraine; il eut en même temps une pension de 2,000 livres sur la Lorraine. Celui qui vient de mourir a eu la continuation de cette pension, et outre cela une de 4,000 livres sur le trésor royal, dont une partie a été donnée à une de ses tantes qui n'est point mariée.

On a appris il y a deux jours la mort du cardinal Millo; il avoit soixante-deux ans, étant né en 1695; il étoit Piémontois. Le Pape avoit une amitié particulière pour lui, et c'est en considération de cette grande amitié dont tout le monde étoit instruit, que les Couronnes ne mirent aucune opposition à sa nomination au cardinalat. J'ai entendu dire au Roi que sans cette raison la France s'y seroit opposée. La mort du cardinal Millo fait un douzième chapeau vacant. Il étoit dataire ou plutôt protodataire, place considérable et de confiance. Je dis protodataire; anciennement le titre étoit dataire, et cette place étoit toujours remplie par un cardinal. Le sacré collége négligea pendant quelque temps le privilége exclusif d'occuper cet emploi, et pendant ce temps il fut donné à des prélats avec seulement la qualité de protodataire. Lorsque les cardinaux sont rentrés dans leur droit, le titre de protodataire est resté et subsiste encore.

On trouvera ci-après ce qui s'est passé en Sorbonne depuis ce que j'ai écrit.

Le Roi a convoqué la Faculté le 4 de ce mois. On y a lu une lettre de jussion d'enregistrer les ordres donnés à M. le chancelier. On les a lus une seconde fois. L'assemblée étoit de 153 maîtres; tous ont conclu à registrer, mais 97 d'une part ont conclu à présenter à M le chancelier un mémoire pour exposer au Roi les inconvénients du silence sur un jugement dogmatique de l'Église universelle ; 23 ont dit qu'il falloit marquer dans le mémoire quelque chose de plus que l'inconvénient sur le silence ; 33, M. Guéret à la tête, ont inscrit sans clause. Différents motifs les ont portés à cet avis. On a fait rétracter un curé qui a paru invectiver contre le premier des 97.

Du mardi 6. — J'ai déjà marqué que M. de Thomond a eu le commandement de Languedoc ; il vient d'avoir encore le commandement des côtes de la Méditerranée. Ce commandement étoit vacant depuis la démission de M. le maréchal de Richelieu, lorsqu'il a été commander l'armée du Roi.

M. le comte de Gramont, brigadier et menin de Mgr le Dauphin, est parti pour Bayonne ; il commande les troupes de la partie de la Guyenne qui est dans la généralité d'Auch, et M. de Langeron, lieutenant général, commande dans toute la Guyenne.

M. l'évêque d'Aire mourut il y a quelques jours, âgé de soixante ans. Son nom étoit Saret de Gaujac.

M. le Monnier est mort à Saint-Germain en Laye, dans sa quatre-vingt-unième année ; son nom étoit illustre dans les sciences, dont l'académie royale lui avoit donné le titre d'associé vétéran ; il étoit aussi professeur de l'université de Paris.

J'ai marqué ci-dessus que M. Dubois de la Mothe avoit ramené environ 300 prisonniers anglois de ce qui étoit échappé du naufrage du *Tilbury*. J'apprends que le nombre est beaucoup plus considérable et va jusqu'à 700.

On trouvera ci-après l'extrait d'une lettre de Wittingen (1) du 21 novembre.

---

(1) Wittingen, à sept lieues au nord-est de Giffhorn et à douze lieues au sud de Lunebourg.

M. le maréchal de Richelieu a déjà rempli un objet de son voyage. Il a appris avec grande satisfaction que M. de Wutgenau étoit parti de Stade avec les troupes de Brunswick pour venir à Rottenbourg. Voilà 6,000 hommes de moins contre nous et de plus contre nos ennemis.

M. d'Armentières est resté à Brunswick ; il a dû aller reconnoître des positions pour assembler 32 bataillons et quelques escadrons du côté d'Hildesheim, en cas que le roi de Prusse sortît de Magdebourg; on poussa un corps sur lui pour replier nos quartiers qui sont à Osterwick et à Hornburg. Il lui sera difficile d'emporter Wolfenbuttel l'épée à la main et de faire le siége de Brunswick avant le retour de M. le Maréchal.

M. de Lynar a fait demander une conférence à M. le Maréchal en s'en allant à Stade.

Ce 22. — Les choses ont changé. Les Hessois ont arrêté les Brunswickois, et mis leurs généraux aux arrêts.

Du samedi 10, *Dampierre.* — Le Parlement a rendu, le 5, un arrêt sur la requête des Jésuites de France pour condamner au feu un imprimé comme contenant par extrait de la théologie morale du P. Busembaum, jésuite allemand, commentée par le P. La Croix, autre jésuite allemand, des propositions fausses, scandaleuses, détestables, contraires aux lois divines et humaines, etc.

Les colonels ont eu ordre de retourner à l'armée de M. de Richelieu. Le comte de Dunois est parti en conséquence de cet ordre. Mon fils a demandé avec instance la permission de partir aussi, mais le Roi l'a refusé absolument. On attend à tout moment des nouvelles d'une action entre nos troupes et les Hanovriens. L'armée de M. de Richelieu n'a pu être rassemblée entièrement que le 6 ou le 7.

La Cour prit avant-hier le deuil de la reine de Pologne pour trois semaines. On fera dimanche les révérences à Mgr le Dauphin et à Mme la Dauphine, les hommes le matin et les femmes l'après-dînée.

Il est arrivé un tragique accident au nommé Mouton, dentiste de Mesdames. Les chevaux de la voiture dans laquelle il étoit ont pris le mors aux dents ; il a voulu sauter, il s'est cassé la tête.

On me mande que le prince Ferdinand de Brunswick avoit envoyé dire à M. de Richelieu que le roi d'Angleterre l'avoit choisi pour son général, et que les hostilités commenceroient le 29 (1).

Du lundi 12, *Versailles*. — On fit hier les révérences comme je l'ai déjà marqué. Mgr le Dauphin et Mme la Dauphine allèrent chacun en grand manteau et en mante chez le Roi à midi et demi. Mgr le Dauphin y fut suivi par Mgr le duc de Bourgogne et les princes du sang. A l'occasion de ce deuil-ci, Mgr le duc de Bourgogne a été habillé en homme pour la première fois, n'ayant eu jusqu'à présent qu'un habit de hussard. On peut juger que le sujet du deuil lui faisant peu d'impression, surtout pour quelqu'un qu'il ne connoissoit point, il n'est occupé que du plaisir de changer d'habit et d'avoir un grand manteau. Madame Infante et Mesdames ne suivirent point le matin Mme la Dauphine. On juge que c'est par cette raison que les princesses du sang crurent ne devoir pas non plus y aller. Mgr le Dauphin étant rentré chez lui, tous les gens de la Cour, en manteaux longs, qui s'étoient assemblés dans la pièce après la salle des gardes, eurent l'honneur de lui faire leurs révérences; il étoit dans le milieu de cette pièce, debout, en grand manteau, sur une estrade, ayant à côté de lui Mgr le duc de Bourgogne et les princes du sang à droite et à gauche (2). Du cabinet où Mgr le Dauphin reçut les révérences et qui étoit tendu de noir, avec un dais, on passoit dans la chambre à coucher qui n'est point tendue, et de là par un corridor qui com-

---

(1) *Voy.* sur cette déplorable affaire *la Vie privée de Louis XV*, par Moufle d'Angerville, t. III, p. 153 à 157.

(2) M. le duc d'Orléans se mit aussi sur l'estrade et ceux des autres princes du sang qui purent s'y tenir sans presser Mgr le Dauphin. On peut être étonné qu'ils s'y soient placés, puisqu'ils ne seroient pas sur le drap de pied à la chapelle. Mgr le duc de Berry et Mgr le comte de Provence n'étoient pas chez Mgr le Dauphin. (*Note du duc de Luynes.*)

munique à l'appartement de Mme la Dauphine (1), on suivoit ce corridor et on rentroit dans l'une des petites cours qui mène fort près de l'escalier de marbre par lequel on monte chez le Roi. On rentroit ensuite chez Mme la Dauphine par la porte d'entrée ordinaire. Mme la Dauphine étoit sur une estrade sous un dais (2) avec Mgr le duc de Bourgogne à côté d'elle à droite. Après avoir passé devant Mme la Dauphine dans le grand cabinet qui est avant sa chambre et qui est tendu de noir, on en sortoit par une petite porte de dégagement qui est dans le fond à côté de la cheminée, et on revenoit gagner un petit passage qui conduit à une des petites cours par où on va chez Mgr le Dauphin. De là on alla gagner la galerie d'en bas des Princes; on entra par le milieu de cette galerie, vis-à-vis l'escalier du grand commun, dans l'appartement de Mme de Marsan, où l'on attendit quelque temps que Mgr le duc de Bourgogne fût rentré; ensuite on passa devant lui; il étoit dans sa chambre, debout, en manteau, ayant à sa droite Mgr le duc de Berry et à sa gauche Mgr le comte de Provence. On passoit de là dans le cabinet en galerie qui termine l'appartement, et on sortoit par l'antichambre et le bout de la galerie. Les princes du sang et

---

(1) Il y a une porte à côté du lit de Mgr le Dauphin, à la droite, regardant le lit, en face, par laquelle on passoit et qui communique dans un cabinet qui conduit à ce dégagement. (*Note du duc de Luynes.*)

(2) Avec un fauteuil et un carreau devant elle; derrière, deux pliants, dont l'un à droite pour la dame d'honneur, et l'autre à gauche pour la dame d'atours. On a tenu fermée la porte de l'antichambre de Mme la Dauphine. On a annoncé aussitôt après Mgr le duc de Bourgogne qui est arrivé par la chambre de Mme la Dauphine. Mme la Dauphine s'est levée. Mgr le duc de Bourgogne, accompagné de M. le duc de Duras, gentilhomme de la chambre, et de Mme de Marsan qui le tenoit par la lisière. Ce prince en grand manteau, pleureuses, cheveux longs et cravate étalée, s'est présenté devant Mme la Dauphine, et lui a fait la révérence; après qu'il fut venu se placer à la droite de cette princesse, aussitôt on a ouvert un battant de l'antichambre. Mme la Dauphine a été surprise de ce que M. le duc de Bourgogne étant resté après sa révérence, les princes du sang ne sont pas restés aussi. (*Note du duc de Luynes.*)

légitimés vinrent chez Mme la Dauphine et chez Mgr le duc de Bourgogne avant les courtisans, et sortirent par la même porte par laquelle ils étoient entrés (1) ; ils y étoient tous, excepté M. le duc de Chartres. Nos trois cardinaux y étoient, en habit violet; quoiqu'ils ne portent jamais aucun deuil, l'usage est que pendant les deuils leur habit de cérémonie est le violet, préférablement au rouge, comme une couleur moins éclatante. Le temps de l'Avent auroit été une raison particulière pour les décider à cet habillement, mais dans tout autre temps ils auroient été habillés de même. Des trois cardinaux, il n'y eut que M. de Tavannes et M. de Gesvres qui firent leurs révérences, en même temps que tout le monde. Mon frère fut obligé, comme grand-officier de Mme la Dauphine, de rester auprès de cette princesse pendant les révérences.

Il y avoit environ 160 hommes le matin.

Tout le monde a fait sa révérence comme il s'est trouvé, lorrains, titrés ou non titrés.

Les révérences des dames furent l'après-dînée après le salut. Tout se passa de même que pour les hommes, pour entrer et pour sortir. Mesdames et les princesses du sang restèrent chez Mme la Dauphine. Mme la Dauphine, qui étoit le matin sur une estrade, sous un dais, descendit de l'estrade l'après-dînée, lorsque Mesdames entrèrent (2). Il

---

(1) Les princes du sang ne restèrent pas chez Mgr le duc de Bourgogne ; ils firent seulement leurs révérences. (*Note du duc de Luynes.*)

(2) On ferma les portes du salon de Mme la Dauphine jusqu'à l'arrivée de Mesdames ; elles entrèrent par cette porte pour faire leurs révérences seules. Dès qu'elles furent entrées, on referma les portes. Les princesses du sang vinrent ensuite et se rangèrent à la droite et à la gauche de Mesdames ; ensuite toutes les dames de la Cour vinrent faire leurs révérences. Il y en avoit environ 115.

L'après-dînée, les princesses ne voulurent pas aller chez Mgr le duc de Berry et Mgr le comte de Provence, qui n'étoient pas dans la même pièce que Mgr le duc de Bourgogne, parce que Mesdames devoient des révérences à Mgr le duc de Bourgogne, et non aux cadets. Cependant elles y allèrent, Madame (Adélaïde) leur ayant dit qu'elles ne pouvoient s'en dispenser.

n'y avoit ni fauteuil ni carreau sur cette estrade. Il y eut plus de cent dames qui firent la révérence. Ce grand nombre, avec l'embarras des mantes, le désagrément très-grand pour des femmes de passer par des corridors et de petites cours sans avoir leurs gens avec elles, ensuite la multitude des domestiques et des flambeaux, et le prodigieux nombre de gens inutiles que la curiosité seule y avoit amenés, firent une confusion et un embarras insupportables.

Je n'ai point encore marqué la mort de M. le duc de Beauvilliers; je ne l'appris qu'avant-hier; il est mort à Leipsick de ses blessures. Il laisse trois garçons de sa première femme (Fervaques).

On contoit hier une action d'un officier d'infanterie qui mérite assurément d'être écrite. Cet officier, qui est de la garnison de Harbourg, fut envoyé, il y a quelque temps, par M. de Péreuse, qui commande dans cette place, pour porter de ses nouvelles à M. le Maréchal, à Lunebourg; M. de Péreuse lui avoit donné sept hommes pour l'accompagner. Ce petit détachement trouva en chemin un parti de cinquante hommes des ennemis. Ne pouvant espérer de tenir vis-à-vis des forces aussi supérieures, il se jeta avec ces sept hommes sur l'Elbe dans une petite barque, et passa dans une île. Le commandant ennemi l'ayant sommé de se rendre, il répondit qu'on n'avoit qu'à venir à lui. Les sept soldats qui formoient son escorte lui dirent qu'il ne devoit point être en peine d'eux, qu'ils se noyeroient plutôt que de se rendre. Les ennemis s'étant avancés dans des barques, il fit un feu si bien ménagé qu'ils n'osèrent jamais approcher. Il se défendit

---

Mᵐᵉ la duchesse d'Orléans n'étoit point aux révérences; elle a mal à la poitrine assez considérablement.

Tous les conseillers d'État et 12 maîtres des requêtes ont eu permission de venir faire des révérences, mais avec des manteaux pareils à ceux des autres courtisans. A la dernière cérémonie de révérences, il n'y avoit eu que 4 maîtres des requêtes. (*Note du duc de Luynes.*)

pendant cinq heures; la nuit arriva ; les ennemis furent obligés de se retirer. L'officier avec ses sept hommes remonta dans sa barque et alla à Lunebourg rendre compte de sa commission.

L'ambassadeur d'Espagne dit hier au Roi qu'on apprenoit par les nouvelles d'Angleterre que les deux frégates séparées de l'escadre de M. Dubois de la Mothe, et dont on étoit inquiet avec raison, avoient été attaquées par les Anglois; l'une étoit de 40 canons et 300 hommes d'équipage, commandée par M. de Macarthy, et l'autre de 28 canons. M. de Macarthy, sommé de se rendre, ne l'a jamais voulu et a été coulé à fond, sans qu'il se soit rien sauvé de son équipage (1). L'autre s'est rendue.

On apprend que le roi de Prusse avoit envoyé un corps de 2 ou 3,000 hommes du côté de la Bohême, sous les ordres d'un capitaine nommé Meyer, pour lever quelques contributions. Le général Haddick, à la tête d'un détachement autrichien, l'a suivi; il l'a attaqué, battu et fait prisonnier.

On trouvera ci-après la copie d'une lettre de Saltzhausen (2), du 30 novembre.

La garnison de Magdebourg est très-considérable, et le prince Henri est venu dans cette place.

Le roi de Prusse dirige les opérations de l'armée hanovrienne par le général qu'il y a envoyé (3); elles cadreront avec les siennes, et peut-être que nous pourrons en être embarrassés.

M. le Maréchal croit que les ennemis veulent faire le siége de Harbourg; il le leur laissera commencer, et ensuite il marchera à eux. Les ennemis ont leurs cantonnements le long de la Seesse (4), comme nous le long de la Luhe.

---

(1) Cette nouvelle est démentie plus loin ; M. de Macarthy se rendit.

(2) Saltzhausen est à 4 lieues [à l'ouest] de Lunebourg, sur la rivière de Luhe qui se jette au-dessus de Winsen dans l'Elmenau. (*Note du duc de Luynes*).

(3) Le prince Ferdinand de Brunswick, un de ses meilleurs lieutenants, qu'il donna au roi d'Angleterre.

(4) Ce doit être l'Este, petit affluent de l'Elbe qui passe à Buxtehude.

Du mardi 13, *Versailles.* — On eut hier des nouvelles de l'armée de Richelieu. M. le Maréchal est à Zell; il a mis son armée derrière l'Aller. Les ennemis se sont portés en avant pour nous joindre. Ils avoient détaché un corps de 1,200 chevaux qui devoit être soutenu par de l'infanterie et du canon. M. le Maréchal avoit laissé pour son arrière-garde M. de Caraman avec son régiment de dragons et 250 Fischer qui faisoient à peu près 600 hommes. M. de Caraman étoit de la division de M. le comte de Noailles. M. de Caraman, se voyant pressé par les 1,200 chevaux, n'a pas balancé à les attaquer; il les a mis en déroute; leur commandant a été pris avant que l'infanterie ait eu le temps d'arriver. Un de leurs généraux, nommé M. de Schulenbourg, étoit à cette action; on croit qu'il y a été tué. M. de Caraman a envoyé sur-le-champ rendre compte de cette action à M. de Richelieu, en faisant les plus grands éloges de ceux qui ont contribué à cette victoire, et particulièrement de celui qui commandoit les Fischer. De lui-même il ne dit pas un mot; mais M. de Richelieu lui donne les justes louanges qu'il mérite. On dit en effet que c'est un excellent officier de dragons, et que son régiment est parfaitement bien tenu. On ne sait pas encore les détails.

Il n'y avoit point eu de concert ni de comédie depuis la nouvelle de la mort de la reine de Pologne; le concert commença hier, et on joue aujourd'hui la comédie pour la première fois.

Du jeudi 15, *Versailles.* — On vient de remettre au théâtre, à Paris, l'opéra d'*Alceste*, tel qu'il fut représenté à Fontainebleau en 1754. Au troisième acte, on voit le tombeau destiné pour Admète, et on lit sur le fronton d'un portique ces trois mots grecs: ΧΑΙΡΕ ΨΥΧΗ ΚΑΛΗ, qui veulent dire *Salve anima pulchra.* C'est la première fois qu'on a vu du grec à l'Opéra.

Le syndic de Sorbonne prononça, le 11, en Sorbonne, un discours latin au sujet des affaires présentes, qui n'a pas été approuvé par la plus grande partie des docteurs. La faculté de théologie a reçu l'ordre de s'assembler aujourd'hui.

Du lundi 19, *Dampierre.* — M. de Custine, parent de celui qui vient de mourir, vint le 16 faire sa cour à la Reine. Il a épousé une Custine qui étoit chanoinesse, ainsi elle n'a point changé de nom (*voyez* la généalogie de Custine au 5 décembre). Le fils de M. de Custine qui vient de mourir étoit aussi à Versailles; il a environ neuf à dix ans. Son grand-père avoit une pension de 4,000 livres dont le fils avoit eu la survivance; on vient d'en donner 3,000 livres à Mme de Custine, dont 2,000 livres réversibles à ses deux enfants après sa mort. M. de Boufflers a eu le gouvernement ou plutôt le grand bailliage de Pont-à-Mousson qu'avoit M. de Custine; il vaut environ 6,000 livres. M. de Boufflers avoit une pension de 3,000 livres sur la Lorraine; cette pension retourne au roi de Pologne; on espère l'obtenir pour le fils et la fille de M. de Custine qui vient de mourir.

Le Roi a donné le régiment de cavalerie qu'avoit M. le duc de Beauvilliers à M. le chevalier de Saint-Aignan, son frère, colonel dans les grenadiers de France.

M. le comte de Virieu, colonel dans les grenadiers de France, mourut à Paris, le 28 du mois dernier, âgé de vingt-cinq ans; il étoit gendre de M. le marquis de Sourches.

M. d'Estampes, lieutenant en second dans le régiment du Roi-Infanterie, a obtenu une place de colonel dans les grenadiers de France.

Mme la duchesse de Saint-Aignan fut présentée hier par Mme de Beauvilliers, sa belle-fille, dame d'honneur de Mesdames. Mme de Saint-Aignan est grande, bien faite et a une figure agréable; elle a vingt-huit ou vingt-neuf ans.

M. Dupleix, ci-devant commandant dans l'Inde, attend depuis longtemps qu'on veuille bien lui faire justice sur les demandes qu'il fait à la compagnie des Indes; il prétend que cette compagnie lui doit 8 à 9 millions d'avances qu'il a faites pour son service. Il y a eu des commissaires nommés pour examiner cette affaire; différentes circonstances ont retardé jusqu'à présent la fin de ce travail; M. Dupleix a représenté quelle avoit été l'utilité de ses services pour la Compagnie, et combien il avoit raison de se plaindre d'un aussi long délai. Enfin il a été décidé, en attendant le jugement, qu'il lui seroit payé 1,500,000 francs par la Compagnie.

Extrait d'une lettre de Versailles, du 19 décembre.

M. de Daun a écrit à M. de Staremberg; il lui mande que le roi de Prusse a attaqué le prince Charles le 5 et qu'il l'a battu comme il alloit à Glogau. L'attaque a commencé par l'aile gauche où étoient les troupes de Bavière et de Wurtemberg comme les plus foibles; l'artillerie les a enfoncées et séparées de façon qu'il s'est fait un vide dans lequel les Prussiens sont entrés et ont attaqué en flanc et en tête. C'est à peu près la même affaire que celle de M. de Soubise. M. de Nadasty est du côté de Brieg; on croit qu'il pourra rejoindre le prince Charles.

M. l'abbé de Bernis et M. de Staremberg ont présenté aujourd'hui le fils du prince de Lobkowitz, que l'Impératrice a envoyé pour rendre compte de la bataille gagnée par les Autrichiens près de Breslau et de la prise de cette ville. Ce n'est qu'ici que le fils du prince de Lobkowitz a appris la défaite du prince Charles.

Extrait d'une lettre de Zell, du 7 décembre.

M. du Ménil a été envoyé à Brême pour négocier avec les magistrats. Son instruction porte de les engager à recevoir les 3 bataillons du régiment d'Alsace, et en cas qu'ils refusent cet arrangement, de les porter à observer la neutralité la plus exacte, avec menace d'agir à la rigueur s'ils en usoient autrement.

Extrait d'une lettre de Versailles, du 20 décembre.

On a eu nouvelle aujourd'hui que M. de Macarthy n'étoit pas coulé à fond, mais qu'il étoit prisonnier de guerre.

Le Roi dit hier au soir, et cela se confirme, que l'affaire du prince Charles n'est pas aussi considérable qu'on l'avoit cru d'abord.

Le roi de Prusse a suivi le prince Charles qui étoit bien posté, et le prince Charles lui a fait tirer une si grande quantité de coups de canon, que ce roi a été obligé de se retirer. On attend encore des détails plus circonstanciés.

Autre lettre de Versailles, du 21.

Il arriva hier un courrier de M. de Richelieu qui donna l'alarme à tout le monde. Les ennemis sont venus attaquer un des faubourgs de Zell et ont été repoussés par nos grenadiers, dont il y en a eu sept de tués; et en se retirant dans le faubourg, ils ont détruit le pont qui étoit sur la rivière. On ne croit pas qu'ils soient tentés de la passer en notre présence, mais cela prouve qu'ils sont bien près de nous.

Du 22. — Il y a eu deux affaires entre le roi de Prusse et le prince Charles. Le 5, le roi de Prusse a attaqué les Autrichiens et les a battus; ils se sont cependant retirés en bon ordre. Le 6, le roi de Prusse est venu pour les attaquer une seconde fois, mais ils l'ont reçu avec tant de fermeté et lui ont tiré un feu de canons et d'artillerie si considérable qu'ils l'ont obligé de se retirer. Il n'est pas vrai que l'armée autrichienne soit coupée en deux comme on l'avoit dit.

Du 24. — Le Roi fit hier une promotion de trois brigadiers, qui sont M. le prince de Rohan, M. de Caraman et M. de Caulaincourt. Tous les colonels qui ont été blessés à l'affaire de M. de Soubise du 5 du mois dernier ont eu 2,000 livres de pension. C'est M. l'évêque de Senlis qui officie aujourd'hui et Mme de Choiseul qui quête.

M. Boyer, le médecin, vient de partir, par ordre de la Cour, pour se rendre à Brest où il règne une maladie épidémique parmi les matelots de la flotte de M. Dubois de la Mothe. On dit qu'il en meurt environ 50 par jour.

M. le duc de la Rochefoucauld a obtenu pour M. le duc d'Estissac, son gendre, la charge de grand-maître de la garde-robe; le brevet de retenue de 500,000 livres qu'a M. de la Rochefoucauld sera réduit à 400,000 livres sur la tête de M. d'Estissac. M. de la Rochefoucauld conserve la survivance de cette charge.

M. Dubois de la Mothe, qui arrive de Brest, fut présenté hier et fut très-bien reçu. Son retour a été très-fatigant, ayant ramené plus de 700 malades sur sa flotte.

Mon fils, qui doit être reçu jeudi 29, au Parlement, comme gouverneur de Paris, avoit compté inviter les princes et pairs pour se trouver à sa réception. Il a cité l'exemple de M. de Gesvres; mais on y a trouvé une différence, c'est que M. de Gesvres étoit pair sur la démission de M. son père, et que mon fils n'a qu'un duché héréditaire et enregistré au Parlement mais non pairie ; et en effet, M. de Gesvres, qui à la première séance ne fut reçu que comme gouverneur, à la seconde fut reçu comme pair. Ainsi il n'y aura point d'invitations.

Du jeudi 29, Paris. — M. le prince de Guimené mourut il y a quatre ou cinq jours dans ses terres. Il avoit soixante-neuf ans. Il étoit interdit; on ne le voyoit point, et il a presque toujours mené une vie fort particulière. Sa veuve est la fille de feu M. le prince de Rohan. Il laisse quatre garçons et deux filles. L'aîné des garçons, qui est le prince de Rohan, a épousé Mlle de Bouillon, dont il a un fils qui a douze ans; le second est chevalier de Malte et capitaine de vaisseau; le troisième est chanoine de Strasbourg, et le quatrième, qui a dix-neuf ans, est aussi chevalier de Malte. Des deux filles, l'une a épousé le prince de Masseran, et l'autre est abbesse de Marquiette, au diocèse de Tournay.

M. Dubois de la Mothe me contoit, il y a quelques jours, deux événements qui prouvent bien la haine des Sauvages contre les Anglois et leur amitié pour les François.

Après la tempête qui fit périr *le Tilbury*, l'un des vaisseaux de l'escadre angloise, 240 soldats ou matelots anglois qui font partie des 6 ou 700 que M. Dubois de la Mothe a fait prisonniers, trouvèrent le moyen d'échapper au naufrage; ils arrivèrent à terre avec les débris du vaisseau, entre lesquels il y avoit un baril d'eau-de-vie. Six sauvages bien armés les ayant rencontrés leur dirent que s'ils les avoient trouvés en pouvoir de leur faire du mal ils les auroient détruits jusqu'au dernier. « Mais, ajoutèrent-ils, nous ne voulons pas vous accabler dans le malheureux état où nous vous voyons réduits, et voici la plus grande preuve que nous pouvons vous donner de la générosité de nos sentiments : voilà un baril d'eau-de-vie de votre cargaison; vous savez que nous en faisons un

18.

grand usage, nous serions bien tentés de le boire, mais nous ne pourrions plus répondre de nous-mêmes si nous succombions à cette tentation; nous allons le défoncer et jeter à la mer tout ce qu'il contient. » Ce qui fut exécuté aussitôt. Cette action est trop singulière pour ne pas mériter d'être remarquée.

Un officier inférieur demanda permission à M. Dubois de la Mothe d'aller passer un jour à terre pour y chasser. S'étant engagé dans un bois qu'il ne connoissoit pas, il s'y perdit. Ne pouvant plus retrouver son chemin et voyant arriver la nuit, il fut obligé d'avoir recours à une femme sauvage qu'il aperçut une lumière à la main; cette femme alla aussitôt appeler son mari qui vint avec un fusil et coucha en joue l'officier françois. Cet officier lui dit qu'il se trompoit, qu'il le prenoit sûrement pour un Anglois. « Nous verrons tout à l'heure qui tu es, lui dit le sauvage; mets-toi à genoux et dis ton *pater*. » Il n'y avoit pas d'autre moyen que de faire la volonté du sauvage. L'officier dit son pater en latin. « Fais le signe de la croix, dit le sauvage. Dis présentement ton *pater* en françois, c'est là que je te reconnoîtrai. » L'officier ayant donné cette nouvelle marque de soumission et de piété, ce sauvage courut à lui et l'embrassa en lui disant : « Je vois bien que tu es François. » Il l'emmena chez lui, le traita le mieux qu'il lui fut possible, et le remit dans son chemin.

Il y a eu encore de nouvelles affaires à Troyes. Une fille a fait une insulte publique à un curé qui étoit en chaire. Quelques jours après elle a demandé les sacrements, et en conséquence du refus qui lui a été fait, refus dans lequel il paroît que le curé n'avoit aucun tort, il y a eu des plaintes en justice, et le curé a été décrété de prise de corps.

La Sorbonne a reçu de nouveaux ordres de la Cour portant défenses de s'assembler.

Mon fils a été reçu aujourd'hui au Parlement. Il étoit seul dans son carrosse. Il avoit derrière lui deux carrosses fort beaux, mais moins riches que le premier, et plusieurs autres carrosses ordinaires. Il étoit précédé par 12 suisses, 100 gardes, 2 trompettes, sans compter les officiers de l'une et de l'autre troupe, 40 laquais et 2 coureurs. Il avoit 2 pages devant son carrosse et 4 derrière. Il y a eu quelques difficultés à la porte du parquet des huissiers. Les gardes de robe courte, qui avoient un exempt à leur tête, vouloient demeurer maîtres de cette porte en dehors, mais les gardes du gouvernement s'en sont emparés, comme c'est leur droit. Le major des gardes de mon fils a été obligé de dire à l'exempt des gardes de robe courte que s'il vouloit y mettre de l'humeur, il en mettroit aussi de son côté. Mon fils a attendu une demi-heure dans le parquet des huissiers, parce que le travail de la Grande Chambre n'étoit pas encore fini. Ayant été averti, il est entré suivi de son capitaine des gardes, qui avoit alors son bâton dans sa poche. Il a ôté son épée et son chapeau suivant l'usage, a prêté serment et a ensuite pris sa place au-dessus de tous les conseillers, à la première place du banc qui n'est séparé de celui des présidents que par la chaise du greffier en chef, qui est la place où se met le chancelier aux lits de justice. La séance ayant été levée immédiatement après, mon fils, suivi de son capitaine des gardes, qui avoit pris son bâton immédiatement après le serment, a été à la buvette, marchant immédiatement après le dernier des présidents à mortier. Comme c'est aujourd'hui la seconde audience pour le procès de M**lles** de Mailly que l'on continue à plaider, et que M. le premier président, comme parent, ne peut assister à ce procès, de la buvette il est retourné chez lui. L'usage est que le gouverneur aille lui rendre visite immédiatement après la réception; mon fils a donc marché immédiatement après lui, ou à sa gauche, suivi de son capitaine des gardes. On ne s'est point assis; la visite a été fort courte et s'est passée avec beaucoup de politesse et tout le cérémonial de la reconduite. Mon fils, qui avoit été par la rue et le carrefour de Bussy, est revenu par les quais et la rue du Bac; il a jeté de l'argent au peuple, droit qui, comme je l'ai déjà dit, n'appartient qu'au seul gouverneur, et que M⁰ʳ le Dauphin même n'a point sans la permission du Roi. Mon fils avoit le même habillement que les pairs de France. Il donne aujourd'hui à dîner. Il n'a prié du Parlement que M. le président de Rozambo, M. le procureur général et son frère l'avocat général, et M. de Lézonnet, qui a été son rapporteur. Il comptoit en prier un plus grand nombre, s'il avoit éprouvé de la part du Parlement plus de facilité à la conservation de ses droits; mais il a fait ce que M. de Gesvres avoit fait en pareil cas.

Du jeudi 30, *Paris.* — J'ai oublié hier, dans le détail du Parlement, que lorsque mon fils sortit de la buvette pour aller chez M. le premier président, ils ne passèrent ni l'un ni l'autre par la Grande Chambre parce que c'étoit le moment de la grande audience. Mon fils n'alla point chez M. le premier président par le même chemin que ce magistrat; il passa par la cour. M. le premier président lui en ayant demandé la raison, il lui dit que c'étoit parce qu'il vouloit jeter de l'argent au peuple en descendant, comme il fit en effet au bas de l'escalier. C'étoit une des difficultés qui lui avoient été faites que de jeter de l'argent dans le palais. Mon fils avoit toujours répondu qu'il en jetteroit, parce que M. de Gesvres en avoit jeté en pareil cas.

On se mit à table à l'hôtel de Luynes avant trois heures. On trouvera ci-après les noms de ceux et celles qui y étoient (1). On fut à table jusqu'à cinq heures et demie.

---

(1) Noms de ceux et celles qui étoient à table : Mme d'Egmont la belle-mère, Mme d'Egmont la belle-fille, Mme de Chaulnes, Mme de la Guiche, Mme de Luynes, Mlle de Chevreuse, Mme de Rozambo, Mme de Vierne, Mme de Chevreuse, M. le maréchal de Biron, M. le duc de Chaulnes, M. le président de Rozambo, M. le comte de la Marck, M. de Lézonnet, M. de Chevreuse, M. le vidame d'Amiens, M. le curé de Saint-Sulpice, M. de

A cinq heures, M. le premier président arriva à l'hôtel de Luynes. Il monta en haut, et mon fils ayant demandé la permission à la compagnie, se leva pour l'aller recevoir. M. le premier président descendit avec lui en bas, et voulut qu'il se remît à table. Il resta environ une demi-heure et fit la conversation debout autour de la table. Quand il sortit, mon fils se leva pour l'aller reconduire, et comme je n'étois point à table je le reconduisis jusqu'au perron. La table étoit dans la grande chambre de mon appartement, qui est celui que mon frère occupe actuellement. Environ une heure et demie après le dîner, il y eut un feu d'artifice dans le jardin. Les artificiers de la Ville avoient demandé à mon fils la permission de lui donner cet amusement. Il fut fort bien exécuté, assez joli pour être fait aussi promptement et dans un goût assez nouveau.

Ce matin, la Ville a envoyé ici cinq bourses de jetons d'argent, de 100 livres chacune, aux armes de la Ville, dont deux pour mon fils, une pour Mme de Chevreuse, une pour M. de Sercaty, capitaine des gardes, et une pour M. de Marne, lieutenant des gardes.

Vierne, M. de Chamois, M. de Brienne, M. de Sercaty, capitaine des gardes, M. de la Salle, M. le procureur général, M. l'avocat général son frère, M. de Vaulgrenant.

EXTRAORDINAIRE.

1757.

Mme de Pompadour et le Roi après l'attentat de Damiens. — Sur les discours de la petite pensionnaire de Saint-Joseph au sujet de l'assassinat du Roi. — Exil de MM. de Machault et d'Argenson et grâce accordée à ce dernier. — Fermeté du maréchal de Belle-Isle. — Défauts de Louis XV. — Réception de M. de Duras au Parlement. — Sur l'assistance des Princes et des Pairs au procès de Damiens. — Sentiments du Roi et de Mme de Pompadour pour le prince de Conty. — Exemples de faiblesse et d'incertitude du Roi. — Jalousie du maréchal de Richelieu contre le maréchal de Belle-Isle. — Les sceaux donnés ou offerts à M. Pelletier. — Les exilés du Parlement. Changements d'opinion du Roi dans cette affaire. — Influence du prince de Conty sur le Roi et le Parlement et éloignement du Roi pour sa personne. Mot du P. de la Tour. — Affaire de M. de Boulogne. — Jugement sur le chancelier. — Faiblesse du gouvernement contre les Parlements et craintes des suites graves qu'auront ces révoltes. — Le cardinal d'Estrées et la princesse des Ursins. — La Dauphine. — Les ministres à Crécy et Mme de Pompadour à Saint-Hubert. — Anecdote sur la bataille d'Hochstett. — M. de Belle-Isle protégé par Mme de Maintenon et pourquoi? — Sur le rappel du maréchal d'Estrées. — Le maréchal d'Estrées à Fontainebleau. — Sur l'armée de M. de Soubise. — Retraite de M. de Maupeou. — La maréchale de Mirepoix. — Sur la retraite du général Apraxin. — Crédit de Mme de Pompapour et effets de son amitié. — Caractère du Roi. — M. de Soubise n'a pas d'artillerie. — Germanicus et le maréchal d'Estrées. — Sur la violation de la convention de Closter-Severn.

Du samedi, 8 janvier — On trouvera dans mon journal tout le détail de ce qui s'est passé le 5 de ce mois. Le Roi a été seul ce matin une demi-heure ou trois quarts d'heure avec le R. P. Desmarets. S. M. a appelé M. d'Argenson, et lui a donné une clef pour aller prendre des papiers à Trianon. M. d'Argenson est revenu et a travaillé avec le Roi environ un quart d'heure; S. M. a paru de fort mauvaise humeur.

Du samedi 15. — Tout est ici dans la plus grande fermentation. Les amis de Mme de Pompadour ont dit et écrit qu'elle avoit vu le Roi dès le lendemain ou surlendemain de sa blessure; le fait est faux, et cette visite étoit impossible pendant tout le temps que le Roi a resté dans son lit; il y a eu jour et nuit du monde dans sa chambre. Il y a même lieu de croire qu'il n'y a eu ni message ni lettre. Les premiers jours, Mme de Pompadour a été malade dans son lit et saignée; elle ne voyoit d'abord que ses amis particuliers, ensuite ceux qui ont coutume de souper chez elle; et le lundi d'après la blessure, elle vit tout le monde, même les ministres étrangers. Elle a depuis donné à souper chez elle à des dames, comme elle avoit accoutumé de faire depuis qu'elle est dame du palais. Hier au matin, elle envoya demander publiquement à M. le duc de Gesvres 50 billets de la loterie de l'hôtel de ville; elle lui envoya le soir même 50 louis. Personne n'avoit prononcé son nom devant le Roi jusqu'à hier, que le Roi ayant demandé à M. de Clermont d'où il venoit, il lui répondit qu'il venoit de chez Mme de Pompadour, et le Roi ne répondit rien. Tantôt on a vu les partisans tristes, tantôt le visage plus satisfait. On assure que le Roi a dit à Mme la comtesse de Toulouse que pour cette fois-ci c'étoit tout de bon. Ce qui est certain, c'est que depuis trois ou quatre jours le Roi n'a pas vu en particulier le P. Desmarets; qu'avant-hier il descendit chez Mme de Pompadour et y fut près d'une demi-heure, et qu'hier il y fut deux heures. Il y avoit ici un appartement dans les cabinets destiné aux maîtresses particulières du Roi, il est démeublé depuis deux ou trois jours. Le Roi paroît frappé sérieusement de cet événement-ci. Il est très-certain qu'il a dit qu'il voudroit qu'il lui en eût coûté un bras et que ceci ne fût pas arrivé; et l'on assure que lorsque l'on lui sonda sa plaie et qu'on lui dit avec plaisir qu'elle n'étoit pas profonde, il dit : « Elle l'est plus que vous ne le croyez, car elle va jusqu'au cœur. » Il est très-certain aussi que depuis qu'il est guéri et habillé, quelqu'un lui ayant marqué sa joie de sa santé, il dit : « Oui, le corps va bien, mais ceci va mal, en mettant la main à sa tête, et ceci est impossible à guérir. »

Du mercredi 19. — On fait des recherches de tous côtés sur tout ce qui a rapport à l'horrible assassinat. Le scélérat, qui fut transféré la nuit d'avant-hier à hier, après avoir tenu un discours de plaisanteries indécentes à la geolière, dit tout haut lorsqu'il fut dans la voiture : « Je me suis sacrifié pour le peuple, c'est son affaire. » Ce discours a été rapporté à Mme de Pompadour; mais elle a fort recommandé qu'il ne parvînt pas jusqu'au Roi pour ne pas augmenter les tristes réflexions qui ne peuvent manquer de se présenter à son esprit. Au reste, le Roi a repris le même train de vie, et Mme de Pompadour aussi. Toute la Cour et tous les ministres étrangers étoient chez elle hier. Le Roi y va souvent; il y étoit hier ou avant-hier debout avec plusieurs autres personnes pendant qu'elle dînoit tête à tête avec M. de Chaulnes. Il y soupa hier. Avant-hier il soupa dans ses cabinets avec ses enfants. On présume cependant que ces apparences extérieures ne changent rien à une détermination fixe que le Roi a prise; mais on a jugé qu'il étoit de la prudence de ne pas donner lieu de penser au public que ce fût la crainte qui l'eût déterminé, et qu'il étoit nécessaire que l'on vît cette détermination venir du seul mouvement de sa conscience.

Du mardi 25. — Quoique toutes choses aient repris le même train, comme je viens de le dire, Mme de Pompadour n'avoit paru nulle part, ni chez le Roi dans le moment de toutes les révérences des dames, ni chez la Reine où elle a coutume de venir assez souvent depuis qu'elle est dame du palais; enfin elle y parut hier et fit sa cour au dîner de la Reine. Il seroit bien difficile de prévoir quelle sera la suite de tout ceci. Le Roi paroît prier Dieu avec beaucoup de dévotion et Mᵐᵉ de Pompadour continue à entendre la messe tous les jours.

Du dimanche, 6 février, Versailles. — On trouvera dans mon journal qu'après plusieurs recherches, on a regardé comme une fable, ou du moins comme méritant peu d'attention, les discours d'une petite fille de Saint-Joseph. J'ai voulu vérifier le fait autant qu'il m'a été possible ; j'en ai parlé à une personne très-digne de foi qui demeure dans l'enceinte même de Saint-Joseph. Cette affaire fit d'abord si peu de bruit que la personne dont je parle fut huit jours sans en rien savoir. Elle a cependant coutume d'entrer toutes les semaines dans le couvent ; elle y avoit entré et on ne lui en avoit pas parlé. Après huit ou neuf jours, instruite par le bruit public, elle écrivit à une pensionnaire, nommée Mˡˡᵉ Sanadon, qu'elle connoît, pour lui faire un reproche d'amitié de l'avoir laissée dans l'ignorance sur cet événement. Mˡˡᵉ Sanadon vint la voir sur-le-champ et lui dit que le fait étoit très-vrai ; que Mˡˡᵉ d'Escouflet étant allée le jour même de l'assassinat chez M. de Coudre, son beau-frère, aide-major des Invalides, étoit revenue sur les quatre heures à Saint-Joseph ; qu'en arrivant elle avoit parlé à moitié bas à Mˡˡᵉ. . . . . , autre pensionnaire, sa bonne amie, et lui avoit dit : « Le Roi est tué. » Cette parole ayant surpris, comme on peut le croire, elle avoit ajouté : « Oh ! s'il ne l'est pas, il le sera ce soir ; » que ce propos n'avoit pas été prononcé assez bas pour que trois pensionnaires ne pussent l'entendre, lesquelles étoient Mˡˡᵉˢ Midleton, d'Ivry et Chevillart ; que Mˡˡᵉ. . . . . avoit été interrogée, et avoit dit que rien n'étoit plus certain que le propos de Mˡˡᵉ d'Escouflet à quatre heures après midi ; qu'on avoit ensuite interrogé les unes après les autres les trois pensionnaires dont je viens de parler ; que Mˡˡᵉ Midleton avoit dit n'avoir rien entendu, mais que les deux autres étoient convenues d'avoir parfaitement bien entendu les singuliers propos de Mlle d'Escouflet ; que Mme de Coudre, sœur de cette petite fille, et son mari avoient été fort alarmés, comme on peut croire, à cette nouvelle, et qu'ils avoient dit que ce que la petite disoit avoir entendu, ne pouvoit pas être chez eux ; qu'ils l'avoient envoyée chez une autre de ses sœurs dans le faubourg Saint-Marceau, d'où elle étoit revenue à Saint-Joseph. Outre cela, quand la nouvelle fut publique le lendemain 6, elle dit : « Je le savois bien dès hier. » Il est vrai, a-t-on ajouté, qu'elle a l'habitude à tout ce qu'elle entend raconter de dire : Je le savois bien ; mais le fait de la veille n'en est pas moins certain. La petite d'Escouflet a été interrogée chez M. et Mme de Coudre, qui paroissent en effet n'avoir eu aucune connoissance de ce propos. Elle a d'abord avoué, puis ensuite nié. On ne voulut point la renvoyer dans le couvent, et on dit pour raison qu'elle avoit été saignée du pied. Le lendemain, la supérieure envoya savoir de ses nouvelles, mais de la part de son amie Mlle . . . . . . ; on la trouva debout qui voyoit jouer au trictrac. Les religieuses n'ont point voulu la reprendre chez elles, malgré les plus instantes prières de M. de Coudre.

On trouvera dans mon journal deux faits bien singuliers, et qui demandent explication et addition. L'un est l'exil de M. de Machault et de M. d'Argenson, et l'autre les 48,000 livres accordées à M. d'Argenson. M. de Machault étoit l'intime ami de Mme de Pompadour ; elle avoit toute confiance en lui ; il étoit son conseil sur les affaires les plus importantes et se mêloit aussi de celles qu'elle avoit personnellement. Le moment de la blessure du Roi fut une époque fatale à ce ministre ; il crut Mme de Pompadour au moment de quitter la Cour ; elle remarqua qu'il l'avoit négligée infiniment, et elle sut qu'il faisoit des démarches auprès de Mme la Dauphine. Elle fut piquée contre lui et le lui marqua. Cependant on croyoit qu'il y avoit eu un raccommodement, non pas au point de remettre les choses sur le même pied de confiance, mais d'honnêteté, et de se voir. On peut croire que s'il y a eu raccommodement, il n'a rien changé à la prévention qu'avoit formée le changement de conduite, et les gens instruits se doutoient dès la veille que ce ministre seroit renvoyé.

Pour M. d'Argenson, il n'avoit pas le moindre soupçon de ce qui le regardoit. Il croyoit savoir l'exil de M. de Machault et s'en seroit consolé; il n'imaginoit pas être compris dans la disgrâce. Il fut à travailler jusqu'à minuit avec M. le maréchal de Belle-Isle, son ami depuis longtemps; ils étoient l'un et l'autre dans la plus parfaite sécurité. Il paroît très-décidé que ce qui a perdu M. d'Argenson, ce sont ses liaisons avec Mme d'Estrades. J'ai marqué dans le temps le renvoi de Mme d'Estrades. Il y a bien lieu de croire que ce fut l'effet de quelque intrigue contre Mme de Pompadour dont elle fut accusée. Cet événement n'a point empêché M. d'Argenson de continuer à voir son amie. Apparemment que l'aigreur contre Mme d'Estrades est demeurée la même dans l'esprit de Mme de Pompadour et a retombé avec autant de force et d'éclat sur M. d'Argenson. Il est fâcheux, dans de pareilles circonstances, que Mme d'Estrades ait pris le parti d'aller aux Ormes avec M. d'Argenson, quoiqu'on ne puisse blâmer jusqu'à un certain point les démarches que l'ancienne amitié fait faire.

Du lundi 7, Versailles. — La grâce accordée à M. le comte d'Argenson, des 48,000 livres sur les fourrages d'Alsace et de Franche-Comté, est l'ouvrage de M. le maréchal de Belle-Isle, comme la disgrâce est celui de Mme de Pompadour. Cette circonstance n'empêcha point M. de Belle-Isle de s'adresser directement à Mme de Pompadour; il lui demanda une demi-heure d'audience, et il lui dit qu'il croyoit qu'il étoit de sa gloire particulière d'obtenir du Roi qu'il ne laissât pas dans un besoin réel un homme comme M. d'Argenson, qui l'avoit bien servi pendant un grand nombre d'années. Mme de Pompadour voulut rappeler à M. de Belle-Isle quelques propos de M. d'Argenson en lui disant : « Voilà ce que votre ami disoit de vous-même, et si je suis cause de sa disgrâce, ce n'est qu'un rendu, car il n'a pas tenu à lui qu'il ne fût cause de la mienne. » M. de Belle-Isle, sans entrer dans ce détail, lui dit : « Le terme de : Mon ami, dont vous vous servez, Madame, et dont je conviens, est une raison suffisante pour me déterminer à vous proposer une grâce, avec d'autant plus de confiance qu'elle ne coûte rien au Roi, puisqu'il ne s'agit que de changer le nom de Paulmy et mettre celui d'Argenson. » On peut dire avec raison que voilà ce qui s'appelle une amitié essentielle et du courage à servir ses amis.

M. de Belle-Isle vient de parler aussi avec fermeté et netteté à MM. les présidents Molé et d'Ormesson, à l'occasion des difficultés des présidents à mortier au sujet de la présidence des Enquêtes et des obstacles que le Parlement met à l'exécution des volontés du Roi. Il leur a fait sentir que des noms aussi illustres que les leurs dans leur état ne devoient point concourir à l'esprit d'opiniâtreté et de rébellion qui régnoit dans le Parlement; qu'ils étoient trop sages pour ne pas gémir de se voir entraîner continuellement par la trop grande multitude d'esprits vifs et indociles, et que la plupart de ceux qui composoient ce corps n'étoient pas d'espèce à devoir imposer à gens comme eux; que c'étoit donc leur rendre service que de les mettre à portée de pouvoir faire usage de leur zèle; qu'il étoit impossible qu'ils n'eussent pas un nombre de gens dans le Parlement qui avoient assez de confiance en eux pour se laisser persuader par ce qu'ils leur diroient, et qu'il étoit de leur gloire et de leur attachement personnel de travailler à ramener les esprits.

Du jeudi 10, *Versailles.* — Il seroit bien à désirer, dans les circonstances présentes, que le Roi voulût bien, dans quelques occasions, faire connoître sa volonté par lui-même, plus promptement et d'une manière plus décisive. Quelques jours après l'horrible attentat dont on attend actuellement la punition la plus exemplaire, M. le maréchal de Richelieu, occupé de tous les moyens de contribuer à la plus grande sûreté du Roi dans son appartement, fit un projet d'arrangement en conséquence duquel il comptoit donner des ordres; ne jugeant pas à propos cependant de donner ces ordres sans avoir pris ceux du Roi, il remit à S. M. son projet par écrit; le Roi le mit dans sa poche; je ne sais pas s'il a depuis déclaré sa volonté, mais il fut au moins dix ou douze jours sans rien dire de ce projet à M. de Richelieu.

On trouvera dans mon journal une réponse détaillée que le Roi fit aux remontrances de la Grande-Chambre. C'étoit le jour qu'il leur donna une audience de cérémonie dans son ancienne chambre. La réponse étoit tout au mieux, mais le Roi la lut au lieu de la dire. On sent la différence que cela peut faire sur ceux qui la reçoivent.

Actuellement il est question de la réception de M. le duc de Duras au Parlement et de l'assistance des princes et pairs au procès criminel de l'assassin. M. de Duras a impatience d'être reçu, d'autant plus que son grand-père, maréchal de France, ayant été créé pair en 1668, n'a point joui de la dignité de pairie parce que ses lettres ne furent point enregistrées; il mourut en 1704. Il a demandé au Roi la permission de se faire recevoir, et le Roi lui ayant dit qu'il le trouvoit bon, M. de Duras a compté profiter de la première occasion qui se présenteroit de l'assemblée de la Grande-Chambre sur le procès criminel. Il fut instruit que M. le duc d'Orléans et les princes du sang comptoient assister au jugement de ce procès, et qu'on avoit pris jour pour samedi 12 de ce mois, parce que ce jour-là il doit y avoir, suivant les formes de la justice, une assemblée pour examiner et décider s'il est à propos d'entendre tels ou tels témoins.

M. le duc d'Orléans vint ici avant-hier matin pour recevoir les ordres du Roi, qui ne lui en donna aucuns de contraires. M. le duc d'Orléans dit assez hautement que c'étoit un désagrément et un ennui d'assister au procès criminel, d'autant plus qu'il pourroit y avoir plusieurs séances sur cette affaire, mais qu'il croyoit que lui et les autres princes du sang devoient, à cette occasion, donner à S. M. des marques de leur respect et de leur attachement. En conséquence de la détermination de M. le duc d'Orléans, les pairs ont cru devoir suivre son exemple.

Ainsi tout se trouvant naturellement arrangé pour que M. de Duras exécutât son projet samedi prochain, il a commencé ses visites, et compte être reçu.

Des réflexions sages et sensées ont fait voir que malgré l'absence du plus grand nombre des membres du Parlement, il reste encore assez de chaleur dans les esprits pour que la Grande-Chambre, se trouvant fortifiée et augmentée par l'assistance des princes et des pairs, pendant plusieurs séances, à l'occasion du procès criminel, il s'y hasarde quelques propositions contraires au respect et à la soumission dus au Roi, et qui par conséquent embarrasseroient les pairs, que l'on doit supposer lui être tous attachés; que d'ailleurs la confiance du Parlement dans M. le prince de Conty, les liaisons qu'il a toujours eues avec eux et qui subsistent encore, pouvoient donner de justes défiances sur ce qui se passeroit dans ces assemblées; qu'enfin ce seroit une chose absolument nouvelle et sans exemple que les pairs assistassent au jugement d'un pareil procès; qu'il n'y en avoit point eu à celui du misérable Ravaillac; que ce seroit même donner de la faveur aux sentiments du Parlement, qui soutient qu'il est en droit de convoquer les pairs quand il le juge à propos, sans être obligé d'en rendre compte au Roi. Le Roi a senti l'importance de ces réflexions. Mme de Pompadour en a été très-frappée. Elle est toujours brouillée avec M. le prince de Conty et elle sait que le Roi le craint et le hait. M. le duc d'Orléans étant allé chez Mme de Pompadour, le soir même du jour qu'il vint ici, Mme de Pompadour sachant que le Roi ne lui avoit rien dit sur le Parlement, en parla sur-le-champ au Roi en particulier pour le presser de déclarer ses intentions ; le Roi le lui promit et rentra dans la chambre où étoit encore M. le duc d'Orléans, qui parloit dans ce moment de sa détermination à aller au Parlement et des motifs qui l'y engageoient. Le Roi s'approcha de M. le duc d'Orléans et demanda de quoi il étoit question. On lui répéta le sujet de la conversation ; mais il n'en attendit pas la fin, il ne dit mot et s'en alla. Mme de Pompadour, qui croyoit qu'il avoit parlé, fut fort étonnée d'apprendre ce qui s'étoit passé ; elle en dit son sentiment au Roi qui promit d'en parler le lendemain au conseil d'État ; elle ne fut pas moins surprise le lendemain d'apprendre qu'il n'en avoit pas été fait mention au conseil. Apparemment qu'elle parla de nouveau, car on sait sûrement que le Roi écrivit hier à M. le duc d'Orléans à Paris. Ce qui fait juger que M. le duc d'Orléans n'ira point samedi au palais, que cet exemple sera suivi, et que, par conséquent, il n'y aura point de réception.

Du mardi 15, Versailles. — Après ce qui vient d'être marqué, il sembleroit qu'on en devroit conclure qu'il n'y a point eu de réception. Mais M. le duc d'Orléans fit réponse au Roi, la veille, et vint le soir recevoir les ordres de S. M. Apparemment que le Roi fut content des raisons qu'il lui dit, car il trouva bon que M. de Duras fût reçu, et que les pairs assistassent au commencement de l'instruction du procès criminel.

Cette affaire de l'assistance des pairs au procès criminel m'a donné occasion de voir qu'il y a une jalousie prodigieuse de M. de Richelieu contre M. le maréchal de Belle-Isle. Apparemment que c'est par rapport à la place dans le conseil, car quoique M. de Richelieu n'ose rien dire de désobligeant pour la personne de M. de Belle-Isle, on voit que c'est la confiance du Roi pour M. de Belle-Isle dont

M. de Richelieu est blessé, en disant que c'est lui qui fait tout, qui décide de tout, et comparant son autorité à celle du cardinal de Richelieu. L'excessif de cette comparaison est la preuve la plus forte que je puisse donner de la façon de penser de M. de Richelieu, et je n'écris que ce que j'ai entendu.

L'opinion générale et universellement répandue des sceaux donnés, au moins offerts, à M. Pelletier ne se confirmant pas, il y a des gens qui croient présentement que le Roi pourroit avoir en vue M. le premier président, d'autant plus que les fonctions de cette charge n'exigent point un séjour à la Cour, ni même l'obligation de quitter la place de premier président, d'autant plus que Mathieu Molé, grand-père de M. Molé d'aujourd'hui, a été garde des sceaux et premier président plusieurs années en même temps. On prétend qu'on attend actuellement l'événement des affaires du parlement de Paris pour voir la manière dont se conduira le premier président, s'il trouvera le moyen de rétablir l'exercice de la justice et la forme du Parlement suivant l'intention du Roi. Peut-être aussi que la fin du procès criminel, dans lequel le premier président est commissaire nécessaire, pourroit être une raison d'attendre s'il est question de lui pour cette place.

Du jeudi, 10 *mars*. — On verra par mon journal que toutes choses sont encore au même état par rapport au Parlement, et combien il seroit à désirer que le Roi marquât une volonté plus effective, ce qui seroit le seul moyen de finir. S. M. paroît bien dans la ferme résolution de ne rien écouter sur le rappel des exilés, elle a même ordonné il y a longtemps qu'ils fussent remboursés. M. le chancelier leur a écrit, en conséquence de l'ordre du Roi, pour qu'ils eussent à prendre les mesures nécessaires pour recevoir leur remboursement; M. le contrôleur général eut ordre en même temps de leur mander la forme qui devoit s'observer pour ledit remboursement. Les fonds nécessaires qui montent à 7 ou 800,000 francs ont été faits, et M. le contrôleur général dit que l'argent est tout prêt. M. le chancelier a écrit et a reçu réponse presque de tous; il en a rendu compte au Roi. Le Roi paroît si bien persister dans la ferme résolution du remboursement, qu'au dernier conseil de dépêches M. le chancelier lui ayant représenté que deux desdits exilés demandoient, par rapport à leur santé et à leurs affaires, qu'on changeât le lieu de leur exil, le Roi répondit : « Nous verrons quand ils auront été remboursés. » Cependant ils ne le sont pas; il paroît même certain que la lettre que devoit écrire M. le contrôleur général n'a point été écrite. Il dit effectivement que l'argent est prêt, mais que personne ne se présente pour recevoir le remboursement. On sait que, dans ces cas, il y a une forme juridique pour contraindre ceux qui refusent d'être remboursés; cependant on ne prend point cette forme. M. le prince de Conty paroît toujours avoir un grand crédit dans le Parlement, moins cependant dans la Grande Chambre que partout ailleurs; il continue à donner des audiences plusieurs fois la semaine. Les propositions qu'il fait dans les séances pour le procès criminel, et qui annoncent toujours un grand zèle pour tout ce qui peut avoir rapport à la conservation du Roi, semblent annoncer en même temps une volonté déterminée de retarder autant qu'il sera possible le jugement du procès pour multiplier les séances. Le Roi cependant conserve toujours les mêmes dispositions d'éloignement par rapport à M. le prince de Conty, mais celui-ci n'en est pas moins occupé du projet dont on peut justement le soupçonner. J'entendois dire aujourd'hui à un homme sensé, qu'il eut il y a deux ans une conversation avec le P. de la Tour, ami intime de M. le prince de Conty ; il lui dit alors que le travail continuel de ce prince avec le Roi, l'influence qu'il paroissoit avoir sur les affaires du Parlement, et la confiance dont S. M. sembloit l'honorer, paroissoient des présages certains qu'il ne seroit pas longtemps sans entrer dans le conseil d'État. « Ce n'est pas son projet, répondit le P. de la Tour; il ne veut point entrer dans le conseil d'État, mais il veut le gouverner. »

Il y a un grand déchaînement dans le public contre M. le chancelier, par rapport à l'affaire de M. Boulogne, qu'on trouvera expliquée dans mon journal. M. Boulogne, ci-devant commis de feu M. Couturier, premier commis des finances et dont la fortune a été faite par son mariage avec une femme qui étoit fort riche, a beaucoup d'amis et mérite d'en avoir. Ceux qui s'intéressent à lui prétendent que c'est sur le rapport de M. le chancelier et sur son avis que le Roi a décidé l'ancienneté en faveur du fils de M. Trudaine. M. le chancelier dit qu'il a exposé les faits au Roi et que c'est S. M. qui a décidé de son propre mouvement. Un grand malheur, dans les circonstances présentes, c'est que le chef de la justice (qui est le chancelier, digne de cette place par sa probité et sa vertu) a acquis peu de considération, quelque exact qu'il soit à rendre compte de tout au Roi, à lui proposer même des expédients; ses discours ne font point l'impression qu'ils devroient faire. Chaque ministre, occupé du détail qui le regarde, n'oseroit s'avancer à faire des représentations sur autres matières, et on ignore qui sont ceux auxquels le Roi a donné sa confiance intime. Il fut question, il y a quelque temps, que le Roi écriroit au premier président; les circonstances demandoient un choix exact des termes; ils furent examinés dans un comité; on les donna par écrit au Roi. Il écrivit en conséquence, et il se trouva que dans sa lettre il y avoit un mot essentiel et dont on sentit bien que le Parlement ne manqueroit pas d'abuser comme il a fait. Cependant l'esprit de désobéissance augmente plus que jamais. On verra dans mon journal, par les chefs de remontrances de Rouen, quels sont les principes du moment présent. Il n'y a, dit-on, qu'un Parlement en France; celui de Paris en est la première classe; l'autorité du Roi n'a d'effet que par le concours du Parlement, et les neuf articles de Rouen sont imprimés et se vendent à la porte des Tuileries. Dans la délibération pour dresser ces articles, il y eut 31 voix contre 27. C'étoit le moment d'agir, on n'a rien fait. Le parlement de Besançon a fait un refus d'enregistrer qui va jusqu'à la révolte. Le commandant et l'intendant demandent des troupes, et sont ici actuellement avec le second président (le premier étant malade) pour recevoir des ordres. Pendant ce temps, les troupes s'avancent d'une part sur les frontières et les autres sont sur nos côtes; l'intérieur du royaume se trouve dégarni. Il faut espérer que tant d'apparences de malheurs n'auront aucunes suites fâcheuses.

Du mercredi, 11 mai, Versailles. — J'ai sûrement parlé dans mon journal d'une anecdote sur M. le cardinal d'Estrées qui m'a été contée par Mme de Luynes; je la répéterai ici de peur que je ne l'aie oubliée.

Le cardinal d'Estrées avoit été en ambassade de France à Madrid; Mme des Ursins y avoit alors le plus grand crédit. Le cardinal d'Estrées la voyoit très-souvent. On prétendit qu'il en avoit été amoureux; peut-être n'avoit-il voulu que le faire croire. Les choses changèrent de face quelque temps après; Mme des Ursins obtint que le cardinal d'Estrées fût rappelé et l'abbé son neveu, qui fut depuis archevêque de Cambray. Le cardinal d'Estrées revint à Paris; il demeuroit à l'abbaye de Saint-Germain dont il étoit abbé. Mme de Luynes, alors Mme de Charost, l'alla voir; il avoit quatre-vingts ans. Elle trouva un grand embarras de carrosses auprès de la grille de l'abbaye; c'étoit à l'occasion de l'arrivée du cardinal del Giudice logé dans un hôtel garni auprès de la grille de l'abbaye. Le bruit qui se répandit alors étoit que le roi d'Espagne étant veuf et ayant toujours le même goût et la même confiance pour Mme des Ursins, cette femme ambitieuse, et qui avoit encore une figure agréable, avoit cru qu'il ne seroit peut-être pas impossible de déterminer ce prince à l'épouser ; que dans cette vue elle avoit déterminé le voyage du cardinal del Giudice en France, pour tâcher de faire approuver ce projet par le feu Roi Louis XIV. Ces discours, fondés ou non, se débitoient dans le public. Mme de Luynes entre à l'abbaye ; le cardinal lui demande des nouvelles, elle lui conte celles du moment et ce qu'on disoit. « Oui, Madame, lui répondit le vieillard avec vivacité, cette femme a assez d'ambition pour l'imaginer et assez d'esprit pour en venir à bout. » Puis, changeant de ton, il ajouta ces paroles remarquables : « Mais au moins se souviendra-t-elle que c'est moi qui lui ai fait monter le premier échelon. »

Du vendredi 13. — J'ai sûrement parlé dans ce petit journal plusieurs fois de Mme la Dauphine. Ceux et celles qu'elle honore de ses bontés ne peuvent assez se louer des grâces dont elle les accompagne souvent ; mais cette conduite n'est pas toujours uniforme, parce que, malheureusement pour elle, elle a de l'humeur. On prétend qu'il y a aussi de la hauteur. Je n'entreprends point de porter aucun jugement ; je trouve toujours à plaindre les personnes qui ont de l'humeur, et je me contente de rapporter les faits. Quelques mois auparavant la mort de M. le cardinal de la Rochefoucauld, Mme la Dauphine lui parla en faveur de l'abbé prince de Salm, auquel elle s'intéressoit vivement ; elle désiroit de lui faire avoir un bénéfice ; elle le recommanda fortement à M. le cardinal de la Rochefoucauld, et de ne pas oublier d'en parler dans son premier travail. M. le cardinal de la Rochefoucauld exécuta les ordres de Mme la Dauphine, mais le Roi n'ayant pas paru bien recevoir cette demande, M. le cardinal de la Rochefoucauld ne se pressa pas d'aller rendre compte de ce mauvais succès. Mme la Dauphine, impatiente de ne savoir aucune nouvelle de cette affaire, envoya quérir M. le cardinal de la Rochefoucauld, et s'en prenant à lui de ce que ses désirs n'avoient point réussi, elle lui parla avec une telle force et dans des termes si durs, si on ose le dire, que le cardinal, dont le caractère étoit fort doux, comme je l'ai dépeint dans mon journal, sentit très-vivement un traitement pareil; et s'étant retiré avec respect, il monta chez M. le cardinal de Tavannes, son intime ami, à qui il fit une espèce de reproche d'amitié de ce qu'il lui avoit donné le conseil d'accepter la feuille des bénéfices, ajoutant que s'il falloit être exposé à pareilles scènes, il demanderoit sans balancer permission au Roi de lui remettre cette feuille.

M. le contrôleur général d'à présent (M. de Moras) a éprouvé aussi cette même vivacité. Mme la Dauphine demandoit, pour une personne honorée de sa protection, un intérêt de 4 sols pour livre dans les octrois de la ville de Lyon. La Reine avoit été priée aussi de demander la même grâce pour une autre personne. La Reine et Mme la Dauphine ignoroient leurs demandes réciproques. Le contrôleur général se trouva fort embarrassé entre deux sollicitations si respectables; il crut trouver un expédient en partageant la somme en deux, et donna 2 sols pour livre à chacune des personnes protégées. Mme la Dauphine l'envoya querir et lui parla avec beaucoup de vivacité, à ce que l'on prétend. Tout cela prouve que l'on ne peut trop chercher à se corriger d'un défaut comme l'humeur; mais ce n'est pas l'ouvrage d'un jour, et il faut convenir que Mme la Dauphine, par sa soumission entière aux volontés de Mgr le Dauphin, par sa déférence et ses attentions pour la Reine et pour tout ce qui lui peut plaire, et par la manière dont elle vit avec Mesdames, ses belles-sœurs, répare bien ses défauts passagers. Sa piété est vraie et sincère; elle s'intéresse essentiellement à ceux et à celles qui ont l'honneur de lui être attachés, et leur donne même souvent de grandes marques d'attention.

Du mardi 24. — Mme de Pompadour alla hier matin à

Crécy. Tous les ministres y ont été, excepté M. de Paulmy qui a beaucoup d'occupations, comme on peut le croire, et dont la santé n'exige pas grand nombre de voyages, surtout étant au lait pour toute nourriture. Les ministres doivent revenir demain pour le conseil.

Le Roi alla hier souper à Saint-Hubert et en revint à minuit. Il est allé aujourd'hui à Choisy avec neuf ou dix hommes seulement; il en revient demain, et retourne jeudi à Saint-Hubert, où Mme de Pompadour le rejoindra.

Il y a quelque temps que j'entendis conter à M. le maréchal de Belle-Isle un fait assez singulier. La veille de la malheureuse journée d'Hochstett, nous étions en présence des ennemis et on tiroit déjà des coups de fusil. Il fut question de faire faire un mouvement à une aile commandée par un lieutenant général; l'ordre étoit donné et ne s'exécutoit point; il revint un second ordre qui ne fut pas mieux suivi. Le comte de Croissy étoit maréchal de camp à cette même aile; impatienté de voir le lieutenant général ne point obéir, il dit à l'officier qui étoit venu porter le second ordre : « Vous en apporteriez trente à Monsieur, en montrant le lieutenant général, qu'ils ne seroient pas mieux exécutés; il ne voit plus clair depuis qu'on tire des coups de fusil. » Je ne nommerai point le lieutenant général; il a été fort connu; il n'a laissé qu'une fille, laquelle a eu deux filles qui sont mortes toutes deux. L'aînée a eu un garçon qui vit encore et qui est veuf actuellement, la cadette n'a jamais eu d'enfant.

Tout le monde sait que ce qui a donné lieu à M. le maréchal de Belle-Isle d'avancer plus promptement dans les grades militaires, a été non-seulement son mérite et son application, mais outre cela d'avoir acheté la charge de mestre de camp général des dragons. Mme de Lévis, parente et amie de tous les temps de M. de Belle-Isle, avoit parlé plusieurs fois de lui à Mme de Maintenon. Mme de Maintenon n'avoit point oublié que M. Fouquet, le surintendant, grand-père de M. de Belle-Isle d'aujourd'hui, donnoit une pension de 1,200 livres à M. Scarron. Mais M. de Belle-Isle étoit bien jeune, et il falloit qu'il se présentât une occasion de lui rendre service. Mme de Maintenon n'avoit jamais vu M. de Belle-Isle; elle dit à Mme de Lévis de le lui faire voir, mais qu'elle ne vouloit pas que ce fût chez elle; elle crut devoir avoir ce ménagement par rapport au Roi, à qui M. Fouquet avoit eu le malheur de déplaire comme l'on sait. M. de Belle-Isle se trouva donc sur le passage de Mme de Maintenon; elle le regarda et ne lui parla point, mais il est certain qu'elle en parla au Roi comme on va le voir. M. d'Hautefeuille étoit mestre de camp général des dragons; il voulut quitter et vendre sa charge; plusieurs personnes se présentèrent pour l'acheter; M. Chamillart en porta la liste au Roi, et le Roi lui demanda pourquoi il n'y avoit pas mis le comte de Belle-Isle. M. de Chamillart ne s'attendoit pas à cette question, et répondit qu'il ne le croyoit pas en état d'acheter. Le Roi lui dit de s'en informer. On peut juger que M. de Belle-Isle, sur cette nouvelle, chercha tous les moyens de pouvoir obtenir cette charge. M. de Pleneuf, premier commis de M. Chamillart, lui rendit dans cette occasion un service essentiel; il lui prêta 50,000 écus, qui étoient la moitié de la charge; M. de Belle-Isle trouva le surplus et obtint l'agrément.

Du dimanche, 21 *août*. — Le changement de général en Westphalie est un de ces événements que la postérité aura peine à croire : une bataille gagnée, un pays conquis, des places qui pouvoient se défendre et arrêter quelque temps ouvrant leurs portes, c'est le moment où le général est rappelé! On prétend que tout ce nouvel arrangement étoit fait et préparé sans que le Roi en fût instruit, et que Mme de Pompadour l'ignoroit aussi; mais comment pourroit-on le penser? (1) Il est certain que

---

(1) Mme de Pompadour et l'abbé de Bernis avaient fini par obtenir du

M. de Richelieu a été furieux du choix de M. d'Estrées, et que déjà prévenu très-défavorablement contre M. de Belle-Isle, il a regardé comme son ouvrage le choix de M. d'Estrées. L'armée à commander sur le Haut-Rhin ne l'a point satisfait. Celle-ci n'avoit point d'ennemis vis-à-vis d'elle, et n'étoit destinée qu'à rassurer l'Empire contre les invasions du roi de Prusse. M. de Richelieu a beaucoup d'amis, et entre autres M. de Montmartel et son frère, M. du Verney. Il en avoit aussi dans l'armée de Westphalie. M. d'Estrées, occupé de ce qu'il avoit à faire, d'un naturel peu courtisan, a été au bien et a peut-être négligé certaines attentions qui auroient pu lui donner des partisans puissants. Il s'est trouvé dans des circonstances de disette de fourrages, de chemins rompus, de manque de chariots, de friponneries de plusieurs principaux domestiques et d'officiers généraux qui ont augmenté la cherté des vivres (1); enfin il étoit à la tête d'une armé où la maraude a régné scandaleusement, malgré les défenses sévères et réitérées et des punitions exemplaires (2). Il n'a pas éprouvé d'ailleurs la soumission et la subordination dans les principaux inférieurs

---

Roi, à force de sollicitations, le rappel du maréchal d'Estrées. C'est Bernis lui-même qui nous l'apprend. « Mme de Pompadour et moi avons bien fait pour le maréchal de Richelieu; ainsi tout va bien. » (*Lettre de l'abbé de Bernis à Páris Duverney*, du 2 juin 1757, in *Corresp. du card. de Bernis*, 2 vol. in-8°; Londres, 1790.)

(1) Il a peut-être été trop frappé de ces difficultés dans les commencements; il les a représentées très-fortement et a marqué beaucoup d'incertitude (à ce qu'on prétend) sur les partis à prendre; il a même demandé à revenir. (*Note du duc de Luynes.*)

(2) « Imaginez-vous que je vous écris debout, appuyé contre une mauvaise planche et au milieu des cris de tout un village qui demande justice sur la maraude et le pillage de nos soldats. Ce qui vous paroîtra incroyable, c'est qu'ils ont pris pour 300,000 écus de toiles. La sévérité ne ramène point la discipline; nous sommes entourés de pendus, et l'on n'en massacre pas moins les femmes et les enfants, lorsqu'ils s'opposent à voir dépouiller leurs maisons. » — *Lettre de Grimm à Mme d'Épinay* (Mémoires et Correspondance de Mme d'Épinay, t. III, p. 45). — Grimm étoit alors un des 45 secrétaires du maréchal d'Estrées.

qui est si nécessaire pour assurer les succès (1). Le parti contraire a prévenu le maître. Les arrangements se sont faits, et un hasard malheureux a fait que le moment de l'exécution étoit le plus brillant de la campagne pour M. le maréchal d'Estrées. Il paroît que le vœu unanime à l'armée, et même parmi beaucoup de gens à la Cour, est de lui rendre toute justice, de le louer et de le plaindre. Le jour qu'il alla voir M. de Richelieu à son arrivée, 1,200 officiers l'y accompagnèrent, l'attendirent plusieurs heures, et le reconduisirent chez lui. De quelque manière qu'on veuille parler de l'affaire d'Hastenbeck, il sera toujours vrai que les villes soumises d'elles-mêmes, tout le pays de Hanovre conquis sans d'autre effusion de sang, les ennemis n'osant paroître, sont des témoignages de la réalité des avantages que cette journée a procurés aux armes françoises.

On trouvera ci-après l'extrait d'une lettre du camp d'Hoxter, du 3 août 1757, au sujet du changement de général à l'armée du Bas-Rhin.

Parlons de cet événement. Convenez qu'il sera tout nouveau dans l'histoire. Il a été aisé à tout le monde de calculer que le courrier parti de Compiègne pour porter le coup fatal à M. le maréchal d'Estrées est parti le 26 juillet, jour qu'il a battu M. de Cumberland, et que le jour qu'il lui est arrivé a été celui où M. de Gisors a paru à Compiègne pour en porter la nouvelle. Vingt-quatre heures après l'arrivée de M. de Gisors, on y a vu M. de Louvois qui portoit la capitulation d'Hameln, capitulation dictée par la terreur, car cette place pouvoit et devoit nous tenir quinze jours au moins. Enfin de-

---

(1) Il a même vu les effets d'une mauvaise volonté marquée et d'une dangereuse conséquence, puisqu'elle a été jusqu'à lui faire donner de faux avis pendant la bataille. (*Note du duc de Luynes.*) — Il s'agit du comte de Maillebois, comme on le verra dans le mémoire justificatif de ce général, qu'on trouvera en appendice à la fin de cette année des Mémoires.

L'abbé Galiani écrivait à Mme d'Épinay à ce sujet, en 1775 : « Feu M. le maréchal d'Estrées ne savoit pas que le duc de Cumberland avoit pour allié M. de Maillebois. » Il tenait bien certainement ce renseignement de Grimm, son ami intime, qui avait été secrétaire du maréchal d'Estrées pendant la campagne de 1757.

puis M. de Cumberland battu, presque tous les jours ont été marqués au bon coin. Minden, ville très-favorite et très-favorisée du roi de Prusse, a envoyé ses clefs, et Hanovre des députés pour nous assurer que nous y serions, malgré eux et M. de Cumberland, les bienvenus. Le Roi est le maître de ce pays-ci, et les ennemis dans une position à n'oser plus paroître d'eux-mêmes et fort embarrassés de leur contenance. Je suis, je vous l'avoue, bien peu au fait des cabales. La preuve en est l'étonnement où j'ai été lorsque j'ai appris ce changement. Je croyois que M. le maréchal d'Estrées foisoit une belle campagne, que c'étoit un homme sage, prudent, brave, bon citoyen. J'avais bien ouï dire qu'on lui avoit rendu quelques mauvais services, qu'on lui jetoit par-ci par-là du ridicule sur sa timidité, qu'on avoit formé quelque soupçon sur sa valeur; cela ne m'avoit fait aucune impression. Il y a dans le pays de Hanovre 70 ou 80,000 François qui sont fâchés d'en voir partir leur général, qui leur en a fait faire la conquête sans leur causer que la fatigue inévitable et fait verser de leur sang que le moins qu'il a pu. Si M. le maréchal d'Estrées avoit été tué à la bataille d'Hastenbeck, comme il devoit l'être à la conduite qu'il y a tenue, qui feroit honneur à un capitaine de grenadiers et qui est blâmable dans un homme comme lui, je crois que cette armée auroit été aise d'y voir arriver M. le maréchal de Richelieu. Cette journée du 26 auroit pu être bien fâcheuse pour les ennemis, si M. le Maréchal y avoit été secondé comme il devoit l'être; mais on ne peut pourtant disconvenir qu'elle ne l'ait rendu maître de l'électorat de Hanovre et qu'en même temps sa récompense n'a jamais eu sa pareille. Quelqu'un de la suite de M. de Richelieu m'a assuré qu'il redoutoit l'entrevue; cela est tout simple; elle est redoutable pour tous les deux. Il a dit : « On m'a refusé l'armée du Bas-Rhin parce que j'ai pris Mahon, on l'ôte au maréchal d'Estrées parce qu'il a gagné une bataille. »

Extrait d'une lettre de Compiègne, du 4 août.

Convenez que voilà un singulier contraste où on a conduit le Roi, que son général qu'il honore de son estime et de ses bontés soit dépossédé du commandement en chef le lendemain qu'il a gagné une bataille et qu'il s'est rendu maître de la place qui fait l'objet de tous nos mouvements et de nos souhaits depuis le commencement de la campagne.

Extrait d'une lettre du camp d'Oldendorf, le 5 août.

Le maréchal de Richelieu arrive ici dans un singulier moment, une bataille gagnée, un pays conquis. Il est désagréable de succéder à un général aussi heureux à la guerre et aussi malheureux à la Cour;

d'ailleurs, hors de chasser les ennemis de Nienbourg, il ne reste plus rien à faire que d'établir des quartiers d'hiver; car l'armée a tant marché et fatigué, que les maladies commencent à devenir communes, et les bataillons diminuent à vue d'œil. Les chevaux de la cavalerie et des dragons sont des squelettes, et il en meurt journellement. Voilà la vérité; il faut bien qu'elle arrive à Dampierre puisqu'elle ne peut parvenir à Compiègne. Nous séjournons encore ici, et de là nous irons entrer dans les portes dont on nous apporte les clefs, et frapper à celles que peut-être on nous ferme. Cela fera encore des marches qui occuperont les six semaines ou deux mois pendant lesquels on peut se remuer dans ce pays-ci, qui doit être le plus parfait bourbier en hiver.

Si l'armée étoit restée dans l'indolence où on a voulu persuader qu'elle étoit, il m'auroit été possible de vous donner des nouvelles de ma main, mais nous avons toujours été en l'air; les marches, mon service, la compagnie qui accablent, n'en laissent pas la possibilité.

Extrait d'une lettre du 17 septembre, à Fontainebleau.

Le maréchal d'Estrées a dîné ici avec le maréchal de Belle-Isle, l'abbé de Bernis et M. de Laon. Le premier est fort changé; il tient de bons propos. Le Roi l'a bien reçu, mais on sent que la disgrâce a fait plus d'impression que les succès. Il ne verra pas M. de Paulmy, lequel sort d'ici; il ne m'en a pas parlé, et je ne lui en ai rien dit. Le maréchal d'Estrées s'en va dans trois ou quatre jours à sa campagne, où il compte faire son principal séjour.

Du mercredi 12 *octobre*, *Versailles.* — On verra dans mon journal que M. le maréchal de Richelieu a enfin envoyé un renfort de troupes à M. de Soubise. On pourra être étonné, en lisant la suite de l'histoire de ce moment-ci, de voir que la Saxe n'est point encore délivrée de l'oppression des Prussiens, quoique nous ayons actuellement 140 ou 150,000 François destinés à cette expédition, et que le roi de Prusse n'ait pu opposer à un corps de troupes aussi formidable qu'environ 35,000 hommes. L'armée de M. de Soubise a toujours été destinée à marcher en Saxe, et depuis la conquête de l'électorat de Hanovre M. de Richelieu a été principalement occupé à se porter en avant, pour faciliter à M. de Soubise le moyen de s'avancer vers la Saxe. La jonction des troupes de l'Empire avec celles de M. de Soubise a été un obstacle. On avoit prévu cet obstacle, et il y avoit eu des sentiments pour que cette jonction ne se fît pas. On n'a pas cru apparemment ces raisons suffisantes pour s'y opposer, et on reconnoît aujourd'hui que malgré les bonnes intentions du prince de Saxe-Hildburghausen, général des troupes de l'Empire, il n'est pas le maître de leur faire faire ce qu'il désireroit. Il vouloit les déterminer à marcher en avant et à attaquer les Prussiens; il a assemblé un conseil de guerre, et tous les princes qui commandent en personne les différentes troupes des Cercles ont paru décidés à se défendre vigoureusement si les Prussiens les attaquoient, mais non pas à les attaquer les premiers. On est occupé actuellement à séparer ces deux armées et à mettre M. de Soubise en état de se porter au plus tôt à sa destination. On prétend que nos troupes ont fait beaucoup de marches qu'on auroit pu éviter. Ce qui est certain, c'est qu'elles sont fatiguées et auroient grand besoin de repos.

On verra dans mon journal la retraite de M. le premier président de Maupeou et sa place donnée à M. Molé. Ce changement est l'ouvrage de M. l'abbé de Bernis. On dispute à M. de Maupeou d'avoir beaucoup d'esprit; ce qui est certain, c'est qu'il parloit avec beaucoup de facilité et d'éloquence, mais il n'avoit ni le ton ni le maintien assez imposant pour une place aussi importante.

Du dimanche 16, Versailles. — On trouvera dans mon journal, au 28 septembre, la mort de M. le maréchal de Mirepoix. Il y est dit que Mme de Mirepoix avoit beaucoup contribué à la fortune rapide de son mari. Toutes ces grâces, elle les doit à Mme de Pompadour, avec qui elle s'étoit liée de l'amitié la plus intime. Mme de Mirepoix est très-aimable; Mme de Pompadour, l'a trouvée telle avec raison, et lui a donné les preuves les plus essentielles de cette amitié.

Du dimanche 23. — On a été un peu étonné ces jours-ci d'apprendre que le général Apraxin se retiroit avec assez de précipitation, et que M. de Lehwald le poursuivoit. Cette conduite, en effet, ne paroît pas être conséquente après une victoire remportée sur les Prussiens. On a cru d'abord que ce n'étoit que pour trouver des subsistances plus aisément. Il se peut faire que ç'ait été son premier objet, mais on a su depuis qu'il se retiroit entièrement du côté de la Courlande. Il paroît par ce que l'on sait des dispositions de la Czarine qu'elle est toujours dans la volonté de concourir au bien de la cause commune, ce qui fait juger que ce n'est point par son ordre que M. d'Apraxin s'est déterminé à marcher en arrière. Ce qu'on sait de ce général paroît confirmer cette idée. L'intention de la Czarine n'étoit point de lui donner une aussi nombreuse armée à commander. Celui auquel cette armée étoit destinée s'appelle Schwalon (ils sont trois de ce nom). Il étoit fort amoureux d'une fille de M. d'Apraxin qui est extrêmement jolie, et n'avoit pas la liberté de la voir autant qu'il le désiroit. Étant assuré des bontés de l'Impératrice pour lui, il a proposé à M. d'Apraxin de lui laisser plus de liberté de voir sa fille, et qu'à cette condition il lui feroit donner le commandement de l'armée. Le marché a été accepté. On ne doit pas être étonné après cela qu'un tel général, à la tête de 110,000 hommes, n'ait pas exécuté ce qu'on attendoit de lui. On prétend que M. de Lieven étoit, de tous les généraux russiens, le plus propre à cette commission importante.

Les grâces qui viennent d'être accordées à l'occasion de la mort de M. le maréchal de Mirepoix prouvent bien tout le crédit de Mme de Pompadour et son amitié pour Mme de Mirepoix. En effet, 20,000 livres de pension à Mme de Mirepoix, la charge de capitaine des gardes à son frère, M. de Beauvau, et le gouvernement de Brouage à l'héritier de M. de Mirepoix, qui est M. de Lévis-Lérans, forment en total un traitement très-distingué. Il paroît constant que la volonté du Roi n'étoit point du tout décidée pour M. de Beauvau ; on avoit même tenu au Roi quelques propos qui n'étoient pas favorables ; mais tout a cédé à la recommandation de Mme la marquise. On peut faire, à cette occasion, une observation qui ne se trouve que trop vérifiée dans la pratique. Le Roi entend bien, voit clairement le pour et le contre, aime les bienséances, la justice et l'équité et a l'esprit juste, mais il ne fait pas la moitié de ce qu'il voudroit faire. Dans le travail avec ses ministres, une partie de ce qu'il décide est contre son gré ; il cède dans d'autres parties aux représentations sans beaucoup de peine, lorsque les propositions lui sont indifférentes, et ce n'est que le surplus de ces deux cas qui se trouve conforme à ses désirs.

Du mercredi, 9 novembre. — C'est M. de Soubise qui a mandé à M. le maréchal de Belle-Isle l'ordre qu'il avoit reçu de repasser la Saale et de prendre ses quartiers d'hiver sur cette rivière. Il ne paroît pas certain jusqu'à présent que M. de Soubise se conforme exactement à cet ordre ; il a sans doute de bonnes raisons à représenter. Il est certain que cet arrangement, qui a cependant été fait en conséquence d'une déclaration du conseil, a surpris ceux qui n'étoient point dans ce secret. On assure que Mme de Marsan l'ignoroit, et on prétend même que Mme de Pompadour n'en savoit rien ; il semble que cette détermination retarde beaucoup la délivrance de la Saxe, et par conséquent les moyens de parvenir à la paix plus promptement, parce qu'on croyoit pouvoir se flatter que M. de Soubise étoit en état d'attaquer avec avantage les troupes du roi de Prusse. On prétend que ce qui a donné lieu à décider dans le conseil les quartiers sur la Saale, c'est que M. de Soubise n'avoit point d'artillerie ; peut-être aura-t-il trouvé le moyen d'en rassembler assez pour marcher en avant ; comme nous ne sommes qu'auxiliaires, c'est l'Impératrice qui doit nous en fournir, au moins une certaine quantité.

Du jeudi 24. — On a fort remarqué une conversation de Mgr le Dauphin avec M. le maréchal d'Estrées depuis son retour de l'armée. M. d'Estrées disoit qu'il croyoit que les troupes françoises n'avoient pas passé le Weser depuis Charlemagne jusqu'à l'année présente 1757; que les légions romaines l'avoient passé sous les ordres de Germanicus, mais que celui-ci avoit été rappelé huit jours après. Mgr le Dauphin parut dans ce moment ignorer ce fait de Germanicus, mais il dit quelque temps après qu'il le savoit bien, mais qu'il n'avoit pas voulu le dire.

Du lundi, 12 *décembre.* — J'ai vu aujourd'hui une lettre du duc de Brunswick au duc Ferdinand, son frère, qui est aujourd'hui à la tête des Hanovriens; elle est très-forte et extrêmement tendre. Il se plaint amèrement et avec amitié de ce que le duc Ferdinand, qui a toujours fait tant d'honneur à leur maison, et dont il a éprouvé l'amitié en toutes occasions, lui donne la plus grande affliction et le couvre de honte et de confusion en l'empêchant de tenir ses engagements les plus solennels avec les cours de Vienne et de Versailles, et de ce qu'il empêche le prince héréditaire, son fils, d'aller voyager en Hollande comme il l'avoit ordonné. Il ajoute que la convention n'oblige point les Hanovriens, mais que pour lui il l'a acceptée et veut s'y soumettre.

Le fait de cette convention dont les Hanovriens se prétendent entièrement dégagés est un prétexte, à regarder les choses dans le vrai. Il y a été dit que les Hanovriens se retireroient dans Stade et dans une étendue de pays autour bornée par des poteaux, et ne serviroient point pendant toute la guerre, et ne feroient ni recrues ni remontes; que ne pouvant subsister dans cette étendue de pays, ils auroient des passe-ports pour passer dans les pays occupés par les troupes françoises, et entrer dans le duché de Lauenbourg. Il n'y a point ajouté, *et qu'ils ne pourront servir pendant toute la guerre présente,* comme il est dit pour les troupes qui restent dans Stade ; mais on sent que cette clause ne pouvoit être entendue autrement. Le Roi a ratifié la convention en ajoutant seulement cette explication, qui est de droit. Le Danemark, qui étoit médiateur, a ratifié, et le duc de Cumberland a donné sa parole d'honneur. C'est dans ces circonstances que les Hanovriens ont prétendu n'être plus tenus de la convention.

APPENDICE A L'ANNÉE 1757.

MÉMOIRE DU COMTE DE MAILLEBOIS (1).

Les calomnies que l'on a répandues contre moi au sujet de l'affaire d'Hastenbeck m'imposent l'obligation de me justifier aux yeux du public, et je me flatte que les gens honnêtes et sensés me plain-

---

(1) Ce mémoire a été imprimé dans le temps, en une brochure de 22 pages in-8°. Comme il est fort rare, nous avons cru devoir le publier ici.

Le comte de Maillebois, maréchal général des logis de l'armée du maréchal d'Estrées, était accusé d'avoir trompé, par de perfides avis, le maréchal et d'avoir empêché que la victoire d'Hastenbeck n'ait un succès complet en faisant faire un mouvement de retraite qui favorisa celle des Hanovriens. Après que son beau-père, le marquis de Paulmy, eut quitté le ministère, Maillebois devint l'objet d'attaques si violentes qu'il fit répandre, pour se justifier, le mémoire manuscrit que nous publions. Le maréchal d'Estrées, à son tour, fit imprimer sous le titre de : *Éclaircissements présentés au Roi* (in-4°, 1758), une réfutation de ce factum et le dénonça au tribunal des maréchaux de France comme libelle diffamatoire. Le maréchal démontra la trahison du comte de Maillebois; il prouva qu'au milieu de la victoire M. de Maillebois fit battre en retraite les troupes victorieuses, sous prétexte que l'ennemi revenait en force; qu'il dit au duc d'Orléans et à M. de Souvré que l'on était coupé et qu'il fallait se retirer; qu'il donna l'ordre formel au duc de Broglie de quitter sa position; et qu'il permit ainsi à l'ennemi de se retirer tranquillement en arrêtant la poursuite de nos soldats victorieux. Les maréchaux déclarèrent coupable le comte de Maillebois. Le Roi le fit arrêter et enfermer dans la citadelle de Doullens, sans fixer la durée de la peine. On lui retira son inspection, le commandement du corps de troupes à la tête duquel il se trouvait et sa charge de maître de la garde-robe. C'était un homme d'une haute capacité. Les Biographies disent qu'il demeura en captivité jusqu'en 1784 et fut alors envoyé en mission en Hollande. On trouve cependant une lettre de Voltaire à Mme de Saint-Julien, du 6 juillet 1776, dans laquelle il lui dit : « Si M. le comte de Maillebois n'est pas encore parti pour son armée, puis-je vous supplier de lui dire, en passant, combien nous nous intéressons ici à cette armée-là. » Dès lors le comte de Maillebois n'était pas prisonnier; mais nous ne savons pas quand il fut mis en liberté. (*Lettres inédites de Voltaire*, recueillies par M. de Cayrol, 2 vol. in-8°, 1857, t. I, p. 498, lettre 992.)

dront d'y être réduit. Ce n'est pas que je croie ma réputation compromise, mais j'ai trop été toute ma vie en butte à l'injustice et à l'envie, pour ignorer que les choses même les moins croyables prennent crédit quand on n'en démontre pas la fausseté.

Également ennemi de la petitesse qui s'exalte et de la bassesse qui récrimine, je ne cherche ni à me louer, ni à blâmer personne. Si je prouve que j'ai eu part aux succès de M. le maréchal d'Estrées, ce sera pour faire voir que je n'ai pu avoir l'intention de les atténuer.

Si je me plains que M. le Maréchal n'a pas fait tomber, comme je crois qu'il le devoit, les bruits injurieux que l'on a fait courir sur mon compte, je protesterai en même temps que je ne pense pas qu'au moins, depuis son retour de l'armée, il les ait accrédités autrement que par son silence.

Les avis que j'ai fait, dit-on, donner à M. le Maréchal pendant la bataille d'Hastenbeck ont déterminé ce général à suspendre l'action et à commencer des dispositions de retraite qui lui ont fait perdre une partie des avantages de sa victoire. Tout ce qui a précédé la bataille fera connoître combien la calomnie de mes ennemis est dépourvue de fondement. L'état où je voyois les choses et un premier conseil que j'avois fait donner à M. le Maréchal avant de lui faire passer l'avis dont on prétend que les suites ont été si funestes, prouveront que je n'ai pu me tromper, ni l'induire à ordonner une retraite. Enfin on sera étonné d'apprendre que cet avis n'a pas existé et que l'on a donné ce nom à une nouvelle que je fis porter simplement, et comme je le devois, à M. le Maréchal, qu'il ne voulut pas écouter, qu'il savoit déjà, et sur laquelle il arrangeoit sa retraite.

Je m'en rapporte à M. le maréchal d'Estrées sur tout ce que je vais dire; c'est son honneur que je prends pour juge. Quant aux colporteurs anonymes des mauvaises relations de l'affaire d'Hastenbeck qui ont couru, je les invite à se rallier à mes ennemis qui les ont adoptées. Leurs calomnies et le silence de M. le Maréchal me forcent à donner aux personnes qui s'intéressent à moi les moyens de confondre la fausseté et l'intrigue, et de les punir comme je désire qu'ils le soient.

Si j'avois eu le projet de nuire à M. le Maréchal, je le pouvois peut-être et sans me compromettre; mais on ne pourra douter de mon zèle pour la gloire des armes du Roi et pour celle de M. le maréchal d'Estrées, quand on saura que si j'eusse cédé aux contradictions que j'ai éprouvées, le Weser eût été passé bien plus tard qu'il ne le fut, et que l'honneur de battre les ennemis eût appartenu à M. le maréchal de Richelieu dont je n'ignorois pas la prochaine arrivée.

Les ennemis s'étant retirés de Bielefeld et l'armée du Roi étant venue y camper pour consommer les subsistances du côté de Ravensberg et de la principauté de Minden, M. le Maréchal profita de ce temps de repos pour former ses projets ultérieurs et faire tous les arrangements qui y étoient relatifs.

Il se proposa d'attaquer la Hesse et de passer en même temps le Weser. Il me fit l'honneur de me demander un plan de cette double opération, et me témoigna beaucoup d'inquiétude sur la première. J'exécutai l'ordre qu'il m'avoit donné, et après y avoir mûrement réfléchi, je l'assurai qu'au jour et à l'heure qu'il avoit choisis, on passeroit le Weser à Blankenau.

L'événement a prouvé que mes combinaisons étoient justes, et mes mesures bien prises, puisque le passage de cette rivière se fit trois semaines après, les ennemis étant campés à Minden.

Quand j'eus remis à M. le maréchal d'Estrées un détail de toutes les mesures que je croyois utile de prendre pour faire réussir son double projet, il partit de Bielefeld pour se porter aux corps avancés, et me laissa avec ce qu'il appeloit l'armée aux ordres de M. de Berchiny.

Quelque agréable qu'il eût été pour moi de veiller à l'exécution des arrangements que j'avois faits pour une opération aussi importante, je me soumis sans représentation à l'ordre que je reçus, et je demeurai en arrière depuis le départ de M. le Maréchal jusqu'au 14 juillet, comme eût fait un aide-maréchal des logis chargé du détail d'une division.

Dans cet intervalle, je reçus une lettre du ministre (1) qui me confioit de la part du Roi, et pour moi seul, la nouvelle destination de M. le maréchal de Richelieu, et la réunion de l'armée qui lui avoit été destinée à celle de M. le maréchal d'Estrées. Cette lettre est du 2 juillet; et il est important de remarquer que je la reçus le 7, et que M. le Maréchal partoit de Bielefeld le lendemain.

Cassel ayant ouvert ses portes, et nos ponts étant jetés sur le Weser. M. le maréchal d'Estrées me rappela près de lui. Je le joignis; je le trouvai fort indécis sur ses mouvements ultérieurs et résolu à demeurer sur le Weser jusqu'à ce qu'on eût construit à Hœxter des fours qui assurassent la subsistance de son armée.

M. de Bourgade fut appelé et consulté sur cette opération, pour laquelle il demanda 18 jours, à cause de la rareté des briques dans le pays. En même temps il assura que les fours de Paderborn feroient vivre les troupes jusqu'à Hameln. Je sentis sur-le-champ qu'il n'y avoit

---

(1). Le marquis de Paulmy. Le comte de Maillebois, son gendre, avait une correspondance secrète avec ce ministre.

pas à balancer, et que si M. le Maréchal perdoit 18 jours sur le Weser, M. de Cumberland viendroit appuyer sa gauche à la forêt de Soling, et rendroit le passage de cette rivière inutile, que la gloire des armes du Roi seroit compromise et la campagne manquée.

Emporté dans ce moment par l'amour du bien général et déterminé par les objets purement militaires, sans qu'aucun intérêt particulier s'offrît à ma pensée, j'employai pendant 24 heures tout ce que le patriotisme, la raison et le désir de la gloire me suggérèrent pour vaincre l'irrésolution de M. le Maréchal et l'engager à passer le Weser.

J'oubliai qu'en temporisant comme il le vouloit, je donnois le temps à M. le maréchal de Richelieu d'arriver. Si mon père même eût été prêt de venir prendre le commandement de l'armée, je n'eusse pas songé à dérober à M. le maréchal d'Estrées l'honneur d'une action qu'il eût été ridicule de différer.

MM. de Lucé et de Bourgade, dont l'honneur et la probité sont généralement reconnus, furent témoins de toute la résistance que m'opposa M. le maréchal d'Estrées. Ils savent l'un et l'autre qu'il ne consentit à passer le 16 que sur les instances les plus vives et les plus réitérées de ma part. Je dois dire ici à la gloire de M. le maréchal de Richelieu, que quand je lui appris la conduite que j'avois eue dans cette circonstance, quoiqu'il eût été de son intérêt que j'en eusse suivi une tout opposée, il approuva les motifs qui m'avoient fait agir.

Après avoir passé le Weser, M. le Maréchal resta deux jours à Holzmünden et un à Stadt-Oldendorf, d'où il marcha à Halle près d'Hastenbeck, où l'ennemi étoit campé. Il assembla un conseil de guerre. Il y fut décidé qu'on attaqueroit; en conséquence, on marcha le 24. Les ennemis retirèrent leurs postes avancés; nous prîmes notre camp, et M. le Maréchal convoqua un nouveau conseil de guerre qui fut plus timide. Je le prévis et j'en prévins M. le Maréchal; effectivement on y fut d'avis qu'il falloit tâcher de tourner l'ennemi.

Quoique j'eusse été de l'avis du conseil de guerre, parce qu'on vouloit me rendre responsable du projet d'attaquer, quand tout le monde fut sorti et qu'il ne resta plus que M. le Maréchal, M. de Lucé et moi, je combattis la résolution prise, par tout ce qu'il y avoit de plus fort, et pour faire mieux sentir encore à M. le maréchal d'Estrées combien on la condamneroit, je lui remis sous les yeux que la Cour et Paris avoient désapprouvé mon père pour s'être soumis au résultat du conseil de guerre de Schawackenwert (1).

A dix heures du soir, M. le Maréchal fut averti que les ennemis

---

(1) Dans la campagne que fit le maréchal en 1741-42 quand il se porta de Westphalie en Bohême pour dégager Prague.

faisoient un mouvement; on assura qu'ils se retiroient. Il m'envoya chercher et m'ordonna de faire marcher sur eux des détachements, qui se trouvèrent en présence le 25 au point du jour.

M. le Maréchal s'y porta et vit l'armée hanovrienne en bataille. Je fis battre la générale et la sienne marcha. Quand elle fut arrivée, on employa le reste du jour à la disposer, mais seulement dans le front de la bataille.

Deux heures avant la nuit, M. de Chevert, ayant été appelé à un troisième conseil de guerre qui se tint publiquement, appuya sur la nécessité d'attaquer le bois qui couvroit la gauche des ennemis et de les tourner par là. J'avois, ainsi que plusieurs autres, insisté sur l'importance de cette attaque, pour laquelle on eut beaucoup de peine à accorder à M. de Chevert les 3 brigades de Picardie, Navarre et la Marine, auxquelles on doit tout le succès de cette journée; on y joignit ensuite la brigade d'Eu.

Pour se faire une idée juste de la bataille d'Hastenbeck, il faut savoir qu'elle se réduit à l'attaque conduite par M. de Chevert et à celle de la redoute que je demandai permission à M. le maréchal d'Estrées de faire faire dès le commencement de l'action par la brigade de Champagne soutenue de celle de Reding. Je sentis qu'il étoit nécessaire de prendre ce parti pour remplir le vide qui se trouvoit entre la droite et le centre par la direction que l'on avoit donnée aux brigades qui devoient attaquer la lisière du bois.

Quand M. de Chevert fit sa dernière charge, qui le rendit absolument maître du terrain qu'occupoient les ennemis, un corps de grenadiers et quelques escadrons que les ennemis avoient détachés par la montagne pour tourner notre droite se trouvèrent à portée des brigades qui venoient de combattre; ils firent reculer celle d'Eu, qui revint dans la plaine derrière la redoute qu'occupoit la brigade de Champagne.

Ces grenadiers ennemis gagnèrent la crête du bois et y trouvèrent quelques petites pièces de notre canon qu'ils tournèrent contre nous. Leur manœuvre et la retraite précipitée de la brigade d'Eu, firent croire à M. le Maréchal que les Hanovriens s'étoient rendus maîtres du bois et de la hauteur; il songea à la retraite, quoique M. de Chevert lui eût mandé qu'il avoit culbuté tout ce qui s'étoit trouvé devant lui, et qu'il voyoit fuir l'armée de M. de Cumberland..

Il faut observer que dans ce moment je n'étois pas avec M. le maréchal d'Estrées; je l'avois quitté depuis une demi-heure pour me porter selon ses ordres à la gauche, d'où je voyois les ennemis reculer et perdre du terrain.

Je chargeai M. Dumetz, aide-maréchal général des logis, d'aller en informer M. le Maréchal; M. Dumetz le pria aussi de ma part de vouloir bien faire avancer son centre. M. le Maréchal rejeta cette proposition, et M. Dumetz crut devoir revenir promptement m'instruire du mauvais accueil qu'on lui avoit fait.

Sur son rapport j'allois à toute bride rejoindre M. le Maréchal, lorsque M. Donezan, aide de camp de M. le duc d'Orléans, m'arrêta de la part de ce prince auprès duquel je me rendis. Il m'apprit que des escadrons ennemis avoient paru à la tête de la trouée. Nous remédiâmes à ce petit incident, et je priai M. le comte de Puységur, aide-maréchal des logis, d'aller rendre compte à M. le Maréchal de la nouvelle que venoit de m'apprendre M. le duc d'Orléans; je le chargeai plus particulièrement de dire que nous avions assez de cavalerie, mais qu'il seroit à propos de faire couler le long du bois une ou deux brigades d'infanterie.

Dès que M. le Maréchal aperçut M. de Puységur, sans lui donner le temps de parler, il lui dit : « Vous venez m'apprendre que je ne suis plus maître du bois, je le sais. » M. de Puységur lui répondit qu'il n'avoit aucune connoissance de ce qui s'étoit passé dans le bois, et s'acquitta de ma commission. M. le Maréchal lui dit : « Allez dire à M. de Broglie de porter deux brigades au bois par lequel nous avons débouché. »

Il y avoit alors trois quarts d'heure que je n'étois pas avec M. le Maréchal. Je ne tardai pas à le rejoindre, et je le trouvai ordonnant des dispositions de retraite que je pris la liberté de combattre, comme tous ceux qui étoient autour de lui.

Je ne continuerai pas le récit de cette action, parce que je suis enfin arrivé au point sur lequel je dois répondre à la calomnie. Elle me reproche la nouvelle de l'apparition des ennemis à la tête de la trouée, que je chargeai M. de Puységur d'aller porter à M. le maréchal d'Estrées; et l'on assure impudemment que je lui ai fait donner cette nouvelle pour lui faire croire qu'il étoit tourné, lui arracher la victoire des mains, ou l'empêcher au moins d'en tirer tout le fruit qu'il pouvoit.

Les faits étant tels que je viens de le dire, et je défie qu'on puisse en nier aucun, comment est-il possible qu'on ait la noirceur de me prêter une pareille intention? Peut-on me soupçonner raisonnablement d'avoir voulu rendre malheureux un événement que j'avois préparé avec autant de soins et de fatigues que le général même? J'aurois pu sans qu'il eût à se plaindre, et sans avoir des reproches à me faire, laisser M. le maréchal d'Estrées en proie à son irrésolution sur les bords du Weser; j'aurois pu chercher avec moins de zèle à détourner l'effet des conseils timides auxquels il pensa céder; enfin j'aurois pu sans me commettre profiter des facilités qu'il me donnoit de ménager pour M. de Richelieu l'honneur et le brillant de la campagne ; mais il est absurde d'avancer qu'après avoir pour ainsi dire amené insensiblement M. d'Estrées à donner la bataille d'Hastenbeck, j'ai formé le dessein de la lui faire perdre, dans un instant où je la voyois gagnée. En me donnant la méchanceté que je n'ai pas, on me suppose aussi bien de la maladresse.

Mais après avoir démontré, par les préalables de la bataille, l'extravagance des mensonges qu'on a débités contre moi, voyons si ce qui s'est passé pendant l'action peut y avoir donné quelque fondement.

L'imputation des gens qui osent deviner mes sentiments doit porter sur le fait, c'est-à-dire sur l'apparition de la cavalerie hanovrienne dans le bois, ou sur la manière dont je l'ai fait rendre à M. le Maréchal. Le fait existoit ; la déroute de la brigade d'Eu ne permet pas d'en douter ; il étoit de mon devoir de ne pas cacher cet événement à M. le Maréchal, et si je lui en eusse fait un mystère, on me soupçonneroit, du moins avec quelque vraisemblance, d'avoir eu de mauvaises intentions ; mais j'avois vu les ennemis abandonner le champ de bataille une demi-heure avant.

On dira sans doute que j'ai présenté comme fort grave une chose très-médiocre en elle-même. Je ne l'ai pas fait, et j'en appelle à tous ceux qui entendirent ce que je chargeai M. de Puységur d'aller dire à M. le Maréchal.

Mais quand mon récit, au lieu d'être simple et rassurant comme il l'étoit, eût porté le caractère de l'épouvante et de la terreur, il n'a pu communiquer ces passions à M. le maréchal d'Estrées qui n'a pas voulu l'entendre. Il savoit, avant l'arrivée de M. de Puységur, que les ennemis s'étoient montrés à la crête du bois, et la façon dont on lui avoit appris cette nouvelle avoit causé le prétendu ralentissement de son ardeur, puisque avant de l'avoir reçue, il étoit déjà occupé des dispositions de sa retraite.

J'ajouterai encore que quand il seroit aussi vrai qu'il est évidemment faux que j'aie donné à M. le maréchal d'Estrées un avis qui ait pu lui faire croire la bataille perdue, M. le Maréchal seroit impardonnable de s'en être fié à ma parole et d'y avoir ajouté foi, contre toute vraisemblance, pouvant, en se portant à 500 pas de l'endroit où l'on prétend qu'il reçut cet avis, s'assurer par ses propres yeux du véritable état des choses.

Ce que l'on vient de lire doit, à ce qu'il me semble, me justifier pleinement dans l'esprit du public ; un détail succinct de ce qui s'est passé après l'affaire d'Hastenbeck achèvera de faire sentir toute l'atrocité du soupçon qu'on a voulu jeter sur moi.

C'est avec répugnance et douleur que je fais ce récit humiliant pour ceux qui ont cherché à me noircir par des imputations qui me font horreur.

Je n'aurois pas à les réfuter si l'on eût laissé M. le Maréchal écouter le témoignage de sa conscience et de son honneur. Le soir même après l'action, il me prit sous le bras dans le jardin de la maison qu'il occupoit ; il me parla dans ce moment avec confiance ; il me marqua de la bonté et ne me dit pas un mot de l'avis prétendu, dont ensuite on a voulu me faire un crime.

Le lendemain, il me fit appeler et me pria de faire la relation de la bataille. Je m'en défendis et lui représentai que c'étoit au général sur qui avoit roulé une affaire à rendre compte lui-même des personnes et des corps qui s'y étoient distingués.

Il fit donc cette relation, et le lendemain du jour où elle fut écrite, c'est-à-dire 48 heures après la bataille, on y inséra une phrase que l'on crut nécessaire pour la justification de ce général. Il n'a pas, dit-on, poursuivi les ennemis, parce qu'un officier de confiance lui avoit fait donner avis qu'il étoit tourné.

Sur ces termes ou de semblables à peu près, mes ennemis ont assuré que j'avois voulu faire perdre la bataille d'Hastenbeck à M. le maréchal d'Estrées. Mais j'ai démontré suffisamment que je n'étois pas l'ennemi de sa gloire, en prouvant tout ce que j'avois mis en usage pour lui en faire acquérir.

Je pourrois ajouter un fait, que le secrétaire de M. le Maréchal lui-même a eu l'honneur de lui rappeler, c'est qu'il avoit mandé au duc de Broglie : « Enfin M. de Maillebois veut que je passe le Weser. » Mais je ne cite pas cette lettre, n'en ayant pas de preuves.

Lorsque la relation de M. le Maréchal fut répandue dans l'armée, ceux qui lui avoient conseillé de mettre le trait dont je me plains avec tant de justice, travaillèrent à l'envenimer par leurs interprétations et à le faire appuyer par leurs créatures.

Ces manœuvres n'eurent pas beaucoup de succès. Le gros de l'armée, loin de m'accuser, n'excusoit pas M. le Maréchal ; j'eus même la satisfaction de voir presque tous les corps venir m'assurer qu'ils me rendoient justice et blâmoient fort ceux qui par imprudence, ou par mauvaise foi, répétoient les propos que mes ennemis avoient tenus contre moi.

Ces assurances ne me tranquillisèrent pourtant pas entièrement, et je sentis que je pourrois accréditer la calomnie en ne travaillant pas à la repousser. Je pris donc le parti de faire expliquer M. le Maréchal ; et je le priai, avec tout le respect que je lui dois, de vouloir bien répéter ce que je lui avois fait dire pendant la bataille. Il y avoit chez lui dans ce moment 25 officiers généraux dont la plupart n'avoient pas cherché à me justifier, et qui furent très-surpris d'entendre M. le maréchal d'Estrées redire mot pour mot ce que j'ai dit ci-dessus et désavouer authentiquement par là les accusations qu'on avoit insérées (je veux croire que c'est malgré lui) dans sa relation de l'affaire d'Hastenbeck.

Comment M. le Maréchal eût-il pu me refuser la satisfaction qu'il me donna? Il ne pouvoit douter de la droiture de mes intentions; toutes mes démarches en ont prouvé la pureté. Je n'ai cessé pendant un mois de le presser sur toutes les choses que j'ai cru glorieuses pour lui et avantageuses à l'État.

J'ai eu la conduite d'un homme qui par sa place se trouve comptable de ses actions au Roi et au public. J'ai oublié mes affections particulières. J'ai sacrifié mon intérêt et celui de M. de Richelieu, dont l'arrivée m'avoit été annoncée depuis un mois. Sans l'espèce de violence que je fis à M. le maréchal d'Estrées dans cette occasion, son départ n'eût pas été précédé du succès auquel il doit l'intérêt tendre qui a changé les dispositons de l'armée à son égard.

Mes procédés depuis ce moment ont été de la plus grande modération. J'ai laissé courir jusqu'à ce jour, sans me plaindre, les bruits que l'on a répandus contre moi; j'ai toujours cru que M. le maréchal d'Estrées les feroit finir. J'ai marqué à ses amis la surprise où j'étois de les voir durer; je les ai avertis du dessein où j'étois d'en démontrer la fausseté au public.

M. le Maréchal ne peut me savoir mauvais gré de ce que je fais pour y parvenir. Je me justifie; mais c'est sans former contre lui l'accusation la plus légère. Eut-il tort avec moi, cela ne m'engageroit pas à dire rien qui pût l'offenser. On ne récrimine pas quand on est sûr de prouver son innocence. C'est de M. le Maréchal et des personnes sincères et bien instruites des faits que j'attends l'attestation de ceux que j'ai avancés.

ANNÉE 1758.

JANVIER.

Nouvelles de Hanovre. — Mort de M. Mollet. — Cérémonie de l'Ordre. — Les États de Languedoc. — Réception du duc de Chevreuse à l'hôtel de ville comme gouverneur de Paris. — Nouvel exil de l'archevêque de Paris. — Note sur les aumônes. — L'abbé de Bernis reçu avocat. — Morts. — Service de porcelaine de France donné au roi de Danemark. — Les hôpitaux d'armée. — Nouvelles du Hanovre. — Reprise de Breslau par les Prussiens. — Observations sur la manière de faire la guerre de Frédéric; célérité de ses mouvements. — Conduite de la Russie et de la Suède. — Anecdote sur le maréchal de Saxe. — Défenses d'enterrer dans les églises de Versailles. — Gouverneurs et précepteur du prince don Louis de Parme. — Capitulation de Harbourg et de Liegnitz. — Le comte de Clermont nommé au commandement de l'armée du Bas-Rhin et rappel du maréchal de Richelieu. — Morts. — Nouvelles du Hanovre. — Nouvelles diverses. — Détail sur la campagne de M. de Kersaint. — Pilleries de l'armée de Hanovre. — Nouvelles maritimes. — Mariage de Mlle Vincent. — Dupleix. — Défense des côtes. — Le roi de Prusse. — Occupation de Brême. — Évêchés donnés et abbayes échangées. — Morts. — Malversations dans l'administration de la marine. — M. de Moras renvoie un des principaux commis du ministère. — Établissement de grands poêles dans le château. — Les Cent-Suisses. — Détail sur la campagne de M. Dubois de la Mothe. — Discours des chefs sauvages à M. Dubois de la Mothe.

Du lundi 2, Versailles. — La nouvelle des armées qu'on a reçue aujourd'hui, sans être décisive, donne assez de satisfaction et plus de tranquillité. Les Hanovriens se sont retirés. Nos troupes ont campé dans le camp qu'ils ont quitté. On leur a pris 500 hommes, des subsistances, du fourrage et quelques chariots de bagages. Harbourg se défend toujours et on dit que la garnison montre beaucoup de courage et même de gaieté. Les Hanovriens étoient fort mal pour leurs subsistances. On mande à

M. de Paulmy qu'ils vivoient de lard, faute de mieux. On trouvera à la fin de ce livre les dispositions faites par M. de Richelieu pour attaquer les ennemis (1).

---

(1) DISPOSITIONS DE M. LE MARÉCHAL DE RICHELIEU POUR ATTAQUER LES HANOVRIENS (*).

Du 24 décembre 1757, à Zell.

Pour embrasser tous les objets qui peuvent tendre à déposter l'ennemi, à l'attaquer s'il est possible et rendre le passage de l'Aller plus aisé et plus décisif, M. le Maréchal s'est déterminé sur les moyens qu'il a cru les plus propres à concourir à un but aussi essentiel et assurer le succès des opérations que l'armée va commencer.

Le 24, M. le duc de Broglio, après avoir rassemblé sur la Bohme 12 bataillons et 12 escadrons qui occupoient les duchés de Brême et de Verden, doit se porter à Berghen et pousser ses détachements sur Ermansbourg, afin de couper à l'ennemi sa communication avec Stade et l'inquiéter pour sa subsistance.

M. de Grandmaison doit partir de Muden le 24 avec 200 dragons et 100 hussards choisis et arriver le 25 à la pointe du jour à Witzen, et brûler les magasins des ennemis qui ne sont gardés que par 100 hommes, intercepter leurs convois et leur donner toutes sortes d'inquiétudes.

M. de Villemur avec 10 bataillons, 14 escadrons, 1 régiment d'hussards, les volontaires de Flandre et 8 pièces de canon, doit passer l'Aller, la nuit du 24 au 25, et se porter sur Ausbeck afin de favoriser par sa gauche la construction des ponts que l'on doit jeter à Offensen et soutenir par sa droite le détachement qui, aux ordres de M. de Laval, doit attaquer les villages d'Ansbeck et de Clacklendorf (supposé qu'ils soient toujours occupés), ainsi que M. de la Morlière, qui avec les volontaires de Flandre renforcés d'un ou deux piquets d'infanterie, doit aller prendre poste au village de Bedenbostel et en garder le pont.

M. de l'Illebonne, avec son régiment et celui de Berchiny, doit déboucher, le 25, trois heures avant le jour, du pont de Weinhausen, se porter dans la plaine qui est entre ce village est celui de Lachtendorf, couper dans leur retraite les troupes ennemies qui pourroient être à Ausbeck; et dès que le village sera occupé par les troupes de M. de Laval, M. de l'Illebonne doit se porter sur les hauteurs au delà du ruisseau du Lacht, afin d'observer les mouvements des ennemis et couvrir les ponts que l'on pourra construire sur ce ruisseau.

Pendant que M. de Villemur, par la droite, et M. de Broglio par la gauche rempliront les objets dont ils sont chargés, M. de Caraman, avec son régiment, celui de la Dauphine, deux compagnies de grenadiers, les chasseurs de

(1) Comme nous n'avons pu rectifier tous les noms géographiques contenus dans cet ordre du maréchal de Richelieu, nous avons pris le parti de laisser à tous l'orthographe qu'ils avaient dans notre manuscrit.

On a arrêté à Osnabruck des chariots qui alloient en poste à Hambourg chargés de 4 millions de florins, faisant 8 millions de notre monnoie. On les a envoyés à

Richelieu et le corps de Fischer, doit déboucher par le pont de Scheffrey, faire une fausse attaque du côté de la Garenne et de Kleinhekel, et pousser les Fischer sur Groshekel afin d'inquiéter les ennemis sur leur droite.

À la même heure, M. Dauvet avec les troupes qu'il aura dans Zell, doit tenter dans le faubourg de Lunebourg une attaque qui deviendra plus ou moins réelle suivant le parti que prendra l'ennemi, et d'après les événements M. Dauvet pourra être renforcé par trois bataillons d'infanterie et par la cavalerie qu'on y feroit passer successivement, si son attaque réussissoit assez pour pouvoir déboucher du faubourg de Lunebourg.

C'est pour concourir à ces objets et seconder en même temps les opérations de la droite qu'on laisse deux brigades de réserve, entre Altenzell et Zell, aux ordres de M. le duc d'Ayen, et celle de Vaubecourt à portée du pont de Scheffrey.

Les fausses attaques que doivent exécuter M. Dauvet et M. de Caraman sont si liées entre elles, que le succès de l'une entraîne le succès de l'autre, et c'est dans la vue de les soutenir, au cas qu'elles réussissent, qu'on laisse la brigade de Vaubecourt à portée du pont de Scheffrey; cette brigade n'en débouchera que supposé que les ennemis abandonnent leur position ou pour se retirer ou pour se porter sur le Lacht, et dans cette supposition elle tournera à droite, longera l'Aller laissant la Garenne à gauche, abattra les palissades qui sont entre cette garenne et l'Aller et ira gagner la gauche du faubourg pour soutenir d'un côté M. de Caraman et de l'autre M. Dauvet, dont elle attendra les ordres pour déboucher du pont de Scheffrey.

À la même heure, M. de Maupeou, avec la brigade d'Orléans et les piquets de celle des Cravates, débouchera du pont d'Altenzell et ira former une fausse attaque à Lachtenhausen, d'où il ira occuper le bois de Sprack, observer ce qui se passera au delà de ce bois et le long du ruisseau du Lacht et favoriser la construction des ponts qu'on jettera sur ce ruisseau; il laissera, pour la garde du pont et de la batterie d'Altenzell, quatre piquets d'infanterie.

Le 24, à l'entrée de la nuit, on doit faire partir les pontons, six pièces de canon de 12, six de 8, et huit de 4, pour aller à Offensen; cette artillerie sera suivie par les brigades de Champagne et d'Aquitaine, aux ordres de M. le comte de Noailles qui trouvera à Offensen la brigade de Dauphin; il aura avec lui M. de Monti et se portera entre Weinhusen et Offensen.

L'objet de M. le comte de Noailles est de rétablir le pont d'Offensen le plus promptement qu'il lui sera possible, d'y faire passer les grenadiers et piquets des trois brigades à ses ordres afin de protéger la construction des ponts de pontons que l'on jettera sur l'Aller, près d'Offensen, dans les points reconnus par M. Guille.

M. de Saint-Pern, de son côté, doit marcher le 24 à quatre heures après midi, et se porter avec les grenadiers de France et Royaux à Weinhusen, où il sera joint par la brigade de Royal-Piedmont, commandée par M. le

Wesel. Les Hollandois ont fait faire des représentations ; mais on n'y a point eu d'égard jusqu'à présent. Il est vraisemblable que cet argent n'appartient pas à des

---

comte de la Guiche. Il ne passera l'Aller que sur les ordres qu'il en recevra de M. le Maréchal, mais il enverra occuper par huit compagnies de grenadiers le village d'Oppenhausen, situé à la tête du pont de Weinhausen.

Ce détachement, qui sera commandé par un colonel, aura pour objet non-seulement d'occuper ce village et de couvrir le pont de Weinhausen, mais encore de favoriser la retraite de M. de Maupeou, supposé quelles circonstances l'obligeassent à se replier sur la brigade des cuirassiers et que les deux corps réunis fussent dans le cas de se retirer.

Si l'attaque d'Ausbeck et de Lachtendorf réussit, et que M. de l'Illebonne ait gagné les hauteurs au delà du Lacht, M. le comte de Noailles doit faire passer l'Aller aux trois brigades qui sont à ses ordres et prendre une position en avant de ses ponts pour les couvrir.

Le reste de l'armée, qui doit partir de son camp à trois heures du matin et se rendre à Offensen, s'y mettra en bataille derrière les ponts entre les villages de Weinhusen et de Schwackusen, l'infanterie en première ligne et la cavalerie en seconde, à l'exception de la brigade des cuirassiers, qui, aussitôt qu'elle sera arrivée au camp de Bockelskamp, y passera l'Aller aux ordres de M. de Morangiés, se portera en avant dans la plaine afin de soutenir le détachement de M. de Maupeou, qui doit occuper le bois de Sprach et favoriser sa retraite s'il étoit dans le cas de la faire.

Si, à la faveur des postes qu'on aura pris sur le Lacht en avant de ce ruisseau, on peut y jeter des ponts et que M. le Maréchal juge à propos de le passer, M. le comte de Noailles, avec les trois brigades de la 2ᵉ ligne, se portera sur ce ruisseau afin de garder les ponts qu'on y aura construits et toutes les troupes de la première ligne passeront l'Aller ainsi que la cavalerie dans l'ordre ci-après.

Les brigades du commissaire général et de Royal-Roussillon passeront au pont rétabli à Offensen.

Les brigades de Picardie et de la Tour Dupin au 1ᵉʳ pont de pontons.

Les brigades de Belsunce, de Lyonnois et les carabiniers au 2ᵉ pont de pontons.

Les brigades de Navarre, d'Auvergne, et celle de Royal-Allemand au 3ᵉ pont des pontons.

Les grenadiers de France et Royaux, et la brigade de Royal-Piedmont au pont de Weinhusen.

La brigade des cuirassiers au pont de Bockelskamp. Toutes ces troupes aux ordres de M. le marquis d'Armentières, qui aura sous lui M. de la Vauguyon, et les maréchaux de camp attachés à ces divisions, après avoir passé l'Aller, se porteront dans la plaine qui est au delà et s'y formeront et colonnes par escadrons et par deux bataillons, et se dirigeront, pour se mettre en bataille, la droite couverte par le village de Lachtendorf que M. de Villemur aura fait occuper, et la gauche par celui d'Oppershausen, occupé par les

commerçants, parce qu'ordinairement ils ne font leur commerce qu'en lettres de change.

M. Mollet (1), contrôleur de Versailles pour les dehors, est mort. Il s'est noyé dans un réservoir sur la butte de Montboron. Étant sur le bord du bassin son pied a glissé. Il a eu apparemment quelque étourdissement, d'autant plus qu'il y étoit fort sujet, car on a trouvé son flacon sorti de sa poche. On a trouvé aussi sa redingote, qui n'étoit que sur ses épaules et qu'il avoit jetée au bord pour tâter plus commodément la glace, car il vouloit savoir si elle étoit en état d'être serrée dans les glacières du Roi. Son fils, qui revenoit de Paris, l'ayant trouvé dans l'avenue, lui avoit proposé de le ramener ; mais il l'avoit remercié et lui avoit dit de revenir à Versailles et qu'il reviendroit bien tout seul en se promenant. Les fontainiers sont dans l'usage que l'un d'eux fait tous les jours la visite des réservoirs pour examiner s'il n'y manque rien. Celui qui fit cette visite vit flotter un chapeau sur l'eau ; il ramassa aussi la redingote, le chapeau et

---

grenadiers de France et Royaux. La brigade des cuirassiers, lorsqu'on lui en enverra l'ordre, se dirigera sur le village d'Oppershausen, qu'elle laissera à droite, pour aller s'appuyer aux dernières maisons du village, où doit être la gauche de la 1re ligne de l'armée.

La brigade de Royal-Allemand ira se former entre celle de Navarre et le terrain qu'elle doit laisser pour la brigade des cuirassiers.

Si les circonstances décident M. le Maréchal d'aller attaquer l'ennemi, alors toute la 1re ligne se portera sur le Lacht, occupé par la 2e ; elle débouchera par les ponts qu'on y aura construits ou par les gués qu'on aura reconnus, et ira se mettre en bataille sur les hauteurs en avant de Lachtendorf ; elle sera suivie de la 2e ligne et des réserves dans l'ordre qui sera prescrit suivant la nature du terrain et des circonstances.

Si, au contraire, l'ennemi se déposte et vient s'opposer au passage du Lacht on le tiendra en échec autant de temps qu'on le jugera convenable et on renforcera de trois brigades d'infanterie et d'une de cavalerie de la réserve l'attaque de Zell, pour déboucher ensuite sur Alten-Hagen dans le moment qu'on croira pouvoir s'affoiblir sur le haut Aller.

Tel est le plan des opérations déterminées par M. le Maréchal. Il est aisé à MM. les officiers généraux de connoître l'objet général et de concourir chacun dans la partie qui le concerne.

(1) Armand Mollet, de l'académie royale d'architecture.

le flacon, sans savoir à qui le tout appartenoit; il n'étoit pas encore cinq heures quand il trouva toutes ces marques trop certaines du malheur qui étoit arrivé. Il revint chez M. Mollet pour lui en rendre compte, et sur ce qu'on lui dit qu'il n'étoit pas rentré, il demanda à parler à son fils; c'est ainsi que le fils et tous les gens de la maison apprirent ce funeste événement. Ce fils a vingt-sept à vingt-huit ans. Le père étoit un peu brouillé avec M. de Marigny, qui malgré cela n'a voulu avoir égard qu'à la malheureuse situation de son fils et aux services de son père. Ledit Sr Mollet fils n'ayant encore ni la science ni l'expérience nécessaires pour remplir la place de son père, M. de Marigny a voulu lui donner les moyens d'acquérir l'une et l'autre en lui donnant une occupation honorable mais de peu de détail. Il l'a proposé au Roi pour le contrôle de Monceaux. Ce contrôle étoit rempli depuis deux ans ou environ par M. Galant, ci-devant inspecteur de Versailles; on a nommé M. Galant au contrôle de l'École militaire. Celui-ci étoit occupé par M. Pluyette, à qui on a donné le contrôle des dehors de Versailles, qui vaut 6,000 livres comme les grands contrôles. Monceaux ne vaut que 3,000 livres et l'École militaire vaut 4,000 livres. Il y a outre cela un fort joli logement et un jardin.

Il y eut hier cérémonie de l'Ordre à l'ordinaire. Nous étions 47 chevaliers en comptant Mgr le Dauphin et les princes. Il n'y eut ni chapitre ni réception. Ce fut M. l'évêque de Langres qui officia. La quêteuse étoit Mme de Lostanges, fille de M. de l'Hôpital. On apporta, suivant l'usage des dimanches, du pain bénit au Roi, à Mgr le Dauphin et aux princes. On demande pourquoi aux trois fêtes de l'Ordre on n'en donne pas à tous les chevaliers; ce seroit une marque de confraternité, comme c'en est une de communion pour tous les fidèles. Ce pourroit être un établissement très-convenable; mais il seroit nouveau.

Les États de Languedoc ont accordé 3 millions de don gratuit au Roi, et outre cela 100,000 francs de capitation, et ont promis de répondre d'un emprunt de 10 millions pour le Roi.

Mon fils fut reçu avant-hier à l'hôtel de ville comme gouverneur de Paris. Il partit de l'hôtel de Luynes à dix heures trois quarts, précédé de ses suisses, gardes, trompettes et livrées, de la même manière que le jour du Parlement. Il passa par la rue du Bac, suivit le quai des Théatins, passa sur le Pont-Neuf, et alla par le quai de la Ferraille, la rue de Gesvres et le quai Pelletier; il arriva à l'hôtel de ville à onze heures et demie. Il délivra des prisonniers pour dettes en arrivant, comme c'est l'usage à l'avénement d'un nouveau gouverneur. Il monta ensuite dans la grande salle de l'hôtel de ville qui étoit préparée pour sa réception, et ne s'y arrêta point. Il entra dans le salon qui est au bout, et que l'on appelle le salon de la Reine, où l'attendoient la plupart de ceux de ses amis qu'il avoit invités à sa réception et qui n'avoient pas suivi son cortége. Il y en avoit d'autres qui étoient venus dans ses carrosses et qui entrèrent avec lui. Il resta environ un quart d'heure dans ce salon; de là il revint dans la grande salle, accompagné du prévôt des marchands et des échevins. Lorsque tout le monde eut pris sa place, il se mit dans son fauteuil, et fit son discours à la Ville et au prévôt des marchands. Il étoit assis, ayant son chapeau sur la tête. Il étoit vêtu comme à l'ordinaire, et sans manteau ni toque. La veille, quelques-uns des échevins ayant imaginé que le gouverneur devoit avoir un manteau, l'en firent avertir; mais ils sont convenus eux-mêmes que c'étoit une idée qui leur étoit venue sans pouvoir dire sur quoi elle étoit fondée. Les Mémoires de M. de Gesvres n'en disent rien; ils paroissent même dire le contraire, puisqu'il y est marqué que M. de Gesvres, en cette occasion, ôta son chapeau, et que lorsqu'on est en manteau, on n'a point un chapeau, mais une toque. Mon fils, après son discours, remit ses provisions au prévôt des marchands, qui les donna au greffier, lequel en fit la lecture, debout auprès du bureau. Le procureur du Roi de la Ville fit ensuite son discours, qui dura près d'un quart d'heure ; après lequel le prévôt des marchands parla, traitant toujours le gouverneur de Monseigneur. Lorsqu'il eut fini, on fit l'enregistrement des provisions, et cela finit par un petit discours que fit mon fils. Le procureur du Roi et le prévôt des marchands parlèrent toujours assis. Le procureur du Roi étoit dans un fauteuil auprès du bureau, vis-à-vis le gouverneur ; le prévôt des marchands étoit sur un grand canapé avec les échevins, à gauche du gouverneur et sur le même rang. Le procureur du Roi et le prévôt des marchands parlèrent tous deux découverts. Le prévôt des marchands avoit la goutte depuis quinze jours, et ses pieds étoient si foibles, qu'il fallut le porter partout. Il y avoit des banquettes à droite et à gauche en avant, tout le long de la salle, pour la Ville. On avoit mis cinq rangs de fauteuils derrière mon fils pour ceux qui l'accompagnoient. Outre les cinq rangs, il y en avoit un sixième en avant, sur lequel étoit un fauteuil pour mon fils, à gauche duquel et joignant ledit fauteuil étoit un canapé où se placèrent le prévôt des marchands et les échevins. Derrière le fauteuil de mon fils il y avoit une chaise à dos pour son capitaine des gardes, M. de Sercati, et derrière le prévôt des marchands une autre chaise à dos pour M. Duc, commandant des gardes de la Ville. Après l'enregistrement des lettres, mon fils repassa dans le salon de la Reine, où il ne resta qu'un moment. Il revint dans la grande salle, se fit ouvrir une fenêtre et jeta de l'argent au peuple. Il rentra dans le même salon pendant que l'on mit la table pour le dîner. On avoit construit dans la grande salle de l'hôtel de ville, au-dessus de la porte d'entrée, une tribune où étoient placées Mme de Chevreuse et les dames qu'elle avoit amenées avec elle. On se mit à table à deux heures trois quarts; il y avoit 79 personnes à table. Mon fils et le prévôt des marchands étoient tous deux seuls au haut de la table dans des fauteuils. Mon fils avoit la droite, ayant toujours alternativement derrière lui un officier de ses gardes, et le prévôt des marchands un officier des gardes de la Ville. Toute la compagnie de mon fils étoit à sa droite dans des fauteuils, et à gauche de la table étoient les échevins et les officiers de la Ville sur des chaises à dos. Il y eut, pendant tout le dîner et la réception, des gardes du gouvernement sous les armes du côté droit de la table, et de l'autre, des gardes de la Ville. Le capitaine des gardes de mon fils et son intendant étoient à table avec lui et aussi le secrétaire du prévôt des marchands et le commandant des gardes de la Ville. Il y eut pendant tout le dîner une musique de timbales et de hautbois. Il y eut dans une autre salle, appelée la salle du Gouverneur, une table pour Mme de Chevreuse et pour les dames qui étoient avec elle; il y eut plusieurs hommes qui s'y mirent; cette table étoit de 25 couverts. Le dîner dura jusqu'à six heures passées, après quoi mon fils revint chez lui au pas comme en allant, passant par le quai Pelletier, la rue de Gesvres, le quai de la Ferraille, le Pont-Neuf, le quai des Quatre-Nations et la rue du Bac, et jetant de l'argent au peuple. Les gardes de la Ville le reconduisirent tambours battants jusqu'à l'hôtel de Luynes; ils étoient à la tête de tout le cortége. La salle de l'hôtel de ville étoit tendue de damas, et on avoit fait un faux plafond avec de la toile pour cacher les solives (1).

Ce même samedi, mon fils vint coucher ici, et le lendemain dimanche, premier jour de l'an, il se rendit

---

(1) Il y avoit dans la place de l'hôtel de ville quatre grands buffets, du haut desquels on distribuoit du pain, du vin et des viandes salées au peuple. (*Note du duc de Luynes.*)

dans l'OEil-de-Bœuf où étoit le corps de Ville. M. de Dreux, grand-maître des cérémonies, vint prendre le corps de Ville à l'entrée de la chambre du Roi pendant le lever ; le Roi ayant passé à son prie-Dieu, mon fils, à la tête du corps de Ville, se plaça dans la chambre, sur le chemin du Roi lorsqu'il rentre dans son cabinet. M. de Dreux s'avança pour avertir le Roi (dont il avoit déjà pris les ordres) que le corps de Ville l'attendoit. Le prévôt des marchands n'ayant pas été en état de venir, ce fut le premier échevin qui harangua debout, au lieu qu'à une grande audience il auroit été à genoux. M. de Dreux et mon fils menèrent ensuite le corps de Ville chez la Reine, chez Mgr le Dauphin et chez Mme la Dauphine. Mon fils n'alla point chez Mgr le duc de Bourgogne, ni chez les enfants de France. Il demanda à M. de Dreux quel étoit l'usage, et M. de Dreux l'assura que M. de Gesvres n'y alloit point et qu'il lui avoit dit qu'il ne devoit pas y aller. M. de Saint-Florentin, à qui j'en ai parlé, m'a dit la même chose. M. de Gesvres y alloit auparavant comme courtisan, mais non comme présentant.

Du dimanche 8, Dampierre. — L'affaire des hospitalières du faubourg Saint-Marceau n'est point encore finie. M. l'archevêque les a interdites et ne veut point lever cette interdiction qu'elles ne soient soumises à Dieu et à leur évêque. Il a cru ne pouvoir en conscience se rendre aux différentes sollicitations qui lui ont été faites. La vivacité du Parlement sur cet article étant toujours la même, le Roi a jugé à propos d'éloigner M. l'archevêque. Il lui a donné ordre de se rendre dans une terre d'un de Messieurs ses frères qui s'appelle la Roque ; elle est auprès de Sarlat ; M. l'archevêque est parti avant-hier. Il a nommé quatre grands-vicaires, savoir : M. l'évêque de Québec (Pontbriand), M. l'abbé Renaud, M. Robinet et le curé de Saint-Nicolas des Champs. Il les a chargés de continuer les mêmes aumônes qu'il avoit coutume de faire (1). Il n'a emmené avec lui que deux de ses neveux et deux domestiques et a ordonné qu'on gardât les autres pendant un an; après lequel terme on les renverroit s'il n'arrivoit rien de nouveau.

M. l'abbé de Bernis s'est fait recevoir avocat il y a huit ou dix jours. Cela a fait une nouvelle parce qu'on a voulu en tirer des inductions; mais les gens en place sont si exposés au grand jour qu'ils ne peuvent être à couvert des raisonnements sur leurs moindres actions.

Du samedi 14, *Dampierre.* — On me mande de Versailles la mort de M. de Crussol, dans ses terres en Champagne où il étoit retiré. Il avoit environ quarante et un ans. Il étoit chevalier de l'Ordre et avoit été ministre du Roi auprès de l'infant don Philippe, à Parme. On sait l'état où il étoit depuis longtemps, et cette perte ne peut être regardée comme un malheur pour sa famille. Il laisse quatre enfants. Il étoit fils de feu M. de Crussol et de Mlle de Villacerf et petit-fils de feu M. de Florensac. Il laisse une veuve qui est Mlle de Morville (Armenonville).

On apprit avant-hier la mort de M. le chevalier de Talaru. C'étoit le troisième fils de M. de Chalmazel; il venoit d'être fait aide-major de la gendarmerie; il avoit environ vingt-cinq ans; il est mort de la petite vérole à l'armée.

---

(1) Le travail des aumônes s'est fait par M. le cardinal de Tavannes à Noël, suivant l'usage. Le fonds des aumônes est de 100,000 livres, qui sont remises du trésor royal tous les ans entre les mains du trésorier des aumônes. La moitié de cette somme ou environ est employée à des pensions pour des communautés, pensions qui ne varient point, et par conséquent cette somme ne peut être destinée à d'autres usages. Le surplus se destine, suivant la volonté du grand-aumônier, à différentes pensions ou gratifications particulières qui peuvent se succéder les unes aux autres. Il y a encore une somme de 12,000 livres qui est remise tous les ans au trésorier des aumônes, indépendamment de quelques sommes extraordinaires suivant les circonstances. Le travail des aumônes, c'est-à-dire toutes les distributions, se faisoit dans leur origine toutes les fois que le Roi communioit et touchoit les malades; présentement on les fait à Noël et à Pâques. (*Addition du duc de Luynes*, datée du 3 janvier 1758.)

Mme de Beuzeville mourut avant-hier à Versailles, de la poitrine, après une longue et douloureuse maladie ; elle avoit environ quarante-cinq ans. Elle étoit fille de M. le chancelier. C'étoit une femme de beaucoup de vertu et de mérite ; elle laisse trois garçons.

Le Roi vient de faire un présent d'un service de porcelaine au roi de Danemark ; ce service a été fait à Vincennes et à Sèvres ; c'est ce qu'on appelle présentement de la porcelaine de France. La marque est deux LL entrelacées en triangle. Ce service est extrêmement complet ; la porcelaine est vert et or. Cette couleur verte et la bleue, que quelques-uns trouvent plus belle encore, augmentent prodigieusement le prix. Il y a huit douzaines d'assiettes qui coûtent 60 livres pièce ; le reste à proportion.

Il paroît qu'on s'est extrêmement attaché à réformer les abus qui s'étoient glissés dans l'administration des hôpitaux d'armée, et que l'on n'épargne rien pour que les malades y soient bien traités. Le fonds des hôpitaux en temps de paix n'est que d'un million pour tout le royaume ; je ne sais pas précisément à combien il va en temps de guerre, mais on peut juger qu'il passe de beaucoup cette somme.

M. de Lucé, intendant de l'armée de M. le maréchal de Richelieu, a eu ordre de revenir à Strasbourg ; il a été remplacé par un commissaire ordonnateur nommé Gayot, qui faisoit les fonctions d'intendant à l'armée de M. de Soubise.

On a été longtemps dans l'incertitude, et par conséquent dans l'inquiétude, des événements de l'armée de M. le maréchal de Richelieu. Ce général s'étant posté derrière l'Aller avec toutes ses forces réunies, se trouvoit à peu de distance de l'armée hanovrienne, qui s'étoit avancée sur les bords de l'Aller ; et l'on croyoit apprendre à tout moment la nouvelle d'une action vive entre les deux armées. M. de Richelieu s'étoit déterminé à attaquer les ennemis. On trouvera à la fin de ce journal (1) la disposition qu'il avoit faite, qu'on ne peut assez admirer ; mais les ennemis ont pris le parti de se retirer, même avec tant de précipitation, qu'on a attaqué leur arrière-garde et qu'on leur a pris 500 prisonniers. Il y a même des relations qui disent 800 ; on leur a pris aussi quelques chariots.

J'ai parlé ci-dessus de la grande affaire d'Orléans et de la plaque mise dans l'église de Saint-Pierre-Lentin, où étoit gravé l'arrêt du Parlement qui ordonne la célébration d'un service pour le chanoine Coignon. On trouvera ci-après (2) la copie de l'arrêt qui a été rendu le

---

(1) Ce document ne se retrouve pas à la fin du journal.

(2) ARRÊT DU PARLEMENT *du* 30 *décembre* 1757,

qui ordonne que la plaque de Saint-Pierre-Lentin sera ôtée.

Ce jour, toutes les chambres assemblées, les gens du Roi sont entrés, et M Omer Joly de Fleury, avocat dudit seigneur Roi, portant la parole, a dit :
« Messieurs, nous croyons devoir apporter nous-même à la Cour une requête qui lui est présentée par les sieurs Colbert et à Paris, vicaires-généraux du chapitre de l'église d'Orléans, le siége épiscopal vacant.

« Cette requête, qui nous a été communiquée pour y donner nos conclusions, semble nous fournir une occasion favorable pour informer la Cour des événements intéressants qui concernent ce diocèse.

« Le curé de Saint-Pierre-Lentin est rentré dans ses fonctions, et les paroissiens jouissent de la présence de leur pasteur légitime. Les saints mystères ont été célébrés avec édification dans cette église. Le service ordonné par votre arrêt du 29 août 1755 a été acquitté en la manière prescrite par cet arrêt, et il continuera de l'être chaque année au temps accoutumé. Les communautés de Saint-Charles et de Saint-Loup, privées depuis longtemps de la participation des sacrements, ont eu la consolation d'être rétablies dans leurs droits.

« Que ne pouvons-nous entrer dans le détail d'une infinité d'autres circonstances qui ne sont pas inconnues à plusieurs des magistrats de cette auguste compagnie et qui prouvent la sagesse et la droiture des intentions des deux vicaires-généraux qui gouvernent ce diocèse.

« Dans tout ce qui est de leur ressort et soumis à leur juridiction nous les avons vus prévenir et dissiper les occasions de troubles. Leur conduite doit instruire ceux qui ont dans ce diocèse quelque portion de la juridiction ecclésiastique ; elle prépare un épiscopat heureux à celui que le Roi choisira pour pasteur de cette église. Enfin nous pouvons le dire, cette conduite

30 décembre, sur la requête des deux chanoines chargés de l'administration du diocèse sur la démission de

---

devient un modèle à proposer à tous ceux qui, instruits des règles, ne cherchent qu'à affermir leur empire, d'où dépendent la paix et la tranquillité.

« Ainsi, Messieurs, cet esprit de paix qui est l'âme de toutes vos actions passera insensiblement dans le cœur de ceux qui sauront apprécier la sagesse de vos démarches; l'effet même en sera d'autant plus sûr que vous réglez votre conduite sur celle du souverain. Il veut la paix, et sa volonté annoncée dans tout son royaume n'est que l'exécution de celle de Dieu que nous servons, qui s'est appelé lui-même le prince de la paix, et qui n'a pas cru pouvoir laisser à son Église de gage plus grand de son amour que ce don inestimable.

« Qui pourroit donc oser nous empêcher de jouir des douceurs du bienfait qu'il a voulu nous procurer? Quoi de plus avantageux que la concorde? elle est si nécessaire aux hommes que ceux mêmes qui sont assez injustes pour la troubler sont contraints de garder entre eux une apparence d'union pour l'accomplissement de leurs desseins.

« Mais la sagesse du prince dissipera les troubles capables de déranger les projets qu'il a conçus pour le bien de la paix; il trouvera dans l'esprit de prudence et de modération qui vous anime de nouvelles forces pour en assurer le succès : vos démarches, qui répondent en tout à ses intentions, confirment le jugement du public, qui vous regarde comme les amis de la paix : et ceux qui refuseront de se conformer à de si saintes vues se déclareront eux-mêmes les ennemis du repos de l'Église et de la tranquillité de l'État.

« Des intentions si pures ne peuvent être qu'applaudies par les ministres de l'Église : pleins de respect pour les maximes qu'elle leur apprend, peuvent-ils oublier cette loi que nous trouvons dans un ancien concile, et que l'église même de ce diocèse renouvelle chaque année; que si l'union et la concorde doivent subsister entre les fidèles, elles doivent se trouver encore plus solidement établies entre les évêques et ceux à qui le prince confie son autorité.

« Ce sont ces principes communs à tous qui ont soutenu en particulier les vicaires-généraux du diocèse d'Orléans dans l'exercice de leurs fonctions; ils se sont montrés vos coopérateurs pour entrer avec vous dans les vues du souverain. Ce motif fait leur confiance et les conduit à votre tribunal pour vous supplier de leur accorder en ce jour ce qu'ils croient nécessaire pour rendre solide et durable dans leur diocèse le règne de la paix.

« Leurs vœux seroient comblés si sous leur gouvernement ils voyoient effacer toute marque extérieure du trouble funeste dont le souvenir ne subsisteroit plus alors dans l'esprit de leurs diocésains que pour bénir le souverain et les magistrats qui sous son autorité se sont occupés à en détruire jusqu'aux moindres vestiges.

« Rien n'est plus louable que le désir de ces hommes si dignes de la faveur du prince et de la protection de la Cour. L'objet de leur requête a mérité toutes nos réflexions ; mais connoissant, Messieurs, d'après vos sentiments,

M. l'évêque d'Orléans. Il reste toujours la question dont j'ai parlé dans ce journal, savoir si le chapitre a eu droit

---

que le terme de vos actions est le retour de la paix, qu'elle est même la récompense unique que vous vous promettez de vos soins et de vos travaux, nous n'hésitons pas à vous engager à recueillir dans la circonstance présente les prémices des fruits précieux que vous êtes en droit d'attendre du sage exercice de votre autorité : c'est dans cet esprit que nous avons donné nos conclusions par écrit au bas de la requête que nous laissons à la Cour. »

Et se sont retirés.

Vu ladite requête présentée à la Cour par lesdits vicaires-généraux du chapitre de l'église d'Orléans, le siége épiscopal vacant, contenant : que, chargés de l'administration du diocèse d'Orléans pendant la vacance du siége épiscopal, ils se font un devoir essentiel de faire régner dans ce diocèse une paix solide et durable : qu'ils ont la consolation d'avoir beaucoup avancé cet ouvrage, et qu'ils se flattent que la Cour voudra bien les favoriser de sa protection pour achever de conduire à un heureux succès une entreprise aussi avantageuse pour le bien de la religion et pour celui de l'État.

Qu'ils croient que c'est en inspirant des dispositions pacifiques dans les esprits qu'on peut y parvenir, et qu'un des moyens les plus efficaces pour éteindre tous les troubles qui avoient agité ce diocèse et en effacer tous les vestiges est de fonder sur un entier oubli du passé l'espérance d'une tranquillité parfaite pour l'avenir; que par cette façon de penser ils font gloire d'entrer dans les vues de paix dont notre auguste monarque est animé et dans les mesures de sagesse auxquelles tendent les démarches du Parlement.

Qu'ils prennent donc la liberté de représenter à la Cour que l'inscription posée dans l'église de Saint-Pierre-Lentin d'Orléans, quoiqu'elle n'exprime pas en détail les faits qui avoient donné lieu d'ériger un monument aussi affligeant, ne laissera pas d'attacher encore les esprits au souvenir et aux impressions d'un objet qui les avoit trop vivement agités ; qu'à présent les suppliants espèrent que la Cour jugera elle-même préférable à toute autre vue celle d'écarter tout ce qui pourroit servir à retracer et à perpétuer la mémoire d'un trouble qui n'existe plus ; qu'ils la supplient de permettre que la pierre contenant cette inscription soit ôtée de l'église où elle avoit été placée par arrêt de la Cour; que ce sera le sceau de cette paix précieuse que la Cour veut rétablir et la récompense des travaux qu'ils ont entrepris pour la même fin et auxquels ils continueront de se livrer avec tout le zèle dont ils sont capables. A ces causes, les suppliants auroient requis qu'il plût à la Cour ordonner qu'à la diligence du substitut du procureur général du Roi au bailliage d'Orléans, sera incessamment ôtée et supprimée la pierre et inscription posée en l'église paroissiale de Saint-Pierre-Lentin d'Orléans en vertu de l'arrêt de la Cour du 29 août 1755; ladite requête signée de Colbert et de Paris vicaires, et de Caillard leur procureur. Vu aussi l'arrêt de la Cour rendu toutes les chambres assemblées le 29 août 1755, conclusions du procureur général du Roi, ouï le rapport de Me Aimé-Jean-Jacques Severt, conseiller, la matière mise en délibération, de se charger de l'administration du diocèse, le siége ne pouvant être regardé comme vacant qu'après l'acceptation à Rome de la démission de M. l'Évêque.

Le diocèse de Troyes n'est pas encore tranquille à beaucoup près; il y a eu de nouvelles difficultés. M. l'évêque n'a pu rester que douze ou quinze jours dans sa ville épiscopale depuis son rappel; il est actuellement à Paris au noviciat des Jésuites.

La détermination du prince Charles de Lorraine à prendre des quartiers d'hiver, dont ses troupes en effet avoient grand besoin, a encouragé le roi de Prusse à profiter de l'avantage qu'il avoit eu le 5 du mois dernier. Les Autrichiens avoient pensé que dans une saison aussi rude il étoit impossible d'entreprendre le siége de Breslau, cette place, quoique mauvaise, étant soutenue par une garnison nombreuse. Mais le roi de Prusse ne connoît ni les temps ni les difficultés; il a annoncé à ses troupes qu'elles feroient la guerre tout l'hiver; il leur a donné de quoi se garantir des incommodités du froid; il les a encouragées par les augmentations de paye et par les meilleurs traitements; enfin il a formé le siége de Breslau, et après une vive attaque, une bombe ayant fait sauter un magasin à poudre près du rempart, et formé une brèche très-large, la garnison, qui étoit de 17,000 hommes, a été obligée de capituler et de se rendre prisonnière de guerre. La célérité des mouvements de ce prince est incroyable. On n'a su que longtemps après que

---

La Cour a ordonné et ordonne que son arrêt du 29 août 1755 sera exécuté selon sa forme et teneur; ce faisant, que le service ordonné par ledit arrêt continuera d'être célébré à perpétuité. Enjoint au substitut du procureur général du Roi au bailliage d'Orléans d'y tenir la main; et néanmoins, ayant égard à ladite requête présentée à la Cour par lesdits vicaires-généraux, ordonne qu'à la diligence dudit substitut du procureur général du Roi, la pierre et inscription posée en l'église paroissiale de Saint-Pierre-Lentin de ladite ville d'Orléans, en exécution dudit arrêt du 29 août 1755, sera ôtée et supprimée : ordonne en outre que le présent arrêt sera imprimé, publié et affiché dans la ville d'Orléans et partout où besoin sera.

dans l'intervalle qu'il y a eu depuis la bataille de Rosbach jusqu'à celle du 5 décembre, il a été en personne à Stade pour encourager les Hanovriens et pour leur donner des conseils sur leurs différentes opérations; il y a demeuré cinq jours et est entré dans les plus grands détails. Il s'est servi du puissant motif de la religion, motif très-utile quand il s'agit de soutenir la bonne cause, mais toujours employé par l'erreur et presque toujours avec succès. Il veut persuader tous les protestants qu'il s'agit dans cette guerre de la destruction de la ligue protestante; il a exhorté les Hanovriens à implorer le secours du ciel; il s'est informé des prières que l'on faisoit chez eux pour cet objet; il les a trouvées trop longues, et leur a donné une formule nouvelle, pour laquelle il leur a recommandé la plus grande exactitude. On ne sait jamais où il est, et il est presque toujours partout. Il répand des manifestes de tous côtés pour justifier sa conduite et a grande attention de faire publier ses victoires avec les détails les plus propres à en augmenter l'éclat et à encourager ses alliés.

Cependant la Russie, d'une part, paroît fidèle à ses engagements, et les a même renouvelés. Le commandement de ses troupes donné au général Fermer, les ordres qu'il a reçus d'exécuter les projets qui avoient été d'abord formés, le rappel du général Apraxin et l'ordre qu'il a eu de venir rendre compte de sa conduite, sont des preuves qu'on ne peut regarder comme équivoques. D'autre part, la Suède ne paroît pas moins constante. La prudence de ses démarches, la discipline exacte de ses troupes, la justice et l'équité avec lesquelles elle use des droits de la guerre, enfin le désintéressement de ses généraux font son éloge. Cet article de désintéressement est un point bien désirable et bien essentiel. Nous avons vu malheureusement un exemple contraire dans un de nos plus heureux et de nos plus sages généraux, M. le maréchal de Saxe, qui, avec un esprit médiocre et des vues bornées, en avoit toujours assez pour apercevoir le vrai et le nécessaire de chaque moment; mais il aimoit l'argent et le dépensoit sans ordre et sans règle. M. de Séchelles me contoit, il n'y a pas longtemps, un exemple de ce qui lui étoit arrivé avec ce général, exemple qui prouve qu'il savoit se rendre à la raison quand elle lui étoit montrée clairement et fortement. C'étoit en Flandre, l'année de la prise de Bruxelles; M. de Séchelles avoit établi des contributions et avoit pris pour sa règle ce qui avoit été fait du temps de Louis XIV. Cette imposition étoit si juste, que personne n'avoit droit de se plaindre; cependant les magistrats d'une des villes conquises firent de vives représentations à M. de Séchelles sur les sauvegardes que l'on établissoit dans le pays par force; M. de Séchelles se chargea d'en parler à M. le maréchal de Saxe. Après lui avoir rendu compte des différentes opérations dont il étoit chargé, il lui parla des plaintes qu'il avoit reçues. La réponse du Maréchal fut vive et un peu brusque : « Vous êtes toujours, Monsieur, contre mes intérêts, lui dit-il. » M. de Séchelles, conservant son sang-froid, lui répondit qu'il étoit bien juste qu'il eût toute satisfaction, mais que pour lui il ne pouvoit et ne pourroit jamais s'empêcher de lui faire connoître la vérité; que peut-être un autre penseroit différemment; qu'il le prioit donc avec instance de lui permettre de retourner à Lille, où il ne lui seroit pas inutile pour les différentes fournitures à faire à son armée; qu'il lui demandoit avec instance d'écrire à la Cour pour qu'on lui envoyât tel intendant qu'il jugeroit à propos, et qu'il resteroit jusqu'à son arrivée pour que le service ne manquât point. Le maréchal de Saxe, revenant à lui-même, embrassa M. de Séchelles et lui dit : « Je serois le plus malheureux de tous les hommes, si vous me quittiez. » — « Si vous pensez ainsi, lui dit M. de Séchelles, comment pouvez-vous croire que je sois prévenu contre vos intérêts? Mon devoir est de vous exposer ce qui est juste et raisonnable. »

Le Maréchal fut frappé de ce discours et les sauvegardes furent renvoyées.

Du lundi 16, *Versailles.* — Mme de Beuzeville fut enterrée hier dans l'église de Saint-Louis ; il fallut pour cela une permission du Roi qui, en faisant bâtir Saint-Louis, fit les mêmes défenses pour cette église que celles que Louis XIV avoit faites d'enterrer dans l'église de Notre-Dame lorsqu'il la fit bâtir.

Je crois avoir déjà marqué que M. de Keralio, officier de mérite, qui a voyagé avec M. le comte de Gisors, a été nommé sous-gouverneur de l'infant don Louis, prince de Parme. Quoiqu'il n'ait que le titre de sous-gouverneur, il fera toutes les fonctions de gouverneur. Cependant pour pouvoir présenter à la cour d'Espagne un nom plus illustre, on a donné le titre de gouverneur à un grand seigneur italien, nommé M. de Bergonzi, qui aura l'honorifique de l'éducation dans les occasions de représentation. Le précepteur qui vient d'être nommé est M. l'abbé de Condillac, connu par son traité des Sensations.

Harbourg a capitulé le 3. Il avoit été convenu qu'on enverroit de part et d'autre recevoir les ordres des généraux. La réponse du prince Ferdinand est arrivée la première ; elle portoit : « Prisonniers de guerre. » M. de Péreuse, sans attendre les ordres de M. de Richelieu, a dit qu'il s'enseveliroit plutôt sous les ruines du château, et il a obtenu les honneurs de la guerre, à condition de ne point servir contre le roi de Prusse ni ses alliés.

J'appris hier que la forteresse de Liegnitz a capitulé ; il y avoit 3,000 hommes. Le roi de Prusse a fait sommer le gouverneur, M. le baron de Bulow, avant que d'attaquer la place, et celui-ci a répondu qu'il se défendroit. Il a fallu faire le siége, et après une attaque vive il y a eu une seconde sommation. Le gouverneur a dit qu'il n'accepteroit jamais d'être prisonnier de guerre et qu'il périroit plutôt avec sa garnison, mais qu'il remettroit la place si on vouloit lui accorder les honneurs de la guerre.

Il les a obtenus et ne s'est engagé à rien. On voudroit bien que le commandant de Breslau en eût fait autant. Le roi de Prusse a eu grand soin de publier qu'il avoit pris 17,000 hommes avec 20,000. Il a mandé à mylord Maréchal, suivant son style, que s'il avoit de la foi il se croiroit descendu des Machabées.

M. l'évêque de Troyes a été nommé hier à l'évêché d'Aire, vacant par la mort de M. Sarret de Gaujac.

Du mercredi 18, *Versailles*. — M. le comte de Clermont fut déclaré hier général de l'armée du Bas-Rhin et prit congé; il partira à la fin du mois pour s'y rendre. Il a demandé pour lieutenants généraux MM. de Chevert, de Contades et de Saint-Germain. M. de Crémille sera major général de l'armée.

Le Roi est allé aujourd'hui à Marly, d'où il ne reviendra que samedi.

M. de la Chétardie est mort dans le comté de Hanau, où il commandoit; il étoit lieutenant général; il avoit été envoyé extraordinaire en Prusse, ambassadeur en Russie, et auprès du roi de Sardaigne; il avoit environ cinquante-cinq ans.

La Cour prend le deuil mardi pour onze jours pour la princesse Caroline, fille du roi d'Angleterre, qui est morte de la poitrine, âgée de quarante-cinq ans. C'est comme fille du roi qu'on le porte onze jours, parce qu'on le porteroit trois semaines pour le roi son père comme roi. Quoiqu'il y ait de la parenté par les Stuarts, le deuil ne seroit pas si long, si on ne consultoit que le deuil de proximité (1). Le roi d'Angleterre a écrit au roi pour lui

---

(1) Parenté du Roi avec le roi d'Angleterre.

Philippe de France.	Élisabeth d'Angleterre.
|	|
Mme la duchesse de Savoie.	Sophie de Bavière.
|	|
Mme la duchesse de Bourgogne.	Georges-Louis.
|	|
Le Roi.	Le roi d'Angleterre.

faire part de cet événement; la lettre est venue par la Hollande.

M. de Kersaint est revenu dans nos ports, et tous nos vaisseaux sont en sûreté; on croit même qu'il n'y a plus rien à craindre pour tous ceux de la Compagnie.

Du samedi 21, Versailles. — On apprit avant-hier par un courrier de M. de Richelieu qu'il avoit fait un détachement considérable pour enlever un corps de Prussiens dans Halberstadt; ils ont été avertis et se sont retirés. On trouvera ci-après le détail de ce qui s'est passé à ce détachement.

M. de Péreuse, qui a défendu Harbourg avec tant de distinction, a été fait lieutenant général. Il est un des plus proches parents de Mme la duchesse de Ruffec par feu M. d'Angervilliers; il est même son héritier.

Détail de ce qui s'est passé au détachement dont il est parlé ci-dessus.

M. le marquis de Voyer est parti le 10 janvier au soir, avec 6,000 hommes, pour aller attaquer les Prussiens à Halberstadt, enlever les baillis de ladite ville, demander 200,000 écus de contributions et ravitailler le château de Regenstein. Il est arrivé à Osterwick sans que les ennemis fussent avertis de sa marche. En débouchant de Strobeck, son avant-garde a rencontré une patrouille de dragons prussiens qui a été porter l'alarme à la ville. Aussitôt les Prussiens ont battu la générale, et, suivant leur coutume, ils ont très-promptement pris les armes et ils se sont retirés. Il y avoit de garnison : 2 bataillons, un détachement de dragons et 1 régiment de hussards. L'on n'a pu prendre qu'environ quarante hommes. On a trouvé de grands magasins, qui ont nourri le détachement, et les magistrats ont établi quatre tables pour les généraux et ont donné les 200,000 écus demandés. Le convoi pour Regenstein est parti. M. de Voyer a passé la nuit à Halberstadt, et il a dû rentrer aujourd'hui à Wolfenbuttel avec tout son détachement. Le premier jour, l'infanterie a fait 14 lieues de suite dans l'espérance de surprendre les ennemis.

Les Hanovriens ont marché sur la Wumme. M. le duc de Broglio a été obligé de se replier; il avoit auparavant fait enlever 1,900 sacs de grains et environ 300 rations de foin; il a été obligé d'abandonner le grand magasin de Wogesach (1) dans la crainte qu'en y mettant le feu, on ne brûlât les maisons qui sont autour du port.

La ville de Brême fournira des fourrages pour tenir lieu de celui qu'on a laissé par rapport au dommage que ses habitants auroient souffert.

Le détachement étoit composé de M. le marquis de Voyer, commandant, de MM. de Belzunce, de Langeron, du commandant des Autrichiens, de M. de Valbelle, colonel de cavalerie, et de 6,000 hommes tant infanterie et cavalerie que hussards.

Du dimanche 22, Versailles. — M. de Lujac vient d'être fait commandeur honoraire de l'ordre de Saint-Louis; il est brigadier et colonel du régiment de Beauvoisis.

Le gouvernement du fort Louis du Rhin, qu'avoit M. de la Chétardie, a été donné à M. de Contades, dont le père est mort lieutenant-colonel des gardes et ancien lieutenant général. Celui dont c'est ici l'article est lieutenant général et inspecteur général d'infanterie.

Le Roi vient de faire le même arrangement, pour les présidents des Requêtes, que celui qui a été fait par un édit du 10 décembre 1756 pour les présidents des Enquêtes. Ils sont supprimés et seront remboursés de leurs charges. Il y aura deux conseillers qui présideront à ces chambres par commission. Ce sont les présidents eux-mêmes qui ont demandé cet arrangement.

Le Roi vient de donner une loterie à l'École militaire pour le bâtiment. Cette loterie est à l'exemple de celles de Rome, de Venise, de Gênes et de plusieurs autres villes d'Italie; elle durera trente ans.

J'ai marqué ci-dessus que M. de Kersaint est arrivé à Brest avec son escadre; il partit au mois de novembre 1756 pour les côtes de Guinée, où il détruisit le commerce des Anglois et prit plusieurs navires chargés de nègres et de marchandises. Cette escadre, séparée en deux divisions, se réunit à la Martinique au mois de juin de l'année der-

---

(1) Sur le Weser, un peu au-dessous du confluent de la Wumme.

nière. La première division, composée des vaisseaux *l'Intrépide* et *l'Opiniâtre*, de la frégate *la Licorne* et de la corvette *la Calypso*, étoit aux ordres de M. de Kersaint. La seconde division étoit commandée par M. de Caumont, capitaine de vaisseau ; elle étoit composée du vaisseau *le Saint-Michel* et de la frégate *l'Améthyste*. M. de Kersaint laissa M. de Caumont à la Martinique et passa à Saint-Domingue avec une partie des nègres qu'il avoit pris. En arrivant au port Saint-Louis, au sud de la côte de Saint-Domingue, il y trouva le vaisseau *l'Achille*, de la compagnie des Indes, qui y avoit relâché en revenant des Indes, et le mit en état de le suivre. Après avoir croisé quelque temps sur ces côtes, il prit sous son escorte tous les navires marchands qu'il rencontra et se rendit au Cap avec le vaisseau anglois *le Greenwich*, de 50 canons, pris au mois de mars par M. de Bauffremont ; il emmena aussi la frégate *la Sauvage*, qu'il avoit trouvée à Saint-Domingue. M. de Kersaint, en arrivant au Cap, apprit que les ennemis l'attendoient avec 5 ou 6 vaisseaux de guerre et une quarantaine de corsaires pour l'attaquer, lorsqu'il seroit en mer, avec la flotte qu'il escortoit. La nuit du 20 au 21 octobre, il sortit avec son escadre, après avoir pris toutes les précautions et donné les ordres nécessaires ; sa flotte étoit augmentée du vaisseau du Roi *le Sceptre* et de la flûte *l'Outarde*, qu'il avoit trouvés au Cap. A la pointe du jour, il découvrit 3 vaisseaux de l'escadre ennemie ; il les coupa et les serra dans le vent pour les empêcher de rejoindre leurs forces ; mais à huit heures, l'ennemi avoit conservé l'avantage du vent par sa manœuvre ; enfin à quatre heures après midi, le combat commença et dura plus de deux heures, après lesquelles les ennemis se retirèrent. M. de Kersaint, hors d'état de les suivre, parce qu'il étoit presque nuit et qu'il y avoit apparence de mauvais temps, s'occupa à réparer *l'Intrépide*, qui avoit beaucoup souffert et avoit six coups de canon à l'eau. A dix heures, on lui dit que *l'Opiniâtre* venoit de démâter; il lui fit donner les secours nécessaires et prit le parti de rentrer au Cap. On s'étoit aperçu dès le commencement du combat que le canon des ennemis étoit chargé de boulets enchaînés de chaînes tranchantes, de valets soufrés et de toutes sortes de mitrailles composées d'artifices et de matières combustibles qui mettoient le feu partout, ce qui avoit fort irrité M. de Kersaint. Il y eut même un officier dont le dos de l'habit fut brûlé entièrement pour avoir été touché par un de ces valets soufrés. Parmi les morts, plusieurs ont été brûlés réellement; il y a eu environ 60 hommes de tués, et 230 de blessés. M. de Kersaint a reçu neuf blessures qui heureusement n'ont point été dangereuses. Il mérite toutes sortes d'éloges par sa conduite et par sa valeur. Les officiers ont pareillement montré la plus grande ardeur, de même que tous les équipages. On a su que les trois vaisseaux ennemis se sont retirés en mauvais état et qu'ils avoient beaucoup perdu, d'autant plus que leurs équipages étoient fort augmentés par le nombre des combattants qu'ils avoient pris dans les vaisseaux corsaires dont ils étoient accompagnés.

M. le marquis d'Ambres est mort à Toulouse. M. le maréchal de Lautrec, son frère, hérite de près de 50,000 livres de rente.

Du mardi 24, Versailles. — M. le comte de Clermont a presque toujours été à Versailles tous ces jours-ci; il compte partir samedi pour aller prendre le commandement de l'armée. Il y a des arrangements pour accorder des grâces aux troupes qui ont prodigieusement souffert par la rigueur de la saison et la longueur de cette campagne; on n'en sait pas encore le détail, mais il paroît certain que le Roi donne 6 onces de pain de plus par jour à chaque soldat. Le pays de Hanovre s'est beaucoup plaint des vexations qu'il prétend avoir été exercées tant par les troupes que par les officiers généraux et particuliers. Il n'est peut-être que trop vrai que ces plaintes ne sont pas sans fondement, mais on peut être sûr aussi qu'il y en a beaucoup d'exagérées. Un exemple dont je suis instruit prouvera cette vérité. Les magistrats de Hanovre sont venus se plaindre à M. de Richelieu que le régiment de Champagne avoit exigé de cette ville 25,000 livres en argent, et ont dit qu'ils en avoient la quittance signée de l'état-major de ce régiment; M. de Richelieu a renvoyé cette plainte à M. de Gisors avec beaucoup de politesse, et il a été prouvé que le régiment de Champagne avoit touché pour toutes choses 8,700 livres dont il avoit donné quittance. Le quartier d'hiver de ce régiment ayant été marqué à Hanovre, il avoit été réglé par M. de Lucé que la ville donneroit par mois tant au major, tant à l'aide-major, etc.; ces différentes sommes montoient par mois à 4,350 livres; ils se sont fait payer pour les deux mois de novembre et de décembre et n'ont rien touché au delà.

Une escadre de 3 vaisseaux et de 4 frégates, commandée par M. de Caumont, qui a demeuré longtemps dans les ports de Malte et qu'on attendoit avec impatience, est arrivée à Toulon et a ramené plusieurs navires marchands françois et même un hollandois; elle n'a point débarqué dans le port, on lui a envoyé des vivres et ordre d'aller joindre M. de la Clue, qui est toujours dans le port de Carthagène et qui ne pouvoit pas se hasarder à passer le détroit sans ce renfort, sachant qu'il y a dans la rade de Gibraltar une escadre angloise assez considérable. On ne dit point quelle est la destination de M. de la Clue.

M. le maréchal de Tonnerre présenta avant-hier son second fils, qui est abbé; il peut avoir environ trente ans. Il a depuis quelques années une abbaye assez considérable et il n'avoit point été présenté, ni par conséquent fait de remerciment, étant resté à Dijon, où il est grand-vicaire.

Du mercredi 25, Versailles. — Le Roi a signé aujourd'hui le contrat de mariage de M. de Montlezun avec Mlle Vincent. M. de Montlezun est un homme de condition attaché à M. le comte de Clermont (1). Mlle Vincent est fille de feu Mme Dupleix, de son premier mariage avec M. Vincent, qui étoit dans l'Inde. Mlle Vincent peut avoir dix-huit ans; elle n'est pas jolie, mais elle a un bien assez considérable. M. Dupleix dit qu'elle aura 300,000 livres sûrement du bien de sa mère; outre cela il lui fait espérer, et il s'engage même par le contrat de mariage, à lui faire des avantages considérables lorsque l'état de ses affaires le lui permettra; mais il n'y a aucune somme de spécifiée. On ne peut rien dire sur le bien de M. Dupleix; il seroit vraisemblable qu'en revenant de l'Inde où il a commandé si longtemps, il devroit être extrêmement riche, mais il a fait beaucoup d'avances pour la Compagnie, à qui il a rendu de grands services, et il prétend qu'il lui est dû 9 millions; c'est cette prétention qui est entre les mains de commissaires nommés à cet effet, et sur laquelle, comme je l'ai marqué ci-dessus, il lui a été adjugé une provision de 1,500,000 livres, qu'il n'a pourtant pas encore touchée. Il y a des gens qui croient qu'il pourroit bien avoir encore du bien en argent ou en effets, mais on ne peut pas en juger par sa conduite ni par ses discours.

Le Roi a signé aussi le contrat d'un de ses écuyers de la grande écurie, nommé M. Tourdonnay. Il épouse la fille de M. Gillet, qui est dans les fermes générales, et à qui on donne 15 à 1,600,000 livres. M. Gillet a été entrepreneur des vivres.

Il paroît que l'on songe à faire des arrangements nouveaux pour la campagne prochaine; mais un des plus essentiels étoit de pourvoir à la sûreté des côtes de l'Océan. L'entreprise sur Rochefort, quoiqu'elle ait été sans

---

(1) M. de Montlezun est gentilhomme de la chambre de M. le comte de Clermont. (*Note du duc de Luynes.*)

succès, a fait voir combien il étoit dangereux de dégarnir nos côtes. M. le maréchal de Senneterre a fait de fortes représentations à M. le maréchal de Belle-Isle, qui en sentoit déjà toute l'importance et s'est joint avec lui pour demander une augmentation de troupes; il est même essentiel de pourvoir non-seulement à la sûreté de nos places maritimes, mais même à celle de Nieuport et d'Ostende, dont la garde nous a été confiée par l'Impératrice-Reine; enfin il a été décidé qu'on enverroit sur les côtes 12 bataillons d'augmentation et 30 escadrons. De ces 12 bataillons il y en a 6 destinés pour la sûreté de la Rochelle et de Rochefort. Des 30 escadrons, il y en a 8 de dragons, qui sont les régiments d'Apchon et d'Aubigné.

Le roi de Prusse a paru vouloir fixer son séjour pour cet hiver à Breslau; il y a fait venir sa musique et sa chapelle; mais à peine y est-il arrivé qu'il est reparti pour Magdebourg. Ses occupations importantes et continuelles ne l'empêchent point de s'occuper des belles-lettres; c'est même son principal amusement. On voit dans *la Gazette d'Utrecht* du 20 janvier, à l'article d'Utrecht, du 18, que ce prince ayant passé à Leipsick s'y entretint longtemps avec un professeur de l'Université. Il entra dans un grand détail avec lui sur la langue allemande, qu'il soutenoit n'être point propre aux ouvrages d'agrément; pour lui prouver le contraire, le professeur lui montra une traduction qu'il avoit faite d'un chant du *Lutrin* de Boileau. Le roi de Prusse en parut content, et lui donna à traduire une strophe d'une ode de Rousseau. Le professeur ayant fait cette traduction, l'envoya au roi de Prusse; celui-ci lui fit réponse par une trentaine de vers.

Du samedi 28, Versailles. — On a appris par un courrier de M. de Richelieu que les habitants de la ville de Brême ayant refusé de consentir aux propositions faites par M. le maréchal de Richelieu, on avoit été obligé d'user de violence. M. le duc de Broglio s'est emparé de la ville avec beaucoup de courage et de fermeté; le peuple a fait quelque résistance. Un des plus hardis a donné un coup de hache à un de nos grenadiers, qui l'a paré avec son fusil; aussitôt la compagnie a fait feu et on a tué cet habitant. Il y a eu environ 15 personnes tuées ou blessées. M. le duc de Broglio a harangué le peuple et tout est tranquille. La ville de Brême, qui appartenoit à la Suède, a été cédée par cette puissance à la couronne de Danemark, et celle-ci s'en est accommodée avec l'électeur de Hanovre. Brême a toujours prétendu conserver les priviléges de ville libre, et elle fera sûrement des plaintes au collége de l'Empire; mais on répondra qu'elle devoit être neutre, et que l'on étoit assuré que les ennemis étoient près d'y entrer; on a voulu les prévenir, connoissant la disposition des habitants (1).

---

(1) Voilà une lettre écrite du Hanovre du 27, où il y a un détail un peu différent de ce qui est mis ci-dessus; elle doit être plus exacte, parce qu'elle est d'un officier qui a été sur le lieu même, et que la relation qui est dans *la Gazette de France* est à peu près la même que ceci.

« Je suis arrivé à Brême dans l'instant que nous venions d'occuper la place et de pacifier une espèce de petite révolte causée par des matelots ivres qui avoient commencé à huer une compagnie de grenadiers que nous avions sur la place d'armes, et qui n'en étoient devenus que plus insolents par la douceur avec laquelle M. de Broglio leur parloit; ils eurent même la hardiesse de prendre des bâtons et de faire mine de s'en servir contre nos généraux et nos troupes. M. de Broglio, voyant le désordre redoubler, envoya une seconde compagnie de grenadiers, qu'il fit avancer en bon ordre et qui intimida cette canaille, qui quitta la partie et se mit à courir pour chercher un endroit où il y auroit moins de monde contre elle. Effectivement elle trouva à la porte de la ville une autre compagnie de grenadiers qu'elle se crut en état d'attaquer. Un matelot donna un coup de poing au capitaine, et une femme qui étoit avec beaucoup d'autres de son sexe parmi les rebelles, donna un coup de hache à un grenadier, qui lui coupa son fusil et le blessa à la tête; alors, comme il n'y avoit nul ménagement à garder, on fit tirer dessus cinq coups de fusils qui tuèrent cinq personnes, dont ceux qui avoient porté la main sur le capitaine et le grenadier étoient du nombre. Le reste, qui comme toutes les populaces du monde avoit une aversion marquée pour les armes à feu, se retira très-promptement, et on ne fut obligé que de doubler les gardes, sans voir reparoître aucun des séditieux, qui se le tinrent pour dit en voyant que ces doubles gardes les mettoient dans l'impossibilité de rien entreprendre. »

JANVIER 1758.

Du lundi 30, *Versailles.* — M. l'évêque de Digne travailla hier avec le Roi ; il y eut trois évêchés donnés : celui de Troyes (1), vacant par la démission de M. Poncet de la Rivière, fut donné à M. l'abbé de Cicé, qui étoit grand-vicaire de Bourges depuis longtemps ; celui d'Aire, vacant par la mort de M. de Gaujac, a été donné à M. l'abbé de Raigecourt, aumônier du Roi ; — et celui d'Orléans a été donné à M. l'évêque de Digne. Ce changement faisoit vaquer l'évêché de Digne, qui a été donné à un des grands-vicaires de ce diocèse, nommé l'abbé du Quaylar.

M. l'abbé de Raigecourt avoit tout droit d'espérer une pareille grâce du Roi, ayant déjà été nommé à l'évêché d'Anvers pendant le temps que le Roi a été le maître des Pays-Bas autrichiens. Cette nomination n'eut point d'effet, à cause de la paix, qui fut conclue peu de temps après.

Il paroît certain que M. le prince de Soubise sera ici dans peu de jours ; mais il y fera peu de séjour, devant partir de bonne heure pour aller se mettre à la tête des 24,000 hommes qui sont destinés à aller joindre l'armée

---

(1) M. l'évêque de Troyes, qui avoit refusé l'évêché d'Aire, a eu l'abbaye de Charlieu, qu'avoit M. l'abbé de Raigecourt, qui a donné sa démission.

M. l'évêque de Troyes, aussitôt après sa prise de possession, a changé l'abbaye de Charlieu contre M. l'abbé Desmarets, avec l'agrément du Roi, et ils y ont gagné tous deux. Cette circonstance paroîtra d'abord difficile à croire ; voici le fait. M. l'abbé Desmarets avoit deux abbayes, celle de Saint-Bénigne de Dijon et celle de Saint-Nicolas des Bois. Il avoit eu celle-ci du vivant de M. Desmarets, son père. M. Desmarets voulant éviter à son fils, encore jeune, les soins d'une administration qui souvent est mal faite, avoit souhaité qu'il fît un arrangement avec les religieux de ladite abbaye ; les religieux lui donnoient tous les ans 12,000 livres, et l'abbaye n'est estimée que 13,000 livres ; mais il demeuroit chargé de toutes les réparations. Il s'en trouvoit tous les ans pour une somme considérable, de sorte qu'il ne touchoit quelquefois que 5 ou 6,000 livres de son abbaye. Cependant ce marché ne pouvoit recevoir aucun changement, étant fait à vie. L'abbaye de Charlieu, qui est mise sur l'état pour 15,000 livres, en vaut 17 ou 18,000. Ainsi M. l'abbé Desmarets gagne considérablement à ce changement ; M. l'évêque de Troyes y gagne aussi beaucoup, n'étant plus obligé de tenir le marché fait par son prédécesseur. Il a affermé l'abbaye de Saint-Nicolas des Bois 22,000 livres. (*Note du duc de Luynes*).

de l'Impératrice-Reine. M. le comte de Clermont prit congé hier; il part demain. M. le maréchal de Richelieu n'attendra point son arrivée pour partir.

M. l'abbé Bayard, ci-devant instituteur des enfants de France, vient de mourir à Paris, âgé de quatre-vingt-quatre ou quatre-vingt-cinq ans. Il étoit devenu sourd depuis quelques années; d'ailleurs il avoit conservé une bonne santé. Il avoit une mémoire prodigieuse; il a fait un abrégé de l'Histoire de France en vers pour la facilité des jeunes gens qui veulent en retenir les faits principaux. Il avoit été précepteur de M. le marquis de Gondrin, premier mari de Mme la comtesse de Toulouse.

Il vient de mourir ici un homme plus âgé encore; c'étoit un contrôleur de la bouche de la Reine, qu'on appeloit Carré, bon homme rempli du plus grand zèle et du plus grand attachement, et pour qui la Reine avoit beaucoup de bonté; elle lui en a encore donné des marques dans cette dernière maladie, en lui envoyant ce qu'elle pouvoit croire qui lui feroit plaisir.

Il y a trois jours que M. de la Porte, un des principaux commis de la marine, a été remercié; il étoit chargé du détail des colonies. On prétend qu'il y a eu dans le détail de ces colonies des malversations desquelles il auroit dû être instruit et s'y opposer. On sait entre autres un bâtiment de 800 tonneaux, nommé *le Chariot Royal*, qui avoit été chargé pour la Martinique et qui devoit y porter de la farine. M. de Bompard étoit alors commandant à la Martinique. Celui qui commandoit ce bâtiment, au lieu d'aller débarquer dans le port ordinaire, se rendit dans un petit port plus éloigné; M. de Bompard en fut averti et donna les ordres nécessaires; lorsqu'on vint à examiner le détail du chargement, il se trouva qu'il n'y avoit que 150 tonneaux de farine et que tout le reste étoit en marchandises. Le frère de M. de la Porte étoit alors intendant de la Martinique; mais il faut supposer que le capitaine étoit le seul coupable, et que M. de la

Porte a été jugé n'y avoir aucune part, puisque depuis il a resté en place et qu'actuellement, quoiqu'il dise lui-même qu'il a été renvoyé, non-seulement on lui conserve 9,000 livres de pension qu'il avoit, mais on les lui a même augmentées de 4,000. Il passe pour constant que personne n'a plus de capacité et d'intelligence. M. Acaron, autre chef d'un des bureaux de la marine, a eu le département de M. de la Porte (1).

Il vient de mourir un chanoine de Notre-Dame, âgé de soixante-neuf ans, qui est le frère de feu M. de Cotte le dernier mort, et neveu de celui qui mourut il y a quelques années contrôleur de Fontainebleau. C'est M. l'archevêque qui nomme aux canonicats de Notre-Dame, mais il n'aura pas la liberté de choisir dans ce moment-ci, parce que cette nomination tombe dans ce qu'on appelle un des mois de rigueur. Il y en a deux de rigueur qui sont janvier et juillet, et deux de faveur qui sont avril et octobre. Dans ceux de rigueur, le plus ancien gradué a de droit la préférence. Dans ceux de faveur, celui qui nomme peut choisir entre les gradués.

---

(1) On a reproché à M. de la Porte d'avoir différé depuis longtemps des expéditions importantes, et M. Acaron a trouvé, en entrant dans le bureau, des ordonnances de finances signées par M. de Moras lorsqu'il étoit contrôleur général, et encore d'autres expéditions faites depuis longtemps. La grande capacité et expérience de M. de la Porte lui avoit mérité les bontés et la confiance de M. de Maurepas. M. Rouillé, en entrant dans ce département avoit pris les mêmes sentiments pour M. de la Porte, dont les lumières lui étoient très-nécessaires dans le commencement d'un détail tout neuf pour lui. M. de Machault avoit reçu des plaintes, mais apparemment qu'il ne les avoit pas trouvées suffisamment fondées. M. de Moras, ayant voulu examiner plus à fond, a demandé des détails à M. de la Porte, qui a été longtemps à les lui donner, et a paru ne s'y prêter qu'avec peine. M. de Moras en a rendu compte au Roi; et c'est en conséquence qu'a été fait l'arrangement dont on vient de parler (*Addition du duc de Luynes.*) — Voir sur M. de la Porte et les accusations qui partaient contre lui du Canada en 1757, *le Canada sous la domination française*, par L. Dussieux, p. 166. M. de la Porte était le complice de l'intendant du Canada, M. Bigot, qui fut condamné plus tard au bannissement et à la confiscation pour ses déprédations; il soutenait M. Bigot et le défendait contre les plaintes du marquis de Montcalm et du commissaire des guerres M. Doreil.

Du mardi 31, *Versailles.* — On vient d'établir ici deux grands poêles, l'un dans le salon avant la chapelle, vis-à-vis la croisée du milieu, l'autre dans le salon d'Hercule, vis-à-vis la cheminée. On n'a point mis de chapiteau à celui-ci, pour ne pas cacher le beau tableau qui est sur cette cheminée. Depuis le commencement de cet hiver on a établi un troisième poêle; c'est dans la nouvelle salle des Cent-Suisses, au-dessus de la comédie. J'ai appris à cette occasion que c'est la fourrière du Roi qui fournit le bois pour lesdits poêles. Les officiers de la fourrière ne délivrent du bois que sous les ordres de M. Félix, contrôleur de la maison du Roi, et celui-ci prend l'ordre de M. le prince de Condé comme grand-maître. Les Cent-Suisses avoient un très-grand poêle dans la salle immense qu'ils occupoient aux Tuileries pendant le temps que la Cour y a demeuré; il fut réglé dans ce temps-là qu'on leur fourniroit pour l'entretien de ce poêle, tous les jours pendant l'hiver, douze grandes bûches et trois seulement pendant l'été. Lorsque le Roi vint s'établir à Versailles, les Cent-Suisses reprirent leur ancienne salle, en bas, au pied de l'escalier de la Reine; c'est la même qu'ils occupoient du temps de Louis XIV; et comme l'appartement de Mme de Maintenon (qui est aujourd'hui celui de M. le comte de Clermont) est au-dessus de cette salle, il leur étoit très-sévèrement défendu d'y fumer; Louis XIV n'a jamais pris de tabac et n'en aimoit pas l'odeur. Cette même défense a été renouvelée dans l'établissement de la nouvelle salle des Cent-Suisses dont je viens de parler. Quoiqu'ils occupent cette nouvelle salle, ils font cependant toujours usage de l'ancienne; c'est là qu'ils s'établissent pour attendre le moment de la sortie et de la rentrée du Roi, de la Reine, etc.; c'est là aussi qu'ils font leurs repas. Cette ancienne salle est d'ailleurs réputée plutôt pour Mgr le Dauphin que pour le Roi; et comme il y a toujours un certain nombre de Cent-Suisses détachés pour le service de la Reine et celui de Mgr le

Dauphin, ces deux maisons leur fournissent du bois pour la cheminée de cette salle d'en bas. On leur a continué aussi de la fourrière du Roi les mêmes douze bûches, pendant l'hiver, et les mêmes trois bûches, pendant l'été, qu'ils avoient à Paris. Il sembleroit qu'avec cette triple fourniture, ils devroient en avoir une quantité suffisante, mais la cheminée de l'ancienne salle en consomme plus que le poêle, et d'ailleurs, après l'examen fait pendant une journée par le major des Cent-Suisses sur la consommation nécessaire du poêle, il a été prouvé que la quantité n'étoit pas suffisante; elle pouvoit l'être à Paris, parce que le Roi, étant fort jeune alors, se couchoit de bonne heure; mais ici les Cent-Suisses sont obligés de veiller; il en reste toujours deux jusqu'à minuit et demi que la Reine passe pour retourner de chez Mme de Luynes chez elle, et après cela toujours un qui reste toute la nuit; c'est ce qui fait qu'ils demandent et espèrent une petite augmentation de bois. Il n'y a aucun Cent-Suisse qui couche dans cette nouvelle salle; il y en a toujours quatre qui couchent dans la grande salle des gardes du corps, et ils regardent ce droit comme un privilége honorable. Il y a quelque distinction pour le coucher entre eux et les gardes du corps. Anciennement, le guet des gardes du corps ne couchoit que sur des paillasses que le Roi fournissoit; on leur a permis de se donner des matelas, et actuellement ils ont des lits de sangles; pour des draps, ils en ont toujours eu. Ce sont quelques villages autour de Versailles qui sont chargés de cette fourniture et du blanchissage; il en est de même pour les draps des Cent-Suisses; mais ils n'ont qu'un grand matelas pour deux, et ils n'ont encore que fort peu de lits de sangles; c'est ce qu'on appelle des *baudets*.

M. de Suzy, major des gardes du corps, a demandé la permission de se retirer (1), et cette place vient d'être

---

(1) M. de Suzy a 8,000 livres de retraite; il avoit déjà le gouvernement de

donnée à M. de Montmort, chef de brigade de la compagnie de Villeroy, officier d'esprit et de grand mérite. M. de Montmort est neveu de feu M. Raimond, introducteur des ambassadeurs; il est maréchal de camp de 1748, du 1er janvier.

Il n'y a point eu aujourd'hui de comédie; la Reine et toute la famille royale est en retraite; ils font demain leurs dévotions à cause de la grande fête, et le Roi ne va plus ici à la comédie. Il n'y en aura ni demain ni après-demain.

On m'a envoyé ces jours-ci un détail de la campagne de M. Dubois de la Mothe, contenant le précis de sa campagne avec les différents ordres qu'il avoit donnés soit pour forcer le port de Louisbourg, s'il avoit trouvé cette place bloquée par les Anglois, soit après son arrivée pour les attaquer s'ils avoient voulu l'attendre. Il y a aussi un mémoire des dispositions faites par M. Dubois de la Mothe pour la sûreté de Louisbourg et de ce qui s'est passé en Amérique pendant la dernière campagne, et le détail des vaisseaux et des troupes de débarquement de l'escadre angloise pour exécuter leur projet sur Louisbourg. Le précis de la campagne de M. Dubois de la Mothe prouve que la grande quantité de malades qui se trouvèrent dans les trois escadres qu'il commandoit à son arrivée à Louisbourg le mirent absolument hors d'état d'aller attaquer les Anglois, comme il semble qu'il auroit pu le faire sans cette raison, et que sa mission principale étant de mettre Louisbourg parfaitement en état de défense, il a rempli cet objet; et qu'après la dispersion de la flotte angloise par la tempête, il a été principalement occupé de ramener les vaisseaux du Roi en lieu de sûreté; ce qui étoit

---

Saint-Jean-Pied-de-Port, qui vaut 12,000 livres, et le grand cordon de Saint-Louis qui vaut 6,000 livres, ce qui lui fait 26,000 livres de rente des bienfaits du Roi. (*Note du duc de Luynes.*)

d'autant plus nécessaire et pressé, que s'il avoit différé de quelques jours, il auroit pu rencontrer une escadre angloise de 27 voiles. Ce détail justifie M. Dubois de la Mothe de n'avoir pas poursuivi un vaisseau anglois dont il se seroit vraisemblablement emparé s'il avoit voulu hasarder de retarder son arrivée et de séparer ses vaisseaux. On trouvera ci-après le détail des hommes et de l'artillerie qu'il avoit destinés à la défense de Louisbourg, avec le nombre et la force des vaisseaux des trois escadres qu'il commandoit. On trouvera aussi le nombre et la force des vaisseaux anglois et l'état de leurs troupes de débarquement. J'ai cru devoir aussi faire copier les harangues des sauvages à M. Dubois de la Mothe et ses réponses.

Troupes destinées à la défense de Louisbourg avec le nombre et la force des vaisseaux.

HOMMES,	CANONS,	MORTIERS,	VAISSEAUX,	FRÉGATES,
3,632	54	2	18	6.

Il y avoit trois vaisseaux de 80 canons chacun; cinq de 74; deux de 70 et neuf de 64; quatre frégates de 32, une de 36 et une de 30.

Nombre des vaisseaux anglois.

Un de 90; trois de 74; quatre de 70; sept de 64 et deux de 58; deux frégates de 20; une de 14; un brûlot et une galiote à bombes.

Renfort arrivé à l'amiral Holbourne dans l'intervalle de sa première à sa seconde apparition devant Louisbourg : 2 vaisseaux de 74 canons chacun; 1 de 68 et 1 de 50.

Troupes de débarquement destinées à faire le siége de Louisbourg.

22,500 hommes; 24 canons; 4 mortiers.

Harangue faite à M. le comte Dubois de la Mothe par le chef des sauvages Micmacs, à bord du FORMIDABLE, *le 18 juillet* 1757.

« Comme nous n'avons pas le bonheur de connoître notre Père (1)

---

(1) Le Roi.

et que tu te présentes à nos yeux, reçois pour lui les hommages que nous lui rendons. »

Il se prosterna à ses pieds et fut relevé par M. Dubois de la Mothe à qui il adressa ces paroles :

« Laisse-moi le temps de respirer et de te dire ce que nos cœurs pensent et ce que mon esprit ne peut t'exprimer. Il y a longtemps que nous avons laissé derrière nous nos femmes et nos enfants pour venir te prouver notre attachement. Quand nous retireras-tu du sommeil où nous sommes plongés et de l'ennui qui nous dévore ? Nous sommes accablés sous le poids du désir et nous ne pouvons rien faire tant nos membres se sont roidis faute d'exercice. Tu sais avec quelle cruauté ils ont ravagé nos familles ; ainsi hâte-toi de nous mettre à même de nous venger et de combattre les ennemis de notre Père en détruisant les nôtres.

« Nous ne sommes occupés présentement qu'à la pêche et à la chasse ; nous ne ramassons que des peaux de bêtes ; procure-nous les occasions (nous t'en prions de tout notre cœur) de commercer avec toi de ces pelleteries que nous venons aujourd'hui te présenter. »

Le chef avança et mit aux pieds de M. Dubois de la Mothe les quatre chevelures qu'il tenoit en main entrelacées dans un collier sauvage.

M. Dubois de la Mothe les reçut et lui dit qu'il les prenoit dans l'espérance d'en recevoir d'autres de leur part. Il ajouta que le moment approchoit où nous devions voir paroître les ennemis de leurs pères, qu'il comptoit sur leur valeur et sur leur bravoure. Ils répondirent alors tous ensemble par un cri qui signifie oui.

Le grand chef cessa dans le moment de parler, resta les mains croisées sur sa poitrine, les yeux fixés à terre et reprit ensuite : « Ne crois pas que les chevelures que je te présente aujourd'hui soient de nos conquêtes. »

Harangue d'un vieux chef des Micmacs et Malichites à M. Dubois de la Mothe.

« Tu peux être convaincu, mon père, que tant que le soleil mûrira les racines que nous mangeons et que les rivières couleront pour étancher notre soif, ma nation sera toujours prête à répandre le sang qui coule dans ses veines pour détruire ses ennemis ; nos enfants apprennent sous nous à combattre afin de nous remplacer et de nourrir un sang qu'ils conserveront pour le sacrifier à ton roi, mon père. Nous désirons seulement que tu le lui fasses savoir, en creusant sur une écorce d'arbre ou marquant nos pensées sur du papier. Si tu nous accordes ce que nous te demandons, nos jours s'écouleront et finiront tranquillement. »

M. Dubois de la Mothe lui répondit que si Dieu lui conservoit la vie jusqu'à son retour en France, qu'il le diroit lui-même au Roi et que la nation devoit être persuadée de son amitié.

FÉVRIER.

Départ du comte de Clermont. — Mort du doyen de Notre-Dame. — Chapitre de l'Ordre. — La Sorbonne résiste aux ordres du Roi. — Instructions données au comte de Clermont pour rétablir la discipline et faire cesser les pilleries. — Méthode qu'employait le maréchal de Belle-Isle pour maintenir l'ordre dans son armée. — Observations sur la convention de Closter-Severn. — Départ de l'évêque de Laon pour Rome. — Mort du comte de Brienne. — Loterie pour l'École militaire. — Lettre du roi de Prusse. — Présentations. — Nouvelles d'Espagne. — Fondations de Stanislas en Lorraine. — Les Mémoires du maréchal de Vieilleville. — L'académie des Sciences et le cardinal de Luynes. — Médailles fondées par le Roi pour distribuer à titre d'encouragement aux poëtes dramatiques. — Régiments échangés. — Création de charges. — Nouvelles de l'Inde. — Brochure contre les Jésuites. — Retour du maréchal de Richelieu. — Procès. — Nouvelles de l'Inde.

Du mercredi, 1er février, Versailles. — On mande de l'armée du Bas-Rhin, du 23 janvier, qu'il y a parmi les Hanovriens une maladie épidémique qui commence par une rougeur à l'estomac; cette rougeur s'enflamme et on meurt. Elle n'a pas encore gagné notre armée, mais nous avons beaucoup de malades.

Du vendredi 3, Versailles. — M. le comte de Clermont partit avant-hier à une heure trois quarts, et alla coucher à Meaux; il a couché hier à Reims. Il a emmené avec lui, en qualité de secrétaire de ses commandements, M. l'abbé le Maire, ci-devant envoyé du Roi en Danemark. Il a ordre, en arrivant à l'armée, d'écrire à tous les électeurs et princes de l'Empire avec lesquels nous ne sommes point en guerre, pour leur donner part du choix que le Roi a fait de lui pour le commandement de son armée, et de leur marquer que le Roi est dans la ferme résolution de faire observer la plus exacte discipline dans ses troupes et empêcher toutes vexations. Les étiquettes étant plus nécessaires en Allemagne que partout ailleurs, et cette partie de lettres étant un travail très-considérable, on a jugé à propos d'en charger un homme capable et intelligent et qui n'eût point d'autre occupation, afin que tout fût fait à temps et en règle.

On apprit hier la mort de M. l'abbé de Saint-Exuperi, doyen de Notre-Dame; il n'étoit point fort âgé. Il avoit une abbaye de 12 à 15,000 livres de rente à Reims. La place de doyen ne vaut que le double d'un canonicat et elle oblige à de grandes dépenses, parce que le doyen, toutes les fois qu'il officie, donne à dîner à tous ceux qui officient avec lui. Cette obligation est encore plus considérable et plus répétée par l'absence de M. l'archevêque. La place de doyen se donne par élection. C'est le chapitre qui élit le doyen.

M. de Montmort, qui a eu la place de major des gardes du corps qu'avoit M. de Suzy, entra hier en fonctions.

Il y eut hier un chapitre de l'Ordre auquel personne ne s'attendoit; il n'étoit point annoncé dans les billets d'avertissement; et dans le moment que l'on croyoit que l'appel alloit se faire, suivant l'usage, le Roi ordonna de faire passer, c'est-à-dire de faire sortir de son cabinet tout ce qui n'étoit point de l'Ordre; et ayant pris sa place ordinaire, debout derrière son fauteuil, il dit qu'il nous proposoit M. l'abbé de Bernis. Il se tourna à droite et à gauche comme pour recueillir les suffrages; on peut juger qu'il n'y eut point d'opposition. La procession se fit en dedans de la chapelle. Il n'y eut point d'évêque officiant; ce fut l'abbé Gergois qui dit la grande messe et Mme de Malespina qui quêta de fort bonne grâce.

Le prédicateur, qui est celui du Carême, est le P. Chapelain, le même qui a prêché l'Avent. Son sermon parut fort bon. Le compliment fut moins approuvé. On trouve avec raison qu'il parle avec tant de rapidité qu'on perd une partie de ce qu'il dit; d'ailleurs le geste lui manque entièrement; mais sa composition paroît bonne et remplie du véritable esprit de la religion.

Du dimanche 5, *Dampierre.* — La faculté de théologie ayant reçu les ordres du Roi s'est assemblée le 3; il y avoit 120 docteurs. Les ordres portent qu'on garde le silence sur les matières présentes. Il y a eu 80 voix pour ne pas obéir à cet ordre.

M. le comte de Clermont reçut, à Meaux, de nouveaux ordres de la Cour par le retour d'un courrier qu'il avoit envoyé en partant et par lequel il avoit mandé qu'il attendoit la réponse à Meaux. Il paroît que les instructions dont ce prince est chargé sont pour faire observer la plus exacte discipline; on a regardé cet article comme le plus indispensable de tous. M. le maréchal de Belle-Isle en a extrêmement représenté l'importance; il la connoît par sa propre expérience. Lorsqu'il avoit l'honneur de commander les armées du Roi, qui étoit alors en guerre avec la maison d'Autriche, cette circonstance exigeoit encore plus de précaution pour ne pas indisposer des esprits déjà assez aigris contre la France par leur attachement pour la maison d'Autriche. Mais tous connoissent les lois de la guerre; et ce qui les irrite avec raison, c'est le pillage de l'officier et du soldat, c'est de donner des sauvegardes à ceux qui n'en demandent point, c'est la maraude continuelle, c'est enfin de garder plusieurs mois, et quelquefois toute une campagne, des chariots qu'on oblige les paysans de fournir soit pour le transport d'une marche à une autre, soit pour un certain nombre de jours seulement. Le remède à ces inconvénients, c'est premièrement de donner les ordres les plus sévères et les plus détaillés aux troupes sur la discipline qu'on veut faire observer, et de punir avec la dernière rigueur, par les peines proportionnées à chaque état, le premier qui y manque, officier général ou particulier, soldat, cavalier ou dragon, ou tout autre. Mais ce n'est pas tout; non-seulement il ne faut pas laisser le soldat dans la souffrance, mais il faut même lui procurer, autant qu'il est possible, quelque bien-être, des facilités pour trouver des subsistances abondamment et à un prix raisonnable, lui faire fournir même gratis quelques parties de ces subsistances, prévenir les magistrats des villes où l'on doit passer et les baillis ou chefs de différents villages, de ce qu'ils doivent fournir; si c'est en pays ami ou neutre, avoir soin que tout soit payé exactement; si c'est en pays ennemi, s'informer de ce que peut fournir chaque ville ou chaque communauté; consulter pour cela les états anciens des fournitures faites par le même pays; ce qui est facile, la France ne faisant ordinairement la guerre que dans des pays où elle l'a déjà faite; s'instruire s'il n'est point arrivé de changement dans ces pays en bien ou en mal, depuis le temps de ces anciennes impositions; avoir attention que les fournitures qu'on a ordonnées soient faites exactement pour le temps, le lieu, la quantité et la qualité; avertir ceux qu'on impose que s'ils manquent à quelqu'une de ces conditions, ils seront imposés au double, au triple, même au quadruple; leur tenir parole à la dernière rigueur sur ces punitions, mais en même temps empêcher avec la plus grande sévérité qu'il soit exigé, dans aucun cas, par delà ce qui a été imposé. Et lorsqu'il arrive quelques circonstances qui mettent dans l'occasion ou la nécessité d'exiger des fournitures extraordinaires, les faire payer avec la dernière exactitude. Enfin il est très-nécessaire que le général ait chez lui un livre par chapitres contenant les différents articles pour la subsistance de l'armée, et que tous les jours, s'il est possible, il se fasse rendre compte par l'intendant de ce qui regarde ces différents articles. Ce travail devient fort court quand on le fait tous les jours et qu'une fois la règle est établie.

Voilà la méthode que M. le maréchal de Belle-Isle employa lorsqu'il passa en Bohême. Il avoit déjà eu l'occasion d'en comprendre l'importance lorsqu'il entra dans l'électorat de Trèves à la tête de l'armée du Roi. Avant que de passer le Rhin, il parla non-seulement aux officiers généraux et particuliers, mais même à la tête de chaque corps, et leur dit que quoiqu'ils entrassent en pays ennemi, ils ne devoient pas en conclure que le pillage et la maraude seroient permis; qu'il auroit attention qu'on leur fournît tout ce qui leur seroit nécessaire à un prix raisonnable; que même il espéroit de trouver le moyen de leur procurer quelques bénéfices sur les subsistances, mais qu'il exigeoit que pendant huit jours on observât la même exactitude et la même régularité que si on campoit dans le parc de Versailles. Dans le même temps qu'il donnoit ces ordres, il parloit aux magistrats des villes principales où l'on devoit passer, et leur déclaroit ses intentions sur l'espèce et la quantité de fournitures qu'il exigeoit; il leur enjoignit de les faire apporter, dans chaque lieu où son armée devoit camper, au plus tard dans huit jours, après quoi il ne pouvoit plus répondre des désordres qui pourroient être commis. Il ordonna qu'on fournît gratis à chaque soldat une livre de viande et une certaine quantité d'herbes et de légumes. Lorsqu'il fut prêt de faire entrer son armée dans Trèves, il fit venir les magistrats, et leur dit que l'électeur, leur maître, étant la principale cause de la guerre que le Roi avoit contre la maison d'Autriche, S. M. étoit en droit d'agir contre eux avec la dernière rigueur et de faire piller et brûler tout l'électorat, mais qu'il ne vouloit point user de cette sévérité à leur égard; qu'ils eussent à faire fournir avec la plus grande régularité les subsistances dont l'état leur seroit remis par M. l'intendant, et qu'ils pouvoient être assurés qu'il ne seroit fait tort à aucun particulier en quoi que ce soit. Les magistrats, qui avoient été effrayés avec raison, se trouvèrent fort heureux d'en être quittes pour des fournitures et des contributions réglées; tout fut apporté avec la dernière régularité. Il n'y eut ni désordre ni plainte; l'armée campoit au milieu des vignes et des jardins, sans prendre un chou ni un grain de raisin. Les deux lignes de l'armée françoise s'étant trouvées nécessairement séparées par un canton de vignes, à peu près dans le temps de la vendange, car c'étoit au mois de septembre, il paroissoit plus difficile que jamais d'empêcher le dégât. M. de Belle-Isle en sentit l'inconvénient; il examina le terrain. Il lui falloit une communication facile entre les deux lignes de son armée; il fit venir les baillis des environs; il leur demanda quatre chemins de communication au travers des vignes, mais seulement de 4 pieds de large chacun; il fit faire une estimation de la perte que ces quatre chemins causeroient aux particuliers dont on entamoit les vignes, et fit payer sur-le-champ le dédommagement. Il publia les défenses les plus sévères de toucher aux vignes, et chargea les baillis de faire tenir dans lesdits chemins des gardes, de distance en distance, comme on en met en temps de paix pour garder les vignes, avec ordre auxdits gardes, non de faire aucune résistance, ce qui n'étoit pas praticable, mais d'avertir s'ils étoient maltraités ou que l'on prît un grain de raisin. Il n'y eut pas la moindre plainte. Une communauté ayant refusé de recevoir les troupes du Roi et de fournir les subsistances auxquelles elle étoit imposée, M. de Belle-Isle, qui alors étoit un peu éloigné, ne parut point faire une sérieuse attention à ce refus; mais à son retour, il obligea le magistrat entier de cette ville de venir le trouver; il leur fit sentir l'énormité de leur faute et la punition qu'il seroit en droit d'ordonner; mais il ajouta que, ne voulant point en user avec eux à la dernière rigueur, il exigeoit seulement qu'ils fournissent le quadruple de ce à quoi ils avoient été imposés, les assurant qu'après avoir satisfait exactement à cet ordre, il ne leur seroit plus rien demandé. M. de Belle-Isle fut obéi. Quelque temps après, ayant envoyé à la guerre un détachement de 1,000 chevaux, celui qui commandoit ce détachement, s'étant trouvé à portée de cette même ville dont je viens de parler, et se trouvant pressé de subsistances, exigea une fourniture assez considérable, sans vouloir écouter aucune représentation. M. de Belle-Isle en fut instruit; il fit venir les magistrats de cette ville, et leur dit que le commandant du détachement n'avoit point été instruit de ce qui leur avoit été promis et s'étoit trouvé contraint par la nécessité des circonstances; mais qu'il ne leur en tiendroit pas moins la parole qu'il leur avoit donnée; qu'il avoit l'état des différentes espèces de fournitures qu'on avoit exigées d'eux et qu'il avoit donné ordre qu'on les leur rendît dans la même quantité et la même espèce; ce qui fut exécuté. M. de Belle-Isle étoit souvent obligé de faire commander des chariots de paysans, soit pour le besoin général de l'armée, soit pour le soulagement des équipages particuliers; mais il avoit établi qu'il n'en fût fourni qu'en conséquence d'un ordre signé de lui, et défendu très-expressément qu'on gardât ces chariots plus de huit jours. Un chariot à quatre chevaux est souvent le bien le plus réel d'un paysan; en être privé pendant huit jours ne lui fait pas un tort irréparable, mais lorsqu'on le garde plus longtemps il se trouve dans l'impossibilité de labourer sa terre et de faire son commerce. L'exactitude à renvoyer ces chariots dans le terme fixé n'empêche point que l'armée et les particuliers n'aient les secours nécessaires pour les voitures, parce qu'on en commande d'autres pour les remplacer. Mais pour faire exécuter cette règle il faut des exemples; M. de Belle-Isle se trouva dans le cas d'en faire un auquel il ne se porta qu'avec grand regret. M. de Saudricourt, premier lieutenant général de l'armée sous M. de Belle-Isle, avoit demandé un ou deux chariots; il y avoit plus de huit jours qu'il les gardoit; ils étoient chargés d'une grande partie de son équipage; tout ce qui étoit sur les chariots fut entièrement pillé; c'étoit en conséquence d'un ordre de M. de Belle-Isle. M. de Sandricourt voulut se plaindre. M. de Belle-Isle lui dit tout haut, à la tête de la ligne, qu'il étoit au désespoir de s'être trouvé dans la nécessité de faire sur lui l'exemple d'une sévérité indispensable, d'autant plus qu'il le regardoit comme son ami de tous les temps, mais qu'il étoit instruit des ordres, et que comme le plus ancien lieutenant général de l'armée il auroit dû donner l'exemple; que s'il retomboit dans la même faute, il ne pourroit s'empêcher de l'envoyer dans une citadelle et peut-être même de lui donner ordre de retourner en France. M. de Saudricourt perdit pour 7 ou 8,000 livres d'effets, et personne n'osa plus garder de chariots.

J'ai déjà parlé dans ce journal de l'article des sauvegardes, à l'occasion de la campagne de Provence. M. de Belle-Isle a toujours pensé qu'on ne devoit en donner qu'à ceux qui en demandoient, et ne les laisser qu'autant que cela étoit nécessaire; que le profit qu'on en tiroit n'appartenoit qu'au Roi et devoit être remis entre les mains du trésorier de l'armée, et que le général ne pouvoit et ne devoit le recevoir que lorsque le Roi jugeoit à propos de le lui accorder par gratification. Des principes aussi justes et aussi utiles devroient être plus connus et mieux pratiqués.

J'oubliois un fait qui mérite d'être rapporté. Un général de l'armée autrichienne avoit exigé une fourniture considérable de subsistances d'une des villes appartenant à la reine de Hongrie. Cette ville étoit déjà imposée par ordre de M. de Belle-Isle et devoit fournir une certaine quantité de subsistances et une somme en argent. Les magistrats firent secrètement donner avis à M. de Belle-Isle qu'un tel jour le convoi devoit partir pour l'armée autrichienne. M. de Belle-Isle commanda un détachement et le convoi fut enlevé. On pouvoit dire que ce qui étoit pris sur l'ennemi ne devoit rien diminuer sur ce qui devoit être fourni par cette ville à l'armée françoise; M. de Belle-Isle pensa différemment; il jugea que son armée recevant le bénéfice de l'enlèvement du convoi, il y auroit de la dureté à exiger encore une double fourniture. Il ordonna donc que ce qui avoit été pris aux ennemis fût diminué sur ce que la ville devoit fournir. L'avis que les magistrats avoient donné méritoit bien une récompense aussi juste.

Après avoir parlé des instructions données à M. le comte de Clermont pour la campagne prochaine, il ne sera pas inutile de mettre ici quelques observations sur la campagne dernière. Voici quelques réflexions qui ont été faites sur quelques-unes des principales opérations. On trouvera la réponse sur chacune.

D. Pourquoi n'a-t-on pas marché aux Hanovriens, au lieu de faire la convention de Closter-Severn?

R. Ils étoient dans de bons postes, non inexpugnables mais difficiles. Stade est une place bien revêtue et bien munie, tirant des subsistances par la mer et par l'Elbe; nous tirions notre pain de 40 lieues; les voitures des vivres étoient ruinées; le pays n'en pouvoit fournir suffisamment. Les environs de Stade et tout le pays où étoient les ennemis sont coupés d'étangs et de chaussées.

M. de Richelieu, instruit de la marche du roi de Prusse, ne voulut pas se trouver attaqué des deux côtés.

D. Pourquoi la convention a-t-elle été faite si promptement?

R. Le roi de Prusse marchoit à M. le prince de Soubise; il falloit s'en rapprocher promptement.

D. Pourquoi la clause de ne pas servir n'a-t-elle pas été imposée aux Hessois et aux Brunswickois?

R. On a proposé de leur faire accepter la condition de prisonniers de guerre, au moins de ne pas servir; on a été refusé et on étoit pressé.

D. Pourquoi au moins ne se sont-ils pas retirés sur-le-champ, aux termes de la convention?

R. Il a été dit qu'on n'exécuteroit qu'après la ratification. La réponse de la France a été différée de trois mois; on a refusé de ratifier en entier, et la réponse n'arriva que le jour que la convention a été rompue par les Hanovriens.

Du mardi 7, Dampierre. — M. l'évêque de Laon (Rochechouart) prit congé le 5; il est parti le 6 pour Paris, et jeudi 9 il part pour Rome. Il y a longtemps qu'il y est désiré, et le nonce ne cessoit de presser son départ. M. de Laon est payé depuis le jour de sa nomination, c'est-à-dire depuis 9 à 10 mois, de ses appointements, qui montent environ à 100,000 livres. Cet arrangement, qui est ordinaire pour les ambassadeurs, est toujours un petit bénéfice pour eux; mais ce bénéfice sera peu considérable pour M. de Laon, car fort peu de temps après qu'il a été nommé, on l'a averti qu'il falloit partir promptement, de sorte qu'il a été obligé d'envoyer ses équipages et sa maison, et depuis plusieurs mois il a à Rome presque tous ses domestiques et même des chevaux; et son secrétaire d'ambassade, qui y est aussi, est obligé de tenir une table aux dépens de l'ambassadeur. M. de Laon a été un temps infini à attendre ses instructions, et il n'y a que huit jours tout au plus qu'elles lui ont été remises. Depuis que M. de Laon est ataché à la Reine, il la sert avec la plus grande exactitude et profite de toutes les occasions de lui faire sa cour. La Reine a été sensible à son départ, et lui a donné toutes sortes de marques de bonté.

J'appris hier la mort de M. le comte de Brienne; il avoit au moins soixante-dix ans. Il étoit petit-fils du secrétaire d'État; sa mère étoit Brulart, sœur de père de Mme de Luynes et âgée de vingt-cinq ans plus qu'elle. M. de Brienne qui vient de mourir a eu trois garçons de Mlle de Villatte-Chamillart. L'aîné, colonel d'infanterie, a été tué à la même affaire que M. le chevalier de Belle-Isle; le second est abbé et grand-vicaire de M. le cardinal de Tavannes à Pontoise; le troisième, qui s'appeloit le chevalier et qui a pris le nom de comte de Brienne, est devenu l'aîné par la cession que l'abbé lui a faite de ses droits lorsqu'il a épousé Mlle de Clémont; il est aujourd'hui possesseur de la terre de Brienne, qui lui a été donnée dans le temps de son mariage. M. de Brienne qui vient de mourir étoit un bon homme qui avoit peu d'esprit et encore moins d'usage du monde; il passoit ordinairement une grande partie de l'année à Brienne, avec un ou deux amis particuliers, lorsque Mme de Brienne n'y étoit pas. Il avoit aimé le jeu, mais il ne jouoit plus depuis longtemps. Lorsqu'il étoit à Paris, il alloit, tous les jours, du Marais, où il logeoit, se promener aux Tuileries, et vivoit d'ailleurs avec un fort petit nombre d'amis. La terre de Brienne est fort bien bâtie, a beaucoup de beaux droits et vaut au moins 25,000 livres de rente; elle est en Champagne entre Vandeuvre et Bar-sur-Aube. Elle a appartenu autrefois à la maison de Luxembourg.

Du vendredi 10, Dampierre. — La retraite de M. de Suzy et l'avancement de M. de Montmort à la place de major ont fait faire un mouvement dans les gardes du corps. M. de Montigny a été fait lieutenant; M. de Champignelles a eu la brigade qu'avoit M. de Montmort, et M. de Saint-Exuperi, neveu du doyen de Notre-Dame qui vient de mourir, a eu la place d'exempt de M. de Champignelles.

J'ai déjà parlé de la loterie pour l'École militaire. Cette loterie est difficile à entendre; je ne crois pas qu'on puisse en donner une analyse plus claire que celle que j'ai trouvée dans *la Gazette d'Amsterdam* du 3 février; on en trouvera ci-après l'extrait.

Cette loterie consiste en 90 numéros, depuis 1 jusqu'à 90, à chacun desquels on a joint un nom de fille pour les mieux distinguer. Tous ces numéros seront renfermés dans une roue de fortune; on en tirera 5 au hasard, à chaque tirage, lesquels décideront de la perte ou du gain de ceux qui auront mis à la loterie; il y aura huit tirages par an. On peut mettre à cette loterie de trois manières différentes, savoir : par *extrait*, par *ambe* et par *terne* (1). Par *extrait*, c'est

---

(1) On a fait un calcul sur cette loterie par lequel on prétend qu'elle est

placer une somme sur un seul numéro ; si le numéro que l'on aura choisi se trouve parmi les cinq numéros sortis de la roue, on gagnera quinze fois sa mise. Si la mise est de 24 livres, le lot sera de 360 livres. On pourra mettre par extrait depuis 12 sols jusqu'à 6,000 livres. Par *ambe*, c'est placer une somme sur deux numéros ensemble. Si les deux numéros que l'on aura choisis se trouvent tous les deux parmi les cinq numéros sortis de la roue, on gagnera un lot de 270 fois la mise ; si la mise est de 24 livres, le lot sera de 6,480 livres. S'il ne sort qu'un des deux numéros on ne gagnera rien. On peut mettre par ambe depuis 12 sols jusqu'à 300 livres. Par *terne*, c'est placer une somme sur trois numéros ensemble. Si les trois numéros choisis se trouvent tous les trois parmi les cinq numéros sortis de la roue, on gagnera un lot de 5,200 fois la mise. Si la mise est de 24 livres le lot sera de 124,800 livres. Si des trois numéros choisis il n'en sort qu'un ou deux on ne gagnera rien. On peut mettre par terne depuis 12 sols jusqu'à 150 livres. On est le maître du choix des numéros ; ainsi les mêmes numéros peuvent être pris par 50, 100 ou 1,000 personnes, plus ou moins. L'événement des numéros qu'elles ont choisis leur est commun à toutes. On peut mettre par *extrait* sur plusieurs numéros, dans un seul et même billet, en plaçant sur chacun telle somme que l'on voudra. On le peut faire de même par *ambe* et par *terne*, en payant autant de fois la mise que la quantité des numéros que l'on aura choisis pourra produire d'ambes ou de ternes. Trois numéros font 3 ambes ; quatre numéros font 6 ambes ; cinq numéros font 10 ambes ; de même quatre numéros font 4 ternes ; cinq numéros 10 ternes, etc. Quoiqu'on ne puisse jamais gagner à la loterie plus de 5 extraits, 10 ambes et 10 ternes, parce que les cinq numéros que l'on tire de la roue n'en font pas davantage, il est certain cependant qu'en prenant une plus grande quantité de numéros on en a moins de contraires. Enfin on peut mettre à cette loterie sur telle quantité de numéros que l'on veut, *ensemble par extrait et par ambe, ensemble par extrait et par terne, ensemble par extrait, par ambe et par terne*. Il y a beaucoup plus d'avantages de mettre *ensemble par extrait, par ambe et par terne* ; et il est si considérable qu'en supposant la mise de 6 livres sur cinq

---

plus avantageuse qu'aucune loterie françoise. On prétend que pour le cas où l'on mette pour trois billets (c'est ce qu'on appelle terne), il y a à la vérité 11,748 contre 1 à parier que ce cas n'arrivera pas, mais que s'il arrive, il y a 5,200 fois la mise à gagner, et que cette proportion est par conséquent plus avantageuse que celles de toutes les loteries usitées jusques à présent en France. (*Note du duc de Luynes.*)

numéros tels qu'on voudra *par extrait, par ambe et par terne*, on peut tirer 328,650 livres.

Du dimanche 12, *Dampierre.* — J'ai marqué ci-dessus que M. de Mailly, prisonnier à la bataille de Rosbach, a eu permission du roi de Prusse de revenir sur sa parole, et qu'il n'avoit obtenu qu'un temps fort court. Il a écrit au roi de Prusse pour obtenir une prolongation. On trouvera ci-après la réponse de ce prince.

M. le comte de Mailly, je vous accorde volontiers la prolongation de votre congé, d'autant plus que je suis charmé d'avoir l'occasion d'obliger un homme de mérite, et que j'ai toujours été du sentiment que les malheureuses querelles des rois doivent être le moins funestes qu'il est possible aux particuliers. Prenez tout le temps qu'il vous faut pour arranger vos affaires, et au cas que la cour de Vienne devienne plus flexible (comme j'ai lieu de le supposer) et plus fidèle à observer le cartel, vous pourrez peut-être vous dispenser d'un voyage désagréable dans ce temps-ci, et on pourra régler l'affaire des échanges sans que vous ayez besoin de vous déplacer. Sur quoi je prie Dieu, M. le comte, qu'il vous ait en sa sainte garde. FRÉDÉRIC.

Le 26 décembre 1757.

Du lundi 13, *Versailles.* — Il y eut hier deux présentations : Mme de Maury et Mme de Lujac. Mme de Maury est fille de M. de la Clavière, ci-devant gouverneur de M. le comte de la Marche et frère de M. de Puylaurens, écuyer de quartier de la Reine; elle fut présentée par Mme de Lislebonne (La Feuillade) (1).

Mme de Lujac étoit avec Mme de Baschy sa mère; mais elle fut présentée par Mme de Pompadour.

On trouvera ci-après les nouvelles que je reçus d'Espagne il y a deux ou trois jours.

De Madrid, du 30 *janvier.*

L'inquisition a révoqué un décret qu'elle avoit donné en l'année 1747 contre les ouvrages du cardinal Norris. Le cardinal Portocarrero fut

---

(1) M. de Maury n'est point au service de France; il a servi à Malte et en porte la croix par une grâce particulière. (*Note du duc de Luynes.*)

envoyé en Espagne pour le faire révoquer sans y pouvoir réussir; M. le nonce Spinola y est parvenu, et le roi d'Espagne en a fait informer le pape dès l'ordinaire dernier. Le pape avoit cette affaire à cœur. On prétend que c'étoient les jésuites qui avoient obtenu cidevant cette condamnation et l'avoient soutenue; mais ils ne sont pas fort écoutés en cette cour depuis les affaires du Paraguay. Quand le premier décret de l'inquisition parut, il y eut divers écrits assez vifs pour l'attaquer et le soutenir. Le roi d'Espagne défendit alors d'écrire, de disputer et de parler sur cette affaire, ce qui a été rigoureusement exécuté.

M. le comte d'Aranda, grand d'Espagne, s'est démis de tous ses emplois. Il a été envoyé en ambassade extraordinaire en Portugal, au sujet du tremblement de terre; à son retour, il fut fait chevalier de la Toison d'Or, peu après lieutenant général et directeur de l'artillerie et du génie, place qu'on a créée pour lui il n'y a pas un an et demi. Ayant prétendu que dans la fourniture de l'artillerie il se trouve des marchés préjudiciables au service du Roi et contraires à ses ordonnances, il a donné un mémoire fort détaillé à ce sujet à S. M. Catholique, dans lequel il paroît que l'administration de M. d'Eslava, secrétaire d'État de la guerre, étoit attaquée indirectement, et il a demandé la réforme de tous ces marchés, ou qu'il fût déchargé de la direction de l'artillerie et du génie, ayant remis en même temps sa démission du grade de lieutenant général. On prétend qu'il pouvoit avoir raison pour le fond, mais que cette forme étoit extrêmement irrégulière; aussi sa démission a-t-elle été admise. La place de l'artillerie et du génie a été donnée à M. Massones de Lima, ambassadeur en France, et M. le duc de Sotomayor, son frère, en a remercié hier publiquement le Roi à la conversation (1).

Du dimanche 19, *Dampierre.* — Le roi de Pologne vient de faire imprimer, à Lunéville, une brochure in-4° qui contient tout le détail des fondations qu'il a faites depuis qu'il est en Lorraine. On y voit l'énumération des titres qui assurent ces fondations et la quotité des sommes qui y ont été employées; ces sommes montent jusqu'à présent à plus de 4 millions. Cette impression est faite pour que les habitants de la Lorraine, qui sont à portée de ces fon-

---

(1) *Extrait d'une lettre de Madrid, du* 20 *mars.*

« M. d'Aranda, qui avoit eu défense de paroître à la Cour, a eu permission de s'y montrer, mais il n'y joue pas un beau rôle. »

dations, soient instruits de ce qu'elles contiennent et ne perdent point par ignorance les avantages qui leur en reviennent. Tout est pour la Lorraine, excepté un fonds de 100,000 livres dont l'intérêt est destiné à être distribué tous les ans dans les paroisses de Paris pour le soulagement des pauvres. Il y a aussi une somme pour la Pologne. Plus on voit et on examine les ouvrages de ce grand prince, plus on reconnoît combien il est occupé de la plus grande gloire de Dieu, du soulagement des pauvres et de ce qui peut contribuer à l'utilité publique.

Il paroît depuis peu un livre en 5 volumes in-12, intitulé *Mémoires du maréchal de Vieilleville*. C'est l'histoire de sa vie écrite par un homme qui lui étoit attaché; le style est en langage un peu ancien, mais cependant intelligible. M. de Vieilleville étoit de même maison que M. de Scépeaux, mais de son temps il y avoit cinq générations que leur branche étoit séparée. M. de Vieilleville paroît, par ses Mémoires, avoir fait un personnage considérable sous les règnes de François Ier et de Henri II, et il est assez singulier que dans notre histoire on n'ait presque jamais parlé de lui. Il possédoit la terre de Duretal, qui a passé depuis dans la maison de la Rochefoucauld, et il paroît que le manuscrit de ses Mémoires a été trouvé dans les archives de Duretal, d'où on a trouvé moyen de l'enlever. Celui qui vient de les faire imprimer avoit porté ce manuscrit au P. Griffet, en le priant de vouloir bien le remettre dans le langage qui est en usage aujourd'hui. Le P. Griffet l'a fort assuré qu'il n'entreprendroit point cet ouvrage, et que ce seroit lui faire tort; que les anciennes expressions dont il est rempli sont un témoignage de la vérité des faits qu'on y lit avec plaisir.

L'académie des Sciences présenta, jeudi dernier 16 de ce mois, au Roi, le 53e tome de ses Mémoires; elle espère donner cette année au moins encore le 54e et peut-être même le 55e, qui est prêt à finir. C'est mon frère, comme président de cette académie, qui a eu l'honneur de présenter ce livre. Il aime les sciences et a de grandes connoissances en ce genre; il s'applique avec plaisir à tout ce qui peut contribuer au plus grand avantage de cette illustre compagnie et à y entretenir l'émulation si nécessaire à la perfection des sciences et des arts, et il y ajoute tout ce qui peut prouver aux membres de cette compagnie ses soins et ses attentions pour eux. Voyant que le temps étoit froid et mauvais quand ils ont été à Versailles, il leur a fait trouver des carrosses pour aller faire leurs visites. C'est M. de Séchelles qui est actuellement vice-président; ces places se donnent par élection et cette élection se fait tous les ans.

L'académie des Inscriptions et Belles-Lettres continue aussi son travail avec assiduité; elle a été occupée en dernier lieu de deux objets différents; l'un est l'inscription qui sera mise sur le piédestal de la statue équestre qu'on doit fondre incessamment pour la poser dans la nouvelle place (1). Je ne sais point encore cette inscription; on la trouvera dès que j'en serai instruit. L'autre est une médaille que le Roi vient de fonder en faveur des poëtes qui se distingueront dans le tragique ou dans le comique. Cette médaille représente Apollon qui tient dans sa main un rouleau sur lequel sont écrits ces trois noms : *Corneille, Racine, Molière;* et au-dessous est écrit : *Et qui nascentur ab illis.* C'est la fin d'un vers de Virgile qui commence par ces mots : *Et nati natorum.* De ces médailles, il y en aura de deux différentes valeurs; celle pour les pièces en cinq actes sera de 300 livres, et pour les pièces en trois actes les auteurs n'en auront que de 200 livres.

J'appris il y a quelques jours que le régiment qu'avoit M. de Mailly, neveu de Mme la maréchale de Duras, vient d'être donné à M. de Talaru, et que celui de M. de Talaru a été donné à M. de Mazarin. Le régiment de Talaru n'est

---

(1) La place Louis XV, à Paris.

que le 54ᵉ de l'infanterie; il fut créé en 1673 pour M. d'Huxelles; il n'est que de deux bataillons. Celui de Mailly est le 11ᵉ; il a quatre bataillons; il a été créé par Henri IV en 1610. L'ancienneté et les quatre bataillons paroîtroient d'abord faire un échange avantageux pour M. de Talaru; mais outre qu'il est différent, quand on n'est pas riche, de vivre avec un régiment de deux bataillons ou un de quatre, à cause du grand nombre d'officiers, M. de Talaru, qui sert avec distinction, aime son régiment et y est fort aimé. D'ailleurs le régiment de Mailly est actuellement en très-mauvais état: il devroit être à 2,700 hommes, et il n'y en a que 1,600 effectifs; c'est ce qui a fait prendre le parti de le faire revenir en France, où il sera employé à la garde des côtes. Cette espèce de service très-nécessaire, mais qui est presque ne point servir, a été encore un nouveau sujet de douleur pour M. de Talaru. Mais les représentations les plus fortes de sa part ont été inutiles; il a fallu obéir. M. de Mailly est brigadier. Apparemment que les réparations de son régiment lui ont paru au-dessus de ses forces. Le Roi lui donne 4,000 livres de pension et la promesse d'être fait maréchal de camp à son rang.

Le Roi vient de créer dix nouvelles charges de payeurs des rentes et dix de contrôleurs. La finance des premières est fixée à 360,000 livres et à 100,000 livres pour les secondes.

Du lundi 20, *Dampierre*. — On a reçu ces jours-ci des nouvelles de M. le chevalier de Soupire. La lettre qu'il écrit à Mᵐᵉ de Luynes est datée de Pondichéry du 10 septembre 1757; il y joint une relation de son voyage qui est une espèce de journal, ayant pris l'arrangement d'écrire tous les cinq jours; mais cette relation ne commence qu'à l'île de Madagascar, d'où il étoit parti le 1ᵉʳ d'août. On voit qu'il faisoit quelquefois 250 lieues en cinq jours et quelquefois seulement 80. C'est M. Bouvet qui commandoit les vaisseaux avec lesquels M. de Soupire est arrivé. M. le chevalier d'Apchier étoit allé à l'Ile-de-France; au moins il paroît, par la relation, qu'après un conseil de guerre il a été résolu que l'escadre qui est arrivée à Pondichéry avec M. de Soupire repartiroit aussitôt pour l'Ile-de-France, ce qui a été exécuté; et M. de Soupire dit qu'il espéroit qu'elle reviendra avec M. d'Apchier. Il est marqué dans cette relation que les Anglois n'ont que 9 vaisseaux dans ces parages, et que M. de Bussy, commandant des troupes françoises, marchoit à Chandernagor pour le reprendre s'il est possible. L'escadre est arrivée le 8 de septembre à la rade de Pondichéry et a débarqué le 9. M. de Soupire marque que le gouvernement de Pondichéry est un palais magnifique et qu'il n'y en a peut-être pas un plus beau en Europe.

On a publié depuis quelques jours une brochure qui est une espèce de manifeste contre les Jésuites, imprimée par ordre de la cour de Lisbonne; elle contient tout le détail de leur conduite au Paraguay par rapport aux ordres des cours de Madrid et de Lisbonne. Il paroît par cette brochure qu'on attribue aux Jésuites la résistance des habitants à la volonté des deux cours pour le partage des terres et la démarcation dont on est convenu. En supposant la vérité de tous les faits, il s'ensuivroit que les Jésuites qui habitent le Paraguay se seroient laissé entraîner à leur zèle pour la conservation de la pureté de la religion qu'ils ont enseignée, et auroient entretenu les habitants dans un refus d'obéir et dans le projet de résister aux armées des deux couronnes réunies. Mais ne pourroit-on pas dire qu'ils ont pu douter pendant quelque temps de la réalité de ces ordres, et qu'ensuite ils ont pu espérer d'en obtenir la révocation? Quoi qu'il en soit, la résistance aux ordres des souverains est si contraire aux maximes de l'Évangile, qu'on a peine à croire qu'une congrégation aussi remplie de piété ait pu approuver une pareille conduite. Cependant la disgrâce que les Jésuites viennent d'éprouver à Madrid et à Lisbonne ne peut être juste et équitable qu'autant qu'on croit qu'ils ont eu part à ce qui s'est passé au Paraguay.

Mᵐᵉ de Luynes me mande que M. de Mailly demanda avant-hier l'agrément du mariage de sa fille avec M. d'Avaray, qui a 100,000 livres de rente et ne doit rien.

Du mardi 21, Dampierre. — M. le maréchal de Richelieu est arrivé. Il vint hier au coucher du Roi, qui lui parla un moment en particulier dans son cabinet, après quoi il parut en public. Le Roi le traita avec de grandes marques de bonté.

Du dimanche 26, Dampierre. — Il y a déjà plusieurs jours que M. le comte de Monzone mourut à Paris (1). Il étoit depuis longtemps chargé des affaires de M. le duc de Modène. Il m'a paru, dans les occasions que j'ai eues de traiter affaires avec lui, que c'étoit un homme d'un caractère doux et poli. Son nom étoit Cioia; il avoit été banquier, et M. le duc de Modène lui avoit donné le titre de comte de Monzone en récompense de son attachement à ses intérêts. Il avoit cinquante-quatre ans.

J'appris hier qu'on a eu des nouvelles de l'arrivée de M. le comte de Clermont à l'armée; il mande que les ennemis font quelques mouvements et ne paroît pas content de la position de nos troupes.

On vient de juger deux grands procès, l'un à Paris à la Grande Chambre, l'autre à Lunéville au conseil du roi de Pologne. Le premier regarde la succession de feu M. le duc de Mazarin, père du dernier mort; il s'agissoit uniquement du duché de la Meilleraye qui vaut 33,000 livres de rente. Mᵐᵉ la duchesse de Mazarin prétendoit que son père avoit recueilli ce duché à titre de substitution, et que par conséquent, ne devant point faire partie de la succession de son grand-père, ses tantes (Mᵐᵉˢ de Flavacourt, de Lauraguais et feu Mᵐᵉ de Vintimille, celle-ci représentée par son fils, le comte de Marseille) ne pou-

---

(1) Il est mort le 19. (*Note du duc de Luynes.*)

24.

voient y avoir aucun droit. Ces dames, au contraire, soutenoient qu'aux termes de l'acte passé en 1729 le duché de la Meilleraye devoit se trouver dans la succession de leur grand-père. Elles gagnèrent leur procès avant-hier. Le jugement est en entier en leur faveur, et même Mme de Mazarin est condamnée à la restitution des fruits, ce qui fait un objet considérable (1).

---

(1) La restitution des fruits doit être faite à compter de 1731. Les partages entre ces dames se comptent de deux manières différentes et sont aussi de deux espèces. Les filles de M. de Nesle, par conséquent petites-filles de M. le duc de Mazarin, étoient cinq : Mmes de Mailly, de Vintimille, de Flavacourt, de Châteauroux et de Lauraguais. Trois sont mortes. Mme de Vintimille a un fils qui forme une tête dans la succession par sa mère, et une seconde parce que Mme de Mailly lui a laissé sa part et portion. Mme de Châteauroux a laissé son bien à Mme de Lauraguais. Les biens sont de deux espèces comme j'ai dit ; le duché de la Meilleraye est un propre maternel ; les 27 années de restitution de fruits sont regardées comme acquêt ; tout cela formera des questions qui seront traitées à l'amiable. Il faut savoir si Mmes de Mailly et de Châteauroux peuvent former chacune une tête, le procès n'ayant été commencé qu'après leur mort. Ceci regarde la restitution des fruits. Elles n'y avoient point de droit puisque la question n'étoit pas jugée, même la demande n'étoit pas faite.

A l'égard du fond de la terre, Mme de Lauraguais d'une part, comme étant aux droits de Mme de Châteauroux, et M. de Vintimille de l'autre comme représentant sa tante Mme de Mailly, peuvent-ils chacun former une tête? La loi dit qu'on ne peut être légataire et héritier. Il paroît donc certain que le prix du duché, lorsqu'on pourra le vendre, ne sera partagé qu'en trois parts. A l'égard des fruits, peut-être seront-ils partagés en cinq parts ; mais en ce cas la différence ne sera pas aussi grande qu'on le pense. Si Mme de Lauraguais forme une tête comme légataire de Mme de Châteauroux, et M. de Vintimille une autre comme légataire de Mme de Mailly, il est vrai qu'ils auront à ce titre chacun un cinquième, mais comme ce sera en qualité de légataire, et qu'ils ne pourront plus par conséquent être héritiers, il faudra que le cinquième qu'ils devoient avoir comme héritiers soit repartagé entre tous.

Il reste encore deux articles à terminer. L'affaire présente ne regarde uniquement que le duché de la Meilleraye ; mais M. de Mazarin a laissé beaucoup d'autres biens. Il étoit dû à ces cinq filles une légitime sur lesdits biens ; elle leur a été adjugée par arrêt, il faut la liquider et la payer. M. de Mazarin a laissé beaucoup de dettes. Il est question de savoir si ces dames sont tenues à payer une partie de ces dettes ou non. Mme la duchesse de Mazarin prétend qu'elles en doivent supporter pour 600,000 livres. On a réservé le jugement de cette question ; elle sera décidée à la Grande Chambre quand ces dames le voudront.

Le second procès regardoit la succession de Mme la duchesse Ossolinska. Je pourrai en mettre un détail quand j'en serai instruit. J'en ai déjà parlé dans le temps qu'il fut jugé à la cour souveraine de Nancy, jugement dont les deux parties avoient appelé au conseil du roi de Pologne. Tout ce que j'en sais jusqu'à présent, c'est qu'il s'agissoit d'un don mutuel de M. et de Mme Ossolinska, et que dans les biens du mari et de la femme, il y avoit plusieurs dons faits par le roi de Pologne. Un des principaux points étoit de décider quelle avoit été l'intention du roi de Pologne en faisant ces dons. Ce prince, toujours rempli du plus grand attachement pour la justice et l'équité, n'a point voulu assister à un jugement aussi important entre sa cousine et l'héritier d'un de ses grands officiers qu'il regardoit avec raison comme son ami et qui lui en avoit donné les preuves les plus essentielles. Quoique Mme de Talmond ait gagné sur certains articles, il paroît qu'elle est peu satisfaite du jugement, et que l'estimation de quelque partie de cette succession en monnoie de Pologne ne lui est pas avantageuse.

On trouvera ci-après l'extrait d'une lettre de Lunéville, au sujet de l'arrêt rendu le 18 sur l'affaire de Mme la princesse de Talmond et de M. le comte Ossolinski, dont j'ai parlé ci-dessus.

La situation de Mmes de Fiavacourt et de Lauraguais est différente dans cette succession par des circonstances particulières. Il n'est pas douteux qu'une femme mariée et commune en biens n'est pas la maîtresse de disposer de ses acquêts; Mme de Lauraguais est séparée de son mari et brouillée avec lui; cependant la communauté subsiste. M. et Mme de Fiavacourt vivent ensemble.

Il y avoit vingt juges; onze ont été pour ces dames; quatre étoient pour l'appointement, et cinq pour Mme de Mazarin.

Ce qui a paru singulier, c'est que M. de Fleury, avocat général, qui a conclu pour ces dames, s'est déterminé sur des moyens qui n'avoient été employés par aucun des avocats des deux parties.

Il y a une diminution sur les parts et portions de ces dames; elles avoient chargé leur intendant de la suite de cette affaire et lui avoient promis le sol pour livre. Ce droit lui vaudra au moins 80,000 livres. (*Note du duc de Luynes*).

« Par l'arrêt du 18 de ce mois (février) M. Ossolinski est condamné à délivrer à Mme de Talmond 100,000 florins polonois pour raison de la dot constituée à Mme la duchesse Ossolinska, et 50,000 florins même cours de Pologne pour les diamants et bijoux. Il est ordonné aussi que Mme de Talmond aura moitié du capital de 200,000 livres cours de France placé sur la ferme générale de la Lorraine et du Barrois, et la moitié des acquets immeubles faits pendant le mariage suivant les contrats où Mme la duchesse Ossolinska se trouvera dénommée acquéreur.

« Je ne crois pas ce dernier article bien important; au reste, on dit que ni l'une ni l'autre partie ne sont contentes.

« Le florin polonois vaut environ 16 sols argent de Lorraine et 12 sols argent de France. »

On trouvera ci-après, sur l'escadre qui a été à l'Inde, quelques détails à ajouter à ce qui en a déjà été marqué. Ceux-ci sont tirés des lettres de M. de Verdière, ci-devant capitaine de dragons, et aujourd'hui colonel et chevalier de Saint-Louis, qui est à Pondichéry avec M. le chevalier de Soupire.

De l'Ile-de-France, sans date.

Notre escadre, composée de 6 navires en partant de France, s'est trouvée dès le lendemain à la pointe du jour diminuée de deux. Cinq jours après, nous fûmes séparés par un coup de vent; le lendemain nous ne nous retrouvâmes plus que deux, ayant perdu le vaisseau et la frégate armés en guerre qui nous servoient d'escorte. Nous avons trouvé ces derniers à notre arrivée ici, où ils étoient depuis 24 jours; ils ne se sont point quittés, et sont arrivés ainsi que nous deux à bon port. L'un des deux abandonnés des premiers s'est rendu ici huit jours après; il ne s'en manque plus qu'un de toute notre première division. On commence à en prendre de l'inquiétude; heureusement que c'est le moins bon de tous les vaisseaux, le moins richement chargé et ne portant que 130 hommes du régiment de Lorraine.

Le vaisseau et la frégate armés en guerre ont rencontré, à la hauteur du cap de Bonne-Espérance, 3 vaisseaux anglois venant de la Chine et richement chargés; après les avoir canonnés quelque temps de fort loin, on a cru convenable de les laisser en paix; les Anglois ont profité de notre bonté pour se sauver. Tout ce que j'en sais, c'est que généralement tous ceux qui en parlent s'accordent à blâmer la conduite de nos deux vaisseaux, et à regretter fort un avantage aussi considérable que celui que nous aurions retiré de la prise de ces vaisseaux, que les marins eux-mêmes regardent comme avoir été très-aisés à remporter.

M. de Lally n'est point encore arrivé, non plus qu'aucun vaisseau de sa division.

M. le chevalier de Soupire me fait partir demain pour aller à l'Ile-de-Bourbon travailler à lever une compagnie de volontaires de 150 créoles.

De Foulepointe, le 29 juillet 1757.

Je partis pour l'Ile-de-France le 15 juin ; j'y arrivai le troisième jour. J'ai été assez heureux pour répondre aux vues du général. En vingt jours que j'y ai été avant lui, j'ai porté la compagnie des volontaires de Bourbon à 75 hommes; on y travailloit infructueusement depuis deux mois. J'ose assurer que sans les oppositions en dessous du gouverneur de cette île, j'en aurois eu 50 de plus au moins. M. le chevalier de Soupire y a été trop peu de temps pour y porter remède; il y est arrivé le 3 juillet et en est reparti le 10 pour se rendre à un autre quartier à 7 lieues de celui où nous étions ; c'est de là que nous nous sommes tous embarqués pour nous rendre à nos bords et appareiller le 13 du même mois à la pointe du jour. Le 16 à la même heure, nous avons aperçu la terre de Madagascar ; à trois heures après midi nous avons mouillé à Foulepointe; nous y avons trouvé 3 vaisseaux et 1 frégate qui y avoient apporté 6 compagnies du régiment de Lorraine, dont les deux de grenadiers. Enfin voilà ces deux bataillons réunis ; ce n'est pas sans fortune.

Le 18, toutes les troupes ont été débarquées et menées tout de suite à leur camp ; les 50 hommes du corps royal en formoient un à part. Faute de tentes, la compagnie des volontaires a logé dans des cases à noirs à proximité. Les pluies continuelles et le progrès des maladies ont déterminé notre général à avancer la levée de son camp, qui devoit exister jusqu'au 31 ; mais dès le 26 au soir on a commencé à embarquer trois compagnies; le même jour au matin, après la revue qu'en avoit fait le commissaire, on a distribué et envoyé les volontaires dans cinq vaisseaux. Vu leur petit nombre, il auroit été facile de les mettre sur un seul; j'ai regardé cette distribution comme le meilleur moyen d'établir parmi eux l'esprit militaire, qu'ils prendront plus aisément en proportion de leur petit nombre et d'un bien plus grand de soldats.

Le 27, les deux bataillons ont été embarqués en entier ; il ne reste plus campé que le corps royal ; il n'ira à bord qu'avec le quartier général, le 31, pour partir enfin le 1er d'août et nous rendre au lieu de notre destination.

A Pondichéry, le 10 septembre 1757.

Nous sommes enfin arrivés au lieu de notre destination le 8 de ce mois. Notre traversée a été des plus heureuses ; nous n'avons fait d'autre rencontre que de deux petites frégates que nous n'avons pu joindre. M. le chevalier de Soupire a mis, hier 9, pied à terre avec toutes les troupes.

Les Anglois se sont emparés de Chandernagor dans le Gange ; cette expédition leur a coûté beaucoup de monde. Le peu qu'ils en ont dans ce pays-ci et le renfort de notre division ne leur laisseront pas longtemps l'avantage.

M. de Bussy s'est emparé de Visigapatnan, qui est un de leurs postes de peu de conséquence.

On regarde comme une chose importante de renvoyer avec la plus grande célérité les vaisseaux qui nous ont apportés ici, afin d'aller joindre à l'Ile-de-France nos deux dernières divisions dont nous n'avons aucune nouvelle.

MARS.

Présentations. — La cour de Parme et ses finances. — Le maréchal de Belle-Isle ministre de la guerre. — Nouveau maître des cérémonies de l'ordre de Saint-Louis. — La grande croix de Saint-Louis donnée à Chevert. — Perte de Verden. — Fait bizarre. — Nouvelles de la Sorbonne. — Mort du duc de Lorges et anecdotes. — Les fils du duc de Lorges. — Commencement de la campagne dans le Hanovre. — Échec des Français à Hoya. — Mort du cardinal de Tencin. — Retraite des Français sur le Weser. — Un prêtre assassiné. — Les maréchaux de Richelieu et de Belle-Isle. — MM. de Berchiny et de Conflans nommés maréchaux de France. — Archevêché et abbayes donnés. — Mort de la princesse de Talmond. — Mémoire du maréchal de Richelieu. — Un homme titré peut il être secrétaire d'État ? — Gentilshommes, gouverneur, précepteur et sous-précepteurs du duc de Bourgogne. — Contrats de mariage. — Grâces accordées à M. de Paulmy. — L'école des chevau-légers. — Déclaration du Roi au sujet de l'hôpital général. — Accident en mer. — Disgrâce du chancelier Bestuchef. — Loterie pour les communautés religieuses. — Augmentation de la solde des officiers. — Retraite des Français sur la Lippe. Désordre dans l'armée.

Du mercredi, 1er mars, Versailles. — Il y eut dimanche deux présentations : Mmes de Prie et de Montmort. Mme de Prie est Villette ; elle fut présentée par Mme de Mazarin. J'ai déjà marqué ci-dessus que M. de Prie, son mari, est de même maison, mais parent éloigné de M. de Prie, chevalier de l'Ordre, qui avoit épousé en premières noces Mlle Plenœuf et en secondes Mlle Castéja. Celle-ci, qui demeure à Versailles par attachement pour la mémoire de son mari, a eu tous les soins imaginables de M. de Prie et l'a marié. Feu M. de Prie passoit sa vie chez Mme de Ventadour, à titre d'amitié et de parenté. Cette parenté étoit par Mme la maréchale de la Mothe, mère de Mme de Ventadour. C'est par cette raison que Mme de Prie a été présentée par Mme de Mazarin, dont feu Mme de Ventadour étoit la trisaïeule.

Mme de Montmort fut présentée par Mme la princesse de Beauvau. Mme de Beauvau s'est chargée de cette commission comme femme d'un capitaine des gardes. Ceux qui connoissent Mme de Montmort disent que c'est une femme de beaucoup d'esprit et fort aimable; elle est fille de M. Dudoignon, lieutenant général qui se distingua au siége de Lille, en 1708, à la défense d'un tenaillon. M. et Mme de Montmort ont deux garçons qui sont ici.

Il y a un mois ou deux qu'il est mort à Parme un M. de la Combe en qui l'Infant et l'Infante avoient beaucoup de confiance; c'étoit lui qui travailloit sous M. du Tillot (1), ministre des finances. M. du Tillot a été au service du roi d'Espagne. On prétend que sa naissance n'est pas fort illustre et que son père étoit domestique dans la maison du roi d'Espagne; mais son esprit et ses talents lui ont acquis le plus grand crédit auprès de l'Infant et de l'Infante. C'est lui à qui est confiée en entier l'administration des finances, et quoiqu'il y ait un conseil d'État auquel assistent toujours l'Infant et l'Infante avec un ministre d'État, qui est comme le secrétaire d'État des affaires étrangères, et le président de la chancellerie, l'avis de M. du Tillot l'emporte presque toujours dans ce conseil, et il arrive même quelquefois que dans un travail

---

(1) Appelé le marquis Felino.

particulier avec l'Infant et l'Infante, il fait changer ce qui a été résolu dans ledit conseil. Il paroît par ce qu'on apprend de cette cour que les dépenses y sont bien grandes par rapport au peu de revenu; que les liaisons avec l'Espagne qui ont été fort utiles en certaines occasions, surtout pour les secours d'argent, ne sont plus pour ainsi dire que de bienséance. Le roi d'Espagne y avoit envoyé M. de Grimaldi pour prendre connoissance de l'article des finances et avoit fait payer des dettes de l'Infant; mais il avoit demandé quelques changements qui n'ont point convenu à l'Infant et à l'Infante, et dès ce moment il a dit qu'il ne vouloit plus s'en mêler. On a établi dans cet état des fermiers généraux pour la régie des revenus; on y a établi des impôts plus considérables que ceux que les habitants payoient du temps des ducs de Parme, et ils prétendent que cette augmentation a fait grand tort au commerce des villes de Parme et de Plaisance, et que les marchands évitent de passer sur les terres de cette domination pour n'être pas exposés à payer lesdits droits. Il y a une comédie françoise établie à Parme, mais qui coûte prodigieusement cher à l'Infant; il s'en amuse assez peu, à ce que l'on dit, et l'Infante encore moins. Le caractère de l'Infant est la douceur et la bonté; il aime infiniment la France et tout ce qui y a rapport. Il n'est pas gai naturellement, mais il se prête volontiers aux amusements. Il a la plus grande confiance dans l'Infante, et elle est très-bien placée, car cette princesse a de l'esprit et du courage, et elle est très-capable d'affaires. On dit que l'infant don Ferdinand (1), qui entre dans sa

---

(1) *Ferdinand-Marie-Louis*, prince héréditaire de Parme, né le 20 janvier 1751. Il succéda à son père *Philippe*, mort le 18 juillet 1765. Ferdinand fut obligé, par les traités de Saint-Ildefonse et de Madrid (1800 et 1801), de céder le duché de Parme; il obtint en échange la Toscane, qui fut érigée en royaume d'Étrurie, pour son fils *Louis*. Ferdinand obtint aussi de conserver Parme jusqu'à sa mort, qui arriva le 9 octobre 1802. Il avoit épousé Marie-Amélie, fille de l'empereur François Ier. *Louis*, roi d'Étrurie, mourut le

huitième année, est d'une figure très-agréable; il est fort à désirer qu'il n'y arrive point de changement, d'autant plus qu'on en a vu des exemples dans les enfants de Philippe V. J'ai déjà parlé du gouverneur, du sous-gouverneur et du précepteur qu'on a donnés à ce prince, mais je n'ai pas marqué leurs appointements. Ceux de M. de Keralio, sous-gouverneur, sont de 12,000 livres monnoie de France ; il est outre cela logé et nourri, etc., et a un carrosse à ses ordres. Les appointements du précepteur et le traitement sont à peu près les mêmes. C'est à la recommandation de M. le duc de Nivernois qu'il a obtenu ce poste de confiance. L'Infant et l'Infante ont voulu donner au prince leur fils un gouverneur en titre d'une naissance convenable à ce poste important; ils ont jeté les yeux sur M. Bergonti, dont la probité est généralement connue et qui étoit déjà gentilhomme de la chambre, mais sans appointements. Ceux qu'ils ont joints à cette place sont apparemment plutôt une marque de bonté que proportionnés à ladite place, car on prétend qu'ils ne montent pas à plus de 1,500 livres argent de France.

La grande nouvelle de dimanche dernier fut le changement dans le ministère de la guerre. M. de Paulmy ne s'étoit chargé de ce détail immense que pour obéir aux ordres du Roi et en lui représentant qu'il auroit peine à y suffire. Beaucoup d'esprit, des connoissances infinies, la mémoire la plus heureuse; le goût pour le travail

---

27 mai 1803; son fils *Charles-Louis de Bourbon* (Louis II d'Étrurie) fut dépossédé de son royaume en 1808. Sa mère, *Marie-Louise*, infante d'Espagne, fille de Charles IV, fut nommée duchesse de Lucques par le congrès de Vienne; elle fut remplacée le 13 mars 1824 par son fils *Charles-Louis*, ex-roi d'Étrurie, né le 23 décembre 1799, qui devint alors duc de Lucques, puis duc de Parme, le 17 décembre 1847, après la mort de l'ex-impératrice Marie-Louise. Il quitta le duché de Parme le 19 avril 1848 et abdiqua le 14 mars 1849 en faveur de son fils *Charles III*, né le 14 janvier 1823 et assassiné le 27 mars 1854. Le duché passa alors à *Robert I*er*, né le 9 juillet 1848, placé sous la tutelle de sa mère, Louise-Marie-Thérèse de Bourbon, fille du duc de Berry. Robert I*er* a été renversé par les événements de 1859.

et une application continuelle, sans distraction d'aucun plaisir, ne sont pas les seules qualités nécessaires pour soutenir un si grand fardeau ; il faut encore de la santé, et c'est ce qui manque à M. de Paulmy. L'embarras des circonstances présentes l'a déterminé à donner sa démission ; mais comme il est jeune et encore en état de soutenir certain travail, il paroît qu'il se destine à celui des ambassades, et on le nomme déjà pour aller à Venise à la place de M. de Durfort, qui n'est point encore parti et qu'apparemment on emploiera ailleurs. Je marquerai le traitement qui sera fait à M. de Paulmy ; jusqu'à présent, il paroît fort content des bontés du Roi. Le Roi a voulu que M. le maréchal de Belle-Isle se chargeât du département de la guerre. M. de Belle-Isle a représenté à S. M. l'immensité du travail peu convenable à son âge, à sa santé et à ses autres occupations, ajoutant cependant qu'il étoit prêt d'obéir ; mais qu'il lui étoit impossible d'entrer dans tous les détails et d'être chargé des signatures qui prennent beaucoup de temps. Le Roi lui a dit qu'il le feroit aider. Il paroît certain que c'est M. de Crémille sur qui on a jeté les yeux pour travailler sous M. de Belle-Isle et entrer dans tous les détails. On lui a envoyé un courrier, mais on attend sa réponse.

M. Bernard de Boulainvilliers vient d'être honoré de la charge de prévôt maître des cérémonies de l'ordre de Saint-Louis sur la démission de M. le président de Lamoignon. Le Roi a voulu donner cette marque de distinction à M. de Boulainvilliers pour lui faire sentir qu'il n'a nullement été affecté de l'odieuse imputation faite contre lui à l'occasion de la déposition du nommé Blot.

Le Roi a donné la grande croix de l'ordre de Saint-Louis à M. de Chevert ; il n'avoit que le cordon.

Du jeudi 2, *Versailles.* — Il arriva avant-hier un courrier de M. le comte de Clermont avec la nouvelle que nous avions été obligés d'abandonner la ville de Verden, dont les ennemis sont maîtres. Les troupes qui y étoient ont repassé le Weser au pont d'Hoye. Nous avons laissé dans Verden environ 250 malades et plus de 2,000 sacs de farine.

J'ai parlé ci-dessus de l'exil de M. le Large à Semur-en-Auxois pour son zèle et son attachement à la Constitution ; en allant au lieu de son exil, il a rencontré un ecclésiastique nommé M. le Long, qui a aussi été exilé pour sa désobéissance à la Constitution. Ce qui mérite d'être remarqué est le contraste de nom et de sentiment qui a bien l'air d'une histoire. M. l'évêque d'Autun, dans le diocèse duquel est Semur, et qui s'en est informé, dit hier que le fait est très-vrai.

On trouvera ci-après la copie d'une lettre au sujet de l'assemblée du *prima mensis* de mars.

M. le syndic a eu des ordres du ministre par lesquels il lui est enjoint de ne pas faire lire la conclusion du 3 février 1758 avant la lecture des nouveaux ordres du Roi qu'il avoit à communiquer. La lettre a été mise sur le bureau et lue par le scribe ; elle contenoit à peu près ce qui suit :

« Le Roi ayant été informé que la Faculté, au lieu de confirmer la conclusion du 5 décembre 1757, en avoit fait une, le 3 février, contraire à son autorité, et s'étant fait représenter le plumitif pour savoir les avis, les noms et demeures des docteurs, déclare que son intention est que ladite conclusion ne soit point inscrite sur ses registres ; qu'on se soumette au silence ; que ces présentes soient enregistrées ; le tout sans délibération ni représentations. Voulant S. M. que la Faculté se rassemble le 6 du présent mois pour prendre les mesures convenables pour que les licences reprennent leur cours ordinaire afin que ses sujets soient instruits par ladite Faculté, qui tient le droit de son autorité ; déclarant S. M. que son intention est de punir sévèrement tous ceux qui sont réfractaires à l'obéissance qui est due à ladite Constitution. »

On s'est donc retiré sans délibérer, mais on a dit entre soi : « Quand on reçoit le bonnet, M. le Chancelier ne dit-il pas : *Et ego autoritate apostolica, do tibi potestatem docendi ubique terrarum.* »
Il y avoit plus de 160 docteurs (1).

---

(1) Il manque un article essentiel à ce détail. C'est qu'il a été dit de la part du Roi que S. M. trouvoit bon que les docteurs dictassent dans les cahiers

Du dimanche 5, Dampierre. — Il y a trois ou quatre jours que M. le duc de Lorges mourut à Chaillot, après de longues et cruelles souffrances provenant d'une fistule qui avoit été jugée incurable il y a longtemps. Il étoit né le 20 février 1683; il étoit fils de Guy de Durfort, frère cadet de Jacques-Henri, premier duc de Duras. Ce fut pour ce Guy de Durfort que le comté et baronie de Quintin fut érigé, en 1691, en duché héréditaire et non pairie. M. le duc de Lorges qui vient de mourir, qui fut d'abord appelé comte de Lorges, devint duc de Quintin en 1702 par la mort de son père. Il avoit été colonel de cavalerie; il se démit de son régiment en 1705, et ce fut l'année suivante que le nom de Quintin fut changé en celui de Lorges. Il avoit toujours fort aimé la bonne chère et mangeoit prodigieusement. Sa santé étoit devenue fort mauvaise; il s'étoit accoutumé à l'opium pour se procurer le sommeil, et il s'en étoit fait une telle habitude, qu'il en prenoit jusqu'à 200 gouttes. Il menoit une vie singulière et on le voyoit fort peu depuis longues années. Il étoit frère de feu Mmes les duchesses de Saint-Simon et de Lauzun; il a encore une sœur religieuse de Sainte-Marie à Chaillot, qui a deux ans moins que lui. M. de Lorges avoit été marié deux fois; sa première femme, morte en 1714, étoit fille de M. Chamillart, ministre et secrétaire d'État. Il s'en falloit beaucoup qu'elle eût pris du goût pour lui, et il lui arriva même, à cette occasion, un événement assez singulier pour mériter d'être écrit. M. de Lorges entroit librement chez son beau-père, avec qui il a toujours été fort bien. Mme de Lorges aimoit son père et lui écrivoit avec confiance. On ap-

---

tout ce qu'ils croiroient nécessaire à l'instruction des étudiants; ce qui prouve que l'intention de S. M. n'est pas de priver lesdits étudiants de tous les moyens de s'instruire, mais seulement que le silence soit observé dans les actes publics pour ne pas donner occasion à de nouveaux mouvements de la part des esprits malheureusement trop échauffés. (*Note du duc de Luynes.*)

porta à M. Chamillart ses lettres dans le temps que M. de Lorges étoit dans son cabinet; comme il étoit occupé à les séparer pour les mettre en ordre, il en vit une de Mme de Lorges et la donna à décacheter à M. de Lorges; cette lettre contenoit le détail de tous les sentiments de Mme de Lorges pour son mari. On peut juger de l'effet qu'elle produisit sur l'un et sur l'autre. M. de Lorges épousa en secondes noces, en 1720, la fille de M. le président de Mesmes; elle est vivante et n'en a point eu d'enfants. On sait qu'elle a été dame d'honneur de feu S. A. R. Mme la duchesse d'Orléans. M. de Lorges a eu de sa première femme deux garçons : M. le duc de Randan et M. le comte de Lorges.

M. le duc de Randan a été d'abord appelé comte de Lorges; il fut duc en 1728 sur la démission de son père, et on l'appela alors duc de Durfort. Il a eu, en 1733, la seigneurie de Randan par donation de Mme la duchesse de Lauzun, sa tante, et alors il fut appelé duc de Randan. Il est chevalier de l'Ordre et lieutenant général de 1745; il commande pour le Roi en Franche-Comté. M. le duc de Randan a épousé, en 1728, la fille de M. le comte de Poitiers et de Mlle de Bourbon-Malause; elle est née en 1715. Il n'en a eu qu'une fille, qui a épousé M. le duc de la Trémoille, fils de feu M. le duc de la Trémoille et de Mlle de Bouillon.

Le second fils de M. le duc de Lorges est M. le comte de Lorges, qui a porté le nom de chevalier de Lorges; il a eu le régiment de Royal-la-Marine et est lieutenant général de 1748. Il est menin de Mgr le Dauphin. Sa femme, qui est dame de Mme la Dauphine, est Bretonne, fille de M. de Marsan et par sa mère héritière de la terre de Kerempra, en Bretagne. M. de Lorges s'est marié en 1737; il a eu deux garçons et deux filles. Des deux garçons le cadet est mort en 1753, et l'aîné en 1754. Une des filles a épousé M. le comte de Choiseul, dont le père est lieutenant général des armées du Roi et du gouvernement de

Dauphiné. La seconde fille n'est point mariée ; elle est née en 1744.

M. de Tillières demanda hier l'agrément du Roi pour le mariage de sa fille avec le fils de M. le baron d'Anlezy.

J'appris hier que M. le maréchal de Belle-Isle a fait dire de la part du Roi, à tous les officiers généraux et particuliers de partir sur-le-champ. Les mouvements des ennemis, dont les opérations commencent et n'ont presque pas été discontinuées, lui avoient déjà fait sentir l'indispensable nécessité où se trouvoit M. le comte de Clermont de rassembler promptement l'armée du Roi, et par conséquent d'avoir les officiers généraux et particuliers nécessaires pour exécuter ses ordres. Les dernières nouvelles qu'on reçut avant-hier prouvent encore plus cette nécessité. On a vu par les dernières nouvelles que nous avions abandonné Verden et Rethen. Cette partie de nos troupes s'étoit retirée sur Hoye ; ce poste a été attaqué ; il étoit défendu par le régiment des gardes de Lorraine, qui y a été écrasé ; il y a eu 32 officiers de tués ou blessés, et il ne reste qu'environ 120 hommes de ce régiment.

Du mercredi 8, *Dampierre.* — On apprit dimanche, à Versailles, la mort de M. le cardinal de Tencin ; il est mort à Lyon, le jeudi 2. Il étoit né en 1679, quoique l'almanach dise 1680. Il y avoit déjà quelque temps qu'il étoit dans un grand abattement ; il avoit eu même des foiblesses : quand on s'aperçut que sa poitrine s'engageoit et qu'il avoit peine à cracher, il reçut ses sacrements avec toute sa connoissance et mourut quelques heures après. Il avoit été sacré archevêque d'Embrun le 2 juillet 1724, et avoit été fait cardinal en 1739 sur la nomination du roi d'Angleterre qui est à Rome, et archevêque de Lyon en 1740. M. le cardinal de Tencin n'a plus qu'une sœur, qui est Mme de Groslée, qui demeuroit avec lui ; elle a trois ou quatre ans plus que lui. C'est une grande perte pour la ville et le diocèse de

Lyon où il faisoit beaucoup d'aumônes. Il avoit été ministre d'État, et le Roi avoit toujours conservé pour lui beaucoup d'estime et de confiance; il lui faisoit l'honneur de lui écrire souvent et de le consulter en certaines occasions. M. le cardinal de Tencin avoit bien prouvé son zèle pour la saine doctrine; il présida au concile d'Embrun, où M. de Senez fut condamné. Il avoit beaucoup d'esprit, mais un esprit doux, sage et mesuré. Le diocèse de Lyon étoit gouverné avec cette prudence qui sait conserver la régularité et l'exactitude, sans donner occasion à de nouveaux troubles. M. le cardinal de Tencin étoit ami intime du pape régnant; il l'avoit connu à Rome et il étoit en commerce de lettres avec lui; il avoit toujours été aussi fort attaché au roi Jacques; il avoit beaucoup d'amis qui respectoient sa vertu et aimoient son caractère. Sa retraite de la Cour lui avoit fait infiniment d'honneur; il avoit voulu prévenir le temps où l'âge met hors d'état de donner les mêmes conseils et de suffire au même travail. Il vivoit dignement et honorablement à Lyon. Il avoit toujours conservé à Paris l'hôtel d'Auvergne, qu'il avoit acheté à vie de M. le duc de Bouillon; il lui a coûté 100,000 livres. Cette maison est aussi sur la tête de Mme de Groslée, sa sœur. Par la mort de M. le cardinal de Tencin, M. l'évêque d'Autun entre en jouissance du spirituel et du temporel de l'archevêché de Lyon.

Le Roi a bien voulu accorder à mon fils un brevet de retenue de 120,000 livres sur le gouvernement de Paris. J'ai marqué dans le temps que mon fils a payé à M. le marquis de Gesvres 150,000 livres; en voilà 120 d'assurées.

Les différents mouvements des ennemis, la difficulté de rassembler nos troupes, la rareté des fourrages et le mauvais état où la maladie et les fatigues ont mis notre armée, ont déterminé M. le comte de Clermont à revenir sur le Weser. Par les dernières nouvelles, toute l'armée devoit être le 3 à Hameln. M. de Saint-Germain, qui étoit demeuré à Brême lorsque M. de Broglio a été rassembler les 24,000 hommes qui devoient marcher en Bohême sous les ordres de M. de Soubise, a pris le parti de se replier aussi sous Hameln; il ne pouvoit plus tenir Brême, le poste de Hoye étant occupé par les ennemis. Ces circonstances ont donné lieu d'expédier des ordres à tous les officiers généraux et particuliers de se rendre à l'armée incessamment, et tous partent ces jours-ci.

Mme de Lugny est morte, le 17 février, à Paris; elle avoit cinquante et un ans; elle étoit fort amie de feu Mme la maréchale d'Estrées. Son nom étoit Gelas-Leberon.

Du vendredi 10. — On me mande de Versailles que M. le prince de Condé et M. le comte de la Marche ont demandé au Roi la permission de partir, et que le Roi leur a répondu : « Voyez le maréchal de Belle-Isle. » M. le maréchal de Belle-Isle les a vus et leur a dit que rien ne pressoit, et qu'il falloit attendre qu'on eût des nouvelles que l'armée fût rassemblée.

On me mande aussi que les Autrichiens ont eu un avantage sur le roi de Prusse à Troppau, qu'il y avoit à cette affaire plus de Bavarois que d'Autrichiens, et que les premiers y ont très-bien fait.

Il arriva avant-hier une aventure tragique à un prêtre de Sainte-Marguerite, nommé M. Fleing, qui a été décrété et qui étoit revenu dans sa paroisse. Entre six et sept heures du soir, deux hommes vinrent lui demander s'il étoit de semaine; il leur dit que oui et qu'il venoit de faire un baptême. Ils lui dirent qu'il y avoit une femme dans la rue Verte qui étoit fort mal, et qu'il falloit lui porter l'extrême-onction. Il alla prendre les saintes huiles, et quand il fut dans un endroit écarté où il y avoit peu de maisons, l'un de ces deux hommes qui étoient derrière lui donna un coup de bâton sur la tête et l'autre lui en donna un sur le front; le prêtre se mit à crier en même temps. Celui qui avoit donné le coup sur le front tira un poignard et lui en donna deux coups dans la poitrine, mais heureusement les coups et les blessures ne sont pas mortels.

Du dimanche 12, *Dampierre.* — On me mande de Versailles que M. de la Ferrière, capitaine dans le régiment des gardes françoises, et M. le chevalier de Beaujeu sont nommés sous-gouverneurs de Mgr le duc de Bourgogne.

Du lundi 13, *Dampierre.* — Les deux sous-gouverneurs ont été présentés aujourd'hui au Roi et à la Reine.

On me mande de Versailles que M. le maréchal de Richelieu a été avec M. d'Aiguillon rendre visite à M. le maréchal de Belle-Isle. C'est sans doute un devoir que M. de Richelieu a cru indispensable à cause de la place qu'occupe aujourd'hui M. de Belle-Isle; car il est très-public et très-connu qu'il s'est déclaré, en partant pour l'armée, qu'il ne vouloit en aucune manière dépendre de lui ni prendre ses conseils. Ils n'ont en effet eu aucun commerce de lettres pendant la campagne. M. de Richelieu ne l'avoit pas vu depuis son retour que tout au plus chez le Roi.

Du jeudi 16, *Versailles.* — Mardi dernier, 14 de ce mois, j'appris que le Roi venoit de faire deux nouveaux maréchaux de France, M. le comte de Berchiny et M. de Conflans. M. de Berchiny est Hongrois et a toujours été attaché au service de France; son père étoit un des principaux seigneurs de Hongrie, qui, après avoir soutenu les intérêts de sa patrie contre les entreprises de l'empereur Léopold, avoit passé au service de France sans avoir jamais voulu signer l'accommodement avec l'Empereur. M. de Berchiny dont c'est ici l'article a toujours été fort attaché au roi de Pologne, duc de Lorraine; ce prince l'honore d'une amitié particulière et lui a donné une des principales charges de sa maison. Toutes les fois qu'il vient ici il loge toujours à Lusancy, terre dans le diocèse de Meaux appartenant à M. de Berchiny. M. de Berchiny a été longtemps colonel de hussards, et s'est acquis une grande réputation par sa valeur, son intelligence et son activité; il étoit chargé depuis quelques années de l'inspection de tous les hussards qui sont au service du Roi. C'est un des plus honnêtes hommes qu'on puisse voir et connu pour tel. Il étoit bien digne de cette récompense, et la dernière campagne qu'il vient de faire lui donnoit lieu de l'espérer.

M. de Conflans étoit lieutenant général de 1752 au département de Brest. C'est un officier de grande réputation dans la marine; il est de même maison que MM. de Conflans d'Armentières. Il étoit bien juste que le Roi donnât un maréchal de France à la marine, où il n'y en avoit point eu depuis feu M. le maréchal d'Estrées. Un corps aussi bien composé, et qui s'est aussi distingué depuis longtemps, devient plus nécessaire que jamais dans les circonstances présentes.

Le Roi donna lundi dernier l'archevêché de Lyon à M. l'évêque d'Autun (Montazet). La piété, la vertu, l'esprit, la science et le caractère aimable de ce prélat le rendoient digne de cette grâce. J'ai déjà dit ci-dessus que l'évêque d'Autun a la disposition du spirituel et du temporel de l'archevêché de Lyon pendant la vacance du siége; mais ce n'est pas une raison pour y être nommé. Ce changement de siége est honorable sans doute, mais il n'est pas avantageux à M. d'Autun, à considérer l'intérêt. L'évêché d'Autun, que l'on n'estimoit que sur le pied de 18,000 livres du temps de M. de Dromesnil, vaut aujourd'hui 50,000 livres; Lyon n'en vaut que 45,000; il y a 50,000 livres de bulles à payer, un nouveau serment à prêter, et le transport d'établissement, qui fait encore un objet considérable. Outre cela, feu M. le cardinal de Tencin, qui jouissoit d'un très-gros revenu, faisoit de très-grandes aumônes. On prétend qu'il donnoit 100,000 livres par an à Lyon; c'est ce que

M. l'évêque d'Autun ne sera certainement point en état de faire, n'étant pas riche.

M. le cardinal de Tencin avoit l'abbaye d'Ainay, qui est dans Lyon (elle n'est mise dans l'almanach que sur le pied de 33,000 livres), et celle de Trois-Fontaines dans le diocèse de Châlons-sur-Marne (qui n'est marquée que pour 45,000 livres de revenu). Celle de Trois-Fontaines a été donnée à M. l'abbé comte de Bernis; celle d'Ainay à M. l'abbé de Jarente, frère de M. l'évêque d'Orléans, et on a mis sur celle-ci 1,000 livres de pension pour d'autres frères de M. l'évêque d'Orléans qui sont dans l'état ecclésiastique.

On apprit avant-hier la mort de Mme la princesse de Talmond. Elle étoit Bullion, sœur cadette de Mme la duchesse d'Uzès; elle avoit, je crois, environ soixante-quinze ans. Elle étoit extrêmement sourde depuis plusieurs années; elle est morte dans ses terres où elle étoit retirée depuis longtemps. Elle jouissoit d'un revenu assez considérable et ne faisoit aucune dépense, de sorte qu'elle avoit amassé beaucoup d'argent. M. le prince de Talmond, son fils, prévoyant qu'à sa mort, se trouvant éloigné d'elle, il y avoit beaucoup à craindre pour l'argent qu'on trouveroit chez elle, l'alla voir il y a environ un an et fit un arrangement avec elle par lequel elle lui donna 300,000 livres.

Le Roi a donné le cordon rouge à M. de Montmort, major des gardes.

Du samedi 18, *Versailles.* — J'ai parlé de la première visite de M. de Richelieu à M. le maréchal de Belle-Isle. Cette visite étoit un remercîment. M. le duc de Fronsac s'étoit adressé à M. le maréchal de Belle-Isle pour le prier d'obtenir du Roi qu'il fût employé comme brigadier; M. de Fronsac a obtenu le grade de colonel à l'occasion de la création du régiment de Septimanie, qui a été depuis réformé au retour de Mahon; M. de Fronsac a été fait brigadier, mais n'ayant point de régiment, il pouvoit n'être pas employé. M. le maréchal de Belle-Isle le reçut très-bien, et lui dit que, quoiqu'il lui fût impossible d'entrer dans les détails, il se chargeroit de celui-là avec grand plaisir, et qu'il en parleroit au Roi avant le conseil. Au sortir du conseil, M. de Belle-Isle dit à M. de Fronsac qu'il avoit obtenu ce qu'il désiroit. M. le duc d'Aiguillon dit à M. de Richelieu qu'il ne pouvoit se dispenser de faire un remerciment à M. de Belle-Isle, et ils y allèrent ensemble. La visite fut courte, comme je l'ai dit ; M. de Richelieu n'entra dans aucune explication ; il dit seulement à M. de Belle-Isle qu'il travailloit à un mémoire, et qu'il comptoit le présenter au Roi incessamment. Ce mémoire, qui contient la justification de la position où M. de Richelieu a laissé l'armée, étant fini, il le présenta au Roi, il y a quelques jours, et il alla en porter un double à M. le maréchal de Belle-Isle. Cette seconde visite dura trois quarts d'heure ; elle fut accompagnée de beaucoup de politesses ; M. de Richelieu l'assura que ce n'étoit point à la place qu'il occupoit qu'il vouloit rendre des devoirs, que c'étoit à sa personne même, étant rempli de tous les sentiments pour lui qu'il pouvoit désirer, et qu'il venoit aussi, au nom de tous les gens titrés, le remercier d'avoir bien voulu accepter la charge de secrétaire d'État.

M. de Belle-Isle a balancé longtemps à accepter la charge de secrétaire d'État ; mais les exemples de M. le cardinal de Richelieu, et depuis de M. le cardinal Dubois, qui étoit secrétaire d'État quoique cardinal, l'ont déterminé entièrement.

Le 16, il y eut trois de MM. les gentilshommes de la manche de Mgr le duc de Bourgogne qui furent présentés ; ce sont MM. de Marbeuf, de Montesquiou et de la Haye ; M. de Luppé, qui est le quatrième, n'est point encore ici. On sait que le gouverneur est M. de la Vauguyon, et le précepteur M. l'évêque de Limoges ; mais cela n'est point encore déclaré.

Il y a longtemps que M. de la Clue est avec 7 ou 8 vaisseaux à la rade de Carthagène, attendant un renfort pour aller à sa destination, qui est, à ce qu'on croit, Louisbourg ; il faut qu'il soit en état de passer malgré une flotte angloise de 14 vaisseaux qui est dans ces parages. M. Duquesne étoit parti pour l'aller joindre avec 3 vaisseaux, *le Foudroyant, l'Oriflamme* et *l'Orphée ;* ils ont trouvé la flotte angloise, dont une partie bloquoit le port de Carthagène pour empêcher M. de la Clue de sortir. On sait qu'il n'est rien arrivé au *Foudroyant ;* qu'il a relâché à Minorque. On étoit en peine de *l'Oriflamme* et de *l'Orphée.* On sait de ce matin que *l'Oriflamme* s'est retiré dans une anse de la côte de Carthagène sous le canon d'un fort espagnol ; que le commandant de ce fort, voyant que malgré la neutralité les Anglois avoient tiré trois bordées de canon sur nous, avoit fait tirer sur eux et avoit fait dire au capitaine du vaisseau françois qu'il pouvoit mettre à terre son artillerie et tout son équipage et qu'il lui enverroit du renfort, et qu'en conséquence il avoit fait avancer quelques compagnies de canonniers. On n'est point encore instruit du sort de *l'Orphée ;* mais on croit être sûr qu'il n'est pas pris, parce qu'on a vu depuis la flotte angloise sans aucun vaisseau françois avec elle.

M. l'évêque de Limoges est depuis quelques jours déclaré précepteur de Mgr le duc de Bourgogne. Depuis, M. le comte de la Vauguyon a été déclaré gouverneur de ce prince. M. l'abbé d'Argentré est aussi nommé lecteur. On sait que M. l'abbé Radonvilliers est aussi nommé pour sous-précepteur ; c'est lui qui avoit le détail de la feuille des bénéfices sous feu M. le cardinal de la Rochefoucauld.

Il y aura demain deux signatures de contrats de mariage ; l'un de M. le marquis de Gesvres (1) avec la

---

(1) A l'occasion de ce mariage, le Roi a donné à M. le marquis de Gesvres la survivance du gouvernement de l'Ile-de-France, de la capitainerie royale de Monceaux et du brevet de retenue de 50,000 écus qu'avoit M. le duc de Tresmes, son père. (*Note du duc de Luynes.*)

fille de feu M. le marquis du Guesclin et de Mlle Bosc, et l'autre du fils de feu M. Hérault (1) et de Mlle de Séchelles avec la fille de M. de la Lande-Magon, riche négociant de Brest, où se doit faire le mariage.

Du dimanche 19, Versailles. — C'est M. de Saint-Florentin qui a fait signer aujourd'hui le contrat de mariage de M. le marquis de Gesvres. On regarde plus convenable que ce soit le secrétaire d'État de la maison du Roi que celui de la guerre qui fasse signer les contrats de mariage des gens titrés et de leurs enfants; d'ailleurs, M. le marquis de Gesvres, neveu, petit-fils et arrière-petit-fils de premiers gentilshommes de la chambre, a encore une raison particulière pour s'adresser au secrétaire d'État de la Maison. On peut y ajouter que M. le duc de Tresmes est gouverneur de l'Ile-de-France, qui est dans le département de M. de Saint-Florentin. Le Roi, à l'occasion de ce mariage, a accordé la survivance de ce gouvernement à M. le marquis de Gesvres. M. le marquis de Gesvres, qui aura vingt-cinq ans le 9 de mai, jouit actuellement de 45,000 livres de rente, indépendamment du bien de son père. Mlle du Guesclin est fille unique; on lui donne actuellement 12,000 livres de rente, et on lui en assure 41,000; sur quoi, Mme du Guesclin, sa mère, ne se réserve qu'une somme de 100,000 livres, dont elle pourra disposer comme elle voudra. Le mariage se fera à Saint-Ouen, le 4 avril. Les nouveaux mariés viendront loger chez M. le duc de Tresmes, dans la rue Sainte-Anne. Mme du Guesclin vient s'y établir avec eux. L'hôtel de Gesvres et Saint-Ouen, qui sont tous deux substitués, restent à M. le duc de Tresmes.

Du jeudi 23, Dampierre. — Je n'ai point encore parlé de ce que le Roi veut bien donner à M. de Paulmy ; je ne

---

(1) M. Hérault est colonel du régiment de Rouergue depuis le départ de M. d'Estaing, comme je l'ai marqué dans le temps. (*Note du duc de Luynes.*)

le sais que depuis peu de jours, et il y a même un article que j'ignore, et qui me paroît être un secret. M. de Paulmy avoit 9,000 livres de pension et Mme de Paulmy 6,000 livres ; ils avoient eu ces grâces à la mort de M. le marquis d'Argenson. Le Roi laisse subsister les 9,000 livres de pension et celle de 20,000 livres comme ministre ; il a encore dit à M. de Paulmy que son intention étoit qu'il continuât à venir au conseil, comme à l'ordinaire, jusqu'à ce qu'il partît pour aller en ambassade. Il paroît certain qu'on lui en a promis une ; il ne faut qu'attendre qu'il y ait une place à remplir. Le Roi donne à Mme de Paulmy 4,000 livres d'augmentation de pension. M. de Paulmy a une fille unique. Il a passé en usage, par la bonté du Roi et celle du feu Roi, que lorsque les ministres marient leurs filles, le Roi leur donne 200,000 livres ou 10,000 livres de pension. Le Roi promet les 200,000 livres à la fille de M. de Paulmy lorsqu'elle se mariera, et veut bien, en attendant, faire passer à M. de Paulmy, sur le trésor royal, 10,000 livres par an, qui s'éteindront lorsque les 200,000 livres seront payées. M. de Paulmy, qui n'est pas riche, ayant fait des tournées dans le royaume pour son instruction, comme je l'ai marqué dans le temps, s'étoit trouvé dans le cas d'avoir besoin d'argent ; les receveurs généraux lui avoient avancé différentes sommes sur ses billets. Ces sommes, qui faisoient une partie des dettes de M. de Paulmy, se trouvent éteintes par la bonté du Roi, qui veut bien en faire tenir compte aux receveurs.

M. de Chaulnes vient d'obtenir une grâce considérable pour la compagnie des chevau-légers. J'ai déjà parlé de cet établissement, qui continue toujours avec grand succès. M. de Chaulnes a créé des inspecteurs et sous-inspecteurs pour chaque espèce d'exercice, et a fait choix, pour remplir ces places, des sujets qui se sont le plus distingués par leur sagesse et leur application. Il a établi aussi des compagnies composées de plusieurs officiers pour maintenir de plus en plus la subordination. Ces titres honorables étoient accompagnés de peu d'utilité pour ceux qui en sont revêtus. Les dépenses indispensables de ce grand établissement consomment tous les revenus qui y sont attachés. Le Roi vient d'ordonner un payement annuel de 30,000 livres sur le trésor royal, lesquelles seront remises entre les mains de l'aide-major des chevau-légers (que l'on appelle major dans la troupe), et dont M. de Chaulnes disposera pour le plus grand bien de la troupe.

Il paroît depuis trois ou quatre jours une nouvelle déclaration du Roi qui révoque l'arrêt du conseil du 20 novembre 1751 et les lettres patentes du 28 janvier 1752 ; ordonne, en conséquence, qu'on se règle à l'avenir, pour tout ce qui concerne l'administration de l'hôpital général de Paris et autres y unis, comme avant l'année 1749. Il est dit dans le préambule que le Roi n'a jamais eu intention que de suspendre pour un temps l'exécution de l'article 66 de l'édit du mois d'avril 1756, et qu'il a jugé à propos de rétablir les choses, à cet égard, dans le même état où elles étoient avant l'arrêt de son conseil et les lettres patentes.

On me mande qu'il est arrivé hier un courrier à Versailles avec la nouvelle que les ennemis ont repris Minden. Il y avoit 8 bataillons, 2 régiments de cavalerie et 1 de dragons, ce qui devoit faire 7,000 hommes ; mais on compte que cela ne va réellement qu'à 4 ou 5,000 ; ils sont prisonniers de guerre et ne serviront point tant que cette guerre durera. M. le comte de Clermont a quitté Hameln le 17, pour se retirer à Paderborn.

M. de Crémille est arrivé.

On me mande aussi que M. le chevalier de Rohan, qui monte le vaisseau *le Raisonnable* et qui est parti de Rochefort pour escorter des vaisseaux armés en flûte portant des provisions à Louisbourg, a heurté un de ces vaisseaux, à 100 lieues en mer, et si furieusement qu'il l'a mis en pièces. Il y a eu quelques hommes de noyés ; ce vaisseau a été si endommagé qu'on a été obligé de le brûler sur la place. On regarde cet accident comme une grande perte, Louisbourg ayant grand besoin de rafraîchissements. M. le chevalier de Rohan est revenu à Rochefort ayant aussi son vaisseau en très-mauvais état, mais on dit qu'il peut se raccommoder, et que dans un mois il sera en état de mettre à la mer.

On trouvera ci-après la copie d'une note remise aux ministres étrangers à Pétersbourg.

> Il y a déjà quelque temps que l'Impératrice a eu des raisons de se défier du chancelier Bestuchef-Rumin (1) ; mais, entraînée par sa grandeur d'âme et par son penchant naturel pour la clémence, elle s'est contentée jusqu'à présent d'épier ses démarches. Enfin S. M. a vu avec regret que ce n'a pas été sans fondement qu'elle avoit soupçonné la fidélité de cet homme, vu qu'on a découvert quantité de crimes, d'intrigues, de machinations et d'autres actions noires qui ne tendoient pas moins qu'à léser S. M. Plus il a oublié Dieu, son devoir, son serment de fidélité, les grâces et les bontés dont S. M. Imp. l'a comblé (non qu'il les eût méritées, mais uniquement par un effet de sa clémence et de sa générosité), plus elle se voit réduite à la nécessité d'étouffer pour un instant les mouvements de sa grandeur d'âme naturelle, et, lassée d'une patience indignement poussée à bout, de recourir à la fin à la justice. Pour cet effet, l'Impératrice a donné ordre de faire arrêter ledit Bestuchef-Rumin, ci-devant son chancelier, de le dépouiller de toutes ses charges et dignités, et de faire une perquisition de sa conduite et de celle de ses complices.

Le jour qu'on apprit cette nouvelle, M. de Bestuchef, son frère, ambassadeur en France, dînoit chez M. l'abbé comte de Bernis; il dit qu'il ne l'avoit appris que par M. l'abbé de Bernis; il n'avoit point l'air d'être affligé de cette disgrâce; il joua même à tri après son dîner. Mais que peut-on conclure de la conduite d'un ministre sur ses sentiments intérieurs? Le chancelier Bestuchef passoit pour être partisan des Anglois; il est disgracié de sa souveraine, qui montre un grand zèle pour la cause

---

(1) Alexis Petrovitch Bestuchef-Rumin ou Bestoujef-Rumine, né en 1693, mort en 1766.

commune. Dans ces circonstances, que peut et doit faire un ambassadeur?

On me mande de Paris que le général Apraxin étant au moment de subir son jugement, a déclaré qu'il étoit innocent et qu'il n'avoit rien fait que par les ordres de M. de Bestuchef.

Du dimanche 26, *Dampierre.* — On me mande de Versailles que M. Berryer marie sa fille avec M. de Bàville, fils de M. le président de Lamoignon. On dit que la famille de M. Amelot n'est pas contente, parce que M. Berryer doit sa fortune à M. Amelot le ministre, et qu'ils se flattoient que M. Berryer donneroit la préférence à M. Amelot le fils par reconnoissance. M. de Bàville est président à mortier; il a ou aura 60,000 livres de rente. M. Amelot n'a que 6,000 livres de rente; il n'est que maître des requêtes.

Mon frère a obtenu depuis peu un arrangement pour une loterie dont on trouvera ci-après le détail dans un extrait d'une lettre même de mon frère, du 23 de ce mois.

> La loterie qui tourne aujourd'hui au profit des communautés religieuses avoit d'abord été établie pour l'Abbaye-aux-Bois; comme elle étoit trop considérable pour cet objet, le Roi voulut la faire rester au profit de plusieurs communautés de son royaume; comme le lieutenant de police est de droit chargé de maintenir le bon ordre dans le tirage des loteries, il veilloit sur celle de l'Abbaye-aux-Bois comme sur toutes les autres; cela engagea le conseil à rendre un arrêt par lequel il fut chargé de faire remettre des secours à différentes communautés selon un état de distribution qu'il fourniroit et qui seroit approuvé du Roi. Quelque temps après, il plut au Roi d'établir un bureau d'administration pour cet objet, composé de quatre prélats et de quatre maîtres des requêtes; c'est le bureau qui subsiste aujourd'hui. Jusqu'au temps de ma présidence, l'administration des fonds de la loterie étoit restée entre les mains du lieutenant de police en ce qui regardoit le produit, qui étoit réglé par des ordonnances que ledit lieutenant de police donnoit tous les mois pour faire toucher à notre trésorier la somme qui revenoit nette au profit de la commission; et cette somme étoit arbitrée par son ordonnance sans que nous eussions à ce sujet aucune

révision et aucun compte à faire rendre. Ainsi le lieutenant de police étoit maître de toute l'administration. M'étant aperçu du notable préjudice que cela nous portoit et de l'obstacle qui en résultoit pour les différents établissements de bureaux que je voulois faire pour augmenter notre produit, j'ai demandé que cette administration nous fût confiée et qu'il fût ordonné que le Sr Doyen, notaire, établi receveur général de cette loterie par arrêt du conseil dès le commencement, seroit obligé de nous rendre compte du produit d'icelle et de produire par-devant nous les pièces justificatives de la recette et de la dépense. C'est ce qui a été fait par l'arrêt du conseil que j'ai obtenu, qui ordonne que l'administration de la recette et de la dépense de ladite loterie sera faite par le bureau, et qui ordonne que le Sr Doyen rendra par-devant nous ses comptes à l'avenir, et nous autorise de plus à lui faire rendre ses comptes pour tous les temps précédents où il ne les auroit pas rendus. Il n'en a point rendu depuis 1743. Moyennant cela, nous serons parfaitement instruits de l'administration; nous pourrons la régler ainsi que nous voudrons; nous saurons ce que deviennent les lots non réclamés, les gros lots qui tombent quelquefois au profit de la loterie; en un mot, nous pourrons mettre à tout cela un arrangement qui augmentera beaucoup notre produit. Il en résultera un très-grand bien.

J'ai marqué ci-dessus l'arrivée de M. de Crémille. Je n'ai point parlé des arrangements qui ont été pris pour son traitement. Il aura 30,000 livres qui lui seront payées par M. le maréchal de Belle-Isle sur la charge de secrétaire d'État, qui vaut 150,000 livres, et dont M. le maréchal de Belle-Isle est obligé de payer 25,000 livres pour la rente du brevet de retenue. Outre cela, M. le maréchal de Belle-Isle a remis au Roi les appointements de commandant des côtes de l'Océan, qui étoient de plus de 80,000 livres; ainsi la place de secrétaire d'État n'augmentera pas beaucoup ses revenus.

Du mardi 28, *Dampierre.* — Le Roi, sachant combien il étoit digne de sa bonté et nécessaire au bien de son service d'accorder un traitement plus favorable aux officiers de ses troupes, a reglé les appointements du capitaine de grenadiers à 180 livres par mois, au lieu de 120 livres 15 sols. Pour le lieutenant, 60 livres, au lieu de 52 livres 5 sols. Pour le sous-lieutenant, 40 livres, au lieu de 30 livres. Pour les capitaines des quatre compagnies des fusiliers, 160 livres chacun, au lieu de 100 livres. Les quatre capitaines suivants, 140 livres, au lieu de 100 livres; ceux des huit dernières compagnies, 120 livres chacun, au lieu de 100 livres. Les seize lieutenants par bataillon auront chacun 50 livres par mois, au lieu de 34 livres 5 sols. Le major 160 livres, au lieu de 100 livres. Les aides-majors, qui n'avoient que 54 livres 5 sols par mois, auront 100 livres, et les deux enseignes, qui n'avoient que 26 livres 15 sols, auront 34 livres.

Le corps des grenadiers de France est augmenté sur le pied des compagnies de grenadiers de l'infanterie françoise.

Le Roi donne aussi à chaque capitaine un supplément de deux payes de soldat d'augmentation, et cela par supplément de gratification, en supprimant le rappel complet. La masse pour l'habillement est aussi augmentée de 4 deniers par sergent et de 2 deniers par soldat, ce qui fait 24 deniers par sergent et 12 deniers par soldat.

Les capitaines des régiments Suisses et Grisons auront chacun huit payes de plus par mois, c'est-à-dire 40 livres, et ils augmenteront les appointements des officiers subalternes, savoir 120 livres aux capitaines lieutenants, au lieu de 100 livres; 90 livres aux lieutenants, au lieu de 75; 60 livres aux sous-lieutenants, au lieu de 50; et 50 livres à l'enseigne, au lieu de 47. Le Roi accorde outre cela des gratifications aux lieutenants-colonels, au commandant de bataillon, au capitaine commandant à la place du titulaire. Ces gratifications sont attachées aux différents grades. Le traitement de l'infanterie allemande est aussi augmenté à proportion de celui ordonné pour l'infanterie françoise. On supprime le rappel du complet, et chaque capitaine aura deux payes d'augmentation. Les officiers des régiments Suisses, Grisons et Allemands auront du fourrage gratis, comme l'infanterie françoise, mais seulement dans le temps que le Roi en fera fournir à ses troupes. L'infanterie italienne, irlandoise et écossoise avoit déjà du fourrage. Ainsi rien de changé sur cet article; d'ailleurs, ils seront traités comme l'infanterie allemande. Les officiers du Corps Royal auront le même traitement, et outre cela par gratification deux payes par compagnie, en supprimant le rappel du complet.

Voici le traitement de la cavalerie, des carabiniers, des houssards et des dragons.

Les cinq mestres de camp des carabiniers, comme premiers capitaines, auront chacun 600 livres de gratification. Les cinq lieutenants, chacun 500 livres comme seconds capitaines; et chacun des cinq capitaines suivants 400 livres. Le premier capitaine d'un régiment de cavalerie ou houssard aura 400 livres, et le second 300 livres. Le premier capitaine d'un régiment de dragons 300 livres, et le second 200 livres. Les capitaines, lieutenants, cornettes et maréchaux des logis des carabiniers, de la cavalerie, des houssards et des dragons auront une augmentation de place d'ustensiles en temps de guerre. Le Roi augmente aussi le traitement des majors et aides-majors. S. M. donne une haute paye de 6 deniers par jour à chacun des quatre carabiniers par compagnies, dans la cavalerie et les dragons, et une augmentation de remonte à toutes ses troupes à cheval. La masse de la cavalerie est augmentée de 2 deniers par jour, ce qui en fera 12.

On a appris depuis quelques jours la mort de M. le marquis du Cayla, à Nîmes, le 28 du mois dernier; il avoit quarante et un ans. Il étoit fils unique du marquis Daubais. Son nom de famille étoit Bachy. On sait que les Bachy et les du Cayla sont la même chose.

Du vendredi 31, *Dampierre.* — On trouvera ci-après l'extrait de différentes lettres de l'armée que j'ai reçues aujourd'hui.

De Lipstadt, le 18 *mars.*

Nous partons tous demain pour Paderborn, où arrive le quartier général de l'armée. Tous les équipages passent ici dans le plus grand désordre. On nous assure que l'on brûle une partie des équipages ; que l'on a jeté beaucoup de notre canon dans le Weser ; que l'on a cassé les pontons, et que l'on se retire avec beaucoup de précipitation. Ce qu'il y a de particulier, c'est que l'on n'entend point parler que les ennemis nous suivent, ni dans quel endroit ils sont. Les régiments qui étoient dans Minden lorsque les ennemis le prirent sont le Mestre-de-camp-de-dragons, Lyonnois et Clermont-Prince. La grosse artillerie qui est à Paderborn va à Dusseldorf. Tout ceci a l'air d'un grand délabrement.

De Paderborn, le 20 mars.

Le quartier général est arrivé ici aujourd'hui. J'ai compté ce qu'il y avoit d'hommes dans chaque compagnie de cavalerie; je n'y ai vu que depuis 12 cavaliers jusqu'à 22, et dans chaque compagnie d'infanterie depuis 16 jusqu'à 25. Pour les dragons, il n'en existe presque plus. Tout le monde leur rend la justice de dire qu'ils ont combattu comme des déterminés partout où ils se sont trouvés. Il n'y avoit que 13 compagnies du régiment de Mestre-de-camp dans Minden; les trois autres sont à Munster. Les régiments d'Harcourt et du Roi ont aussi beaucoup souffert. Le Colonel-Général a perdu une partie de ses armes et de ses selles. On assure que les ennemis marchent sur Munster pour tâcher de nous couper la communication de Wesel ici. Nous sommes à 40 lieues de Wesel, et Munster n'en est qu'à 24. Notre armée se retire sur Wesel en trois colonnes, l'une passant par Munster, celle du centre par Bielefeld et celle de la gauche par ici et Lipstadt.

Il y a déjà 21 jours que nous sommes partis. Nous avons fait, de Hanovre à Hameln, 11 lieues; de Hameln, à Paderborn 16 ; il nous en reste encore 35, ce qui fera 62. Nous abandonnons la Hesse; l'Ost-Frise, Lipstadt, et cela avec des raisons très-péremptoires.

Extrait d'une lettre sans date, mais qui est vraisemblablement de Paderborn, du 20 mars. (On y trouvera un détail de ce qui s'est passé à Hoya.)

M. de Chabot, colonel des volontaires Royaux, qui étoit à Hoya, fut averti que les ennemis passoient le Weser d'un côté, au-dessus de la ville, et que de l'autre ils attaquoient le pont. Comme le premier mouvement n'étoit pas si pressant que le second, il se porta en force au pont; mais à peine avoit-il commencé à le défendre, qu'il entendit des coups de fusil qui lui venoient de dedans la ville qui étoit derrière lui. C'étoient les ennemis qui étoient passés fort promptement par le flanc droit de la ville et qui étoient entrés par le côté opposé à celui qu'un gros de leurs troupes attaquoit. M. de Chabot y envoya un corps de 100 dragons commandés par M. d'Osence, capitaine au régiment du

Mestre-de-Camp. Cette troupe trouva une grosse colonne des ennemis dans la grande rue, qui les fusilla; ils rendirent une salve qui, suivie de plusieurs autres, fit plier cette colonne. Mais M. d'Osence voyant que le nombre étoit trop fort, se replia sur Nienburg. C'est pendant ce temps-là que M. de Meniglés, capitaine de dragons du régiment de Mestre-de-Camp, fut tué. M. de Chabot a fait dans le château une capitulation honorable. On dit que les ennemis sont actuellement à Marienfeld.

AVRIL.

Détail de la prise de Minden. — Nouvelles de la Sorbonne. — Une escadre anglaise sur les côtes de Saintonge. — Efforts du maréchal de Belle-Isle pour rétablir la discipline dans l'armée. — M. Bourgade. — Traitement d'une esquinancie. — Le maréchal de Richelieu envoyé en Guyenne pour y commander. — Séparation du titre de gouverneur et des fonctions du commandement dans les provinces. — Indisposition du Roi. — Mort de Mlle de Charolais. — Contrats de mariage. — M. de Crémille adjoint au maréchal de Belle-Isle. — Nouvelles diverses. — Les premiers bâtons de maréchal de France. — Les Hospitalières du faubourg Saint-Marceau. — Présentations. — Le cardinal de Tavannes élu proviseur de Sorbonne. — Suite de l'affaire des Hospitalières. — Évêché donné. — Mort du comte de Dunois. — Lettre du maréchal de Belle-Isle aux colonels. — Suite de l'affaire des Hospitalières. — Refus de sacrements. — Forces navales et militaires de l'Espagne. — Affaires du Paraguay. — M. d'Aranda. — La voie de recours. — Affaire de Saint-Nicolas des Champs. — Commandement du duc de Chevreuse. — Consommation de bois à Paris. — Libelle condamné au feu. — Mort de MM. de Boissy et de Jussieu. — Création de rentes. — Procès de M. de Beauvilliers. — Affaire de Saint-Nicolas des Champs. — Lunette pour voir pendant la nuit. — État de l'armée du comte de Clermont. — Mort de la maréchale d'Isenghien et de Mme de Soyecourt. — Suite de l'affaire de Saint-Nicolas des Champs. — Nouvelles diverses. — Audience aux États de Bourgogne et d'Artois. — Mort de l'archevêque de Toulouse.

Du lundi 3 avril, Dampierre. — On me mande de Versailles que M. de Paulmy achète de M. Rouillé la charge de trésorier de l'Ordre.

On trouvera ci-après une relation de la prise de Minden envoyée par un officier qui étoit dans cette ville lorsque les ennemis la reprirent.

J'entrai le 27 février au soir dans la ville de Minden avec 400 grenadiers que je commandois. Nous avions été poursuivis toute la journée par un corps de cavalerie prussienne, et nous avions traversé devant les ennemis une plaine de trois lieues ; nous leur tuâmes un officier et 40 hommes (ils en sont convenus avec moi chez le prince Ferdinand) d'une seule décharge que nous fîmes à bout touchant. Nous ne perdîmes que 4 grenadiers. Il y avoit une colonne d'infanterie sur notre gauche qui pressoit le pas pour nous couper le chemin de la ville de Minden ; mais comme nous avions de l'avance sur elle et que leur cavalerie, malgré ses escarmouches, ne ralentissoit point notre marche, nous fûmes aux portes de la ville à six heures du soir. Je comptois rejoindre l'armée au premier jour, mais on a voulu sans doute sacrifier cette garnison pour le salut de tous.

M. de Morangiés, lieutenant général, gouverneur de Minden, reçut ordre de tenir ferme dans ce mauvais poste ; on lui promettoit un prompt secours ; nous travaillâmes jour et nuit à nous mettre en état de défense.

Le 5 à midi, il parut sur la lisière d'un bois un corps considérable de l'armée alliée ; on nous somma quelques heures après, et on nous offroit, si nous voulions évacuer la place, tous les honneurs de la guerre. L'ordre que M. de Morangiés avoit reçu fut cause qu'il refusa toute capitulation.

La nuit du 7 au 8, les ennemis ouvrirent la tranchée à 1,500 toises de la place ; ils l'ont poussée assez lentement depuis ce temps jusqu'au 13 que leurs batteries commencèrent à tirer. Nous les avons très-peu inquiétés, parce que nous manquions généralement de tout, de poudre, d'affûts, de canons, de mortiers, de bombes, etc. La place étoit susceptible d'être prise de vive force ; ainsi depuis le 17 jusqu'au 27, toute la garnison a passé la nuit sur le rempart et réparé son poste. Le 17 au soir, M. de Morangiés entra en pourparlers ; le 18 au matin, le conseil de guerre décida qu'il falloit accepter la capitulation d'être prisonniers de guerre, toutes les autres ayant été refusées par le général Dober, commandant des troupes qui nous assiégeoient. Je m'inscrivis contre cette décision, et je proposai de commencer les hostilités jusqu'à ce que les ennemis eussent eux-mêmes réduit leur ville en poudre par leurs batteries, et les attendre, la brèche faite, la baïonnette au bout du fusil. Je présumois qu'ils n'auroient pas voulu détruire leur ville, et que pour la sauver ils nous auroient accordé une capitulation moins onéreuse ; mon avis ne prévalut point, et le Roi perd par là le fond de près de 8,000 hommes. Nous étions d'effectifs portant les armes 3,560, tant fantassins que dragons ou cavaliers.

M. de Morangiés, qui est la bravoure même, s'est rendu avec le poignard dans le cœur, et a signé cette capitulation comme son arrêt de mort.

Pour moi, je n'ai jamais voulu signer le résumé du conseil de guerre (1), ne voyant rien de pis que d'être prisonnier de guerre.

Le 14 au soir, on livra deux portes aux ennemis; le 16, tout le corps de l'armée alliée qui nous assiégeoit se mit sous les armes, formant à la porte Saint-Siméon une double haie. A dix heures du matin, notre garnison sortit de la ville, passa par la double haie et fut mettre bas les armes. M. le duc Ferdinand et le prince héréditaire de Brunswick nous virent défiler. Après cette triste cérémonie, on envoya tous les régiments dans les quartiers qui leur sont assignés, savoir :

Le régiment de Lyonnois (1) à Hanovre; le régiment des grenadiers royaux de Solard à Buckebourg; Salis à Nienbourg; le bataillon du prince Charles palatin à Minden; les gardes lorraines à Minden; Conty-cavalerie à Nienbourg; Clermont-prince à Minden; le Mestre-de-Camp à Minden; volontaires de Hainaut à Hanovre; les canonniers à Nienbourg.

Le prince Ferdinand dîna à Minden; j'eus l'honneur de dîner avec lui; il nous accabla, ainsi que toute sa cour et son armée, de bontés, de politesses et de prévenances. Rien de si affable que ce prince, ainsi que son neveu le prince héréditaire.

Les troupes hanovriennes qui étoient sous les armes étoient de toute beauté; bien habillées, bien armées; elles avoient avec elles le nécessaire et l'agréable.

État de la garnison de Minden.

M. de Morangiés, lieutenant général, M. de la Guiche, maréchal de camp, M. Maisoncelle, brigadier de cavalerie, M. Brulart, brigadier d'infanterie, M. Bourgmarie, brigadier d'infanterie, M. Langeac, brigadier de cavalerie, M. Solard, colonel des grenadiers royaux de Solard, M. Langeac, colonel du régiment de Conty, M. Mehegan, lieutenant-colonel des grenadiers royaux de Solard, M. Villeneuve, lieutenant-colonel de Conty-Cavalerie, un lieutenant de Roi, un major de place, un aide-major, un commissaire des guerres.

---

(1) Cette lettre, pleine d'erreurs de dates, serait du comte de la Guiche, si l'auteur de la *Vie privée de Louis XV* (t. III, p. 159) dit vrai, que le comte de la Guiche fut le seul officier qui refusa de signer la capitulation et le seul qui ne fut pas puni. Voir plus loin, au 16 mai.

(2) Un caporal de Lyonnais, furieux de se voir prisonnier de guerre, rassembla 1,500 soldats indignés comme lui. Ces braves gens passèrent sur le ventre aux ennemis, et le caporal *La Jeunesse* rejoignit avec ses hommes l'armée du comte de Clermont.

INFANTERIE.

Régiment de Lyonnois...............	2 bataillons.
Salis................................	2 »
Grenadiers royaux de Solard..........	2 »
Prince Charles palatin...............	1 »
Un débris du régiment des gardes lorraines..	98 hommes.
Canonniers.........................	100 »
Les volontaires de Hainaut...........	200 »
Officiers du corps royal..............	8 »

CAVALERIE.

Clermont-Prince...................	2 escadrons.
Conty............................	2 »

13 compagnies du régiment de Mestre-de-camp-Dragons,
30 hussards de Poloreusky,
60 convalescents de toutes sortes de régiments.

Total..............	3,560 hommes.

Nous avons laissé 40 pièces de canon de fer, la plupart sans affûts, 4 pièces de fonte hanovrienne, 4 pièces de fonte appartenant aux régiments de Lyonnois et de Salis, 17 drapeaux, 5 étendards, 6 milliers de poudre et beaucoup de blé.

On trouvera ci-après l'extrait d'une lettre de Paris, du 1er, au sujet de l'assemblée de la faculté de théologie du *prima mensis*.

On a lu au *prima mensis* des ordres qui disent en substance que le Roi renouvelle la loi du silence inscrite sur les registres; que pour rétablir les études, l'intention de S. M. est que les bacheliers de la licence 54 et ceux de la licence 56 se réunissent ensemble pour soutenir leurs thèses, et que pour cela ils aient à prendre jour à la maison de faculté, ceux qui sont à Paris dans le présent mois; et que ceux qui sont en province et qui seront dans la disposition de continuer leurs études aient à prendre jour avant le 1er juin, sans quoi ils seront exclus pour toujours de la licence. Enjoint S. M. aux doyen et syndic d'enregistrer la présente lettre sans aucune délibération, sans cependant qu'il soit défendu à ladite Faculté de délibérer sur les affaires courantes.

Ensuite on a mis sur le bureau une lettre de M. l'archevêque qui remercie la Faculté de la part qu'elle prend à son exil, et un bachelier a supplié pour demander *missionem a scholis*. Ces deux points mis en délibération par M. le doyen, de 130 docteurs ou environ, 30 se sont retirés, et de ceux qui se sont retirés plusieurs ont dit : « Il faut inscrire la lettre de M. l'archevêque et accorder la demande du bachelier. » D'autres ont dit : « Je n'ai pas un mot à dire sur rien. » Enfin un docteur a dit : « Pour le salut de mon âme, j'ai à vous dire que je suis toujours attaché à l'ancienne doctrine et nullement soumis au silence. » Le doyen a dit : « Je m'oppose à ce que ce que dit Monsieur ait lieu ; car on ne peut selon les statuts délibérer que sur ce que M. le syndic propose et qui est mis ensuite en délibération par moi, doyen. » On a inscrit sur le plumitif la demande du docteur et son avis ; 6 docteurs ont dit comme lui, et on a conclu à registrer la lettre de M. l'archevêque et à accorder la demande du bachelier.

Il n'y a pas d'apparence que les bacheliers se présentent, et que les docteurs en grand nombre fassent leurs fonctions.

Du vendredi 7, Versailles. — M. le maréchal de Belle-Isle a reçu ce matin un courrier de M. le maréchal de Senneterre par lequel il mande qu'il a paru à la hauteur de l'île d'Aix une escadre angloise de 5 vaisseaux de ligne et 3 frégates. Nous avons actuellement 12,000 hommes sur cette côte, et nous y en aurons bientôt 20,000. On ne croit pas que les Anglois puissent avoir beaucoup de troupes de débarquement. On croit que le projet des Anglois, en paroissant sur nos côtes, est d'empêcher la sortie de nos vaisseaux de Rochefort ; ce qui nous feroit un embarras considérable et un long retardement pour des objets auxquels il est pressé de pourvoir. Il s'agit de marcher à eux, mais nous n'avons pas encore d'escadre en état de leur faire abandonner leurs projets.

Du samedi 8, Versailles. — Par les dernières nouvelles de l'armée, il paroit qu'elle est toute rassemblée à Wesel où est le quartier général et aux environs. Nous occupons outre cela Hanau, et M. le comte de Clermont vient d'envoyer les dragons et quelques troupes aux ordres de mon fils à Ruremonde ou Rœrmont. Cette ville est ainsi nommée de la rivière de Roer, qui se jette en cet endroit dans la Meuse (1) ; elle fut cédée à la maison d'Autriche en 1719.

---

(1) Charles-Quint s'en rendit maître en 1543, les Hollandois en 1567 ; de-

Il y a deux rivières de Roer ou Roure; celle dont je viens de parler se jette dans la Meuse et l'autre dans le Rhin auprès de Duisbourg. On peut observer à cette occasion que le mot *Mund* signifie embouchure; c'est là l'origine du mot de Rupelmonde, qui veut dire embouchure de la Rupel.

On fait tous les préparatifs possibles pour réparer promptement l'armée et principalement pour y rétablir la discipline. M. le maréchal de Belle-Isle pense avec raison que le meilleur moyen est d'obliger les colonels et commandants des corps à y tenir la main et de s'en prendre à eux quand elle ne sera pas bien observée. Il a déjà parlé très-fortement en conséquence à tous ceux qui sont partis pour aller joindre l'armée. J'ai déjà parlé du traitement que le Roi a ordonné; s'il manque quelque chose au détail que j'en ai fait, je l'ajouterai lorsque l'ordonnance paroîtra, ce qui doit être incessamment. L'entrepreneur des vivres est toujours M. de Bourgade (Marquet, dont la sœur a épousé M. de Montigny). M. le maréchal de Belle-Isle me disoit, il y a quelques jours, que malgré les marches continuelles qu'a faites notre armée pendant cette dernière campagne, marches souvent promptes et imprévues, le pain de munition (1) n'a jamais manqué et a toujours été excellent.

Ce même M. de Bourgade a eu l'entreprise des subsistances de l'armée que M. le maréchal de Belle-Isle commandoit en Provence. Il suivoit M. de Belle-Isle à une promenade sur les confins de la Savoie; M. de Belle-Isle qui avoit alors quelques projets d'opérations du côté de

---

puis ce temps elle tomba au pouvoir des Espagnols. Les Hollandois l'assiégèrent en 1577, mais ils furent obligés de lever le siége et ne la prirent qu'en 1632. Les Espagnols la reprirent et la gardèrent jusqu'en 1702. Les Hollandois s'en rendirent maîtres une seconde fois et la gardèrent jusqu'en 1719. Elle a toujours été depuis à la maison d'Autriche; il n'y a que quatre villages qui en dépendent. (*Note du duc de Luynes.*)

(1) C'est-à-dire distribué au soldat par le munitionnaire ou *fournisseur*.

Mont-Dauphin, place sur la Durance, fortifiée par Louis XIV en 1693, demanda à M. Bourgade s'il avoit établi quelques magasins dans cette place ; il lui dit qu'il n'en avoit point. Il se passa plusieurs mois sans qu'il fût question de rien. M. de Belle-Isle étant revenu à la fin de février, on détermina les opérations de la campagne ; en conséquence il dit à M. de Bourgade qu'il lui faudroit 20,000 sacs de farine à Mont-Dauphin pour le 1er de juin ; M. de Bourgade lui répondit que s'il n'y avoit que cet obstacle à ses opérations, qu'il pouvoit les commencer quand il voudroit et qu'il trouveroit tout ce qu'il désireroit. M. de Belle-Isle lui demanda comment cela étoit possible, d'autant plus qu'il n'y avoit pas un assez grand nombre de mulets dans ce pays-là pour faire transporter promptement un si grand nombre de sacs, et que d'ailleurs ces mulets étoient trop petits pour pouvoir porter plus d'un sac. M. de Bourgade convint de tous ces faits et ajouta qu'il avoit pris ses précautions ; qu'il avoit déjà envoyé à Mont-Dauphin 14,000 sacs. « Et si le Roi n'en avoit pas eu besoin, lui dit M. de Belle-Isle, comment auriez vous fait ? — J'aurois perdu 50,000 écus, lui dit M. de Bourgade, et il valoit mieux que je les perdisse que de laisser manquer l'armée du Roi de ce qu'elle pouvoit avoir besoin. » On ne sauroit trop louer de pareils sentiments.

Il n'y a que fort peu de jours qu'on apprit par un courrier que M. le comte de Clermont avoit été à toute extrémité d'une esquinancie ; c'est une maladie à laquelle il est sujet, à ce que l'on dit, de temps en temps. En quatre heures de temps il a été saigné trois fois du pied ; il a pris l'émétique et on lui a appliqué les vésicatoires.

Il y a plusieurs jours que l'on sait que M. le maréchal de Richelieu va commander en Guyenne ; il l'a demandé avec instance. Le titre de gouverneur ne suffit pas pour aller commander dans son gouvernement ; il faut un ordre du Roi, règle sagement établie pour prévenir les inconvénients résultant de la conduite de ceux qui seroient capables d'abuser des bontés dont le Roi les a honorés et dont on n'a vu que trop d'exemples anciennement. Mais quand il n'y a aucune raison particulière contre le gouverneur d'une province, la demande qu'il fait d'y aller commander est toujours favorable. M. de Langeron avoit été envoyé pour commander en Guyenne; c'étoit une récompense de l'intelligence et du zèle avec lesquels il se conduisit l'année dernière sur les côtes d'Aunis, dans le temps de l'entreprise des Anglois sur Rochefort. C'est ce qui a donné occasion à quelques amis de M. de Langeron de faire de fortes représentations; allant même jusqu'à dire que ses succès avoient été si heureux, et ceux de M. de Richelieu si malheureux, que cette circonstance rendoit le nouvel arrangement encore plus désagréable; mais la demande du gouverneur a paru trop juste pour être refusée. Cela n'empêchera point que M. de Langeron ne reste en Guyenne sous les ordres de M. de Richelieu. Mme de Langeron prit hier congé du Roi, de la Reine et de la famille royale; elle va trouver M. de Langeron à Bordeaux.

Il y eut avant-hier huit jours que le Roi se trouva incommodé au sortir du grand couvert; il y eut un peu de fièvre la nuit; on craignoit que ce ne fût un coup de soleil, mais c'étoit un peu d'indigestion qui n'a point eu de suite. Il n'a gardé sa chambre que quatre jours.

M. le comte de Charolois vint ici hier matin pour rendre compte au Roi de la mort de Mme de Charolois, arrivée ce même jour à Paris à cinq heures du matin. Cette princesse, née en 1695, avoit presque toujours joui d'une fort bonne santé, excepté des indigestions qu'elle se donnoit souvent. Mais depuis trois ou quatre ans, elle étoit sujette à des incommodités qui paroissoient marquer une mauvaise qualité dans son sang, mauvaise qualité de même espèce que celle que nous avons vue à la mort de feu

Mme la Duchesse sa mère, de feu M. le Duc et même de M. d'Antin et de M. du Maine. Il y avoit trois ou quatre mois qu'elle étoit tombée malade, et cette maladie avoit si fort augmenté qu'on l'a dite morte pendant trois jours à Paris; elle fait son légataire universel M. le comte de la Marche.

Le Roi signa, le 2, le contrat de mariage de M. le chevalier, qu'on appelle présentement le marquis de Chauvelin, ambassadeur de France à Turin, avec Mlle de Mazade d'Argeville, fille ou nièce d'un fermier général; elle sera présentée aujourd'hui par Mme de la Suze (Chauvelin).

Ce même jour, le Roi signa le contrat de mariage de M. d'Avaray avec Mlle de Mailly.

L'arrangement pour M. de Crémille est fini d'hier au soir. Le Roi lui donne des lettres patentes par lesquelles S. M. l'autorise à faire sous les ordres de M. le maréchal de Belle-Isle ce qu'on appelle les signatures en commandement. Cet arrangement a été d'une grande difficulté, et on travailloit depuis plusieurs jours à examiner différentes formes qui avoient été proposées; celle-ci paroît la plus simple.

J'ai appris aujourd'hui qu'à l'occasion du mariage de Mlle Berryer avec M. le président de Lamoignon, le Roi a donné à la nouvelle mariée un collier de 30,000 livres. S. M. a donné aussi 6,000 livres de pension à M. Séguier, avocat général, et paye ses dettes.

On a fait revenir de Roussillon M. de Graville, lieutenant général, qui y avoit été envoyé pour y commander depuis M. de Mailly-d'Haucourt. M. de Mailly-d'Haucourt a obtenu de retourner dans son ancien commandement; en conséquence, M. de Graville est revenu; on lui donne tous les éloges qui lui sont dus pour la conduite qu'il a tenue dans ce commandement, et comme c'est un très-bon officier, le Roi a désiré qu'il fût employé.

M. le marquis de la Châtre vient d'obtenir la permission de vendre le régiment de Cambrésis qu'il commandoit; il est brigadier et sera employé en cette qualité dans la haute Bretagne.

Du lundi 10, *Versailles.* — Il vint hier un courrier de Rochefort à M. de Moras. On a su aujourd'hui que la nouvelle qu'il avoit apportée étoit que les 7 vaisseaux anglois qui avoient paru à l'île d'Aix s'étoient retirés.

Du mardi 11, *Versailles.* — Dimanche dernier, le Roi envoya M. de Souvré faire des compliments sur la mort de Mlle de Charolois. Mme la princesse de Conty lui dit qu'elle ne doutoit pas qu'il ne fît l'honneur à M. le comte de Clermont de passer chez lui quoique absent; en conséquence M. de Souvré y alla. M. de Talaru ayant été envoyé par la Reine pour faire les mêmes compliments, Mme la princesse de Conty lui parla aussi de M. le comte de Clermont. M. de Talaru lui dit qu'il n'avoit point d'ordre; mais ayant su que M. de Souvré y avoit été, il crut ne pouvoir se dispenser de faire de même. Cette circonstance d'un compliment à un prince du sang dont l'absence est bien connue du Roi, puisqu'il commande ses armées, mérite d'être remarquée.

Les deux nouveaux maréchaux de France, MM. de Berchiny et de Conflans, prêtèrent serment avant-hier entre les mains du Roi. L'usage est que le Roi leur donne un bâton, et jusqu'à présent ce bâton avoit été la première canne que l'on trouvoit; presque toujours, ç'a été celle de M. d'Argenson pendant qu'il a été en place. M. le maréchal de Belle-Isle a représenté au Roi qu'il convenoit d'avoir des bâtons faits exprès pour donner aux maréchaux de France le jour de leur serment, et en conséquence on en a fait faire, qui furent donnés dimanche dernier. Ces bâtons sont pareils à ceux que les maréchaux de France portent à leurs armes; ils sont longs de 18 pouces 2 lignes, gros de 4 pouces, garnis de velours bleu semé de fleurs de lis d'or, un cercle d'or à chaque bout; lesdits bouts aussi garnis de velours pareil avec une fleur de lis d'or.

L'affaire des Hospitalières du faubourg Saint-Marceau, dont j'ai tant parlé, a été renvoyée au jugement de M. l'archevêque de Lyon comme primat. Elles prétendent que par leur institut elles doivent faire tous les trois ans l'élection d'une supérieure et autres charges de la maison. Elles sont soumises à la juridiction ordinaire, c'est-à-dire à l'évêque; elles ne pouvoient faire leur élection qu'en présence d'un commissaire nommé par M. l'archevêque; elles le lui ont demandé, et il l'a refusé. Connoissant les sentiments de plusieurs religieuses de cette maison, qui ont paru fort éloignées de toute soumission, il a jugé que l'élection ne tomberoit que sur un sujet dont la façon de penser ne conviendroit point; que par conséquent cette élection ne pourroit être approuvée par le commissaire; que les religieuses présenteroient requête au Parlement et que le commissaire seroit décrété. Comme il y avoit quatre ans qu'elles n'avoient fait d'élection, sur le refus de M. l'archevêque, le procureur général a dénoncé ce refus au Parlement (1). Ce tribunal a nommé un commissaire en présence duquel l'élection a été faite. M. l'archevêque a déclaré cette élection nulle et a défendu d'y avoir égard, sous peine d'excommunication *ipso facto*. Dans ces circonstances, les religieuses ont prétendu n'avoir d'autre ressource que de s'adresser au juge supérieur (ce supérieur est l'archevêque de Lyon comme primat), ou, en cas de refus du primat, de s'adresser au pape. C'est dans ces circonstances que M. de Montazet a été nommé à Lyon (2); il a

---

(1) Les amis des religieuses prétendent que c'est pour le maintien de l'ordre public que le procureur général a fait cette dénonciation sans en avoir été requis par les religieuses. Il est vrai qu'il n'y a point eu de requête en forme. Je rapporte les faits et je ne juge point. (*Note du duc de Luynes*).

(2) M. de Montazet a été saisi de cette affaire immédiatement à la mort

demandé permission, avant de juger, d'aller trouver M. l'archevêque, ou au moins de lui écrire; l'un et l'autre lui ont été refusés.

Du mardi 18, *Dampierre.* — Mme la princesse de Conty et Mlle de Sens vinrent à Versailles vendredi dernier et reçurent le soir les visites du Roi, de la Reine et de toute la famille royale; elles allèrent samedi faire leurs remercîments; mais il n'y eut aucun cérémonial, et elles ne reçurent point de visites des hommes et femmes de la Cour en grands manteaux. Le Roi, la Reine, et par conséquent toute la Cour, avoient pris le deuil jeudi, et on comptoit que ce seroit pour onze jours. La maison de Condé avoit prétendu qu'on devoit porter le deuil quinze jours; on a cherché dans les registres, et on a trouvé qu'en pareil cas on l'avoit porté douze jours; ainsi on le portera douze jours au lieu de onze.

Mmes de Vaussieux et de Thianges furent présentées avant-hier; la première par Mme de la Feuillade-Bezons, qui est sa tante; la seconde par Mme de Châtillon. Mme de Thianges est sa nièce, étant fille de M. de Tillières. On dit que M. de Vaussieux est un homme de condition de Normandie. Pour M. de Thianges, il est Damas d'Anlezy, ancienne noblesse, même maison que le beau-frère de Mme de Montespan. Il y a d'autres Damas qui sont Ruffey, desquels est Mme de Talleyrand, la belle-fille, et le mari de la seconde fille de M. de Rochechouart-Faudoas. Ceux-ci prétendent être de même maison que les autres, et ont paru désirer d'être priés à la noce de Mlle de Tillières (1). MM. de Thianges répondent avec beaucoup de

---

de M. le cardinal de Tencin, qui devoit la juger. Le siége de Lyon n'est jamais vacant pour l'administration spirituelle ni temporelle, à moins que celui d'Autun ne soit vacant en même temps, parce que c'est l'évêque d'Autun qui, à la mort de l'archevêque, exerce de droit l'une et l'autre administration; ainsi M. de Montazet auroit pu juger, en qualité d'administrateur, ce qui se trouvoit déféré à la primatie. (*Note du duc de Luynes.*)

(1) Qui s'est faite chez M. le président Hénault, grand-oncle de la mariée (*Note du duc de Luynes.*)

politesse qu'ils ne prétendent rien disputer à MM. de Damas-Ruffey, mais qu'ils ne peuvent se reconnoître de même maison, parce qu'ils ne voient aucun titre qui le prouve; et même il sembleroit que MM. de Damas-Ruffey ne dussent pas insister, puisqu'eux-mêmes ne les ont point priés ni à la noce de Mlle de Talleyrand, ni à celle de Mlle de Rochechouart. Il est assez vraisemblable que, dans la persuasion où sont MM. de Thianges, ils n'auroient point été à ces deux noces quand même ils en auroient été priés.

On croyoit qu'il y auroit peut-être quelques difficultés et même un procès au sujet du testament de Mlle de Charolois, à cause d'un mot (1) mal écrit de sa main, mais il paroît que tout se conciliera. Mlle de Charolois a laissé à Mme de Bussy, sa dame d'honneur, en pension, les mêmes 4,000 livres qu'elle avoit d'appointements; elle a fait le même arrangement pour tous ceux qui lui étoient attachés (2).

M. l'abbé de Brienne alla hier à Versailles porter à M. le cardinal de Tavannes la nouvelle que S. Ém. avoit été élue dans l'assemblée de ce même jour proviseur de Sorbonne; c'est un titre honorable, mais sans fonction. Le proviseur n'assiste point aux assemblées; mais il seroit juge en cas que les avis fussent partagés. Au reste, ce choix est d'autant plus flatteur que cette place a toujours été remplie par des cardinaux ou des prélats. Au car-

---

(1) Ce mot est ouvriers au lieu d'héritiers. (*Note du duc de Luynes.*)

(2) La succession de Mlle de Charolois est un objet considérable, surtout le mobilier, dont les diamants font partie; elle en avoit beaucoup; c'étoit sa passion, et feu M. le duc d'Antin lui faisoit la plaisanterie de lui proposer, lorsqu'elle se feroit saigner, de faire mettre des diamants à la bande dont on se serviroit. Elle avoit les maisons d'Athis, de Mons et de Madrid, la terre de Bellegarde ou Seurre en Bourgogne, et autres. Mais cette succession est fort chargée présentement par l'immensité des legs, et outre cela elle est obligée de payer 27,000 livres de rente à Mme l'abbesse de Beaumont, qui en se faisant religieuse n'a donné son bien à Mlle de Charolois, sa sœur, qu'à cette condition. (*Note du duc de Luynes.*)

dinal de Richelieu succédèrent les deux Gondi, oncle et neveu, archevêques de Paris; le cardinal Mazarin, qui fut proviseur pendant trois ans et demi; après lui, M. de Péréfixe, archevêque de Paris, auquel succéda M. de Harlay, aussi archevêque de Paris; puis M. l'archevêque de Reims le Tellier; après celui-ci M. le cardinal de Noailles, archevêque de Paris. A sa mort, arrivée en 1719, la Sorbonne élut M. le cardinal de Fleury; après sa mort, en 1743, M. le cardinal de Rohan, à qui succéda M. le cardinal de Tencin, qui vient d'être remplacé par M. le cardinal de Tavannes (1).

On a appris, il y a trois ou quatre jours, que M. de Montazet, nommé à l'archevêché de Lyon, jugea comme administrateur (et non comme archevêque, puisqu'il n'a pas encore prêté serment) le procès des religieuses hospitalières du faubourg Saint-Marcel. Il nomma pour commissaire, à l'effet d'assister à l'élection, le curé de Saint-Benoît, comme un homme sage et éclairé. La différence de sentiments a donné occasion à divers raisonnements; les uns ne veulent pas convenir que la doctrine de M. le curé de Saint-Benoît soit irrépréhensible; d'autres assurent qu'elle est très-catholique et qu'on ne peut lui rien reprocher; ce qui est certain, c'est que c'est un homme de mérite et connu pour tel.

M. l'abbé Bouillé, premier aumônier du Roi, fut nommé, il y eut hier huit jours, évêque d'Autun. Cet évêché, dont on ne portoit la valeur en 1709 qu'à 18,000 livres, en vaut aujourd'hui près de 50 suivant ce que j'ai entendu dire à M. de Montazet, et Lyon ne vaut que 45,000 livres.

J'appris hier matin la mort de mon petit-fils. Il avoit près de dix-huit ans; il étoit colonel en second du colonel général des dragons avec brevet de commandant en l'ab-

---

(1) Il y avoit 59 docteurs; il y en a eu 27 pour M. l'archevêque de Paris et 32 pour M. le cardinal de Tavannes. (*Note du duc de Luynes.*)

sence de M. de Gouyon. Il est mort d'une fièvre continue avec des redoublements. Mme de Chevreuse, qui étoit partie sur la nouvelle de sa maladie, est arrivée à Ruremonde deux heures après sa mort.

On trouvera ci-après la copie de la lettre circulaire que M. le maréchal de Belle-Isle a écrite à tous les colonels.

A Versailles, le 13 avril 1758.

Le Roi, en me confiant, Monsieur, la charge de secrétaire d'État au département de la guerre, a bien voulu me faciliter les moyens de remplir plus aisément dans toute leur étendue les fonctions de ma charge. Le parti que S. M. a jugé devoir prendre a été de nommer un officier général dont les talents et l'expérience lui fussent particulièrement connus, pour m'aider dans un ministère dont les détails sont extrêmement étendus, pouvoir signer au lieu de moi la plupart des expéditions concernant la guerre et travailler même avec S. M. lorsque les circonstances l'exigeront. Son choix s'est porté sur M. de Crémille, dont aucun militaire ne peut ignorer le mérite.

Comme l'application continuelle que je dois aux objets les plus importants ne me permet pas toujours de traiter les affaires avec vous, ni même de vous mander les décisions ou les volontés de S. M., son intention est que tout ce que M. de Crémille pourra vous en écrire ait, à tous égards, le même effet que si je vous en avois écrit moi-même, et que de votre côté vous puissiez vous adresser à lui dans tous les cas. Il me fera part de l'objet de vos lettres et de vos mémoires, et vous devez être persuadés que ce sera comme si vous vous étiez adressé directement à moi-même.

La place de maître de musique de la chapelle, vacante par la retraite de Mondonville, a été donnée depuis peu de temps au Sr Gouzargues, maître de musique de la cathédrale de Nîmes. Ce changement a donné occasion à une question entre M. l'évêque de Rennes et Mondonville. Celui-ci, qui a un grand nombre de motets fort connus et estimés, les redemande pour les faire graver; M. de Rennes prétend qu'ils sont au Roi, et que c'est à cette considération qu'il a obtenu de S. M. une pension de 1,000 livres pour Mondonville.

Du samedi 22, *Paris.* — En conséquence du jugement

rendu par M. de Montazet, en qualité d'administrateur de Lyon, l'élection des Hospitalières se fit le 19. Toutes les religieuses communièrent. Mme de Senneterre, qui avoit été élue supérieure par intérim, fut continuée dans cet emploi, en présence de M. le curé de Saint-Benoît. On a peine à comprendre comment la communion des religieuses a pu se faire, parce qu'il n'y a pas dans le diocèse un seul prêtre approuvé pour les confesser. Dans la plupart des diocèses, les prêtres qui ont des pouvoirs pour confesser les religieuses peuvent user de ces pouvoirs pour différentes communautés; mais M. l'archevêque a jugé à propos d'en user autrement; il ne donne des pouvoirs que pour une communauté en particulier, et le prêtre approuvé pour cette communauté ne peut en confesser une autre. Il est très-certain que ni lui ni ses grands vicaires n'ont donné aucun pouvoir pour confesser les Hospitalières. Tout le monde convient, à ce qu'il me paroît, que le primat n'a aucun droit de donner de pareils pouvoirs. Dans l'ordre de la juridiction ecclésiastique, le primat est juge supérieur, mais il ne peut juger que sur une contestation revêtue de toutes les formes juridiques, et ces formes n'ont point été observées ici. Il auroit fallu une requête des religieuses signifiée à M. l'archevêque pour demander un confesseur, et un refus en forme de ce prélat avec les motifs dudit refus. On prétend même que le jugement qui vient d'être rendu n'est pas revêtu de toutes les formes nécessaires. Il me paroît que M. de Montazet le croit très-régulier; c'est ce que je ne prétends point décider (1).

---

(1) M. le curé de Saint-Benoît paroît ignorer par qui les religieuses ont été confessées, et il dit qu'il s'en est tenu exactement aux fonctions dont il étoit chargé en sa qualité de commissaire. Il a dit la grande messe et n'a pu refuser la communion, les religieuses s'y étant présentées. Au reste il n'étoit obligé à aucun examen sur cet article. Il ajoute qu'il n'est point impossible qu'il se soit trouvé quelques prêtres qui aient eu encore des pouvoirs de feu M. de Vintimille ou de M. de Bellefond. M. l'archevêque de Paris d'aujour-

AVRIL 1758.

Je viens d'apprendre qu'il y a eu un nouveau refus de sacrements dans la paroisse de Saint-Nicolas des Champs. Un prêtre nommé Vulsanges, qui avoit été vicaire de Saint-Nicolas des Champs et depuis interdit par M. l'archevêque, et qui est connu pour un fanatique, étant tombé malade sur la paroisse de Saint-Nicolas des Champs, a demandé les sacrements (1); le porte-Dieu a refusé de l'administrer. M. le curé, qui est un des grands vicaires nommés par M. l'archevêque, a été sommé juridiquement et a refusé de même; et après le refus, il a pris la fuite ainsi que le porte-Dieu; on dit même que tous les prêtres de cette paroisse se sont retirés.

Il paroît que l'on est toujours dans l'incertitude du parti que prendra l'Espagne dans les circonstances présentes. En attendant, elle fait de grands préparatifs par terre et par mer. M. de Pignatelli, qui va en Danemark, comme je l'ai dit, en qualité d'ambassadeur d'Espagne (commission qui n'avoit point été remplie depuis plusieurs années, à cause des brouilleries entre les deux couronnes au sujet d'un traité fait par le Danemark avec les Algériens, ennemis perpétuels de l'Espagne), me disoit avant-hier que l'Espagne a actuellement 44 vaisseaux de ligne, dont il y en a 20 tout armés. Elle a au

---

d'hui n'a point révoqué les pouvoirs de ses prédécesseurs comme il pouvoit le faire. Quoi qu'il en soit, la communion a été très-publique. Cette affaire faisoit tant de bruit depuis longtemps que l'église étoit pleine le jour de l'élection. (*Note du duc de Luynes.*)

(1) Ce prêtre a eu un frère dans l'état ecclésiastique, et deux autres religieux, dont l'un étoit Récollet au couvent de Versailles; il s'appeloit le P. Emme, et étoit fort affligé des sentiments qu'il connoissoit à ce frère dont c'est ici l'article. On prétend que ce M. de Vulsanges est aujourd'hui bien revenu de ses sentiments. Quoi qu'il en soit, lorsqu'il a été question d'interrogation juridique, il a parlé avec droiture et sincérité; il a dit qu'il n'avoit point demandé les sacrements; qu'il seroit fort aise de les recevoir si le médecin le jugeoit à propos, mais qu'il n'avoit pas imaginé que son état fût assez pressant pour les demander. Ce prêtre est sujet à des rétentions d'urine, mais qui ne le mettent point en danger. On assure présentement qu'il est beaucoup mieux. (*Note du duc de Luynes*).

moins 40,000 matelots enclassés; on en fait même monter le nombre jusqu'à 60,000. Cette couronne a actuellement 60,000 hommes de troupes réglées et 30,000 de milice.

Les affaires du Paraguay, dont j'ai parlé ci-dessus, ne sont point encore terminées. Les Portugais, croyant qu'ils pouvoient se mettre en possession du terrain qui leur avoit été cédé, ont été attaqués et battus par les habitants. Ces peuples de tous les temps haïssent la nation portugaise. Ils se sont distingués en plusieurs occasions, par leur zèle et leur courage, dans les guerres de l'Espagne contre le Portugal. Sept à huit mille hommes à cheval de cette nation partoient au premier ordre du roi d'Espagne, combattoient sous ses étendards, et après s'être distingués dans toutes les occasions demandoient permission de retourner chez eux et rentroient au milieu de leurs familles et de leurs troupeaux. Ils ont des lettres patentes de Philippe V qui prouvent par les remercîments qu'il veut bien leur faire quel étoit leur zèle pour la couronne d'Espagne. Aujourd'hui, indépendamment de cette haine pour les Portugais, dont je viens de parler, ils ont des sujets de plainte qui ne paroissent pas sans fondement. Non-seulement on veut les obliger à se soumettre aux Portugais, mais on exige qu'ils abandonnent des terrains bien cultivés et bien ensemencés, où ils nourrissent une grande quantité de bestiaux qui font toutes leurs richesses, pour aller s'établir dans des contrées incultes éloignées de plusieurs journées. Ils représentent que c'est leur ôter la subsistance la plus nécessaire. La résistance de ces peuples aux deux armées combinées et la dépense nécessaire pour y entretenir des troupes embarrassent et ennuient les deux cours.

J'ai demandé à M. de Pignatelli quel étoit le traitement que lui fait l'Espagne pour la commission dont il est honoré. Il m'a dit qu'on lui donne 52,000 livres par an; mais l'usage n'est pas, comme en France, de payer les ambassadeurs à compter du jour qu'ils sont nommés ; il ne sera payé que du jour de son arrivée à Copenhague. En attendant, on lui donne de l'argent pour faire faire ici ses équipages. Il n'a point d'entrée à faire. Il attend à Paris l'arrivée du ministre de Danemark destiné pour la cour de Madrid. M. de Pignatelli est officier dans les gardes du corps du roi d'Espagne et maréchal de camp ; il conserve son grade, mais il remettra son emploi dans les gardes quand il sera arrivé à Copenhague.

M. de Massonès, ambassadeur d'Espagne en France, ne paroît pas pressé de partir pour aller remplir à Madrid les fonctions de la charge de directeur général de l'artillerie et du génie qui lui a été donnée, comme je l'ai dit ci-dessus. Cette charge importante étoit réunie au secrétaire d'État de la guerre, et en fut séparée il y a quelques années par distinction particulière en faveur de M. d'Aranda, connu par ses services et ses talents. L'usage, en Espagne, est que le ministre de la guerre est le seul qui travaille avec le Roi, pour tout ce qui regarde la guerre. Les colonels même des gardes du corps ne travaillent pas avec S. M. M. d'Aranda avoit des projets et des arrangements qui pouvoient être très-bons, mais n'ayant pas la liberté d'en rendre compte au Roi, il étoit obligé d'en instruire M. de Sarsalla. Celui-ci est un ancien militaire qui a quatre-vingts ans ; il ne goûtoit pas les idées nouvelles ; il y a eu de la vivacité de part et d'autre. Le roi d'Espagne a beaucoup de considération pour M. de Sarsalla, qu'il appelle son oncle. M. d'Aranda, dans un moment d'humeur, a donné sa démission et s'est fait grand tort par cette démarche. M. de Massonès auroit sûrement plus de liant, mais ce n'est pas sans raison qu'il craint de se trouver dans cette dépendance continuelle ou dans l'occasion de se brouiller avec un ministre accrédité et par conséquent avec la Cour.

Du mercredi 26. — On trouvera ci-dessus, à la date du 22, un détail sur l'élection faite aux Hospitalières.

J'ai appris depuis que le jugement de M. l'évêque d'Autun a été rendu en conséquence d'une formalité fort simple ; c'est ce qu'on appelle la voie de recours. On en a trouvé sans doute des exemples que j'ignore ; il n'y en a qu'un dont je sois instruit ; le voici. Feu M. l'évêque de Bayeux (Lorraine) passoit pour suspect dans ses sentiments ; il marquoit en toutes occasions beaucoup de mécontentement des religieuses de la Visitation de Bayeux. Mme d'Harcourt, sœur du dernier maréchal, étoit supérieure de cette maison. M. l'évêque de Bayeux et ses grands vicaires, qui entroient dans ses sentiments, prétendirent que Mme d'Harcourt avoit tenu des propos indécents sur la conduite de M. l'évêque ; en conséquence, on renvoya 15 ou 16 pensionnaires chez leurs parents avec la plus grande promptitude ; la supérieure fut interrogée juridiquement, et cela fit une grande affaire ; les religieuses se plaignirent. On auroit pu user de la voie d'appel comme d'abus au parlement de Rouen, mais on craignoit la façon de penser de plusieurs membres de ce tribunal. M. Robinet, aujourd'hui grand vicaire du diocèse de Paris, étoit alors official et grand vicaire de Rouen ; il proposa la voie de recours à l'officialité. Cette proposition fut acceptée, et on agit en conséquence. On a cru pouvoir en user de même ici. M. de Tressan étoit alors archevêque de Rouen.

J'ai marqué, à la date du 22 ce qui s'est passé à Saint-Nicolas des Champs. Le Parlement est actuellement occupé de cette affaire, et il y a déjà eu plusieurs assemblées ; c'est M. de Lézonnet qui en est le rapporteur. M. le procureur général a eu ordre de veiller à ce que le service se continuât dans la paroisse de Saint-Nicolas des Champs ; mais en examinant l'affaire, on a trouvé des différences dans l'affaire ci-dessus énoncée. La sommation faite au S^r curé est nulle, parce qu'elle ne lui a point été connue ; il étoit alors absent. Le porte-Dieu a demandé avant tout de pouvoir entretenir le malade en particulier ; cette formalité est conforme à ce qui est dit dans le bref du Pape, et c'est sur le refus qui lui a été fait qu'il a refusé d'administrer; enfin le service de l'église se continue, et on croit que cette affaire n'aura point de suite.

On trouvera ci-après le détail du pays et des troupes dont M. le comte de Clermont a donné le commandement à mon fils; ce détail fait partie d'une lettre écrite par M. le comte de Clermont et contresignée par M. de Monteynard, major général de l'armée. Il est fort recommandé, dans cette lettre, d'avoir beaucoup d'attention à la discipline et de grands égards pour tout ce qui appartient aux Hollandois et à l'Impératrice Reine.

État des troupes aux ordres de M. le duc de Chevreuse.

Officiers généraux, maréchaux de camp : MM. Maupeou, chevalier de Pons, d'Egmont, Redemont, Boccard, pour la ville de Ruremonde.

Troupes à ses ordres et leur emplacement :

	Bat.	Esc.	
Rochefort.			
Royal-Comtois.	6		Ruremonde.
Dauphin.			
Gardes-Lorraines	2		Kessel.
Colonel-général-dragons		4	Environs de Ruremonde.
Mestre-de-camp-général-dragons.		4	Bruggen.
Chartres.	2		Kald-Kirchen.
Le Roi-dragons.		4	Heinsberg.
Caraman.		4	Sittard et Tudder.
Harcourt.		4	Wassenberg.
Orléans-dragons.		4	Ralem.
	10	24	

Pays sous son commandement :

Le cours de la Meuse depuis Maestricht jusqu'au territoire hollandois ; tout le pays prussien qui est au delà de la Meuse ; le cours de la Roër depuis Randeradt non compris jusqu'à Ruremonde, et tout le pays qui est entre cette rivière et la Meuse à hauteur de Randeradt et les quartiers de Kald-Kirchen, Bruggen et Ralem.

Il n'est pas inutile de se former quelque idée de la consommation de Paris. Tous les détails sont envoyés au gouverneur; on en trouvera un ci-après sur la consommation de bois.

La consommation de 1756 à 1757 étoit de	534,594 voies 1/2.
Celle de 1757 à 1758 n'est que de...	509,219 voies 1/2.
Partant la consommation de 1757 à 1758 est plus foible que celle de 1756 à 1757 de	25,375 voies.
Le 1ᵉʳ avril 1757, il restoit à Paris.	107,964 voies 1/4.
Le 1ᵉʳ avril 1758, il n'y en reste que	89,737 voies 1/4.
Ainsi cette année le restant est plus foible que l'année dernière de..........	18,227 voies.

Il vient de paroître un arrêt qui condamne au feu, sur le rapport de M. Joly de Fleury, un libelle intitulé : *La réalité du projet de Bourg-Fontaine démontrée par l'exécution*. Bourg-Fontaine est une chartreuse dans la forêt de Villers-Cotterets, dont apparemment les sentiments ont été suspects. Un auteur, par un mouvement de zèle pour la catholicité, supposa une assemblée composée des plus grands jansénistes, à la tête desquels étoit l'abbé de Saint-Cyran, et entra dans un grand détail des pernicieuses conséquences qui résultoient des sentiments de cet abbé et de ses adhérents. Cet ouvrage avoit été regardé comme une fiction qui ne pouvoit avoir aucune conséquence dangereuse. Les progrès de ceux qui non-seulement ne pratiquent point la religion, mais même se sont formés des systèmes pernicieux, qu'on ne voit que trop répandus dans un grand nombre de libelles et d'ouvrages considérables, ont fait imaginer par le même principe de zèle, le livre qui vient d'être condamné. Il paroît que ceux qu'on appelle dans le monde *constitutionnaires* et qu'on pourroit plutôt nommer attachés à la saine doctrine, estiment cet ouvrage, qui est imprimé depuis plusieurs années. On verra, dans l'extrait de l'arrêt, les principes sur lesquels s'est fondé M. de Fleury pour le dénoncer, et les qualifications qui sont données par le jugement.

Il y a quelques jours que M. de Boissy mourut à Paris;

il étoit chargé du *Mercure* depuis le mois de janvier 1755, et il avoit rendu cet ouvrage plus curieux par ses soins. Cette place n'est point encore donnée; on dit qu'elle vaut au moins 25,000 livres de rente. M. de Boissy étoit de l'académie françoise; il avoit soixante-quatre ans.

M. de Jussieu, fameux médecin, est aussi mort à Paris depuis quelques jours, âgé de soixante-douze ans; il étoit professeur et démonstrateur des plantes au Jardin du Roi.

Extrait de l'arrêt du Parlement du 21 avril, qui condamne « La réalité du projet de Bourg-Fontaine démontrée par l'exécution. »

Ce que nous avons appris par rapport à la distribution de cet ouvrage nous fait craindre qu'on ne le répande dans quelques-uns de ces lieux où l'on instruit la jeunesse qui se prépare au sacerdoce, que l'on ne cherche à former des prosélytes et à surprendre par le mensonge ceux qui doivent être un jour les ministres du Dieu de la vérité. A cet âge où l'on est encore peu capable de connoître et de juger par soi-même, où la voix impérieuse des maîtres fait la règle et la décision des disciples, la séduction ne pourroit avoir que des suites funestes à l'Église. Et que pourroit-on se promettre d'une jeunesse que l'on élèveroit dans l'esprit de parti, loin de lui inspirer l'amour de la paix et de l'obéissance aux lois du souverain ?

Ce sont ces vues si intéressantes pour des magistrats amis de la paix et de la tranquillité qui nous engagent à vous demander la condamnation de cet ouvrage.

L'objet que l'on s'y propose ne peut échapper à vos lumières; la fiction qui en est le fondement, présentée en 1656, avoit été regardée comme une de ces calomnies dont tout honnête homme ne peut qu'avec peine se rappeler le souvenir. On en avoit pensé de même, lorsqu'en 1681, et même en 1740, parurent quelques ouvrages dont les auteurs ne rougirent pas de l'adopter.

On fait reparoître aujourd'hui cette fable sous une forme nouvelle; on nous donne un projet qui n'existe que dans l'imagination de ceux qui peuvent trouver un intérêt marqué à le réaliser; on attribue le dessein de renverser la religion à des hommes éclairés, qui par leurs vertus et même par le seul caractère de l'épiscopat, du sacerdoce ou de la magistrature dont ils ont été honorés, sont au-dessus de tout soupçon.

Appartient-il à des particuliers de s'ériger en tribunal pour y citer sans pudeur ceux qu'ils veulent décrier, pour y condamner de leur autorité privée leurs personnes et leurs écrits, pour leur prêter enfin des vues détestables dans le dessein de les rendre l'objet de l'exécration de tous les chrétiens, etc....

La Cour ordonne que ledit libelle sera brûlé comme contenant des principes contraires aux lois, maximes et usages du royaume, et renouvelant malicieusement des faits faux et calomnieux en imputant un système de déisme et d'impiété à des prélats, docteurs, magistrats et autres personnes également recommandables par leur piété, leurs lumières et leur attachement à la religion. Fait défense à tous imprimeurs, etc.

On vient de créer 3,200,000 livres de rentes héréditaires à quatre pour cent sur les aides et gabelles. Chaque contrat particulier de ces rentes sera au moins de 1,000 livres de principal, et ces rentes seront exemptes de toute retenue et imposition. Toutes les communautés et même les étrangers pourront en acquérir. On pourra reconstituer son contrat sur telle personne qu'on jugera à propos. Le remboursement commencera au 1er janvier 1760 et se continuera tous les ans jusqu'à l'extinction. Les capitaux seront payés moitié en argent et le reste en contrats. Ce remboursement se fera en forme de loterie.

Du jeudi 27, Versailles. — J'appris avant-hier que, ce même jour, M. de Beauvilliers avoit perdu son procès à la Grande Chambre. M. et Mme de Beauvilliers avoient fait une donation de 200,000 livres avec substitution à leurs petits-fils et à leurs descendants; et à l'extinction desdits enfants mâles à leurs petites-filles; et au cas que leurs petits-fils vinssent à mourir avant M. de Mortemart leur père, les 200,000 livres devoient retourner aux donateurs, ou en cas qu'ils fussent morts à Mme de Mortemart, leur fille. Lesdites 200,000 livres devoient, après les petits-fils de M. et de M^{mé} de Beauvilliers et les petites-filles, passer au fils aîné de M. le duc de Saint-Aignan. La condition prévue par la donation est arrivée; M. le duc de Rochechouart, l'aîné des petits-fils, qui avoit épousé Mlle de Beauvau, est mort en 1731; son frère, qui avoit épousé Mlle de Combourg, fut tué en 1743, à la bataille de Dettingen, ne laissant qu'un fils, lequel ne vécut que six mois ou un an après lui. M. le duc de Montemart, leur père, n'est mort qu'en 1746; il avoit deux filles qui étoient toutes deux religieuses; ainsi il ne faut pas les compter. Aux termes de la donation, les 200,000 livres devoient retourner à M. et à Mme de Beauvilliers, mais M. de Beauvilliers étoit mort en 1714, et leur fille, Mme de Mortemart, étoit morte en 1718; il ne restoit donc que Mme de Beauvilliers, laquelle n'est morte qu'en 1733: Il paroissoit que l'esprit de l'acte étoit que Mme de Beauvilliers héritât de la moitié desdites 200,000 livres; cependant, aux Requêtes du palais, on jugea que la donation devoit passer au fils aîné de M. de Saint-Aignan, en regardant l'intention de M. de Beauvilliers d'assurer lesdites 200,000 livres à son nom au défaut de ses petits-enfants mâles et femelles. Cet avis ne fut pas absolument unanime; il y eut des opinions pour l'appointement, il y en eut aussi contre M. de Beauvilliers.

A la Grande Chambre, on a saisi l'affaire sous un autre point de vue; on n'a fait attention qu'aux termes de la donation par lesquels on voyoit que les 200,000 livres ne devoient être transmises au fils aîné de M. de Saint-Aignan qu'après avoir été recueillies par la mort des deux petits-fils de M. de Beauvilliers s'ils survivoient à leur père. Lesdits deux petits-fils n'ayant point survécu, on a déclaré la donation nulle; tout est rentré dans l'ordre accoutumé. M. de Beauvilliers et Mme de Mortemart sa fille n'étant plus, on a jugé que la moitié des 200,000 livres appartenoit à leur succession; c'est ce qui fait que M. le duc de Saint-Aignan, comme héritier de M. de Beauvilliers, y gagne, pendant que son fils y perd, parce que celui-ci ne pouvoit avoir droit comme donataire. L'autre moitié des 200,000 livres se trouve avoir appartenu à Mme de Beauvilliers, et par conséquent faire partie de sa succession; c'est ce qui fait que MM. Colbert ont le plus grand intérêt dans le gain de ce procès, parce qu'ils sont moins de têtes à partager cette succession. Ces MM. Colbert sont les enfants de feu M. de Lignières, frère de Mme de Beauvilliers. C'étoit Duvaudier qui plaidoit pour les héritiers de M. et Mme de Beauvilliers; son premier plaidoyer ne parut pas faire une grande impression. L'avocat du fils aîné de M. de Saint-Aignan étoit Gerbier. On crut remarquer qu'il n'avoit pas persuadé les juges. La troisième audience fut pour Duvaudier, qui parla avec cette éloquence et cette force qu'on lui connoît et qui acheva de déterminer tous les suffrages. Le fils aîné de M. de Saint-Aignan fut condamné tout d'une voix.

Du vendredi 28, *Versailles.* — Le Parlement continue ses assemblées sur l'affaire du curé de Saint-Nicolas des Champs. Quoiqu'il ait été prouvé que lors de la sommation qui lui a été faite, il étoit absent, cela n'a pas empêché qu'il n'ait été décerné contre lui un assigné pour être ouï. Ses deux vicaires et le porte-Dieu ont été décrétés de prise de corps. Ce qu'il y a de fort singulier, c'est que Mme Chauvelin, femme du conseiller d'État, qui a beaucoup d'estime et d'amitié pour M. le curé de Saint-Nicolas des Champs, sachant la situation de cette affaire et craignant qu'on ne saisît et enlevât tous les meubles dudit S^r curé, donna ordre à son maître d'hôtel, à onze heures du soir, d'envoyer son cocher avec un chariot enlever lesdits meubles et les apporter chez elle, ce qui fut exécuté. M. Chauvelin, son mari, fut tout étonné de trouver ces meubles le lendemain chez lui, et les fit transporter au plus tôt, ne voulant point être compromis dans cette affaire. En effet, le maître d'hôtel et le cocher ont été assignés pour être ouïs. On examine présentement ce qu'il convient de faire pour la procédure par contumace contre ceux qui se sont absentés.

Il y a quelques jours que M. des Farges, l'un des fils de feu M. des Farges, écuyer cavalcadour de la Reine, apporta ici une lunette d'Angleterre dont on se sert pour voir la nuit, principalement sur mer. Il est dans la marine et s'est trouvé sur la frégate *l'Abénaquis*, qui fut prise par les Anglois l'année dernière. Cette frégate faisoit partie de l'escadre de M. Dubois de la Mothe, et quand cette escadre rentra à Brest on crut que des deux frégates qu'il avoit sous ses ordres l'une avoit été prise par les Anglois et que l'autre, qui étoit *l'Abénaquis*, avoit entièrement péri. On sut depuis qu'elle avoit eu le même sort que l'autre. Elle fut prise pendant la nuit, quoiqu'elle eût bien espéré se sauver à la faveur des ténèbres. Les officiers françois ayant conté aux Anglois leur étonnement d'avoir été découverts pendant la nuit, le capitaine anglois leur dit que c'étoit avec une lunette faite exprès pour voir la nuit qu'il les avoit aperçus, et leur montra cette lunette. M. des Farges ayant été transporté en Angleterre, ne perdit point de vue cette découverte; il chercha à Londres, chez des marchands, des lunettes pareilles; et il en a apporté une ici. On l'a fait voir à M. de Moras et à plusieurs autres personnes, qui en ont été contentes. Passement, l'un de nos plus habiles ouvriers dans ce genre, a dit qu'il ne connoissoit point cette invention; qu'il tâcheroit de l'imiter. On lui en a commandé six auxquelles il travaille. Cette lunette a environ 14 ou 15 pouces de long et 2 pouces et demi de diamètre.

M. le maréchal de Belle-Isle continue à être toujours incommodé et dans un grand abattement; il ne sort point de chez lui et travaille autant que ses forces peuvent le lui permettre. Malheureusement le travail est pressé et considérable. Il reçut, il y a deux ou trois jours, par un même courrier, quatorze lettres de M. le comte de Clermont, sur lesquelles il y en avoit cinq ou six qu'il ne pouvoit pas répondre sans avoir pris lui-même l'ordre du Roi. Quelque mauvais que soit l'état des troupes, il ne s'agit que d'avoir de l'argent pour les remettre en peu de temps, et avec ce secours on y trouvera la même volonté et le même zèle qu'on connoît à la nation françoise. On prend actuellement toutes les mesures pour faire promptement ces réparations, et on a fait partir de l'argent pour Wesel. Le quartier général est toujours dans cette ville; l'armée est sur trois lignes (1) et séparée en onze commandements. On trouvera ci-après le premier ordre de bataille qui avoit été fait.

Mme la maréchale d'Isenghien mourut avant-hier à Paris, âgée de cinquante-cinq ans environ; elle étoit sœur cadette de feu Mme de Valentinois, toutes deux seuls enfants du feu prince de Monaco et de Mlle d'Armagnac. M. d'Isenghien avoit épousé en premières noces Mlle de Furstemberg, dont il a eu un garçon mort presque en naissant; sa seconde femme étoit Pot de Rhodes. M. de Rhodes, son père, étoit grand maître des cérémonies. Mme d'Isenghien qui vient de mourir avoit un tel désir d'avoir des enfants qu'elle envioit le sort d'une femme même en travail. La mère de M. d'Isenghien étoit Humières, sœur de Mme la duchesse d'Humières et de Mme de Surville, toutes trois filles du maréchal d'Humières. M. d'Isenghien, père de celui-ci, étoit Flamand et avoit entré au service de France. Leur nom est Gand dit Villain.

Mme de Soyecourt mourut aussi à Paris il y a deux jours; elle avoit trente ou trente-deux ans; elle étoit fille de M. le comte de Béthune et de Mlle de Gesvres, et par conséquent sœur de M. le comte de Béthune, qui a épousé Mlle de Thiers, et d'un autre M. de Béthune tué sur mer. Elle étoit sœur de père de feu Mme la maréchale de Belle-Isle. M. de Soyecourt avoit épousé en premières noces une fille de M. le duc de Saint-Aignan; il est colonel de dragons.

Du dimanche 30, Versailles. — Le Parlement s'occupe toujours à suivre la procédure contre M. le curé de Saint-

---

(1) L'armée comptait alors 120 bataillons et 113 escadrons.

Nicolas des Champs. Mme Chauvelin, interrogée sur l'enlèvement qu'elle a fait faire des meubles, a répondu qu'elle avoit rendu service à un ami qui défend la religion et qu'elle aime et estime; que cela ne devoit rien faire à M. Chauvelin, ni lui faire craindre d'avoir déplu au Roi; qu'il n'avoit aucune part à ce qu'elle avoit fait, et que S. M. ne faisoit nulle attention à ce qui passoit par la tête d'une femme.

Il y avoit un abus dans le Parlement; MM. les conseillers avoient pris des procureurs pour secrétaires; il en résultoit de grands inconvénients. On vient de défendre qu'aucun procureur puisse exercer dorénavant pareilles fonctions.

Le procès de M. de Clermont-d'Amboise fut appointé avant-hier au Châtelet; c'est au sujet de la terre de Chiverny, achetée par M. d'Harcourt, et qu'on prétend chargée de dettes qui n'ont point été déclarées. Il y a dans ce procès une accusation de stellionnat contre M. de Clermont qui a vendu la terre.

M. Poissonnier, médecin de l'armée, vient d'être rappelé et nommé médecin des enfants de France. M. Licutaud, qui l'étoit, a été nommé médecin de Mgr le duc de Bourgogne, qui sera mis demain entre les mains de M. de la Vauguyon.

Les États de Bourgogne ont eu audience aujourd'hui, suivant l'usage; c'est M. l'abbé du Cerf qui a porté la parole; on dit qu'il a très-bien parlé. Le député de la noblesse étoit M. de Clermont-Tonnerre et celui du tiers état M..... M. l'abbé du Cerf a été précepteur de M. le prince de Condé. Ils ont eu audience de la Reine et de toute la famille royale (1).

---

(1) Les États de Bourgogne députent pour le clergé alternativement un évêque, un abbé et un doyen. M. l'abbé le Cerf a un doyenné, et c'est en cette qualité qu'il a été choisi. L'usage, en Bourgogne, est de donner le nom d'élu à ceux qui sont chargés de veiller aux affaires de la province. (*Note du duc de Luynes.*)

Les États d'Artois ont eu aussi audience, présentés par M. de Chaulnes. M. l'abbé de Cry, grand vicaire d'Arras, a porté la parole; il a parlé de la manière la plus touchante. Le député de la noblesse étoit M. le marquis de Vismes, et celui du tiers état le Sr Kamps, échevin d'Arras. Ils ne vont que chez le Roi. Ils allèrent chez la Reine et chez toute la famille royale lorsqu'ils vinrent remercier sur le nom de comte d'Artois, mais ce fut une exception à l'usage ancien, et le Roi a voulu que toutes choses fussent remises dans l'ordre accoutumé. Dans le pays d'Artois, on donne le nom de députés à ceux qui sont chargés de veiller aux affaires de la province. Ce ne sont point ces députés pour la province qui sont députés pour la Cour, on en nomme trois autres. Les États d'Artois prétendent que quoiqu'ils ne passent pas pour aussi considérables que ceux de Languedoc, de Bretagne et de Bourgogne, ils sont peut-être ceux dont les priviléges se sont le mieux conservés. Ils accordent un don gratuit qui leur est demandé par l'intendant. L'ouverture des États se fait par un discours du gouverneur ou de celui qui tient les États en sa place au nom du Roi; à la fin du discours, le gouverneur dit que M. l'intendant expliquera les intentions de S. M.; alors l'intendant parle, et à la fin de son discours il dit la somme que le Roi a jugé à propos de demander aux États. Cela fait, il se retire; l'assemblée continue, fait ses délibérations et son travail, sans que l'intendant y entre en aucune manière. Après douze ou quinze jours, on le fait avertir que les États sont prêts à répondre; il se présente à l'assemblée; les États accordent toujours ce qui est demandé. Quelquefois, quand les besoins ne sont pas bien pressants, le Roi a la bonté de leur remettre une partie de la somme. Dans la dernière assemblée, ils ont donné 400,000 francs de don gratuit, sur quoi il ne leur a été fait aucune remise. Outre cette somme il y en a une à peu près aussi considérable pour les autres impositions. C'est ordinairement l'évêque d'Arras qui préside aux États; à l'ouverture, c'est lui qui répond au discours de l'intendant; il a grand soin de représenter le mauvais état des affaires de la province et les sommes considérables qu'elle a payées les années précédentes. L'Artois est du département de M. le maréchal de Belle-Isle comme province frontière, par conséquent c'étoit lui qui devoit présenter la députation et leur donner à dîner; c'est l'usage. Sa santé ne lui ayant pas permis de sortir et d'aller chez le Roi, il a prié M. de Saint-Florentin de faire cette fonction pour lui, et il ne s'est réservé que le dîner, où il n'a pas même pu assister. M. et Mme de Gisors et M. de Crémille ont tenu sa table. Les députés sont venus le voir au sortir du dîner.

On a appris aujourd'hui la mort de M. l'archevêque de Toulouse; il est mort subitement, cette nuit, à Paris; il avoit environ cinquante ans. Il y avoit longtemps qu'il avoit des obstructions au foie, malgré lesquelles il mangeoit toutes choses indigestes. Il s'appeloit Crussol. Il avoit été évêque de Blois, et on prétend que malgré la dignité du siége de Toulouse, la magnificence du palais archiépiscopal et l'augmentation du revenu, il ne s'étoit jamais consolé d'avoir quitté Blois : c'étoit un fort bon homme et un très-digne prélat. Depuis quelque temps sa santé étoit devenue mauvaise; il paroissoit vif et inquiet; il se donnoit beaucoup de mouvement et avoit peine à demeurer en place.

MAI.

Cérémonies de la remise du duc de Bourgogne à son gouverneur. — Nouvelles diverses. — Gouvernement et commandement de Minorque. — L'archevêché de Toulouse. — Les gardes du corps. — Nouvelles diverses. — Ordonnance fixant des conditions pour devenir colonel. — Fonte de la statue de Louis XV par Gor. — Grâce accordée à M. de Coigny. — Mort du comte de Fitz-James. — Promotion d'officiers généraux. — M. de Flamarens nommé colonel; raisons pour lesquelles on ne suit pas l'ordonnance.

— Indisposition du Roi. — Mort de Benoît XIV. — Arrangements des logements à Versailles. — Séparation du génie et de l'artillerie. — Les Carabiniers. — Mémoire du comte de Maillebois. — Modifications apportées au corps des Carabiniers. — Chapitre de l'Ordre. — Réception de l'abbé de Bernis. — Régiment donné à M. de Fitz-James ; raisons pour lesquelles on ne suit pas l'ordonnance. — Punition infligée aux officiers signataires de l'indigne capitulation de Minden. — Régiment enlevé à un colonel qui s'était absenté sans permission. — Le chevalier de Redemont. — Effet de l'ordonnance pour les colonels sur l'armée. — Nouvelles diverses. — Mariage de Mlle de Chevreuse. — Ce qu'on appelle le *Concordat* ; lettre du maréchal de Belle-Isle à ce sujet. — Vaisselle de fer-blanc pour les officiers en campagne. — Nouvelles maritimes. — Arrestation et emprisonnement du comte de Maillebois. — Retraite de M. de Moras ; M. de Massiac le remplace à la Marine. — Mort de Mme Dufour. — Chapitre général des Minimes. — Élection de La Curne de Sainte-Palaye à l'Académie.

Du mardi 2 mai, Versailles. — Hier, Mgr le duc de Bourgogne fut remis entre les mains de M. de la Vauguyon. La cérémonie, en pareil cas, est qu'avant de sortir le prince de son lit, on le met tout nu devant les médecins et chirurgiens, qui l'examinent avec la plus grande attention, pour ensuite dresser un procès-verbal de l'état où ils le trouvent. Cela fait, il s'habille et la gouvernante le mène chez le Roi ; elle le remet entre les mains de S. M. qui ensuite le remet entre les mains du gouverneur. Mgr le duc de Bourgogne prit possession hier de son appartement ; c'est celui qu'avoit M. le duc d'Orléans en dernier lieu ; c'est le premier du premier étage de la galerie des Princes, du côté de l'escalier. Il dîna dans cet appartement, et M. de la Vauguyon le servit debout, mettant les plats sur la table, comme le premier gentilhomme de la chambre sert le Roi. M. le duc de Châtillon servoit Mgr le Dauphin assis sur un pliant à côté de lui. M. de la Vauguyon a demandé lui-même au Roi de faire le service comme il vient d'être expliqué.

Mme d'Avaray fut présentée hier par Mme de Mailly, sa mère.

Le mariage de Mlle de Caulaincourt est arrêté avec M. de Brantes, homme de condition du comtat d'Avignon. Mlle de Caulaincourt est fille de condition, mais extrêmement pauvre; elle est parente de MM. de Béthune; elle est sœur de Mme de la Reynière.

Le mariage de M. le duc de Rohan est arrêté avec Mlle d'Uzès, seconde fille de M. le duc d'Uzès et de Mlle de la Rochefoucauld, et par conséquent sœur de M. le duc de Crussol. Mlle d'Uzès a vingt-cinq ans.

Du mercredi 3, Versailles. — Il y a deux ou trois jours que M. de Lannion fit ici ses révérences; il vient de Minorque, où il commandoit; il y a toujours resté depuis la prise de cette île, et s'y est toujours conduit de la manière la plus digne d'être approuvée. Le Roi a trouvé bon qu'il remît le commandement de Minorque et qu'il en conservât le gouvernement. Ce gouvernement lui vaudra 15,000 livres de rente. Il est dit dans le brevet que quelque chose qu'il arrive sur Minorque, qu'il soit pris, rendu ou donné, il conservera toujours les appointements. C'est actuellement M. de Puisignieux, colonel du régiment Royal et brigadier, qui commande dans cette île. Ce commandement lui vaudra 32,000 livres. M. de Lannion voudroit bien même obtenir qu'on portât cette somme jusqu'à 40,000 livres. La garde de cette île demande des attentions continuelles, mais cependant faciles à observer quand on a établi l'ordre et l'exactitude. Elle a environ 10 ou 11 lieues de long sur 3 de large; elle est bordée de rochers à pic battus par la mer, qui ne permettent pas à la plus petite barque d'approcher sans danger, ni de mettre personne à terre; il n'y a que quelques parages bien connus où le débarquement soit possible; ce sont ces parages où M. le marquis de Talaru, qui a été chargé du détail de la garde de l'île, avoit établi des postes qui se répondoient et se communiquoient l'un à l'autre, indépendamment des gardes que l'on avoit placées aux deux ou trois endroits de l'île qui permettent le débarquement. Au milieu de l'île est une montagne qui est extrêmement haute et sur laquelle est bâti un couvent; de ce couvent on découvre tout le tour de l'île. On y avoit établi un poste où une sentinelle observoit continuellement tout ce qui approchoit de l'île et y faisoit les signaux dont on étoit convenu; ces signaux étoient répétés dans les différents postes, et par ce moyen portés à M. de Talaru, qui avoit toujours une sentinelle au clocher du lieu où il demeuroit. On a soin de changer ces sentinelles assez souvent.

M. l'abbé de Brancas, qui a été aumônier du Roi et qui pouvoit avoir environ cinquante-cinq ans, mourut à Paris le 11 du mois dernier; il avoit l'abbaye d'Aulnay, dans le diocèse de Bayeux.

Du vendredi 5, Dampierre. — M. Palu mourut, il y a quatre jours, à Paris; il avoit soixante-cinq ans. Il étoit intendant général des classes. Il étoit conseiller d'État et avoit été intendant de Lyon. Sa femme est fille de M. des la Vieuville, grand audiencier de France; il n'a jamais eu d'enfants; il avoit beaucoup d'amis; il étoit frère de Mme Rouillé.

Le siége de Toulouse n'est pas encore rempli. Beaucoup de gens croient qu'il sera donné à M. l'archevêque d'Alby (la Rochefoucauld), prélat très estimé. Outre cela, il a presque toujours été d'usage de nommer à Toulouse les archevêques d'Alby, à moins que ces prélats n'aimassent mieux rester chez eux, ce qui est arrivé deux ou trois fois, entre autres à M. de Castries, qui étant fort âgé, ne se soucioit pas de changer de siége. Ce fut sur son refus que M. l'évêque de Blois (Crussol) fut nommé à Toulouse, et c'est sur un pareil refus que M. l'archevêque de Narbonne (la Roche-Aymon) fut nommé de Tarbes à Toulouse.

On vient de faire un arrangement pour diminuer la fatigue des gardes du corps à Versailles. Mgr le Dauphin, Mme la Dauphine et tous les enfants de France ne sortoient point de leurs appartements sans être accompagnés par le nombre de gardes qui est réglé pour chacun, et ces gardes les suivoient partout, excepté dans l'appartement du Roi. Les différents mouvements de ces princes et princesses étoient pénibles et assujettissants pour les gardes du corps. On a examiné ce qui se passoit sous Louis XIV, et on a trouvé que les enfants de France n'étoient jamais accompagnés dans le château par les gardes du corps, mais seulement dehors et à la chapelle, et qu'ils n'étoient suivis que par les officiers des gardes qui étoient auprès d'eux. On a rétabli cet ancien usage.

Du samedi 6, Dampierre — Mme la marquise de Gesvres fut présentée avant-hier par Mme du Guesclin, sa mère.

Du dimanche 7, Versailles. — M. Goguet, conseiller de la première chambre des Enquêtes, mourut ces jours-ci à Paris. M. de Feugères, conseiller à la cour des aides, à qui il avoit laissé sa bibliothèque, ne lui a survécu que trois jours. Ce dernier avoit trente-huit ans; ils étoient tous deux fort considérés parmi les gens de lettres.

M. le président d'Ormesson et M. d'Ormesson d'Amboisle, son frère, sont venus ce matin remercier pour la place de conseiller d'État vacante par la mort de M. Palu, qui a été donnée à M. d'Amboisle.

Le Roi chassa au vol le 5 dans la plaine de Choisy, et donna à souper à ses enfants au pavillon de Verrières.

Il paroît un nouveau règlement, daté du 29 du mois dernier, par lequel le Roi a décidé que dorénavant aucun officier ne pourra être pourvu d'un régiment qu'il n'ait auparavant servi au moins pendant sept ans, dont deux en qualité de lieutenant, d'enseigne, de sous-lieutenant ou de cornette, et cinq en celle de capitaine dans l'infanterie, la cavalerie ou les dragons.

Du mardi 9, Versailles. — La statue du Roi fut fondue samedi dernier par le Sr Gor, fameux fondeur, en présence de M. Mariez, inspecteur des fonderies; cette fonte eut tout le succès qu'on pouvoit désirer. On trouvera ci-après le temps qu'elle dura :

15 secondes depuis le commencement de la sortie de la matière jusqu'à ce qu'elle ait coulé véritablement;

25 secondes, première soupape; 35 secondes, deuxième soupape; 3 minutes 35 secondes, fin du jet de la statue;

4 minutes 5 secondes, commencement du second jet; 5 minutes 15 secondes, fin du second jet.

La Ville compte sur un million de dépense pour cette statue.

Il n'y a que deux jours que j'ai appris que le Roi avoit accordé à M. le maréchal de Coigny que son second petit-fils fût colonel-lieutenant du régiment Mestre-de-camp-général-dragons; c'est une grâce nouvelle. Le colonel général de la cavalerie et le colonel général des dragons avoient été jusqu'à présent les seuls qui avoient eu un colonel-lieutenant, et M. le maréchal de Belle-Isle, qui a commandé longtemps le régiment de Mestre-de-camp-général des dragons n'avoit jamais pu obtenir la grâce qui vient d'être accordée à M. de Coigny.

On vient d'apprendre tout à l'heure la mort de M. le comte de Fitz-James; il commandoit une des onze divisions des cantonnements de l'armée et avoit sous ses ordres M. le duc de Fitz-James, son frère, et il avoit avec lui ses deux neveux, l'un le fils aîné de M. le duc de Fitz-James, et l'autre le fils de Mme d'Escars, sa sœur. M. d'Escars a eu la petite vérole, sans pour ainsi dire s'en apercevoir; il n'a été que deux jours dans son lit, et est sorti ensuite tout couvert de boutons qu'il croyoit n'être que des clous; il dînoit et soupoit avec ses oncles comme à l'ordinaire. Le médecin de l'armée fut le premier qui, ayant examiné les boutons, lui dit que c'étoit la petite vérole et que même les boutons suppuroient; il le fit mettre dans son lit et la guérison fut extrêmement prompte. La petite vérole prit fort peu de temps après à M. le comte de Fitz-James; il est mort le septième ou le huitième jour. Il étoit né le 17 octobre 1715; il s'appeloit Édouard, et c'est ainsi qu'on le nommoit souvent; il n'étoit point marié.

La promotion parut hier. Elle n'est pas aussi étendue

que beaucoup de gens l'auroient désiré (1), mais le Roi a jugé à propos de ne faire qu'un certain nombre d'officiers généraux, et comme il a voulu qu'il y en eût dans tous les corps, il a fallu nécessairement n'en prendre qu'un petit nombre de chacun. C'est ce qui a donné occasion à plusieurs brigadiers de se plaindre, non-seulement de n'avoir pas été compris dans la promotion, mais de voir quelques-uns de leurs cadets, à la vérité d'autres corps, devenus officiers généraux avant eux.

Le régiment donné au neveu de M. de Flamarens a été l'occasion de quelques plaintes. On a dit que c'étoit manquer sur-le-champ à l'ordonnance qui vient d'être publiée, M. de Flamarens n'ayant point été officier subalterne pendant deux ans, ni cinq ans capitaine; et on ne veut pas faire attention qu'il est mousquetaire depuis onze ans, qu'il a été aide de camp de M. le prince de Soubise, qu'il est homme de grand nom, qu'il s'est très-bien conduit et qu'il est grand louvetier depuis plusieurs années. Au reste, on peut remarquer, dans le choix de ceux à qui les régiments ont été donnés, que M. le maréchal de Belle-Isle s'est attaché à ceux qui étoient plus utiles au service du Roi, et s'est conformé par conséquent à l'esprit de l'ordonnance, en ne proposant au Roi que d'anciens militaires de grande naissance et qui se sont distingués par leur application et leur assiduité. M. le duc d'Orléans a désiré un régiment pour M. le duc de Chartres, et le Roi le lui a accordé. Toutes les nouvelles de l'armée confirment que la discipline se rétablit et que les troupes seront bientôt en état de recommencer leurs opérations.

Du vendredi 12, *Versailles.* — Le Roi devoit revenir hier de Choisy où il est depuis lundi; mais il a depuis deux ou trois jours mal au genou, ce qui lui a fait dif-

---

(1) Elle comprenait : 20 lieutenants généraux, 27 maréchaux de camp, 12 brigadiers d'infanterie, 9 de cavalerie, 2 de dragons.

férer son retour. Il paroît que c'est une espèce d'humeur de goutte ou de rhumatisme qui lui a fait passer d'assez mauvaises nuits, et il ne peut marcher sans douleur. La Reine y envoya hier et avant-hier M. de Saulx, son chevalier d'honneur; elle écrivit hier au Roi par M. de Saulx, et le Roi lui manda qu'il seroit fort aise de la voir, et lui proposa d'aller aujourd'hui dîner à Choisy.

Dans la même lettre, il lui marquoit la mort du Pape. Fort peu de temps après, M. l'abbé de Bernis vint lire la lettre de M. l'évêque de Laon, où il est marqué que le Pape est mort le 3, après une maladie de huit jours. L'usage est que les cardinaux entrent au conclave neuf jours après la mort, et de cette date on compte quarante jours pour donner aux cardinaux étrangers le temps d'arriver, après quoi le conclave est fermé. M. l'abbé de Bernis a averti sur-le-champ M. le contrôleur général pour les 50,000 livres qui doivent être données à chacun de nos deux cardinaux à leur départ. Il est bien décidé que M. le cardinal de Tavannes ne fera point ce voyage; le Roi savoit bien, en le nommant à cette place, que sa santé ne le lui permettroit point. Le Pape s'appeloit Benoît XIV; son nom étoit Lambertini. Il avoit été élu le 17 août 1740, à la place de Clément XII, mort le 6 février de la même année. Il étoit le 249ᵉ Pape. Il avoit l'esprit vif, agréable, orné; il aimoit les sciences et les protégeoit. Il avoit fait plusieurs ouvrages et avoit orné le Vatican de beaucoup de monuments curieux; il paroissoit avoir beaucoup d'amitié et d'attention pour le Roi, et désirer tout ce qui pouvoit contribuer à la paix de l'Église.

Voilà les arrangements des logements que M. le comte de Noailles vient de m'envoyer.

Le logement de Mme de Bussy au grand commun, que Mme de Soulanges n'a pas pris, à M. le baron de Luppé, gentilhomme de la manche; et celui de M. le baron de Luppé dans l'avant-cour, auquel sera ajoutée la partie qui en dépend, prêtée à M. d'Antoine, quand Madame Infante s'en ira, à Mme la marquise de Brancas, dame de Mesdames.

Du samedi 13, *Versailles.* — Il paroît depuis peu une ordonnance, datée du 5 mai, par laquelle le Roi sépare le corps du génie de celui de l'artillerie. Cette ordonnance est en 8 articles; on trouvera ci-après la copie des deux premiers.

Les ingénieurs qui avoient été réunis par l'ordonnance du 8 décembre 1755 au corps de l'artillerie et de Royal-artillerie pour ne faire qu'un seul corps, sous la dénomination de *Corps royal de l'artillerie et du génie,* en seront désunis pour former entre eux un corps séparé, sous la dénomination de *Corps des ingénieurs* (1).

Les officiers des bataillons de Royal-artillerie, ceux des compagnies de mineurs et d'ouvriers et les officiers de l'ancien corps de l'artillerie détachés dans les places, continueront de ne former qu'un seul corps, sous la dénomination de *Corps royal d'artillerie.*

Du lundi 15, *Versailles.* — Avant-hier au soir, le Roi revint de Choisy et travailla avec M. le maréchal de Belle-Isle. Dans ce travail S. M. décida un arrangement pour les carabiniers qui va être expliqué.

Le corps des carabiniers, l'un des plus beaux sans contredit de toute la cavalerie françoise, est un régiment composé de 5 brigades sous le nom de Royal-carabiniers. Il y avoit eu, en 1635, une création faite par Louis XIII de 12 régiments de cavalerie qu'on appeloit carabiniers (2); cet établissement fut supprimé quelque temps après. Louis XIV établit, en 1690, une compagnie de carabiniers dans chaque régiment de cavalerie, et trois ans après il forma de ces compagnies un régiment de 5 bri-

---

(1) L'uniforme du corps des ingénieurs sera de drap bleu de Roi, parements de velours noir, doublure de serge rouge, veste et culotte rouge. L'habit garni jusqu'à la taille de boutons de cuivre doré. (*Note du duc de Luynes.*)

(2) Ils s'appeloient alors *Carabins.* (*Note du manuscrit.*)

gades sous le nom que je viens de dire de Royal-carabiniers. Chaque brigade est de 2 escadrons; celui qui la commande est mestre-de-camp, et fait son chemin dans le corps de la cavalerie comme s'il commandoit un régiment. Le plus ancien de ces mestres-de-camp, commandant de brigades commande le total du régiment. Chaque brigade a, outre le mestre-de-camp, 1 lieutenant-colonel, 1 major, 1 aide-major, 8 capitaines, 8 lieutenants, 4 cornettes, 8 maréchaux des logis, 200 carabiniers y compris 16 brigadiers, 8 trompettes et 1 timbalier; chaque brigade a aussi 4 étendards. En 1692, le Roi donna le commandement de ce régiment, ou plutôt de ce corps, sous le titre de mestre-de-camp-lieutenant-commandant, à M. le duc du Maine, alors lieutenant général de ses armées. En 1736, M. le duc du Maine se démit de cette commission, avec l'agrément du Roi, en faveur de M. le prince de Dombes, son fils aîné. Depuis la mort de M. le prince de Dombes, cette place n'avoit point été remplie. M. le marquis de Poyanne avoit été nommé inspecteur des carabiniers, et les commandoit non pas en cette qualité, mais comme maréchal de camp. S. M. ayant jugé à propos de donner une nouvelle illustration à ce corps, qui en est digne par sa beauté et par les actions où il s'est distingué, vient d'en donner le commandement à M. le comte de Provence, et M. de Gisors, fils de M. le maréchal de Belle-Isle, commandera ce corps sous les ordres de ce prince, en qualité de lieutenant-commandant.

Je n'ai point encore parlé d'un mémoire qui est répandu dans le public depuis au moins quinze jours, et qui a été composé pour justifier la conduite de M. le comte de Maillebois. On n'a pas douté, dès le premier moment, que M. de Maillebois n'en fût l'auteur (1), mais il ne l'avoit pas avoué; il l'avoit remis entre les mains d'un

---

(1) Ce mémoire est à la fin de l'année 1757, en appendice.

médecin de ses amis qui le communiqua à quelques personnes sans en sentir assez les conséquences; ce médecin en a été instruit depuis par gens de ses amis, et en a été si effrayé qu'il s'est retiré à la campagne. Il n'y a que peu de jours que M. le maréchal de Maillebois a envoyé au Roi le mémoire de son fils, et M. de Maillebois le fils l'a porté lui-même à M. de Puisieux. C'est cette dernière démarche qui est inconcevable ; car, quoique M. de Maillebois ait assuré M. de Puisieux qu'il n'avoit rien écrit contre l'honneur de M. le maréchal d'Estrées, son gendre, il ne faut que lire le mémoire pour être bien persuadé du contraire. L'objet principal de ce mémoire est un avis qui fut donné à M. le maréchal d'Estrées à la fin de la bataille d'Hastenbeck, et qui pensa le déterminer à la retraite au milieu de sa victoire. On vint l'avertir qu'il étoit coupé par des troupes que les ennemis avoient fait filer à la faveur des bois. Cette nouvelle se trouva entièrement fausse, et on a jugé que celui de qui elle venoit auroit eu bien de la méchanceté de l'imaginer, ou auroit bien mal vu s'il en avoit été persuadé lui-même. On a prétendu que c'étoit de M. de Maillebois que venoit ce propos, et il soutient dans son mémoire qu'il ne l'a jamais dit ni pensé ; il prétend même qu'il n'étoit pas dans ce moment du côté d'où l'on prétend que l'avis est venu ; enfin pour prouver qu'il étoit bien éloigné de vouloir diminuer la gloire de M. le maréchal d'Estrées, il reprend un grand nombre d'opérations de cette campagne avant la bataille, et donne à juger, par les détails dans lesquels il entre, que le passage du Weser, ce qui a suivi jusqu'au moment de la bataille, et la disposition même faite pour cette bataille, ne sont que la suite des conseils qu'il avoit donnés à M. le maréchal d'Estrées et des dispositions qu'il avoit faites. On ne peut entreprendre un pareil système sans supposer dans le général de l'irrésolution et du manque de lumières ; et ces deux articles sont expliqués assez clairement par les termes dudit mémoire. M. de Maillebois vouloit que M. de Puisieux gardât le mémoire pour l'examiner, mais M. de Puisieux, après l'avoir lu, l'assura qu'il ne voudroit pas seulement toucher un pareil papier, et que tout ce qu'il pouvoit faire de plus prudent et de plus sage seroit de n'en point parler à son gendre. En effet, il lui laissa ignorer que ce mémoire lui eût été communiqué. Cependant M. le maréchal de Maillebois l'ayant remis à son neveu, M. de Bercy, qui rapporte toutes les affaires au tribunal des maréchaux de France, M. de Bercy en fit la lecture à ce tribunal en présence de M. le maréchal d'Estrées. L'affaire a paru mériter la plus grande attention, par rapport au maintien de la subordination et de la discipline. Il paroît qu'on regarde comme essentiel de ne pas autoriser dans un officier inférieur la liberté de décrier dans le public la conduite de son général, et d'un maréchal de France. On ignore encore le parti que l'on prendra; le mémoire est entre les mains de M. le maréchal de Belle-Isle, qui en rendra compte à Sa Majesté.

On trouvera ci-dessus une partie de ce qui s'est passé pour les carabiniers; je dois y ajouter que le Roi veut que les 5 brigades ne fassent plus qu'un seul et même corps sous le commandement de Mgr le comte de Provence, de son lieutenant M. de Gisors, et d'un major qui est choisi parmi les anciens officiers de ce corps. Ainsi, ce ne sera plus 5 brigades de 2 escadrons chacune, avec leurs officiers séparés comme dans un régiment, ce qui mettoit une différence d'esprit dans le même corps; ce seront 10 escadrons qui ne formeront qu'un même corps avec les mêmes officiers principaux. Ce corps ne s'appellera plus *Royal-carabiniers*, et perdra par là quelques rangs. On le nommera présentement les *Carabiniers;* ils ne passeront qu'après les régiments de Mgr le duc de Bourgogne et de Mgr le duc de Berry.

Du mardi 16, *Versailles.* — Avant-hier il y eut chapitre de l'Ordre; on ne s'y attendoit point; il n'en avoit été rien marqué dans les billets d'avertissement. Il y avoit deux places de prélats vacantes dans l'Ordre, l'une par la mort de M. le cardinal Tencin et l'autre par le changement de M. le cardinal de Tavannes, qui étant devenu grand aumônier, charge à laquelle est attachée une place de commandeur de l'Ordre, a laissé sa place de commandeur vacante. Le Roi eut la bonté de nommer à ces deux places mon frère et M. le cardinal de Gesvres. Comme mon frère est parti aujourd'hui pour Rome, et que M. le cardinal de Gesvres doit partir dans peu de jours, peut-être S. M. jugera-t-elle à propos de leur envoyer la permission de porter l'Ordre. Il faudroit pour cela un chapitre extraordinaire pour admettre les preuves. Il faut, avant ce chapitre, rapporter lesdites preuves devant deux commissaires que le commandeur nommé présentera au Roi; le secrétaire de l'Ordre leur fait expédier des commissions qui sont scellées par le chancelier de l'Ordre. Des gens peu instruits prétendoient qu'on ne pouvoit pas porter l'Ordre en présence du Pape, à cause de la croix. Il est vrai que les évêques ne portent point de croix devant le Pape; mais c'est parce que leurs croix sont des marques de juridiction ecclésiastique. A l'égard des croix de l'Ordre, il n'y a nulle difficulté.

M. l'abbé de Bernis fut reçu dimanche. J'ai déjà marqué ci-dessus que l'usage est de recevoir les ecclésiastiques avant la messe et après le *Veni Creator*. Le célébrant, pendant ce temps-là, est assis à sa place ordinaire. Le motif de cet usage est, comme je l'ai dit, pour que l'ecclésiastique reçu puisse être à portée d'officier en cas de besoin. Cette raison ne pouvoit avoir lieu par rapport à M. l'abbé de Bernis, qui n'est pas prêtre; mais c'est l'usage. Les ecclésiastiques ne sont accompagnés que du seul grand maître des cérémonies de l'Ordre, lequel fait la révérence en pliant les genoux à l'ordinaire; pour eux, ils ne la font qu'en s'inclinant. Ce fut M. l'archevêque de Narbonne (la Roche-Aymon) qui officia, et Mme de Mazarin (Duras) qui quêta. Il y avoit environ 42 chevaliers, en comptant Mgr le Dauphin et les princes, qui y étoient tous, hors M. le comte de Clermont.

Il se répandit ici un bruit avant-hier que M. de Stainville, ministre de l'Empereur comme grand-duc de Toscane, et père de notre ambassadeur à Vienne, étoit mort subitement dans l'église de Saint-Sulpice pendant la grande messe ; et il se trouva que cette mort subite étoit celle de M. O'Connor, Irlandois fort pauvre et capitaine dans le régiment de Soissonnois.

Le régiment d'infanterie qu'avoit M. le comte de Fitz-James vient d'être donné à son neveu, fils de M. le duc de Fitz-James, qui n'est point encore dans le service et qui est actuellement à l'armée aide de camp de M. son père. Cette disposition paroît bien contraire à l'ordonnance dont il a été parlé ci-dessus; voici les raisons d'exception et les arrangements. Il y a deux régiments de Fitz-James, l'un Infanterie et l'autre Cavalerie, tous deux créés en 1698 par Louis XIV pour M. le maréchal de Berwick, père de MM. de Fitz-James (1). Ces deux régiments furent amenés et formés par M. de Berwick ; il en a toujours eu le commandement, quoique maréchal de France, jusqu'à ce que MM. ses enfants aient été en âge. Le Roi a eu la bonté de donner le régiment de cavalerie à l'aîné, celui d'infanterie au cadet; ils les ont toujours gardés depuis, quoique officiers généraux. L'un et l'autre régiment ont toujours fait le service sous les ordres du lieutenant-colonel, qui en rendoit compte à MM. de Fitz-James depuis qu'ils ont été maréchaux de camp. M. le comte de Fitz-James étoit lieutenant général du 10 mai 1748, ainsi que M. le duc de Fitz-James, mais son

---

(1) Tous deux habillés de rouge, avec des parements blancs, ainsi que la doublure pour l'infanterie; doublure et parements bleus, pour la cavalerie. (*Note du duc de Luynes*.)

ancien. Le Roi a ordonné que le fils de M. le duc de Fitz-James seroit un an cornette dans ce régiment, ensuite sous-lieutenant pendant une autre année; après quoi il seroit capitaine l'espace de cinq ans, et qu'il ne prendroit le commandement du régiment qu'après ces sept années, et ce n'est que de cette date que sera expédié son brevet ; ainsi il ne sera colonel qu'à vingt-trois ans, parce qu'il ne pourra commencer son service qu'à seize ans et un jour.

M. de la Guiche a fait aujourd'hui sa révérence au Roi. Il est maréchal de camp et prisonnier de guerre, s'étant trouvé à la capitulation de Minden sous les ordres de M. de Morangiès, lieutenant général. Le Roi a été mécontent, avec grande raison, de cette capitulation, et a fait dire à M. de Morangiès et aux autres officiers qui l'ont signée de ne jamais paroître devant lui. Cette juste et éclatante disgrâce avoit fait craindre à M. de la Guiche qu'il n'y fût compris, et il n'avoit pas osé paroître ; mais il a prouvé qu'il n'a point signé cette indigne capitulation, et en conséquence il a eu permission de venir faire sa cour.

M. de Lenoncourt, homme de condition de Lorraine, qui commande un régiment de cavalerie, vient de perdre ce régiment dont le Roi va disposer. Il s'en étoit absenté sans congé, lorsque M. le maréchal de Richelieu arriva à l'armée, et son exemple avoit été suivi par plusieurs de ses capitaines. M. le maréchal de Belle-Isle lui a mandé, de la part du Roi, qu'il mériteroit d'être cassé à la tête du régiment ; mais que le Roi, en considération de ses anciens services, vouloit bien ne pas agir à la dernière rigueur, mais qu'il lui ôtoit son régiment.

M. le chevalier de Redemont, qui avoit été employé comme maréchal de camp à la division de mon fils, a reçu depuis peu une lettre de M. le comte de Clermont; ce prince lui marque qu'il n'est plus employé sur l'état des officiers généraux. Le chevalier de Redemont, qui est originaire d'Écosse, très-bon officier, plein de valeur et d'intelligence, connu et estimé de M. le maréchal de Belle-Isle, avoit été employé par lui comme brigadier sur les côtes de l'Océan; cherchant les occasions de faire son chemin plus promptement, il désira d'aller à Minorque avec M. de Richelieu; il y fit très-bien et fut fait maréchal de camp; il fut ensuite nommé maréchal-des-logis général de l'armée que M. de Richelieu devoit commander sur le Haut-Rhin. Cette armée ayant été réunie à celle du Bas-Rhin, les fonctions de M. de Redemont cessèrent; il resta employé comme maréchal de camp. Lorsque M. le comte de Clermont a été nommé pour commander l'armée, on fit un retranchement d'officiers généraux, et le chevalier de Redemont n'y fut point employé. Cet arrangement n'avoit point encore été exécuté, et ce n'est que l'exécution de ce règlement qui a donné lieu au rappel de M. de Redemont. M. le maréchal de Belle-Isle désire beaucoup l'employer, connoissant tout ce qu'il vaut.

L'ordonnance en règlement pour les colonels a été envoyée à tous les corps; on peut bien juger que M. le comte de Clermont en a eu avant tout le monde. Il en a fait la lecture lui-même aux officiers de notre armée. Il mande à M. le maréchal de Belle-Isle que cette lecture a été suivie d'un applaudissement général et renouvelle l'émulation dans le corps des officiers; que de ce moment le grade de capitaine leur a paru bien plus considérable, et qu'il y a tout lieu d'espérer qu'on sera encore bien plus disposé à s'y bien comporter.

M. le duc de Rohan a fait signer ce matin son contrat de mariage. Les parents du côté de Mlle d'Uzès étoient M. de la Vallière, son oncle par Mme de la Vallière, et M. le duc d'Estissac par les la Rochefoucauld. M. d'Estissac est chargé de la procuration de M. de la Rochefoucauld (1).

---

(1) Le mariage fut fait le 23, dans la chapelle de l'hôtel d'Uzès, par M. l'archevêque d'Alby. (*Note du duc de Luynes.*)

MAI 1758.

M. de Livry est mort ce matin à trois heures; il avoit environ cinquante ans. Cet événement fait perdre à cette famille la charge de premier maître d'hôtel du Roi, que son grand-père, son père et lui ont eue successivement depuis bien des années. Sa femme est Maniban. Ils n'ont jamais eu d'enfants.

Mme de Pléneuf mourut hier à Paris; elle avoit environ quatre-vingts ans. On sait qu'elle étoit mère de M. de Baye et de feu Mme de Prie (1). Mme de Monconseil, sa nièce, a deux filles, dont l'une a épousé M. de la Tour du Pin et l'autre est encore fort jeune.

Samedi, veille de la Pentecôte, la Reine ne se mit point en retraite; elle alla dans la tribune entendre les premières vêpres, chantées par ce qu'on appelle la grande chapelle; et le soir elle joua chez elle comme à l'ordinaire avant souper, et après souper chez moi. Le dimanche, elle entendit la messe des chevaliers dans la tribune en haut, et l'après-dînée elle descendit en bas, où elle entendit le sermon (2), qui fut suivi immédiatement des vêpres et du salut. Le Roi n'entendit point les premières vêpres le samedi; il n'arriva de Choisy qu'à sept heures du soir. Comme il se sentoit encore de la douleur au genou, il ne descendit point en bas le dimanche après dîner; il arriva dans la tribune à la fin du sermon et y entendit les vêpres et le salut.

Du mercredi 17, Versailles. — J'ai parlé du contrat de mariage de M. le duc de Rohan. Les députés des États de Bretagne étoient avec toute la famille à la signa-

---

(1) Mme de Pléneuf étoit Curzé. M. de Curzé, qui a commandé en Corse, est son neveu, fils de son frère. Mme de Pléneuf avoit eu une figure agréable. (*Note du duc de Luynes.*)

(2) Ce fut l'abbé Clément qui prêcha; il avoit déjà prêché devant le Roi. Il est aumônier du roi de Pologne, duc de Lorraine, et ce titre lui donna occasion de faire un compliment fort touchant à la Reine. Il y a quelque chose de singulier dans sa déclamation. Il est aimé et estimé du roi de Pologne. (*Note du duc de Luynes.*)

ture de ce contrat ; ce sont ceux qui étoient à Paris, savoir : M. l'évêque de Dol (Dondel) pour le clergé, M. le comte de Marbeuf, frère de l'abbé, pour la noblesse, et pour le tiers état, le sénéchal de Pontivy, que l'on dit un homme de mérite.

Du jeudi 25, *Dampierre*. — Nous fîmes ici, mardi dernier, le mariage de ma petite-fille, Mlle de Chevreuse, avec le vidame d'Amiens, fils unique de M. de Chaulnes. La mariée aura quatorze ans au mois de septembre, et le marié en a près de dix-sept. On ne compte les laisser vivre ensemble que dans deux ans. M. et Mme de Chaulnes ont paru désirer que le mariage se fît dès à présent ; et dans la circonstance de la mort du comte de Dunois, cette réunion de nos deux branches nous a paru plus convenable que jamais. En considération de ce mariage, mon fils vend à M. de Chaulnes l'hôtel de Clermont, rue de Varennes, la somme de 250,000 livres, dont l'intérêt au denier vingt sera payé à ma petite-fille et fera partie des 20,000 livres de rente dont elle jouira dès ce moment. M. de Chaulnes donne aussi actuellement 20,000 livres de rente à son fils ; ces 20,000 livres de rente de part et d'autre font l'intérêt de 400,000 livres, outre lesquelles on assure 300,000 livres à la petite de Chevreuse et 200,000 livres au vidame. Nous demandâmes l'agrément du Roi, de la Reine, etc., le jour de la Pentecôte ; nous fîmes signer le contrat à Versailles dimanche dernier, et nous le signâmes ici lundi au soir. Le départ de mon frère pour Rome le mardi de la Pentecôte nous a privés du plaisir de lui voir donner la bénédiction nuptiale à nos enfants ; nous avions prié M. le cardinal de Tavannes de vouloir bien venir ici pour cette cérémonie ; mais il a été obligé d'aller à Paris pour sa réception en Sorbonne, qui s'est faite lundi dernier. Nous avons eu recours à M. l'évêque de Chartres (Fleury) et nous avons même prié M. l'archevêque de Tours, son frère, de vouloir bien s'y trouver. Il ne convenoit pas de donner de fête ; tout s'est passé simplement : le mariage à midi et demi à la paroisse. C'est M. le vicaire qui a dit la messe ; M. le curé est actuellement dans son pays, qui est la Franche-Comté. Tous MM. les curés des cinq paroisses y ont assisté. M. le maréchal de Belle-Isle est venu exprès de Versailles pour le mariage ; il a dîné ici et est retourné le même soir à Versailles, grande marque d'amitié au milieu de toutes ses affaires. Voilà ce qui étoit ici : les deux mariés, M. et Mme de Chaulnes, Mme d'Egmont douairière, M. et Mme d'Egmont, M. de Pignatelli, ambassadeur de Madrid à Copenhague, cousin germain de feu M. d'Egmont, M. l'évêque de Chartres, M. l'archevêque de Tours, M. le maréchal de Belle-Isle et M. de Gisors, son fils, Mme la comtesse de la Guiche, comme amie, M. de Vierne, qui succède cette année à M. de Bernage dans la place de prévôt des marchands ; M. de Bernage y étoit prié aussi : ses affaires ne lui ont pas permis de venir ; M. le président Hénault, aussi comme ami, M. et Mme de Chevreuse, Mme de Luynes et moi, et le comte d'Albert, mon petit-fils.

Il y avoit, outre la grande table, une seconde table de 24 couverts, où étoient entre autres les huit officiers des gardes de mon fils, qui étoient venus exprès de Paris pour lui donner une marque d'attention dans cette circonstance.

Il y avoit encore une troisième table pour le clergé. Il y avoit outre cela une grande table pour les femmes de chambre, trois tables pour l'office, et une, d'environ 50, pour la livrée. On vit après le dîner, de dessus le balcon, une chasse de lièvre ; on alla à l'île ; on soupa et on joua, mais il n'y eut ni musique, ni feu d'artifice, ni même d'illumination, par la raison que j'ai dite. M. de Grimberghen a donné une fort belle toilette d'argent à la mariée, avec une jolie tabatière. M. et Mme de Chaulnes ont donné des diamants ; Mme de Luynes, une fort belle cave de cristal de roche. Elle a eu encore d'autres pré-

sents, dont il seroit trop long de marquer le détail.
On trouvera ci-après (1) la copie d'une lettre circulaire

---

(1) LETTRE CIRCULAIRE ÉCRITE PAR M. LE MARÉCHAL DE BELLE-ISLE A TOUS LES COLONELS D'INFANTERIE.

Depuis que le Roi m'a confié le département de la guerre, Monsieur, vous ne doutez pas que je ne me sois sérieusement occupé de remédier à toutes les causes du relâchement excessif de la discipline presque dans toutes ses parties. Une des principales est sans doute la vénalité des charges qui s'est introduite sous plusieurs formes dans l'infanterie, et qui y produit les abus les plus pernicieux et les plus destructifs de toute émulation. En effet, de là vient que les anciens officiers dont l'expérience pourroit encore être utile au service, prennent le parti de se retirer, séduits par l'appât des sommes qui leur sont offertes; que les anciens lieutenants, quoique bons sujets, ne peuvent espérer de parvenir aux compagnies s'ils ne sont en état de les acheter, et que la noblesse, cette portion si précieuse de l'État, dont elle doit être la force et le soutien, se trouve exclue des emplois auxquels elle est appelée par sa naissance, si le défaut de fortune l'empêche d'acheter à prix d'argent les occasions qu'elle recherche de témoigner son zèle.

De là ces mutations si fréquentes dans la composition des officiers de chaque régiment, ces avancements qu'une aisance plus ou moins grande détermine sans égard au mérite des anciens, et ce mélange de sujets introduits dans le corps, au préjudice de la noblesse, par l'argent qu'ils ont donné pour y être admis; de là enfin la négligence des anciens officiers, plus excités par l'intérêt à penser à la retraite que par l'émulation à s'occuper du service; le mépris de la subordination, qui n'est plus soutenue dans l'opinion des inférieurs par l'autorité des anciens, et la décadence de la discipline, qui est une suite nécessaire du mépris de la subordination.

Il seroit difficile que ces abus se fussent accrédités au point où ils le sont actuellement sans le concours des chefs des corps, et S. M. ne juge pas que pour disculper à cet égard un colonel, il suffise qu'il n'applique pas à son profit les sommes exigées. Le Roi ne peut se persuader qu'aucun colonel soit capable d'une manœuvre aussi basse; il le regarderoit comme tout à fait indigne d'occuper une place où ne pouvant avoir l'estime de ceux qu'il commande, il manqueroit infailliblement de la considération nécessaire pour commander; mais il est évident que les chefs de corps étant à portée de démêler le motif des retraites qu'on leur propose de favoriser, il dépend d'eux d'empêcher les conventions particulières qui les provoquent.

Les colonels ne devant rien ignorer de ce qui se passe pour ou contre le bien du service dans les régiments qu'ils commandent, ce ne peut être qu'avec leur agrément, ou du moins leur consentement tacite, que la vente des emplois s'introduit ou se maintient; et je dois vous avertir, Monsieur, que S. M. les regardera désormais comme responsables de ce qui se passeroit sur cela de contraire à ses intentions. S. M. a tellement à cœur l'exécution de ses ordres à ce sujet, qu'elle m'a déclaré que s'il lui revenoit qu'un colonel eût continué de tolérer les abus qu'elle veut déraciner, elle prendroit

que M. le maréchal de Belle-Isle a écrite à tous les colonels d'infanterie pour leur marquer la volonté déter-

---

le parti de lui ôter sur-le-champ son régiment, et elle m'a chargé d'employer les soins les plus vigilants pour être en état de l'informer promptement de la manière dont les intentions de S. M. auront été remplies à cet égard dans tous les corps.

Vous connoissez, Monsieur, toute l'importance de ces objets, et je ne puis vous exprimer en termes assez forts à quel point S. M. désire que vous y donniez toute votre attention; ainsi je ne doute point que par une suite nécessaire de votre zèle pour son service, de votre respect et de votre obéissance à ses ordres, vous n'employiez efficacement toute l'autorité de votre grade pour empêcher que désormais, sous aucun prétexte, il soit donné la moindre somme d'argent pour parvenir aux emplois ou pour déterminer les retraites dans le régiment que vous commandez.

Les retraites se sont multipliées depuis quelques années dans l'infanterie à la faveur de certains arrangements clandestins qui y sont connus sous le nom de *concordat*; il se peut que ces arrangements aient eu dans leur origine un motif d'utilité, qui pourroit même trouver son application dans le cas où il s'agiroit d'engager à la retraite d'anciens et braves officiers, qui, jouissant de toute l'estime de leurs camarades, manqueroient cependant des qualités requises dans des places de commandement auxquelles ils sont près d'arriver par leur rang. Tel est l'aspect favorable sous lequel on peut envisager ce qu'on appelle dans l'infanterie *le concordat*. Mais l'infanterie sait à combien d'abus il a ouvert la porte: l'esprit d'intérêt substitué à celui d'émulation, la perspective d'une retraite pécuniaire préférée à celle d'un avancement honorable, des dettes onéreuses dans presque tous les régiments, des chicanes indécentes que ces dettes occasionnent, et enfin le découragement de la noblesse pauvre, qui ne peut plus entrer dans ce corps dont elle doit faire l'honneur et la force, et dont les appointements même se trouvent souvent consommés pour remplir les engagements pécuniers auxquels ils doivent leurs emplois.

S. M., informée avec précision de tous ces détails, m'a chargé de proscrire de sa part *le concordat* sous les mêmes peines que la vénalité des emplois, à laquelle il tient de si près; mais en même temps elle voudra bien pourvoir aux objets d'utilité qui ont été le prétexte de son introduction, et elle se réserve de faciliter, par des moyens légitimes, par des grâces placées à propos, les retraites qu'il sera convenable de favoriser d'après le compte que les colonels en rendront dans chaque occasion.

Telles sont, Monsieur, les intentions décidées de S. M., qui veut absolument bannir de l'infanterie toute espèce de marché pécuniaire sous quelque forme que ce soit, et je m'assure que vous vous conformerez avec empressement à des vues si sages et si conformes au bien du service. Mon attachement et, je puis le dire, mon amour pour le militaire sont assez connus pour qu'il soit aisé de sentir qu'il seroit aussi affligeant qu'indispensable pour moi d'avoir à porter à Sa Majesté, en cette occasion, des relations peu satis-

minée de S. M. d'empêcher la vénalité des emplois dans l'infanterie et ce qu'on appelle *le concordat*, qui est un arrangement que les officiers font entre eux pour engager un ancien capitaine à quitter. L'ordonnance pour la vaisselle ne paroît pas encore, mais on sait que l'intention du Roi est que l'on ne porte plus de vaisselle d'argent à l'armée, et tous les officiers généraux et particuliers qui avoient de la vaisselle d'argent en font faire actuellement de fer-blanc; chaque assiette coûte un peu plus de 3 livres, et le service le plus complet revient à 2,000 livres.

On eut nouvelle, il y a quelques jours, que *le Raisonnable*, vaisseau que montoit M. le chevalier de Rohan, a été pris par les Anglois en allant de Brest à Rochefort. M. le chevalier de Rohan est malheureux, car c'est la troisième ou quatrième fois qu'il a été pris par les Anglois. Son vaisseau, qui est de 64 canons, devoit faire partie de l'escadre de M. Beaussier; il partit en effet avec lui, mais il toucha à un banc de sable; il fut obligé de rentrer dans le port pour se radouber, et lorsqu'il a été en état il est parti seul et a été pris. Il seroit digne d'un meilleur sort, car il aime son métier et y est fort appliqué. Il est Guémené, frère de M. de Montbazon, et actuellement capitaine de vaisseau.

Les Anglois perdirent, il y a quinze jours ou trois se-

---

faisantes qui entraîneroient décisivement des punitions, toujours douloureuses à prononcer, quelque légitimes qu'elles soient; et en même temps on doit me rendre la justice de compter avec certitude sur l'empressement et la satisfaction que j'aurai de rendre au Roi, à cet égard, des comptes favorables qui assurent de plus en plus à MM. les colonels les effets de l'estime et de la bienveillance de Sa Majesté.

Je finis en vous priant d'être persuadé, Monsieur, de l'impatience avec laquelle j'attends que vous me mettiez à portée de faire valoir auprès du Roi le zèle et l'exactitude avec lesquels vous aurez concouru, en cette circonstance, à la prompte exécution de ses ordres et au rétablissement de la discipline militaire en cette partie essentielle.

J'ai l'honneur d'être très-parfaitement, Monsieur, etc.

maines, à peu de distance des côtes de Bretagne, un vaisseau de 90 canons; le feu y a pris; il a sauté en l'air. L'amiral qui le montoit s'est sauvé avec seulement environ 200 hommes d'équipage.

On ignore toujours l'objet du grand armement des Anglois. On imagine qu'ils veulent se porte en Hollande pour soutenir leur parti et déterminer les Hollandois à se déclarer contre nous.

Du vendredi 26, Dampierre. — On me manda hier de Versailles que M. de Graville y a fait sa révérence pour remercier du commandement en Flandre qui vient de lui être donné. M. de Maillebois commandoit l'armée qui s'assemble en Flandre. Le mémoire, ou plutôt le libelle, dont j'ai parlé, lui a attiré la juste indignation de S. M.; le maréchal de Belle-Isle a adressé par le commandement du Roi un ordre à M. du Barrail, qui commande à Dunkerque; en conséquence de cet ordre, M. de Maillebois a été arrêté de la part du Roi et conduit par un capitaine de grenadiers dans la citadelle de Dourlens, où nous avons vu M. le duc du Maine pendant la régence. L'inspection qu'avoit M. de Maillebois a été donnée à M. de Ségur, et le commandement de l'armée de Flandre à M. de Graville. M. de Graville est lieutenant général du 1er janvier 1748; il avoit obtenu le commandement de Roussillon, dans lequel il avoit succédé à M. de Mailly-d'Haucourt. On a rendu ce commandement à M. de Mailly-d'Haucourt, et M. de Graville a été rappelé; il avoit raison d'espérer un dédommagement, et il l'obtient d'une manière honorable.

Il vient d'y avoir un changement dans le ministère de la marine. M. de Moras a représenté au Roi qu'il ne se sentoit pas assez fort pour ce département, et que celui qui le remplaceroit auroit peut-être plus de crédit que lui pour obtenir ce qui est nécessaire pour soutenir et augmenter la marine. Le Roi l'a reçu avec beaucoup de bonté et lui a paru désirer qu'il restât pour le conseil. M. de Moras a pris la liberté de dire à S. M. que n'ayant que quarante ans il se sentoit encore en état de lui rendre d'autres services, et qu'il se flattoit que le Roi voudroit bien lui en donner les moyens en l'employant à quelque autre travail. M. de Saint-Florentin a reçu sa démission, et M. de Massiac (1) a été nommé secrétaire d'État de la marine. M. de Massiac est infiniment estimé dans la marine; c'est lui qui commandoit en dernier lieu à Toulon. Il s'est attiré une grande réputation en conduisant pendant la dernière guerre, dans le port de Marseille, une flotte marchande richement chargée qu'il escortoit avec trois vaisseaux de guerre.

Du samedi 27, Dampierre. — J'ai oublié de marquer la mort de Mme Dufour, que j'appris samedi dernier à Versailles, en arrivant. Elle avoit, je crois, environ cinquante ans; elle avoit été nourrice de Mgr le Dauphin; elle étoit première femme de chambre de Mme la Dauphine. C'étoit une très-bonne femme, et qui cherchoit à faire plaisir en tout ce qui dépendoit d'elle. C'est sa fille, qui a épousé M. de Boisgiroult, qui est aujourd'hui première femme de chambre de Mme la Dauphine; elle en avoit la survivance. M. de Boisgiroult est premier valet de chambre de Mgr le Dauphin en survivance de M. Binet. La maladie de Mme Dufour a été fort courte. Elle s'appeloit Gonet.

Du mardi 30, à Dampierre. — Le 14, les Minimes tinrent à Lyon leur chapitre général, auquel présida M. l'abbé Bouillé, nommé à l'évêché d'Autun, comme doyen de MM. les comtes de Lyon. Ils élurent le P. de Vaux pour leur général.

L'académie françoise s'assembla, lundi 22 de ce mois, pour remplir la place vacante par la mort de M. de Boissy; ce fut M. de la Curne de Sainte-Palaye, de l'académie des inscriptions, qui fut choisi pour cette place.

---

(1) **Lieutenant général des armées navales de 1756.**

JUIN.

Mémoire du maréchal d'Estrées. — Pension à M. de Moras. — Le marquis de Brunoy nommé maître d'hôtel du Roi. — M. de Puisieux. — Évêchés donnés. — Revue des Mousquetaires. — Captivité du comte de Maillebois. — Affection des officiers du régiment d'Artois pour leur colonel. — Régiments donnés. — Les Hanovriens passent le Rhin. — Contrat de mariage. — Débarquement des Anglais à Cancale. — Le prince Xavier. — Procès de Gauthier. — Droit des Princes et des Pairs d'assister aux délibérations du Parlement reconnu par le Roi. — Mort de Mme du Châtel. — Nouvelles de l'armée. — Saint-Hubert et Lartoire. — Le maréchal de Belle-Isle fait arrêter le carrosse du Roi. — Grâce accordée au duc de Villeroy. — Nouvelles de l'armée. — Mot du Roi à Chevert. — Réception du prince Xavier à Lunéville et à Versailles. — Mouvements de l'armée. — Neutralité de la Hollande. — Les Économats. — Nouvelles des côtes de France. — Perte de Saint-Louis du Sénégal. — Sur le débarquement des Anglais à Cancale et escadres anglaises sur nos côtes. — Louisbourg secouru. — M. de Beaussier. — Épidémie à Brest. — Voleries des chirurgiens de la marine et autres abus dans les embarquements. — Bataille de Crevelt. — Belle action d'un cornette de carabiniers. — Mort de M. de Gisors. — Le maréchal d'Estrées refuse le commandement de l'armée. — Affliction du maréchal de Belle-Isle et notes biographiques. — Lettre de Marie-Thérèse au maréchal de Belle-Isle. — Réception du duc de Tresmes au Parlement et assemblée du Parlement. — Retraite de trois ministres.

Du jeudi 1er juin, Dampierre. — M. le maréchal d'Estrées a cru devoir répondre au mémoire de M. de Maillebois, mais il s'est conduit d'une manière bien différente ; il a fait un mémoire où il explique les faits avec vérité et simplicité, et l'a fait remettre au Roi. Ce mémoire a été lu au tribunal des maréchaux de France par ordre du Roi, et S. M. en a été si contente que non seulement elle a permis, mais même elle a ordonné au maréchal d'Estrées de le faire imprimer. Ce mémoire n'a point été vu dans le public, il ne paroît que d'aujourd'hui depuis qu'il est imprimé.

J'ai dit ci-dessus ce que le Roi a ordonné par rapport au commandement de l'armée de Flandre et à l'inspection qu'avoit M. de Maillebois. Il avoit outre cela le dépôt des Invalides avec deux commis sous ses ordres ; on avoit en sa faveur attaché 12,000 livres d'appointements à cette commission. Le Roi vient de la donner sans aucuns appointements à M. de Crémille, et comme les détails dont il est chargé ne lui laisseront pas tout le temps nécessaire pour veiller exactement à ce qui regarde ce dépôt, on y établit, outre les deux commis dont je viens de parler, un principal commis qui aura 3,000 livres d'appointements et qui sera sous les ordres de M. de Crémille.

Le Roi a donné à M. de Moras 40,000 livres de pension, dont 10,000 livres sont réversibles à Mme de Moras.

Il y a quelques jours que M. de Montmartel vint à Versailles, avec son fils âgé de dix à onze ans, qu'on appelle le marquis de Brunoy, faire son remerciment. Le Roi a donné à cet enfant la charge de premier maître d'hôtel vacante par la mort de M. de Livry, et sur cette charge S. M. a donné 12,000 livres de pension à Mme de Livry, et 8,000 livres aussi de pension à M. le chevalier de Livry.

Le Roi continue toujours de marquer beaucoup de bonté à M. de Puisieux, et il est en effet difficile de trouver un ministre qui l'ait servi avec plus d'assiduité, de respect en parlant à son maître, et de dignité lorsqu'il parloit en son nom. On a dit de lui qu'il faisoit parler le Roi bien haut et qu'il lui parloit bien bas.

On a appris ces jours-ci que Mme la princesse de Monaco (Brignole) est accouchée d'un garçon à Monaco. C'est une grande joie pour cette famille.

Du samedi 3, Dampierre. — J'ai toujours oublié de marquer que M. de Lannion, qui commandoit à Minorque, étant revenu, comme je l'ai dit, et employé dans l'armée de M. de Soubise, M. le maréchal de Belle-Isle a jugé nécessaire d'envoyer au plus tôt un lieutenant général pour commander dans cette île, d'autant plus que l'on ne peut douter qu'un des principaux objets des Anglois ne soit de reprendre Minorque s'ils y voyoient quelque possibilité. M. de Fremur, lieutenant général de 1748, étant actuellement en Provence, M. le maréchal de Belle-

Isle lui a envoyé un courrier avec ordre de se rendre au plus tôt à Minorque. M. de Puisignieux est nommé inspecteur des troupes de cette île avec les appointements attachés à cette commission.

Il y a près de quinze jours que le Roi a nommé M. l'évêque d'Évreux (Dillon) à l'archevêché de Toulouse, vacant par la mort de M. de Crussol, et a donné l'évêché d'Évreux à M. l'abbé de Choiseul-Stainville, frère de M. de Stainville, ambassadeur du Roi à Vienne. Je crois avoir déjà dit ailleurs que MM. Dillon, qui sont Irlandois, sont depuis longtemps attachés au service de France, qu'ils s'y sont distingués en toutes occasions, et qu'ils y ont été presque tous tués. M. l'archevêque de Toulouse d'aujourd'hui y a perdu deux de ses frères. Indépendamment de ces raisons particulières à la famille pour mériter les bontés du Roi, M. l'archevêque de Toulouse en est digne personnellement par sa piété, sa douceur, sa politesse et l'agrément de son esprit.

Le Roi vit mardi les deux compagnies des mousquetaires, à pied et à cheval, à l'ordinaire, dans la cour du château à Versailles. S. M. étoit dans la cour de marbre, où elle resta toujours malgré la pluie continuelle. Il y a à la première compagnie 153 surnuméraires ; il y avoit 104 mousquetaires malades ou absents et 249 présents. A la seconde compagnie, il y avoit 275 mousquetaires présents et 88 absents, ce qui fait en tout 363, et 163 surnuméraires.

M. de Maillebois sera plus resserré qu'il ne devoit l'être d'abord. Mme de Maillebois a la permission d'aller le trouver, mais à la condition qu'elle ne verra personne, et qu'elle ne communiquera avec qui que ce soit par lettres qu'en les remettant toutes ouvertes.

Les officiers du régiment d'Artois ont su que M. de Brienne, demandoit le régiment de Champagne, vacant par le changement de M. de Gisors ; que ce régiment étoit destiné à M. le prince de Chimay, mais qu'il n'auroit peut-être pas 75,000 livres à donner, qui est le prix du régiment. Ils sont venus trouver M. de Brienne et l'ont prié de leur permettre de se cotiser tous pour offrir à M. le prince de Chimay les 75,000 livres, afin que M. de Brienne ne les quittât pas. Les lieutenants ont ajouté que s'ils avoient le malheur de le perdre, ils lui demandoient la permission de le suivre dans le régiment de Champagne en qualité de simples enseignes.

Du lundi 5, Dampierre. — J'appris hier qu'il y a eu plusieurs régiments de donnés. Celui de Nice, vacant par la mort de M. de Laqueuille, que j'ai marquée ci-dessus, a été donné à M. de Cambis. Ce n'est pas le fils de Mme de Cambis (Gruyn), c'est celui qui a épousé Mlle de Chimay. Le régiment qu'avoit M. de Cambis et qui portoit son nom a été donné à M. de la Tournelle, capitaine de grenadiers dans ce même régiment.

Le régiment de Cambrésis, qu'avoit M. de la Châtre, a été donné à M. de la Galissonnière, neveu du feu lieutenant général de la marine. M. de la Châtre, qui est brigadier, a eu permission de vendre; il conserve son rang et est employé en qualité de commandant en Basse-Normandie.

A l'égard du régiment de Champagne, il étoit destiné, comme je l'ai dit ci-dessus, à M. de Chimay, comme le plus ancien colonel à remplacer, et en cas qu'il ne pût pas trouver les 75,000 livres, M. de Juigné, par son ancienneté, devoit avoir ce régiment. M. de Chimay a trouvé cette somme parce que M. de Juigné, la lui a prêtée; mais dès qu'il a su que ce même M. de Juigné étoit celui qui à son refus devoit avoir la préférence sur tous les autres, il n'a jamais voulu accepter l'offre qui lui étoit faite; il a demandé en grâce au Roi de vouloir bien lui réserver ses bontés pour une autre occasion et de donner le régiment à M. de Juigné.

Le régiment de Foix, qu'avoit M. le chevalier de Grollier qui a été fait maréchal de camp, a été donné à M. de

Rougé, fils du maréchal de camp. M. de Rougé est de même maison que feu M. du Plessis-Bellière, qui avoit épousé une des deux filles de M. le maréchal de Chaulnes.

Du mardi 6, *Versailles.* — Il y a quelques jours qu'on a fait un arrangement nouveau pour les Volontaires royaux. Ce régiment, commandé par M. de Chabot, étoit de 950 hommes; on l'a augmenté de 400 hommes sous le nom de Légion, dont on a donné le commandement au même M. de Chabot.

M. de Vormster, lieutenant-colonel d'un régiment allemand, a été fait inspecteur général de toute l'infanterie allemande qui est au service de France.

On vient d'apprendre par un courrier de M. le comte de Clermont que les Hanovriens ont établi un pont sur le Rhin, entre le fort de Skem et Emmerick, et que 6,000 hommes de leurs troupes ont déjà passé le Rhin. En conséquence, tous les officiers généraux et particuliers qui étoient encore ici ont eu ordre de partir sur-le-champ. M. le prince de Condé et M. le comte de la Marche partent aussi.

Du lundi 12, *Dampierre.* — Il y eut hier une signature de contrat de mariage ; c'est celui de M. d'Esparbés avec Mlle de Touy, petite-fille de M. Toinard, lequel est parent de Mme la marquise de Pompadour. M. d'Esparbés est l'aîné des Jonsac.

Du mardi 13, *Dampierre.* — Les Anglois, qui avoient fait une descente à Cancale il y a environ huit jours, avec 10,000 hommes de débarquement au moins, se sont rembarqués ; ils avoient de petites pièces de canon. Ils ont pillé et brûlé Cancale et un faubourg de Saint-Malo, nommé Saint-Servan, que l'on dit fort riche. Ils sont présentement devant Brest (1).

---

(1) Ils n'étoient pas encore entièrement rembarqués par les dernières nouvelles. On a du regret qu'ils ne soient pas restés plus longtemps, car tout étoit bien disposé pour les attaquer. Ils ont eu des égards pour les ha-

Du mercredi 14, *Dampierre*. — Le prince Xavier (1) arrive aujourd'hui à Versailles ; il vient pour faire la campagne dans notre armée du Bas-Rhin ; il gardera l'*incognito* sous le nom de comte de Lusace. C'est le nom que le roi de Pologne son père portoit, quand il vint en France du vivant du roi Auguste.

Du jeudi 15, *Dampierre*. — Par les nouvelles d'aujourd'hui le prince Xavier part cette nuit pour l'armée. On dit (2) que son caractère paroît aimable, et que pour la figure, il ressemble plutôt à feu Mme la Dauphine qu'à sa sœur ; ce qui prouve qu'il est blond et qu'il a les épaules basses.

M. le maréchal de Belle-Isle vient d'employer M. de Redemont sur les côtes en qualité de maréchal de camp.

Du dimanche 18, *Dampierre*. — Jeudi dernier, 15 de ce mois, je reçus le billet d'avertissement dont on trouvera la copie ci à côté (3). Je partis pour Paris, où je trouvai en arrivant un autre billet que je fais copier aussi à la marge (4). Je me rendis vendredi matin à huit heures à la Grande Chambre. On y attendoit M. le duc d'Orléans, qui arriva un quart d'heure après ; M. le prince

---

bitants du pays; ils ont fait observer la plus exacte discipline, et ont fait avertir les curés d'ôter des églises tout ce qui pouvoit être profané. Ils ont brûlé tout ce qui pouvoit servir à la marine et même une frégate que M. de Moras venoit d'acheter 200,000 livres. Ils n'ont point touché à deux gros magasins de farine dont heureusement ils n'ont point été instruits. (*Addition du duc de Luynes*, datée du 14.)

(1) Xavier-Auguste, prince de Saxe, né le 25 août 1730, frère de la Dauphine.

(2) Ces nouvelles étaient données au duc de Luynes par une lettre de la Reine.

(3) Monsieur, vous êtes averti que vendredi prochain 16 juin, sept heures et demie du matin, on mettra sur le bureau le procès de Dominique-François Gauthier.   Le Breton.

(4) Ysabeau est venu pour avoir l'honneur d'avertir monseigneur le Duc que demain vendredi 16 juin, dix heures du matin, après le jugement de l'affaire de Gauthier, il y aura assemblée de toutes les chambres pour y délibérer sur matière qui intéresse la Pairie et la Cour des Pairs.

Ce jeudi, 15 juin 1758.

de Conti étoit déjà arrivé. Ce furent les deux seuls princes qui assistèrent à cette séance; M. le comte de Charolois n'a été à aucune et n'y va jamais à cause de sa santé. M. le prince de Condé et M. le comte de la Marche sont à l'armée commandée par M. le comte de Clermont. Les mêmes juges qui étoient au procès de Damiens s'y trouvèrent presque tous, et ceux de Messieurs de la Grande Chambre qui avoient donné leur démission dans le temps de ce procès et qui sont rentrés depuis longtemps, ne voulurent point assister au jugement de l'affaire de Gauthier, la regardant comme une suite de celle de Damiens. Il y avoit dix pairs de France, savoir, pour les mettre par ordre : moi, MM. les ducs de Rohan, de Luxembourg, de Villeroy, de Saint-Aignan, maréchal de Noailles, maréchal de Biron, de la Vallière, de Fleury et de Duras. M. Severt, doyen et premier rapporteur de l'affaire de Damiens, fit le rapport, en peu de mots, du sujet de l'assemblée, qui étoit une requête présentée par Gauthier, secrétaire de M. de la Ferrière, détenu dans les prisons de la Conciergerie depuis plus d'un an. M. Pasquier, second rapporteur, fit la lecture de la requête dudit Gauthier, ensuite de toutes les dépositions entendues au sujet de l'accusation intentée contre lui par le scélérat Damiens (1). Dans toutes ces dépositions, il n'y en a qu'une seule à la charge dudit Gauthier pour des propos entendus par le déposant dans le Luxembourg; mais ce déposant est connu pour avoir été deux ou trois fois enfermé à Charenton pour cause de folie; toutes les autres dépositions sont à l'entière décharge dudit Gauthier, et assurent qu'il est honnête homme, estimé dans tout le quartier. On a recherché toutes les

---

(1) On avoit commencé par lire les articles du procès de Damiens où il est parlé de cette accusation de Damiens contre Gauthier au premier coin de la question, accusation qu'il soutint sur le matelas et qu'il ne révoqua point à l'hôtel de ville. (*Note du duc de Luynes.*)

circonstances de sa vie ; on a trouvé qu'il avoit travaillé à faire des bas chez des particuliers ; qu'il avoit été ensuite marchand de bas pour son compte, et enfin intendant de M. de la Ferrière. Après tous ces détails, on lut les conclusions de M. le procureur général, qui étoit d'avis d'un plus amplement informé à perpétuité, en donnant cependant la liberté au prisonnier. Ces conclusions avoient été remises cachetées à M. le Breton, greffier, qui les fit passer de main en main à M. le premier président : M. le premier président les décacheta sans les lire et les fit repasser de main en main à M. Severt, qui en fit la lecture. Ensuite on fit entrer Gauthier. M. le premier président l'interrogea pendant un bon demi-quart d'heure, après quoi on le renvoya et on alla aux opinions. Il n'y avoit que trois partis à prendre : ou renvoyer de l'accusation, ou prononcer un hors de cour, ou un plus amplement informé à perpétuité, en lui rendant cependant la liberté. On jugea que ce ne pouvoit être le cas de prononcer le hors de cour et qu'il falloit choisir entre les deux autres. La seule accusation grave étoit celle du scélérat Damiens. Quoique le caractère de l'accusateur pût diminuer la force de l'accusation, cependant elle avoit été faite dans des circonstances qui ne pouvoient plus lui laisser l'espérance d'aucune grâce. A la confrontation, il avoit reconnu Gauthier pour le même qu'il avoit nommé. Et dans le temps qu'il avoit fait une espèce d'amende honorable à M. l'archevêque sur tous les propos affreux tenus contre ce prélat, dans le temps que sur la roue les docteurs qui étoient auprès de lui lui avoient dit qu'il ne pouvoit espérer de salut s'il ne rétractoit pas ce qu'il avoit pu dire contre quelqu'un d'innocent de son crime, de même que s'il ne déclaroit pas tous ses complices, il n'avoit rien dit à la décharge de Gauthier. Il étoit d'ailleurs si bien prouvé que le scélérat avoit été excité à commettre son énorme attentat par les discours qu'il avoit entendus, que tout aggravoit l'accusation faite contre Gauthier. Cependant un grand nombre de dépositions avoient été entendues, et toutes, hors ce que je viens d'expliquer, représentoient Gauthier comme un honnête homme, connu pour tel dans le quartier, rempli de discrétion et de sagesse. Ses réponses aux interrogatoires différents, et encore à celui qui venoit de lui être fait, n'annonçoient que le profond respect et l'attachement sincère que tout sujet doit avoir pour son souverain. Ces considérations firent impression sur plusieurs des juges. Il y en eut deux qui dans leurs opinions marquèrent leur regret d'être obligés de conclure au plus amplement informé à perpétuité suivant les conclusions, ajoutant qu'ils désireroient que cet avis ne passât point. Quelques autres firent connoître les mêmes sentiments d'une manière moins expressive ; il y eut une voix seulement pour le renvoyer de l'accusation ; mais, hors cette voix, tout fut de l'avis des conclusions. Gauthier est un homme de médiocre taille, assez gros, avec un visage plein. Il a soixante ans passés. S'il est innocent, il est d'autant plus à plaindre qu'il a trois enfants.

Cette affaire étant finie, il fut question d'envoyer avertir la Tournelle et de faire l'assemblée des chambres. On leva la séance et on alla à la buvette. Cette interruption dura une demi-heure ou trois quarts d'heure. L'affaire de Gauthier avoit duré depuis huit heures et demie jusqu'à dix heures et un quart. On se remit en place sur les onze heures. Tous Messieurs de la Grande Chambre à qui on avoit rendu leur démission, entrèrent, la Tournelle et les Chambres entrèrent aussi et nous nous trouvâmes 146 juges. M. le premier président dit d'abord qu'il sembloit que cette auguste assemblée ne fût convoquée que pour y rendre compte à MM. les princes et pairs des arrêtés qui avoient été faits en leur absence, en 1756, sur plusieurs objets différents sur lesquels ils avoient été invités de venir donner leurs voix ; mais qu'avant tout il devoit leur expliquer ce qui s'étoit passé à l'audience qu'il avoit eue du Roi la surveille de ce jour. Il lut aussitôt une petite relation contenant que le mercredi 14 il avoit été mandé à Versailles et introduit dans le cabinet du conseil où le Roi étoit avec Mgr le Dauphin, M. le chancelier et les ministres d'État ; que le Roi lui avoit demandé ce qu'il comptoit faire le surlendemain, à l'occasion de ce qui s'étoit passé en 1756 ; et que sur sa réponse qu'il attendoit les ordres de S. M., le Roi lui avoit dit qu'après le jugement de Gauthier il falloit qu'il assemblât les Chambres, après avoir invité les princes et pairs par des billets suivant la forme accoutumée, et qu'il leur déclarât que l'intention de S. M. n'avoit jamais été de donner aucune atteinte aux droits des princes pairs nés de son royaume, et des autres pairs, d'assister toutes les fois qu'il leur plaît aux délibérations du Parlement et sur les invitations qui leur seroient faites, et qu'il trouveroit très-bon qu'ils y allassent sur les dites invitations sans lui demander ses ordres.

M. le premier président ajouta qu'il convenoit de lire à l'assemblée les arrêtés des mois de février, mars et avril 1756, après quoi on délibéreroit sur l'enregistrement d'une réponse du Roi aussi remplie de bonté pour les droits des princes, des pairs et de la cour des pairs, réponse dont le souvenir devoit être conservé à jamais dans les registres de la Cour. Ce fut M. Pasquier qui fit la lecture des différents arrêtés, dont le dernier est du 16 avril 1756. On peut voir dans mon journal de ladite année que ces arrêtés regardoient principalement la grande affaire du Parlement avec le Grand Conseil ; il y est question aussi de l'examen qu'on vouloit faire dans cette assemblée de la conduite de M. l'archevêque de Paris. On sait que pour ces deux différents objets, les princes du sang et les pairs ayant reçu des billets d'invitation, M. le duc d'Orléans eut une lettre du Roi portant défense de se rendre à la dite assemblée et ordre de faire savoir sa volonté aux autres princes du sang. En conséquence, il y eut quatre lettres écrites au Parlement par M. le duc d'Orléans, M. le prince de Condé, M. le prince de Conty et M. le comte de la Marche. Ces lettres furent portées aux chambres assemblées par chacun de leurs principaux officiers, lesquels furent introduits à la dite assemblée et remirent leurs lettres sur le bureau du greffier, passées de main en main et lues suivant l'usage que je viens d'expliquer. On fit, vendredi dernier, la lecture de la suscription et du contenu de ces lettres. La suscription est : A Messieurs du Parlement, et la fin est : Très-humble et affectionné serviteur. Il n'y eut aucune délibération sur ce qui venoit d'être lu; il ne fut question que de l'enregistrement. En pareil cas, les opinions commencent toujours par le plus ancien des présidents à mortier; c'étoit M. Pelletier de Rosambo; il fut d'avis de l'enregistrement pur et simple du rapport fait par M. le premier président et de la réponse du Roi qui avoit été remise par écrit.

Lorsque ce fut à M. le prince de Conty à parler, il s'étendit beaucoup et en bons termes sur la reconnoissance qui étoit due aux bontés du Roi et sur la nécessité de les enregistrer promptement; mais il ajouta qu'il croyoit convenable de faire deux arrêtés : le premier, au sujet de la Pairie, dont les droits avoient paru être attaqués par des délibérations faites sans la présence des pairs sur des objets où ils avoient été appelés et devoient l'être, et par la défense du Roi de se rendre à la cour des Pairs sur lesdites invitations. Il dit encore que la bonté du Roi, dans la circonstance présente, devenant une espèce de confirmation du très-ancien droit de la Pairie, il étoit absolument nécessaire de faire mention de ce qui s'étoit passé; mais que cela ne suffisoit pas encore; qu'il falloit un second arrêté pour une députation à faire au Roi, à l'effet de lui marquer la reconnoissance des princes de son sang, des pairs de son royaume et de la cour des Pairs ; que quoique S. M. n'eût accordé aucune grâce nouvelle dans cette occasion, l'attention qu'il avoit bien voulu avoir d'envoyer avertir M. le premier président, et de le prévenir sur les ordres qu'il vouloit être portés à la cour des Pairs, demandoit qu'il fût porté à S. M., au nom de ladite Cour, de nouvelles assurances du plus profond respect, de l'attachement le plus inviolable, et des sentiments unanimes de ne jamais abuser des bontés dont elle vouloit bien les honorer. Ce discours dura un bon quart d'heure.

Comme il s'agissoit de former un arrêté qu'on pût proposer à l'assemblée, on pria M. le prince de Conty de vouloir bien dicter lui-même les termes de cet arrêté. Il s'en excusa sur ce qu'il n'étoit pas assez instruit des expressions consacrées à l'usage du Palais, ajoutant qu'il prioit Messieurs de le corriger et d'ajouter ou diminuer ce qu'ils jugeroient à propos à ce qu'il avoit dit. Cependant, comme il falloit absolument résumer son discours pour former cet arrêté, on lui passa de quoi écrire, et il écrivit pendant près d'un quart d'heure sur le bureau qui étoit devant M. le duc d'Orléans. Il passa ensuite ce papier à M. Pasquier, qui en fit la lecture. On corrigea quelques-uns des termes, et on alla ensuite aux opinions. C'étoit à M. le duc d'Orléans à parler le premier dans ce moment ; il fut d'avis du premier arrêté de M. le prince de Conty, disant qu'on ne pouvoit avoir trop d'attention sur ce qui tendoit à constater et confirmer l'ancien droit de la Pairie, mais il ajouta qu'il ne pensoit pas de même pour le second arrêté ; que quoiqu'il fût pénétré de reconnoissance pour les bontés du Roi et qu'il fût bien assuré que ce sentiment étoit unanime dans toute l'assemblée, il croyoit que ce n'étoit pas le cas de faire une députation pour remercier S. M., puisque le Roi n'accordoit point de nouvelle grâce et qu'il laissoit seulement la liberté de jouir de l'ancien droit. Ceci étoit une troisième opinion. La délibération continua, et lorsque l'on compta les voix, il s'en trouva 18 pour M. Pelletier de Rosambo, 84 pour M. le prince de Conty, et 26 pour M. le duc d'Orléans. M. de Chavannes, qui avoit été seul d'avis de comprendre dans l'arrêté un article sur les entreprises du Grand Conseil, revint à l'avis de M. le prince de Conty. Ces trois nombres différents ne font pas 146, mais il faut observer que les frères, beaux-frères et neveux ne sont comptés que pour une voix quand ils sont de même opinion, et il y en avoit dans l'assemblée 15 ou 16 dans ce cas, et je ne parle ici que du nombre des voix comptées. Trois opinions différentes ne peuvent subsister; on ne compte jamais la pluralité que sur deux. Il fallut donc reprendre les voix encore une fois. La plupart revinrent à l'avis de M. le prince de Conty, quelques-uns à celui de M. le duc d'Orléans. M. le prince de Conty eut 90 voix; M. le duc d'Orléans 40; ce qui, joint aux 16 voix qu'on ne compte point, forme le total de 146. L'arrêt d'enregistrement portera donc : « Tout ce qui peut servir à confirmer les droits des princes, des pairs et de la cour des Pairs, » et une députation pour marquer au Roi la reconnoissance la plus respectueuse. La séance ne finit qu'à une heure et demie après midi. Il n'y eut pas des opinions extrêmement longues, comme il arrive quelquefois; mais ce qui prolonge la durée de ces assemblées, c'est qu'à mesure que l'on nomme chacun de ceux qui la composent, il faut écrire son nom et son opinion : pour M. Pelletier, pour M. le prince de Conty, pour M. le duc d'Orléans; ensuite on les renomme encore tous pour compter les voix. Alors si quelqu'un passe d'une opinion à l'autre, il faut diminuer et augmenter. Enfin, quand les opinions sont réduites à deux, il faut encore renommer, et recompter. C'est un usage constant que quand il n'y auroit que trois ou quatre voix, même une contre 150, il faut toujours recompter.

Je viens d'apprendre la mort de Mme du Châtel. Elle avoit depuis longues années une mauvaise santé, et en dernier lieu elle étoit réduite dans un état qui pouvoit faire craindre qu'elle ne mourût à tout moment. Elle est morte de la poitrine. Elle avoit environ cinquante ans. Elle étoit fille de feu M. de Gouffier et de feu Mlle d'Albert, fille de feu M. le duc de Luynes, du second lit, et par conséquent sœur de M. de Grimberghen, de Mme de Verue, de Mme de Bournonville, de Mme de Saissac et de M. le chevalier de Luynes. Mme de Gouffier étoit l'aînée de toutes les filles de M. le duc de Luynes ; elle avoit eu trois enfants, savoir : M. de Gouffier qui a épousé Mlle Phélypeaux, une fille mariée en premières noces, à M. Colbert et en secondes noces à un M. de Gouffier, de même nom et de même maison. La seconde fille étoit Mme du Châtel. Feu M. du Châtel, son mari, étoit le fils aîné de M. de Crozat. Mme du Châtel étoit une femme fort aimable, mais nullement répandue dans le monde, et qui vivoit avec un petit nombre d'amis. Elle avoit eu deux filles : l'aînée avoit épousé M. le marquis de Gontaut ; elle est morte et a laissé un fils. La seconde a épousé M. de Stainville, ambassadeur de France à Vienne. Mme du Châtel laisse 25,000 livres de rente à partager entre MM. de Gontaut et de Stainville ; mais le douaire et les préciputs leur rentreront. Mme de Stainville a outre cela 15,000 livres de rente que lui a données M. l'abbé de Gouffier, lequel a servi de prête-nom à M. du Châtel pour l'avantage qu'il vouloit faire à sa femme, réversible à sa fille. Les deux gendres sont exécuteurs testamentaires.

Du mardi 20, Versailles. — Le mouvement que les Hanovriens ont fait en passant le Rhin a déterminé M. le comte de Clermont à marcher à eux. Il s'avança à Rhinberg où il rassembla l'armée ; son avant-garde étoit à Santen. Les ennemis ayant paru vouloir se porter du côté de la Meuse, M. le comte de Clermont a cru devoir les couper. Les deux armées avoient été en présence pendant quelque temps et s'étoient canonnées, mais avec très-peu de perte de part et d'autre. M. le comte de Clermont, croyant qu'on ne pouvoit agir trop promptement pour prévenir les projets des Hanovriens, fit passer le vieux canal de Rhinberg à toute l'armée et se porta à Meurs, où il est actuellement. C'est une petite ville entourée de fossés pleins d'eau et de fortifications en terre. La position est bonne, et nous met hors de portée d'être attaqués. Les subsistances nous y arrivent par le Rhin et la Meuse. On doit y avoir reçu ces jours-ci 100,000 sacs de farine qu M. le maréchal de Belle-Isle y a envoyés. Il y arrive aussi 16,000 hommes de recrues. Les fourrages n'y sont pas abondants, mais la terre en fournit actuellement. Il y a grande apparence que l'on voudra achever d'y incorporer les milices, ce qui n'est pas encore fini, et que l'on mettra la dernière main aux réparations de plusieurs régiments. Quoique le camp des Hanovriens à Rhinfeld soit bon, ayant devant eux le vieux canal, ils n'y peuvent subsister que difficilement; le pays où ils sont a été mangé par les deux armées, et ils ne peuvent tirer leurs subsistances que de loin et en remontant le Rhin.

Il paroît qu'on a été mécontent de la conduite de M. de Villemur, lorsque les ennemis ont passé le Rhin; car il a eu ordre de revenir.

M. le duc de Randan a eu ordre d'aller en Franche-Comté. Il y a quelques mouvements violents dans le parlement de Besançon; la noblesse s'y est jointe, et il est nécessaire d'y apporter un prompt remède. Par ce changement, c'est M. de Contades qui devient le premier lieutenant général de l'armée.

On me mande de l'armée (1) que les ennemis, dans le mouvement qu'ils ont fait, s'étoient portés sur l'abbaye de Clostercamp, qui est sur le bord des lignes que M. de Turenne avoit fait faire.

---

(1) C'est le duc de Chevreuse qui avait envoyé ces nouvelles au duc de Luynes.

— Le bâtiment que le Roi fait faire à Saint-Hubert, sur le bord de l'étang de Pouras, est presque achevé. On travaille cependant encore au salon, qui est en stuc jaune et blanc, fait par le même ouvrier qui a travaillé chez M. d'Argenson, à Neuilly. A la suite des deux pavillons de l'entrée de la cour on a fait deux bâtiments pour la bouche et le commun. L'entrée de la cour est fermée par une grille. Le pavillon de la gauche en entrant, qui a servi dans les commencements de cuisine, en bas, et de salle à manger pour le Roi, en haut, a toujours été destiné à faire une chapelle; elle est présentement achevée et la bénédiction en fut faite hier par M. l'évêque de Chartres. Le Roi étoit présent et y entendit la messe. Il y a un chapelain de nommé pour la desserte de cette chapelle. On commence à bâtir quelques maisons dans le voisinage; et on va y établir une succursale en attendant qu'on bâtisse une paroisse. Le Roi, pour la commodité de son service actuel, a loué une petite maison de campagne nommée Lartoire, qui est de l'autre côté du pavé de Rambouillet.

M. le maréchal de Belle-Isle reçut la nuit d'hier à avant-hier un courrier de M. le comte de Clermont, qui n'apportoit que des détails sur la position actuelle de l'armée. Après avoir lu ses lettres, il alla chez le Roi pour lui en rendre compte. Il trouva dans la cour le Roi, qui étoit dans son carrosse, en chemin pour Saint-Hubert; il crut devoir faire arrêter le carrosse pour donner les lettres à lire au Roi. Cela dura un demi-quart d'heure et fit un spectacle, car il n'est pas ordinaire de voir un secrétaire d'État, ni qui que ce soit, faire arrêter les carrosses du Roi, et c'est peut-être la première fois que cela est arrivé, au moins depuis longtemps.

Du mercredi 21, *Versailles.* — M. le duc de Villeroy obtint enfin hier la survivance de sa charge de capitaine des gardes pour M. le marquis de Villeroy, son neveu. M. le marquis de Villeroy est fils unique de Mlle de Bouffiers, fille de la maréchale et de feu M. le duc d'Alincourt, frère cadet de M. le duc de Villeroy. M. le duc de Villeroy n'a jamais eu d'enfants. L'accident arrivé à sa santé depuis quelque temps l'empêche de monter à cheval et de suivre le Roi, ce qu'il faisoit ordinairement avec beaucoup d'exactitude; il désiroit depuis longtemps que cette charge passât à son neveu, avec d'autant plus de raison, qu'elle a été possédée par son père et son grand-père (1). La jeunesse de M. le marquis de Villeroy avoit été jusqu'à présent un obstacle à cette grâce, qui fut enfin accordée hier.

Par les nouvelles du 14, les ennemis étoient à Rhinberg, et M. le comte de Clermont à Meurs. Les mouvements que les ennemis ont faits en avant, sur leur droite, ont obligé M. le comte de Clermont à faire une marche forcée en arrière; il s'est porté jusqu'à Neuss pour pouvoir se trouver en présence des Hanovriens. On attend à tout moment des nouvelles d'une bataille. M. de Chevert, lieutenant général employé dans l'armée du Bas-Rhin, y étoit fort désiré; mais une maladie considérable l'avoit empêché jusqu'à présent de partir. Il vint hier prendre congé; le Roi le reçut avec toutes sortes de bontés, et lui dit qu'il voudroit lui donner des ailes. Expression dont M. de Chevert étoit pénétré de reconnoissance.

J'ai déjà parlé du prince Xavier; il a passé à Lunéville en venant ici. Le roi de Pologne vouloit envoyer un détachement de ses gardes au-devant de lui; le prince Xavier, qui en fut instruit à Strasbourg, le fit prier de vouloir bien retrancher tout cérémonial. Le roi de Pologne

---

(1) Le premier capitaine des gardes du corps du Roi dans la maison de Villeroy a été le dernier maréchal de Villeroy, gouverneur du Roi, fils du gouverneur de Louis XIV, qui étoit le premier duc de Villeroy. Au dernier maréchal de Villeroy a succédé, par démission, en 1708, le duc de Villeroy, son fils; et M. le duc de Villeroy d'aujourd'hui a eu la survivance de son père, en 1722; il avoit alors vingt-sept ans, et M. le marquis de Villeroy a le même âge. (*Note du duc de Luynes.*)

se contenta donc d'envoyer jusqu'à Chanheux, au-devant de lui, M. de Boufflers et M. le chevalier de Beauvau, deux des principaux officiers de sa maison; il alla lui-même le recevoir dans son jardin, le mena au kiosque, qui se trouva fort bien éclairé; il lui donna une grande et bonne musique, un très-grand souper, et le lendemain lui fit voir le Pavillon de la Cascade, le Rocher et tout ce qu'on put lui montrer de plus curieux dans le peu de séjour qu'il y a fait. Il y eut un grand dîner, après lequel le prince Xavier partit, et fut reconduit comme à son arrivée. On a remarqué avec raison cette réception faite par Stanislas au fils d'Auguste. Le prince Xavier a été aussi très-bien reçu ici. Le Roi lui a donné beaucoup de marques de considération et d'amitié. La Reine l'a très-bien traité et a paru très-contente de sa politesse et de la manière dont il lui a parlé. Ce qu'on peut remarquer d'assez singulier, c'est que les circonstances aient fait qu'une des premières questions de la Reine au fils d'Auguste, a été de lui demander des nouvelles du roi Stanislas, son père.

Du vendredi 23, *Versailles.* — Par les nouvelles du 19 qui arrivèrent hier, les ennemis avoient leur droite à Kempen et leur gauche à Hulst, et M. le comte de Clermont s'étoit porté de Neuss à Wichelen, ayant à Crevelt un corps avancé de 10,000 hommes.

On est plus assuré que jamais de la neutralité de la Hollande, malgré les sollicitations de la princesse d'Orange et même les voix de deux ou trois Provinces; toutes les autres et surtout celle d'Amsterdam, dont le suffrage est d'un grand poids, ont refusé l'augmentation de troupes qui avoit été proposée.

On trouvera ci-après un détail sur les œconomats, qui est digne de curiosité.

Les œconomats (1) ont actuellement 150,000 livres

---

(1) *Œconomat* ou *économat* était la régie d'un bien ecclésiastique. En

de revenus ; autrefois ils avoient 1,500,000 livres, parce que le Roi faisoit donner 900,000 livres sur le trésor royal. Ces 900,000 livres ont été réduites à 5, à 4, à 3, et enfin à 100,000, puis supprimées en entier. Sous Louis XIV, les nominations aux bénéfices n'étoient que quatre fois l'année, par conséquent les vacances plus longues et les revenus des œconomats plus considérables. Cette diminution de revenus a obligé de porter l'emploi entièrement à des pensions de 120, 150, et jusqu'à 200 livres pour l'éducation des enfants des protestants dans des communautés, suivant l'avis des évêques, et ces pensions, quoique fort modiques, sont extrêmement désirées. Quoiqu'on laisse quelquefois assez longtemps des abbayes considérables aux œconomats, leur revenu n'augmente point celui desdits œconomats. C'est bien celui qui est chargé des œconomats qui est aussi chargé de veiller à l'administration des revenus de ces abbayes ; mais ce revenu n'entre point dans la caisse des œconomats, lorsqu'il est destiné à quelque usage particulier, comme, par exemple, la paroisse Saint-Louis à Versailles, qui a coûté 3,500,000 livres ; celle de Choisy, qui a coûté 400,000 livres ; une succursale que le Roi va bâtir à Saint-Hubert ; toutes ces dépenses sont prises sur les revenus des bénéfices laissés vacants à cette intention. M. du Muy est chargé de faire les marchés de ces bâtiments, de veiller à leur construction et de faire faire les payements ; il n'y a nuls appointements pour celui qui est à la tête des œconomats ; il a seulement deux secrétaires payés. Autrefois il y avoit 12,000 livres d'affec-

---

vertu du droit de régale, le Roi administrait pendant les vacances les bénéfices ecclésiastiques ; par extension, le Roi reculait la nomination d'un abbé et mettait l'abbaye aux œconomats, c'est-à-dire la mettait en régie au profit de quelque entreprise utile, ou au profit des œconomats. Un bureau, composé de 6 conseillers d'État et de 4 maîtres des requêtes, était chargé des œconomats et de la régie des biens des religionnaires ou protestants fugitifs. Un des conseillers d'État de ce bureau, le comte du Muy, était commissaire du Roi auprès du bureau du clergé chargé des œconomats et des revenus de la régie des biens des religionnaires fugitifs.

tées à cette place ; il étoit censé que c'étoit pour faire des aumônes à la volonté de celui qui les recevoit. M. du Muy n'a voulu rien toucher de cet argent. Tous les revenus des œconomats sont remis entre les mains d'un trésorier dont les comptes sont arrêtés après un mûr examen, dans un bureau composé de trois conseillers d'État et de trois maîtres des requêtes et d'un secrétaire. M. de Fresnes est à la tête de ce bureau. C'est M. du Muy qui a demandé cet établissement. Ce bureau s'assemble plusieurs fois l'année, quelquefois tous les quinze jours, suivant les affaires, car on y porte toutes les questions concernant les discussions avec la famille des bénéficiers morts qui ont laissé des réparations à faire, ce qui arrive presque toujours. L'usage de laisser des bénéfices vacants pour employer les revenus à bâtir des églises n'est pas trop conforme au Concordat, car il y est dit que les bénéfices seront remplis et les nominations portées à Rome au plus tard au bout de dix mois (1). Mais la cour de Rome, ou l'ignore, ou ne juge pas à propos d'y faire attention. Les revenus des bénéfices qui entrent dans la caisse des œconomats se perçoivent du jour de la vacance jusqu'au jour de la nomination pour le total, et pour le tiers seulement du jour de la nomination à la prise de possession.

Du dimanche 26. — Il y a déjà plusieurs jours que M. de Monteil, qui étoit ministre du Roi à Bonn, près l'électeur de Cologne, a été nommé pour remplacer M. le comte de Broglio à Varsovie ; il a été présenté par M. l'abbé de Bernis.

M. de Chabot, commandant les Volontaires royaux, arriva, il y a trois ou quatre jours, d'un voyage qu'il a été faire sur nos côtes par ordre de M. le maréchal de Belle-Isle. Il lui a rendu compte du bon état de défense où il a trouvé les îles de Ré et d'Oléron et toute cette

---

(1) L'usage de laisser des bénéfices vacants était ainsi devenu un moyen déguisé de prélever sur les biens du clergé un impôt assez considérable.

partie de la côte qui est extrêmement garnie de canons. Il y manquoit un peu de monde pour servir les batteries, mais on a donné les ordres nécessaires pour remédier au plus tôt à cet inconvénient. Dans la partie de la Bretagne, M. d'Aiguillon répond de Saint-Malo, de Brest et de Lorient. M. de Chabot est parti pour aller joindre le corps des Volontaires royaux, qui a actuellement le nom de Légion royale; il est à 1,450 hommes depuis l'augmentation, et il paroît que M. de Belle-Isle voudroit qu'il fût encore plus nombreux.

On a eu des nouvelles d'Afrique; les Anglois nous ont pris le comptoir de Saint-Louis, à l'embouchure de la rivière de Sénégal. Cette perte nous prive d'un commerce de 15 à 1,800,000 livres par an. C'est cette même côte où M. de Kersaint détruisit l'année passée plusieurs comptoirs anglois.

Il y a aujourd'hui trois présentations : Mme d'Esparbés (Thoinard de Jouy) est présentée par Mme d'Aubeterre; Mme de la Coste (Digoine de Bourgogne) par Mme la duchesse de Caumont (Noailles), Mme du Roure (Biron) qui devoit la présenter étant malade; et Mme de Guitaut (Durey de Mesnières) par Mme de Talleyrand.

On a parlé ci-dessus du débarquement des Anglois à Cancale; ils ont brûlé et détruit beaucoup de magasins qui servoient à nos armateurs; ils ont ruiné des maisons de campagne; mais ils n'ont point touché à deux grands magasins de farine dont ils n'ont point eu connoissance. Ils ont eu aussi des ménagements pour les habitants du faubourg de Saint-Malo de ce côté-là; ils ont eu aussi des attentions pour les églises, faisant avertir les curés d'emporter tout ce qui pouvoit être sujet à profanation. Ils se sont rembarqués il y a longtemps, mais ayant été retenus par les vents contraires, on n'a point encore nouvelle qu'ils aient quitté cette rade. Il paroît que leur escadre, qui est de 114 voiles, et une autre escadre qui a paru devant Brest et depuis devant Boulogne, sont destinées pour quelque entreprise considérable sur nos côtes de l'Océan, sans aucun projet pour la Méditerranée, ni pour nos colonies.

On avoit été longtemps inquiet pour Louisbourg ; mais on est bien rassuré présentement. On a eu avis que M. de Beaussier y étoit arrivé avec son escadre, composée de 4 ou 5 vaisseaux ou frégates, et y avoit porté toutes les subsistances nécessaires. Dès qu'on a su que M. de Beaussier étoit destiné à cette difficile commission, il n'y a eu qu'un sentiment dans la marine, que s'il ne pouvoit pas l'exécuter, un autre n'y réussiroit pas. C'est en effet un officier de grande distinction que M. de Beaussier. Lorsqu'il fut prêt à partir, il tomba malade à Brest ; c'étoi dans le temps de la maladie épidémique. M. Boyer, médecin qui y étoit allé par ordre du Roi, fut chargé par M. Hocquart, intendant de la marine, d'examiner cette maladie pour savoir s'il y avoit lieu de croire qu'elle durât longtemps ; M. Boyer assura qu'on ne pouvoit pas se flatter de voir, dans le cas le plus favorable, M. Beaussier en état de s'embarquer avant deux mois de temps ; en conséquence M. Hocquart écrivit, et l'on nomma un autre officier pour monter le vaisseau qui lui étoit destiné. Cet officier n'eut pas le succès qu'on espéroit de son voyage ; les glaces et les vents contraires l'empêchèrent d'arriver à Louisbourg, et son vaisseau fut très-maltraité. M. de Beaussier étoit en léthargie pendant ce temps, état qui dura 21 ou 22 jours ; c'étoit un effet de la maladie épidémique de Brest. Cette maladie paroissoit d'abord n'avoir rien de singulier. Les saignées, les purgations, l'émétique, avoient tout le succès qu'on pouvoit en attendre ; après ce temps, il prenoit aux malades une douleur vive entre les deux yeux ; ils tomboient dans une espèce d'assoupissement qui leur ôtoit tout sentiment et qui faisoit même qu'on ne leur trouvoit plus de pouls ; ils vivoient cependant plusieurs jours dans cet état; mais il étoit très-rare qu'il en revînt un seul, d'autant plus qu'aucun remède, pas même les vésicatoires, ne pouvoit plus faire d'effet. M. de Beaussier n'étoit pas heureusement dans cet état; le 21ᵉ ou le 22ᵉ jour de son assoupissement, il se réveilla sans avoir aucune idée du temps que son état avoit duré. C'est un homme toujours occupé de ce qu'il a à faire, qui ne perd jamais un moment; il évite avec soin toutes les précautions inutiles et superflues qui ne servent qu'à perdre du temps et de l'argent, mais il songe avec une attention extrême à tout ce qui est indispensable. Il avoit un de ses neveux qui devoit s'embarquer avec lui; sa première parole, à son réveil, fut de demander où étoit ce neveu et à quoi en étoient les dispositions pour son embarquement. On n'osoit pas lui apprendre ce qui s'étoit passé pendant son sommeil; on chercha des prétextes; mais il étoit difficile de continuer à en trouver, d'autant plus qu'il faisoit sans cesse des questions. Enfin M. Boyer crut devoir l'instruire de tout ce qui étoit arrivé. C'est ici qu'on reconnoît le véritable patriote. Nulle affliction ne parut de la part de M. de Beaussier : « Ne faut-il pas, dit-il, que le Roi et l'État soient servis de préférence à tout intérêt particulier? » Bientôt après, il reçut nouvelle que le Roi lui avoit donné un vaisseau à commander et qu'il en auroit encore deux autres sous ses ordres avec deux frégates. C'est avec ce vaisseau, qui se nomme je crois *l'Entreprenant,* qu'il a exécuté avec intelligence, capacité et bonheur la commission dont il étoit chargé pour Louisbourg.

Il ne sera pas inutile de dire un mot, à cette occasion, de ce qui se passa à Brest dans le commencement de la maladie qui a enlevé au Roi au moins 7,000 matelots, tant à Louisbourg que dans le retour et à Brest, et fait périr quinze cents habitants. Le détail qu'on trouvera ici est d'autant plus digne de foi que je le tiens de M. Boyer.

A la première nouvelle qu'eut M. Hocquart de la maladie qui régnoit dans l'escadre de M. Dubois de la Mothe, les hôpitaux n'étant pas assez grands pour contenir la quantité prodigieuse de malades, il fit prendre l'église des Capucins et plusieurs maisons et y fit établir 2,000 lits. L'escadre arriva, et M. Hocquart recommanda bien qu'on amenât successivement les malades à bord dans des chaloupes qu'on envoieroit pour les prendre ; mais cet ordre ne fut point exécuté. Les capitaines et les équipages avoient une si grande impatience d'être défaits de leurs malades que, ne voulant pas donner le temps qu'on pût les placer, ils les amenoient et jetoient même à bord avec si peu de ménagement que plusieurs y expiroient. Cette multitude de mourants exposés à toutes les injures de l'air sur le bord de la mer fit compassion aux âmes charitables qui étoient dans la ville ; ils en prirent plusieurs dans leurs maisons, et c'est ce qui a introduit la contagion et a fait périr 1,500 habitants, comme je viens de le dire. Lorsque l'on eut pris toutes les précautions possibles, dans le moment, pour le soulagement de ces malheureux, on sentit la nécessité d'avoir un médecin habile et d'autres médecins pour travailler sous ses ordres. M. Boyer arriva, mais il ne trouva qu'un seul médecin dans Brest, lequel se donnoit tous les mouvements nécessaires et faisoit plus qu'on ne pouvoit attendre du travail d'un seul homme (1). Il en fit venir douze autres des environs, dont cinq moururent de la maladie. Il rendoit compte exactement de tout ce qui se passoit, et lorsqu'il crut que sa présence n'étoit plus nécessaire, il reçut ordre de rester encore huit jours ; il en demeura quinze pour marquer encore plus d'exactitude.

Pendant son séjour, M. Hocquart le consultoit sur les mémoires qui lui étoient remis pour emplette de remèdes destinés aux vaisseaux prêts à mettre à la voile. On ne

---

(1) M. Boyer rendit compte à son retour au Roi et à M. de Moras du zèle infatigable, de l'habileté et des soins de ce médecin, nommé......, et a demandé pour lui quelque grâce du Roi. M. de Moras avoit cette affaire dans son portefeuille lorsqu'il quitta. M. de Massiac n'a point encore voulu la reprendre, et le médecin n'a rien eu. (*Note du duc de Luynes.*)

peut comprendre quels sont les abus qui se commettent dans ces embarquements. Des chirurgiens qui cherchent à faire leur fortune achètent une quantité prodigieuse de drogues, et comme il y en a beaucoup plus qu'il n'est nécessaire pour la consommation pendant le voyage, ils vendent à leur profit, soit dans le pays où ils vont, soit à leur retour, ce qui reste de ces drogues ; ils tâchent même de les vendre dans les colonies plutôt qu'ailleurs, parce qu'elles y sont deux ou trois fois plus chères, et c'est souvent le Roi qui paye de nouveau ces drogues en détail après les avoir payées en gros. M. Boyer vit un exemple de cet abus dans un mémoire que lui communiqua M. Hocquart ; il y trouva un article de 12,000 prises d'ipécacuanha, pour faire un trajet que M. Beaussier a fait en 27 jours et que l'on doit faire au moins en deux ou trois mois ; il est aisé de croire qu'il raya la plus grande partie de cette quantité. Il y a encore un autre abus dans les embarquements. Les capitaines, pour faire meilleure chère, embarquent beaucoup de bœufs et de volaille, et par conséquent de foin pour nourrir ces animaux. Cette cargaison occupe beaucoup de place, donne un mauvais air dans le vaisseau et met hors de portée de pouvoir placer les malades dans des endroits commodes ; on est obligé souvent de les mettre dans un lieu dont j'ai oublié le nom, lieu où il n'y a point d'air, et où un homme en santé ne peut rester longtemps sans en sortir pour respirer ; ce lieu, à la vérité, est destiné pour les malades, mais ce n'est que dans le cas d'un combat. Non-seulement les capitaines trouvent leurs commodités dans cette abondance de viandes pour leur table, mais il en résulte un profit qu'ils abandonnent peut-être à quelque inférieur ; c'est la vente du surplus desdites provisions soit en foin, bœufs ou volailles, etc.

J'ai parlé ci-dessus du changement arrivé dans le département de la marine, et de l'expérience, capacité et réputation de M. de Massiac, qui est chargé de ce département ; on lui a donné pour travailler avec lui M. le Normand, en qualité d'intendant général de la marine. Cette qualité renferme celle d'intendant des classes, emploi qu'avoit feu M. Palu et deux autres intendances subalternes.

Il y a déjà plusieurs jours que Mme la duchesse de Rohan (Uzès) fut présentée.

Du vendredi 30, *Versailles.* — Il arriva lundi dernier 27 de ce mois un courrier de M. le comte de Clermont avec la nouvelle de la malheureuse action du 23, près de Wicheln (1). Notre armée étoit campée la droite vers le Rhin, le centre vers Wicheln et la gauche du côté d'Oisterad. Les nouvelles du 22, envoyées par M. de Gisors à M. son père, et plusieurs autres lettres disoient que notre droite étoit inattaquable (2), que notre centre étoit tellement hérissé de canons qu'on ne pouvoit rien craindre de ce côté-là, mais que notre gauche paroissoit bien en l'air. En effet, elle étoit à portée de marais qu'on avoit regardés comme impraticables, et de bois et haies fort épaisses par lesquels on avoit cru que les ennemis ne pourroient pénétrer. L'armée ennemie étoit en présence de la nôtre et séparée par un ancien fossé nommé le Landwerth, qui est une espèce de ligne composée de deux ou trois fossés l'un devant l'autre à environ 2 ou 3 toises, et profonds de 6 à 7 pieds. Ce fossé ou Landwerth traverse une très-grande bruyère où étoit notre camp. Ce camp s'étendoit tout le long du Landwerth. Notre gauche, qui faisoit la droite des ennemis, étoit bien couverte par le Landwerth (3). Il y avoit peu de communications de notre

---

(1) Ou Fischel.

(2) *Extrait d'une lettre du* 23.

Notre droite est appuyée à des fossés à pic de 3 toises de profondeur, garnis de bois ; l'on a abattu ceux qui pouvoient couvrir les approches de cette aile et du Landwerth. Ce mot signifie limite ou séparation de pays ; il sépare, en effet, l'électorat de Cologne et les états du roi de Prusse dans cette partie-ci. Il est formé de deux fossés profonds qui renferment un chemin.

(3) Mais comme le Landverth s'étend jusqu'à la Nierse, toute la partie du-

JUIN 1758.

droite au centre et du centre à la gauche. M. le comte de Clermont avoit dit qu'il le feroit faire dans deux jours. Nous avions trois réserves : la première à la gauche, des carabiniers; la seconde, des dragons; la troisième, de 4 bataillons. La droite étoit vis-à-vis de Crevelt, à un quart de lieue; la gauche vis-à-vis de Saint-Antonis à trois quarts de lieue, et la réserve à une demi-lieue d'Anrad où étoit la légion royale. Les ennemis ayant fait une fausse attaque à notre droite et au centre firent passer à notre gauche un corps de 12,000 hommes, et garnirent d'infanterie le bois épais et les haies dont j'ai parlé. M. le comte de Clermont étoit prêt à sortir de table lorsqu'il apprit le mouvement des ennemis. La gauche fut attaquée par derrière et par le flanc. Le manque de communications fit que la plupart des troupes à portée ne purent y arriver; il n'y eut que 14 bataillons et 30 escadrons qui combattirent. M. le comte de Clermont a mandé que si un guide n'avoit pas égaré un secours qu'il y envoyoit (1),

---

dit Landwerth, depuis les marais et bois où notre gauche finissoit n'étoit point défendue, et dans la persuasion où on étoit que lesdits marais et bois étoient impraticables, on n'avoit pris aucune précaution dans cette partie, pas même fait des redoutes. M. de Saint-Germain en avertit et ne fut point écouté. (*Note du duc de Luynes.*)

(1) Ce secours étoit de 2 brigades, dont une étoit celle de Navarre.

Extrait d'une lettre du 25.

« Notre flanc gauche n'étoit pas défendu comme l'étoient notre front et notre droite; l'on auroit pu le garnir de redoutes, mais trop de confiance nous faisoit croire que les ennemis n'oseroient jamais marcher à nous, et cette précaution n'avoit point été prise. Il falloit donc opposer le nombre au nombre, ou du moins renforcer notre gauche sur laquelle le prince Ferdinand portoit tous ses efforts. L'on n'en fit rien. La brigade de Navarre fut demandée trop tard, et, l'ordre qu'elle reçut, mal donné. Ce n'est cependant pas à ce malentendu qu'on peut attribuer la perte de la bataille; le secours de cette brigade ne suffisoit pas et même fût arrivé trop tard. Les grenadiers de France furent demandés aussi; ils étoient à une grande demi-lieue de l'attaque. Les troupes ont fait des prodiges. Le prince Xavier commandoit les grenadiers de France. »

J'ai cru devoir faire mettre ici la copie d'une lettre de M. le comte de Clermont à M. le maréchal de Belle-Isle sur une action distinguée d'un cornette des Carabiniers.

De Wering, le 26 juin.

« Je me crois obligé, M. le Maréchal, de mettre sous vos yeux une action brilles Hanovriens auroient été battus. Cela est aisé à croire, car nos troupes ont fait des prodiges de valeur.

M. de Gisors, qui étoit à une des réserves, a chargé à la tête des Carabiniers. Il perça l'infanterie hanovrienne, et en arrivant à la Haye il reçut un coup de feu au défaut de la cuirasse (1). On en apprit la nouvelle hier au soir. Quelques heures après sa blessure, il écrivit à M. le maréchal de Belle-Isle quatre lignes de sa main (2).

---

lante et d'autant plus étonnante que c'est un jeune homme de dix-huit ans qui l'a faite. M. de Ballioud, cornette des Carabiniers de M. le comte de Provence, brigade de Bovet, compagnie de Saint-André, ayant percé la ligne d'infanterie des ennemis, au combat du 23 juin, portant son étendard, rallia des carabiniers et maréchaux des logis, attaqua une batterie que les ennemis préparoient, coupa les traits, tua plusieurs canonniers; et voyant de l'impossibilité à regagner l'armée de France, prit le parti d'aller en avant par derrière les lignes des ennemis; il fit prisonnier un colonel hanovrien, passa les marais de la Nierse, alla coucher à Gladebach, petite ville à 4 lieues de Crevelt, et s'y arrêta pour faire manger sa troupe; il fit fermer et garder les portes; il envoya sur toutes les avenues des paysans voués au bailli pour l'avertir si les ennemis venoient à lui. Il en partit le lendemain à la pointe du jour, et après avoir fait un grand tour, il arriva au camp de Neuss à deux heures après midi et se présenta devant M. Bovet avec le Sr Bandeberg, maréchal des logis de la même compagnie de Saint André, et 25 carabiniers, dont 8 de blessés, qui l'ont aussi suivi pendant tout ce trajet, et l'ont escorté avec l'étendard qu'il a rapporté à M. Bovet. Je ne crois pas, M. le Maréchal, qu'on puisse trop récompenser et trop promptement une action de cette nature, puisqu'elle annonce dans un officier aussi jeune la plus grande intelligence, la meilleure conduite et la plus grande valeur. Je demande donc pour lui une compagnie de cavalerie et la croix de Saint-Louis. Il seroit bien à souhaiter, quelque considérable que soit la récompense, que le Roi fût souvent dans le cas d'en donner de pareilles. »

Le Roi lui a donné une commission de colonel, une pension de 800 livres et la croix de Saint-Louis. (*Addition du duc de Luynes*, datée du 1er août.)

(1) Voici le fait exactement. Après avoir percé deux lignes d'infanterie hanovrienne, il en trouva une troisième. Comme il alloit l'attaquer, il entendit battre notre retraite. Ne se voyant point soutenu, il revint sur les deux lignes de l'infanterie qu'il avoit déjà percée, où il reçut un coup de feu, à six heures et demie, au défaut de la cuirasse. (*Addition du duc de Luynes.*)

(2) Voici la lettre en entier, copiée d'après M. l'abbé Rome, attaché depuis longtemps à M. le maréchal de Belle-Isle, et qui m'a dit l'avoir retenue mot à mot.

« Mon très-cher père, je vous écris avant que de me faire saigner; je vous prie de n'être pas inquiet de ma blessure. Je ne l'ai reçue du moins qu'après avoir percé avec les Carabiniers l'infanterie hanovrienne. Faites

M. le comte de Clermont, voyant que la gauche étoit impossible à secourir, fit sonner la retraite, qui se fit avec beaucoup d'ordre, mais avec beaucoup de regret. M. le prince de Condé et M. le comte de la Marche, chacun suivant leur caractère, mais avec la même volonté, ont marqué vivement leur désespoir de ne pouvoir se porter à l'aile gauche. M. le comte de Clermont, escorté par les dragons, revint à Neuss, où il arriva à onze heures du soir. L'armée s'y rassembla le même jour et en partit le lendemain pour aller à Wering. M. le comte de Clermont a mandé qu'il resteroit dans la position où il est à Wering jusqu'à ce qu'il eût reçu de nouveaux ordres de la Cour.

Le prince Ferdinand étoit entré dans Crevelt avec sept autres officiers généraux pendant le peu de temps que nous avions évacué ce poste ; il avoit monté au clocher pour observer notre position, et c'est vraisemblablement en conséquence de ses observations qu'il avoit formé son projet d'attaque. La première ligne de ses troupes parut toujours en bataille vis-à-vis notre armée. Il y eut de leur part un feu très-vif sur notre droite et principalement sur le centre, et nos troupes en ont beaucoup souffert. Ce ne fut que de la seconde ligne que le prince Ferdinand détacha les 12,000 hommes dont j'ai parlé, ce mouvement étant couvert par le front de la première ligne. M. le comte de Clermont n'en fut averti que dans le moment que les ennemis étoient prêts à nous attaquer, et les communications n'étant point établies, comme je l'ai expliqué, toutes nos forces de la droite et du centre ont été inutiles à la gauche.

On a envoyé à M. le maréchal de Belle-Isle un détail

---

passer cette lettre à ma femme. Je vous aime et vous respecte de tout mon cœur. »

M. de Gisors est mort le lundi 20, à trois heures après midi. (*Addition du duc de Luynes.*)

de tous les officiers blessés ou tués dans chaque corps. L'usage a été jusqu'à présent de faire imprimer ces détails et de les faire mettre même dans la *Gazette de France;* mais M. de Belle-Isle a représenté au Roi que les ennemis ayant coutume de diminuer toujours leur perte dans les Gazettes, et d'augmenter la nôtre, en n'ajoutant point foi à ce que dit *la Gazette de France,* il étoit plus dangereux qu'utile de donner ces détails au public, et qu'on ne refuseroit point au bureau les éclaircissements à chacun de ceux qui auroient intérêt d'en demander. Je n'ai donc pu avoir jusqu'à présent cette liste détaillée. On trouvera ci-joint celle qu'on m'envoie de l'armée (1); il n'y a que le nombre des officiers, et leurs noms n'y sont point encore. On compte que notre perte, en tués ou blessés, monte à 2,965 hommes; on croit que les ennemis en ont perdu au moins autant. Le prince de Holstein, un de leurs généraux, a été blessé à mort. Dans le nombre des morts et blessés je ne comprends point les dragons. Le major général de ce corps, qui doit porter cette liste au général, n'avoit pu apparemment être encore instruit de tout le détail, car M. le comte de Clermont n'en a parlé dans aucune de ses lettres à M. le Maréchal. Je trouve dans une lettre particulière que les dragons ont été un peu maltraités du canon à la bataille, et que le régiment du colonel-général a perdu 10 officiers et 3

---

(1) *Liste des officiers tués ou blessés.*

Les Carabiniers	54
La Marine	40
Champagne	7
La Tour du Pin	23
Condé	6
Lockman-Suisse	18
Touraine	27
Brancas	20
La Marche	15
Chartres	26

La Couronne a beaucoup perdu.

maréchaux des logis. Nous n'avons perdu que deux ou trois petites pièces d'artillerie. Lorsqu'il a été question de retirer notre grosse artillerie, M. de Guerchy, quoique sans ordre, a pris sur lui de faire faire l'arrière-garde à deux bataillons de son régiment et aux 6 compagnies de grenadiers de sa brigade. Il paroît que la conduite de M. le comte de Clermont a été infiniment désapprouvée.

L'arrivée de M. le maréchal d'Estrées, qui étoit à la campagne, a confirmé dans cette opinion déjà trop fondée sur ce que l'on sait des faits. Il est certain que M. le maréchal d'Estrées a été mandé; il a vu le Roi qui ne lui a encore rien dit que sur sa santé, mais comme il a des conférences continuelles avec M. le maréchal de Belle-Isle et avec M. de Crémille, on ne peut douter du désir qu'on auroit qu'il voulût aller prendre le commandement de l'armée. Il dit qu'il lui est absolument impossible d'accepter cet honneur; qu'il ne peut répondre un moment de sa santé; que depuis quatre ans il a une humeur de goutte qui se porte à la tête, à la gorge ou dans quelqu'autre partie du corps; qu'il hasarderoit le bien du service du Roi et son honneur particulier s'il s'exposoit à remplir des devoirs souvent pressés et essentiels dans des temps où il n'auroit pas toute la présence d'esprit nécessaire, ou le corps en état d'agir comme il conviendroit aux circonstances. Il ajoute qu'il pisse du sang, et souvent ne peut monter à cheval. Quelque supérieures que soient pareilles raisons, on peut croire cependant que la détermination du Roi, dans cette occasion, est trop capable de flatter M. le maréchal d'Estrées, et son zèle est trop sincère, pour qu'il ne hasardât pas même de partir malgré les circonstances qu'il craint, s'il pouvoit être assuré des arrangements indispensablement nécessaires pour un général d'armée, arrangements d'argent et de subsistances, sans lesquels on ne peut exécuter aucun projet. Il a fait la triste expérience, dans le commencement de la campagne de 1757, qu'un général qui manque des choses les plus importantes pour le bien de l'armée devient inutile au service du Roi et s'expose à perdre son honneur et sa réputation, parce qu'on l'accuse toujours de n'avoir pas vu ou de n'avoir pas voulu faire ce qu'il n'a pu exécuter.

Il viendra peut-être encore d'autres détails qui donneront des lumières sur la malheureuse journée du 23, mais je ne puis finir cet article sans parler de l'extrême affliction de M. le maréchal de Belle-Isle. Tous ceux qui le connoissent, et même ceux qui ne le connoissent point, partagent sa trop juste douleur. M. de Belle-Isle, né avec un bien médiocre et ayant encore père et mère, a travaillé toute sa vie à faire une fortune brillante. Il y est parvenu par des soins infatigables, par des lumières supérieures en tout genre, par une mémoire prodigieuse, une assiduité aussi grande aux lectures d'instruction, quand le temps le lui a permis, qu'aux opérations militaires. Il a commencé à faire connoître ses talents supérieurs en ce genre au siége de Lille, en 1708. Les disgrâces injustes dont il a été accablé n'ont servi qu'à prouver sa fermeté et son courage d'esprit, qualité plus rare que la valeur. L'échange de Belle-Isle fait avec le Roi et fini par des soins et un travail incroyable de M. le maréchal et de M. le chevalier de Belle-Isle, a été le commencement de sa fortune; mais combien n'a-t-il point mérité de grâces, depuis, par une capacité singulière dans la politique et dans l'art militaire : maréchal de France, chevalier de l'ordre du Saint-Esprit et de la Toison, duc, puis pair de France, gouverneur de Metz et du pays Messin, prince de l'Empire, ambassadeur à Francfort, ministre du Roi dans les cours étrangères, général d'armée, enfin ministre et secrétaire d'État, il avoit l'espérance de voir passer une partie de ces honneurs et dignités sur la tête d'un fils unique (1).

---

(1) M. de Gisors avoit déjà la survivance de gouverneur du pays Messin;

M. de Belle-Isle avoit été marié deux fois; il n'avoit point eu d'enfants de sa première femme (Duras-Civrac); il avoit eu deux garçons de Mme de Grancey (Béthune), sa seconde femme. Le cadet étoit mort à cinq ou six ans. M. de Gisors, le seul qui lui restoit, âgé de vingt-six ans, faisoit toutes ses espérances et toute sa consolation. Jamais fils ne fut plus respectueusement et plus tendrement attaché à son père. Il avoit été élevé durement, pour l'accoutumer de bonne heure à la plus grande fatigue. Il avoit voyagé dans presque toutes les cours de l'Europe, excepté l'Italie et l'Espagne; il y avoit été reçu comme le fils d'un père qui y étoit connu et honoré; il y avoit acquis beaucoup de connoissances dont il commençoit à pouvoir faire usage sous les yeux et avec les conseils d'un père qui le regardoit plutôt comme son ami que comme son fils. Il s'étoit fait aimer et estimer à la tête du régiment de Champagne, qu'il a commandé plusieurs années (1). L'arrangement que M. le maréchal de Belle-Isle venoit de faire pour lui, en le mettant à la tête des Carabiniers sous les ordres de M. le comte de Provence, étoit aussi honorable que convenable aux circonstances; il sembloit même que M. de Belle-Isle, par ce moyen, mettoit son fils hors de portée des dangers auxquels le service de l'infanterie expose nécessairement. M. de Gisors,

---

elle lui avoit été accordée lorsqu'il n'avoit encore que vingt ans. Aussitôt qu'il en fut instruit, il alla trouver le P. Neuville, jésuite, grand prédicateur, pour qui il avoit grande amitié et confiance et qu'il alloit voir souvent; il lui dit : « Je viens vous apprendre une nouvelle que vous pourriez avoir peine à croire; le Roi m'a fait une grâce que vous n'approuverez point et que vous ne m'auriez sûrement pas faite si vous aviez été à sa place, quoique vous ayez bien de l'amitié pour moi. Je pense comme vous, et je crois que c'est un exemple dangereux d'accorder à un homme de vingt ans le gouvernement d'une province frontière. » Le P. Neuville loua infiniment ce sentiment qui étoit en effet conforme au sien. C'est du P. Neuville lui-même qu'on a su ce détail. (*Note du duc de Luynes.*)

(1) Avant que d'avoir le régiment de Champagne, il avoit le régiment de Royal-Barrois. Il se distingua à la bataille d'Hastenbeck, à la tête du régiment de Champagne; je l'ai marqué dans le temps. (*Note du duc de Luynes.*)

qui ne craignoit d'autre danger que la petite vérole, avoit eu le courage de se la donner volontairement par l'inoculation, pour se mettre à l'abri de cette crainte involontaire. A peine arrive-t-il au corps dont il vient prendre le commandement, que par un arrangement qui n'auroit dû jamais être, il se trouve obligé de charger un corps d'infanterie ; il le perce avec une valeur incroyable et rencontre des haies et des bois qui auroient dû être fouillés ou gardés, et c'est là qu'il reçoit le coup de la mort. Son caractère étoit vif, gai, doux, aussi capable de prendre part aux amusements de la jeunesse qu'aux occupations les plus sérieuses et aux affaires les plus importantes. Aimé, estimé, admiré de tous ceux qui le connoissoient, il venoit d'épouser une femme aimable, qui doit être une grande héritière. M. de Nivernois, inconsolable de la mort d'un fils unique qu'il aimoit tendrement, croyoit l'avoir retrouvé dans un gendre dont il connoissoit tout le mérite et dont le tendre attachement faisoit son bonheur (1).

Après ce détail, que peut-on penser sur l'état de M. le maréchal de Belle-Isle? Parvenu, à l'âge de soixante-quatorze ans, au comble des honneurs et des marques de confiance d'un maître qu'il aime et dont il est aimé, il

---

(1) *Extrait d'une lettre de M. de Vignolles, major du régiment de Champagne.*

Du camp près Cologne, le 28 juin 1758.

« Nous venons de perdre le meilleur sujet du royaume et la plus belle âme ; il étoit doué de trop de vertus pour vivre dans un siècle aussi corrompu. Je ne l'ai pas quitté d'un moment et lui ai rendu mes derniers devoirs. Il a été enterré ce matin. Le prince Ferdinand lui a rendu les plus grands honneurs ; il y avoit à son convoi 2 escadrons, 1 régiment d'infanterie, de l'artillerie, etc. Je n'ai osé ni oserois écrire à ce malheureux citoyen. J'ai perdu le seul protecteur, ce n'est rien, mais le plus tendre et le plus sincère ami que j'eusse. Je le pleurerai toute ma vie et vous le pleurerez avec moi.

Ce pauvre seigneur a toujours eu sa connoissance ; il a mis ordre à sa conscience de lui-même. Il a été pleuré à l'armée des ennemis comme dans la nôtre. »

perd pour ainsi dire le fruit de ses travaux ; il ne lui reste que des parents éloignés, et tous les objets qui pouvoient soutenir son zèle sont évanouis. Mais M. de Belle-Isle, le meilleur de tous les hommes, est aussi bon patriote que père tendre. Le Roi lui fit l'honneur de l'aller voir hier et de l'embrasser, en le priant de ne le point abandonner. Des marques de bonté aussi distinguées paroissent déterminer M. de Belle-Isle à oublier pour ainsi dire son âge, les inconvénients d'une poitrine affectée par une ancienne blessure, le poids excessif d'un travail continuel, désagréable dans les circonstances présentes, et dont le détail lui renouvelle à tout moment son malheur. Son courage est au-dessus de tout ce que l'on peut en dire et son attachement est sans bornes. Depuis le moment qu'il a été instruit de la blessure dangereuse de son fils, il s'est tenu trois conseils d'État ; il a parlé à chacun pendant une heure ou cinq quarts d'heure, avec une présence d'esprit, une force, une netteté et une précision incroyables. Il se livre encore actuellement au travail immense et nécessaire dans les circonstances présentes ; il fond en larmes de temps en temps au milieu de ce travail, et le reprend tout de suite avec la même présence d'esprit. Mgr le Dauphin lui fit l'honneur de l'aller voir hier après dîner, et la Reine lui fit le même honneur le soir ; elle vint d'abord chez Mme de Luynes, comme à l'ordinaire, et ayant fait porter sa chaise au bas de l'escalier de M. de Mailly, elle alla chez M. de Belle-Isle sans autre cortége que M. de Saulx et Mme de Luynes.

Je n'ai point encore parlé de la dernière assemblée du Parlement. Je reçus mardi dernier, 27 de ce mois, le billet d'avertissement de M. le duc de Tresmes dont on trouvera la copie ci-après (1). Je me rendis à Paris, où je trouvai

---

(1) *Copie du billet d'avertissement de M. le duc de Tresmes.*

M. le duc de Tresmes est venu pour vous supplier de lui faire l'honneur de vous trouver mercredi, 28 du mois de juin 1758, à sa réception au Parlement

en arrivant le billet que je fais copier à la fin de cet article (1). La réception se fit à l'ordinaire, excepté que ce ne fut qu'à dix heures au lieu de huit heures et demie, à cause que l'assemblée des chambres ne pouvoit être qu'à dix heures et qu'on ne vouloit laisser un intervalle d'une heure et demie. La réception ne dura qu'un moment; M. le duc d'Orléans et M. le prince de Conty y étoient. Les pairs de France étoient, pour les mettre par ordre : moi, M. le duc de Rohan, M. le maréchal duc de Luxembourg, M. le duc de Villeroy, M. le duc de Saint-Aignan, M. le duc de Gesvres, M. le maréchal duc de Noailles, M. le duc d'Aumont, M. le duc de Nivernois, M. le duc de Biron, M. le duc de la Vallière, M. le duc de Fleury. Le rapporteur étoit M. l'abbé de Salabery; les témoins étoient M. le duc de Rohan, M. de Biron, M. de Vaulgrenant et M. de Lautrec.

On avoit fait entrer la Tournelle pour la réception, suivant l'usage; elle fait partie de la Grande Chambre.

Immédiatement après, on alla avertir les Enquêtes et Requêtes, et lorsque tout le monde fut assemblé, M. le premier président dit qu'il s'étoit acquitté de la commission dont il avoit été chargé dans la dernière assemblée des chambres; qu'il avoit cru devoir en rendre compte, et qu'il voudroit trouver des expressions assez fortes pour marquer les bontés dont le Roi l'avoit comblé. Après ce petit préambule, il lut le discours qu'il avoit fait au Roi. Ce discours est fait avec beaucoup d'art et comprend tous les points auxquels on s'étoit arrêté dans la dernière as-

---

en sa dignité de duc et pair de France, indiquée à dix heures du matin, et de lui être favorable.

(1) *Copie du billet du Parlement.*

Dufranc est venu, de l'ordre du Parlement, pour avoir l'honneur d'inviter monseigneur le Duc de venir prendre sa place aux chambres assemblées mercredi 28 juin, dix heures du matin, pour entendre le compte que M. le premier président doit rendre à la Cour de l'exécution de l'arrêté fait aux chambres assemblées le 16 du présent mois.

semblée des chambres, suivant l'avis de M. le prince de Conty. Il y a parlé des droits de la pairie et de l'interruption qui avoit été donnée à l'exercice de ce droit dans les différentes assemblées des chambres où la présence des pairs auroit été nécessaire et auxquelles ils n'avoient pu assister. M. le premier président lut ensuite la réponse du Roi qui est extrêmement courte. S. M. paroît contente des marques de reconnoissance et d'attachement que lui donne son Parlement, et elle compte sur sa fidélité. M. le premier président prit ensuite les opinions pour l'enregistrement. Le premier opinant étoit M. Pelletier de Rosambo, qui conclut en peu de mots à l'enregistrement du discours et de la réponse du Roi. Cet avis fut unanime dans toute l'assemblée; qui que ce soit ne parla, excepté M. le prince de Conty, qui orna son opinion d'un petit préambule de trois ou quatre minutes et qui fut de même avis.

Jeudi dernier 29, MM. Rouillé, de Moras et de Paulmy assistèrent encore au conseil d'État; mais ce fut pour la dernière fois. Ils ont demandé et obtenu la permission de se retirer entièrement. On ne peut être étonné de M. Rouillé, car il est dans un abattement et un accablement qui fait peine à voir. Il conserve la direction générale des postes et la pension de ministre. M. de Paulmy a 45,000 livres de rente des bienfaits du Roi, savoir 20,000 livres comme ministre, 15,000 livres sur les postes et une pension, qui étoit de 6,000 livres, et qui a été portée à 10,000 livres; c'est à peu près tout le bien de M. de Paulmy (1), parce que Mme sa mère est encore vivante. M. de Moras a 40,000 livres de pension, dont 10,000 réversibles à Mme de Moras.

---

(1) Il a 12,000 livres de rente de la terre d'Argenson. (*Note du duc de Luynes.*)

TABLE ALPHABÉTIQUE
DES NOMS ET DES MATIÈRES

MENTIONNÉS DANS CE VOLUME.

A.

Acaron (M.), commis de la marine, 347.
Adélaïde (Madame). *Voy.* France (Marie-Adélaïde de).
Affry (M. d'), ambassadeur en Hollande, 18, 19, 244.
Aiguillon (Duc d'), 172, 387.
Aiguillon (Mme d'), dame du palais de la reine, 214, 230.
Ailly (Chevalier d'), maréchal de camp, 245.
Albert (Comte d'), 449.
Alby (Archevêque d'). *Voy.* Rochefoucauld (Dominique de la).
Alceste, opéra, 271.
Alençon (M. d'), 65.
Aligre de Boislandry (M. d'), 168.
Alleville (M. d'), colonel, 26, 82.
Alleville (Mme d'), née Midorge, 82.
Ambres (Marquis d'), 340.
Amiens (M. le vidame d'), 448.
Angleterre (Roi d'). *Voy.* Georges II.
Anisy (Mme d'), 98.
Anlezy (M. d'), 127, 384.
Antin (Duc d'), 35, 188.
Antin (Mme d'), dame du palais de la reine, 95, 214, 249.
Apchier (M. d'), capitaine de vaisseau, 58, 370.
Apraxin (Le général), commandant les troupes russes, 14, 122, 123, 204, 230, 303, 396.
Aranda (Comte d'), 366, 419.
Archevêque (M. l'). *Voy.* Beaumont.
Argenson (Marc-Pierre de Voyer de Paulmy, comte d'), 80, 280, 284, 286.
Argentré (Abbé d'), 391.
Armentières (M. d'), 101, 110, 114, 117, 119, 123, 127, 181, 238, 265.
Artois (Charles-Philippe de France, comte d'), petit-fils de Louis XV, 205, 226.
Auguste III, roi de Pologne, électeur de Saxe, 44.
Aumale (Mme d'), née Caulaincourt, 139, 140.

TABLE ALPHABÉTIQUE DES NOMS ET DES MATIÈRES.

Autun (Évêque d'). *Voy.* Montazet.
Auvet (Marquis d'), maréchal de camp, 99, 101.
Avaray (M. d'), 27, 371, 409.
Avaray (Mme d'), née Mailly, 432.
Ayat (M. d'), aide-major général de l'infanterie, 246.
Ayen (Louis de Noailles, duc d'), 167, 176.

B.

Bagatelle (Maison de), 161.
Banneville (M. le président de), 260.
Barrail (M. du), 453.
Bassompierre (Mme de), née Beauvau, dame de Mesdames, 18, 235.
Bauffremont (Chevalier de), chef d'escadre, 58, 108, 109, 117, 118, 121, 213.
Bauffremont (M. de), 236.
Baville (M. Lamoignon de), président à mortier, 210, 396.
Bayard (Abbé), 346.
Béarn (Mme de), 38, 99.
Beauchêne (M. de), maître d'hôtel ordinaire de la maison du roi, 15.
Beauharnois (M. de), gouverneur de la Martinique, 116.
Beaujeu (Chevalier de), sous-gouverneur du duc de Bourgogne, 387.
Beaumont (Christophe de), archevêque de Paris, 204, 327.
Beaussier (M.), 476.
Beauvais (Évêque de). *Voy.* Gesvres.
Beauval (M. de), major de Compiègne, 103.
Beauvau (Prince de), grand-maître de la maison du roi Stanislas, 49; capitaine des gardes, 221, 303.
Beauvau (Princesse de), 377.
Beauvilliers (Duc de), 244, 245, 269, 424.
Beauvilliers (Duchesse de), dame d'honneur de Madame, 272, 424.
Béjar (M. et Mme de), 227.
Belle-Isle (Louis-Charles-Auguste Fouquet, marquis de), maréchal de France, ministre d'État, 13, 87, 97, 145, 147, 191, 217-225, 285, 286, 289, 296, 298, 300, 304, 343, 355, 360; ministre de la guerre, 380; 384, 386, 387, 389, 390, 397, 406, 410, 415, 427, 431, 439, 449, 450, 452, 456, 460, 483, 486, 488.
Bellemont (M. de), colonel, 21.
Bellevue (Château de), 92.
Belsunce (M. de), 123, 128, 133.
Bendol (Mme la présidente de), 56.
Bennetat (Edmond), évêque d'Eucarpie, 90.
Benoît XIV, pape, 83, 235, 438.
Berchiny (M. de), lieutenant général, 20, 198; maréchal de France, 387, 410.
Bercy (M. de), président à mortier, 231.
Béringhen (Henri-Camille, marquis de), premier écuyer du roi, appelé *M. le Premier*, 66.
Béringhen (Mme de), 5.

Bernage de Saint-Maurice (M. de), prévôt des marchands, 449.
Bernis (Abbé de), ambassadeur à Vienne, 33 ; ministre secrétaire d'État des affaires étrangères, 86, 87, 89, 124, 235, 273, 300, 327, 354, 395, 443.
Berrier (M.), conseiller d'État, 230, 396.
Berrier (Mlle), 409.
Berry (Louis-Auguste de France, duc de), petit-fils de Louis XV, 73, 86, 267.
Bertin (M.), lieutenant de police, 230.
Berville (M. de), 178.
Bestoucheff (M. de), grand chancelier de Russie, 14, 395, 396.
Beuzeville (Mme de), 328, 335.
Bevern (Prince de), 47, 109, 140, 230, 262. *Voy.* Brunswick.
Bissy (Comte de), 18.
Blancmesnil (M. de Lamoignon de), chancelier de France, 22, 193, 260, 263, 291.
Boisgelin (M. de), 250.
Boissy (M. de), de l'Académie française, 422.
Bompard (M. de), commandant à la Martinique, 346.
Bontemps (M.), premier valet de chambre du roi, 20.
Bontemps (M.) le fils, 73.
Boscawen (Amiral), 146.
Boucher (Mlle), 84.
Boufflers (Duchesse de), dame du palais de la reine, 95, 214.
Boufflers (Mme de), née Beauvau, dame de Mesdames, 18.
Bouillé (Abbé de), premier aumônier du roi, 150, 206, 247 ; évêque d'Autun, 414, 454.
Boulainvilliers (M. Bernard de), 380.
Boulogne (M. de), contrôleur général des finances, 145, 189, 292.
Boulogne (Mme de), 200.
Bourbon (Louise-Anne de), nommée *Mademoiselle* et Mlle *de Charolois*, 408, 410, 413.
Bourcet (M. de), 241.
Bourgade (M. de), 406.
Bourges (Archevêque de). *Voy.* Rochefoucauld et Phélypeaux.
Bourcogne (Louis-Joseph-Xavier de France, duc de), petit-fils de Louis XV, 266, 432.
Bouville (M. de), 246.
Bouzols (Mme de), dame du palais de la reine, 95, 139, 166, 214.
Boyer (M.), médecin, 274, 476.
Boynes (M. de), premier président du parlement de Besançon, 39, 58.
Brancas (Abbé de), 434.
Brancas (Marquise de), née Gizeux de Grandhomme, 16, 439.
Brantes (M. de), 432.
Bréget (M. de), 86.
Brienne (Abbé de), 413.
Brienne (Comte de), 362.
Brienne (M. de), 203, 457.
Brienne (Mme de), née Clémont, 205.

Brienne (Mme de), dame du palais de la reine, 95.
Brignole (M. de), 103.
Brignole (Mlle), 25.
Brionne (M. de), 154.
Brissac (Emmanuel-Henri-Timoléon de Cossé-), évêque de Condom, 152.
Broglie (Abbé de), 33, 257.
Broglie (Comte de), 131.
Broglie (Duc de), lieutenant général, 179, 181, 182, 234, 240, 241, 243, 343.
Broglie (Marquis de), 258.
Brown (Général), 17, 59, 62, 99.
Bruhl (Mme de), 25 ; sa lettre au roi de Prusse, 31.
Brun (M. le), officier d'artillerie, 246.
Brunoy (Marquis de), premier maître d'hôtel de la maison du roi, 456.
Brunswick (Duc de), 167, 305.
Brunswick (Le prince Ferdinand de), 241, 243, 266, 305, 483.
Brunswick-Bevern (Prince de), 114. *Voy.* Bevern.
Buron (Comte de), lieutenant général de l'Ile-de-France, 149.
Bussy (M. de), 131.
Bussy (Mme de), 413, 438.

C.

Calmet (Dom), bénédictin, 244.
Cambacérès (Abbé), chanoine de Montpellier, 66.
Cambis (M. de), colonel, 458.
Campillo (M. de), ministre d'Espagne, 152.
Caraffa (Mlle), 259.
Caraman (M. de), brigadier, 274.
Carré, contrôleur de la bouche de la reine, 346.
Castellanne (M. de), 21.
Castries (M. de), 246.
Caulaincourt (M. de), major général de la cavalerie, 246 ; brigadier, 274.
Caulaincourt (Mlle de), 432.
Caumont (M. de), 37, 73, 341.
Caumont (Mme de), 83.
Cayla (Marquis du), 399.
Caylus (M. de), officier d'artillerie, 246.
Ceccati (M. de), aide de camp du duc de Chevreuse, 242.
Cerf (Abbé du), 429.
Cerf (M. le), officier d'artillerie, 246.
Chabot (M. de), 20, 83, 400, 459, 474.
Champignelles (M. de), 21 ; chef de brigade, 363.
Chancelier (Le). *Voy.* Blancmesnil.
Chapelain (Le P.), jésuite, 233, 354.
Charles (Le prince). *Voy.* Lorraine.
Charolois (Charles de Bourbon-Condé, comte de), 15, 37, 133, 403, 461.
Charolois (Mlle de). *Voy.* Bourbon.

Chartres (Évêque de). *Voy.* Fleury.
Chartres (Louis-Philippe-Joseph d'Orléans, duc de), 15, 437.
Châteauroux (Duché de), 252.
Chatel (Mme du), née Gouffier, 468.
Chatelet (Marquis du), 123, 128.
Chatre (Marquis de la), 409, 458.
Chaulnes (Duc de), 282, 393, 430, 448, 449.
Chaulnes (Duchesse de), 449.
Chauvelin (Marquis de), ambassadeur à Turin, 409.
Chauvelin (Mme), 426, 429.
Chavigny (M. de), ambassadeur en Suisse, 53-55.
Chesnaye (M. de la), premier écuyer tranchant, 15.
Chesnaye (Mme de la), 85.
Chétardie (M. de la), lieutenant général, 95, 167, 336.
Chevert (M. de), lieutenant général, 98, 104, 116, 123, 126, 380, 471.
Chevreuse (Marie-Charles-Louis d'Albert, duc de), fils du duc de Luynes, 113, 114, 117, 119, 121, 141, 179, 180, 181, 184; gouverneur de Paris, 188, 206, 237, 241, 251, 265, 274, 276, 279, 323-326, 385, 420, 445, 448, 449.
Chevreuse (Henriette-Nicole d'Egmont-Pignatelli, duchesse de), femme du précédent, 279, 415, 449.
Chevreuse (Mlle de), 448.
Chimay (Prince de), 457, 458.
Choiseul (M. de), colonel, 245, 257.
Choiseul-Beaupré (Antoine-Clériadus de), archevêque de Besançon, 124.
Choiseul-Stainville (Abbé de), 457.
Cicé (Jean-Baptiste-Marie Champion de), évêque de Troyes, 128.
Cioia. *Voy.* Monzone.
Clare (Milord), maréchal de France. *Voy.* Thomond.
Clémont (Mlle de), 203. *Voy.* Brienne (Mme de).
Clermont (Louis de Bourbon-Condé, comte de), 37, 134, 138, 252, 281, 336, 340, 346, 353, 355, 361, 371, 380, 384, 385, 394, 407, 410, 420, 427, 445, 446, 459, 461, 468, 470, 471, 472, 480, 483.
Clermont d'Amboise (M. de), 429.
Clermont-Tonnerre (M. de), 429.
Clue (M. de la), chef d'escadre, 341, 391.
Coetlosquet (Jean-Gilles de), évêque de Limoges, 390, 391.
Coigny (M. le maréchal de), 68, 436.
Coigny (Mme de), née Vervins, 194.
Cologne (Clément-Auguste, électeur de), 144.
Combe (M. de la), 377.
Condé (Louis-Joseph de Bourbon, prince de), 15, 25, 36, 48, 57, 66, 134, 241, 386, 459, 461, 465, 483.
Condé (Charlotte-Godefride-Élisabeth de Rohan-Soubise, princesse de), 16, 82, 100, 205.
Condillac (Abbé de), 335.
Conflans (Marquis de), vice-amiral, puis maréchal de France, 387, 388, 410.
Constantin (Le prince). *Voy.* Rohan-Montbazon (Louis-Constantin de).

CONTADES (M. de), 105, 108, 110, 127, 129, 338, 469.
Contrôleur général (Le). *Voy.* SÉCHELLES et BOULOGNE.
CONTY (Louise-Élisabeth de Bourbon Condé, princesse douairière de), 206, 410, 412.
CONTY (Louis-François de Bourbon, prince de), 4, 36, 134, 288, 291, 461, 465, 467, 491.
Conty (Hôtel de), 260.
COQUELLE, marchand, 135.
CORBIÈRES (M. de), 212.
COSSÉ (M. de), 244, 245.
COSTE (Mme de la), 475.
COTTE (Abbé de), chanoine de Notre-Dame, 347.
COUDRE (Mme de la), 8.
COURBOUSON (M. le président de), 7, 39.
COURSON (M. de), exempt des gardes du corps, 235.
COURSON (Mlle de), 4, 8.
COUSIN DE LA TOUR-FONDUE (Mlle), 229.
Coutances (Évêque de). *Voy.* QUESNOIS.
CRÉMILLE (M. de), 380, 394, 397, 409, 456, 485.
CRÈVECOEUR (Mlle de), 248.
CRUSSOL (François de), archevêque de Toulouse, 431, 434.
CRUSSOL (M. de), 327.
CRY (Abbé de), grand vicaire d'Arras, 430.
CURNE DE SAINTE-PALAYE (M. de la), de l'Académie française, 454.
CUMBERLAND (Duc de), 28, 59, 79, 81, 83, 112, 115, 117, 125, 126, 139, 145, 146, 169, 175, 179, 182, 185, 248.
CUSTINE (M. de), 244, 246, 258, 262, 272.

D.

DAMAS, soldat aux gardes, 135.
DAMIENS, 2, 5, 35, 133, 251, 282.
Danemark (Roi de). *Voy.* FRÉDÉRIC V.
DANGEAU (Marquis de), 73.
DANGET, marchand, 135.
DANOIS (M. le), colonel, 258.
DAUBEUF, marchand, 135.
DAUN (Le maréchal), 59, 63, 70-72; sa lettre à l'Empereur, 87, 95, 99, 109.
Dauphin (M. le). *Voy.* LOUIS DE FRANCE.
Dauphine (Mme la). *Voy.* MARIE-JOSÈPHE DE SAXE.
DESCRANGES (M.), maître de cérémonies, 217.
DESJARDINS, complice de Ricard, 135.
DESMARETS (Le P.), confesseur du roi, 280, 281.
Digne (Évêque de). *Voy.* JARENTE.
DILLON (Arthur-Richard de), archevêque de Toulouse, 457.
DILLON (Mme), 151.
DONA (Comte de), 172.

Dubois (M. le président), 98.
Dubois de la Mothe (M.), chef d'escadre, 108, 117, 118, 121, 211, 213, 244, 250, 252, 264, 270, 274, 275, 350, 353, 427, 477.
Duclos (M.), de l'Académie française, 2.
Dufort (Mme), née Caulaincourt, 247.
Dufour (Mme), première femme de chambre de la dauphine, 454.
Dunois (Charles-Marie-Léopold d'Albert de Luynes, comte de), 121, 265, 414.
Dupleix (M.), gouverneur de Pondichéry, 58, 272, 342.
Duras (Duc de), 169; premier gentilhomme de la chambre, 188, 207, 221, 287, 289.
Duras (M. le maréchal de), 194.
Durfort (M. de), 257, 262.

E.

Egmont (Mme d'), douairière, 449.
Egmont (Comte d'), maréchal de camp, 142, 449.
Egmont (Comtesse d'), 449.
Elisabeth Petrowna, impératrice de Russie, 149, 230, 303, 395.
Elpèches (Mme d'), 99.
Ensorcelés (Les), comédie, 164.
Epinay (Mme d'), 79.
Erlach (M. d'), capitaine des gardes suisses, 43.
Escars (M. d'), colonel de cavalerie, 245.
Escars (Mme d'), dame du palais de la reine, 214.
Escorailles (M. d'), 21.
Escouflet (Mlle d'), 4, 8, 283.
Esparbès (M. d'), 459.
Esparbès (Mme d'), 475.
Esquelbec (M. d'), commandant des chevau-légers, 226.
Esseval (Mme d'), 259.
Estampes (M. d'), colonel, 272.
Estampes (Mme d'), 67.
Estissac (M. d'), 274.
Estourmel (M. d'), 21.
Estrades (Mme d'), 285.
Estrées (M. le maréchal d'), 26, 79, 99, 101, 102, 104-106, 112, 115, 117, 118, 119, 122, 126, 139, 140, 179, 180, 181, 298, 300, 305, 441, 455, 485.
Estrées (Mot du cardinal d'), 22, 293.
Eu (Louis-Charles de Bourbon, comte d'), 145, 247.

F.

Farges (M. des), 426.
Fayette (M. de la), colonel, 258.

DES NOMS ET DES MATIÈRES.

FERRIÈRE (M. de), 2, 35.
FERRIÈRE (M. de la), sous-gouverneur du duc de Bourgogne, 387.
FERTÉ-IMBAULT (Mme de la), 67.
FEUGÈRES (M. de), conseiller à la cour des aides, 435.
FILLEUL, musicien, 44.
FITZ-JAMES (Comte de), 436.
FITZ-JAMES (Duc de), 9, 444.
FITZ-JAMES (Mme de), dame du palais de la reine, 95, 214.
FLAMARENS (M. de), 437.
FLAVACOURT (Hortense-Félicité de Mailly-Nesle, marquise de), dame du palais de la reine, 67, 95, 166, 214, 373.
FLEING (M.), prêtre de Sainte-Marguerite, 386.
FLEURY (André-Hercule de Rosset, duc de), premier gentilhomme de la chambre du roi, 103, 216.
FLEURY (Duchesse de), dame du palais de la reine, 214.
FLEURY (Henri-Marie-Bernardin de Rosset de), archevêque de Tours, 449.
FLEURY (Pierre-Augustin-Bernardin de Rosset de), évêque de Chartres, premier aumônier de la reine, 216, 229, 449, 470.
Fontainebleau (Travaux de), 166.
FONTANGES (Jean-Baptiste-Joseph de), évêque de Lavaur, 145.
FONTENAY (M. de), 128.
FONTENAY (M. de), envoyé extraordinaire de Saxe, 43.
FORCE (Duc de la), 36, 37, 73.
FOSSEUSE (M. de), menin du dauphin, 140.
FRANCE (Louise-Élisabeth de), première fille du roi, nommée *Madame Infante*, 152, 161, 165, 166, 169, 200, 233, 261, 266, 379.
FRANCE (Marie-Adélaïde de), nommée *Madame Adélaïde* et *Madame*, troisième fille du roi, 16, 56, 73, 77, 95, 165, 166, 200, 266.
FRANCE (Marie-Louise-Adélaïde-Victoire de), nommée *Madame Victoire*, quatrième fille du roi, 16, 56, 77, 95, 165, 166, 200, 266.
FRANCE (Sophie-Philippine-Élisabeth-Justine de), nommée *Madame Sophie*, cinquième fille du roi, 16, 56, 77, 80, 95, 165, 166, 168, 200, 266.
FRANCE (Louise-Marie de), nommée *Madame Louise*, sixième fille du roi, 16, 56, 77, 80, 95, 113, 121, 165, 166, 200, 266.
FRÉDÉRIC II, roi de Prusse, 2, 17, 25, 29, 30, 31, 58, 60, 71, 72, 79, 87, 100, 101, 102, 109, 110, 112, 113, 114, 115, 117, 139, 140, 150, 168, 173, 178, 210, 214, 216, 230, 235, 236, 241, 244, 245, 270, 273, 274, 335, 343, 365, 386.
FRÉDÉRIC V, roi de Danemark, 118, 144, 328.
FRESNOY (Abbé), 15.
FROBERG (Comte de), commandeur de l'ordre Teutonique, 57.
FRONSAC (M. de), premier gentilhomme de la chambre, 389.

G.

GABRIEL, premier architecte du roi, 167.
GAIGNEREAU (M.), lieutenant, 68.

GALAIZIÈRE (M. de la), chancelier de Lorraine, conseiller d'État, 136, 165.
GALANT (M.), architecte, 322.
GALISSONNIÈRE (M. de la), colonel, 458.
GALLOY (M.), président de la chambre des comptes de Rouen, 91.
GAUTHIER, intendant de M. de Ferrière, 2, 16, 21, 35, 36, 460, 464.
GAYAT (M.), major de Compiègne, 103.
Gazette de France (Détail sur la), 44.
GEOFFROY (Mlle), 4, 8.
GEORGES II, roi d'Angleterre, 28, 266, 336.
GESVRES (Étienne-René Potier, cardinal de), évêque de Beauvais, 443.
GESVRES (François-Joachim-Bernard Potier, duc de), premier gentilhomme de la chambre du roi, gouverneur de Paris, 103, 185-188, 225, 259, 281.
GESVRES (Marquis de), 391, 392.
GESVRES (Marquise de), née du Guesclin, 435.
GILBERT (M.), conseiller d'État, 216.
GILLET (Mlle), 342.
GIRONDE (M. de), 26, 149.
GIRONDE (Mme de), 139, 140.
GISORS (M. de), 341, 440, 449, 480, 482, 487, 488.
GISORS (Mme de), 19.
GIVRY (Mlle de), 56.
Glatigny (Maison de), 64.
GODONÈCHE, musicien de la chapelle, 44.
GOESBRIANT (Mlle de), 139.
GOGUET (M.), conseiller au Parlement, 435.
GONTAUT (Marquis de), 221.
GOR, fondeur, 435.
GOTHA (Duc de), 167.
GOUZARGUES, maître de musique de la chapelle, 415.
GOYON (Mme de), 79.
GRAMONT (Comte de), menin du dauphin, 264.
GRAMONT (Mme de), dame du palais de la reine, 95, 214.
GRANCEY (Abbé de), aumônier du roi Louis XIV, 33.
GRANDVILLE (M. de la), capitaine au régiment de la reine, 211.
GRAVILLE (M. de), lieutenant général, 409, 453.
GRIMOD (Mme), 22, 67, 68.
GRIVE (Abbé de la), 44.
GUÉMENÉ (M. de), 275.
GUERCHY (M. de), 181, 485.
GUESCLIN (M^{le} du), 392. *Voy.* GESVRES (Marquise de).
GUIBERT (M. de), aide-major général de l'infanterie, 246.
GUICHE (M. de la), maréchal de camp, 445.
GUICHE (Mme de la), 449.
GUITAUT (Mme de), 475.
GUYOT (Abbé de), chapelain du duc d'Orléans, 19.

H.

HANNIVEL (Mme de), 152.
HARCOURT (Mme d'), supérieure des Hospitalières, 420.
HÉNAULT (Le président), surintendant de la maison de la reine, 2, 152, 449.
HENRICHEMONT (M. d'), 167.
HÉRAULT (M.), colonel de Rouergue, 392.
HÉRICOURT (Le P. d'), théatin, 229.
HESSE (Landgrave de), 102.
HOCQUART (M.), 477, 478.
HOLBOURNE (L'amiral), 120, 121, 244.
HÔPITAL (M. de l'), ambassadeur à Saint-Pétersbourg, 82, 149.
HÔPITAL (Mme de l'), 200.

I.

Impératrice (L'). *Voy.* MARIE-THÉRÈSE et ÉLISABETH PETROWNA.
Infant (L'). *Voy.* PHILIPPE (Don).
Infante (Madame). *Voy.* FRANCE (Louise-Élisabeth de).
INGUIBERT (Dominique-Joseph-Malachie d'), évêque de Carpentras, 198
ISENGHIEN (Mme la maréchale d'), 428.

J.

JACQUES III, roi d'Angleterre, dit *le Prétendant*, 124.
JARD, accoucheur de la dauphine, 217, 225.
JARENTE (Louis-Sextius de), évêque de Digne, 85, 87, 113, 115, 194 ; évêque d'Orléans, 345.
JOHANNE (M. de), 85.
JOLY DE FLEURY (M.), intendant de Bourgogne, 189, 208.
JOLY DE FLEURY (M.), premier avocat général, 8, 422.
JOYEUSE (Mme de), 65.
JUIGNÉ (M. de), 458.
JUSSIEU (M. de), professeur au Jardin du Roi, 423.

K.

KAMPS (M.), échevin d'Arras, 430.
KEITH (Maréchal), 100, 109, 117.
KERALIO (M. de), 335, 379.
KERSAINT (Chevalier de), capitaine de vaisseau, 47, 109, 116, 337, 338, 340.

L.

Lacroix (Le P.), jésuite allemand, 265.
Lally (M. de), lieutenant général, 56, 375.
Lambelin (M.), conseiller de grand'chambre, 20.
Lamoignon (Le président de), 210, 380, 409.
Langeac (Chevalier de), 72.
Langeron (M. de), 116, 201, 235, 264, 408.
Languet de Gercy (M.), curé de Saint-Sulpice, 91.
Lannion (Comte de), 433, 456.
Laon (Évêque de). *Voy.* Rochechouart.
Larboust (Abbé), maître de l'Oratoire, 150.
Large (M. le), 381.
Lastic (M. de) le fils, 26.
Lastic (Mme de), née Ménars, 67.
Laudron (Abbé), 69, 70.
Lauraguais (Diane-Adélaïde de Mailly-Nesle, duchesse de), dame d'atours de la dauphine, 373.
Laurent (M. du), 5.
Lautrec (M. le maréchal de), 340.
Laval-Montmorency (Comte de), menin du dauphin, 123, 128, 133, 140.
Lavaur (Évêque de). *Voy.* Fontanges.
Le Breton (M.), greffier du Parlement, 21.
Lefort, marchand, 135.
Lefranc de Pompignan, 247.
Lehwald (Le maréchal), 122, 169, 216.
Lenoncourt (M. de), colonel, 445.
Le Prince, musicien de la Chapelle, 43.
Lévis (M. de), brigadier, 213.
Lieutaut (M.), médecin, 69.
Limoges (Évêque de). *Voy.* Coetlosquet.
Lislebonne (Comte de), 101.
Lismore (Mme de), 40.
Livry (M. de), premier maître d'hôtel de la maison du roi, 15, 447.
Livry (Mme de), 456.
Lobkowitz (M. de), 273.
Lordat (M. de), 40, 73.
Lordat (Mme de), 83.
Lorges (Comte de), lieutenant général, 104.
Lorges (Comtesse de), 87.
Lorges (Duc de), 382.
Lorges (Famille de), 382-384.
Lorraine (Prince Charles de), 89, 94, 109, 332.
Lostanges ((Mme de), née l'Hôpital, 66, 322.
Loterie royale, 23, 33 ; de l'École militaire, 363.
Loudoun (Milord), 120.

LOUDUN (Le colonel), 113, 114, 117.
LOUIS XIV, 33, 440, 444, 473.
LOUIS XV, 2, 5, 13, 15, 18-22, 25-28, 32, 33, 48-40, 44, 55-57, 64-73, 76-92, 103, 104, 108, 112, 117, 121, 124, 133, 139, 143, 148-151, 156-161, 165-167, 188-194, 199-205, 210, 215-220, 225, 231, 246-252, 258-266, 272-274, 280-283, 286-292, 296, 304, 322-328, 336-342, 350, 354, 368-371, 380, 381, 385, 385-399, 408-412, 430, 435-448, 452-457, 460, 465, 470-473, 486, 489, 491.
LOUIS DE FRANCE, dauphin, fils de Louis XV, 15, 18, 56, 66, 77, 95, 121, 206, 254, 261, 265, 266, 295, 305, 322, 434, 489.
LOUISE (Madame). *Voy.* FRANCE (Louise-Marie de).
LOUVOIS (M. de), 33, 140, 227.
LOWENDAL (Mme la maréchale de), 221.
LOWENSTEIN (Prince de), 47.
LUCÉ (M. de), intendant de Strasbourg, 328.
LUGNY (Mme de), 386.
LUJAC (M. de), major général, 246, 338.
LUJAC (Mme de), 365.
LUPPÉ (M. de), 390, 438.
LUSACE (Comte de), 460, 471.
LUSIGNAN (Marquis de), 237.
LUTZELBOURG (M. de), 248.
LUXEMBOURG (M. le maréchal de), capitaine des gardes, 206.
LUXEMBOURG (Mme la maréchale de), née Villeroy, 67, 200.
LUYNES (Charles-Philippe d'Albert, duc de), 449, 490.
LUYNES (Marie Brulart, duchesse de), dame d'honneur de la reine, femme du précédent, 66, 84, 95, 166, 205, 221, 229, 233, 236, 252, 369, 371, 449, 489.
LUYNES (Paul d'Albert de), cardinal, archevêque de Sens, premier aumônier de la dauphine, 72, 84, 169, 268, 367, 396, 443, 448.
LYNAR (M. de), ministre de Danemark, 248, 255, 265.

M.

MABOUL (M.), maître des requêtes, 143.
MACARTHY (M. de), 270, 273.
MACHAULT (Abbé de), 40.
MACHAULT (Jean-Baptiste de), seigneur d'Arnouville, 259, 284.
MACHAULT (Mme de), 13, 258.
Madame. *Voy.* FRANCE (Marie-Adélaïde de).
MAILLEBOIS (Maréchal de), 441.
MAILLEBOIS (M. de) le fils, 81, 119, 241; son mémoire, 306-315, 440, 453, 455, 457.
MAILLEBOIS (Mme de), 457.
MAILLY (Chevalier de), 46.
MAILLY (Marquis de), 126, 133.
MAILLY (Mlle de), 371, 409.

MAILLY D'AUCOURT (Comte de), lieutenant général, 245, 257, 365, 409.
MAILLY D'AUCOURT (Mlle de), 77.
MAINE (Louis-Auguste de Bourbon, duc du), 22, 440.
MAINTENON (Mme de), 99, 297.
MALASPINA (Mme de), dame de Madame Infante, 166, 354.
MALESHERBES (M. de), 68.
MARBEUF (M. de), colonel de dragons, 72, 390.
MARBEUF (Mme de), 87.
MARCHE (Louis-François-Joseph de Bourbon-Conty, comte de la), 35, 57, 66, 134, 241, 386, 459, 461, 465, 483.
MARCHE (Mme de la), 167.
MARÉCHAL (Milord), 173.
MARIE-JOSÈPHE D'AUTRICHE, reine de Pologne, électrice de Saxe, 70, 254, 265.
MARIE-JOSÈPHE DE SAXE, dauphine de France, 56, 69, 70, 77, 87, 165, 205, 217, 254, 261, 265, 266, 294, 295, 434.
MARIE LECZINSKA, 15, 22, 66, 79, 80; ses lettres à la duchesse de Luynes, 84, 89, 95, 108, 113, 154, 166, 200, 205, 207, 213, 217, 229, 261, 266, 282, 350, 387, 412, 429, 430, 438, 447, 448, 472, 489.
MARIE-THÉRÈSE, impératrice d'Allemagne, 27, 29, 71; sa lettre à Louis XV, 88, 93, 100.
MARIEZ (M.), inspecteur des fonderies, 435.
MARIGNY (Marquis de), secrétaire greffier de l'ordre du Saint-Esprit, 322.
MARIGNY (Mme la présidente de), 115.
MARIN (M.), 212.
MARSAN (Mme de), née Rohan-Soubise, gouvernante des enfants de France, 206, 267, 304.
MARTANGES (M. de), colonel de l'armée saxonne, 95.
MARTINIÈRE (M. de la), premier chirurgien du roi, 100, 168.
MASSIAC (M. de), secrétaire d'État de la marine, 454, 479.
MASSONES DE LIMA (M.), 366, 419.
MAUPEOU (M. de), premier président au parlement de Paris, 4, 10, 144, 192, 193, 302.
MAUPEOU (Mme de), 193.
MAURY (Mme de), 365.
MAZADE D'ARGEVILLE (Mlle de), 409.
MAZARIN (M. de), 368.
MAZARIN (Duchesse de), dame de Madame, 100, 371, 376.
MAZARIN (Mme de), née Duras, 207.
MELFORD (M. de), 26.
MÉNAGER (M.), capitaine de cavalerie, 172.
MÉNARD (M.), contrôleur général de la maison du roi, 15.
MENIGLAISE (M. de) 401.
MÉNIL (M. du), 273.
MÉRINVILLE (M. de), 93.
MERLE (Mme de), née Moras, 152.
Mesdames. *Voy.* FRANCE (Marie-Adélaïde, Marie-Louise-Adélaïde-Victoire-Sophie et Louise-Marie de).
Metz (Évêque de). *Voy.* SAINT-SIMON.

MICHEL (M.), directeur de la Compagnie des Indes, 72.
MICHOTEL (M. de), président du parlement de Besançon, 39, 40.
MIDORGE (M. de), maître des requêtes, 26.
MILLO (Cardinal), 263.
MIREPOIX (M. le maréchal de), 99, 194-197, 302, 303.
MIREPOIX (Mme la maréchale de), dame du palais de la reine, 32, 95, 200, 214, 225, 302, 303.
MIROMESNIL (M. de), premier président du parlement de Rouen, 57, 73, 82.
MODÈNE (Charlotte-Aglaé d'Orléans, duchesse de), 206.
MOLÉ (M.), premier président au parlement de Paris, 193, 286, 290, 302.
MOLITARD (Mme de), abbesse de Saint-Cyr, 262.
MOLLET (M.), architecte, 321.
MONACO (Prince de), 25, 80, 103.
MONACO (Princesse de), 456.
MONCONSEIL (Mme de), née Curzay, 161-165.
MONDONVILLE, maître de musique de la Chapelle, 415.
MONNIER (M. le), de l'Académie des sciences, 264.
MONTAUBAN (Princesse de), 154.
MONTAZET (Antoine de Malvin de), évêque d'Autun, 385; archevêque de Lyon, 388, 411, 414, 416, 420.
MONTAZET (Chevalier de), 96.
MONTBOISSIER (M. de), lieutenant général, 98.
MONTCALM (M. de), 118, 120, 198, 210.
MONTEIL (M. de), ministre plénipotentiaire à Cologne, 144, 474.
MONTESQUIOU (M. de), 390.
MONTESSON (Mme de), 174.
MONTEYNARD (M. de), 181.
MONTI (Marquis de), maréchal de camp, 95.
MONTIGNY (M. de), lieutenant des gardes du corps, 363.
MONTLEZUN (M. de) , 342.
MONTLOUET (François-Joseph de Brunes de), évêque de Saint-Omer, 15, 217, 233.
MONTMARTEL (M. Paris de), 34, 456.
MONTMORENCY-LAVAL (Louis-Joseph de), évêque d'Orléans, 204 ; évêque de Condom, 231.
MONTMORIN DE SAINT-HÉREM (Gilbert de), évêque de Langres, 322.
MONTMORT (M. de), major des gardes du corps, 350, 354, 389.
MONTMORT (Mme de), 376, 377.
MONZONE (Comte de), 371.
MORANGIÈS (M. de), lieutenant général, 98, 402, 403, 445.
MORAS (M. de), ministre de la marine, 64, 109, 117, 210, 246, 295, 410, 453, 456, 491.
MORAS (Mme de), 152, 456.
MOREL DE VINDÉ (M.), 73.
MORPHY, soldat aux gardes, 135.
MORTEMART (Duc de), 36.
MOUTON, dentiste de Mesdames, 265.
MUSTAPHA III, sultan, 251.

Muy (Chevalier de), 81.
Muy (M. du), 473.

N.

NADASTY (M. de), 110, 113, 114, 117.
Narbonne (Archevêque de). *Voy.* ROCHE-AYMON.
NARBONNE (Mme de), dame de Madame Infante, 166, 233.
NEUVILLE (Le P.), prédicateur, 19, 151.
NICOLAÏ (Mlle de), 26.
NIVERNOIS (Duc de), 1.
NOAILLES (Adrien-Maurice, duc de), maréchal de France, capitaine des gardes du corps du roi, 10, 32.
NOAILLES (Philippe, comte de), gouverneur de Versailles, 438.
NOAILLES (Comtesse de), née Arpajon, 64.
NOVION (M. le président de), 231.

O.

O'CONNOR (M.), capitaine au régiment de Soissonnais, 444.
OGIER (M. le président), ambassadeur en Danemark, 18.
OGILVY (Mme d'), 15.
OGINSKI (M. d'), 65.
ONS-EN-BRAY (M. d'), 230.
ORANGE (Princesse d'), 19, 472.
Orléans (Évêque d'). *Voy.* PARIS.
ORLÉANS (Louis, duc d'), fils du régent, 73.
ORLÉANS (Louis-Philippe, duc d'), 36, 39, 48, 57, 64, 66, 101, 102, 105, 108, 114, 116, 118, 126, 134, 176, 266, 287, 289, 437, 460, 465, 467, 490.
ORLÉANS (Louise-Henriette de Bourbon-Conty, duchesse d'), femme du précédent, 16, 37.
Ormes (Terre des), 80.
ORMESSON (M. le président d'), 286, 435.
ORMESSON D'AMBOISLE (M. d'), conseiller d'État, 435.
OSENCE (M. d'), 400.
OSMAN II, sultan, 251.
OSMOND (M. d'), 69.
OSSOLINSKA (Duchesse), 373.
OSSOLINSKI (Comte), 74-76, 373.
OSSOLINSKI (Duc), 18.
OSSUN (M. d'), ambassadeur à Naples, 66.

P.

PAJOT (Abbé), conseiller de grand'chambre, 56.
PALLU (M.), intendant général de la marine, 444.

Pape (Le). *Voy.* Benoît XIV.
Parker (Le colonel), 197.
Paris (Archevêque de). *Voy.* Beaumont.
Paris (Nicolas-Joseph), évêque d'Orléans, 77.
Parlement de Paris (Affaires du), 156-161, 255, 329, 423.
Pasquier (M.), second rapporteur du procès de Damiens, 3, 20, 35, 134, 466.
Paulmy (M. de), ministre d'État, 22, 82; 151, 379, 392, 393, 401, 491.
Paulmy (Mme de), 393.
Peletier (M. le président le), 290.
Péreuse (M. de), 110, 269 ; lieutenant général, 337.
Périgord (Mme de), dame du palais de la reine, 19, 95, 214.
Pestalozzi (M. de), colonel, 247.
Phélypeaux (Georges-Louis), archevêque de Bourges, 150, 251.
Philippe (Don), infant d'Espagne, duc de Parme, 378.
Piavera (M. de), 25.
Pierron (M.), substitut du procureur général, 21.
Pigeonneau (M. de), 131.
Pignatelli (M. de), ambassadeur d'Espagne en Danemark, 417, 418.
Piolenc (M. le bailli de), 85.
Pitt (M.), 147.
Platen (Comte de), 141.
Pléneuf (Mme de), 447, 449.
Pluyette (M.), architecte, 322.
Poissonnier (M.), médecin des enfants de France, 429.
Pologne (Reine de). *Voy.* Marie-Josèphe d'Autriche.
Pologne (Roi de). *Voy.* Auguste III et Stanislas Leczinski.
Pompadour (Marquise de), dame du palais de la reine, 32, 92, 98, 144, 281, 282, 283, 285, 286, 288, 289, 295, 296, 297, 302, 303, 304, 365, 459.
Poncet de la Rivière (Mathias), évêque de Troyes, puis d'Aire, 336.
Pontcarré (M. de), premier président du parlement de Rouen, 57.
Portal (Le capitaine), 115.
Porte (M. de la), commis de la marine, 346.
Portugal (Don Antoine, infant de), 247.
Poyanne (Marquis de), 21.
Premier (M. le). *Voy.* Béringhen.
Premier président (Le). *Voy.* Maupeou et Molé.
Prévost (Abbé), 21.
Prévôt des marchands (Le). *Voy.* Bernage de Saint-Maurice.
Prie (Mme de), née Villette, 376.
Prohingue (Mme), 68.
Provence (Louis-Stanislas-Xavier de France, comte de), 267.
Prusse (Le prince de), 114, 139, 140.
Prusse (Roi de). *Voy.* Frédéric II.
Puisieux (M. de), 441, 456.
Puysignieux (M. de), commandant à Minorque, 433, 457.

Q.

QUESNOIS (Jacques Lefebvre du), évêque de Coutances, 26, 152.
QUINSONAS (M. de), premier président du parlement de Besançon, 5, 22.

R.

RAIGECOURT (Plaicard de), évêque d'Aix, 345.
RANDAN (Duc de), lieutenant général, 7, 126, 469.
RÉAUMUR (M. de), 230.
REDEMONT. *Voy.* ROIDEMONT.
Reine (La). *Voy.* MARIE LECZINSKA.
RENAUT (M.), directeur de la Compagnie des Indes, 200.
RENTY (Mme de), dame d'honneur de la princesse de Condé, 100.
Rennes (Évêque de). *Voy.* VAURÉAL.
REVEL (M. de), 244, 246, 257.
REVEST (M. du), chef d'escadre, 108, 118, 121, 213.
RICARD, soldat aux gardes, 11, 133.
RICHELIEU (Louis-François-Armand de Vignerot du Plessis, duc de), maréchal de France, 85, 109, 121, 145, 147, 169, 184, 210, 215, 216, 222, 230, 243, 245, 248, 255, 264, 265, 266, 271, 286, 289, 298, 300, 318, 328, 341, 343, 346, 371, 387, 389, 407.
RICAUD (Abbé), 23.
ROCHE-AYMON (Charles-Antoine de la), archevêque de Narbonne, 66.
ROCHECHOUART (Jean-François-Joseph de), évêque de Laon, ambassadeur à Rome, 17; grand aumônier de la reine, 84, 89, 121, 229, 362.
ROCHECHOUART (Vicomte de), 84.
ROCHECHOUART-FAUDOAS (Comte de), 189.
ROCHEFOUCAULD (Abbé de la), 72, 76.
ROCHEFOUCAULD (Dominique de la), archevêque d'Alby, 77, 139, 235.
ROCHEFOUCAULD (Duc de la), 274.
ROCHEFOUCAULD (Frédéric-Jérôme de Roye de la), cardinal, archevêque de Bourges, grand aumônier, 40-42, 44, 76, 294.
ROCHE-SUR-YON (Mlle de la), 20.
ROHAN (Chevalier de), lieutenant de vaisseau, 394, 452.
ROHAN (Duc de), 20, 40, 115, 433, 446, 447.
ROHAN (Duchesse de), née Uzès, 480.
ROHAN (Le prince de), brigadier, 274.
ROHAN-MONTBAZON (Louis-Constantin de), évêque de Strasbourg, 85, 155.
Roi (Le). *Voy.* LOUIS XV.
ROIDEMONT (Chevalier de), maréchal de camp, 445, 460.
ROLLAND (M.), conseiller de grand'chambre, 20.
ROLLE (M. de), colonel, 247.
ROQUÉPINE (Marquis de), maréchal de camp, 95.
Rouen (Archevêque de). *Voy.* SAULX-TAVANNES.

Rougé (M. de), maréchal de camp, 245, 459.
Rouillé (M.), ministre des affaires étrangères, 39, 86, 87, 89, 206, 401, 491.
Rounière (M. de la), capitaine d'artillerie, 246.
Rozier (M.), commandant le Robuste, 68.
Rozières (M. Terray de), procureur général de la cour des aides, 4, 8.

S.

Sade (M. de), 64.
Saint-Aignan (Chevalier de), 272.
Saint-Aignan (Duc de), 235.
Saint-Aignan (Duchesse de), 272.
Saint-Exupéry (Abbé de), doyen de Notre-Dame, 354.
Saint-Exupéry (M. de), exempt des gardes du corps, 363.
Saint-Exupéry (Mme de), 64.
Saint-Fargeau (M. de), avocat général, 157.
Saint-Florentin (Comte de), ministre secrétaire d'État, chancelier de l'ordre du Saint-Esprit, 66, 72, 73, 77, 86, 145, 188, 206, 233, 392, 431.
Saint-Germain (M. de), 46, 48, 85, 386.
Saint-Hubert (Pavillon de), 470.
Saint-Ours (M. de), 212.
Saint-Rome (M. de), 68.
Saint-Simon (Claude de Rouvroy de), évêque de Metz, 91.
Saint-Simon (M. le bailli de), 235.
Saint-Vital (M. de), chevalier d'honneur de Madame Infante, 166.
Salabéry (Abbé de), 189, 208.
Salvert (M. de), 18.
Sandricourt (M. de), 359.
Sandwich (Mme de), 96.
San-Severino (M. de), ambassadeur de Naples à Londres, 259.
Sarret de Gaujac (François de), évêque d'Aire, 264.
Saufra (Le bailli de), 42.
Saulx (Comte de), chevalier d'honneur de la reine, 438.
Saulx-Tavannes (Charles-Nicolas de), cardinal, archevêque de Rouen, grand-aumônier de France, 84, 89, 327, 413.
Saussaye (M. de la), lieutenant de vaisseau, 109.
Saxe (Le maréchal de), 333.
Saxe-Hildburghausen (Prince de), 214, 234, 302.
Scheffer (Baron de), envoyé de Suède, 98.
Schwerin (Maréchal de), 59, 61.
Séchelles (M. de), contrôleur général des finances, ministre secrétaire d'État, 60, 291, 334.
Séchelles (Mme de), 98.
Séguier (M. de), avocat général du grand conseil, 1, 409.
Ségur (M. de), 453.
Seignelay (Mme de), née Biron, 83.
Seignelay (Mlle de), 40, 73.

SÉNAC (M.), premier médecin du roi, 69.
SENNETERRE (M. maréchal de), 189, 201, 343, 405.
SENNETERRE (Mme de), supérieure des Hospitalières, 416.
Sens (Archevêque de). *Voy.* LUYNES.
SENS (Élisabeth-Alexandrine de Bourbon-Condé, Mademoiselle de), 37, 206, 412.
SÉQUEVILLE (M. de), commis des affaires étrangères, 44.
SÉVÈRE (M.), rapporteur du procès de Damiens, 3, 20, 35, 134, 462.
Sèvres (Manufacture de porcelaine de), 77, 92.
SLODTZ (Michel-Ange), sculpteur, 91.
SOPHIE-DOROTHÉE, reine de Prusse, 107.
SOPHIE (Madame). *Voy.* FRANCE (Sophie-Philippine-Élisabeth-Justine de).
SOUBISE (Charles de Rohan, prince de), capitaine des gendarmes de la garde, 28, 36, 45, 79, 81, 85, 101; 172, 173, 194, 198, 210, 214, 234, 236, 241, 243, 244, 245, 301, 304, 345.
SOULANGE (Mme de), abbesse de Royal-Lieu, 121.
SOUPIRE (M. de), maréchal de camp, 103, 369, 374.
SOUVRÉ (M. de), lieutenant-général, 98, 104, 129, 410.
SOYECOURT (Mme de), 488.
STAINVILLE (M. de) le père, ministre de Toscane, 444.
STAINVILLE (M. de), 13, 66; ambassadeur à Vienne, 121, 124, 145, 216.
STAINVILLE (Mme de), 87.
STANISLAS LECZINSKI, roi de Pologne, duc de Lorraine, 20, 138, 144, 161-165, 366, 471.
STAREMBERG (Comte de), ambassadeur de la cour de Vienne, 58, 98, 113, 145, 194, 273.
STRALEN (M. de), 146.
Strasbourg (Évêque de). *Voy.* ROHAN-MONTBAZON.
SUBLEYRAS, peintre, 83.
SUZY (M. de), major des gardes du corps, 349.

T.

TALARU (Chevalier de), 74, 327.
TALARU (M. de), premier maître d'hôtel de la reine en survivance, 368, 410.
TALLEYRAND (Mme de), dame du palais de la reine, 95, 214.
TALLEYRAND (vicomte de), 18.
TALMOND (Princesse de), 74-76, 82, 373, 389.
TAVANNES (Cardinal de). *Voy.* SAULX-TAVANNES.
TENCIN (Pierre Guérin de), cardinal, archevêque de Lyon, 384, 389.
TERRAY DE ROZIÈRES. *Voy.* ROZIÈRES.
TESSIER (M.), trésorier de la grande écurie, 20.
THIANGES (Mme de), 412.
THOMOND (Comte de), 115.
THOMOND (M. le maréchal de), 221, 235, 264.
TILLIÈRES (M. de), 384.
TILLOT (M. du), 377.

TONNERRE (Maréchal de), 66, 341.
TONNERRE (Mme de), dame du palais de la reine, 252.
TOUCHE-TRÉVILLE (M. de la), lieutenant de vaisseau, 116.
TOULOUSE (Marie-Victoire-Sophie de Noailles, comtesse de), 281.
TOUR (Le P. de la), 292.
TOURDONNAY (M.), écuyer du roi, 342.
TOURNELLE (M. de la), capitaine de grenadiers, 458.
TOURNY (M. de) le père, 85.
TOURNY (M. de) le fils, intendant de Bordeaux, 84.
Tours (Archevêque de). *Voy.* FLEURY.
TOUY (Mlle de), 459.
TRAISNEL (Marquis de), maréchal de camp, 95.
TRÉMOILLE (M. de la), 167.
TRESMES (Comte de), 115, 188.
TRESMES (Duc de), 392, 489.
TRESNEL. *Voy.* TRAISNEL.
TRIVULCE (Mme la princesse de), dame d'honneur de Madame Infante, 166.
TRUDAINE (M.), conseiller au conseil royal, 117.
TRUDAINE (M.) le fils, conseiller d'État, 292.
TUDERT (Abbé), 76.
TURENNE (Prince de), grand chambellan, 469.
TURGOT (M. le président), 160, 209.
TURGOT (Mlle), 235.

U.

UZÈS (Mlle d'), 433, 446.

V.

VALENCE (M. de), 21.
VALETTE (M. de la), 21.
VALLIÈRE (M. de), 128.
VASSÉ (Mlle de), 26.
VASSEUR (M. le), 211.
VAUDREUIL (M. de), gouverneur du Canada, 119, 120.
VAUGUYON (M. de la), gouverneur du duc de Bourgogne, 390, 391, 432.
VAURÉAL (Louis-Guy de Guérapin de), évêque de Rennes, 18, 80, 152.
VAUSSIEUX (Mme de), 412.
VAUX (M. de), 100, 246.
VERDIÈRE (M. de), colonel, 374.
VERGENNES (M. de), ambassadeur à Constantinople, 60.
VERNEUIL (M. de), premier échanson, 15.
VICTOIRE (Madame). *Voy.* FRANCE (Marie-Louise-Thérèse-Victoire de).
VIEILLEVILLE (Mémoires du maréchal de), 367.
VIERNE (M. de), 148, 449.

VILLADARIAS (M. de), président du conseil des Indes, 153.
VILLARS (Amable-Gabrielle de Noailles, duchesse de), dame d'atours de la reine, 95, 116.
VILLEMUR (M. de), 469.
VILLEMUR (Mme de), 73.
VILLENEUVE (Marquis de), député de la noblesse de Languedoc, 145.
VILLEROY (Duc de), capitaine des gardes, 470.
VILLEROY (Marquis de), 470.
VINCENT (Mlle), 342.
VINCENT DE PAUL (Saint), 23.
VIRIEU (Comte de), colonel, 272.
VISMES (Marquise de), 430.
VOGUÉ (M. de), 126.
VOLTAIRE, 108.
VOLX (Antoine-Joseph d'Amat de), évêque de Senez, 27.
VOYER (M. de), 337.
VULSANCES (Abbé de), 417.

W.

WASTON (Le vice-amiral), 200.
WATRENBACH (M. de), ministre du roi Auguste III, 30.
WATNER (M. de), 246.
WEBB (Le général), 198.
WITZHUM (M. de), ministre de Saxe, 43.
WOCLES. *Voy.* VOLX.
WORMSER (M. de), colonel, 245, 459.
WORONZOFF (M. de), vice-chancelier de Russie, 14.
WURTEMBERG (Prince de), 57.

X.

XAVIER (Prince). *Voy.* LUSACE.

FIN DE LA TABLE.

www.ingramcontent.com/pod-product-compliance
Lightning Source LLC
Chambersburg PA
CBHW071703230426
43670CB00008B/891